가족 회복탄력성

다중체계적 관점에서 본 가족의 회복과 적응 과정

Froma Walsh 저 | 유상희 역

Strengthening Family Resilience,
Third Edition

학지사

Strengthening Family Resilience, Third Edition
by Froma Walsh

역자 서문

인간은 살아가면서 크고 작은 위기, 상실, 트라우마적 경험을 하게 된다. 삶의 어려움이 닥칠 때 우리는 때로 역경이 나에게만 일어나는 것 같고 지속될 것만 같은 두려움에 휩싸이며 좌절하기도 한다. 하지만 어느 순간 돌아보면 그 시기들을 지나왔고 버텨냈으며 일상을 살아가고 있는 그리고 어느새 성장해 있는 자신을 발견하기도 한다.

회복탄력성resilience은 위기와 역경을 견디고 회복하게 하는 능력으로 흔히 정의되어 왔으며, 개인의 특성과 자질에 초점을 두고 논의되어 왔다. 그로 인해 상처받지 않는 강인함이나 넘어져도 다시 일어나는 능력처럼 단순하게 이해되기도 하였다. 하지만 점차 회복탄력성은 기존의 결핍지향, 문제지향적인 원인 분석과 치료적 개입을 넘어서서 다중체계적 관점을 바탕으로 논의되고 있다. 다시 말해 회복탄력성은 역경 상황에서 개인 내적 자원과 가족, 지역 사회, 문화적·영적 차원의 외적 자원들이 상호영향을 주고받으며 긍정적인 적응을 촉진하는 '변화하는 역동적 과정'으로 정의되고 있다. 회복탄력성은 상호의존성이라는 관계성을 기반으로 하며 시간이나 상황에 따라 변화하는 역동성을 갖는다.

가족과 가족원들도 위기, 상실, 트라우마적 경험을 하며 살아가고 있다. 이 책의 저자인 프로마 월시Froma Walsh는 가족 회복탄력성에 지속적 관심을 가지며 연구하고 임상적 적용을 하는 임상심리학자이자 가족치료사이다. 월시 박사는 시카고 대학의 프리츠커Pritzker 의과 대학 사회복지행정학과와 정신과의 Mose & Sylvia Firestone 명예교수이며, 시카고 가족 건강 센터의 공동 설립자이자 공동 이사이기도 하다.

월시 박사는 회복탄력성에 대한 논의를 개인보다는 가족 중심으로, 결핍과 문제보다는 강점과 자원 기반으로, 개별적 접근보다는 지역사회와의 협력적 접근으로의 전환을 주장한다. 월시 박사는 가족이 경험하는 역경과 고통을 정상화하고 맥락화하며, 가족 회복탄력성을 생물심리사회영적 요소들이 지속적으로 상호작용하는 역동적 과정으로 이해한다. 현재 경험하고 있는 역경뿐만 아니라 가족에게 반복되거나 누적되어 온 어려움이 현재의 역경에 미치는 영향을 탐색하고, 가족이 사용해 왔던 강점과 자원과 새로운 대안을 탐색하고 적용하여 현재의 위기를 적응적으로 대처하도록 돕는다. 가족의 다양성과 복합성을 이해하고 시간적 맥락, 상황적 맥락을 고려하여 가능한 것들을 시도하고 숙달하게 한다는 점에서 월시 박사는 가족 회복탄력성을 가능성의 예술the art of the possible(Higgins, 1994; Walsh, 2025)로 표현하기도 한다.

특히 월시 박사는 역경에 처한 가족을 돕기 위한 평가와 개입을 돕는 틀로서 가족 회복탄력성의 핵심 가족 과정을 제시한다. 월시 박사는 문헌 연구와 임상 연구를 바탕으로 아홉 가지 주요 상호작용 과정을 확인하고, 이를 가족 기능의 세 가지 차원으로 구성한다: 이는 신념체계-역경의 의미 만들기, 긍정적 관점, 초월과 영성; 조직 과정-유연성, 연결성, 사회적 및 경제적 자원 동원; 의사소통 과정-명료성, 개방적 감정 표현, 협력적 문제 해결이다. 월시 박사는 가족이 역경에 대처하고 위기를 극복하도록 돕는 예방적 및 치료적 개입으로 핵심 가족 과정을 강화하는 것을 제안하며, 이를 임상적 현장에 적용하여 효과성을 증명하고 있다.

역자는 박사과정 중 응용발달심리학 및 Seligman의 긍정심리학과 회복탄력성을 접하게 되었으며, 개인, 가족, 관계, 공동체 차원에서의 회복탄력성의 주제에 관심을 갖고 교육, 상담, 연구를 지속해 오고 있다. 월시 박사와 마찬가지로, 역자는 인간의 회복탄력성에 대한 논의는 개인을 둘러싼 관계, 가족, 공동체 및 지역사회와 문화적·영적 영향을 배제하고 논의할 수 없다는 것을 개인적 및 임상적 경험을 통해 강하게 느낀다. 그런 이유로 월시 박사의 『Strengthening Family Resilience』 3판이 필요한 이들에게 도움이 되기를 바라는 마음으로 이 책을 번역하게 되었다. 지금, 이 순간에도 삶의 역경을 견디며 치유와 회복을 위해 노력하고 있는 모든 분들과 가족들께, 그리고 힘든 상황에 있는 이들을 돕기 위해 애쓰고 있는 정신건상 분야의 학생들과 전문가들에게 도움이 되기를 바라는 마음이다. 이 책이 나올 수 있도록 아픔과 기쁨을 함께해 준 가족들과 친구들, 학문적 원동력이자 지지적 공동체인 치유상담대학원대학교 교직원과 학생들, 그리고 출판을 위해 애써 주신 학지사 편집부에 감사 드린다.

2025년 10월

치유동산에서 유상희

저자 서문

회복탄력성Resilience—위기와 장기적 역경을 견디고 회복하는 능력—은 정신 건강과 인간 서비스 그리고 발달 및 사회과학 연구 분야에서 귀중한 개념으로 자리잡았다. 그동안의 이론, 연구, 실천의 대부분은 개인의 회복탄력성에 초점이 맞추어져 왔지만, 이제는 가족 회복탄력성의 중요성에 대한 관심이 증대되고 있다. 나는 20년이 넘는 동안 가족 회복탄력성에 대한 이해를 높이고 여러 심각한 삶의 도전에 직면한 가족들과 함께 유용한 실천 응용 프로그램을 개발하는 데 중점을 두고 연구해 왔다.

트라우마적 사건, 주요 상실, 극심한 스트레스는 관계의 네트워크를 통해 가족 전체에 영향을 미친다. 이러한 상황들은 기능적인 체계로서의 가족에 도전하며, 그에 따라 주요한 가족 과정은 모든 가족구성원의 적응, 그들의 관계, 한 단위로서의 가족에 영향을 미친다. 어떤 가족은 역경을 극복하고 심지어 그러한 경험을 통해 성장하고, 어떤 가족은 흔들리고 분열되는 것일까? 역경에 직면했을 때 어떤 과정이 가족 구성원들의 팀워크와 상호 지지를 일어나게 할 수 있을까? 치료할 수 없는 질병이나 해결할 수 없는 문제를 안고도 어떻게 잘 살아가게 할 수 있을까? 충격적인 상실이나 삶을 바꿔 놓은 전환기 이후에 어떻게 삶을 재건하게 할 수 있을까? 심각한 트라우마나 가난과 차별의 장벽을 어떻게 극복하는 것일까? 가족들이 상처로 남는 경험을 효과적으로 극복하고 잘 살아가며 사랑할 수 있게 하는 방법을 이해하는 것이 중요하다.

주요 학자들은 개인과 가족의 위기와 회복탄력성을 가족생애주기 전반에 걸친 생물심리사회적 영향biopsychosocial influences의 지속적인 상호작용을 포함하여 시간에 따른 역동적인 다층적 과정multilevel processes의 측면으로 보게 되었다. 가족이 회복탄력성을 강화할수록 자녀의 긍정적인 발달을 촉진하고, 도움이 필요한 사랑하는 사람들을 지원하며, 노인을 돌볼 수 있는 능력이 향상된다.

이 책은 역경을 극복하는 데 있어 핵심 가족 과정family processes을 강화하기 위한 개입 및 예방에 대한 연구 기반의 가족 회복탄력성 틀framework을 제시한다. 이번에 수정 및 확장한 3판에는 지역사회 기반 서비스에 대한 최신 연구 및 발전된 활동을 포함하고 있다. 이 책은 위기와 회복탄력성에 있어 개인, 가족, 지역사회, 사회문화적, 영적 영향의 지속적인 상호 작용을 중시하는 다층적 발달 체계적 틀multilevel developmental systemic framework의 핵심 원칙을 제시한다. 위기, 트라우마, 상실에서의 회복; 실직, 이혼, 이주 등 혼란스러운 전환기의 대처; 질병, 장애, 지속적 트라우마, 빈곤 등의 만성적 상태로 인한 다중 스트레스 문제의 극복; 위험에 처한 청소년의 성공을 위한 장애물 극복 등 다양한 역경을 다루기 위한 프로그램 적용, 실천 지침 및 사례가 제시된다. 전쟁 관련 트라우마와 주요 재난 및 테러 공격으로 인한 집단 트라우마에 대한 회복탄력성 지향적 접근 방식의 확장된 내용도 포함되었다. 두 개의 새로운 장에서는 회복탄력성 지향적 가족 평가와 가족생애주기 전반에 걸친 혼란스러운 전환과 회복탄력성에 대해 다룬다.

가족 회복탄력성 틀은 대부분의 내담자가 스트레스가 심한 시기에 도움을 요청하기 때문에 임상 및 지역사회 기반 실천에서 특히 중요하다. 이 틀은 가족이 도전에 직면했을 때 어떻게 실패했는지에 대한 관심에서 가족이 성공할 수 있는 방식으로 초점을 전환한다. 나의 연구와 실천 경험은 매우 취약하거나 문제가 있는 가족도 회복탄력성을 강화할 수 있는 잠재력이 있다는 확신을 더 강하게 해 주었다. 결핍 중심의 실천 모델과 달리, 이 책에서 제시하는 회복탄력성 지향적 접근은 도전을 극복하기 위해 각 가족의 강점과 자원을 도출하고 확장한다. 회복탄력성은 단순히 대처나 문제 해결을 넘어서서 긍정적인 적응positive adaptation을 포함하며 변화와 성장을 가져올 수 있다. 가족은 관계적 회복탄력성을 구축함으로써 유대감을 강화하고 미래의 도전에 대처할 수 있는 더 많은 자원을 갖추게 된다. 따라서 모든 개입은 예방적 이점을 가지고 있다.

나는 회복탄력성이라는 개념에 오랫동안 관심을 가져왔다. 나는 심각한 어려움, 비극적인 상실, 그리고 사회적 낙인으로 어려움을 겪는 가정에서 성장했다. 청년으로서, 어머니가 돌아가신 후 전통적인 심리치료를 경험하면서 어린 시절의 모든 부정적인 측면이 떠올랐고 부모님의 결점이 더욱 부각되었다. 치료를 오래 받을수록 부모에 대한 나의 인식은 더욱 나빠졌다. 부모님의 결점에도 불구하고 나는 마치 스스로 성장한 것처럼 보이는 강인한 사람으로 여겨졌다. 나중에야 모든 이점이 주어진 가정에서 성장했을 때보다 그러한 역경이 나를 더 강인하게 만들었다는 것을 깨달았다. 부모님의 고통과 놀라운 용기, 인내, 자원을 이해하는 데는 오랜 시간이 걸렸다.

1960년대 후반에 이루어진 나의 초기 임상 훈련은 질환을 진단하고 치료하는 방법을 가르쳐 주었지만, 긍정적 기능을 인식하고 촉진하는 방법은 가르쳐 주지 않았다. 나는 가족 치료 분야가 꽃피우던 시기에 가족 치료에 관심을 갖게 되었고, 특히 문제 있는 가족들의 건강한 노력을 제시했던 버지니아 사티어Vriginia Satir의 워크숍에 참여하면서 더욱 관심이 증대되었다. 개인의 문제를 초기 아동기와 ('정신분열증 유발자'나 '냉장고 엄마' 같은 경멸적인 라벨을 붙이는) 모성 원인론을 제시하는 결정론적 이론에서 벗어나는 것은 신선한 경험이었다. 체계적 패러다임은 평가와 개입의 초점을 확장하여 시간이 지남에 따른 광범위한 관계적 네트워크와 사회적 맥락을 포함하는 교류 과정을 통해 기능과 웰빙에 미치는 다양한 영향을 다루었다. 나는 예일의학센터의 혁신적인 정신과 입원 병동에서 임상 훈련을 할 수 있는 행운을 가졌고, 이 센터는 정신약물 치료와 개인, 집단, 가족, 다가족 집단 접근이 결합된 개입의 환자-스탭 공동체라는 환경 치료milieu therapy 철학을 기반으로 하였다. 나의 첫 슈퍼바이저인(후에 가족 심리교육을 발전시킨) 캐롤 앤더슨Carol Anderson은 정신 질환에 대한 가족들의 어려움을 이해하며 가족들을 존중하였다. 시카고에 오게 되면서, 나는 국립정신 건강 연구소의 재정 지원을 받고 정신과 의사 로이 그린커Roy Grinker 박사가 이끄는 정신분열증 연구 프로그램에서 가족 연구 코디네이터로 일할 수 있었다. 그린커 박사는 제2차 세계 대전에서 전투 스트레스 연구를 선도한 인물이며(Grinker & Spiegel, 1945), 일반 시스템 이론의 창시자인 본 베르탈란피von Bertalanffy(1968)의 가까운 동료였다. 두 프로그램 모두 생물심리사회적 상호작용 관점을 실천에 옮겼다.

그러나 정신 건강 분야는 대부분의 가족이 어느 정도 기능 장애가 있다는 널리 퍼진 믿음을 반영하여 종종 가족의 결함에 초점을 맞추어 왔다. 내가 조현병 연구에 "정상"(즉, 비임상) 비교 그룹을 포함시키려 했을 때, 몇몇 동료들은 정상적인 가족은 찾을 수 없을 것이라고 말하며 놀렸고 그들은 결코 자신의 가족을 추천하지도 않을 것이라고 말했다. 그러나 나는 굴하지 않고 지역사회의 비임상 가족 그룹을 포함시켰고, 그들의 활력과 다양성에 깊은 인상을 받았다. 그러나 이들 가족도 어려운 도전에 직면해 있었고 자신의 적절성에 대해 걱정하였다. 한 어머니는 자신의 가족이 "정상 인증서"를 받을 수 있는지 묻기도 하였다.

이 경험으로 나는 시카고 대학교에서 인간 발달 박사 과정에 참여하게 되었고 건강한 기능과 긍정적 성장의 관점에서 가족과 사회적 과정을 이해하도록 확장하게 되었다. 나의 관점은 멘토인 베르트람 코흘러Bertram Cohler의 초기 회복탄력성 연구, 미하이 칙센트미하이Mihaly Csikszentmihalyi의 창의적 과정 연구, 그리고 현상학과 사회구성주의의 새로운 발전에 의해 풍부해졌다. 임상 교육, 훈련, 실천은 점점 더 강점 중심으로 발전하였고, 이후로 사회 과학과 정신 건강 분야의 발전을 연결하기 위해 노력해 왔다. 이러한 소중한 배움의 경험들을 나는 전문적인 "건강으로의 비상flight into health"이라 생각한다.

정상적인 가족에 대한 두 가지 신화는 우리의 생각을 혼란스럽게 만들어 왔다. 첫째, 건강한 가족은 문제가 없다는 잘못된 가정이 스트레스가 많은 삶의 도전이나 트라우마적 경험으로 어려움을 겪고 있는 보통의 가족을 과도하게 병리화할 수 있다. 둘째, 과거의 이상화된 가족 이미지에 부합하는 건강한 가족에 대한 단일하고 보편적인 모델이 필수적이라는 가정은 다양한 가족 구조가 본질적으로 역기능적이며 아이들에게 피해를 준다는 잘못된 가정을 양산해 왔다. 전 세계적으로 가족의 다양성이 증가함에 따라, 오늘날 모든 또는 대부분의 가족에게 맞는 단일한 모델은 존재하지 않는다. 이 책에서는 **가족**을 헌신적 커플 관계와 공식적 및 비공식적 확대 친족 네트워크 등 다양한 가족 형태를 포함하여 넓게 정의한다. 전 세계의 건강한 가족에 대한 연구(DeFrain & Asay, 2007)는 가족이 다양한 친족 관계 속에서도 번창할 수 있으며, 아이들은 잘 양육될 수 있다는 것을 보여 준다. 가장 중요한 것은 안정적이고 양육적이며 보호적인 유대감을 위한 효과적인 상호작용 과정transactional processes이다.

지난 30년 동안 가족 체계 연구는 효과적인 가족 기능을 지원하는 많은 주요 과정을 식별하기 위한 실증적 기반을 제공해 왔다(Walsh, 2012d). 이러한 연구 결과를 회복탄력성에 대한 증가하는 연구와 결합하며, 이 책에서 제시하는 가족 회복탄력성 틀은 다양한 역경 상황에 직면한 다양한 가족들을 위한 실천 지침을 안내하는 유연한 지도를 제공한다. 이 접근 방식은 개인, 가족, 사회경제적, 문화적, 영적 영향의 상호 작용에 주목하며 회복탄력성의 다양한 경로를 확인한다.

이 책에서 설명하는 가족 회복탄력성 실천 접근은 스트레스가 심한 경험에서의 고통을 맥락화하는 최근의 강점 기반 협력적 체계 모델의 발전을 바탕으로 한다. 이 책에서 제시하는 틀과 실천 적용은 발달적 체계 지향에 기반한 수년 간의 임상 교육, 슈퍼비전, 직접적 실천을 통해 개발되고 개선되었으며 재구성되었다. 핵심 과정을 파악하고, 다양한 삶의 도전을 극복하는 데 있어 가족의 역량 강화를 촉진하기 위한 실질적 지침이 제공된다. 사례 설명은 나의 전문적인 실천, 연구, 실무자 교육과 개인적 삶에서 얻은 다양한 가족 회복탄력성 사례를 바탕으로 한다. 가족의 사생활을 보호하기 위해 이름과 세부 사항은 신중하게 변경하였다. 이 책 전반에 걸쳐, 부부, 가족 및 도움을 주는 전문가들이 역경에서 긍정적인 변화와 성장을 이루는 방법을 식별하고 확인하며 강화하는 방법에 대해 논의한다.

1부 1장에서는 실천을 위한 가족 회복탄력성 접근의 기초를 제시한다. 회복탄력성의 개념을 명확히 하고, 개인 회복탄력성 연구를 통해 배운 내용을 조사하며, 생태적 관점과 발달-정신적 관점을 통합한 회복탄력성의 다층적 체계 관점을 제시한다. 2장에서는 급변하는 세상에서 가족의 다양성과 복잡성이 증가하고 스트레스가 많은 힘든 도전들이 증가하는 추세에 주안점을 두고 가족 회복탄력성을 사회적 맥락에서 살펴본다. 이러한 관점은 오늘날의 가족과 그들의 다양한 회복탄력성의 경로에 맞추어 가족 평가와 개입을 조정하는 데 필수적이다.

2부에서는 효과적인 가족 기능과 회복탄력성을 촉진할 수 있는 핵심 상호작용 과정을 파악하기 위해 연구 결과와 실천 관점을 통합한다. 실천가들이 스트레스가 많은 상황에서 가족 과정의 복잡성에 압도될 수 있기 때문에, 나는 이러한 과정을 가족 기능의 세 영역인 신념 체계, 조직 과정, 의사소통 과정으로 구성하는 것이 유용하다는 것을 알게 되었다. 3~5장에서는 기능의 각 차원에서 가족 회복탄력성을 위한 주요 과정을 설명하고 예시를 제공한다. 이는 정적이고 보편적인 특성의 유형론이나 모델이 아니다. 오히려 이는 순환적이고 동반상승적인 역동적 과정이다. 이러한 과정은 문화적 차이, 가족의 선호도, 자원 및 제약, 그리고 시간이 지남에 따라 가족이 직면하는 역경 상황과 새로운 도전에 따라 다양한 방식과 정도로 표현될 수 있다.

3부에서는 가족 회복탄력성 틀의 평가 및 실천 원칙과 프로그램 적용을 설명하고 예시를 제공한다. 이 실천 접근 방식은 강점 기반의 체계적 실천의 발전을 기반으로 한다. 스프렌클, 데이비스, 레보우Sprenkle, Davis, & Lebow(2009)가 확인한 효과적인 가족 치료의 공통 요인(즉, 핵심 과정)에 대한 실천적 초점과 병행하여, 실천가들은 가족 문제를 해결하고 가족 회복탄력성을 증진하는 동안 가족 과정 연구에서 제시된 이러한 핵심 과정 구성 요소들을 확인할 수 있다. 6장에서는 회복탄력성 지향적 가족 평가 및 개입을 안내하는 도구로써 유용한 지도를 제공한다. 7장에서는 힘든 커플 및 가족의 회복탄력성을 촉진하기 위한 핵심 원칙, 실용적 지침 및 사례 예시를 제공한다. 8장에서는 시카고 가족 건강 센터를 통해 개발된 가족 회복탄력성 지향적 임상 및 지역사회 기반

교육 및 서비스 프로젝트의 프로그램 적용 및 예시를 제시한다. 실천가 자신의 회복탄력성과 내담자의 용기있는 참여에 대해서도 논의된다.

4부에서는 위기 사건부터 혼란스러운 전환, 그리고 장기적 역경에 이르기까지 다양한 역경 상황에서 가족 회복탄력성 접근을 적용하는 방법을 설명하고 예시를 제시한다. 9장에서는 변화하는 가족생애주기에서의 도전과 회복탄력성에 대한 발달적 관점을 제공한다. 10장에서는 죽음과 임종에 직면한 가족이 겪는 심오한 도전과 상실에 대한 위험 및 회복탄력성의 주요 변수를 다룬다. 11장에서는 지역사회 폭력, 대규모 재난, 테러, 전쟁 관련 잔혹 행위, 난민 경험 등 주요한 트라우마적 사건 이후 가족 및 지역사회 회복을 위한 회복탄력성 구축 접근 방식을 집중적으로 다룬다. 12장에서는 만성 신체 질환과 정신 질환을 가진 가족의 여정을 추적하여 질병과 관련된 요구와 불확실성 속에서 스트레스를 줄이고 가족이 잘 대처할 수 있도록 돕는 지침을 제공한다. 13장에서는 다중 스트레스에 시달리는 저소득의 매우 취약한 가족이 직면하는 지속적인 도전을 다루며, 이러한 가족이 역기능적이고 동기부여가 되지 않는다는 잘못된 가정을 반박한다. 더 나은 삶에 대한 그들의 깊은 열망을 드러내며 긍정적인 노력을 지원하기 위해 협력적으로 참여하는 방법을 보여 주는 유용한 원칙, 지침 및 사례가 제시된다. 14장에서는 나의 개인적 경험과 나에게 영감을 준 사람들의 노력을 바탕으로 가족, 억압을 겪었던 집단, 그리고 갈등으로 찢긴 세계 여러 지역에서의 재연결, 화해, 용서의 가능성을 탐구한다. 또한 과거의 트라우마나 힘든 관계로 상처받은 사람들이 그들의 가족과 과거와의 유대를 끊고 강인한 개인으로서 살아남는 것이 최선이라고 생각하는 일반적인 가정에 이의를 제기한다.

여기에서 제시하는 가족 회복탄력성 실천 접근 방식은 우리가 우리의 주변 사람들, 우리보다 먼저 온 사람들, 우리 뒤에 올 사람들, 그리고 우리 삶에 중요했고 중요할 수 있는 모든 사람과의 깊은 연결을 통해 가장 잘 생존하고 번영한다는 확고한 신념에 기반하고 있다. 심지어 심각한 트라우마와 매우 어려운 관계조차도 생애 과정과 세대를 넘어 치유와 변화를 위한 잠재력을 가지고 있다. 역경에 직면할 때, 가족, 사회, 공동체, 문화 및 영적 연결을 통해 회복탄력성은 길러지고 유지된다. 나는 이러한 연결을 회복탄력성을 위한 "관계적 생명선relational lifelines"이라고 보고 있다.

이 책은 인간의 적응 능력과 지지적 사회 시스템을 촉진하는 데 관심이 있는 모든 전문가에게 이들의 지향점, 분야, 경험 수준에 상관없이 귀중한 자료가 될 수 있다. 가족 회복탄력성 틀은 정신 건강, 의료, 인적 서비스, 아동복지, 가족 생활 교육, 지역사회 조직, 사법 시스템, 가족 법, 목회 상담 분야 등 다양한 분야에서 적용될 수 있으며, 실천 전문가, 교육자, 학생, 결혼 및 가족 치료사, 사회 복지사, 심리학자, 정신과 의사, 상담사, 간호사 및 의사에 의해 활용될 수 있다. 또한 직장 회복탄력성 증진 프로그램, 가족 사업, 종교 기반 단체에서도 적용되고 있다.

여기 제시된 틀은 라틴 아메리카, 캐나다, 유럽, 호주, 뉴질랜드에서부터 아프리카, 중동, 아시아에 이르기까지 정신 건강 및 심리사회적 교육과 서비스, 가족 연구 및 사회 정책 분야에서 문화적으로 적절하게 조정되어 국제적으로 널리 적용되었다. 이전 판은 스페인어, 포르투갈어, 이탈리아어, 중국어 및 한국어로 번역되었다.

비록 이 책은 주로 도움을 주는 전문가들을 돕기 위해 쓰였지만, 일반 독자에게도 가치가 있으며, 특히 비극이나 어려움에 직면하여 개인, 부부, 가족 또는 지역사회 회복탄력성을 강화하기 위한 관계적 자원을 구축하는 방법에 관심이 있는 가족 구성원들에게 도움이 된다. 전 세계적으로 긍정적인 정신 건강, 웰빙, 그리고 번영할 수 있는 능력에 대한 관심이 증가하고 있는 것은 고무적이다(WHO 세계보건기구, 2011). 특히 개인, 가족 및 지역사회의 회복탄력성을 촉진하는 방법에 대한 관심이 높아지고 있는 점이 가장 고무적이다[예: 미국심리학회의 회복탄력성 로드맵 이니셔티브, 2010; Delage, 2008; UN의 불확실한 세계에서 스트레스와 충격을 견디는 시스템의 능력 측정을 위한 글로벌 회복탄력성 도구 개발(IRIN, 2009)].

오늘날 가족들은 세계적인 경제, 사회, 정치, 및 환경의 격변을 경험하고 있기 때문에 가족 회복탄력성의 필요성이 그 어느 때보다 시급하다. 자연 재해와 인재로 인한 재난이 잇따르면서 우리 주변의 세계는 더욱 위험해지고 미래는 불확실해졌다. 그러나 모든 가족은 적응, 재창조 및 긍정적인 성장을 위한 잠재력을 가지고 있다. 가족 회복탄력성 접근은 즉각적인 문제를 해결하는 동시에 중요한 가족 과정을 강화하기 위한 개입을 안내하는 긍정적이고 실용적인 틀을 제공한다. 이를 통해 가족들은 예기치 않은 문제를 처리하는 데 더 많은 자원을 활용하고 미래의 위기를 예방하는 데 더 적극적이 될 수 있다. 도움을 주는 전문가들에게는 가족의 최선을 이끌어 내고 가능성의 예술 the art of the possible을 실천함으로써 치료과정이 더욱 풍부해질 수 있다.

차례

4부 위기, 전환, 지속적 도전을 통한 가족 회복탄력성의 촉진 209

1부

개요

STRENGTHENING FAMILY RESILIENCE

1장

가족 회복탄력성 접근의 기초

깊은 겨울 속에서, 나는 내 안에 꺾을 수 없는 여름이 있다는 것을 깨달았다.
세상이 나를 아무리 강하게 밀어붙여도,
내 안에는 더 강한 무언가, 더 나은 무언가가 나를 밀어내고 있었다.

_ 알베르 카뮈Albert Camus(Thody, 1970, p. 169)

우리는 불확실성의 가장자리인 불안정한 시대에 살고 있다. 최근 몇 년 동안 우리를 둘러싼 세상이 극적으로 변화함에 따라 우리는 강하고 지속적인 가족 유대를 갈망하지만 삶의 폭풍을 견디기 위해 이를 어떻게 형성하고 유지해야 하는지는 잘 모른다. 어떤 가족은 위기 사건이나 다중 스트레스 상황에 뿔뿔이 흩어지지만 어떤 가족은 오히려 더 강해지고 더 많은 자원을 갖추게 된다. 가족 붕괴에 대한 우려가 커지고 있는 가운데, 역경을 극복하는 데 있어 가족의 회복탄력성을 강화하는 역동적인 과정을 이해하는 것이 그 어느 때보다 더 중요해졌다. 어려움과 위기에 처한 부부와 가족을 지원하고 강화하기 위한 기술 못지않게 유용한 개념적 도구가 필요하다.

회복탄력성의 이해

회복탄력성의 개념은 발달 심리학 및 정신 건강 이론, 연구, 실천에서 핵심 주제로 떠올랐으며, 이는 역기능dysfunction과 질환disorder에 대한 지배적 초점에 반하는 것이다.

회복탄력성은 심각한 삶의 도전을 견디고 다시 일어설 수 있는 능력으로 정의될 수 있다. 회복탄력성은 중대한 역경 상황에서 긍정적인 적응을 촉진하는 역동적인 과정을 포함한다(Bonanno, 2004; Luthar, 2006). 단순한 대처나 적응을 넘어서 이러한 강점과 자원은 회복과 긍정적인 성장을 가능하게 한다.

회복탄력성은 어려운 상황에서 생존하거나 그 시기를 견디거나 탈출하는 것 이상의 의미를 지닌다. 생존자들이 반드시 회복탄력성이 있다고 볼 수는 없다. 어떤 이들은 신체적으로는 생존하지만, 외상 후 스트레스 증상, 심각한 우울이나 불안, 사랑하거나 성장 불능 상태 등 심리적 및 대인 관계적으로 손상된 상태로 남아 있기도 한다. 일부 생존자들은 과거의 상처를 돌보거나 성장이 차단된 피해자로서의 반응적인 위치에 갇혀 있기도 한다. 이에 반해, 회복탄력성 과정은 사람들이 고통스러운 경험을 치유하고, 자신의 삶을 책임지며, 잘 사랑하고 살아갈 수 있도록 돕는다.

회복탄력성을 이해하고 촉진하기 위해서는, 회복탄력성을 "그냥 다시 일어나는 것just bounce back"이라는 일반적 기대와 "취약하지 않음invulnerability"과 "자급자족self-sufficiency"이라는 신화와 구별하는 것이 중요하다. 연구에 따르면, 회복탄력성은 고통과 분투를 통해 형성되며 타인과의 상호의존성interdependence이라는 관계적 기반을 갖는다.

인간의 취약성, 고통, 회복탄력성

북미의 **강인한 개인**에 대한 정신(Bellah, Madsen, Sullivan, Swidler, & Tipton, 1985)과 많은 문화에서 남성성의 "마초macho" 이미지는 강인함strength과 취약하지 않음invulnerability을 혼동하게 만든다. 회복탄력성에 대한 초기 학자들은 "무적의 아이invulnerable child"라는 개념을 언급하며, 이들은 어린 시절 파괴적인 환경의 생존자로서 자신의 내적 강인함이나 성격 갑옷 덕분에 스트레스에 영향을 받지 않는 것으로 간주되었다(Anthony, 1987). 강인한 아이들은 압박이나 학대에 부서지지 않는 "강철 인형steel dolls"에 비유되었다. 무적의 신화myth of invulnerability와 "슈퍼 키드super-kids"의 이미지는 인간의 취약성을 약함과 동일시하는 위험이 있다. 펠스만과 바이언트Felsman & Vaillant(1987)가 언급했듯이, "'취약하지 않음 또는 무적'이라는 용어는 인간 조건에 반대되는 개념이다 …… 고위험 아동의 회복탄력적 행동을 살펴볼 때, 보다 진정한 노력은 형태와 정도에 따라 작용하는 공유된 인간의 특성을 이해하는 것이다"(p. 304).

일반적인 오해: "그냥 다시 일어나기"

회복탄력성resilience이라는 용어는 물리학에서 유래한 것으로, 스프링이나 고무줄처럼 물체가 늘어났을 때 원래 형태로 돌아오는 능력을 말한다. 인간 회복탄력성이라는 개념이 대중화되면서 이 용어의 과도한 사용과 오용이 발생하게 되었다. 미디어 뉴스에는 회복탄력성이 있는 개인에 대한 이야기가 많이 나온다. 스포츠 아나운서는 팀이 패배의 시즌을 딛고 다시 일어나 시즌 트로피를 차지했다고 하며 그 팀이 회복탄력성이 있다고 말한다. 레질리언스는 노화된 피부를 원래의 탄력으로 회복시켜 준다고 주장하는 페이스 크림의 브랜드이기도 하다. 그러나 심각한 삶의 어려움에 직면했을 때 사람들이 즉시 회복할 것이라고 기대하는 것은 비현실적이다. 많은 경우 회복탄력성은 고통과 분투를 경험하면서 형성되는 경우가 더 많다.

마찬가지로, 다시 일어서는 능력을 단순히 고통스러운 경험에서 상처받지 않고 위기를 "수월하게 지나가는 것"으로 오해해서는 안 된다. 역경을 떨쳐 버리거나 그 속에서 "뒹굴기"라는 두 가지 대안만이 제시된 상황에서, 우리의 지배적인 문화는 고통에 대한 편협함을 만들었다. 우리는 장애가 있는 사람들을 외면하고, 슬픔에 잠긴 사람들과의 접촉을 피하며, 기운 내고 이겨내라고 경쾌한 조언을 한다. 선의의 친구와 사랑하는 사람들은 패배에서 "다시 일어나"고 충격적인 상실을 빠르게 정리하도록 조언을 한다. 많은 이들은 슬픔에 잠긴 사람들에게 새로운 삶과 관계로 서둘러 나아가라고 권장한다. 더불어 급변하는 미디어의 초점은 지역사회의 재난부터 장기간의 전쟁과 그 잔혹성, 정치적, 민족적, 인종적 불의의 유산에 이르기까지 주요한 비극들을 빠르게 잊고 싶어 하는 일반적 바람을 양산하고, 이러한 사건들을 돌아보고 교훈을 얻거나 화해하고 공동체로서 치유하는 과정을 갖지 않는다.

고통스럽고 갈등이 많은 경험을 차단하려는 경향은 세대 간 및 문화적 유산에 뿌리를 두고 있으며, 종종 우리의 인식 밖에서 우리에게 영향을 미친다. 내가 20대 중반 예일 대학에서 학생 임상 실습을 하고 있을 때, 어머니가 심각한 질병을 앓고 계셨다. 나는 빡빡한 실습 일정에도 불구하고 부모님과 함께 며칠씩 시간을 보내기 위해 셔틀을 타고 두 곳을 오고갔다. 어머니가 돌아가신 후 장례식 다음 날 나는 곧바로 비행기를 타고 돌아와 바쁜 일상으로 복귀했고 그 속도를 그 해 내내 유지했다. 다들 내가 너무 강하다고 칭찬했다. 그러나 우리는 유능한 기능을 회복탄력성과 동일시하지 않도록 주의해야 한다. 나는 시간이 흐른 후에야 어머니의 상실이 미친 영향과 유대의 중요성을 직면하게 되었다. 회복탄력성에 대한 전인적 관점holistic view은 정서적, 관계적 웰빙을 포함한 전인적 인간whole person을 포함한다.

에너자이저 토끼Energizer Bunny의 이미지와 달리, 회복탄력성은 "잘 싸우는 것struggling well"을 포함한다. 고통과 용기를 모두 경험하고 내적 그리고 대인관계적 어려움을 효과적으로 대처하는 것이다(Higgins, 1994). 회복탄력성을 구축하는 과정에서, 우리는 심각한 위기와 스트레스가 많은 삶의 도전 경험을 개인적 및 집단적 정체성의 구조에 통합하려고 노력하며 이는 우리가 삶을 살아가는 방식에 영향을 미친다.

강인한 개인에서 관계적 관점으로

그리스 영웅 오디세우스부터 할리우드의 카우보이 이미지에 이르기까지 강인한 개인에 대한 영웅적 신화를 반영하는 대부분의 유럽과 미국의 회복탄력성에 대한 관심은 역경을 극복한 뛰어난 개인의 강점에 초점이 맞추어져 왔다. 대부분의 연구에서는 고통스러운 삶의 경험을 극복할 수 있도록 하는 아동, 청소년, 성인의 성격 특성, 대처 전략, 신경생물학적 자질을 규명하려고 하였다. 일반적으로 회복탄력성은 타고난 것으로 여겨지며, 마치 회복탄력성이 있는 사람은 스스로 성장한 것처럼 보인다. 그들은 강철 인형처럼 처음부터 내적 강인함인 "올바른 자질"을 가지고 있었거나 스스로를 일으켜 세우는 과정에서 강점을 얻는 것으로 간주되었다. 이러한 견해는 우리가 어려운 삶의 문제를 해결하는 데 있어서 자립적이고 극도로 독립적이어야 한다는 기대를 조성하며, 스스로 성공하지 못하는 사람을 결핍되고 약하며 부끄러운 존재로 폄하하는 시각을 형성한다. 회복탄력성을 이해할 때 스스로 역경을 극복하지 못하는 사람들을 비난하지 않도록 주의해야 하며, 특히 그들이 통제할 수 없는 압도적인 상황에 처해 있을 때 더욱 그렇다.

서구 사회에서 "자아self"를 중심으로 한 극도로 개인화된 인간 자율성의 개념과는 대조적으로, 전 세계 대부분의 문화에서는 개인을 가족과 더 큰 공동체에 속한 존재로 본다. 인간 경험에 대한 이러한 사회 중심적 관점은 어려운 시기에 상호지원을 위한 필수적인 상호의존성interdependence과 삶의 역경을 극복하는 데 있어 협력의 힘을 강조한다. 우리는 우리보다 먼저 온 이들의 어깨 위에 서서 도움을 주고받으며 앞으로 올 이들에게 영감을 주는 관계적 존재이다. 다른 사람들과의 연결을 통해 우리는 성장하고 삶을 통해 번영하게 된다.

역경을 통해 형성된 회복탄력성

개인과 가족은 역경에 직면했을 때 각기 다른 강점, 취약점, 자원을 보인다. 자산이 더 많은 사람들은 어려운 시기에 더 잘 대처할 가능성이 높다. 그러나 연구와 실천 경험을 통해 나는 우리 모두가 회복탄력성을 키울 잠재력을 가지고 있다는 것을 확신하게 되었다.(그리고 실제로 심각한 삶의 어려움을 겪어 본 적이 없는 사람들 중 일부는 예상치 못한 위기가 발생했을 때 무너질 수 있다.) 연구에 따르면 회복탄력성은 역경의 경험을 **통해** 자신 내면의 잠재된 강점을 발견하고 구축하며 다른 사람들과 연결하여 지원을 주고받으면서 강화된다.

내 삶에서 나는 가족의 결함에도 **불구하고** 회복탄력성이 있으며 나의 타고난 강인함이 어린 시절의 어려움을 극복할 수 있게 해 주었다고 생각하며 성장했다. 하지만 그러한 역경 덕분에 내가 더욱 강해졌고, 우리 가족의 인식하지 못했던 회복탄력성이 모든 차이를 만들었다는 것을 후에 깨닫게 되었다(14장 참조).

위기: 위협과 도전

위기라는 단어의 중국어는 "위협threat"과 "도전challenge"(흔한 오역인 "기회"가 아님)의 두 개의 문자로 구성되어 있다. 불행을 바라는 것은 아니지만, 회복탄력성의 역설은 최악의 시기는 도전에 대처하기 위해 최선을 이끌어낼 수 있다는 것이다. 히긴스Higgins(1994)의 연구에 따르면, 회복탄력적인 성인들은 자신이 혹독한 시련을 겪고 고통을 견뎌냈기 때문에 그렇지 않았다면 개발하지 못했을 수 있는 강점을 얻었다고 보고한다. 그들은 무언가를 더 깊고 강렬하게 경험했으며, 삶에 대한 가치를 더욱 높게 평가하게 되었다. 종종 이러한 경험은 다른 사람들을 돕겠다는 헌신으로 이어져 사회적 행동주의의 원천이 되었고, 그 결과 그러한 노력들을 통해 더 많은 성장을 경험하였다(Lietz, 2011). 이러한 경험들은 사람들이 건강 관리 및 정신 건강 분야의 직업을 갖도록 이끌기도 하였다.

강인한 가족에 관한 연구(Stinnett & DeFrain, 1985)에 따르면, 위기 상황에서 75%의 가족이 고통이나 절망 속에도 긍정적인 경험을 했으며, 그 시련에서 좋은 것이 나왔다고 믿었다. 가족들은 위기를 함께 극복함으로써 그들의 관계가 그렇지 않았을 때보다 더 풍부해지고 더 사랑스러워졌다고 보고한다. 위기는 삶에서 진정으로 중요한 것에 대한 주의를 높이는 "경종"이 될 수 있다. 고통스러운 비극은 생존자들을 예상치 못한 성장의 방향으로 이끌 수 있다. 나바호족은 한 길의 끝이 또 다른 길의 시작이라고 믿는다. 회복탄력성은 바로 그 여정에 관한 것이다.

회복탄력성의 체계적 관점

최근 수십년 간의 연구는 회복탄력성에 대한 이해를 풍부하게 하고 확장시켜 왔다(Masten, 2014). 20세기 후반, 정신분석 이론과 임상 사례 경험에 기반을 둔 발달심리학 및 정신 건강 분야의 지배적인 가정은 초기 또는 심각한 트라우마의 영향은 되돌릴 수 없다는 것이었다. 부정적 경험이 필연적으로 사람들에게 해를 끼치고 삶을 망친다는 것이 널리 받아들여졌으며, 문제 있는 또는 "깨진" 가족에서 자란 아이들은 스스로도 회복할 수 없는 "깨진" 상태에 있다고 여겨졌다. 그러나 이러한 결정론적 가정에 반하며, 일련의 연구들은 심각도에 관계없이 위험 요소의 조합이 대부분의 아이들에게 지속적이고 중대한 질환을 초래하지 않는다는 것을 발견하였다(Rutter, 1987). 예를 들어, 임상가들은 일반적으로 자녀를 학대하는 부모의 경우, 부모 자신도 학대당한 경우가 많다고 지적한다. 그러나 더 넓은 지역사회 연구에 따르면 어린 시절 가족 학대를 경험한 개인의 절반 이상이 학대하는 부모가 되지 않았다는 사실이 밝혀졌다(Kaufman & Zigler, 1987). 이들이 유사한 고위험 상황을 극복하고 자녀를 잘 사랑할 수 있었던 된 이유는 무엇일까?

개인의 위험과 회복탄력성에 미치는 영향

지금까지 대부분의 연구는 개인의 회복탄력성에 초점을 맞추었다. 조기 개입과 예방에 대한 우려로 인해 전문가들은 위험과 질환에 대한 취약성뿐만 아니라, 아이들의 회복탄력성을 강화하는 보호 요인들을 이해하는 데에도 주목하게 되었다. 초기 연구는 정신적으로 아픈 또는 결핍이 있는 부모를 가진 아이들이 학대나 방치의 초기 경험을 극복하고 생산적인 삶을 이끌어가는 데 초점을 두었다(Masten, 2014). 월린과 월린Wolin & Wolin(1993)은 역기능적이고 종종 학대적인 알코올 중독 가정에서 성장한 회복탄력성이 있는 성인들이 가진 특성의 집합을 설명하였다.

광범위한 사회적 맥락으로 확대된 연구들이 점점 더 증가되었고, 특히 빈곤(Garmezy, 1991)과 지역사회 폭력(Garbarino, 1997)과 같은 파괴적인 사회적 조건하에서의 위험과 회복탄력성이 조사되었다. 펠스먼과 베일런트Felsman & Vaillant(1987)는 빈곤 및 취약 계층 가정에서 성장한 고위험군 도시남성 75명을 추적하였고, 이들의 삶은 종종 약물 남용, 정신 질환, 범죄 및 폭력으로 인해 복잡해졌다. 그들 중 다수는 과거의 경험으로 인해 지워지지 않는 흔적이 남아 있었지만, 능숙하고 유능하게 용감한 삶을 살고 있었다. 그들은 가끔의 좌절과 여러 불리한 요인에도 불구하고 자신의 삶을 만들어 가는데 적극적인 주도권을 가지고 있었다. 결론적으로 그들의 회복탄력성은 "우리 삶에서 잘못된 사건들이 우리를 영원히 저주하지는 않는다"는 것을 보여 주었다(p. 298). 브라질 빈민가와 남아프리카 이주민 캠프 등 교차 문화적 연구cross-cultural studies에서, 로버트 콜스(Dugan & Coles, 1989)는 정신 건강 동료들의 비관적인 예측과는 달리, 많은 아이들이 "시한폭탄" 효과 없이 심각한 고난을 극복하고 성장했다는 것을 발견하였다.

초기 회복탄력성 연구의 대부분은 개인의 특성과 성향에 초점을 맞추었으며, 느긋한 기질과 높은 지능이 회복탄력성에 도움이 되지만 필수적이지는 않다는 것을 발견했다. 그러한 특성은 타인으로부터 더 긍정적인 반응을 얻고 대처 및 문제 해결 능력을 촉진하는 경향이 있다. 더 중요한 것은 높은 자존감과 자기효능감, 희망과 개인적 통제력이 성공적인 대처를 더 가능하게 만드는 반면, 무력감은 한 가지 역경에서 다른 역경으로 이어질 확률을 증가시킨다는 것이다(Rutter, 1987).

스트레스와 대처에 관한 연구(Lazarus & Folkman, 1984)는 여러 정신적 및 신체적 질환에서의 스트레스 상황의 영향을 조사하고 생리적 과정을 중재하며 높은 스트레스를 받는 개인이 적응적으로 대처하고 건강을 유지할 수 있도록 하는 성격 및 인지 방식을 연구하였다. 강인함에 대한 연구(Maddi, 2002)에서는 (1) 자신이 경험하는 사건을 통제하거나 영향을 미칠 수 있다는 믿음, (2) 자신의 삶의 활동에 깊이 관여하거나 헌신할 수 있다고 느끼는 능력, (3) 더 많은 발전을 위한 흥미진진한 도전으로서의 변화에 대한 기대라는 세 가지 일반적인 특성을 확인했다.

널리 인용되고 있는 안톤노프스키Antonovsky(1998)의 연구는 일관성의 감각a sense of coherence—자신의 삶의 도전이 이해될 수 있고, 의미가 있으며, 관리할 수 있다는 믿음—이 숙달을 가능하게 하고 삶의 질을 향상시킨다는 것을 발견했다(3장 참조). 워너Werner의 연구(Werner & Smith, 2001)에 따르면, 회복탄력성이 있는 청소년들의 효과적인 대처를 위한 핵심 구성 요소는 그들이 역경을 극복할 수 있다는 자신감이었다. 혼란스러운 가정환경 속에서도 그들은 고등학교 시절까지 일관성을 발전시켰고, 장애물을 극복할 수 있으며 운명을 통제할 수 있다는 믿음을 유지했다. 그들은 회복탄력성이 없는 이들보다—상황을 만들 수 있는 능력에 대한 낙관적인 믿음인—내적 통제locus of control를 가질 가능성이 훨씬 더 높았다. 그들은 노력과 관계를 통해 자신의 능력과 더 나은 삶에 대한 희망을 발전시켰다.

머피Murphy(1987)는 회복탄력성이 있는 아이들의 "낙관적 편향"을 설명하며, 많은 아이들이 "회복에 대한 희망과 믿음을 위한 어떤 단서라도"(pp. 103-104) 붙잡으며, 이는 이들이 성공에 기여할 수 있는 모든 생각과 자원을 적극적으로 동원하게 한다고 언급한다. 역학 연구에서 테일러Taylor(1989)는 "긍정적 환상positive illusions"—생명을 위협하는 질병과 같은 상황을 극복하는 데 대한 선택적으로 긍정적인 편향—을 가진 사람들이 다른 사람들보다 더 잘 지내는 경향이 있음을 발견했다. 그러한 믿음은 암울한 예후에도 불구하고 희망을 유지할 수 있게 한다. 셀리그만Seligman(1990)의 "학습된 낙관주의learned optimism"에 대한 연구도 회복탄력성에 대한 우리의 이해를 돕는다. 그의 초기 연구인 "학습된 무기력learned helplessness"에서는 개인이 자신의 행동이 예상대로 보상과 연결되지 않을 때 수동적이 되어 문제 해결을 포기하도록 조건화될 수 있음을 발견하였다. 셀리그만은 이후 개인이 자신의 노력이 성공을 가져올 수 있다고 믿게 되는 숙달 경험을 통해 낙관주의를 배울 수 있음을 보여 주었다(3장 참조).

다중 위험과 보호 요인의 역동적 상호작용: 생물심리사회적 영향

다양한 불리한 조건—빈곤한 환경, 만성 질환, 재난적 삶의 사건, 트라우마, 상실—에 대한 연구가 확대됨에 따라 연구자들은 회복탄력성의 출현에서 본성nature과 양육nurture 간의 상호작용을 인식하게 되었다(Sameroff, 2010). 회복탄력성은 개인적, 대인관계적, 사회경제적, 문화적 영향을 포함한 여러 위험 및 보호 과정의 지속적이고 역동적인 상호작용을 포함한다는 것이 점점 더 분명해졌다(예: Cicchetti, 2010; Garmezy, 1991; Rutter, 1987). 최근 신경생물학 분야(Cozolino, 2014; Feder, Nestler, & Charney, 2009; Siegel, 2012; Southwick & Charney, 2012) 및 후생유전학 분야(Kim-Cohen & Turkewitz, 2012; Spotts, 2012)의 회복탄력성 연구는 개인의 취약성이나 스트레스 상황의 부정적인 영향이 긍정적인 대인적 및 환경적 영향에 의해 상쇄될 수 있으며, 이는 신경학적, 생리학적, 심지어는 유전적 변화를 초래할 수 있음을 확인하고 있다.

관계는 회복탄력성을 증진한다

특히, 지지적인 유대의 긍정적인 영향은 개인의 회복탄력성에 대한 연구에서 두드러지게 나타났다(Walsh, 1996, 2003). 전 세계적으로 역경에 직면한 아동에 대한 연구는 가장 중요한 긍정적인 영향이 그들을 믿고, 그들과 동일시 할 수 있으며, 그들을 옹호해 주고, 어려움을 극복할 수 있는 힘을 줄 수 있는 중요한 성인과의 밀접하고 배려하는 관계임을 발견하였다(Coles, 1967). 그들의 회복탄력성은 최소한 한 명의 부모, 보호자 또는 확대가족이나 사회적 세계에서의 지지적 성인이 있을 때 더욱 커진다(Ungar, 2004). 워너가 강조한 것처럼 자존감과 자기효능감은 무엇보다도 지지적인 관계를 통해 촉진된다(Werner & Smith, 2001). 그녀의 기념비적 종단 연구(후에 설명됨)에 등장한 모든 회복탄력성이 있는 아이들은 "기질적 특이성, 신체적 매력, 또는 지능에 상관없이 그들을 무조건적으로 받아 주는 최소한 한 명의 사람이 있었다"(p. 512). 그들은 자신이 의지할 수 있는 사람이 있으며, 그 사람이 자신의 노력, 유능감, 그리고 자존감을 키워주고 강화해 준다는 것을 알고 있었다. 멘토와의 관계를 통해 격려받은 많은 이들은 특별한 관심사나 기술(예: 목공, 예술, 창작 글쓰기)을 발전시켜 자신의 유능감, 자신감, 그리고 숙련도를 향상시켰다.

몇 가지 초기 연구는 가족 조직과 정서적 분위기가 아동의 회복탄력성에 미치는 긍정적인 기여에 초점을 맞추었으며(Hauser, 1999; Rutter, 1987; Werner & Smith, 2001), 안전한 애착, 따뜻함, 애정, 정서적 지원 그리고 명확하고 합리적인 구조와 한계를 가진 권위 있는 양육의 중요성을 강조하였다(4장 참조). 더불어 연구들은 가족 간의 상호작용을 통해 전달되는 공유된 신념 체계shared belief systems와 중요한 정보의 강력한 영향력을 제시했다(3장, 5장 참조). 부모가 위기 사건과 혼란스러운 전환에 대해 이해하고 소통하는 것은 아동의 적응을 중재하며 아동이 경험의 의미를 어떻게 해석하는지에 영향을 미친다(Kagan, 1984). 만약 부모가 이러한 기반을 제공할 수 없다면, 형제자매, 조부모, 친척 등 다른 가족 구성원과의 관계가 이러한 기능을 수행할 수 있다.

어려운 시기에 사회적 지원의 중요성은 충분히 보고되어 있다. 친구, 이웃, 교사, 코치, 성직자 및 기타 멘토는 개인의 회복탄력성을 위한 격려를 제공한다(Rutter, 1987). 어려운 가정에서 성장한 회복탄력성 있는 아이들은 종종 사회 환경에서 영향력 있는 성인들과 특별한 유대감을 형성하고 적극적으로 그들을 찾는다. 그들은 관계를 현명하게 선택하는 법을 배우고 건강한 배우자를 선택하는 경향이 있다.

종합해 보면, 개인의 회복탄력성에 관한 연구는 관계적 관점의 중요성을 드러낸다. 그러나 대부분의 이론, 연구 및 실천은 회복탄력성의 관계적 맥락을 좁게 접근하여 일대일 관계에서 중요한 사람의 영향을 중심으로 다루어 왔다. 가족 연구와 개입 프로그램은 부모-자녀 애착 유대 및 양육 관행에 초점을 맞추는 경향이 있었다(예: Gewirtz, Forgatch, & Wieling, 2008).

회복탄력성에 대한 보다 완전한 이해를 위해서는 복잡한 상호작용 모델이 필요하다. 체계 이론은 개인의 적응을 가족 및 사회적 맥락에서 더 넓은 상호작용 과정에 내재된 것으로 확장하여, 시간에 따른 영향의 다양성과 상호성을 고려한다. 회복탄력성은 생애 전반에 걸쳐 그리고 세대를 넘어 관계와 경험의 망a web of relationships and experiences 속에 엮여 있다. 사회적 및 시간적 맥락에서 회복탄력성을 이해하기 위해서는 생태학적 관점과 발달적 관점이 모두 필요하다(9장 참조).

생태학적 관점

생태학적 관점에서는 위기와 회복탄력성에 영향을 미칠 수 있는 다양한 영역에 관심을 갖는다. 직계가족과 확대가족, 또래집단, 지역사회 네트워크, 학교 및 직장 환경, 그리고 더 큰 사회 시스템은 긍정적인 발달을 위한 중첩된 맥락으로 볼 수 있다(Bronfenbrenner, 1979). 또한 개인과 그 가족이 생존하거나 번영하는 정치적, 경제적, 사회적, 인종적 환경을 포함한 강력한 문화적 및 영적 영향(Falicov, 2012; Walsh, 2009d)을 고려한다(Rutter, 1987). 이러한 다층적 관점은 사회적 회복탄력성(Cacioppo, Reis, &

Zautra, 2011) 및 지역사회 또는 공동체 회복탄력성(Kirmayer et al., 2009; Landau, 2007; Saul, 2013)에 대한 최근의 관심에서 발전하고 있다. 역동적 체계 관점에서 이들은 개인과 가족에 영향을 미치는 단순한 외부 힘이나 요인이 아니다. 다층적 체계 관점은 가족 구성원들이 사회 환경과의 관계를 탐색하고 협상하는 과정에서 발생하는 가족 교류 과정의 적극적이고 지속적인 상호작용을 고려한다(Ungar, 2010).

특정 위험 요인과 보호 요인은 함께 발생하는 경향이 있다. 예를 들어, 부적절한 학교, 주거 불안정, 일자리 및 의료 서비스 접근성 부족으로 안전하지 않은 지역에서의 빈곤 상태는 위험의 "악순환vicious cycles"을 상호 강화하는 반면, 더 나은 학교, 안정된 주거, 경제, 의료 및 사회적 자원이 있는 안전한 지역에서는 "선순환virtuous cycles"이 형성된다.

회복탄력성이라는 개념이 공공 정책에 잘못 사용되어 사회적 지원을 보류하거나 불평등을 유지하는 데 사용되지 않도록 주의가 필요하다. 이는 성공이나 실패가 개인이나 가족의 강점이나 결핍에 의해 결정된다는 합리화로 이어질 수 있다. 즉, 회복탄력성이 있는 사람은 어려움을 극복하고, 흔들리는 사람들은 회복탄력성이 없다고 간주한다. 취약한 아동과 가족의 회복탄력성을 강화하여 그들이 "역경을 극복"할 수 있도록 하는 것만으로는 충분하지 않다; 불리한 조건을 개선하기 위해 더 큰 시스템 개입을 포함한 다층적 접근이 필요하다(Seccombe, 2002).

발달적 관점

발달적 관점은 회복탄력성을 이해하는 데 필수적이다(9장 참조). 대처와 적응은 일련의 고정된 특성보다는 시간이 지남에 따라 달라지는 다층적 과정과 영향을 포함한다(Masten, 2014). 대부분의 스트레스 형태는 단순한 단기적 단일 자극이 아니라 과거의 역사와 미래의 경과를 포함하는 변화 상태의 복잡한 집합이다(Rutter, 1987). 이러한 복잡성을 감안할 때 단일 대처 반응이 항상 가장 성공적이지는 않다. 특정 시점에서 잘 작동하는 적응적 접근 방식이 나중에 다른 문제를 대처하는 데 유용하지 않을 수 있다. 새로운 도전에 대응하기 위해서는 다양한 대처 전략과 실행 가능한 전략 중에서 선택할 수 있는 능력이 중요하다.

만성 질병과 장애, 발달 전환과 역할 스트레스, 사랑하는 사람의 죽음, 이별과 이혼,

재혼 가족 형성, 장기 실업과 경제적 불안정, 학대와 방치, 전쟁과 집단학살, 그리고 지역사회 재해(예: Lietz, 2013) 등의 문제를 해결하기 위한 대처 및 적응에 대한 연구가 점점 더 많이 진행되고 있다. 스트레스가 많은 삶의 사건은 시의적절하지 않거나 예상치 못한 상황, 상태가 심각하거나 지속되는 경우, 여러 스트레스 요인이 누적 효과를 생성하는 경우 기능에 부정적 영향을 미칠 가능성이 더 높다.

개인과 가족 발달에 대한 생애주기 관점은 시간이 지남에 따른 회복탄력성의 역동적인 특성을 이해하는 데 필요하다(9장 참조). 성인이 역경을 극복하는 능력에 있어서 초기 생애 경험의 역할은 이전에 가정했던 것보다 덜 중요할 수 있다. 성인기 전반에 걸쳐 개인을 추적한 연구에 따르면, 회복탄력성은 초기 아동기나 특정 시점의 스냅사진snapshot을 기반으로 단번에 평가할 수는 없다(Vaillant, 2002). 사람은 유연하고 다차원적 생애 경로를 가진 발달하는 유기체이다(Falicov, 1988).

워너Werner의 회복탄력적인 청소년에 대한 종단 연구(Werner & Smith, 2001)는 시간이 지남에 따라 삶에서 여러 내적 및 외적 보호 요인을 포함하는 회복탄력성의 복잡한 상호작용 관점을 뒷받침하는 풍부한 증거를 제공한다. 30년에 걸친 회복탄력성에 대한 주목할 만한 이 연구는 하와이 카우아이Kauai 섬에서 가난과 어려움 속에 살아가는 다민족/다인종 농장 노동자 자녀인 아동 약 700명을 추적하였다. 이들 중 3분의 1은 심각한 건강 문제부터 가족의 알코올 중독, 폭력, 이혼 또는 정신질환에 이르기까지 최소 네 가지 추가 위험 요인에 조기에 노출되어 "위험에 처한" 것으로 분류되었다. 18세가 되었을 때, 위험에 처한 아동의 약 3분의 2가 예측한 대로 조기 임신, 정신 건강 서비스 필요, 학교나 법적 문제로 인해 좋지 않은 성과를 보였다. 그러나 3분의 1은 다양한 기준으로 평가했을 때 "잘 일하고, 잘 놀고, 잘 사랑할" 수 있는 유능하고 배려 있고 자신감 있는 젊은 성인으로 성장하였다. 이후 중년기까지의 추적 조사에서도 거의 모든 이들이 여전히 성공적인 삶을 살고 있었다. 많은 이들이 덜 힘든 배경을 가진 카우아이 아동들보다 더 나은 성과를 보였고, 더 많은 이들이 안정적으로 결혼 생활을 유지하였으며 이혼이나 실업자는 더 적었다. 특히, 과거의 트라우마 경험이 사람들을 미래의 재앙적 사건에 더 취약하게 만든다는 가정에 반하여, 섬의 대부분을 파괴한 끔찍한 허리케인 이니키Iniki로 인한 트라우마 영향을 받은 사람들은 더 적었다.

그들은 이전 연구자들이 모성의 영향과 핵가족 내 한부모에 의한 피해에 너무 좁게 초점을 맞추어 형제자매와 확대 가족 네트워크의 다른 구성원들의 중요성을 놓쳤다고 결론지었다. 대부분의 어린이는 돌봄을 제공하는 적어도 한 명의 보호자, 종종 할머니, 손위 여성형제, 이모 또는 다른 친척과의 초기 유대감을 통해 좋은 출발을 하였다. 나쁜 출발이 반드시 나쁜 결과를 결정짓는 것은 아니었다. 다양한 지지적 관계의 역할은 모든 연령대에서 매우 중요했다.

중요한 것은 아이들이 초기의 방치, 버림받음, 또는 발달 지연을 극복하고 입양이나 교사와 같은 특별한 멘토 관계를 통해 나중에 양육적 돌봄을 받으면서 꽃을 피우기 시작했다는 것이다. 회복탄력적인 청소년들은 학창시절 내내 확대가족과 지역사회의 지원 네트워크를 적극적으로 구축했다. 주목할 점은 모든 연령대에서 남성보다 여성이 역경을 극복한 비율이 더 높았다는 것이다. 소녀들은 더 유순하게 자라며 지원 관계를 더 쉽게 찾도록 교육받고, 소년들은 강하고 자립적으로 자라도록 가르침을 받기 때문에 성별에 따른 사회화가 일정 역할을 할 수 있었을 것이다. 또한 종종 어려운 가족 생활 때문에, 가사일과 형제자매 돌보기를 통해 조기 책임을 맡으면서 역량이 개발되었을 수 있다.

워너Werner와 스미스Smith는 인생 초기 경험 때문에 "돌에 새겨진" 것은 아무것도 없다는 사실을 발견했다. 18세에 회복탄력성이 있는 것으로 확인된 몇몇 개인들은 30세가 되었을 때 상당한 문제를 겪기도 하였다. 그러나 가장 주목할 만한 발견은 회복탄력성은 일생의 어느 시점에서든 개발될 수 있다는 것이다. 예상치 못한 사건과 새로운 관계는 종종 부정적 사슬을 끊고 새로운 성장을 촉진한다. 위험에 처한 아이들 중 3분의 2가 청소년기에는 문제가 있었고 회복탄력성이 없었지만, 그 중 절반은 30세가 되었을 때 스스로를 바로잡았다. 비행 행위가 범죄의 삶으로 이어지지 않았고, 많은 이들이 안정된 결혼생활을 하고 좋은 직업을 갖고 있었다. 이러한 경우들에서, 그들은 자신이 곤경에 빠졌을 때 어떤 성인이 그들에게 관심을 가져 주었다고 보고한다. 또한 그들은 좋은 결혼, 만족스러운 일, 군 복무 또는 종교 단체 참여 등의 중요한 전환점을 표현하였다. 그러한 발견은 회복탄력성 중심의 실천 접근 방식에서의 핵심 신념을 뒷받침한다. (1) 불행한 과거를 가진 사람들은 성인기 동안 자신의 삶을 바꿀 수 있는 잠재력을 가지고 있다. (2) 중요한 새로운 관계와 참여가 변화를 가져 올 수 있다.

워너와 스미스의 결론은 위험에 처한 아동에 대한 많은 연구(Luthar, 2006; Masten, 2014)에서 반복되어 나타나며, 지지적 연결망의 유익한 효과를 강조한다. 수년에 걸친 긍정적인 상호작용은 긍정적인 삶의 경로 또는 상향 나선형upward spirals에서 상호 강화

효과를 가진다. 회복탄력성이 있는 여러 경로를 사용하면 하향 나선형downward spiral은 인생의 어느 시점에서든 전환될 수 있다.

가족 회복탄력성

가족 회복탄력성은 기능적 체계로서의 가족이 역경을 견디고 회복하는 능력으로 정의된다(Walsh, 2003). 중요한 가족 과정은 스트레스가 많은 상황을 중재하고 가족과 가족 구성원이 위기를 극복하고 장기적인 어려움을 이겨낼 수 있도록 돕는다. 트라우마 사건과 스트레스의 누적은 이러한 과정을 방해할 수 있다. 위기의 영향을 직접적으로 받지 않는 가족 구성원들도 가족의 반응에 영향을 받으며, 이는 관계 네트워크 전반에 걸쳐 여파를 미친다(Bowen, 2004). 가족이 혼란스러운 삶의 도전에 어떻게 대처하고 관리하며, 스트레스를 완화하고, 효과적으로 재조직하며, 삶을 계속해 나가는지는 모든 가족 구성원의 즉각적이고 장기적인 적응과 가족 단위의 생존 가능성에 큰 영향을 미칠 것이다.

가족 회복탄력성은 가족이 스트레스에 직면했을 때 처음과 시간이 지남에 따라 상황에 적응하면서 따르는 경로와 관련이 있다(Hawley & DeHaan, 1996). 회복탄력성이 있는 가족은 상황, 발달 단계, 위험 요인과 보호 요인의 상호작용, 그리고 가족의 공유된 관점에 따라 다양한 방식으로 불리한 조건에 긍정적으로 반응한다. 맥커빈 등McCubbin & McCubbin(1993)은 가족 회복탄력성의 모델을 처음 제안하였으며, 이 모델에서는 질병에 대한 긍정적인 적응 또는 부적응이 다음의 요인에 따라 달라진다고 보았다. (1) 증가된 스트레스에 대한 취약성, (2) 현재 가족의 문제 해결 능력, (3) 가족이 스트레스에 부여하는 의미, (4) 지원 자원의 존재. 부적응은 스트레스 요인의 증가로 이어질 수 있으며, 가족의 기능을 위기로 몰아넣을 수 있다.

가족 피해에서 가족 도전으로

정신 건강 분야에서 임상 훈련, 실습 및 연구는 압도적으로 결핍 중심deficit-focused이었다. 가족에 대한 관심은 개인의 기능에 있어서 문제의 원인이나 유지 요인을 찾는 경향이 있었다. 정신분석 및 애착 이론은 주로 초기 아동기에서 모성/돌봄자 유대의 역할에 초점을 맞추어 가족의 영향을 결정론적이고 환원주의적으로 바라보는 관점을 조장하였다. 초기 가족 체계 이론은 시간에 따른 광범위한 관계 네트워크로 시각을 확장했지만, 처음에는 역기능적 가족의 교류 과정에 초점을 맞추는 경향이 있었다. 소위 "역기능 가정의 성인 자녀"라고 알려진 관점은 거의 모든 가족을 실패와 비난의 대상으로 만들었고, "생존자survivors"들이 관계를 끊도록 장려했다. 개인의 회복탄력성에 대한 좁은 초점은 임상의들이 개인 생존자를 구하려고 시도하게 만들었고, 그들 가족의 잠재력을 연구하지 않으며, 많은 문제 있는 가족들을 절망적으로 간주하게 만들었다. 임상 분야가 병리학에 깊이 뿌리 내리고 가족의 결함에 대한 철저한 조사와 가족의 강점에 대한 무시로 가득 차 있는 상황에서, 나는 반농담으로 "정상적인" 가족이란 아직 임상 평가를 받지 않은 가족으로 정의될 수 있다고 말하기도 한다.

체계 지향적 가족 치료사들은 이론과 실제를 결핍 기반에서 강점 기반 관점으로 점차 재조정해 왔다(Goldenberg & Goldenberg, 2013; Walsh, 2014b). 가족 회복탄력성 틀은 이러한 발전을 기반으로 하며 모든 강점 기반 실천 모델에 유용하다. 가족 회복탄력성 접근의 특징은 역경에 대처하는 데 있어 강점에 초점을 맞춘다는 점이다. 이는 고통받는 가족을 손상된 존재로 보는 시각에서 그들이 어떻게 도전받고 있는지를 이해하는 방향으로 우리의 시각을 전환한다.

역경으로 어려움을 겪는 가족의 강점

가족 회복탄력성 접근은 모든 가족이 그들의 다양성과 극심한 스트레스에도 불구하고 어떻게 생존하고 재생하며 삶을 살아가는지를 이해하려고 노력한다. 위기와 도전 속에도 가족이 스스로 회복하고 성장할 수 있는 잠재력을 확인한다.

가족 회복탄력성에 대한 나의 관심은 1970년대 정신과 병원에 입원한 가족들과 "정상"(즉, 비임상) 청년들과의 초기 연구 경험에서 시작되었다(Walsh & Anderson, 1988). 정상 대조군에서 관찰한—지역사회 내 평범한—가족들의 활력과 다양성은 정상 가족이 지루하고 단조롭다는 이미지에 반하는 것이었다. 가장 인상적인 것은 여러 부모들이 어린 시절에 심각한 역경을 겪었음에도 불구하고 건강한 가족을 형성하고 유지하며 자녀를 성인으로 잘 키웠다는 것이다. 다른 새로운 연구와 함께, 이러한 사례들은 어린 시절 트라우마를 겪은 사람들이 평생 상처받는다는 전통적인 임상 가정에 의문을 제기한다. 특히 주목할 만한 것은, 아래 사례에서 마르시와 톰, 그리고 그들의 다섯 자녀가 보여 준 강점으로, 이들의 개인 및 가족 회복탄력성이 여러 세대를 걸쳐 서로 얽혀 있다는 점이다.

마르시는 원가족에서 세 자녀 중 한 명으로, 아버지의 심각한 음주 문제, 반복되는 실직, 그리고 7세 때 가족으로부터 버림받은 경험에 대해 이야기했다. 재정적 어려움과 '깨진 가정'이라는 사회적 낙인에도 불구하고, 그녀는 매우 건강하게 성장했다. 그녀는 자신의 회복탄력성은 그녀의 어머니가 만들어낸 강한 가족 단위, 형제자매 간의 강한 유대, 그리고 힘든 시기에 어머니의 대가족이 제공한 확고한 지원 덕분이라고 생각했다.

어린 시절의 경험을 통해 마르시는 견고한 결혼 생활과 가족을 만들겠다는 자신의 깊은 결심을 설명했다. 톰에게 끌린 이유를 묻자, 그녀는 즉시 "첫째, 나는 술을 마시지 않는 남편을 원했어요. 둘째, 나는 내 아이들을 위해 항상 곁에 있어 줄 아버지를 원했어요"라고 답했다. 그녀는 의식적으로 강한 가족을 찾아 결혼했다. 톰은 안정된 가정에서 자란 여섯 형제 중 한 명으로 헌신적인 남편이었다. 그는 그녀의 "할 수 있다"는 정신에 끌렸고, 그녀의 가족이 역경을 이겨내는 능력을 존경했다. 그들은 함께 자녀를 잘 키웠으며, 서로 다른 방식으로 강한 양육 모델과 지지하는 친족 네트워크를 제공하는 양쪽의 확대 가족과 소중한 관계를 유지했다.

또한 나의 연구는 "심각하게 문제가 있는" 범주로 분류된 임상 사례에서도 회복탄력성이 나타날 수 있음을 보여 준다. 가족 구성원의 정서적 붕괴와 같은 위기는 가족에게 필요한 변화에 대한 인식을 일깨울 수 있다. 다음 사례에서 아들의 정신적 위기는 아버지가 같은 나이에 겪었던 과거의 트라우마로 인해 촉발되었다.

여름에 유럽 여행 중 18세 마틴은 급성 정신 질환 에피소드를 경험했고, 집으로 돌아와 입원하게 되었다. 후에 매우 제한된 가족 면담 후, 그의 어머니는 나와의 개별적 만남을 요청했다. 그녀는 남편이 폴란드에서 유대인 난민으로서 겪었던 홀로코스트 경험에 대해 이야기했다. 18세였던 그는 나치가 형의 머리에 총을 쏘아 죽이는 것을 목격하고, 부모님이 끌려가 죽음을 맞이하는 모습을 보았다. 그는 강제 수용소 경험을 견뎌내고 미국으로 이민하여 의사가 되었다. 첫 데이트에서 그녀는 그의 팔에 새

> 겨진 수용소 번호를 보고 그의 경험에 대해 물었다. 그는 너무 눈에 띄게 흔들려서 그녀는 다시는 그것에 대해 묻지 않았다. 문신으로 새겨진 숫자는 눈에 띄었지만, 그들의 아이들이 자라나는 동안 그의 과거는 결코 언급되지 않았다. 그를 보호하기 위한 암묵적인 가족 규칙은 견딜 수 없는 기억과 감정을 말할 수 없게 만들었다. 마틴이 18세가 되었을 때, 그의 아버지가 준 놀라운 생일 선물은 유럽 여행이었다. 마틴은 여행을 떠났지만, 아버지에게 끔찍한 일이 그곳에서 일어났다는 것을 알고 있어 즐길 수 없다는 내용을 담은 편지를 썼다. 부모는 답장을 하지 않았다. 마틴은 아우슈비츠에 가려고 했지만, 가는 도중에 무너져 내렸고 비논리적이며 망상적인 상태가 되었다.
>
> 이 위기는 전환점이 되었다. 이 가족은 오랫동안 비효율적인 패턴에 의해 엄격하게 지배받는 가족에서도 회복탄력성이 나타날 수 있다는 것을 가르쳐 주었다. 마틴이 아버지가 트라우마를 경험했던 시점에 도달했을 때, 말할 수 없었던 것들이 드러나기 시작했다. 이후의 가족 회기에서 아버지는 자신의 이야기를 나누었고, 아내와 자녀들은 그를 포옹하고 위로했다. 가족 구성원들은 아버지에 대한 오랜 걱정과 그를 고통스럽게 하고 싶지 않았던 마음에 대해 존중받았다. 그는 더 이상 예전처럼 취약하지 않으며, 그들의 침묵이 더 이상 필요하지 않다고 확인했다. 이 "선물"은 소통을 열고 오래된 단절을 재통합할 기회로 재구성되었다. 1년 후 가족과의 후속 상담에서 부모가 아버지의 가족이 있는 폴란드의 고향을 방문했으며, 이는 그에게 엄청난 치유가 되었고 부부의 유대감을 깊게 했다. 마틴은 대학에서 잘 지내고 있었고, 특히 커뮤니케이션 전공을 하고 있다는 점이 인상적이었다.

나의 연구 경험은 임상 작업의 방향을 가족의 결핍에서 벗어나 치유와 성장을 생성하는 가족 과정에 대한 이해와 촉진으로 근본적으로 변화시켰다. 치료사로서 우리는 가족을 만나는 어떤 시점에서든 회복탄력성을 위한 새로운 경로를 활성화하는 데 도움을 줄 수 있다.

가족 회복탄력성 틀의 장점

최근 수십 년 동안의 체계 지향 가족 과정 연구는 효과적인 부부 및 가족 기능 평가를 위한 실증적 근거를 제공해 왔다(Lebow & Stroud, 2012). 그러나 가족 척도와 유형은 정적이고 비맥락적인acontextual 경향이 있으며 상호작용 패턴의 스냅사진을 제공하지만,

종종 시간에 따른 그리고 사회적 환경에서의 가족의 스트레스 요인, 자원 및 도전 과제의 연관성을 고려하지 않는다. 가족은 대개 위기 상황에서 도움을 요청하며, 이때 고통과 규범에서의 차이가 가족 병리의 징후로 간주되기 쉽다.

가족 회복탄력성 틀은 여러 가지 장점을 제공한다. 가족 회복탄력성은 첫째, 스트레스, 위기에 대한 반응, 장기간의 역경 속에서 형성된 강점에 초점을 맞춘다. 둘째, 모든 가족이나 그들의 상황에 맞는 단일한 건강한 기능 모델은 존재하지 않는다고 가정한다. 기능은 각 가족의 가치, 구조적 · 상황적 · 관계적 자원과 제약, 그리고 직면한 도전에 비추어 맥락에서 평가된다. 셋째, 가족 구성원의 최적의 기능과 웰빙을 위한 과정은 가족생애주기와 세대를 거치며 역경을 경험하면서 진화하므로 시간이 지남에 따라 달라진다.

대부분의 가족이 이상적인 모델에 미치지 못할 수도 있지만, 가족 회복탄력성 관점은 모든 가족이 역경을 통해 회복탄력성과 긍정적 성장을 이룰 수 있는 잠재력을 가지고 있다는 깊은 신념에 기반하고 있다. 심각한 트라우마를 경험했거나 매우 어려운 관계를 가진 가족조차도 생애주기와 세대를 거쳐 치유와 변화를 이룰 수 있다. 이러한 관점은 가족이 어려움을 극복하고, 서로의 관계를 강화하며, 긍정적인 변화를 이끌어낼 수 있는 능력을 강조한다. 회복탄력성은 단순히 위기를 견디는 것이 아니라, 그 과정에서 배우고 성장하는 능력으로 이해될 수 있다.

가족 회복탄력성의 핵심 과정

가족 회복탄력성 틀은 [그림 1-1]에 나타나 있으며, 이는 실무자들이 고위험 상황에서 스트레스와 취약성을 줄이고, 위기에서 치유와 성장을 촉진하며, 가족이 지속적인 역경을 극복할 수 있게 힘을 부여할 수 있도록 핵심 가족 과정을 식별하고 목표설정을 안내하기 위해 개발된 개념적 지도이다. 이 틀은 회복탄력성과 효과적인 가족 기능에 기여하는 중요한 변수를 이해하기 위한 30년 이상의 임상 및 사회 과학 연구에 기반하고 있다(Walsh, 2003, 2012a). 연구 문헌에 대한 조사와 연구 및 실무 경험을 바탕으로, 나는 가족 회복탄력성에서 아홉 가지 주요 프로세스를 식별하고 이를 가족 기능의 세 가지 영역인 가족 신념 체계family belief systems, 조직 과정organizational processes, 그리고 의사소통과 문제 해결 과정communication problem-solving processes으로 개념적으로 정리했다. 이 아

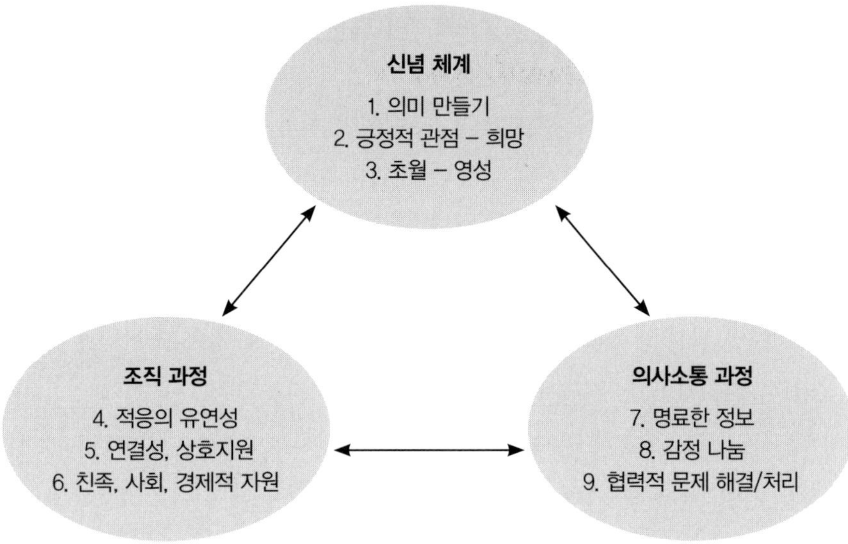

[그림 1-1] 가족 회복탄력성의 핵심 과정

홉 가지 핵심 과정은 각 영역 내에서, 그리고 영역 간에 상호작용하며 상승 효과를 발휘한다.

이는 "회복탄력성이 있는 가족"의 유형론이나 고정된 특성 집합을 의미하는 것이 아니라는 점을 강조하는 것이 중요하다. 오히려 이는 가족이 접근하고 얻을 수 있는 강점과 자원을 포함하는 역동적인 과정이다. 실무자들은 개입 및 예방 노력에서 핵심 과정을 평가하고 목표로 삼을 수 있다. 다양한 과정은 서로 다른 불리한 상황과 다양한 사회적 및 문화적 맥락에서 더(또는 덜) 관련성이 있거나 유용할 수 있다. 가족 구성원들은 그들의 가치, 자원, 도전 과제 및 목표에 따라 회복탄력성의 다양한 경로를 설정할 수 있다.

이 책은 효과적인 가족 기능의 핵심 과정과 구성요소를 식별하고 강화할 수 있는 균형을 맞추려고 시도한다(3~5장 참조). 동시에 각 가족의 사회문화적 및 발달적 맥락과 다양한 도전에 대처하는 데 필요한 특정 강점에 주의를 기울인다(9~14장 참조)

실천을 위한 가족 회복탄력성 지향

이 책에서 제시된 가족 회복탄력성 메타 프레임워크meta-framework는 역경에 직면한 가족을 위한 인적 서비스 방향 설정에 유용한 지침이 될 수 있다. 가족 회복탄력성 지향은 임상 및 지역사회 서비스에서 다양한 위기 상황, 혼란스러운 전환, 다중 스트레스 조건에 유용하게 적용될 수 있다. 체계적 평가는 가족 중심일 수 있지만 청소년, 부모 또는 보호자와의 개인 및 집단 작업을 포함할 수 있다. 다층적 체계 관점을 실천에 옮기면, 개입은 의료 제공자, 지역사회 기관, 종교 단체, 직장 환경, 학교, 청소년 사법 및 기타 더 큰 시스템과의 조정 및 협력을 포함할 수 있다(8장 참조). 회복탄력성에 대한 체계 관점은 개인, 부부 및 가족이 위기와 장기적인 역경을 극복하고 적응하는 데 도움을 주기 위한 모든 노력에서 필수적이다. 가족은 아동과 성인, 그리고 그들의 공동체에서 회복탄력성을 증진하기 위한 노력에서 소홀히 여겨진 자원이다. 가족 회복탄력성 실천 접근은 가족 생활의 도전에 대한 연민 어린 이해를 촉진하고, 회복탄력성의 생명선인 넓은 친족 네트워크에서 인식되지 않은 자원을 찾으며, 가족을 기능적 단위로 강화한다.

가족 치료 분야에서 우리는 성공적인 개입이 치료사의 기술만큼이나 가족의 자원을 활용하는 데 달려 있다는 것을 깨달았다. 가족 회복탄력성 틀은 심각한 삶의 도전에 대처하기 위한 가족의 역량을 강화하는 노력을 안내하는 연구 기반의 개념적 지도와 실천 원칙을 제공한다. 회복탄력성 기반 접근은 문제로 가득 찬 삶을 사는 매우 취약한 가족에 대한 개입에서도 가족 잠재력이 모든 개입 방향을 결정할 수 있다는 일련의 신념에 기초하고 있다. 가족 구성원 간의 협력을 장려하여, 어려움 속에서도 새로운 능력, 상호지원, 그리고 이겨낼 수 있다는 공동의 자신감을 구축하도록 돕는다. 이 접근은 가족에게 힘을 주는 환경을 조성한다. 구성원들은 함께 함으로써 위기와 도전을 극복할 수 있는 능력을 얻고, 공동의 노력과 자원으로 성공을 경험한다. 공유된 성공 경험은 가족의 자부심과 효능감을 높여 주어 이후의 삶의 적응을 보다 효과적으로 대처할 수 있게 한다.

이러한 긍정적이고 실용적인 실천의 틀은 제기된 문제를 해결하면서 가족 기능을 강화하기 위한 개입을 안내한다. 이 접근은 문제 해결을 넘어 문제 예방을 지향하여 가족을 회복시킬 뿐만 아니라 미래의 도전에 대비할 수 있도록 준비시킨다. 제기된 특정 문제에 대한 해결책이 미래의 문제 상황과 관련이 없을 수 있지만, 회복탄력성을 위한 주요 교환 과정을 구축함으로써 가족은 예기치 않은 문제를 처리하고 위기를 피하는 데 더 많은 자원을 활용할 수 있게 된다. 따라서 가족 회복탄력성을 강화하는 모든 개입은 예방 조치이기도 하다.

다양한 회복탄력성 연구와 건강한 가족 과정에 대한 체계 기반 연구는 우리가 가족 회복탄력성을 강화하기 위한 핵심 과정을 강화하는 데 필요한 강점과 취약점을 식별하고 개입을 목표를 세우는 데 도움을 줄 수 있다. 2부 3장부터 5장은 세 가지 영역인 신념 체계, 조직 과정, 의사소통/문제 해결 과정으로 구성된 핵심 요소에 대한 개요를 제공한다. 이러한 과정은 가족이 자신의 가치, 구조, 자원 및 삶의 도전에 맞추어 다양한 방식과 정도로 표현될 수 있다.

요약하자면, 체계 이론에 기반 한 몇 가지 기본 원칙이 가족 회복탄력성의 기초 역할을 한다.

- 회복탄력성은 복잡하고 다차원적이며 다층적이고 역동적인 특성을 가지고 있다. 이는 개인, 가족, 사회문화적, 제도적 영향이 생애주기와 세대를 거쳐 상호작용하는 것으로, 맥락적으로 가장 잘 이해되고 촉진된다.
- 위기 사건과 지속적인 스트레스는 전체 가족과 모든 구성원에게 영향을 미치며, 개인 기능의 어려움뿐만 아니라 관계 갈등과 가족 붕괴의 위험을 초래한다.
- 가족 과정은 모든 구성원, 그들의 관계 및 가족 단위의 생존 가능성에 대한 불리한 상황의 영향을 중재한다.
- 부적응 반응은 개인의 기능 장애, 관계적 고통, 가족 붕괴의 위험과 취약성을 높인다. 역동적인 가족 과정은 스트레스를 완화하고, 강점을 구축하며, 긍정적인 적응을 촉진하기 위해 자원을 동원함으로써 회복탄력성을 키운다.
- 모든 개인과 가족은 회복탄력성을 강화할 잠재력을 가지고 있으며, 최선의 노력을 다하도록 격려하고, 핵심 과정을 강화하며, 자원을 활용함으로써 그 잠재력을 극대화할 수 있다.

2장

변화하는 세계에서의 가족 다양성과 복잡성
: 회복탄력성의 다양한 도전과 경로

우리가 좀 더 풍요로운 문화를 이루고자 한다면……
우리는 인간 잠재력의 전체를 인식해야 하며,
각기 다른 인간의 재능이 적절히 자리를 찾을 수 있는
덜 임의적인 사회 구조를 만들어야 한다.

_ 마거릿 미드Margaret Mead, 《Blackberry Winter》

가족의 회복탄력성을 강화하기 위한 노력이 그 어느 때보다 필요하다. 가족은 급변하는 세상에서 전례 없는 도전에 직면하고 있다. 최근 수십 년 동안 일어난 심각한 사회적, 경제적, 정치적, 생태적 변화로 인해 가족과 그 주변 사회는 큰 전환을 겪고 있다. 가족 기능에 대한 우리의 이해와 실천 접근은 오늘날 가족들이 처한 사회문화적 맥락에서의 도전, 제약, 자원 및 가치에 맞춰져야 한다.

다양성과 복잡성의 증가

인구통계학적 추세는 가족 생활이 점점 더 다양하고 복잡한 패턴을 보이고 있음을 나타내며, 전통적으로 가족을 정의하는 데 사용되던 범주가 더 모호하고 유동적인 형태로 변화하고 있음을 보여 준다(Risman, 2010; Walsh, 2012c). 여기에는 다음과 같은 내용이 포함된다.

- 다양한 가족 구조와 가구
- 다양하고 더 유동적인 성 역할, 정체성 및 관계
- 문화적 다양성의 증가
- 광범위한 사회경제적 격차
- 다양하고 확장된 가족생애과정

여기에 보고된 대부분의 데이터는 미국의 인구통계를 기반으로 하지만, 이러한 패턴은 점점 더 널리 퍼지고 있으며, 특히 전 세계의 발전되고 급변하는 사회에서 더욱 그렇다.

다양한 가족 구조

수 세기 동안, 농촌 환경과 산업화 이전 사회에서 가족은 유연한 구조와 유동적인 경계를 가지고 있었으며, 밀접한 친족 및 사회적 유대는 가혹하고 불안정한 생활 조건에서 회복탄력성을 촉진하는 데 도움을 주었다. 부모의 조기 사망이 흔했기 때문에, 아이들은 종종 재혼 가정이나 다른 친족 가정에서 자랐다. 최근 몇십 년 동안 이주 패턴과 도시 지역의 핵가족 가정으로의 전환으로 인해 확장된 네트워크는 파편화되었다(Walsh, 2012c).

산업화와 도시화와 함께 등장한 핵가족 구조는 20세기 중반 미국에서 정점에 달했으며, 자급자족하는 가정으로 이상화되었다. 이 가정은 생계를 책임지는 남편과 가사 관리, 자녀 양육, 노인 돌봄에 전념하는 전업 주부로 구성된 온전한 두부모 가족 단위로 이루어져 있었다. 종종 이 구조는 확장된 친족 및 지역사회와의 연결에서 고립되고 경직된 폐쇄 시스템이 되어, 회복탄력성을 위한 관계 자원을 잃게 되었다. 가정과 직장이라는 성별로 구분된 영역, 그리고 부부 관계는 친밀감, 지원, 동반자 관계에 대한 모든 필요를 충족해야 한다는 비현실적인 기대는 결혼 불만족과 높은 이혼율에 기여했다. 여성의 노동력 참여 증가는 가족 생활에서 성 역할의 변화를 가져왔다.

오늘날 현대 가족의 재구성은 미국 내 다음과 같은 추세에서 볼 수 있듯이 다양하고 진화된 가족 문화와 구조를 보이고 있다.

맞벌이 가족

두부모 가정의 3분의 2 이상이 맞벌이 가정이며(Fraenkel & Capstick, 2012), 심지어 보통 수준의 생활을 유지하기 위해서는 두 사람의 급여가 필요하다. 수십 년간의 연구는 대다수의 아이들이 어머니가 집 밖에서 일할 때 고통받지 않는다는 것을 명확히 보여 준다. 어머니의 상황에 대한 만족도, 아이가 받는 돌봄의 질, 아버지와 다른 돌보미의 참여가 훨씬 더 중요한 요소이다. 그럼에도 불구하고 복잡한 일과 가족의 요구를 조율하려는 노력은 일상적인 가족 생활에 부담을 준다(Repetti, Wang, & Saxby, 2009). 유연한 근무 일정과 저렴하고 질 좋은 아동 돌봄 서비스는 대부분의 미국 가정에서 얻기 어렵다. 이는 일하는 부모를 지원하기 위해 여러 혜택과 서비스를 제공하는 유럽 사회와 대조적이다(Cooke & Baxter, 2010). 생계를 유지하고 아동 돌봄 및 가사 유지를 조직하기 위한 부모의 전략은 매우 중요하다. 어머니, 아버지 및 다른 돌보미가 경직된 성별 경계를 초월할 수 있도록 하는 유연한 배치는 가족이 예상치 못한 경제적 및 대인관계 위기에도 대처할 수 있도록 도와준다.

한부모 가족

미혼 또는 이혼한 부모(주로 어머니)가 이끄는 가정은 현재 모든 가정의 25% 이상을 차지하고 있다. 모든 아동의 거의 절반, 그리고 가난한 소수 민족 아동의 60% 이상이 적어도 어린 시절의 일부를 한부모 가정에서 생활할 것으로 예상된다(Anderson, 2012). 장기적인 빈곤, 질 낮은 양육, 그리고 건강 및 심리사회적 문제의 집합체와 관련된 높은 위험을 동반하는 미혼 10대 임신의 비율은 감소하고 있다. 적절한 양육 파트너를 찾지 못한 많은 독신 성인들이 혼자서 양육하기를 선택하고 있다. 비거주 아버지의 낮은 재정 지원과 자녀와의 관계 부족이 아동의 부적응에 가장 큰 영향을 미치는 요인이다. 자녀는 일반적으로 부모의 기능이 강력하고 재정적으로 안정된 한부모 가정에서 잘 지내는 경향이 있으며, 특히 확대 가족 및 비공식적인 친족 네트워크의 지원을 받을 때 더욱 그렇다.

이혼, 재혼, 재혼 가족

1970년대와 1980년대에 최고조에 달했던 이혼율은 오늘날 대부분의 첫 번째 결혼에서 현저히 감소했지만, 저소득 및 저학력 커플에서는 여전히 높은 수준을 유지하고 있다(Cherlin, 2010). 대부분의 이혼자들은 재혼을 하며, 이로 인해 재혼 가족이 점점 더 흔해지고 있다(Pasley & Garneau, 2012). 그러나 재혼 가족 통합의 복잡성은 이혼율을 높이는 데 기여한다. 이혼이 자녀에게 필연적으로 해를 끼친다는 주장은 위험과 회복탄력성에 대한 대규모의 신중하게 통제된 연구에서 입증되지 않았다(Greene, Anderson, Forgatch, DeGarmo, & Hetherington, 2012). 이혼 가정의 자녀 4명 중 1명 미만이 심각하거나 심각한 증상을 보인다(9장 참조).

입양, 위탁 및 친척 돌봄 가족

입양은 한부모 가정뿐 아니라 동성애자와 이성애자 커플에서도 증가하고 있다(Rampage et al., 2012). 아이들은 출생 부모에 대한 정보, 연락 옵션, 그리고 특히 다인종 및 국제 입양에서 그들의 문화 유산과 연결될 수 있도록 격려받는 열린 입양open adoptions에서 발달적으로 혜택을 받는 경향이 있다(Pertman, 2011; Samuels, 2010). 위탁보호에서는 형제자매를 함께 두고 여러 번의 배치로 인한 불안정성과 손실을 피하는 것이 최적의 배치로 여겨진다. 법적 후견인이든 비공식적인 방식이든 확대 가족 구성원에 의한 친족 돌봄이 선호된다(Engstrom, 2012). 가장 흔히, 할머니가 주요 돌보미 역할을 하며, 이는 종종 제한된 재정 자원과 과중한 부담으로 악화된 건강 문제를 안고 있다(13장 참조).

젠더 다양성, 동성 커플 및 양육

성 정체성과 성적 지향에 대한 개념화는 동성애자, 레즈비언, 양성애자, 트랜스젠더를 포함한 젠더 다양성 또는 젠더 변이gender variance[1]에 대한 보다 넓고 유동적인 이해로 확장되었다. 가족이나 사회적 네트워크의 수용은 성별 비순응 청소년과 성인들의 회복탄력성에 매우 중요하다(Oswald, 2002; Sanders & Krall, 2000). 동성 커플에 대한 수용이 증가하고 동성 결혼의 합법화가 확대됨에 따라 입양 및 다양한 방식을 통해 자녀를 양육하는 커플과 부모들의 장벽이 줄어들고 있다(Green, 2012). 낙인과 논란이 여전히 존재하지만, 20년 이상에 걸친 많은 연구는 레즈비언 및 게이 부모에게 양육된 아이

1 젠더 다양성 또는 젠더 변이gender variance는 젠더 비관행 또는 젠더 비순응gender nonconfrmity으로 표현되며, 전통적인 성별이분법에 벗어나는 성 정체성, 성 표현 및 행동을 포괄하는 용어이다. (역주)

들이 이성애 부모에게 양육된 아이들과 관계의 질, 심리적 웰빙 및 사회적 적응에서 동등한 성과를 보인다는 것을 보고한다(Biblarz & Savci, 2010). 공동 모친 가족에 대한 연구는 높은 수준의 공유된 책임, 의사결정 및 돌봄의 노력 같은 많은 강점을 발견했다. 성별 다양성 가족에서 자라는 것은 두 엄마 또는 두 아빠가 있는 가족 형성과 독특한 사회적 역동과 같은 특정한 차이를 포함한다. 공통점과 차이점을 모두 인정할 필요가 있다. 요약하자면, 연구는 부모의 성적 지향에 관계없이 양육 과정이 자녀의 발달 결과에 중요한 예측 변수임을 발견하였다.

결혼, 출산, 동거, 독신생활

결혼과 출산율이 감소하고 있으며, 첫 결혼과 출산의 평균 연령이 상승하고 있다. 많은 커플들이 자녀를 갖지 않기로 결정하고, 그들의 관계를 가족으로 정의한다. 미혼 파트너 간의 동거가 점점 더 보편화되고 있으며, 대부분은 동거를 결혼으로 가는 한 단계로 간주한다. 어떤 이들은 이혼이나 사별 후에 재혼을 선호하지 않고 함께 거주하며 비용을 나눈다. 동거로 흘러가는 커플들은 몇 년 내에 이별할 가능성이 더 높다. 동거하는 커플의 출산과 자녀 양육이 점점 더 일반화되고 있다. 미혼 어머니의 절반(즉, 법적으로 한부모)은 자녀의 아버지와 함께 살고 있다. 어떤 이들은 새로운 파트너와 함께 살며 현재와 과거의 관계에서 자녀를 갖고, 이들 자녀는 복잡한 가족 구조 속에서 의붓형제step-sibling 및 이복형제half-sibling 관계를 형성하고 있다. 다중 파트너 출산과 커플 관계 및 거주 형태의 불안정성은 자녀의 적응 문제 위험을 증가시킨다(Fomby & Cherlin, 2007).

경제적 압박으로 인해 많은 젊은 성인과 노부모들이 거주지와 자원을 결합하고 있지만, 더 많은 성인은 일정 기간 혼자 살고 있다. 커플들 사이에서 나타나는 새로운 경향은 "따로 함께 살기LAT: living apart together"로, 안정적인 친밀한 관계에 있는 파트너들이 직장 때문에 따로 살거나 거리를 두고 사는 것을 선호하는 것이다(Cherlin, 2010). 많은 성인들이 한 번 이상 결혼하거나 법적 결혼 없이 헌신적인 파트너십을 형성하는 경우가 많으며, 이는 종종 인생의 후반에 이루어진다. 다양한 구조와 서로 다른 제약 및 자원을 가진 가족들은 자신의 상황에 맞게 삶과 역할 기능을 조직해야 한다. 20년 이상의 연구는 가족과 그 자녀들이 다양한 친족 관계를 통해 번창할 수 있다는 명확한 증거를 제공하였다(Lansford, Ceballo, Abby, & Stewart, 2001; Walsh, 2012c).

다양한 성 역할

수 세기 동안(그리고 오늘날에도 많은 전통 문화에서) 결혼은 기능적인 측면에서 바라보았으며, 가족들은 경제적 및 사회적 지위를 바탕으로 결혼 상대를 정하였다(Coontz, 2005). 전통적인 가부장적 문화에서는 아내와 자녀를 남편과 아버지의 재산으로 간주하였으며, 남편과 아버지는 모든 주요 결정과 자원을 통제하는 권위를 가졌다. 남편이 친자관계와 (남성) 상속인을 확실히 하기 위해서, 가족의 명예는 아내의 절대적인 충실성과 결혼 가능한 딸들의 순결을 요구했다. 딸보다 아들을 더 가치 있게 여기는 것은 세계 여러 지역에서 소녀들의 학대와 생존에 파괴적인 결과를 초래했다.

농촌 지역에서는 가족과 일의 통합이 노동의 적극적 공유를 가능하게 했다. 산업화와 도시화가 진행되면서 가족의 일과 유급 노동은 집과 직장이라는 별개의 성별화된 영역으로 분리되었다. 경직된 성 역할과 권력 및 특권의 불균형은 배우자 및 부모-자녀 관계에 해로운 영향을 미쳤다(McGoldrick, Anderson, & Walsh, 1989). 최근 수십 년 동안 두부모가 가족 생활의 기쁨과 의무를 보다 공평하게 나누고, 유급 노동을 하며, 개인적인 성취를 추구할 수 있도록 일과 가족 역할을 확장하고 재조정하는 데 꾸준한 진전을 이루었다. 그러나 직장에서의 수입 격차와 가사, 자녀 양육, 노인 돌봄 책임에서 여성에게 불균형적으로 부과되는 부담 등 성별에 기반한 불균형은 여전히 지속되고 있다. 오늘날 대부분의 남성과 여성은 가족 생활에서 완전하고 평등한 파트너십과 참여를 원하고 있지만, 이러한 목표를 실현하는 것은 여전히 진행 중이다(Knudsen-Martin, 2012). 연구들은 성별 차이가 없는 동성 커플이 의사결정, 재정, 집안일, 자녀 양육 등 가족 기능의 모든 측면을 공유하는 데 훨씬 더 평등적이라는 일관된 결과를 보여준다(Goldberg, 2010; Green, 2012).

문화 다양성

오늘날 대부분의 사회에서 가장 두드러진 특징 중 하나는 문화적 다양성이 급격히 증가하고 있다는 점이다. 미국에서는 라틴계, 아시아계, 아프리카계 미국인 가정의 비율이 인구의 거의 절반에 이르렀으며, 향후 수십 년 동안 더욱 증가할 것으로 예상된다(미국 인구 조사국, 2014). 특정 지역에서 온 이민자들은 종종 단일한 집단으로 여겨지지만, 출신 국가, 인종 및 민족 정체성, 언어 패턴, 종교적 신념, 교육, 농촌 또는 도시 배경, 사회경제적 지위 등에서 뚜렷한 차이가 있다. 가족 네트워크는 이민자와 원주민 구성원이 복잡하게 얽혀 있는 혼합체이다. 최근의 경제적 불안정성과 테러에 대한 두려움은 비유럽 이민자와 소수자에 대한 인종 차별과 불관용을 심화시켜 그들의 적응 과제를 복잡하게 만들고 있다.

최근 연구는 이민 가족, 특히 초국적 가족은 두 세계에서 가족 유대와 문화적 연속성을 유지하는 이중 문화적bicultural이 될 때 적응적 도전을 극복하는 데 더 강한 회복탄력성을 보인다고 보고한다(Falicov, 2007, 2012, 2013). 부모는 자녀에게 그들의 친족과 공동체 뿌리, 언어, 민족 유산, 그리고 영적 가치에 대한 지식과 자부심을 가지고 양육할 것을 권장받고 있다.

다문화 사회에서 점점 더 많은 아이들과 가족들이 다민족적이고 다인종적이 되었다(Burton, Bonilla-Silva, Ray, Buckelew, & Freeman, 2010; Samuels, 2010). 인종 간 및 종교 간 결합이 점점 더 흔해지고 수용되며, 가족 내에서 다양성이 나타나고 있다(Walsh, 2010). 문화적 및 영적 다원주의의 함양은 공통점과 차이에 대한 상호 이해와 존중을 통해 가족과 사회를 활력 있게 하는 힘의 원천이 될 수 있다.

사회경제적 격차와 더 큰 사회적 세력

사회적 및 경제적 상황은 결혼과 가족의 성공 또는 붕괴에 있어 매우 중요하다(Conger, Conger, & Martin, 2010). 많은 가족의 긴장과 불안정은 그들 주변의 더 큰 힘에 의해 발생한다. 직장에서의 스트레스는 가족 생활로 유입되어 지속적인 긴장을 생성한다(Repetti, Wang, & Saxbe, 2009). 상충하는 일과 가족의 요구는 시간의 제약을 만들어 내며, 가족 구성원들이 찾기 힘든 "양질의 시간"을 추구하면서 삶에 압박을 가한다. 많은 가족은 유해한 사회적 및 물리적 환경에 노출되어 있다. 종종 직업 시장의 힘으로 인해 발생하는 지리적 이동성은 가족과 공동체의 단절에 기여하고 있다. 많은 가족은 먼 직장이나 군 복무의 요구를 충족하기 위해 두부모 가정과 한부모 가정 사이를 반복적으로 확장하고 축소해야 한다.

부유층, 노동계급, 가난한 계층 간의 불평등 격차가 확대되었다. 열악한 경제 상황과 일자리의 불안정은 가족 형성, 안정성 및 복지에 치명적인 영향을 미친다. 노동자가 일자리를 잃을 때, 다수는 불확실한 시기를 불안하게 헤쳐 나간다. 경제가 산업 및 제조업 부문에서 서비스 및 기술 부문으로 이동함에 따라, 교육, 직업 기술, 고용 기회가 제한된 사람들은 가장 큰 타격을 입는다(8장 참조). 새로운 "결혼 격차"는 증가하는 소득 격차와 점점 더 일치하고 있으며, 인종, 민족, 사회경제적 및 교육적 차이가 두드러지고 있다(Cherlin, 2010; Fincham & Beach, 2010). 다소 암울한 수입 전망을 가진 사람들은 결혼할 가능성이 낮고 이혼할 가능성이 높다. 지속적인 실업과 반복적인 직업 전환은 약물 남용, 가족 갈등 및 폭력, 노숙, 그리고 가난한 한부모 가정의 증가를 촉진할 수 있다. 아동의 삶의 기회는 차별, 이웃의 쇠퇴, 열악한 학교, 범죄, 폭력, 기회의 부족과 같은 만성적인 조건들로 인해 악화된다. 양질의 의료 서비스에 대한 접근 부족과 유해한 환경 조건, 이웃 폭력, 약물 남용, HIV/AIDS의 위험은 기대 수명을 심각하게 단축시킨다.

그러나 가난한 가정을 문제 가정과 동일시하는 것은 잘못된 일이다. 100,000개 이상의 가정에 대한 데이터를 바탕으로 한 전국 조사에 따르면, 비록 가난한 가정이 사회경제적 불이익을 경험하더라도, 그들은 관계의 친밀함, 함께하는 식사, 외출, 그리고 영적 실천과 같은 많은 강점을 가지고 있다고 보고된다(Valladares & Moore, 2009). 강한 확대 가족 유대는 저소득 가정, 특히 지속적인 가난과 차별의 조건을 극복하기 위해 고군분투해 온 아프리카계 미국인 및 이민자 가정에서 회복탄력성을 키우는 데 기여한다(Boyd-Franklin, 2004; Boyd-Franklin & Karger, 2012).

아폰테Aponte(1994)가 강조한 것처럼, 가난하고 비율적으로 소수인 가정의 정서적 및 관계적 문제는 그들의 사회경제적 및 정치적 맥락 내에서 이해되어야 한다. 이들은 더 큰 사회적 혼란에 취약하며 스스로를 보호할 수 없다. 힘든 경제 상황에서는 "사회가 흔들릴 때, 가장 가난한 시민들이 휘둘리며 종종 짓밟히게 된다"(p. 8). 엄청난 구조적 불균형은 부자와 가난한 사람 사이에 광대한 간극을 지속시키며, 생계를 유지하기 위해 고군분투하는 가정의 취약성을 증가시킨다. 그들이 번영하기 위해서는 더 큰 사회와 그 제도적 지원에서의 구조적 변화가 필수적이다.

개별 수준의 개입이 가장 취약한 아동을 구하는 데 초점을 맞추는 대신, 교육, 소득 및 삶의 기회에서 지속적인 격차를 좁히기 위한 정책과 구조적 변화를 목표로 하는 다층적 체계 접근 방식이 필요하다.

다양하고 확장된 가족생애과정

전 세계적으로 사회가 급속히 고령화됨에 따라, 4대, 5대 가족이 점점 더 흔해지고 있다. 두 개 또는 세 개의 헌신적인 장기적 관계와 함께 동거 및 독신 생활의 기간이 점점 더 일반화되고 있다(Fincham & Beach, 2010; Sassler, 2010). 오늘날 높은 이혼율에도 불구하고, 대부분의 사람들은 여전히 낙관적이다. 그들은 로맨틱하고 헌신적인 관계를 갈망하며, 만약 그들의 시도가 실패하거나 필요가 변화하면 다시 시도한다. 독신 성인과 자녀가 없는 커플은 가정 내외에서 다양한 친밀한 관계와 중요한 친족 및 우정의 유대를 형성한다.

우리의 가족에 대한 관점은 생애주기의 다양한 경로로 확장되어야 하며, 각 가족의 독특한 선호와 도전을 반영하는 더 넓은 범위의 선택, 삶의 단계 및 전환을 포함해야 한다. 많은 성인과 그 자녀들은 관계를 형성하고 분리하며 재구성하는 과정에서 다양한 가족 구조를 경험한다. 회복탄력성을 키우기 위해 그들은 이러한 전환을 탐색하고 복잡하고 유동적인 가정 및 친족 관계에서 성공적으로 살아가는 방법을 배워야 한다 (9장 참조).

가족의 복잡성

가족 기능에 대한 다원적 이해가 필요하며, 이는 먼 과거와 전 세계의 문화에서 가족이 다양한 구조를 가지고 있었으며, 효과적인 가족 과정과 관계의 질이 아동의 복지에 가장 중요하다는 것을 의미한다. 다양한 구성의 가족은 기능을 위한 서로 다른 구조적 제약과 자원을 가지고 있다. 역할 관계가 변화함에 따라, 맞벌이 가구는 자신의 상황에 맞게 가정과 가족 생활을 조직해야 한다. 한부모 가정은 양부모 가정과는 다르게 조직해야 한다. 재혼 가족은 가정과 복잡한 확대 가족 네트워크를 연결해야 한다.

이상적 가족에 대한 시대에 뒤떨어지거나 비현실적인 모델은 가족들에게 결핍감과 실패감을 더할 수 있다. 아버지의 참여가 증가하고 조부모 및 기타 돌봄 제공자들이 가족 생활에 적극적으로 기여하고 있음에도 불구하고, 여전히 그들이 "도와준다"거나 일하는 어머니 또는 부재 중인 어머니를 대신한다는 전제가 남아 있다. 여전히 어머니는 자녀의 복지에 대한 주요 책임을 져야 한다고 기대된다. 우리의 언어와 선입견은 온전한 핵가족 모델에 부합하지 않는 관계 패턴을 병리화하거나 낙인찍을 수 있다.

한부모 가정이 본질적으로 결함이 있고 해롭다고 일반적으로 가정된다. 종종, 아이의 문제는 "깨진 가정"이나 가정 내 아버지의 부재 때문이라 여겨진다. 심지어 "한부모 가정"이라는 용어조차도 비거주 부모나 돌보는 조부모 및 친족 네트워크의 중요한 역할을 모호하게 만들 수 있다. 경멸적인 표현인 "무책임한 아버지deadbeat dad"는 자녀에 대해 깊은 관심을 가지고 있으며 과거보다 더 많이 참여하고 책임감 있게 될 수 있는 많은 아버지를 폄하한다.

의붓부모나 입양부모에 의해 형성된 강한 유대는 인정받지 못하며, "진짜" 또는 "자연적인" 부모로 간주되지 않을 때 법적으로 위협받을 수 있다. 의붓부모 가족이 본질적으로 결함이 있다고 믿는 것은 종종 그들이 온전한 핵가족 모델을 모방하게 만들며, 이로 인해 경계를 강화하고 비거주 부모와의 관계를 끊으며, 즉시 잘 융합되지 않았을 때 실패했다고 느끼게 만든다.

가족 과정 연구는 다양한 가족 구조가 잘 기능할 수 있으며 어떤 구조도 본질적으로 건강하거나 병리적이지 않다는 것을 문서화하여 실무에 정보를 제공할 수 있다. 다음 장에서 제시하듯, 연구는 또한 가족이 회복탄력성을 증진하기 위해 어떤 과정을 강화할 수 있는지를 밝혀 준다. 주요 문제는 가족 내 및 가족 경계를 넘어서는 관계의 질, 구성원들이 그들의 삶에서 중요한 사람들로부터 버림받거나 해를 입거나 돌봄을 받는다고 느끼는지 여부, 그리고 긍정적인 유대감을 어떻게 강화할 수 있는지에 관한 것이다. 회복탄력성 기반 접근은 각 가족의 자원을 활용하고 그 잠재력을 토대로 성장한다.

집에 대한 갈망

오즈의 마법사에서 도로시처럼, 우리는 인생의 여정에서 집home과 같은 곳은 없다는 것을 발견한다. 시인 마야 안젤루Maya Angelou(2004)는 모두가 느끼는 이 강력한 집에 대한 그리움에 대해 언급한다. "가족", "집", "공동체"에 대한 갈망은 그 어느 때보다 강해졌으며, 이는 지속적인 세계 불안정성의 위협에 의해 더욱 고조되고 있다. 혼란스러운 시대에, 우리의 도전은 "집"의 관계적 의미를 확장하고 과거에서 미래로 나아가기 위한 새로운 지도를 만드는 것이다. 오늘날의 모바일 사회, 이주, 환경 파괴 속에서 사람들은 이전의 집으로 돌아갈 수 없다. 일부는 비협조적인 가정이나 공동체에서 도망친다.

대부분은 새로운 길을 개척하기 위해 최선을 다한다.

우리 시대의 도전은 집에 대한 비전을 재구성하고, 우리 모두가 미래에도 잘 살고 사랑할 수 있는 장소를 만드는 것이다. 우리가 "집에 있다"는 느낌을 받을 수 있고, 소속감을 느끼며, 사회적 환경에서 도움이 되는 유대와 자원이 있는 연결을 가질 수 있는 곳이다. 홈메이커homemaker의 개념을 확장하여, 새로운 우선순위와 함께 과거의 가치 있는 요소를 보존하거나 창의적으로 개조하여 이전 또는 새로운 환경에서 실현하는 집을 짓는 사람home builder이 될 수 있다. 집 짓기에 대한 이러한 아이디어는 직계 가족을 넘어서는 공동체의 의미와 경험으로 확장된다. 자아self에 대한 모든 개념과 세계의 구성은 근본적으로 관계의 산물이며, 우리의 상호의존성을 통해 의미 있는 삶이 가장 잘 유지된다(Bellah et al., 1985). "신성함과 마찬가지로 공동체는 우리가 믿기 때문에 현실이 되는 개념이다"(Bateson, 1994, p. 42). 그러므로 우리는 이 믿음에 따라 행동해야 하며, 이를 실천을 통해 재확인해야 한다.

가족의 변화: 회복탄력성 키우기

오늘날 가족은 구조, 성 역할 및 성적 지향, 문화적 및 사회경제적 영향, 생애주기 패턴에서의 다양성과 복잡성이 증가하면서 변화를 겪고 있다. 가족 학자들이 강조하듯이, 다양한 가족 형태를 측정하는 기준으로 단일 모델을 사용하는 것은 적절하지 않다. 증가하는 다양성은 차이에 대한 관용을 넘어 다양한 가족의 방식에 대한 존중을 필요로 하며, 그들의 독특성과 공통점을 인식하는 포용적 다원주의를 요구한다. 사실, 우리의 먼 과거와 전 세계 대부분의 문화에서 가족은 그들의 필요와 가치에 맞게 다양한 친족 관계를 구성해 왔다.

변하지 않는 것은 관계의 중심성과 근본적인 필요성이다. 대부분의 사람들은 여전히 사랑하고 헌신적인 유대가 삶에서 가장 중요한 행복과 충족의 원천이라고 생각한다. 사람들이 잘 기능하고 위기에 회복탄력적인 건강한 가족을 어떻게 구축하고 유지할 수 있을지 확신하지 못한다. 그럼에도 불구하고 대부분의 성인은 가족의 미래에 대해 낙관적이다. 대다수는 자신의 가족을 삶에서 가장 중요하고 만족스러운 요소로 여기며, 어린 시절의 가족과 비슷하거나 더 가까운 관계로 보고 있다.

오늘날 대부분의 가족들은 놀라운 회복탄력성을 보여 주며, 자신의 상황을 최대한 활용하고 창의적으로 가족 생활을 재구성하고 있다. 그들은 다양한 가정 및 친족 관계를 구성하면서 자원과 도전에 맞는 새로운 관계 전략을 고안하고, 인간의 연결성에 대한 새로운 모델을 발명하고 있다. 대부분은 먼 거리에서도 강한 확대 가족 관계를 유지하고 가까운 친구들과의 친족 관계를 찾고 있다. 많은 이들이 주류 제도적 구조 밖에서 공동체와 영성을 추구하며, 다양한 전통의 의미 있는 요소들을 엮어 자신의 삶에 맞추고 있다(D'Amore & Scarciotta, 2011; Walsh, 2010).

스테이시Stacey(1990)의 노동계급 가족에 대한 문화기술적 연구에서 이혼의 경험을 고통스럽고 쓰라린 분리와 자원의 상실로부터 새로운 파트너, 이전 파트너, 부나 모가 다른 여러 명의 자녀, 의붓 친척 및 친구들을 포함한 실행 가능한 친족네트워크로, 즉 생존과 번영을 위해 협력하는 가정과 지원 시스템으로 재구성하려는 대담한 시도는 특히 인상적이었다. 이러한 가족들이 "비전통적"이라고 간주되는 것은 아이러니한 일이다. 그들의 유연성, 다양성 및 공동체는 과거의 다양한 가정과 느슨하게 연결된 친족에서 발견되는 회복탄력성을 떠올리게 하기 때문이다.

오늘날 격동적인 세계 상황 속에서 우리의 삶은 예측할 수 없고 압도적으로 느껴질 수 있다. 많은 가족이 가족 구성과 환경적 맥락의 변화로 인해 실제적이고 상징적인 상실을 경험하고 있다. 이러한 많은 불연속과 알 수 없는 상황은 상당한 긴장을 초래할 수 있다. 그러나 이러한 압력과 위협에 굴복하기보다는 로버트 리프턴Robert Lifton(1993)이 주장하듯 인간은 놀라울 정도로 회복탄력성이 있다. 그는 우리의 곤경과 반응을 그리스 신 프로테우스Proteus에 비유한다. 프로테우스가 위기에 대응하여 형태를 바꿀 수 있었던 것처럼 우리는 새로운 심리적 · 사회적 · 가족적 구성을 만들어내고, 새로운 옵션을 탐색하며, 삶의 과정에서 여러 번 우리의 삶을 변화시킨다. 마찬가지로 메리 캐서린 베이트슨Mary Catherine Bateson(1994)은 적응이 "혼란스러워 보일 수 있는 새로움과의 만남에서 나온다"고 제시한다(p. 8). 통찰력과 창의성을 향상시키는 강렬한 다중적 시각이 필요하다. 우리는 순간의 요구에 완전히 준비될 수는 없지만, 베이트슨은 우리가 불확실성에 맞설 수 있도록 강화될 수 있다고 주장한다.

> 즉흥improvisation의 질은 불확실성 속에서 살아가는 오늘날 점점 더 많은 삶을 특징짓고 있으며, 대안에 대한 암시로 가득 차 있다. 빠르게 변화하고 상호의존적인 세계

> 에서 단일 모델은 실행 가능성이 낮아지고 계획은 실패할 가능성이 더 높아진다. 여러 모델을 결합하려는 노력은 갈등과 오해의 재앙을 초래할 위험이 있지만, 어떤 전통적인 모델에 맹목적으로 고수하려는 노력은 그 모델을 따르는 개인뿐만 아니라 그 개인이 속한 전체 시스템, 나아가 그 삶과 연결된 모든 다른 생명 시스템에도 재앙을 초래할 위험이 있다(1994, p. 8).

특정 가족의 미래를 알 수 있다면, 치료사와 다른 도움을 주는 전문가들은 그 가족이 필요한 모든 기술과 태도를 갖출 수 있도록 준비시킬 수 있을 것이다. 그러나 그러한 안정성이나 확실성은 결코 존재하지 않았다. 대신, 모호함ambiguity이 삶의 본질이며, 이는 제거될 수 없다. 우리는 가족들이 복잡성 속에서 일관성을 찾도록 도와야 한다. 베이트슨의 적절한 은유에 따르면, "우리는 춤에 참여하도록 부름을 받았고, 그 춤의 스텝은 그 과정에서 배워야 한다. 불확실성 속에서도 우리는 우리의 스텝에 책임을 져야 한다"(1994, p. 10).

거겐Gergen(1991)은 우리가 다양한 인간 경험의 다원성을 인식하게 될 때, 각 민족 공동체, 정치 집단, 경제 계층이 각기 제한적이고 부분적인 관점을 가지고 있으며, 자신만의 방식으로 세상을 구성한다는 것을 보기 시작한다고 제시한다. 우리는 진리, 객관성, 권위에 대한 안전하고 확실한 주장과 의미의 중심으로서의 자아 개념을 잃을 수 있다. 그러나 그는 우리가 서구 문화에서 거의 알려지지 않은 것, 즉 관계의 현실, 중심성, 그리고 근본적인 필요성을 얻을 수 있다고 주장한다.

소용돌이치는 혼란과 격변 속에서, 우리는 변화와 함께 지속성을 유지하고 복잡성과 불확실성 속에서 일관성을 얻음으로써 가족들이 극복할 수 있도록 도와줄 수 있다. 작은 승리의 과정 속에서 가족들은 역량과 자신감을 쌓아간다. 또한, 베이트슨(1994)이 강조하듯이, 가족들은 그들이 하는 모든 일에서 "한 손으로는 아이를 엉덩이에 들쳐 안고, 다른 손으로는 일을 하면서 미지의 문을 여는 어머니처럼(p. 9)" 평생 학습의 과정을 계속하도록 격려 받아야 한다. 다양한 역할을 결합하고 새로운 도전을 수용하는 능력은 배울 수 있다. 가족 회복탄력성 접근은 이러한 비전과 기술을 장려한다. 위기와 도전은 인간 상태의 일부이며, 우리가 어떻게 반응하느냐가 가족의 웰빙과 성공적인 적응에 큰 차이를 만들 수 있다.

가족의 정의: 광범위하고 다원적인 관점

가족은 세대와 가정 내외의 친족 관계의 복잡한 망으로 구성되어 있으며, 시간이 지남에 따라 진화하고 변화한다. 가족 체계는 전체 다세대 네트워크를 포함하며, 혈연, 법적, 역사적 유대; 공식적 및 비공식적 친족 관계; 거주 패턴; 그리고 미래의 약속에 의해 정의될 수 있다(6장 참조). 많은 토착 문화에서는 공식적 친족과 비공식적 친족, 즉 결혼이나 입양으로 인한 "자연적natural" 가족 구성원 간의 구분을 하지 않는다(Robbins, 2015). 시누이는 자매이며, 할아버지의 형제는 할아버지라고 불릴 수 있다. 가족 과정은 가족 단위의 통합과 유지, 그리고 가족 구성원, 특히 아동, 노인 및 기타 취약한 구성원의 성장과 웰빙을 위한 필수 작업을 수행할 수 있는 능력을 지원한다.

전문가로서 우리는 자신의 세계관에서 가져오는 가족의 정상성, 건강 및 기능 장애에 대한 암묵적인 가정에 대해 인식해야 한다. 이는 우리의 문화적 기준, 개인적 경험 및 임상 이론에 기반한다. 정상성과 건강에 대한 우리의 관점은 사회적으로 구성된다(Walsh, 2012c). "정상" 가족에 대한 널리 퍼진 문화적 이상은 가족이 건강하고 성공적인지 판단하는 기준이 된다. 비순응 가족이 병리적이라고 여겨지고 낙인이 찍히면 그들의 적응은 더 어려워진다. 비임상 가족에 대한 연구 경험에서 많은 이들이 자신이 잘하고 있는지에 대해 걱정했고, 어떤 이들은 자신이 부족하다고 판단될까 두려워 참여를 거부했다. 이는 임상 실천에서 일반적으로 "저항"으로 명명되는 것에 대한 관점을 제공했다. 가족들은 종종 기능 장애나 결핍으로 판단받는 것을 두려워하여 도움을 요청하지 않는다. 그들은 과거에 그러한 비난이나 수치심을 느낀 경험이 있을 수 있다. 이러한 필터링된 렌즈를 통해 우리는 내담자과 함께 가족에서 "발견"되는 문제와 결핍을 구성하며, 건강한 기능에 대한 잘못된 선입견에 묶인 치료 목표를 설정할 위험이 있다. 따라서 가족 평가, 문제 상황을 정의하고 설명하는 방식, 성공 또는 실패, 치료 목표에 영향을 미치는 자신의 신념을 검토하는 것이 필수적이다.

시대의 도전에 가족들이 대처할 수 있도록 돕기

'가족 가치family values'에 대한 공적 담론에서 문화적 및 구조적 차이에도 불구하고 대다수의 가족이 헌신, 책임, 상호지원이라는 강한 전통적 가치를 지니고 있다는 점을 염두에 두어야 한다. 그러나 오늘날의 가족들은 직장과 가정의 요구를 충족시키기 위한 압박에서부터 직업 안정성, 의료 보장 및 퇴직 혜택에 영향을 미치는 경제적 불안정성에 이르기까지 압도적인 도전에 직면하며 어려움을 겪고 있다. 부모들은 전쟁과 테러 공격에서부터 폭력, 성차별, 인종차별의 문화적 전파에 이르기까지 더 큰 힘이 자녀에게 미치는 영향에 대해 걱정하고 있다. 개인과 가족의 복지를 위한 삶의 질 문제는 최전선에 있으며, 이는 더 많은 공동체 참여, 영적 의미, 사회 정의, 환경에 대한 관심에 대한 욕구가 포함된다.

우리가 현대의 가족 삶에 더 실행 가능한 접근 방식을 만들어 갈수록, 우리의 가족과 사회는 개인과 가족의 복지를 증진하기 위한 새로운 성장과 변화를 경험할 수 있다. 이러한 시도는 엄청난 제도적 저항을 극복해야 한다. 가족의 회복탄력성을 지원하기 위해 우리는 직장 안전과 유연성을 위한 더 큰 시스템 변화와 창의적인 전략을 요구해야 하며, 적절하고 저렴한 건강 관리와 아동 및 노약자를 위한 양질의 데이케어를 제공해야 한다. 우리의 도전은 새로운 가족의 현실과 도전에 대응하는 사회적 및 경제적 정책, 그리고 임상 및 지역사회 서비스를 만드는 것이다.

가족이 심각한 삶의 위기와 도전에 직면할 때, 가족 회복탄력성의 개념은 생존하고, 회복하며, 성장할 수 있는 잠재력을 확인해 주며, 강점 중심의 접근을 위한 귀중한 틀을 제공한다. 가족은 다양한 자원, 도전, 적응 전략을 가지고 있기 때문에 가족 회복탄력성에는 여러 경로가 존재한다. 주요 과정에 대한 이해를 갖춘 임상가와 지역사회 기반 전문가들은 어려움을 겪고 있는 가족과 위험에 처한 가족에서 회복탄력성을 구축하는 자원을 동원할 수 있다. 최근 수십 년 동안 수행된 방대한 연구를 정리하여, 3~5장에서는 회복탄력성의 이러한 핵심적이고 역동적 과정을 설명하고 예시를 제공한다.

2부

회복탄력성의 핵심 가족 과정

STRENGTHENING FAMILY RESILIENCE

3장

신념 체계
: 회복탄력성의 핵심과 근원

마음 깊은 곳에서 나는 믿습니다.
언제가 우리는 이겨낼 것입니다!

_ 미국 시민권 운동의 찬가

신념 체계는 모든 가족 기능의 핵심에 있으며, 회복탄력성의 강력한 힘이다. 우리는 경험에 의미를 부여하고 이를 우리의 사회적 세계, 문화적 및 영적 신념, 다세대의 과거, 그리고 미래에 대한 희망과 꿈과 연결지으며 위기와 장기적인 역경에 대처한다. 가족이 그들의 문제와 선택지를 어떻게 바라보느냐에 따라 대처와 숙달 또는 기능 장애와 절망 사이의 모든 차이가 나타날 수 있다. 이 장에서는 심각한 삶의 도전에 직면한 가족의 회복탄력성을 촉진하는 핵심 신념을 식별하기 위해 연구와 실천 지식을 활용한다.

경험에 기반한 서구 세계관에서는 종종 "보는 것이 믿는 것이다"라고 말한다. 증명하기 위해서는 증거가 필요하다. 북미 원주민들은 "우리는 무엇인가를 보기 위해 그것를 믿어야 한다"고 말할 것이다(Walsh, 2009d). 신념은 우리가 삶을 살아가면서 세상을 바라보는 렌즈이며, 우리가 보는 것과 보지 않는 것, 그리고 우리의 인식을 어떻게 해석하는지에 영향을 미친다(Wright & Bell, 2009). 신념은 우리가 누구인지, 그리고 우리의 경험을 어떻게 이해하고 의미를 부여하는지의 핵심에 있다. 우리의 핵심 신념은 세속적이든 신성하든, 미지의 광대함 속에서 우리를 고정시키며, 우리의 현실을 정의한다.

신념 체계는 가치, 확신, 태도, 편견 및 가정을 광범위하게 포함하며, 이는 감정적 반응을 유발하고, 결정을 알리며, 행동을 안내하는 기본 전제를 형성한다. 촉진적 신념은 문제 해결, 치유 및 성장의 옵션을 증가시키는 반면, 제약적 신념은 문제를 지속시키고 옵션을 제한한다(Wright & Bell, 2009). 우리가 가치 있고 성공할 잠재력이 있다고 믿는 긍정적 신념은 위기 상황에서 우리를 결집시키는 데 도움이 될 수 있다. 우리의 필요가 "이기적"이거나 중요하지 않다고 믿는 것은 이타적인 돌봄이나 끊임없는 양보로 이어질 수 있으며, 이는 우리를 고갈시키고 죄책감이나 원망을 남길 수 있다. 어떤 신념은 상황에 따라 더 유용할 수 있다. 어떤 신념은 특정 문화 내에서 더 사회적으로 바람직하거나 수용 가능할 수 있다. 신념과 행동은 서로 얽혀 있으며, 행동과 그 결과는 신념을 강화하거나 변화시킬 수 있다.

공유된 신념 체계

신념은 사회적으로 구성되며, 중요한 타인 및 더 큰 세상과의 상호작용을 통해 지속적으로 진화하는 과정이다(Gergen, 1991; Hoffman, 1990). 유사한 사건뿐만 아니라 사건의 의미를 유사한 방식으로 해석하고 구성할 때 공통점을 경험한다. 함께 살고 존재함으로써 서로의 믿음에 영향을 미친다. 공유하는 신념 체계에 의해 가족, 직업 및 공동체 내에서 정체성을 발전시킨다. 우리는 우리에게 강력한 영향을 미치는 많은 신념에 대해 거의 인식하지 못한 채 삶을 살아간다.

각 가족의 공유된 신념은 문화적 가치에 뿌리를 두고 있으며, 시간이 지남에 따라 사회적 세계에서의 위치와 경험에 의해 영향을 받는다(Hess & Handel, 1959). 가족은 세상이 어떻게 작동하는지와 그들 자신의 위치에 대한 공유된 신념을 구성한다(Reiss, 1981). 이러한 패러다임 또는 도식schemas(Dattilio, 2005)은 가족 구성원이 사건과 행동을 어떻게 보고 해석하는지에 영향을 미친다. 가족 신념 체계는 일관성을 제공하고 경험을 조직하여 구성원이 위기 상황을 이해할 수 있도록 한다. 그것은 서로를 이해하고 새로운 도전에 접근하는 데 의미 있는 방향을 제공한다. 공유된 신념은 가족생애주기와 다세대 관계망을 통해 발전하고 재확인되거나 변화한다.

잘 기능하는 가족에서는 구성원들이 일치하는 신념 체계를 공유하면서도 서로 다른 관점에 대해 개방적인 태도를 유지하며, 인간 경험을 각 개인과 상황에 따라 주관적이고 독특한 것으로 이해한다. 가족, 그 구성원, 그리고 그들의 환경은 시간이 지남에 따라 변하기 때문에 모든 신념이 공유되지는 않는다. 예를 들어, 형제자매는 비공유 경험에서 비롯된 서로 다른 관점을 가질 수 있으며, 유전적 소인, 출생 순서, 성별, 가족 역할, 관계 역학, 그리고 중요한 사건의 시기에 의해 영향을 받을 수 있다. 그럼에도 불구하고 가족 체계 내의 지배적인 신념—그리고 그 문화—은 기능적 단위로서의 가족이 역경에 대처하는 방식에 가장 큰 영향을 미친다.

가족 규범과 정체성

이러한 공유된 신념은 패턴화되고 예측 가능한 규칙을 통해 가족 규범을 형성하며, 이는 상호작용을 조직하고 가족 생활을 안내한다. 이러한 규칙은 명시적이든 암묵적이든 관계, 역할, 행동 및 결과에 대한 기대를 제공한다. 핵심 신념은 가족 정체성과 대처 전략의 근본적인 요소로, "우리는 힘든 상황에서도 절대 포기하지 않는다" 또는 "남자는 울지 않는다"와 같은 규칙으로 표현된다. 시간이 지남에 따라 상호 기대는 재평가되고 규칙은 변화하는 필요와 제약에 따라 수정된다. 예를 들어, 장애로 인해 가장으로서 부모의 역할이 어려워지는 경우가 해당한다. 가족의 의식과 일상은 가족 정체성과 신념을 확인하고 전달한다(Imber-Black, 2012). 이러한 의식과 일상은 혼란 속에서도 연속성을 유지하며, 공유된 전통과 기대를 통해 과거, 현재, 미래를 연결한다(4장 참조).

우리의 신념은 깊은 사회적 및 문화적 뿌리를 가지고 있어, 맥락을 벗어나 이를 인식하고 언급하는 것은 어렵다. 모로코에서 생활하고 일하는 동안의 경험은 내가 아는 문화와는 매우 다른 문화에 몰입하게 했을 뿐만 아니라, 내 문화로 돌아왔을 때 내가 속한 사회 세계에 대한 새로운 관점을 가져다 주었고 당연하게 여겨졌던 가족 패턴과 성별 제약에 대해 의문을 제기하게 되었다. 베이트슨Bateson(1994)이 관찰한 바와 같이, 대조적인 관점이나 외부인의 시각에서 보면, 익숙한 패턴이 선택과 변화의 대상으로 접근 가능해질 수 있다.

신념 체계의 구축: 스토리텔링과 내러티브 일관성

의미 만들기meaning-making는 우리가 세상과 그 안에서의 위치를 이해하기 위해 구성하는 이야기narrative를 통해 발생한다(Freedman & Combs, 1996). 이야기하기storytelling는 모든 시대와 장소에서 개인의 기대와 행동을 안내하는 문화적 및 가족적 신념을 전달하는 역할을 해 왔다. 수 세기 동안, 모로코 사람들은 마라케시Marrakech의 활기찬 시장인 제마 엘 프나J'maa el F'na 주변에 모여 삶과 사랑, 비극적인 고난과 코믹한 구제, 인간의 결점과 영웅주의에 대한 이야기를 듣기 위해 이야기꾼 주위에 모였다. 이 이야기들은 종종 의상과 몸짓으로 극적으로 연기되며, 베르베르 드럼에 의해 위험과 승리가 강조된다. 전 세계의 이야기와 연극처럼 이야기는 개인의 도덕, 가족의 가치, 삶의 도전에 대처하기 위한 적응 전략을 전달한다.

자아와 타인을 이해하는 전통적인 방식에 혼란을 일으키는 문화적 변화는 삶의 이야기에서 일관성과 완전성에 대한 우려를 증대시킨다(Geertz, 1986). 오늘날의 기술 발전으로 결혼과 가족 생활에 대한 이미지와 이야기가 전 세계적으로 전파된다. 이들은 좋은 남편이나 아내, 아버지나 어머니, 아들 또는 딸이 되는 것, 삶에서 성공하거나 실패하는 것에 대한 가치와 우려를 강력하게 형성하고 반영한다. 위성 및 인터넷을 통한 이러한 묘사는 종종 지역 생활과 이상하게도 불일치한다. 놀랍지 않게도, 문화 인류학자들은 변화하는 규범과 빠르게 변화하는 세계에서 자신의 불확실한 위치에 도전받는 젊은이들의 삶의 이야기에서 여러 가지 상충하는 정체성을 발견한다.

다세대의 가족 이야기와 의례 전승은 급변하는 환경 속에서 안정성과 연속성을 위한 지속적인 가치와 전통을 전달한다. 가족의 문화유산과의 연결을 보존하는 것은 특히 이민 가족에게 중요하며, 그들은 지배 문화에 동화하는 압박 속에서 그들의 정체성, 공동체성, 자부심을 쉽게 잃을 수 있기 때문이다(Falicov, 2012, 2013). "두 세계" 사이에 살고 있는, 종종 어느 쪽에도 속하지 않는다고 느끼는 초국적transnational 가족에게 팔리코프Falicov는 그들이 부서진 마음broken heart 대신 "두 개의 마음two hearts"으로 살아가기를 권장한다. 그들 가족의 이주 경험에 대해 질문하는 것이 중요하며, 그들이 겪은 트라우마와 상실, 그리고 그들이 생존하고 재생하며 새로운 세계에서 길을 찾을 수 있게 해 준 회복탄력성의 원천에 주목해야 한다. 이러한 이야기를 회복하는 것은 중요한 연결감과 의미를 회복할 수 있으며, 그들 삶의 개별적인 실타래를 더 큰 전체로 엮어 나가면서 그들의 경험을 변화시킬 수 있다(11장, 14장 참조). 연구자 엘리자베스 스톤Elizabeth Stone은 미국의 새로운 이민자들과 그들의 미국 태생 자녀들이 들려 주는 가족 이야기가 출신 국가와의 연계를 유지하는 데 도움이 되며, 이중 정체성과 소속감을 강화한다고 밝혔다(Stone, Gomez, Hotzoglou, & Lipnitsky, 2005). 스톤은 가족 이야기를 가족 생활의

DNA로 간주한다.

이야기를 나누면서 우리는 개인적이고 집단적인 역사와 자신을 알게 되고, 더 큰 사회적 맥락과 그 안에서의 우리의 위치를 이해하기 위해 일관된 정체성을 구축한다. 그리핀Griffin(1993)은 우리가 모두 더 큰 사회와 자신의 역사에 연결될 필요가 있다고 주장한다. 그녀는 모든 역사가 우리 일부라고 주장하며, 이야기가 전해지고 비밀이 드러날 때—우리 가족 구성원에 관한 것이든, 오래전 또는 먼 곳의 비극적 사건이나 영웅적 행위에 관한 것이든—우리의 삶이 더 명확해진다고 말한다.

이야기는 주요 삶의 도전에 대한 반응에서 특별히 중요하다. 역경과 그에 수반되는 고통은 일관된 삶의 이야기와 신념 체계를 위한 긴장과 조직 원리가 된다(Bruner, 1986). 광범위한 재난, 개인적인 비극, 또는 지속적인 고난이든, 역경은 의미의 위기와 개인 통합의 잠재적 분열을 만든다. 이러한 긴장은 삶의 이야기와 신념을 구성하거나 재조직하도록 요구한다. 시간이 지나면서 우리는 이야기의 일관성coherence과 진실성integrity을 얻기 위해 역경과 회복탄력성에 대한 이야기를 수정한다(Cohler, 1991). 주요 치료적 과제는 과거나 현재의 불행을 앞으로 나아가는 능력에 대한 장애물로 보는 삶의 이야기를 재조직하는 노력을 포함한다.

도움을 주는 전문가들은 이야기 나눔과 대화를 위한 치유의 상황을 제공할 수 있다. 클라인맨Kleinman(1988)은 심각한 질병을 경험한 대부분의 가족 구성원이 자신의 고통을 이야기할 기회로부터 큰 혜택을 얻는다는 것을 발견했다. 그러나 전문가는 문화적 차이에 주의를 기울여야 한다. 예를 들어, 1970년대 광범위한 학살을 피한 캄보디아 난민을 위한 상담사들은 많은 가족이 공포와 고문에 대한 이야기는 한 번 하고 그 후에는 더 이상 이야기하지 않으며 자신이 삶에 대해 얘기하기를 선호한다는 것을 발견했다(Mollica, 2006). 지역사회 기반의 회복탄력성 지향 접근은 극심한 트라우마를 경험한 사람들과 함께 고통과 용기, 인내, 그리고 숙련의 이야기를 이끌어낸다(8장, 11장 참조).

치료사는 내담자의 가족의 비밀, 부정, 왜곡 및 관계 단절 과정에서 단편화되거나 잃어버린 과거의 중요한 이야기를 회복하도록 도울 수 있다(Byng-Hall, 2004; Imber-Black, 1998). 이러한 이야기는 젠더 비순응gender nonconforming 관계와 같은 낙인 찍힌 상황이나, 약물 남용, 폭력 또는 성적 학대, 자살, 또는 비윤리적이거나 스캔들스럽거나 불법적인 행동 등 비난, 수치, 죄책감에 대한 사건을 포함할 수 있다. 이야기 치료(Freedman & Combs, 1996; White & Epston, 1990)에서 치료사와 가족은 문제로 가득 찬 이야기 대신 대안적인 의미와 새롭고 더 희망적이며 긍정적인 이야기를 개발하기 위해 협력한다.

가족 회복탄력성의 중요한 신념은 〈표 3-1〉에 설명한 대로 세 가지 주요 과정, 즉 역경의 의미 만들기, 긍정적 관점, 그리고 역경을 극복하기 위한 초월적 또는 영적인 경로로 정리될 수 있다.

〈표 3-1〉 가족 회복탄력성의 핵심 과정: 신념 체계

역경의 의미 만들기
• 회복탄력성에 대한 관계적 관점 – "강인한 개인"과 대조적 • 고통의 정상화와 맥락화: 역경 상황에서 흔하고 이해할 수 있음 • 일관성 감각: 위기를 공동의 도전으로 보기; 의미 있고, 이해 가능하며, 관리 가능함 • 평가의 촉진: 설명적 귀인, 미래 기대
긍정적 관점
• 희망, 낙관적 편향; 도전을 극복할 수 있다는 자신감 • 격려: 강점을 확인하고 잠재력을 키우기 • 적극적인 주도와 인내(할 수 있다는 정신) • 가능한 것을 숙달하고; 변화할 수 없는 것을 받아들이며; 불확실성을 견디기
초월과 영성
• 더 큰 가치와 목적 • 영성: 신앙, 명상적 실천, 공동체; 자연과의 연결 • 영감: 새로운 가능성, 열망을 구상; 창의적 표현; 사회적 행동 • 변화: 역경을 통한 학습, 변화, 긍정적 성장

역경의 의미 만들기

가족이 위기 상황을 어떻게 이해하고 의미를 부여하는지는 회복탄력성에 매우 중요하다(Antonovsky, 1998; Patterson & Garwick, 1994). 예를 들어, 케이건Kagan(1984)은 아버지의 장기 부재나 부모의 이혼과 같은 정서적으로 스트레스가 많은 경험에서 가족은 도움이 되는 인식과 현재와 미래에 일어날 일에 대한 이해를 공유함으로써 자녀의 적응에 긍정적인 중재 영향을 줄 수 있다는 것을 발견하였다. 불안정한 상황을 명확히 하고 의미를 부여하는 능력은 이를 견디기 쉽게 만든다.

라이스Reiss(1981)가 관찰한 바와 같이, 가족의 공유된 세계관은 가족 구성원들이 스트레스가 많은 새로운 상황에 접근하는 방식과 삶의 도전에 부여하는 의미에 영향을

미친다. 중요한 사건이나 혼란스러운 전환은 가족의 신념 체계에 큰 변화를 촉발할 수 있으며, 이는 즉각적인 재조직과 장기적인 적응에 여파를 미칠 수 있다.

회복탄력성의 관계적 관점

저항의 노래 "우리는 극복할 것이다"는 1960년대 인권 운동의 노래가 되었으며, 세계 여러 지역에서 희망과 창의적인 행동을 고무시켰다. 간단하지만 심오한 이 문구는 관계적 회복탄력성의 핵심 신념을 표현한다. 함께 모일 때 역경을 극복할 수 있는 우리의 능력은 강화된다.

강인한 개인의 신화를 뒷받침하는 개인주의적 정신은 대인 관계와 공동체의 중요성을 부정한다. 강한 가족의 핵심에는 친족의 가치와 가족 정체성에 대한 자부심이 있다(Beavers & Hampson, 2003). 진정한 돌봄은 부모 양육 기술이 부족한 가족에서도 효과적이다. 관계에서의 만족에 대한 기대는 참여와 상호 노력을 강화한다.

의미 있는 친족 및 공동체 연결은 고통의 시기에 중요한 생명선이다. 4장과 5장에서 볼 수 있듯이, 관계적 관점은 가족의 조직 과정과 의사소통 및 문제 해결 과정에서 표현된다. 예를 들어, "아플 때나 건강할 때나"라는 결혼 서약에 대한 공동의 헌신은 심각한 질병이나 장애를 통해 유대감을 유지하고 최적의 회복을 지원하기 위한 협력적 행동을 강화할 수 있다(12장 참조). 가족이 위기를 함께 해결해야 할 공동의 도전으로 볼 때, 그들의 회복탄력성은 강화된다.

신뢰는 필수적이다. 가족이 인간 본성에 대해 본질적으로 선하거나 최소한 악의적인 의도가 없다고 긍정적인 세계관을 가질 때, 그들은 신뢰를 가지고 관계를 맺을 수 있다(Beavers & Hampson, 2003). 그러나 배신, 착취, 학대 또는 차별의 반복적인 경험은 신뢰를 갖고 타인을 배려하는 시각을 저해할 수 있다. 그럼에도 불구하고 가족 구성원들은 최소한 자신들의 중요한 관계에서 선의의 의도를 가정할 수 있어야 하며, 타인의 행동이 적대적이거나 파괴적이라고 믿어서는 안 된다. 서로의 기본적인 선의에 대한 신뢰는 친밀함과 협력을 이루고, 관계에서 신뢰, 기쁨, 편안함을 지원하는 데 필수적이다.

가족 구성원들이 서로에 대한 지속적인 충성과 신뢰를 가지고 있을 때, 그들은 역경을 더 잘 견딜 수 있다. 그들은 집이 안전하고 환영받는 장소이며 서로를 믿을 수 있다는 확신을 공유한다. 여기서도 신념과 행동은 얽혀 있다. 구성원들이 신뢰할 수 있을 때, 그들은 자신의 말을 지키고 서로를 지지한다. 관계는 신뢰성을 보여 주는 행동과 서로의 복지를 고려한 행동에 의해 강화된다. 신뢰는 개방적인 의사소통, 상호 이해 및 문제 해결을 촉진한다. 초기 가족 치료사들이 관찰한 바와 같이, 보스조르메니-나기 Boszormenyi-Nagy(1987)는 "합당한 신뢰merited trust"라는 개념을 통해 가족 관계의 윤리적 차원을 강조하였다. 이는 부모의 책임과 자녀의 충성이라는 다세대 유산을 포함하며, 강한 관계의 기초를 유지하고 스트레스와 무질서의 시기를 완충하는 역할을 한다.

역경과 고통의 정상화와 맥락화

위기나 다중 스트레스 상황에 직면했을 때, 사람들은 흔히 압도당하고 자신의 삶에 영향을 미치는 사건을 통제할 수 없다고 느낀다. 가족들이 그들의 문제를 맥락에서 바라볼 수 있을 때 귀중한 관점을 얻게 된다. 우리는 고통스러운 상실이나 벅찬 장애물과 같은 불리한 상황을 고려하여 가족 구성원들이 자신의 반응과 어려움을 이해할 수 있도록 고통을 **정상화**normalizing하고 **맥락화**contextualizing함으로써 그들의 회복탄력성을 키울 수 있다. 복잡한 감정과 딜레마를 "정상"으로 바라보는 것은 비난, 수치심, 병리화의 경향을 줄여 준다. 즉, 비슷한 곤경이나 환경적 맥락에 있는 가족들 사이에서 흔히 발생하고 예상할 수 있는 일로 여겨지게 된다.

역경을 발달적 맥락에서 바라보는 것도 회복탄력성을 촉진한다(9장 참조). 긍정적인 적응은 시간의 흐름과 새로운 발달적 도전에 대한 변화의 필요성을 수용함으로써 촉진된다. 생애주기 전환이나 파괴적인 사건은 세상에서 자신의 위치에 대한 가정을 재평가할 수 있는 이정표로 볼 수 있다. 이러한 방식으로 고통스러운 전환은 성장과 변화를 촉진할 수 있다.

일관성 감각

일관성 감각sense of coherence은 안토노프스키Antonovsky(1998)에 의해 개발된 개념으로, 이는 생물 의학 연구 및 실천에서 지배적인 "병리적panthogenic" 패러다임과 대조되는 "유발적salutogenic"인 건강의 발현을 이해하기 위한 모델이다. 안토노프스키는 인간 조건의 스트레스 유발 본질을 고려할 때, 어떤 유기체가 일정 기간 생존했다는 것은 기적이자

신비라고 제시한다. 그러므로 중요한 질문은, 혼란과 변화 속에서 안정성과 건강을 촉진하는 자원은 무엇인가이다.

일관성 감각(SOC)은 삶을 이해할 수 있고, 관리할 수 있으며, 의미가 있는 것으로 바라보는 전반적인 지향으로 정의된다. 강한 일관성의 감각은 문제의 본질을 명확히 할 수 있는 능력에 대한 자신감을 포함한다. 불리한 상황을 이해하고 의미를 부여하는 것이다. 요구들은 관계적 지지를 포함한 유용한 자원을 동원함으로써 관리할 수 있다고 여겨진다. 스트레스는 성공적으로 대처하도록 동기를 부여하는 의미 있는 도전으로 간주되며, 이는 사회적 통합감과 삶의 목적을 증진시킨다. 일관성의 감각은 위험군에서 건강, 정신적 웰빙 및 삶의 질에 상당한 기여를 하는 것으로 밝혀졌으며, 기질이나 지능과 같은 개인적 특성보다 더 큰 영향을 미치는 것으로 나타났다(Cederblad & Hansson, 1996). 이는 자기 의존성과 특정 대처 전략에 더 좁게 초점을 맞춘 **통제 소재** locus of control 및 **숙달** mastery과 같은 개념에서 누락된 중요한 요소를 포착한다. SOC 개념은 문화, 계급 및 성별과 같은 다양한 영향을 가로지르며, 다양한 도전에 대처하는 데 유용하고 선호되는 다양한 전략을 선택하는 유연성을 강조한다.

안톤노프스키와 소라니Antonovsky & Sourani(1988)는 특정 위기에 대처하는 가족의 일관성 감각을 평가했다. 그들은 남편의 장애와 그로 인한 스트레스의 누적에 직면한 노동계급 부부를 연구하였다. 높은 가족 일관성은 더 나은 대처와 적응을 예측했으며, 가족 내 만족도와 지역사회와의 적합성도 높아졌다.

부정적 상황에 대한 평가와 미래 방향

스트레스 사건에 대한 평가와 이에 대처할 자원은 우리의 대응에 강한 영향을 미친다(Lazarus & Folkman, 1984). 동일한 사건이 부담스럽거나, 위협적이거나, 해롭거나, 무해하거나, 무관하다고 인식될 수 있다. 스트레스가 많은 삶의 사건은 우리가 그것에 대한 통제력이 거의 없거나, 그것이 우리의 삶, 사랑하는 사람들, 그리고 우리 자신과 삶의 의미에 대한 이해에 큰 위협이 될 때 가장 고통스럽다(Cohler, 1991). 문제에 부여된 의미와 고통을 처리하는 방식은 다양한 가족 및 문화적 규범에 따라 다르다. 역학자들은 어느 때든 75%의 미국인이 "증상을 겪으며" 신체적 또는 심리적 고통을 경험하고 있다고 보고한다. 그러나 대부분은 치료를 받는 대신 고통을 정상적인 삶의 일부로 간주한다(Kleinman, 1988). 고통받는 가족들은 문제를 해결하기 위해 다양한 방법을 시도할 수 있다. 연구에 따르면, 매우 회복탄력성이 강한 사람들은 필요할 때 도움을 요청하며, 전문가에게 가기 전에 친척, 사회적, 종교적 지원 시스템에 의지하는 경우가 많다.

인과적 및 설명적 신념

역경이 닥쳤을 때, 우리는 인과적 및 설명적 귀인을 통해 상황이 어떻게 일어났는지 이해하려고 노력한다. 어떤 사람들은 다른 사람들을 비난하거나 자신을 통제할 수 없는 위험하고 적대적인 세상의 희생자로 여긴다. 사람들은 역경이 단순히 불운의 문제라고 믿는다. 일부는 불행이 자신이 죄를 지었고 고통받거나 처벌받는 것이 당연하다고 믿는 강한 종교적 신념을 가지고 있다. 이러한 신념과 가족적, 문화적, 종교적 뿌리와 그 의미를 탐구하는 것이 중요하다.

서구 문화는 자신이 운명의 주인이라는 신념과 함께 개인의 책임을 강조한다. 미국 사회에서는 개인의 성공에 대해서는 개인에게 공을 돌리지만, 문제에 대해서는 가족을 비난하는 경향이 있는 개인과 가족 책임에 대한 기이한 분열이 있다. 한 모로코 무슬림 친구는 아버지가 술을 마시고 가족을 버린 이야기와 어머니가 슬픔에 빠져든 이야기를 했다. 미국인의 관점에서, 자신의 삶이 어려운 데 대해 그들에게 분노나 비난을 품지 않는 것이 궁금했을 때, 그는 "하지만 당신은 이해하지 못합니다. 나는 항상 그들에게 감사합니다. 부모님이 제게 생명을 주셨습니다."라고 대답했다.

많은 문화와 신앙 전통에서 역경은 운명, 운명론, 또는 신의 뜻으로 여겨지며, 인간의 이해를 초월한 것으로 간주될 수 있다. 힌두교도들은 불행이 이전 생에서의 행동이나 상황으로 인한 나쁜 카르마karma의 결과일 수 있다고 믿는다. 많은 토착 전통에서는 가족 내에서 문제가 발생할 때, 사람들은 자신을 질투하거나 악의적이거나 해를 바라는 이들이 그들의 고난을 초래했을 것이라고 믿으며 비난하고, 건강이나 행운을 회복하기 위해 존경받는 샤먼이나 신앙의 치유자들에게 도움을 요청한다(Falicov, 2013; Wright & Bell, 2009).

주류 미국 문화에서 고기능high-functioning 가족들은 문제를 하나의 원인보다는 여러 요인에서 기인한다고 보는 경향이 있으며, 체계 이론에 대해 들어본 적이 없지만 체계론적 관점을 가지고 있다(Beavers & Hampson, 2003). 그들의 반응은 상황에 따라 실용적으로 달라진다. 예를 들어, 비협조적인 반항이 폭군적인 통제를 불러올 수 있는 것처럼 부모는 자녀에 대한 독재적 통제가 분노의 반항을 유발할 수 있다는 것을 이해한다. 상호 영향을 인식한 가족 구성원들은 다른 사람을 악당이나 희생자로 비난하거나 유형화하는 것을 피한다. 반면, 기능이 저조한 가족들은 단일 원인이나 개인의 결함에 대한 신념에 갇히고 하나의 설명에 고착되며, 비난하고 희생양을 만들기 쉽다. 서로를 반복적으로 비난하는 가족들은 외부적 원인을 찾고 단결된 가족들보다 더 많은 갈등과 더 낮은 연대감을 가지는 경향이 있다(Wright & Bell, 2009). "우리 대 세상"이라는 신념으로 결속된 연합 전선은 매우 도전적인 상황에서 생존 전략이 될 수 있지만, 사회적 고립, 소외, 불신이라는 대가를 치를 수 있다.

가족 구성원이 문제 상황을 정의하고 구성하는 방식은 그들이 문제를 해결하려고 시도하는 방식에 영향을 미친다. 가족의 일반적인 세계관은 특정 도전과 잘 맞지 않을 수 있다. 예를 들어, 해결책이 발견될 때까지 어떤 노력도 아끼지 말아야 한다고 믿는 가족은 해결할 수 없는 문제나 치료할 수 없는 질병을 받아들이고 이와 함께 살아가는 데 어려움을 겪을 수 있다.

모든 가족 평가에서는 문제 설명과 귀인 패턴을 탐색하는 것이 유용하다. "누구의 잘못인가?"라는 원인에 대한 질문과 비난에 집착하는 것은 항공기 실종과 같은 설명되지 않는 비극적인 상황에서 자연스러운 일이다. 가족 내에서 부모(특히 어머니)는 자녀에게 무슨 일이 생길 경우 자녀의 안녕에 대한 책임의 기대 때문에 비난과 죄책감에 특히 취약하다. 역경이 닥칠 때 비난, 수치심, 죄책감의 문제는 가족 구성원 간의 갈등을 일으킬 수 있다.

진과 제리 커플은 세 살 된 아들이 휴가용 오두막 뒤 호수에서 익사한 지 몇 달 후 이혼 직전의 상황에 놓였다. 두 사람은 아이를 지켜보지 않은 상대를 탓하며, 아이가 공을 주우러 물속으로 들어갔다가 시야에서 사라진 것에 대해 서로를 비난했다. 그들은 서로의 과실을 놓고 격렬하게 싸웠다. 상호 공격의 표면 아래에 있는 각 부모의 고통스러운 자기 의심과 자기 비난을 탐구하고 인정하는 것이 중요했다. 결국, 그들은 사고 당시 누가 "근무 중"이었는지에 대한 의사소통의 모호성에 대해 부분적인 책임을 인정하게 되었다. 또한, 넘어질 위험을 증가시키는 바위가 많은 해안선과 같은 다른 기여 요인들도 인정했다. 비난에서 벗어나 다양한 변수를 더 잘 이해하게 되면서, 진과 제리는 슬픔을 나누고, 비극에서 무엇을 배울 수 있을지 고려하며, 함께 치유 과정을 시작할 수 있게 되었다.

사람들이 자신의 경험에 대한 특정한 설명에 갇혀 있을 때, 전문가가 그들의 신념에 대해 다시 숙고하기를 요청한다면, 그들은 다른 가능성을 고려할 수 있게 되어 자유로워진다. 다음의 질문들은 위기에 처한 가족과의 탐구를 안내하는 데 유용할 수 있다. 가족 구성원들은 상황을 어떻게 이해하려고 합니까? 그들은 어떻게 그런 일이 발생했다고 생각합니까? 어떤 추가적인 요인이 관련되었을 수 있습니까? 그들은 자신을 탓합니까? 다른 누구를 탓합니까? 그들은 이것이 우연이었거나 의도적이었다고 믿습니까? 가족 구성원들은 비난, 수치, 또는 죄책감에 지나치게 집착하고 있습니까? 그들은 자신의 견해에 대해 어떻게 동의하거나 동의하지 않습니까? 그들은 자신의 삶과 가족의 과거 역사에서 발생한 다른 역경과 어떤 연결을 만듭니까? 문화적 신념은 그들의 견해에 어떻게 영향을 미칩니까? 종종 가족구성원들은 서로의 개인적인 신념을 처음 공유하는 시간을 갖는다. 그들은 각자가 어떤 방식으로든 자신을 탓하고 있다는 것을 알게 되어 놀랄 수 있으며, 또는 그들이 견딜 수 없는 고통을 피하고자 책임을 전가하기 위해 싸워 왔다는 것을 알게 될 수 있다. 이러한 고통은 더 공감적인 상호작용을 통해 완화될 수 있다.

미래에 대한 기대와 재앙에 대한 두려움

어렵고 불확실한 시대에 우리는 기대감이나 두려움을 가지고 미래를 바라본다. 우리에게 어떤 일이 일어날지, 그리고 상황을 개선하기 위해 무엇을 할 수 있을지 걱정한다. 의식하든 하지 않든, 우리의 기대는 일상생활과 상호작용에서 확인되기도 하고 확인되지 않을 수도 있다. 성공할 것이라는 가정이나 실패할 것이라는 가정은 예언을 실현하는 행동으로 이어질 수 있다. 벡과 동료들(Beck, Rush, Shaw, & Emory, 1979)은 인간의 취약성을 증가시키는 세 가지 자기 패배적 인지 왜곡, 즉 잘못된 사고 유형을 확인했다: (1) 강점을 최소화하거나 과소평가하기; (2) 문제나 실수의 심각성을 확대하거나 과장하기; (3) "재앙화" 또는 최악의 상황을 예상하기; 이러한 신념은 우울증의 주요 원인이 될 수 있다.

재앙적인 두려움은 건설적인 행동을 차단하고 자기 파괴적인 행동을 부추기는 마비된 가정이다. 예를 들어, 부모의 거부감이나 여러 번의 위탁 가정 경험에 뿌리를 둔 상실에 대한 두려움은 아이가 또 다른 상실을 초래하는 방식으로 잘못 행동하게 만들 수 있다. 버림받는 것에 대한 두려움은 파트너가 떠나기 전에 관계를 떠나도록 유도할 수 있다. 제임스는 첫 아내가 유방암으로 사망한 후 재혼했지만, 두 번째 아내가 유방암 진단을 받은 지 몇 주 만에 갑자기 그녀를 떠났다. 그녀는 회복했지만, 그들의 관계는 회복되지 않았다.

현재 사건에 대한 인식은 삶의 도전에 대한 의미를 부여하는 데 있어 이전의 다세대 가족 경험의 유산과 교차한다(McGoldrick, Garcia Preto, & Carter, 2016). 특히 이전 세대와 같은 생애주기의 동일한 접점에서의 트라우마적 과거 경험은 현재 상황에 대한 우려를 갖게 하고, 특히 유사한 상황에서 더욱 그렇다(Walsh, 1983). 그러나 가족이 과거의 고난을 극복하는 데 용기를 보이고 성공을 경험했다면, 그 구성원들은 새로운 상황에 더 큰 자신감을 가지고 접근하는 경향이 있다. 따라서 과거의 역경을 다룰 때 이러한 이야기를 찾는 것이 중요하며, 이러한 이야기는 새로운 도전에 적용할 수 있는 긍정적인 모델을 제공한다.

숙련 지향mastery-oriented 문화에서 부모는 자녀가 성공을 주로 자신의 노력, 자원 및 능력 때문으로 인식하도록 격려해야 한다. 가족은 자녀가 자신의 성취에 대해 주인의식을 갖고, 자신의 삶에서 일어나는 일에 대해 어느 정도 개인적인 통제감을 느끼도록 도와줘야 하며, 이는 자존감을 높여 준다. 반면, 회복탄력성이 낮은 아이들은 성공과 실패가 우연이나 운의 문제라고 믿는 경향이 더 강하며, 이는 그들이 통제할 수 없는 힘이라 생각한다. 이러한 인식은 미래의 성공에 대한 자신감을 낮춘다. 실수나 실패가 발생했을 때, 회복탄력성이 높은 아이들은 이를 패배의 순간이 아니라 배울 수 있는 경험으로 본다. 그들은 실수의 원인을 불충분한 노력이나 비현실적인 목표와 같은 자신이 변화시킬 수 있는 요인에서 찾으려 한다. 반면, 회복탄력성과 자존감이 낮은 아이들은 자신의 실수가 바뀔 수 없는 자신의 결점 때문이라고 믿는 경향이 있다(예: "나는 그냥 바보야"). 유능감과 통제감은 서로 얽혀 있다.

만성적 빈곤 같은 개인 통제를 넘어서는 힘이 포함된 심각하고 지속적인 불리한 상태는 무력감과 절망감을 갖게 한다. 가난한 소수 민족 청소년의 경우, 일자리 기회와 성공을 위한 격려가 부족할 때 자존감과 회복탄력성이 약화된다. 개인과 그 가족이 실패할 것이라고 예상하고 요구에서 물러나거나 상황을 악화시키는 자기 파괴적인 대처 전략에 의존하게 되면 미래의 성공 가능성은 줄어든다.

고기능 가족들은 인간 노력의 성공이 부분적으로 자신이 통제할 수 없는 변수에 달려 있다는 것을 인식한다. 그럼에도 불구하고 그들은 목표와 목적이 있으면 자신의 삶에 변화를 가져올 수 있다는 확신을 공유한다(Beavers & Hampson, 2003). 그들은 인간의 한계를 받아들이며, 어떤 상황에서도 누구도 완전히 무력하거나 전능하지 않다고 믿는다. 그리고 도전적인 상황을 다루는 데 상대적인 능숙함을 성취함으로써 자존감을 키운다. 임상가들은 개인의 주체성, 힘, 통제에 대한 신념을 탐구하는 것이 중요하다. 누가, 무엇이 상황을 개선하는 데 도움이 될 수 있을까? 그들의 노력이 변화를 가져 올 수 있을까? 우리는 가족들이 모든 가족 구성원, 심지어 어린아이들조차도 가치 있는 방식으로 기여할 수 있는 방법을 찾도록 도울 수 있다.

역경 극복에 대한 긍정적인 관점

여러 연구 결과에 따르면 긍정적인 관점은 회복탄력성에 매우 중요하다. 주요 요소로는 희망과 낙관주의, 강점과 잠재력에 대한 집중, 주도성과 인내, 그리고 "가능성의 예술을 숙달하는 것"이 포함된다.

희망: "영혼을 위한 산소"

"산소가 폐에 미치는 영향처럼, 삶의 의미에서 희망도 마찬가지이다"(Brunner, 1984, p. 9). 어려움이나 압도적인 역경에 직면했을 때 희망을 유지하는 것은 우리가 최선을 다해 계속 나아갈 수 있게 해 준다. 고대 영어에서 유래된 **희망**이라는 단어는 많은 언어에서 "기대와 함께 뛰어오르다."라는 비슷한 의미를 가지고 있다. 희망은 내적 결정, 즉 신념의 도약과 우리가 강렬하게 일어나기를 바라는 외적 사건을 결합한다.

희망은 미래 지향적인 신념이다; 현재가 아무리 암울하더라도 더 나은 미래의 가능성을 상상할 수 있다. 자녀를 위한 더 나은 삶에 대한 희망은 어려운 환경에 처한 부모들이 즉각적인 상황에 의해 좌절되지 않도록 도와준다. 마틴 루터Martin Luther King Jr. 목사가 말했듯이 "우리는 유한한 실망을 받아들여야 하지만, 무한한 희망을 잃어서는 안 된다."

희망은 문제 있는 관계를 회복하는 데 필수적이다. 부부는 변화가 일어날 수 있다는 희망을 잃었을 때 결혼을 포기하는 경우가 너무 많다. 연구 기반의 부부 상담은 겉보기에는 희망이 없는 관계에서도 "희망의 저장소"를 발견하고 강화할 수 있음을 보여 준다(Markman, Stanley, & Blumberg, 2010). 파괴적인 상실이나 트라우마 이후, 우리는 가족들이 희망을 재조정하여 그들의 삶을 재건하고 무너진 희망과 꿈을 수정하는 데 노력하도록 도와야 한다.

웨인가르텐Weingarten(2004)은 정말로 절박한 상황에서 합리적인 희망을 유지하되, 삶의 복잡성과 모순을 인정하고 의심과 절망을 수용하도록 권고한다. 부정이나 맹목적인 낙관주의와는 달리, 중요한 것은 희망을 잃지 않으면서 현 상황에서 혼란과 불확실성을 완전히 이해하는 것이다. 웨인가르텐은 희망을 우리가 다른 사람들과 함께 적극적으로 무언가 하는 것이라고 본다. 희망이 몸과 영혼에 미치는 영향이 매우 중요하기 때문에, 희망은 공동체의 책임이어야 한다.

낙관적 지향

"긍정적 사고의 힘"이 진부한 표현이 되었지만, 상당한 연구가 스트레스에 대처하고 역경을 극복하는 데 있어 낙관적 태도의 강력한 효과를 보고하고 있다. 높은 기능을 가진 가족들은 삶에 대해 더 낙관적인 관점을 가지는 경향이 있다(Beavers & Hampson, 2003).

긍정심리학 분야에서, 셀리그만Seligman(1990)이 소개한 **학습된 낙관주의**learned optimism 개념은 회복탄력성을 기르는 데 관련이 있다. 셀리그만의 초기 연구인 "학습된 무기력learned helplessness"은 개인이 보상과 처벌을 예측할 수 없거나 무작위적일 때 수동적이고 무기력하게 되어 행동을 시작하거나 문제를 해결하려는 노력을 포기하도록 조건화될 수 있음을 발견하였다. 영속성, 만연성 및 개인화의 일반화는 "아무것도 잘 풀리지 않는다"는 믿음과 같은 학습된 무기력에 기여한다. 우울증과 비관주의는 상호 강화되며 면역 체계를 고갈시키고 신체 건강을 해치며 심지어 죽음을 가속화할 수 있다.

정신신경면역학 학회에서 만난 조나스 솔크Jonas Salk는 자신이 오늘날 젊은 과학자라면 **심리적 면역화**psychological immunization에 집중할 것이라고 언급했다. 셀리그만은 만약 무기력이 학습될 수 있다면, 사람들이 성공을 경험하고 자신의 노력과 행동이 효과가 있을 수 있다고 믿게 되는 숙련 경험을 통해 무기력을 학습하지 않을 수 있다고 제안하였다. 그의 연구팀은 우울증 위험이 있는 청소년, 그들의 부모 및 교사와 함께 인지 행동

기법을 사용하였다. 그는 부정적인 생각에 도전하고 또래와 협상하는 등의 기술을 배우는 청소년들이 대조군 청소년보다 우울증이 덜 나타나며, 그 효과가 시간이 지남에 따라 증가한다는 것을 발견하였다. 이러한 발견은 능동적인 주체성, 문제 해결 및 성공을 위한 가족 의사소통 기술 강화의 중요성을 강조한다(5장 참조).

그러나 긍정적인 사고방식만으로는 충분하지 않다(Ehrenreich, 2009): 성공적인 경험과 양육적인 환경이 긍정적인 전망을 강화하는 데 필요하다. 또 다른 주의점은 전쟁이나 극단적인 잔혹함의 상황에서는 긍정적인 사고방식을 촉진하는 것이 해로울 수 있으며, 외상 후 스트레스와 도덕적 상처를 악화시킬 수 있다는 것이다(Litz et al., 2009; 11장 참조).

역학 연구에서 셸리 테일러Shelley Taylor(1989)는 스트레스가 심한 상황을 극복할 가능성에 대해 선택적인 긍정적 편향을 가진 사람들이 "나쁜 상황"을 정확히 이해하는 사람들보다 더 잘 지내는 경향이 있음을 발견하였다. 이러한 "긍정적 환상positive illusions"은 희망을 유지하게 하여 그들이 역경을 극복하기 위해 최선을 다할 수 있도록 한다. 테일러는 긍정적 환상을 방어적 부정이나 고통의 억압과 구별했으며, 이는 스트레스 상황에 대한 정보를 포함하고 그 의미를 흡수하는 것을 포함한다(Taylor, Kemeny, Reed, Bower, & Gruenwald, 2000). 긍정적 환상은 스트레스에 대한 완충 역할을 하며, 작업에 대한 지속성, 타인을 돕고자 하는 의지, 높은 기능성과 같은 다양한 적응적 대처 지표와 관련이 있다.

이러한 긍정적 환상은 부부 및 가족 관계에서도 흔히 나타난다. 높은 이혼율에도 불구하고, 자신이 이혼 통계에 포함될 것이라고 믿는 사람은 거의 없다(Fowers, Lyons, & Montel, 1996). "결혼 환상marital illusions"—사람들이 결혼에 대해 일반적으로 가지고 있는 환상과 자신의 관계에 대한 비현실적인 생각—을 더 자세히 살펴본 파우어스Fowers는 행복한 부부들이 자신의 관계에 대해 장밋빛 이미지를 가지고 있는 경향이 있음을 발견하였다. 그들은 배우자를 이상화하고, 배우자에게 더 많은 긍정적인 특성을 부여하며, 결혼의 긍정적인 측면에 대해 그들에게 공을 돌렸다. 그러나 파트너가 모든 필요를 충족시킬 수 있다는 극도로 비현실적인 기대는 관계에 과도한 부담을 주었다.

회복탄력성은 고통스러운 현실이나 상황적 제약을 인정하고 우려의 목소리를 내는 것 없이 단순히 "밝은 면"만을 바라보는 것으로 증진되는 것이 아니라는 점을 강조하는 것이 중요하다(Ehrenreich, 2009). 각 가족의 고통은 독특하며, 구성원들에게 "기운 내라"거나 "축복을 찾아보라"고 하는 시도는 그들의 경험을 의도치 않게 경시할 수 있다. "모든 것이 잘 될 거야" 또는 "인생은 더 나쁠 수 있어"와 같은 안심시키는 상투적 말들은 위로와 위안을 주기 위한 것이지만, 경험한 고통과 슬픔이 경청되고 인정받지 않을 때는 공감이나 도움이 되지 않는다고 느껴지는 경우가 많다.

도전 극복에 대한 공유된 확신

노먼 커즌스Norman Cousins(1979/2001)는 자신이 불치의 콜라겐 질환에 걸렸고 몇 달밖에 살 수 없다는 이야기를 들었지만, 마음 깊은 곳에서 훨씬 더 오래 생존할 가능성이 있다고 믿었고, 그 가능성을 이루기 위해 노력했다. 상태의 심각성을 완전히 인식한 그는 "비록 전망이 가장 비참해 보일지라도, 인간의 마음과 몸이 재생할 수 있는 능력을 결코 과소평가하지 말아야 한다는 것을 배웠다"라고 말했다. 목표를 달성하기 위해서는 전적인 참여가 필요하다는 확신과 함께, 혼자서 그 일을 하는 것이 아닌 모든 자원을 온전히 동원하여 협력할 수 있는 의사를 선택했다.

회복탄력성이 있는 가족에서는 구성원들이 어려운 상황 속에서 서로 확고한 자신감을 북돋아 준다. "우리는 항상 방법을 찾을 것이라고 믿었다." 이러한 확신, "할 수 있다"는 공유된 정신 그리고 끊임없는 해결책 탐색이 낙관주의를 촉진하고 가족 구성원들이 문제 해결 과정에 적극적으로 참여하도록 만든다. 모두가 최선을 다할 것이라는 자신감은 개인의 노력을 지속시키면서 관계의 회복탄력성을 구축한다.

격려: 강점을 확인하고 잠재력을 키우기

'격려encouragement'라는 단어에는 '용기courage'라는 단어가 내포되어 있다. 개인의 용기는 가족, 친구, 그리고 공동체의 격려에 의해 강화된다. 한 여성은 남편에게 버림받고 앞으로의 어려움과 이혼 공판을 두려워하며 걱정했다. 그녀의 오빠는 심리 재판에 동행하며 "네 곁에 앉아 용기를 주기 위해 왔다."라고 말했다.

일상적인 가족의 삶에서 보여지는 용기는 종종 간과된다. 시카고의 도심 지역에서는 아이들이 학교에 가고 오는 길에 총기 폭력의 위협에 매일 직면하고 있으며, 부모가 늦은 밤 근무를 마치고 집에 돌아오는 것은 항상 위험하다. 어머니들은 또 다른 힘든 하루를 보낼 가족들을 위해 매일 아침 스스로를 다잡는 엄청난 용기를 보여 주며, 자녀들이 더 나은 삶을 위해 노력하도록 격려한다.

가족이 큰 위기나 누적된 스트레스를 겪고 있을 때, 그들은 자신의 강점과 자원을 잊어 버리기 쉽다. 가족 생활처럼, 치료는 문제로 가득 차게 되어, 잘못된 모든 것에 집중하고 비난과 희생양 찾기에 갇히거나, 반복되는 위기로 절망에 빠질 수 있다. 어려움 속에서도 가족 구성원들의 강점과 잠재력을 인식하고 확인하며 칭찬함으로써 우리는 그들이 무력감, 실패감, 또는 비난을 극복하도록 도울 수 있다(7장 참조). 우리가 모든 사람의 잠재력을 보게 될 때, 자부심과 자신감, 그리고 '할 수 있다'는 정신이 강화된다.

적극적인 주도성과 인내

회복탄력성을 위해서는 수동적으로 상황이 해결되기를 기다리는 것이 아닌, 긍정적인 관점을 가지고 주도적으로 행동해야 한다. 우리는 가족들이 기회를 보고 포착할 수 있도록 도울 수 있다. 그들의 노력과 행동이 변화를 가져 올 수 있다는 믿음이 이러한 주도성을 촉진할 수 있다.

인내peseverance—압도적인 역경에 직면했을 때 "잘 싸우고struggle well" 지속하는 능력—는 회복탄력성의 핵심 요소이다. 어떤 이들이 완고함이라고 부를 수 있는 것은 어려움을 극복하려는 강한 결단력, 끈기로도 볼 수 있다. 이는 좌절에서 회복하고 다시 시도하거나 새로운 방법을 시도하여 성공할 때까지 계속해야 함을 요구한다. "일곱 번 넘어지지만 여덟 번 일어납니다"라고 한 어머니가 얘기했을 때, 아버지는 "우리 중 누군가가 넘어지면, 나머지 사람들이 그를 다시 일으켜 세웁니다"라고 덧붙였다.

때때로 할 수 있는 모든 것이 암울한 상황에서 최선을 다하고 결단력을 가지고 굳건히 서는 것일 때가 있다. 끔찍한 삶의 경험을 견디고 생존하는 것은 자부심의 원천이 될 수 있으며, 이는 세대를 거쳐 노예제, 인종 차별, 가난을 극복한 가족들의 회복탄력성에서 볼 수 있다(Pinderhughes, 2004). 엘리 비젤Elie Wiesel(1995)은 나치 강제 수용소의 비인간적 양상을 설명하면서, 인간으로 남아 있으면서 생존하는 것 그 자체가 영웅적이라고 말한다.

《기억의 주방Memory's Kitchen》(DeSilva, 1996)은 체코슬로바키아 테레진Terezin의 나치 강제 수용소에서 굶주림에 시달리던 여성들이 쓴 놀라운 요리법, 시, 이야기 모음이다. 여성들은 굶주림, 추위, 공포를 견디기 위해 비밀리에 모여 자신들이 결코 돌아갈 수 없을지도 모르는 가족 생활의 기억을 나누었다. 그들은 생존하고 자신의 정체성과 유산을 보존하기 위해 전통과의 연결과 상상력이 필요하다고 믿었다. 그들이 대처하는 방법은 훌륭한 음식을 생각하는 것이었고, 이를 통해 그들은 기쁨이 가득한 모임, 사랑하는 가족, 활기찬 아이들로 가득 찬 주방과 식당으로 돌아갔다. 그들의 요리법은 전통적으로 신생아의 어머니에게 가져가는 "좋은 건강" 케이크인 "파흐터 부인Mrs. Pachter의 건강 케이크"처럼 잔치와 축하의 기억을 불러일으켰다. 그들의 긍정적인 기억은 종이 조각에 적혀 손으로 꿰매어, 전쟁 후 삶의 유산으로 되찾을 수 있도록 숨겨졌다. 비록 여성들은 수용소에서 생존하지 못했지만, 그들의 인내와 모아진 기억은 영혼의 생존survival of the spirit을 증명하였다.

가능성의 예술 숙달하기

히긴스Higgins(1994)의 연구에서, 회복탄력성 있는 성인들은 자신이 통제할 수 있는 것에 에너지와 노력을 집중하고, 변화할 수 없는 것을 받아들이는 방식으로 어린 시절의 역경을 극복했다고 보고한다. 히긴스는 그들을 "가능성의 예술의 대가masters of the art of the possible"라고 표현하였다. 그들은 후회, 보복, 또는 과거의 상처에 집착하는 것은 에너지 낭비라고 생각했다. 대신, 그들은 자신의 상황—도전, 제약, 자원—을 점검한 후, 자신의 선택지를 최대한 활용하는 데 집중했다. 적극적인 숙달과 수용—중독 회복 운동에서의 평온 기도와 유사한—이 필요하다.

이민 경험에서는 상실과 적응이라는 이중의 도전 과제가 제기되며, 연속성과 변화를 위해 옛것과 새것을 엮어내는 과정에서 강점이 형성된다(Falicov, 2012). 이민 여성들은 종종 요리가 새로운 땅에서 생계의 원천이자 남겨진 가족과 고향과의 소중한 연결 고리임을 발견하곤 했다. 증조할머니 프리미드와 그녀의 남편은 1880년대 유대인에 대한 집단학살pogroms을 피해 부다페스트에서 밀워키로 이주했다. 남편이 양조장에서 일자리를 찾는 동안, 그녀는 뛰어난 요리 솜씨로 케이터링 사업을 시작했다. 어느 해, 이상한 날씨가 그녀에게 모든 양파 작물이 실패했던 헝가리의 특정 계절을 떠올리게 했다. 남편의 격려로 그녀는 은행에 저축한 모든 돈을 인출하여 양파에 투자했다. 결과적으로 작물은 실패했지만, 시장을 거의 독점한 덕분에 그들은 꽤 성공했다. 지역 신문 1면에 실린 그녀의 사진에는 "프리미드: 양파 여왕"이라는 캡션이 붙었다. 그녀의 대담한 회복탄력성에 대한 가족 이야기는 그 이름을 받은 사람으로서 나에게 영감의 원천이 되어 왔다.(하지만 나는 아직 재정적인 큰 수익을 실현하지는 못했다!)

숙련과 수용에 대한 신념은 우리의 가능성과 힘의 현실적인 한계를 모두 인식하면서 균형을 이루어야 한다. 철학적 수용은 노인들 사이에서 더 흔하며, 이는 나이가 들면서 얻는 중요한 지혜의 원천이다(Walsh, 2013). 전통적인 동양 및 북미 원주민의 가르침은 숙련보다는 자연과 조화롭게 사는 데 더 중점을 둔다. 유럽-미국적 사고방식을 가진 우리들은 종종 통제할 수 없는 상황에서 불편함을 느낀다. “역경을 극복하려는” 노력은 우리의 경쟁 문화에 잘 맞는다. 서양 의학은 생과 사에 대한 통제를 강조해 왔다. 그러나 환자가 죽거나 회복에 “실패”할 때마다 의사와 가족들은 우리가 불확실한 우주에 살고 있으며 죽음을 “통달”할 수 없다는 현실에 직면해야 한다. 그럼에도 불구하고 우리는 통제하거나 되돌릴 수 없는 질병이나 트라우마적 경험으로부터 심리사회적 및 영적으로 치유하고 성장할 수 있는 능력을 가지고 있다.

가족 구성원들은 사건의 **결과**를 통제할 수는 없지만, 선택을 하고 전개되는 사건을 처리하는 과정에 적극적으로 참여할 수 있는 의미 있는 방법을 찾을 수 있다. 그들은 통제할 수 없는 상황이나 높은 불확실성이 있는 상황에서 영향을 미칠 수 있는 측면을 찾아내도록 격려 받을 수 있다. 예를 들어, 질병이 말기이고 치료 방법이 남아 있지 않을 때, 가족 구성원들은 간병, 고통 완화 및 죽음을 준비하는 방법에 적극적으로 참여할 수 있는 방법을 선택할 수 있다(12장 참조). 이러한 방식으로 그들은 함께하는 시간을 최대한 활용하고, 우선순위에 집중하며, 상실의 상황에서 서로를 사랑하는 데서 위안을 찾는다(Gawande, 2014).

초월과 영성

초월적인 신념과 경험은 우리 자신, 우리 가족, 그리고 즉각적인 고난을 넘어서는 의미, 목적, 연결을 제공한다. 그것들은 과거와 미래, 우리 이전 세대와 다가올 세대와의 연속성을 제공한다. 그것들은 우리의 삶에 대한 명확성을 제공하고, 고통 속에서 위안을 준다. 예상치 못한 사건들을 덜 위협적으로 만들고, 우리가 통제할 수 없는 상황에 대한 수용을 촉진한다. 가장 일반적으로, 초월적인 신념은 영적 신앙과 문화 유산에 뿌리를 두고 있다. 또한 세속적 인본주의 가치와 깊은 철학적, 이념적, 또는 정치적 신념을 통해 표현될 수도 있다.

가치와 목적: 도덕적 나침반

초월적인 가치 체계는 전통적이든 아니든, 우리의 삶과 타인과의 관계를 의미 있게 정의할 수 있게 해 준다. 개인이 중요한 관계 안에서 번영하는 것처럼, 부부와 가족은 더 큰 공동체와 가치 체계에 연결될 때 번창한다(Beavers & Hampson, 2003; Doherty, 2013; Walsh, 2009d). 사랑하고 친밀해지는 과정에서의 불가피한 위험과 손실을 받아들이기 위해, 가족은 그들의 경험과 지식의 한계를 초월하는 가치 체계가 필요하다. 이는 아프고 불확실하며 두려운 특정 현실을 가족 구성원들이 의미를 부여하고 희망을 허용하는 관점에서 바라볼 수 있게 해 준다. 이러한 더 큰 관점, 즉 도덕적 나침반이 없으면 우리는 절망감, 소외감, 그리고 좌절에 더 취약해진다.

설문 조사에 따르면 대부분의 미국인들은 "가족 유대, 충성, 전통"을 가족을 강화하는 주요 요소로, 그다음으로 "도덕적 및 영적 가치"를 지목하였다(Walsh, 2009d). 임상 현장에서는 각 가족의 핵심 가치를 탐구하고 그것이 위기 사건에 의해 어떻게 강화되거나 흔들렸는지 살펴보는 것이 중요하다. 지속적인 역경은 가족이 그들의 가치를 완전히 실현하는 것을 방해할 수 있다. 가족 구성원들은 가장 깊은 가치를 인식하고, 최선의 열망을 지원하는 방식으로 살겠다고 다짐하도록 격려받을 수 있다.

영성

종교와 영성이라는 용어에 대한 이해를 명확히 하는 것이 중요하다(Walsh, 2009d, 2012d, 2013 참조). **종교**religion는 공유된 전통, 교리, 도덕적 가치 및 관습, 신도 공동체, 그리고 신이나 더 높은 힘에 대한 믿음을 가진 조직적이고 제도화된 신앙 체계를 의미한다. 종교는 신성한 경전, 가르침, 의식 및 의례를 통해 개인을 그들의 공유된 공동체, 역사 및 역경을 극복하는 생존과 연결시킴으로써 개인의 미덕, 관계적 행동 및 가족 생활에 대한 기준을 제공한다. 회중의 소속은 도움이 필요할 때 신앙 공동체의 지원과 성직자의 지도를 제공한다. 모든 신앙 전통은 치유와 회복탄력성에서 연민과 용서를 권장한다(Hargrave, Froeschle, & Castillo, 2009; 11장 및 14장 참조).

영성spirituality은 넓고 포괄적인 개념으로, 일상 생활과 관계에서 실천되는 초월적 믿음과 관행을 의미한다. 영성은 종교의 핵심이자 영혼이며(Pargament, 2007), 종교적 구조 밖에서도, 종교가 없는 사람들에 의해서도 경험될 수 있다. 영성은 의미, 완전함, 그리고 타인과의 연결감을 가져다 주는 내면화된 믿음에 대한 적극적인 투자를 포함한다. 이는 우리가 추구하는 궁극적인 인간 조건에 대한 신념이나 지향하는 일련의 가치—최고의 힘이나 내면의 빛에 대한 믿음, 또는 인간 공동체, 자연, 우주와의 전체론적 일체감에 대한 믿음—를 포함할 수 있다. 영성은 개인의 책임을 포함하여 자신을 넘어 지역적 관심사부터 세계적 관심사까지 인식의 확장을 요청한다. 요약하자면, 영성은 관계적이다. 영성은 자신과 모든 사람과의 깊은 연결을 포함한다.

영성은 인간 경험의 차원에서 가장 잘 이해될 수 있다. 따라서 이는 생물심리사회적-영적biopsychosocial-spiritual 영향과 웰빙, 고통, 치유 및 회복탄력성에서의 개인과 관계의 상호작용을 포함하도록 체계 이론의 확장을 요구한다. 문화나 민족성과 마찬가지로, 영성은 다세대 유산에서부터 공유된 신념 체계와 지속적인 교류, 영적 실천, 역경에 대한 반응에서의 그들의 표현에 이르기까지 삶의 모든 측면을 통해 흐르는 경험의 흐름을 포함한다. 영적 신념과 실천은 역경의 상황에서 두드러지게 나타난다. 가족 생활에서 그 중요성을 탐구하는 것이 중요하며, 그들이 고통에 기여할 수 있는 방법과 가족의 지향 및 선호에 맞는 영적 자원이 회복탄력성에 어떻게 활용될 수 있는지를 살펴보아야 한다(6장 및 7장; 부록 3 참조).

고통의 영적 근원 탐색

고통은 우리를 영적 영역으로 초대한다(Wright, 2009). 그러나 은 대처, 숙달 및 삶에 의미를 부여하는 능력을 방해할 수 있다. 종교적 신념이 너무 좁거나 경직되거나 처벌적으로 받아들여지거나 여성이나 아동에 대한 학대를 정당화하는 데 사용될 경우 해로울 수 있다. 깊이 간직한 종교적 신념은 비극이 발생할 때 의미를 부여하는 일반적인 원천이다. 한 남편은 부부의 불임을 자신의 과거 불륜에 대한 하나님의 처벌 때문이라고 생각했다. 어떤 경우에는 위기가 오랫동안 간직해 온 영적 신념에 대한 의문을 촉발할 수 있다. 한 아버지는 자녀의 죽음 이후 하나님과 교회를 등지고 "어떻게 사랑이 많은 하나님이 무고한 아이의 생명을 빼앗을 수 있습니까?"라고 울부짖었다. 다른 경우에는 가족의 종교에 의해 정죄당한 동성애자, 레즈비언 또는 트랜스젠더들이 지속 가능한 신앙에 대한 새로운 접근 방식을 찾는 계기가 될 수 있다.

회복탄력성을 위한 영적 자원 활용

수많은 연구는 회복탄력성(Walsh, 2009c 참조) 및 외상 후 성장(posttraumatic growth; Tedeschi & Calhoun, 2004)에 대한 영성의 중요한 영향을 제시하고 있다. 영적 신념과 실천은 역경에 직면했을 때 의미, 지원, 그리고 위안을 제공한다. 특히 이해할 수 없거나 명확하지 않거나 통제할 수 없는 상황에서 더욱 그렇다. 강한 신앙은 고난을 견디고, 도전을 극복하며, 삶을 변화시키려는 노력을 지원한다(Werner & Smith, 2001).

이민자 가족과 아프리카계 미국인들에게 종교는 차별과 절망에 맞서는 회복탄력성의 원천이 되어 왔다(Boyd-Franklin, 2004; Falicov, 2013). 억압받는 사람들에게 영혼의 지도자였던 마틴 루터Martin Luther King Jr. 목사는 사회 정의가 승리할 것이라는 확고한 신념을 가지고 있었다. 그러나 그는 하나님의 구원을 기다리기보다는 변화를 가져 오기 위한 집단 행동을 촉구하며 개인의 책임과 공동의 노력을 강조했다.

신경생물학적 증거가 쌓이면서 강한 신념과 기도나 명상과 같은 실천이 건강과 치유를 촉진하고 스트레스를 줄이며 신경계, 면역계 및 심혈관계를 강화할 수 있음을 보여준다(Kabat-Zinn, 2003; Koenig, 2012). 신앙공동체에 대한 소속감이 감소하고 있지만, 가장 중요한 것은 개인 신념의 힘을 활용하여 불안정한 상황에 의미를 부여하고 희망, 위안 및 안식을 찾는 것이다.

부부 및 가족 연구에 따르면, 공유된 영적 신념과 실천은 관계를 강화하고 어려운 시기를 극복할 수 있는 능력을 증진한다(Beavers & Hampson, 2003; Mahoney, 2010; Marks, 2006; Stinnett & DeFrain, 1985; Walsh, 2009d, 2012d 참조). 가치가 가족 생활에서 실천되고 의미 있는 공유된 실천이 이루어지며 부모가 자신이 전하는 것을 실천할 때, 위험에 처한 청소년들은 해로운 영향에 저항하고 도전적인 사회 환경에 성공적으로 대처하기 위해 영적 자원을 활용한다.

영적 연결성과 쇄신은 고대부터 이어져 온 원주민의 강력한 신념과 관습에서 나타나듯이 자연과의 교감을 통해 일어날 수 있다. 문화적 학살과 그들의 땅, 물, 숲, 동물, 사람들의 대량 학살을 겪은 북미 원주민들과 다른 민족들은 여전히 모든 생명체와 친족 관계를 주장하고 있다(Robbins, 2013). 현대 생활에서 우리는 반려동물과의 유대, 정원

가꾸기, 숲 속 하이킹, 파도 리듬과 조화를 느끼는 것 등의 다양한 방식으로 깊은 연결을 경험할 수 있다. 사람들은 치유의 물과 같은 높은 영적 에너지를 가진 장소에 끌리거나 신성한 장소로 순례를 떠난다.

여러 형태의 표현 예술은 강력한 영적 자원이 될 수 있으며 치유 효과를 가지고 있다. 예술, 음악, 문학, 드라마를 통해 우리는 깊은 고통, 공통된 인류애, 그리고 인간 정신의 승리를 교류할 수 있다. 음악은 모든 문화에서 강력한 초월적 경험을 제공한다. 아프리카계 미국인의 가스펠 송, 블루스, 재즈는 노예제와 억압의 용광로에서 일어나 창조적인 새로운 정점에 도달했다. 호피 인디언들은 "우리가 춤추는 것을 보는 것은 우리의 마음이 말하는 것을 듣는 것이다"라고 말한다.

나에게 음악은 깊은 영적 공명과 어머니와 딸과의 연결을 가지고 있다. 나의 어머니는 재능 있는 음악가로, 우리 마을의 피아노 선생님이셨고, 찬송가에 대한 폭넓은 이해를 바탕으로 유대교 성전의 오르간 연주자로도 활동하셨으며, 휴일에는 다양한 기독교 회중을 위해서도 연주하셨다. 음악은 신성한 것이든 세속적인 것이든, 그녀 인생의 고난과 상실로 인한 피로와 슬픔을 풀어 주었다. 그녀가 쇼팽이나 슈만을 연주할 때, 그녀가 다른 영역으로 이동하는 것을 볼 수 있었다(그녀의 이야기는 14장 참조). 음악은 나와 내 딸에게도 영적 원천이 되었으며, 특히 어려운 시기에 더욱 그러했다. 나는 딸의 힙합 사랑을 공유하지 않고 딸이 좋아하는 줌바보다 요가를 선호하지만, 우리는 세계 음악과 춤에 대한 깊은 감사를 나누고 있다.

회복탄력성, 신앙, 그리고 친밀함은 연결되어 있다(Higgins, 1994). 신앙은 돌봄의 유대 안에서 기본적 신념이 형성되고 양육되는 인생의 초기부터 본질적으로 관계적이다. 파트너, 가족, 가까운 친구들—영혼의 동반자, 관심사가 같은 사람—과의 사랑하는 관계는 우리의 삶에 의미를 부여한다. 빅터 프랭클Victor Frankl(1946/1984)은 나치 수용소에서 아내와의 깊은 영적 연결로 인해 지탱되었던 경험을 회상하며 그녀의 이미지를 시각화했다. "나는 그녀가 아직 살아 있는지조차 몰랐다. 이제는 알게 된, 내가 아는 단 하나는 사랑은 사랑하는 사람의 육체적 존재를 훨씬 뛰어넘는다는 것이다. 사랑은 영적 존재, 내면의 자아에서 가장 깊은 의미를 발견한다"(pp. 59-60).

영감: 혁신, 창의적 표현, 사회적 행동

창의성은 종종 역경에서 탄생한다. 삶의 어려움을 극복하려는 노력은 우리 삶에 새로운 비전을 가져올 수 있다. 상상력은 즉각적인 문제를 넘어 우리를 이동시켜, 딜레마에서 벗어나 더 나은 삶으로 나아가는 길을 밝혀 줄 수 있다. 회복탄력성이 있는 개인과 공동체는 종종 비극적인 상황에서 긍정적인 무언가를 끌어낸다.

가족도 역경을 이겨내고 회복하기 위해 창의적이어야 한다. 잘 기능하는 가족은 문제를 해결하기 위해 과거 경험, 가족 이야기, 창의적인 환상, 그리고 새롭고 시도되지 않은 해결책 등 다양한 영감을 활용한다. 매드슨Madsen(2009, 2011)은 선호하는 삶의 비전을 목표로 훈련된 즉흥적 태도가 필요하다고 제시한다. 전 세계적으로 사회적 변화가 일어나고 있기에, 우리 모두는 관계, 의미, 성취에 대한 실행 가능한 모델을 구상해야 할 필요가 있다.

역할 모델과 영웅들

우리는 회복탄력성을 보여 주는 다른 사람들의 긍정적인 사례를 통해 자신의 상황의 제약을 초월하도록 영감을 받을 수 있다. 우리의 일상 세계의 경계를 넘어, 역경을 극복하고 높은 성취를 이룬 사람들의 삶의 이야기에 매력을 느낀다. 스포츠 영웅들은 특히 도전적인 사회 환경에 있는 청소년들에게 영감을 주는 경우가 많다. 시카고에서 우리는 모두 농구의 거장 마이클 조던Michael Jordan의 팬이었고, 그는 경력 전반에 걸쳐 회복탄력성의 많은 특성을 나타냈다. 그는 뛰어난 재능에 안주하지 않고, 끊임없이 훈련하며 기술을 연마하고 한계를 밀어붙이며 항상 탁월함을 추구하였고, 부상과 노화에 대처하기 위한 새로운 방법을 개발했다. 그는 승리하고 인내하였으며, 실패와 상실을 더 열심히 노력하도록 자극하는 도전으로 보고 이를 회복하려는 강한 의지를 유지했다. 조던은 재능을 타고난 인물로 여겨졌지만, 그의 많은 회복탄력성의 특성은 강한 가정 양육을 통해 관계적으로 연마되었다. 그는 한때 자신의 가장 중요한 기술인 “집중, 집중, 집중”을 언급했다. 그의 어머니의 가족 생활에 대한 회고록(Jordan, 1996)에서 그녀는 “나는 항상 아이들에게 집중, 집중, 집중하라고 가르쳤다!”고 회상했다. 조던의 영웅은 그의 부모님, 즉 강한 가치를 심어 준 양육적이고 영적으로 헌신적인 어머니와 그의 주춧돌이자 가장 가까운 동반자인 아버지였다. 그러나 그의 성공과 명성에도 불구하고, 그는 아버지가 도로에서 강도에게 잔인하게 살해당하는 비극을 피할 수는 없었다. 충격과 슬픔 속에서 그는 농구를 떠났고, 아버지를 잃으면서 스포츠에 대한 열정을 잃었다. 아버지와의 어린 시절의 연결고리인 야구로 전향했지만, 그는 다시 농구로 돌아왔고 아버지 날Father's Day에 시카고 불스를 이끌고 네 번째 NBA 타이틀을 차지했다. 그는 트로피를 안고 눈물을 흘리며 승리를 아버지와의 추억에 바쳤다.

대법관 소니아 소토마요르Sonia Sotomayor(2013)의 삶은 그녀의 할머니와 푸에르토리코의 깊은 문화적 뿌리에 의해 키워진 회복탄력성에 대한 놀라운 이야기이다. 그녀는 브롱크스Bronx의 주택 프로젝트 단지에서 가난하게 성장했으며, 그 시기에 이웃은 갱단, 마약, 폭력으로 얼룩져 있었다. 그녀는 7세에 소아당뇨병에 걸렸다는 것을 알게 되었다. 몇 년 후, 그녀는 알코올 중독자인 아버지를 잃었고, 그의 예측할 수 없는 행동은 가족 생활에 그림자를 드리웠다. 그녀의 어린 시절 가장 친한 친구는 사촌 넬슨Nelson이었다. 그녀는 넬슨이 더 똑똑하고 자신이 바라는 아버지가 있다는 점을 제외하면, 그들은 뗄 수 없는 사이였고 사실상 동일하다고 회상했다. 그러나 넬슨은 헤로인 중독자가 되어 30세 생일 전에 AIDS로 사망했다. 소토마요르 판사는 넬슨이 실패한 동일한 위험 속에서도 자신은 왜 살아남을 수 있었는지 궁금해하였다. 그녀는 남성 우월주의 문화가 일정 역할을 했으며, 이는 소년들을 거리로 내몰고 소녀들을 보호했다고 기록한다. 또한 당뇨병을 관리하려는 결단력에서 다져진 규율과 인내심과 함께 그녀 자신의 의지도 중요했다. 그녀의 할머니 아부엘리타의 사랑과 보호는 그녀에게 "집의 혼란에서 벗어날 수 있는 피난처"를 제공해 주었고, "삶에서 불가능한 가능성을 상상"할 수 있게 해 주었다. 그녀의 첫 번째 꿈은 좋아하는 여주인공인 낸시 드류Nancy Drew처럼 탐정이 되는 것이었고, 자신의 사고 방식이 그녀와 비슷하다고 생각했다. 이후 그녀는 텔레비전에서 법률 드라마를 보면서 변호사나 판사에 매료되었다.

인생 이야기를 읽고 흡수하는 것은 세상을 넓혀 주며, 우리의 제한된 환경을 넘어 가능성을 상상하고 추구할 수 있게 해 준다. 부모는 어린 시절부터 자녀와 함께 책을 읽음으로써 많은 영역으로의 창을 열 수 있다. 나는 가난한 노동자 계급 동네에서 자랐고, 동급생 대부분은 고등학교 졸업 후 결혼하고 공장에서 일했다. 나는 독서를 통해 포부를 확장시켰고, 도서관 카드는 확장된 세계관으로 가는 티켓이었다. 어떤 이야기들은 제약적이었다. "신데렐라"와 "백설공주"와 같은 고전 우화는 내가 착하고 순종적이며 불평하지 않으면 왕자에게 구출되어 행복하게 살 수 있다는 성별에 따른 기대 때문에 숨이 막혔다. 다행히 나는 헐 하우스Hull House를 설립한 사회복지의 선구자인 제인 애덤스Jane Adams와 과학자 마리 퀴리Marie Curie와 같은 전기에서 영감을 얻었다. 비록 내가 그 특정한 길을 따를 계획은 없었지만, 이상하게도 나중에 나는 사회 변화와 연구에 끌리게 되었다. 내가 어린 시절 가장 생생하게 기억하는 책은 《할 수 있는 작은 기관차The Little Engine That Could》로, 이 책은 큰 기관차들을 따라잡지 못하는 작은 파란 기관차가 강한 결단력("할 수 있을 거야, 할 수 있을 거야, 할 수 있어!")으로 산을 넘을 수 있었던 이야기이다. 자신의 회복탄력성을 스스로 만든 것이라고 생각하고 싶을 때, 그 이야기를 나에게 여러 번 읽어 주신 분이 부모님이셨다는 것을 떠올린다.

우리는 종종 우리 가족과 지역사회에서 회복탄력성의 많은 사례를 보지 못한다. 우리는 일하는 싱글맘들에게 무관심을 탓하지만, 그들이 직장, 양육, 가사 요구를 관리하는 영웅적인 업적을 인식해야 한다. 비범한 용기와 비극적인 사건에 대한 승리 이야기는 소중하지만, 인생의 폭풍을 견디는 평범한 가족들의 놀라운 힘과 활력에 대한 이야기 또한 중요하다. 스터드 터켈Studs Terkel(2003)은 그의 저서 《희망은 마지막에 죽는다Hope Dies Last》에서 매일매일 평범한 사람들이 보여 주는 용기와 재기, 즉 미디어의 주목을 받지 못하는 영웅적인 업적을 기록한다. 평범한 가족들이 회복탄력성을 발휘하는 방식에 주목하는 것은 전문가들에게 가족의 인식되지 않은 강점을 보고 확인하도록 영감을 줄 수 있다.

연민의 봉사

고통과 투쟁은 다른 사람들의 곤경에 대한 더 큰 자비심과 위험에 처한 개인, 가족, 공동체, 그리고 우리가 공유하는 지구상의 모든 생명을 위한 노력에 마음을 열 수 있다. 자신이 역경에 처해 있을 때 사랑(관심, 도움, 지원, 공감)을 주는 것은 상호작용·상황의 맥락을 재정의하고 새로운 의미를 창출하는 힘의 행위이다. 우리는 자신을 피해자가 아닌 사랑의 주체로 정의함으로써 어떤 역경의 상호작용에서도 우리의 입장을 변화시킨다(Mollica, 2006). 회복탄력성과 긍정적 성장에 대한 연구에서 보듯 회복탄력성 있는 개인과 가족은 높은 도덕적 나침판과 삶의 목적 의식을 가지고 파괴적인 위기에서 빠져나온다. 고통에서 태어난 이타주의(Staub, 2013)에서 자신의 경험으로부터 연민을 느끼고 다른 사람들의 고통을 예방하거나 완화하려는 강한 동기를 부여받는다. 소니아 소토마요르Sonia Sotomayor(2013)의 초기 가족 및 공동체 경험, 특히 가난한 사람들과 소수자들이 범죄의 불균형한 피해자라는 날카로운 인식은 그녀의 법조 경력에 공정성에 대한 지속적인 헌신과 망가진 시스템을 고치는 데 영감을 주었다.

가족들은 종종 역경을 겪으면서 타인에 대한 연민이 증가하게 된다. 회복탄력성 있는 가족들은 종종 지역사회에 환원하고, 유사한 고통을 예방하거나 완화하기 위해 다른 사람들을 돕고자 한다(Lietz, 2007; Patterson, 2002). 이는 종종 지역사회 행동이나, 다른 가족들이 그들의 비극을 겪지 않도록 하기 위해 유족 부모들이 조직한 음주 운전 반대 어머니들(MADD; Mothers Against Drunk Driving)과 같은 전국적인 캠페인에 대한 헌신으로 이어진다. 사람들은 사회 정의나 환경 문제를 위해 열정적으로 일함으로써 자신의 영성을 표현하며, 이는 유대교 전통의 **티쿤 올람**Tikkun Olam과 같이 세상을 고치는 노력을 포함한다(Perry & Rolland, 2009). 리츠Lietz(2011)는 여러 면에서 "공감적 행동empathic action"이 가족들의 치유와 회복탄력성을 증진시킨다는 것을 발견하였다.

변형: 학습, 변화, 그리고 긍정적인 성장

고난, 비극, 또는 실패는 교훈이 될 수 있으며 개인적, 관계적 변화와 성장을 위한 자극제가 될 수 있다. 가족 구성원들이 자신의 경험을 돌아보고 그 경험으로부터 미래의 방향을 안내하는 데 가치 있는 교훈을 얻으려 할 때 회복탄력성이 생긴다. 그들은 일어난 일을 받아들이고 남아 있는 상처를 인정하면서, 더 나은 삶을 살기 위한 노력에 자신이 배운 것을 통합하려고 시도한다.

이러한 방식으로 가족들은 역경의 가마솥에서 새로운 의미와 성장을 만들어낸다. 회복탄력성 있는 가족들은 그들의 시련이 원래 가질 수 있었던 것 이상으로 그들을 만들어 주었다고 믿는다. 한 부부는 가족의 근본을 뒤흔드는 기이한 사고로 아들을 거의 잃을 뻔했다. 그들은 이 위기를 계기로 가족 간의 유대감에 대한 깊은 감사, 삶에 대한 강한 목적의식, 그리고 그들의 가치를 더 완전하게 실천하겠다는 헌신을 확립하게 되었다. 삶의 위기로 인해 발생한 불확실성과 고통 속에서 핵심 신념이 드러난다. 사건들이 통합되면서, 그것들은 새로운 삶의 단계와 더 의미 있는 추구를 여는 선물로 간주될 수 있다(Tedeschi & Calhoun, 2005 참조).

회복탄력성의 역설은 최악의 시기가 우리의 최선을 이끌어낼 수 있다는 것이다. 위기는 예상치 못한 방향으로 변화와 성장을 가져올 수 있다. 그것은 가족 구성원들에게 사랑하는 사람의 중요성을 일깨우거나 오래된 상처를 치유하고 삶의 우선순위를 재정립하도록 충격을 줄 수 있다. 문제로 가득 찬 상황에 있는 가족들은 노력을 통해 더 나은 미래를 구상해야 한다. 희망과 꿈이 산산조각났을 때, 그들은 변화를 가져오고 긍정적인 성장을 이끌어낼 수 있는 새로운 가능성을 상상하고 창조해야 한다.

4장

조직 과정
: 관계적 및 구조적 지원

깊이 뿌리내리고, 양분을 공급받으며, 보호받는 나무는
폭풍에 구부러질 뿐 부러지지 않는다.

_ 일본 동료의 회복탄력성에 대한 이미지

가족은 다양한 형태와 관계망을 가지고 있으며, 가족 단위와 그 구성원의 통합 및 적응을 지원하기 위해 가족 구조를 제공해야 한다(Minuchin, 1974). 가족의 조직적 패턴은 외부 및 내부 규범에 의해 유지되며, 이는 문화적 및 가족 신념 체계의 영향을 받는다. 이러한 패턴은 가족 내에서 상호 기대에 기반하며, 습관, 개인적 선호, 상호 조정 또는 기능적 효과성을 통해 지속된다. 위기나 지속적인 역경에 효과적으로 대처하기 위해 가족은 자원을 동원하고 조직하며 스트레스를 완충하고 변화하는 조건에 맞게 재조직해야 한다. 이 장에서는 효과적인 가족 기능에서의 조직적 요소를 규명하고, 관계적 회복탄력성을 위한 주요 과정으로 유연성, 연결성, 사회적 및 경제적 자원을 강조한다(〈표 4-1〉 참조).

유연성

역경에 직면했을 때 최적의 기능을 발휘하기 위해 가족은 유연한 구조를 발전시켜야 한다. 모든 인간 체계와 마찬가지로 가족은 익숙하거나 수용 가능한 범위를 넘어서는

〈표 4-1〉 가족 회복탄력성의 주요 조직 과정

유연성
• 새로운 도전에 대처하기 위한 반동, 적응적 변화 • 혼란 속에서 재조직하고 안정성을 회복하기: 연속성, 신뢰성, 예측 가능성 • 강력한 권위 있는 리더십: 양육, 안내, 보호 • 다양한 가족 형태: 협력적인 양육/돌봄 팀, 가계 • 부부/공동 양육 관계: 상호 존중, 동등한 파트너
연결성
• 상호지원, 협력 및 헌신 • 개인의 필요와 차이를 존중 • 재연결을 추구하고 관계의 불만을 수리
사회적 및 경제적 자원 동원
• 확대 가족, 사회적 및 지역사회적 지원, 모델 및 멘토 모집 • 재정적 안정성 구축; 스트레스가 많은 일·가정 문제 조정 • 더 큰 체계와의 교류: 제도적, 구조적 지원 요청

변화에 저항하는 경향이 있다. 그러나 변화는 인간 조건의 불가피한 부분이다. 가족은 변화하는 발달적 및 환경적 요구—정상적(예상 가능하고 예측 가능한) 및 비정상적(일반적이지 않고 시의적절하지 않거나 예상치 못한)—에 적응할 수 있어야 한다. 유연성은 안정성stability(**항상성**homeostasis)과 변화change(**형태 발생**morphogenesis) 사이의 역동적인 균형으로, 가족이 구조를 유지하면서도 삶의 도전에 적응할 수 있도록 한다(Olson & Gorall, 2003).

적응적 변화: "앞으로 튀어나오는"

적응적 변화의 능력은 특히 스트레스 상황에서 부부와 가족이 높은 기능을 발휘하기 위해 필수적이다. 버지니아 사티어Virginia Satir(1988)는 건강한 가족에서는 구성원에 대한 규칙이 유연하고, 상황에 적합하며, 변경 가능하다고 관찰하였다. 유사하게, 커플 연구에서도 적응력, 유연성 및 변화 능력이 관계의 장기적인 성공을 예측한다고 제시한다. 파트너는 함께 발전하고, 삶의 수많은 내부 도전과 외부 힘에 대처할 수 있어야 한다. 사람들이 결혼을 변경할 수 없는 규칙과 역할이 있는 제도로서 경직된 개념으로 생각할 때, 장기적인 헌신에 대해 더 조심스러워진다. 전설적인 할리우드 영화 스타 메이 웨스트Mae West는 "나는 결혼 제도에 반대하는 것이 아니다; 나는 그 제도를 위한 준비가 되어 있지 않을 뿐이다"라고 말한다. 오늘날 부부와 가족은 시간이 지남에 따라 그들의 새로운 우선 사항과 도전에 맞게 형성하고 재구성할 수 있는 유연한 구조로 관계를 구축하고 있다(9장 참조).

회복탄력성은 일반적으로 위기 이전의 형태나 기준으로 "되돌아가는" 것으로 생각된다. 그러나 "앞으로 튀어나오는" 것으로 생각하는 것이 더 적절하다. 이는 새로운 도전이나 변화된 조건에 적응하여 반응하고 재조직하는 것을 의미한다(Walsh, 2002b). 매우 파괴적인 위기에서는 예전의 상태로 돌아가는 것이 불가능할 수 있다. 사랑하는 사람의 죽음이나 이혼과 같은 큰 손실이 있을 때, 우리는 새로운 경로를 개척해야 한다. 대규모 재난과 같은 중대한 사건이 발생하면, 가족들은 그들이 알고 있던 "정상" 생활로 돌아갈 수 없을지도 모른다. 뉴올리언스의 주민들은 허리케인 카트리나Katrina "이전의 삶"과 "이후의 삶"에 대해 이야기한다. 우리는 오래된 가정에 의문을 제기해야 하고, 공유된 세계 속의 다른 사람들과 관계에 대해 근본적으로 변화된 개념을 고민해야 할 수도 있다(11장 참조). 삶을 재건하는 과정에서 우리는 예상치 못한 도전에 대처하기 위해 "정상" 설정을 재조정하고, 새로운 정상 상태를 구축한다.

혼란 속의 재안정화

위기, 혼란스러운 전환 또는 누적된 스트레스 속에서 가족 구성원들은 평온과 질서를 갈망한다. 가족은 흔히 구조를 잃고, 일상적인 루틴이 사라지며, 생일은 잊혀지고, 정해진 생활 패턴은 무질서해질 수 있다. 우리는 구성원들이 혼란 속에서도 중요한 기능을 유지하고, 그 이후에 안정성을 회복하도록 도와줌으로써 회복탄력성을 키울 수 있다. 예측 가능하고 일관된 규칙, 역할 및 상호작용 패턴을 복원하는 것이 중요하다. 가족 구성원들과 특히 아이들은 서로에게 무엇을 기대할 수 있는지 알아야 한다. 신뢰성은 매우 중요하다. 그들은 약속한 대로 서로를 의지할 수 있다는 확신이 필요하다.

가족의 **의례**rituals와 **일과**routines는 혼란 속에서도 연속성을 유지하며, 공유된 전통과 기대를 통해 과거, 현재, 미래를 연결한다(Imber-Black, 2012). 가족과 지역사회는 휴일, 전통(예: 기념일, 동창회 같은 모임) 및 통과 의례(예: 결혼식, 성년식, 졸업식, 장례식)를 기념하기 위해 모인다(Harvey & Hill, 2004). 의례는 재혼 및 새 가족 통합과 같은 어려운 전환을 촉진할 수도 있다. 의례는 중요한 이정표를 세우고, 가족 유산의 연속성을 회복하며, 새로운 패턴을 만들고, 트라우마와 상실로부터 치유를 촉진한다.

가족 저녁 식사나 아빠와의 일요일 브런치 같은 일상 생활의 루틴은 정기적인 접촉과 연결감을 제공한다(Fiese, 2006). 가족 평가에서 우리는 전형적인 하루와 일주일에 대해 질문함으로써 가족의 구조에 대해 배울 수 있고, 위기나 주요 전환으로 인해 가족 생활이 어떻게 변화했는지를 알 수 있다. 어떤 가족은 매일 함께 저녁을 먹기에는 일이 너무 많고 분열되어 있다. 겉보기에는 사소한 루틴이 큰 차이를 만들 수 있다. 종종 학교나 행동 문제를 가진 아이들은 정해진 취침 시간이 없거나, 피곤하지만 흥분된 아이들과 지친 부모의 분노 폭발로 매일 힘든 밤을 보내기도 한다. 책을 읽거나 침대 옆에서 대화하는 것과 같은 즐거운 접촉을 포함한 합리적인 취침 루틴을 설정하는 것은 모든 사람에게 유익하다. 나이가 많은 아이들에게 어린 동생들을 도와줄 수 있도록 하는 것은 그들의 능력을 키우고 형제 간의 유대감을 강화하며, 성인들에게는 필요한 휴식 시간을 제공한다.

위기와 주요 전환의 시기에는 가족 구조와 일상의 변화가 혼란이 불안과 혼란을 가중시키며, 이는 아이들에게 더욱 그렇다. 회복탄력성이 있는 한 가족은 부모의 질병으로 인해 여러 번의 원거리 입원이 필요할 때 힘을 모았고, 확대 가족 구성원들이 번갈아 가며 아이들과 함께 지내기 위해 이사했다. 이는 아이들이 자신의 침대에서 자고, 소지품을 가까이 두고, 일상 루틴과 친구 관계를 유지할 수 있게 해 주었으며, 매번 다양한 친척 집으로 이동하면서 겪는 추가적인 혼란을 피할 수 있게 해 주었다. 이혼과 같이 가족 삶이 재조직될 때, 가족들은 아빠와의 금요일 밤 피자를 같이 먹는 유대감을 지속할 수 있는 새로운 루틴을 만드는 것이 중요하다. 이혼 후 비거주 부모와의 접촉을 통한 예측 가능성과 신뢰성은 아이들의 적응에 매우 중요하다(Hetherington & Kelly, 2002; 9장 참조). 아이들은 부모가 명확한 연락 및 지원에 대한 기대 없이 그들의 삶에 드나들거나, 약속이 모호하고 계획이 반복적으로 무산될 때 더 쉽게 버림받거나 사랑받지 못한다고 느낄 가능성이 높다.

강력한 리더십: 양육, 안내 및 보호

부모와 조부모는 가족의 건축가로서, 그들이 구성하는 구조적 배치, 역할 및 규칙을 통해 건강한 가족 생활의 기초를 다진다. 역경 속에서 강력한 리더십은 아이들을 양육하고 인도하며 보호하고, 노인과 도움이 필요한 가족 구성원들을 돌보는 데 필수적이다. 리더십은 기본 자원(예: 돈, 음식, 의복, 건강 관리 및 주거)을 제공하고 가족 생활의 많은 압력과 요구 사항을 관리하는 데에도 필요하다(Ryan, Epstein, Keitner, Miller, & Bishop, 2005).

올슨과 동료들의 연구(Olson & Gorell, 2003)는 강력하고 명확한 리더십은 적응력에 중요하다고 제시한다. 책임을 맡은 성인은 자신의 권위와 책임을 유지하지만, 권력을 남용하지 않도록 주의해야 한다. 아이들의 선택과 책임은 성숙해짐에 따라 증가한다. 좌절감을 주는 권력 투쟁은 드물게 발생한다. 적당히 구조화된 관계를 가진 가족은 다소 민주적인 리더십을 가지고 있으며, 아이들을 포함한 일부 협상이 이루어진다. 역할은 안정적이며, 일부 역할은 공유된다. 규칙은 거의 변동되지 않고 확고하게 시행된다. 적당히 유연한 관계를 가진 가족은 보다 평등한 리더십을 가지고 있으며, 의사결정에 민주적인 접근 방식을 취한다. 협상은 개방적이며 아이들을 적극적으로 포함한다. 역할은 공유될 수 있으며, 필요할 때 유동적으로 변화한다. 규칙은 연령에 적합하며 시간이 지남에 따라 수정될 수 있다.

가족은 또한 중요한 사회적 학습 맥락이다. 가족은 처벌이나 강압보다 혜택을 훨씬 더 자주 교환할 때 가장 잘 기능한다(Sexton, 2011). 부모는 자녀의 성공을 격려하고 관심, 인정 및 승인을 통해 적응 행동을 보상한다. 그들은 부적응 행동을 강화하지 않으려고 노력한다. 덜 기능하는 가족에서는 부모가 더 많은 강압을 사용하고 잘못된 행동, 실패, 통제 및 처벌에 집중한다. 긍정적인 노력과 성공은 간과되고 보상받지 못한다. 치료사는 모델 역할을 하여 가족이 긍정적인 의도, 노력 및 행동을 확인하고 관심과 재능을 격려하도록 도울 수 있다. 우리는 어려움을 겪는 가족이 관계뿐 아니라 개인의 능력과 자존감을 향상시키는 보상 교환의 기회를 찾도록 도울 수 있다.

가족은 자녀의 행동을 안전하고 파괴적이지 않게 유지하기 위해 효과적인 모니터링 및 통제 방법이 필요하다. 권위적이면서도 유연한 규칙과 행동 통제가 가장 효과적이다(Olson & Gorell, 2003; Steinberg, Blatt-Eisengart, & Cauffman, 2006). 기준은 합리적이며 협상과 변화의 기회를 제공한다. 부모/보호자는 규칙을 설정하고 시행할 때 서로 일치한다. 위반이 발생할 때, 그들은 어떤 행동이 용납될 수 없는지에 대해 명확하며, 일관되게 개입한다. 상황에 따른 여유를 두지만, 여전히 일관된 기대를 유지한다. 매우 파괴적인 위기 상황에서는 질서를 유지하거나 회복하고 혼란이나 압도적인 스트레스를 줄이기 위해 매우 강력한 리더십이 필수적이다. 지역사회 구조가 무너진 고위험 사회적 환경에 사는 가족에서는 더 권위적인 리더십이 필요할 수 있다. 무엇보다도, 단호함과 따뜻함을 갖춘 배려 있는 훈육이 가장 효과적이다.

회복탄력성 문헌은 **멘토링**의 중요성을 강조한다. 특히 빈곤한 환경에 있는 위험에 처한 청소년들에게 긍정적인 방향으로 아이들을 안내하고 영감을 주는 것이 중요하다. 임상 및 청소년 사법 분야에서는 행동 통제에 지나치게 집중한 나머지 부모, 형제자매, 확대 가족 구성원 및 지역사회의 연장자들이 가치, 동기 부여, 모델링 및 적극적인 멘토링을 제공하는 데 어떻게 기여할 수 있는지에 대한 관심이 부족했다(Ungar, 2004; 8장 및 13장 참조). 청소년에게 무엇을 해야 하고 하지 말아야 하는지 강의하는 대신, 멘토링 관계는 각 아동의 관심과 재능에 적극적으로 투자하고 희망과 꿈을 키워 준다. 실천 현장에서, 우리는 가족 네트워크 내에서 멘토링 기회를 식별하고 장려하며, 지역사회 자원으로 보완하는 방식으로 이 차원에 유용하게 접근할 수 있다.

다양한 가족 형태: 협력 팀

오늘날의 다양한 가족 구조에서 리더십 패턴은 두부모 가정부터 한부모 가정, 이혼 가정, 재혼 가정, 그리고 확대된 친족 돌봄까지 다양하다(Walsh, 2012c). 가족은 부모와 다른 관련된 친척들이 서로 존중하고 협력하여 가정 내외에서 함께 일할 때 가장 잘 기능하며, 아이들은 잘 성장한다. 아이들에 대한 기대와 결과의 명확성과 일관성이 매우 중요하다. 조부모나 비거주 부모 그리고 분리된 가정의 양육 방식은 권한과 책임의 경계가 명확하게 설정되어 있다면 잘 작동할 수 있다.

커플 및 공동 양육 관계: 상호 존중, 동등한 파트너

커플 및 공동 양육 관계는 역할의 유연성과 전반적인 균형을 가지고 서로의 기여를 상호적이고 공평한 방식으로 존중하며 지원할 때 가장 잘 기능한다. 상호 존중과 배려는 매우 중요하다. 자녀는 각 부모가 자녀와 관계를 맺는 방식뿐만 아니라 부모가 서로를 대하는 방식에 영향을 받는다(Ryan et al., 2005). 잘 기능하는 가족에서는 파트너의 기여가 다를 수 있지만, 어느 한쪽도 불균형한 부담이나 특권을 가지지 않는다. 오늘날 대부분의 남성은 그들의 아버지들보다 가정에 더 많이 참여하고 있지만 여전히 아내들보다 훨씬 적은 가사 책임을 지고 있다. 두 파트너가 모두 직업을 가지고 육아와 가사 일을 나누는 경우, 요구 사항, 기술, 선호도 및 공정성을 고려하여 특정 상황에 맞춰 노동 분담을 조정해야 한다. 여러 가지 상충하는 직장 및 가족의 압박과 역할 기대의 변화에 시달리는 맞벌이들은 매우 명확한 구조를 설정해야 하며, 필요에 따라 서로를 지원할 수 있도록 높은 유연성을 유지해야 한다.

성별에 기반한 권력과 특권의 불균형은 여전히 가족 역할 기대, 관계 스타일 및 제약에서 흔히 발생하며, 이는 문화적 규범과 제도적 정책에 의해 강화된다. 여성과 남성은 성별에 따른 역할 제약에 도전하고 있으며, 일과 가족 생활에서 보다 공평한 파트너십을 추구하고 있지만, 2장에서 논의한 것처럼 이는 여전히 진행 중이다(Knudsen-Martin, 2012).

힘의 균형은 모든 커플 관계에서 근본적인 문제로, 관계의 성공, 친밀감, 안정성 및 만족도에 기여한다(Driver, Tabares, Shapiro, & Gottman, 2012). 고기능 가족에서는 파트너들이 강력한 평등주의적 리더십과 권위를 공유하기 위해 노력한다(Beavers & Hampson, 2003). 그들은 서로에 대한 강압이나 통제를 통해서가 아니라, 밀접한 사랑의 유대감을 통해 힘을 경험한다. 권력 불균형이 클수록 갈등과 해체의 위험이 커진다.

공정하고 평등한 파트너십을 위해서는 시간이 지날수록 상호성이 필수적이다. 좋은 관계는 파트너의 우선순위와 반응성 측면에서 지속적인 균형을 요구하여 각자가 책임의 공정한 몫을 지고 동등한 특권을 누릴 수 있도록 한다. 이러한 주고받기는 각 구성원의 필요가 존중될 것이며 그들의 교환이 시간이 지남에 따라 균형을 이룰 것이라는 상호 확신을 바탕으로 한 신뢰성과 실행을 기반으로 한다. 우리는 파트너들이 권력과 권리를 재조정하고, 부담을 보다 공평하게 나누며, 서로의 기여를 인정할 수 있도록 도울 수 있다(Knudsen-Martin, 2012).

가족 치료사들은 중립성이라는 치료적 태도가 문화적 편견을 암묵적으로 강화하고 가족과 사회의 해로운 권력 편향을 경시한다는 것을 인식하게 되었다. 윤리적으로, 우리는 가족과 더 큰 시스템 안에서 권력 남용, 특히 경멸적인 대우와 폭력 또는 성폭력을 지속시키는 신념과 관행에 도전하고 평등한 존중을 촉진해야 한다. 사회적, 제도적, 및 직장 구조에서도 평등한 기회, 지위, 보수와 보다 유연한 근무 및 육아 배치 등의 변화가 필요하다. 남성과 여성이 가족과 직장 생활의 책임과 기쁨을 완전히 그리고 평등하게 나눌 수 있을 때 관계적 회복탄력성이 강화된다.

스트레스가 많은 삶의 도전 다루기: 안정성과 변화의 균형

가족 회복탄력성은 가족 구성원이 역경을 겪을 때 안정성과 변화를 균형 있게 맞출 수 있는 능력을 요구한다. 스키는 삶의 도전을 다루는 데 필요한 역동적인 균형을 시각화하는 데 유용한 은유를 제공한다. 산을 내려갈 때, 좋은 스키어skiers는 지형 변화에 맞춰 유연하게 자세를 바꾸면서 안정성을 유지한다. 스키를 타는 사람이 통제력을 잃는 것을 두려워해 몸을 경직시키면, 그 경직된 자세는 넘어질 위험과 심각한 부상의 위험을 높인다.

스키에 대한 나의 개인적인 경험은 치료사로서의 실천에 귀중한 교훈을 주었다. 초보자로서 나는 통제력을 잃고 산 밑까지 굴러떨어질 것에 대한 끔찍한 두려움 때문에 경사면에 앉아 움직이지 않았다. 전문가와의 수업을 통해 두려움을 극복하고 스키를 즐길 수 있게 되었으며, 유용한 임상 통찰력을 얻었다. 좋은 스키 강사는 먼저 초보자에게 멈추는 방법(통제력을 잃지 않는 과정)과 넘어지는 방법, 그리고 부상을 최소화하는 방법을 가르친다. 그 다음, 스키어는 변화하는 조건 속에서 앞으로 나아가면서 자세를 바꾸는 동안 안정성과 유연성의 역동적인 균형을 유지하는 방법을 배운다. 내부의 두려움을 알리는 신호(예: 두근거리는 심장)는 준비가 되지 않았다고 항의했지만, 강사는 차분하면서도 단호하게 몇 번 숨을 쉬고 완만한 경사에서 단거리 스키를 시도해 보라고 격려했다(행동 변화가 내부 변화를 촉진함). 그는 기술을 시연하고 나보다 조금 앞서 나가며 나를 안내함으로써 안전한 멘토링 관계를 제공했다. 만약 내가 너무 빨리 가서 통제력을 잃게 된다면, 그가 나를 잡아 줄 것이라고 확신시켜 주었다(정말로 "안아 주는 환경holding environment"이었다). 작은 성공 하나하나와 그의 칭찬, 더 많은 것을 시도하라는 격려는 능력과 자신감을 높여 주었다.

이 비유를 가족과의 작업에 적용하면, 일반적으로 "저항"으로 분류되는 많은 것을 이해하는 데 도움이 된다. 가족 구성원들은 자신들의 삶을 통제할 수 없고 현재의 곤경보다 더 나쁜 상황에 처하게 될까 두렵기 때문에 변화에 겁을 먹게 된다. 미지의 것에 대한 두려움이 현재의 고통스럽지만 익숙한 상황보다 더 클 수 있다. 위기 상황에 처하거나 테러나 압도적인 혼란을 경험해 본 사람들이 변화에 대한 재앙적인 기대를 가지는 것은 이해할 만하다. 그들은 자신의 삶이 다시 통제 불능 상태로 빠질 것이라는 강한 무력감과 두려움을 느낄 수 있다. 이러한 불안은 주요한 트라우마 사건 이후(11장 및 13장 참조)와 다중 스트레스를 겪고 있는 가족에게 특히 강하게 나타난다(13장 참조). 치료는 목표와 방법이 변화를 촉진하기 때문에 특히 위협적으로 느껴질 수 있다. 실제로 치료사는 종종 변화의 주체로 여겨진다.

전문가들은 내담자가 위기 상황에 있거나 불안정한 상황에 처해 있을 때 또는 압도적인 스트레스 요인이 쌓여 있을 때 변화 과정에 참여하는 것에 대한 주저함을 존중해야 한다. 그들이 변화보다 안정성을 더 원한다는 열망을 더 잘 이해하고, 유연한 균형을 이루기 위해 노력해야 한다. 스키 강사처럼, 우리는 치료를 능동적으로 구조화하고 우리의 전문성과 지원을 제공하는 협력적인 과정을 장려할 수 있지만, 동시에 내담자가 치료 과정의 통제권을 느끼고 자신의 삶을 더 잘 관리할 수 있도록 도와야 한다. 위기에 처한 가족들은 일반적으로 방향감각을 잃고 혼란스럽게 되는 즉각적이고 빠른 무질서 시기를 경험한다. 이러한 경험을 정상화하고, 변화 과정을 늦추며, 반응을 수용하고 불확실성을 견딜 수 있는 능력을 지원하는 강력한 구조를 제공하는 것은 안심이 될 수 있으며, 가족들은 점차 새로운, 더 기능적인 균형을 이루게 된다. 초기 우선 사항은 그들이 관리 가능한 작은 단계에서 기술과 자신감을 쌓아가며 급격한 변화를 예방하는 방법을 배우도록 돕는 것이다. 작업과 지시 사항은 안전하게 실패(넘어짐)하고, 다시 시도하고, 성공하는 방법을 배우는 데 도움이 될 수 있다.

부모님의 상실 같은 혼란스러운 전환을 겪고 가족을 재구성해야 할 때, 전문가들은 또한 가족이 연속성을 유지하고 새로운 구조를 구축하는 데 도움을 줄 수 있다. 내담자가 필요로 하고 가치 있게 여기는 것, 즉 가족 구성원이 변화하거나 잃고 싶지 않은 것이 무엇인지 탐색함으로써, 우리는 그들이 이러한 요소를 보존하거나 변형하거나 대체할 수 있는 방법을 찾도록 도와줄 수 있다.

위기 상황이 발생하면 가족을 재편성해야 하는 경우가 많다. 의붓 가족 형성과 같은 주요 전환이 있을 때, 기본적인 규칙과 역할의 변화가 필요할 수 있다. 중요한 상실은 가족에 더 큰 스트레스를 주며, 가족 삶의 변화와 연속성을 유지하기 위해 가족 규칙의 주요한 적응적 변화를 요구한다.

연결성

가족 조직의 두 번째 주요 과정은 가족 구성원 간의 정서적 및 구조적 유대감을 의미하는 **연결성**connectedness 또는 **응집력**cohesion이다(Beavers & Hampson, 2003; Olson & Gorall, 2003). 강하게 연결된 가족에서는 구성원들이 함께 시간을 즐기고, 재미있는 일이나 집안일 등의 집 안팎에서의 활동을 공유한다. 가족은 개별성 및 개인의 필요와 차이를 존중하는 것과 친밀감, 상호지원 및 헌신이 균형을 이룰 때 가장 잘 기능하는 경향이 있다.

상호지원, 헌신 및 팀워크

심각한 삶의 도전에 대처할 때, 가족 구성원들은 서로에게 도움을 요청할 수 있어야 한다. 잘 기능하는 가족은 구성원들에게 안전한 피난처를 제공하며, 안전한 애착, 신뢰 및 헌신을 보장한다(Bowlby, 1988; Byng-Hall, 1995). 가족 구성원들은 서로의 중요사안에 적극적으로 관심을 가지며, 관심사가 다를지라도 서로의 고통에 공감적으로 반응할 수 있다. 불안과 강한 동요로 갈등과 단절이 야기될 수 있는 위기 상황에서는, 따뜻하고 배려하는 관계가 제공하는 위안과 안전이 특히 중요하다.

역경에 직면했을 때, 가족은 구성원들이 서로를 의지할 수 있다는 것을 알고 함께 뭉칠 때 가장 잘 기능한다. 위기를 극복하는 데 있어 힘을 모으는 것이 가장 중요한 과정 중 하나이다(Stinnett & DeFrain, 1985). 모든 구성원은 가족의 부담을 덜어 주거나 지원을 제공하는 데 일종의 역할을 할 수 있으며, 각 구성원은 어떤 방식으로든 소속되어 가치 있다고 느끼게 된다. 예를 들어, 한 가족원이 심각하게 아프면, 아이들은 방관자로 느끼기보다는 도움이 되는 방식으로 참여할 때 더 잘 적응하는 경향이 있다. 작은 아이는 그림을 그리거나 꽃을 따서 기분을 좋게 하거나, 사랑이나 감사를 표현하는 카드를 만들 수 있다.

긴밀하게 연결된 가족에서는 정서적 친밀감과 이 강하다. 함께 보내는 시간은 매우 소중하게 여겨지며, 많은 관심사, 활동 및 친구들이 공유된다. 분리되거나 떨어져 지낼 때에도 정기적인 연락을 통해 연결을 유지하는 것이 중요하며, 인터넷, 사진, 이야기 및 기념품을 통해서도 유지될 수 있다. 잘 기능하는 가족은 구성원들이 차별화되면서도 연결될 수 있도록 격려하며, 각 개인의 독특함을 소중히 여기고 그들의 노력, 유능감 및 자존감을 인정한다.

비록 문화적 규범과 가족 조직 스타일은 상당히 다르지만, **융합**enmeshment과 **분리**disengagement의 극단적 패턴은 스트레스가 많은 상황에서 기능 장애를 일으키는 경향이 있다. 가족 구성원들이 얽혀 있을 때, 경계가 흐릿하고 차별화가 모호하며 함께하려는 강한 압력이 유능함을 차단할 수 있다. 개인의 차이는 집단 생존에 대한 위협으로 간주될 수 있으며, 통합과 충성을 위해 희생될 수 있다. 합의에 대한 압력은 의사소통과 문제 해결을 방해할 수 있다. 지원을 제공하는 큰 네트워크가 있더라도, 위기 상황에서는 가족 구성원들이 쉽게 과부하에 걸리고 과민 반응을 보이며 스트레스 관리에 어려움을 겪을 수 있다. 가족이 분리되어 있을 경우, 지원받지 못한 가족 구성원들은 혼자 떠나거나 감정적으로 단절되어 스스로를 돌봐야 한다.

가족의 **조직 방식**organizational style은 가족의 **기능 수준**과 동일시되어서는 안 된다. 친밀감과 분리감에 대한 선호도는 가족 규범과 문화적 규범에 따라 매우 다양하다. 연대와 공동체를 중시하는 민족 집단에서는 가족이 개인의 필요를 공동의 이익을 위해 양보할 것으로 기대한다. 임상 실무에서는 다양한 상황에서 일반적이거나 기능적일 수 있는, 높은 연결성 또는 분리성을 병리적인 "융합" 또는 "분리" 패턴으로 잘못 명명하지 않도록 주의가 필요하다. 높은 응집력은 위기, 스트레스 요인의 누적 또는 돌봄의 도전 과제를 처리하는 데 필요할 수도 있다(Green & Werner, 1996). 라틴 아메리카, 아시아 및 중동지역 가족과 같은 많은 민족 집단에서는 서로의 삶에 대한 높은 관심과 참여가 규범적이다. 성인 자녀는 도움이 필요한 친척에게 재정적 기여와 같은 가족의 우선 사항을 돌보기 위해 자신이 추구하는 것을 양보하도록 기대될 수 있다(Falicov, 2013). 미국의 지배 문화에서 독립성과 자립성에 대한 강조는 기능 장애에 대한 잘못된 가정과 부적절한 치료 목표로 이어질 수 있다. 대부분의 다른 문화는 상호의존성을 우선시하며 가족 및 공동체의 약속을 개인의 선호보다 더 중요하게 여긴다.

가족 경계family boundaries—누가 어떻게 참여하는지를 정의하는 규칙—는 역할을 명확히 하고 강화하며 가족 기능을 지원한다(Minuchin, 1974). 경계는 명확하고 확고해야 하지만, 스트레스에 대응하여 재구성할 수 있을 만큼 유연해야 한다. 특히 성인과 아동 간의 경계와 하위 시스템의 명료성이 중요하다. 경계, 역할 및 구성원에 대한 모호성은 적응을 복잡하게 만들 수 있다(Boss, 1999). **대인 경계**interpersonal boundaries는 가족 구성원을 정의하고 개인의 정체성과 자율적인 기능을 촉진한다. 고기능 가족은 명확한 경계를 유지하기 위해 노력한다. 구성원들은 자신의 생각, 감정 및 행동에 대한 책임을 진다. 그들은 타인의 독특한 특성과 주관적인 관점을 존중한다. 경계가 흐릿해지고 혼란스러워지면, 구성원들은 다른 사람의 개인 공간에 침입하고 자신의 정체성을 다른 사람의 정체성과 융합할 수 있다. 한 아버지가 아들을 때리는 이유를 설명하며 말했다. "그를 볼 때, 나는 나를 봅니다. 그는 내 나쁜 습관을 모두 가지고 있고, 나는 그 습관을 없애려고 한 것입니다."

세대 경계generational boundaries는 가족 내에서 위계적 조직을 유지한다. 부모나 친척 보호자에 의해 설정된 이 경계는 리더십과 권위를 강화하고 권리와 의무를 구분한다. 이들은 부부 관계가 침해되지 않도록 보호하고, 성인의 학대로부터 아동을 보호한다. 부모와 조부모가 가족 기능에 적극적으로 참여할 때, 권위 문제를 둘러싼 세대 간 긴장이 발생할 수 있다. 사회 조직과 세대 계층이 명확하고 일관성이 있다면 다양한 배치가 가능할 수 있다. 두부모가 있는 가족에서는 명확한 세대 경계가 있는 강한 부모 동맹이 중요하다.

초기 가족 체계 이론에서, 자녀의 **부모화**parentification는 역기능적이라고 가정되었다. 그러나 다중 스트레스와 자원이 부족한 한부모 가정이나 대가족에서는, 나이가 많은 자녀가 가사, 자녀 양육 및 재정적 요구를 돕기 위해 상당한 책임을 지는 것이 필요하고 기능적일 수 있다. 부모가 부재하거나 장애가 있는 질병이 있는 경우, 자녀는 돌봄 역할이나 도움을 주기 위한 일 같은 조기 책임을 맡게 될 수 있다. 이러한 역할 배정은 성인이 책임을 지고 있는 한, 자녀가 성인을 도와주는 것이 가장 바람직하다. 이러한 책임은 조기 역량을 촉진할 수 있으며, 과도하게 부담되지 않고 다른 가족 구성원이 최선을 다해 작업을 분담한다면 해롭지 않을 수 있다. 성인이 리더십을 포기하고 경계가 모호해지는 것은 비기능적이 된다. 자녀가 착취당하거나, 성인 갈등에 감정적으로 얽히거나, 성적 학대를 당하는 경우가 가장 해롭다(Scheinberg & Fraenkel, 2001).

좋은 팀워크는 스트레스가 많은 상황에서도 회복탄력성을 촉진한다. 잘 기능하는 가족에서는 구성원들이 공유된 관심사, 우려 및 책임을 중심으로 다중적이고 다양한 동맹을 형성한다. 그들은 두 구성원(종종 부부)이 세 번째 구성원(일반적으로 자녀)을 끌어들여 서로 간의 긴장을 피하는 삼각관계를 피한다(Bowen, 1978; Minuchin, 1974). 구성원들이 확대 가족을 포함한 여러 삼각관계에 얽히게 되면 고통은 증가한다. 회복탄력성을 위해, 유연한 동맹과 팀워크는 다양한 강점과 자원을 중심으로 조직되어 작업을 공유하고 할당한다. 진행 상황은 구성원이 자신의 역할에 대해 책임을 지도록 추적된다. 누구도 과중한 부담을 지지 않고, 누군가는 저기능하지 않도록 하는 것이 중요하다. 가족 구성원들은 필요에 따라 유연하게 서로를 대신한다. 실제로, 나는 가족들이 자신의 효과적인 팀 기능을 접근하는 데 스포츠팀의 비유를 좋아한다는 것을 발견했다.

사회적 및 경제적 자원

확장된 친족, 사회 및 지역사회 자원 동원하기

발리와 같은 많은 전통 문화에서 모든 마을 주민이 각자의 방식으로 모든 집의 건축에 참여한다. 그들은 공동의 노력을 통해 공동체의 튼튼한 기반을 지원한다. 마찬가지로, 전 세계의 농촌 지역에서도 이웃 농가들이 서로의 수확을 돕기 위해 힘을 모은다. 강한 공동체에서는 모든 사람이 주요 재난 이후 손실을 겪은 가족을 돕기 위해 모인다. 가족들이 위기 상황에서 다른 사람들을 지원하는 데 개방적이고 관대할 때, 그들은 필요에 따라 다른 사람들에게 의지할 수 있다. 사회적 분열과 자립의 시대에, 우리는 가족들이 상호의존을 위한 이러한 중요한 네트워크를 구축하도록 격려해야 한다.

가족의 사회적 환경과의 상호작용 과정은 가족 회복탄력성에 매우 중요하다. 잘 기능하는 가족은 명확하지만 투명한 경계를 가진 개방 시스템으로, 마치 밀접한 연결망을 가진 살아있는 세포와 같다. 그들은 경계 내에서 응집력을 유지하면서도 외부 세계와의 교류를 지속한다(Bateson, 1979). 가족 구성원들은 환경에 적극적으로 참여하며, 낙관적이고 희망적인 태도로 관계를 맺고, 다양한 관심사와 자원을 가족으로 가져온다(Beavers & Hampson, 2013).

확장된 친족 및 사회적 네트워크와의 관계는 실질적인 지원, 정서적 지원, 그리고 중요한 지역사회 자원을 제공할 수 있다. 위기나 어려움의 시기에 그들은 정보, 구체적인 서비스, 지원, 동반자, 그리고 휴식을 제공한다. 또한, 그들은 소속감, 안전, 그리고 을 증진시킨다. 지역사회 프로그램과 종교 단체는 교회 저녁 식사, 합창, 노인 클럽, 청소년 활동, 지역사회 봉사와 같은 다양한 기능에 정기적으로 참여함으로써 개인과 가족의 복지를 지원한다. 연구에 따르면, 집단에 소속되고 어떤 형태의 정기적인 사회 활동을 하는 것은 생명을 보호하는 데 도움이 되며, 특히 고립과 소외를 피하는 데 중요하다.

가까이 사는 가족이 없이 홀아버지가 되었을 때, 나의 아버지는 처음에는 매우 외로웠다. 남성 모임에 점점 더 많이 참여하게 되면서 그는 의미 있는 활동과 구조화된 사회적 모임을 여러 해 동안 가질 수 있었다. 사회 보장비로 소박하게 생활하면서 그는 자원봉사 활동에 전념하며 매일 직원 사무실에 가서 장애 아동을 위한 병원 기금 모금 행사에 도움을 주었다. 아버지 자신도 어린 시절 장애를 겪었기 때문에, 이러한 참여는 아버지에게 특별한 의미가 있었다(그의 이야기는 14장 참조). 아버지에 대한 나의 존경심이 커질수록, 내가 이전에 비웃었던 "웃긴 모자를 쓴 남자들의 퍼레이드 행진"과 같은 그런 그룹의 가치에 대한 인식도 함께 높아졌다. 아버지가 돌아가셨을 때, 그의 동료들은 모자와 정복을 입고 장례식에 참석하여 그를 화려하게 배웅해 주었다.

사회적 세계와의 연결은 가족의 회복탄력성에 매우 중요하다. 스티넷과 동료들(Stinnett & Defrain, 1985)은 강인한 가족이 어려움을 인정하고 도움을 요청할 수 있는 힘을 가지고 있음을 발견하였다. 스스로 문제를 해결할 수 없을 때, 그들은 더 많은 가능성이 있는 가족, 친구, 이웃, 지역사회 서비스 및/또는 치료나 상담에 의지하게 된다. 반대로, 가족의 고립과 사회적 지원의 부족은 스트레스로 인한 기능의 어려움을 야기한다. 연구에 따르면, 네트워크 크기나 접촉 빈도만으로는 차이를 만들지 않으며, 유용성은 관계의 질에 달려 있다. 어떤 사람들은 실질적인 지원에 더 능숙하고, 다른 사람들은 정서적 지원에 더 능숙하며, 어떤 사람들은 상황을 악화시킨다. 따라서 밀집된 네트워크는 누구에게도 과중한 부담을 주지 않으면서 다양한 종류의 지원을 제공할 수 있다. 대부분의 사람들은 위기 상황에서 도움을 요청하기 때문에, 사회적 네트워크에 대한 평가를 통해 회복이 가능한 경우에 지원이 될 수 있는 갈등이나 단절을 식별하는 것이 필요하다. 숨겨진 자원을 찾고 잠재적인 새로운 연결을 촉진하는 것이 중요하다. 우리는 또한 지역사회 자원에 대한 정보를 제공하고 연결을 촉진해야 한다.

비공식적인 친족과 선택된 가족 구성원들은 회복탄력성의 생명선이 될 수 있다. 이러한 풍부한 유대는 어려움을 겪고 있는 가족들이 빈곤, 인종차별, 황폐한 지역사회, 그리고 도심 폭력의 피해를 견디도록 도와주었다(Boyd-Franklin, 2004). 이러한 자원은 특히 자원이 부족한 한부모에게 매우 중요하다(Anderson, 2012). 어려움을 겪고 있는 한 어머니는 이렇게 말했다. "내 주변에는 가족이 없고, 오직 오빠만 있는데 그는 마약에 빠져 있습니다. 친구들이 없었다면 어떻게 했을지 모르겠어요. 그들에게 항상 의지할 수 있어요. 그들이 진정한 내 '가까운 가족'입니다."

이민자, 이주 노동자, 그리고 난민들에게는 지지하는 친족과 지역사회의 유대가 약해질 수 있다. 전환기에 있는 사람들은 두 개의 사회적 세계의 경계에 놓여 소외될 수 있으며, 어느 쪽에도 속하지 않고 서로 상충하는 방향으로 끌려갈 수 있다. 두 가지 목표가 존재한다. 그들이 새로운 사회적 맥락에서 적응하고 연결될 수 있도록 지원하는 것과 동시에 그들의 친족, 지역사회, 그리고 문화적 유대와의 소중한 연결을 유지하는 것이다(Falicov, 2012).

지원이 부족한 한부모 가정이나 심각한 질병으로 어려움을 겪고 있는 가족들을 연결하는 다가구 그룹은 어려움을 겪고 있는 가족들에게 소중한 네트워크 역할을 한다. 인터넷은 또한 정보, 사회적 네트워킹, 가상 커뮤니티의 중요한 원천이 되어가고 있다.

위험에 처한 청소년들에게 모델, 멘토 및 기타 영감을 주는 인물을 찾기 위해서는 많은 친척과 지역사회의 옵션을 갖는 것이 중요하다. 멘토링 관계는 확장된 친척 및 지역사회 네트워크에서 형성될 수 있다. 고립된 노인들은 아이들을 가르치며 상호 이익이 되는 역할을 할 수 있다. 빅 브라더스Big Brothers/빅 시스터스Big Sisters와 같은 프로그램은 위험에 처한 도시 어린이들과의 예방 노력에서 강력한 효과를 보여 주었으며, 참여한 청소년들은 갱단에 가입하거나 알코올이나 약물을 사용할 가능성이 낮고, 더 높은 학교 성적을 보였다. 이러한 관계의 핵심은 재미있는 활동뿐만 아니라 집안일과 생산적인 책임을 수행하며 시간을 함께 보내는 것이며, 배려 깊고 긍정적인 역할 모델과 함께 함으로 배울 수 있고, 존경할 수 있으며, 영감을 받을 수 있다. 우리는 또한 회복탄력성의 관계적 기반에 대한 좁은 이원적 관점을 확장하고, 한 명의 보호자나 멘토가 모든 필요를 충족시킬 것이라고 기대하지 않아야 한다. 아이들이 가족과 지역사회의 여러 돌봄 관계 네트워크에서 자랄 때, 양육과 멘토링의 가능성은 많아지고 다양해진다. "아이를 키우는 데는 온 마을이 필요하다"는 아프리카 속담은 그 어느 때보다 오늘날 적용된다.

재정적 안정성과 가족-일 균형

가족 기능을 강화하기 위해서 전문가는 재정 자원을 고려하고 가족과 일 시스템을 연결하는 구조적 지원과 균형을 검토해야 한다(Bianchi & Milkie, 2010). 오늘날의 매우 스트레스가 많은 삶에서, 맞벌이 가정과 한부모 가정은 여러 가지 상충하는 직무와 자녀 양육 요구, 그리고 불충분한 지원으로 인해 엄청난 역할 스트레스를 경험하고 있다. 한 맞벌이 부모는 그들의 삶을 "두 대의 빠른 통근 기차가 역에서 잠깐 만나고 다시 질주하는 것과 같다"고 묘사했다. 설문조사에서는 일하는 부모들이 가장 걱정하는 주요 문제가 직무와 가족 의무 사이 균형을 맞추는 지속적인 어려움과 감당할 수 있는 비용의 고품질 어린이 돌봄 서비스 부족이라고 반복적으로 나타났다. 여러 과중한 부담을 지고 있는 부모들은 자신의 웰빙에 큰 비용을 치르면서 어렵게 가족과 자녀를 기능적으로 유지하고 있다. 과부화된 가족들이 스트레스로 인해 갈등과 해체에 더 취약해지면서 무너지고 있다. 가족이 번영하려면, 직장은 모든 근로자가 자신의 삶에서 더 나은 균형을 이룰 수 있도록 재구성되어야 한다.

우리는 가족 회복탄력성을 유지하기 위한 새로운 모델을 개발하는 데 있어 다른 국가의 사례를 참고할 수 있었다. 모든 산업화된 국가들이 사회적 및 경제적 격변을 경험했지만, 그로 인한 혼란이 가족의 복지, 아동 및 노인 돌봄, 남성과 여성의 역할 확대를 보호하는 사회 정책에 의해 완화된 경우들이 있다. 유럽 전역에서의 가족 정책은 일반 경제 정책의 일환으로, 정부는 소득 그룹에 관계없이 가족을 위한 다양한 지원을 제공하며, 이에 대한 낙인은 없다. 스칸디나비아 국가는 가족 생활과 아동 복지가 사회 복지에 필수적이라고 여긴다. 공공 정책은 가족 생활과 유급 노동 간의 균형을 적극적으로 장려하며, 이는 두 가지의 가정에 기반한다. (1) 남성과 여성은 자녀의 재정 지원, 일상 돌봄 및 복지에 대해 동등한 책임이 있다. (2) 부모 역할에 참여하는 것이 직업 안정성, 수입 또는 승진에 불이익을 주지 않아야 한다. 육아 휴직과 다양한 아동 돌봄 방식은 아동 권리로 보장된 것이다(Cooke & Baxter, 2010).

우리는 사회의 개인주의적 경향에서 비롯된 가족 자립에 대한 신화에 맞서야 한다. 오늘날 가족들이 겪고 있는 많은 문제는 최근 수십 년간의 사회적 및 경제적 격변에 적응하는 어려움과 큰 공동체와 사회적 기관의 무관심을 반영한다. 이러한 구조적 문제는 가족들의 상호지원과 삶에 대한 통제를 유지하는 것을 어렵게 만든다.

오늘날 어머니, 아버지 및 돌봄 제공자들이 직장인이며 가족 구조와 자원이 다양하다는 점에서, 가족들은 건강한 가족 기능과 모든 구성원의 복지를 지원하기 위해 합리적 비용의 고품질 아동 및 노인 돌봄, 보편적인 건강 관리, 그리고 더 유연한 직무 구조와 일정을 위한 국가적 지원을 필요로 한다. 고용주들은 아버지와 어머니 모두의 자녀 양육 요구를 충족하고, 일하고 싶거나 일을 필요로 하는 노인의 능력과 제약에 맞추는 혁신적인 옵션(직무 공유, 짧은 근무 주간, 재택 근무 등)을 개발해야 한다. 일부 국가에서는 가족의 다양성을 인정하고 자녀의 복지에 대한 부모의 책임이 항상 부모의 권리보다 우선한다는 것을 보장하는 법안을 발의했다. 우리는 또한 경제적 불평등과 빈곤 및 무력화가 가족과 그 구성원, 특히 여성, 아동, 노인 및 인종 소수자에 미치는 영향을 다루어야 한다.

임상 작업에서 가족 평가와 개입은 가족 내부에 국한되어서는 안 된다. 우리는 가족의 회복탄력성을 지원하고 장애물을 극복하도록 어떻게 효과적으로 탐색하고 대처할 수 있는지 다른 시스템 및 자원과의 상호작용에 주의를 기울여야 한다(Ungar, 2011). 소득, 재정 상황 및 고용의 주요 변화에 대해 문의하는 것이 중요하다. 부모는 급여 인상이나 근무 일정 변경을 협상하기 위해 코칭을 받는 것이 도움이 될 수 있다. 자녀는 가족의 우려를 반영하는 증상을 보일 수 있으며, 한 예로 아들의 학교 부적응은 종종 아버지의 직업 상실과 연관되어 있다.

한 가족 평가 인터뷰에서, 마리오와 알리시아는 아들의 최근 성적 부진과 침대 밑에 모아둔 알리시아의 돈을 훔친 것에 대한 불만을 쏟아냈다. 가족의 최근 스트레스를 탐색하는 과정에서 마리오가 최근 두 번째 직장을 잃었고, 이로 인해 가족의 재정이 심각하게 압박받고 있으며, 주택 소유권이 위태로워지고 부부 간의 긴장이 고조되고 있다는 사실을 알게 되었다. 가족 부양자로서 부족함을 느낀 마리오는 “좋은” 남편이자 아버지가 되지 못한 완전한 실패자처럼 느꼈다. 우리는 가족 구성원들에게 “좋은 아버지”가 무엇을 의미하는지에 대한 그들의 기대를 살펴보았고, 이탈리아계 미국인 문화적 신념이 “좋은 아버지”를 “성공적인 가장”과 동일시한다는 점을 알게 되었다. 우리는 가족 구성원들이 아버지에게서 가치 있게 여기는 급여 외의 다른 자질들을 탐구했다. 마리오는 자신이 그들에게 얼마나 중요한 존재인지, 그리고 자녀를 잘 키우는 데 얼마나 많은 방법으로 기여할 수 있는지를 이전에는 깨닫지 못했다. 부부 세션에서는 서로의 노력을 지원하고, 지출 예산을 세우며, 가족의 재정적 안정을 강화하기 위해 두 사람이 모두 기여할 수 있는 방법과 안정된 기반을 되찾을 때까지 친척의 지원을 활용하는 방법에 초점을 맞추었다.

경제의 주요 변화로 인해 기업들은 모든 소득 수준과 삶의 단계에서 근로자들을 대체하고 있다. 교육과 기술이 가장 부족한 사람들은 가장 큰 타격을 받고 있으며, 그들의 가족도 심각한 영향을 받고 있다. 알코올 및 약물 사용률이 증가하고, 부부 및 가족 간의 갈등도 늘어나고 있다. 가족의 지원은 대체된 근로자들이 자신감을 회복하고 새로운 능력을 구축하는 데 매우 중요하다(가족 회복탄력성 프로그램 모델은 8장 참조).

많은 가족에게 이 위기는 더 큰 체계에서의 불충분한 구조적 지원으로 인해 악화되고 있다(Bogenschneider & Corbett, 2010). 부족한 자원, 제도적 장벽, 그리고 고용, 건강관리, 사회 문제의 누적은 너무 많은 가족에게 부담이 되고 있으며, 특히 빈곤과 쇠퇴하는 도시에 살아가는 가족들에게 더욱 그렇다. 해리 아폰테Harry Aponte(1994)는 스트레스, 고립, 불신의 분위기와 함께 사회적 분열이 취약성, 폭력, 절망을 증가시켰다고 강조한다. 가난한 사람들은 "모든 다른 사람들이 겪는 개인적 및 가족적 문제를 가지고 있으며, 만성적인 사회적 및 경제적 문제로 약화된 개인, 가족, 지역사회 생태계의 합병증까지 겪고 있다"(p. 9)고 말한다. 그들은 조기 비혼 임신, 한부모 가족, 이혼, 약물 남용, 폭력의 가장 높은 위험에 처해 있다. 아폰테는 가난한 사람들을 "광산의 카나리아canary"[1]로 보고, 우리에게 안전하지 않은 환경을 경고하고 있다. 같은 조건이 다른 모든 사람에게도 영향을 미치고 있기 때문에, 더 큰 구조적 문제를 해결하는 것이 우리 사회 전체를 치유하고 강화할 수 있을 것이다.

가족 충격 흡수기

어떤 가족 형태나 스타일도 본질적으로 건강하거나 역기능적인 것은 아니다. 각 가족은 문화적 가치, 자원 및 사회적 맥락의 영향을 받아 구조와 특정 상호작용 패턴에

1 산소부족이나 가스누출 시 광산 속 카나리아가 쓰러지거나 죽으면 광부들이 즉시 대피하였다. 따라서 '광산의 카나리아'는 위험을 알리는 경고 신호로 비유된다. (역주)

대한 선호를 발전시킨다. 이러한 조직 과정이 기능적인지는 가족의 도전 과제와의 적합성에 크게 달려 있다. 우리는 가정의 범위를 넘어 중요한 관계 네트워크로 초점을 확장할 필요가 있다. 모든 개인은 공식적이든 비공식적이든 친족 집단의 일원이며, 같은 지붕 아래 살거나, 지역사회 내에서 또는 먼 거리에서 살고 있다. 고립된 핵가족, 즉 온전하고 자급자족하는 가족이라는 신화가 떨어져 사는 친족 간의 친밀하고 강력한 연결을 간과하게 해서는 안 된다. 우리는 이러한 관계의 생명선이 회복탄력성에 미치는 중요성을 인식하고, 이를 강화하기 위해 할 수 있는 모든 노력을 기울여야 한다.

주요 임상가와 연구자들은 건강한 가족 기능을 위한 핵심 조직 패턴의 중요성을 지적해 왔다. 그 누구보다도 미누친Minuchin(1974)은 가족을 변화하는 사회 체계로 이해하도록 촉구했다. 이러한 관점에서, 많은 고통받는 가족들은 새로운 상황에 적응하는 고통을 겪고 있는 과도기적 상황의 평범한 가족으로 인식되고 치료될 수 있다.

가족과 사회적 네트워크는 위기 상황에서 자연스러운 "충격 흡수기shock absorbers" 역할을 한다. 가족 치료의 선구자 칼 휘태커Carl Whitaker는 미국 정신의학회American Psychiatric Association 회의에서 "건강한 가족"과의 인터뷰를 담은 비디오 테이프를 발표한 적이 있다. 참석자들은 여러 가지 병리적 증상을 지적하며 그에게 도전하였다. 아버지를 "강박성 성격obsessive-compulsive personality"으로 분류하며 그를 경직되고 일에 몰두한 사람으로 보았다. 휘태커는 그들의 도전에 응답했다. 그는 이후 5년 동안 매년 가족과 만나고, 그 후 회의에 돌아가 연구 결과를 발표했다. 모든 가족 구성원들은 여전히 잘 기능하고 있었다. 휘태커가 가장 주목한 것은 모든 가족에게 불가피하게 발생하는 위기 상황에서 나타난 그들의 유연성이었다. 외할머니가 중병에 걸렸을 때, 어머니는 필요한 돌봄을 제공하는 데 집중했고, 아버지는 가족을 위해 더 많은 시간을 할애했다. 위기에 대응하여 그는 예상치 못한 역할 유연성을 보여 주며 어려운 몇 달 동안 대부분의 가사 및 자녀 돌봄 책임을 맡았고, 사랑하는 할머니의 병과 죽음을 겪는 동안 아내와 자녀들을 위로하고 지원할 수 있었다. 휘태커가 언급했듯이, 이 가족은 자원을 모아 위기 상황에서 가장 큰 강점을 보여 주었다. 우리는 모든 가족에서 이러한 자원이 가족의 회복탄력성을 강화하기 위해 발휘될 수 있다는 휘태커의 확신을 공유할 필요가 있다.

5장

의사소통 과정
: 의미 만들기, 상호지원, 문제 해결 촉진

가장 큰 영광은 결코 넘어지지 않는 것이 아니라
넘어질 때마다 일어나는 것이다.

_ 공자

좋은 의사소통은 가족 기능과 회복탄력성의 모든 측면을 촉진한다. 현대 가족 생활의 복잡한 문제로 인해 이는 더욱 중요하게 되었다. 위기 상황, 혼란스러운 전환, 또는 장기적인 스트레스 시에는 의사소통이 단절될 가능성이 높아지며, 이때 의사소통이 더욱 중요하다.

의사소통은 신념의 전달, 정보 교환, 감정 표현, 문제 해결 과정 등을 포함한다(Ryan et al., 2005). 모든 의사소통은 사실, 의견 또는 감정을 전달하는 "내용content" 측면과 관계의 본질을 정의하고 확인하거나 도전하는 "관계relationship" 측면이 있다. 예를 들어, "약을 드세요"라는 표현은 순응을 기대하는 명령이다. 침묵, 철수, 약 뱉기 등 모든 언어적 및 비언어적 행동은 메시지를 전달하며, 이는 "나는 이걸 좋아하지 않아!"(감정), "이건 도움이 안 될 거야!"(신념/의견), 또는 "나는 너에게 복종하지 않아!"(관계 진술)의 의미일 수 있다.

부부 및 가족 상호작용에 대한 많은 연구는 좋은 의사소통의 핵심 요소에 초점을 맞추고 있다. 올슨Olson의 서컴플렉스 모델Circumplex Model과 FACES-IV 도구(Olson & Gorall, 2003)는 말하기와 듣기, 자기 공개, 명확성, 지속적인 추적, 존중 및 배려와 같은 특정 기술을 목표로 한다. 말하기 기술은 다른 사람을 위해서가 아닌 자신을 위해 말하는 것을 포함한다. 듣기 기술은 주의 깊은 집중과 공감적 반응을 포함한다. 자기 공개는 자신에 대한 정보와 감정, 중요한 경험 및 관계에 대해 공유하는 것을 포함한다. 가족 내에서 부모와 자녀 간의 차이는 흔하게 나타난다. 부모의 열린 의사소통에 대한 요구는 청소년들에게 간섭과 침해로 간주될 수 있다.

가족 내에서 어떤 정보나 감정을 공유하는 것이 적절하고 도움이 되는지, 그리고 얼마나 직접적으로, 누구와, 어떤 맥락에서 공유되는지에 대한 문화적 규범은 매우 다양하다. 중서부 스칸디나비아 사람들은 아내를 너무 사랑해서 거의 사랑한다고 말할 뻔했던 남자에 대한 속담이 있다. 일본에서는 말로는 의미나 감정을 적절하게 포착할 수 없다는 믿음을 바탕으로, 아이들이 다른 사람들이 말하는 맥락과 방식에서 무엇을 말하려고 하는지 추론하고 말하지 않은 것을 알아차리도록 가르친다. 의사들은 가족에게 나쁜 의학적 예후를 알릴 수 있지만, 환자에게 이를 알리는 것이 바람직하다고 생각하지 않을 수 있다.

역경에 대처하고 있는 가족에 대한 개입 노력은 그들이 자신의 상황을 명확히 하고, 서로의 감정, 필요, 우려를 표현하고 반응하며, 문제를 해결하고 새로운 요구를 충족시키기 위한 접근 방식을 조율할 수 있는 능력 향상을 목표로 한다. 명확한 정보, 개방적인 감정 표현, 그리고 협력적인 문제 해결은 가족의 회복탄력성에 중요한 과정이다(〈표 5-1〉 참조).

명료성

수많은 연구에서 의사소통의 명료성이 효과적인 부부 및 가족 기능을 촉진한다는 사실이 밝혀졌다(Beavers & Hampson, 2003; Olson & Gorall, 2003; Ryan et al., 2005; Satir, 1988).

명료하고 일관된 메시지

명료하고 일관된 언어적 및 행동적 메시지는 공유된 이해를 가져온다. 잘 기능하는 가족에서는, 방해가 있더라도 구성원들이 효과적으로 논의를 재개하고 행동적으로 이행할 수 있다. 맥락의 명확성은 가족 구성원들이 현실과 환상, 사실과 의견, 진지한 의도와 유머를 구별할 수 있도록 한다.

명료하고 일관된 가족 규칙은 상호작용을 조직하고, 행동 기대치를 설정하며, 관계를 정의한다(Minuchin, 1974). 불명확성은 문제가 될 수 있다. 예를 들어, 어머니가 큰 아들을 "집안의 남자"라고 부를 때, 그것은 무엇을 의미할까? 의사소통이 모호하거나 왜곡되거나 해결되지 않은 상태로 남아 있으면 불안, 혼란, 오해를 야기한다. 구성원들은 잘못된 가정에 기반하여 행동하거나 마음을 읽어보려 시도할 수 있다. 증가된 불안과 의사소통의 혼란은 위기 상황이나 재난 대처에 있어 효과적인 행동과 조정을 방해할 수 있다(11장 참조).

〈표 5-1〉 가족 회복탄력성의 주요 의사소통 과정

명료성
• 명료하고 일관된 메시지(말과 행동) • 모호한 정보의 명료화; 진실 추구
개방적 감정 표현
• 고통스러운 감정 공유(슬픔, 고통, 분노, 두려움, 실망, 후회) • 긍정적인 감정 공유와 상호작용(감사, 애정, 즐거움, 유머, 휴식)
협력적 문제 해결
• 창의적인 브레인스토밍 연습과 지략 • 의사결정의 공유; 갈등 수리; 협상; 공정성과 상호성 • 목표에 집중; 구체적인 조치를 취함; 성공을 기반으로 함; 좌절을 통해 배움 • 반응적 태도에서 능동적 태도로 전환: 미래의 도전에 대비

위험한 상황과 선택의 명료화

3장에서 살펴본 것처럼, 위기나 불안정한 상황에 의미를 부여하고 명료화하는 능력은 어려움을 좀 더 견디게 쉽게 만든다. 종종 가족 구성원들은 부분 정보, 소문, 추측에 기반하여 사건과 그 의미에 대해 서로 다른 이해를 갖는다. 어떤 사람들은 최선의 희망으로 빈칸을 채우고, 다른 사람들은 최악의 두려움으로 채운다. 가족 구성원들이 정보와 인식을 공유하고 그들의 삶에 대한 의미와 결과를 개방적으로 논의할 때, 경험은 더 이해하기 쉽고 관리가 가능해진다. 그들은 자신의 선택을 더 잘 평가하고, 도전에 건설적으로 대처하며, 미래의 어려움을 피할 수 있다. 가족 구성원들이 제한적이거나 상충

되는 정보를 가지고 있어 적응이 어려워질 때, 치료사는 그들이 더 많은 사실을 수집하고 관점을 확장하여 전체적 그림을 볼 수 있도록 격려할 수 있다.

나쁜 소식의 공유

가족 구성원들은 일반적으로 고통스럽거나 위협적인 정보로부터 사랑하는 사람들, 특히 어린이, 노인 또는 다른 취약한 구성원들을 보호하려고 노력한다. 그러나 장기간의 침묵, 비밀, 왜곡은 이해, 진정한 관계 형성 및 정보에 기반한 의사결정에 장벽을 만들 수 있다. 트라우마적 손실에 대한 사실이 숨겨지면, 이는 시간이 지남에 따라 상호 신뢰와 안정성에 큰 영향을 미칠 수 있다. 위협적이거나 임박한 사건에 대한 정보를 숨기는 것은 사랑하는 사람들이 이를 예상하고 준비할 시간을 빼앗을 수 있다. 한 예로, 40대 남성 마크는 죽기 일주일 전까지도 자신이 흑색종melanoma 말기 질환에 걸렸다는 사실을 부모에게 알리지 않았고, 그 결과 갑작스럽고 예상치 못한 그의 죽음이 너무 충격적이어서 그의 아버지는 심장마비를 일으켰다.

가족 구성원들은 표현할 수 없는 방안의 코끼리 속담처럼, 종종 말하지 않은 문제와 긴장감을 인식하고 있다. 대화는 종종 피상적으로 유지되고, 접촉은 피하게 된다. 구성원들이 지식, 기억, 기대 또는 두려움의 소통을 차단할 때, 말할 수 없는 것들은 지하로 숨어 들어가며, 종종 감정적 또는 신체적 증상으로 표현되거나 다른 관계나 삶의 맥락에서 드러나게 된다.

일반적으로 부모가 심각한 문제에 대해 걱정할 때, 그들은 자녀와 다른 취약한 가족 구성원들이 걱정하지 않도록 기쁜 표정을 지으며 마치 모든 것이 "정상"인 것처럼 행동하려고 한다. 그러나 아이들은 기본적인 긴장을 쉽게 감지하며, 가족의 반려동물도 마찬가지이다(Walsh, 2009b). 부모가 고통의 원인(예: 불안정한 직업 상황)을 설명하지 않으면, 아이들은 스스로 나쁘거나 사랑스럽지 않다고 자책할 수 있다. 어떤 아이들은 부모에게 더 부담을 주지 않기 위해 최선을 다해 행동하기도 한다. 아이들의 걱정이 억압되고 표현되지 않으면, 그것은 신체적 또는 행동적 증상으로 폭발할 수 있다. 그러나 자녀 문제의 위기는 가족 구성원들이 공유되지 않은 문제를 다룰 필요성을 깨닫게 할 수도 있다.

한 어머니가 성적 학대 평가를 위해 5세 아들을 데리고 왔다. 아들이 자주 스스로를 만지는 모습을 발견했기 때문에, 그녀는 아들이 유치원에서 성적 학대를 당했을까 걱정했다. 성적 학대를 신중하게 배제한 후, 치료사는 이 사건을 나에게 의뢰했다. 아버지는 참석을 거부했기 때문에 어머니와의 세션에서 가족의 최근 스트레스 사건을 탐색했다. 그녀는 몇 달 전 남편이 "위 통증"으로 수술을 받았고 악성 종양과 위의 대부분을 제거했다고 말했다. 병원에서 퇴원할 때, 그는 아내에게 "괜찮다고 하더라. 나는 그냥 정상적인 삶으로 돌아가고 싶고, 이 일에 대해 이야기하고 싶지 않아"라고 말했다.

남편의 뜻을 존중하기 위해 그녀는 아이들에게 "아빠는 괜찮아"라고 말했고 더 이상 언급하지 않았다. 최근 건강 검진에서 "의심스러운 것"이 발견되었고, 앞으로의 예후가 걱정되는 상황이었다. 부모는 아들이 질문을 하지 않았기 때문에 그가 혼란스럽지 않았다고 생각했다. 다음 주, 가족이 저녁 기도를 할 때 아들이 "그리고 제발 하나님, 아빠의 배를 돌봐 주세요"라고 덧붙인 것을 그녀는 알아차렸다. 부모가 함께 모여 소통을 하고 생명을 위협하는 상황에 대한 우려를 나누는 것이 중요했다. 그들은 아이들과 세심하게 이 문제를 논의하도록 격려받았다. 아무 일도 없었던 것처럼 행동하기보다는, 그들은 이 경험을 삶에 통합하고 생명을 위협하는 상황에서의 향후 도전에 대처하도록 도와주었다.

때때로 부모는 모든 사실이나 두려운 결과가 확실해질 때까지 어떤 논의도 미루곤 한다. 잠재적인 별거나 이혼 같은 불안정한 상황에서 아이들은 부모의 갈등이나 낮은 목소리의 대화에서 나쁜 소식을 읽어내기 위해 과도하게 경계할 수 있다. 어른들이 가능한 정보를 전달하고 불확실성을 인정할 때, 아이들은 점진적으로 변화하는 상황을 받아들이는 데 더 안심할 수 있다. 자녀들이 더 많은 질문이나 우려가 있을 경우 부모에게 문의하도록 격려하는 것이 도움이 된다. 부모는 상황이 더 명확해질 때 자신들이 정보를 제공할 것임을 아이들에게 확신시켜 주는 것이 중요하다. 우리는 부모가 입양 사실, 부모의 부재 또는 사망 등 잠재적으로 불안한 정보를 연령에 맞는 방식으로 아이들에게 공유하는 방법을 지도함으로써 도움이 될 수 있다. 트라우마적 경험 이후, 진실을 말하는 것은 가족과 공동체의 회복에 있어 중요한 과정이다(11장과 14장 참조).

개방된 감정 공유

잘 기능하는 가족의 상호작용은 신뢰를 바탕으로 관계에서 기쁨과 위안을 느끼며, 따뜻하고 쾌활하며 낙관적인 어조가 특징이다(Beavers & Hampson, 2003). 역경을 다루는 데 있어, 회복탄력성은 가족 구성원들이 슬픔, 분노, 후회, 두려움과 같은 부정적인 감정부터 사랑, 감사, 고마움, 기쁨을 표현하는 즐거운 상호작용에 이르기까지 다양한 감정을 표현하고 수용할 수 있는 능력에 의해 촉진된다.

고통스러운 감정의 공감적 공유

상호 신뢰의 분위기(3장 참조)는 개방적이고 공감적인 감정의 공유를 장려하고 강화한다(Beavers & Hampson, 2003). 메시지는 다른 사람의 감정과 차이를 존중하는 사려 깊은 방식으로 전달된다. 불확실성, 양가감정, 그리고 의견 불일치에 대한 수용으로 인해, 가족 구성원들은 개방적일 때 위험이 줄어든다. 그들은 다른 사람들이 말하는 것에 관심을 보이며 이해받기를 기대한다. 변화가 필요할 때, 능동적 경청만으로는 충분하지 않을 수 있다. 가족 구성원이 불안해하거나 충족되지 않은 필요를 표현할 때, 다른 구성원들은 말과 행동으로 공감적인 관심을 보인다. 한 연구에 의하면, 회복탄력적인 가족의 관계 과정은 최근의 가족 위기에 대한 고통스러운 감정을 공유하는 것을 용이하게 했다. 반면, 낮은 회복탄력성을 보인 가족은 감정을 표현하는 데 어려움을 겪는 경우가 많았다(Cohen, Slonim, Finzi, & Leichtentritt, 2002).

성별에 기반한 사회화는 완전한 감정 공유를 제한할 수 있다. 남성성의 이미지는 많은 남성들이 약점, 두려움, 슬픔을 암시할 수 있는 감정과 취약성을 드러내는 것을 방해했다. 감정이 얽힌 상호작용에서 남성들은 감정적으로 벽을 쌓거나 거리를 두며 감정적으로 물러나는 경향이 더 크다(Driver et al., 2012). 일부는 정서적 필요를 성적으로 표현하거나 과도한 일이나 약물 남용으로 감정을 억누른다. 강한 가부장적 문화와 가정에서는 소녀와 여성들이 남성의 권위를 도전하거나 가족의 명예를 훼손할 것으로 여겨지는 감정을 표현할 경우 정서적 또는 신체적 해를 입을 위험이 있다. 서로 존중하며 진실하게 말하기 위해서는 가족 구성원들이 안전하다고 느껴야 한다.

감정의 소유, 차이의 존중

가족이 어려운 시기를 겪을 때, 사랑과 관용, 그리고 차이에 대한 존중이 중요하다. 가족 체계 내에서 구성원들의 정서적 반응은 문화적 또는 개인적 차이, 관계의 본질, 그리고 역경에 대한 특정한 의미 때문에 다양할 수 있다. 구성원들은 반응, 감정의 강도, 또는 감정이 드러나는 시점에서 서로 조화를 이루지 못할 수도 있다. 부모를 잃은 10대의 지연된 분노는 다른 가족 구성원들이 감정적으로 삶을 계속할 준비가 되었을 때 뒤늦게 터져 나올 수 있다. 개별 구성원들은 가족 내에서 복잡한 감정의 다양한 측면을 표현할 수 있다. 예를 들어, 비극적인 사건 이후, 큰 타격을 입은 가족이 집을 포기해야 할 때, 한 자녀는 깊은 슬픔을 느낄 수 있는 반면, 다른 자녀는 분노만을 표현할 수 있고, 또 다른 자녀는 힘든 부모를 지원하기 위해 감정을 억누르거나 모두를 기쁘게 하기 위해 광대처럼 행동할 수 있다.

위기 상황에서 가족 구성원의 인정되지 않거나 혼합된 감정은 배우자, 형제자매, 또는 가족 내 분열을 야기할 수 있다. 예를 들어, 중환자에게 생명 유지 장치를 중단할지 여부에 대한 구성원들의 강한 감정적 결정은 격렬하고 쓴 갈등 속에서 점점 더 양극화될 수 있다. 일부 가족은 부정적인 감정과 행동을 억누르거나 부인하면서 긍정적인 것들을 부각시키고, 거짓으로 단합된 모습을 보여 주려 할 수 있다. 더 고통스러운 가족에서는 감사, 칭찬 또는 애정 표현은 거의 없고, 부정적이거나 화난 감정이 지배적일 수 있다. 가족 세션은 이러한 모든 상황에서 가치가 있을 수 있으며, 구성원들이 더 다양한 감정을 표현하고 다른 사람들의 다양한 감정을 듣고 이해하는 데 도움을 줄 수 있다.

잘 기능하는 가족은 비난, 개인 공격 또는 희생양 만들기가 현저히 적다. 구성원들은 자신의 감정과 행동에 책임을 지고, 어려움에 대한 자신의 기여를 인정한다. 덜 기능적인 가족에서는 비판, 비난 및 희생양 만들기를 통해 두려움과 불신의 분위기가 지속된다. 감정 표현은 매우 반응적이고 비판적이며 방어적이거나 공격적으로 변할 수 있다 (Bowen, 1978). 갈등은 통제를 벗어나 격화될 수 있다. 예를 들어, 부모가 아들의 잘못된 행동에 과민 반응하여 그를 쫓아내겠다고 위협하면, 아들의 불안과 도발적인 행동이 증가하고, 이는 부모의 인내를 초과하게 되어 결국 퇴출로 이어지는 악순환이 발생할 수 있다.

개방적인 의사소통은 장기적인 고난을 다루는 데 필수적이다. 한 부부는 아들의 암 진단과 이후의 치료, 완치, 그리고 불확실한 장기적 예후를 경험하면서 감정을 나누는 것의 중요성에 대해 인식하게 되었다. 남편은 자신이 배운 가장 큰 교훈은 두려움을 두려워하지 않는 것이라고 말했다. 그는 두려움을 억누르는 것이 오히려 두려움을 더 강하게 만들 뿐이라는 것을 깨달았고, 아내에게 두려움을 표현하는 것이 마음을 편안하게 하고 부부를 더 가깝게 만든다는 것을 배웠다.

개방적인 의사소통은 문제, 고통 또는 두려움에 대해 끊임없이 이야기하는 것을 의미하지 않는다. 시간이 지나면서 가족 구성원들은 그들의 고난에 대한 집중에서 벗어날 필요도 있다. 중요한 것은 의사소통이 차단되지 않아야 하며, 필요에 따라 구성원들이 마음속에 있는 것과 마음속의 감정을 자유롭게 표현할 수 있어야 한다는 것이다.

긍정적인 상호작용

스트레스가 많은 시기에는 긍정적인 감정과 즐거운 상호작용을 나누는 것이 중요하다. 관계는 사랑, 감사, 존경의 표현과 즐거운 상호작용을 통해 더 많은 긍정적인 소통으로 상쇄되는 한 상당한 갈등을 견딜 수 있다(Driver et al., 2012; Markman et al., 2010).

즐거움, 재미, 기쁨의 공유

충격적인 경험을 겪은 가족 구성원들은 무감각해질 수 있다; 만성 스트레스는 "전투피로battle fatigue"와 관계에서의 무감각을 초래할 수 있다. 한때 함께 나누었던 즐거움을 되살리고 만족스러운 연결을 위한 새로운 방법을 만드는 것이 도움이 될 수 있다. 가족들은 영화나 스포츠 이벤트와 같이 즐거운 공통 관심사의 활동을 함께 계획하거나, 가족 식사나 소풍과 같은 협력의 기회를 제공하거나, 즉각적인 고통을 초월하고 대처할 힘을 얻기 위해 영적으로 재충전되는 경험을 하도록 격려 받을 수 있다.

치료사들은 문제와 부정적인 상호작용의 감소뿐만 아니라 넘어 힘든 시간을 겪은 가족들을 재활성화하기 위해 긍정적인 공유 경험을 적극적으로 장려하는 것을 목표로 해야 한다.

람 부인과 네 자녀와의 치료는 그들이 공유하는 우울증과 수동성에 갇혀 있었다. 12세 제프리가 청소 용제를 마시고 자살을 시도한 후 그들은 도움을 요청했다. 가족 치료는 아버지가 3개월 전에 "사라진" 것과 그로 인해 그의 행방이나 복귀를 확신할 수 없는 상태에서 이들의 슬픔과 분노에 초점을 맞추었다. 심각한 음주 문제를 가진 아버지는 과거에 여러 번 떠났지만, 항상 몇 주 후에 아무 일도 없었던 것처럼 나타났다. 이번에는 그가 다시는 돌아오지를 걱정했다. 가족 구성원들이 무력감과 절망감에 대해 이야기할수록 치료 세션은 더욱 무거워졌다. 치료는 가족처럼 중간 상태에 있었고, 길을 잃은 아버지의 귀환을 기다리고 있었다.

초빙된 컨설턴트로서, 나는 어머니와 아이들에게 아버지가 없는 상황에서 어떻게 지내는지 물어보았다. 아버지가 없을 때 그들은 가족의 삶을 잃은 것처럼 보인다는 것을 알게 되었다. 그의 복귀 가능성은 그들의 통제 밖의 일이지만, 그들이 함께 힘을 모은다면 활기를 되찾을 수 있을 것이라고 말했다. 나는 그들이 함께 무엇을 즐겼는지 물어보았다. 그들이 낚시를 가장 재미있게 했다고 하자, 다가오는 주말에 낚시를 갈 계획이 있는지 물어보았다. 그들은 수동적으로 고개를 끄덕이며, 아버지가 항상 주도했기 때문에 누군가가 이를 실현해 주기를 기다리는 것처럼 보였다. 직장과 가족의 요구로 지쳐 있는 어머니에게 모든 책임을 지우지 않는 것이 중요했다. 팀 접근 방식을 격려하며, 나는 아이들에게 어떻게 도와줄 수 있을지 물어보았다. 한 아이는 지하실에서 낚싯대를 청소하고 작은 동생을 위해 벌레를 캐는 것을 제안했다. 다른 두 아이는 샌드위치를 만들고 소풍 도시락을 싸기로 동의했다. 밝아진 어머니는 토요일 아침에 그들을 좋아하는 낚시터로 데려가겠다고 제안했다. 그녀와 아이들은 계획을 논의하고 과거에 즐겼던 재미있는 기억을 떠올리며 활기를 띠었다.

가능한 장애물을 예상하기 위해, 나는 그들이 나가는 데 방해가 될 수 있는 것(예: 나쁜 날씨나 아이의 행동 문제)을 상상할 수 있는지 물어보았고, "우천 시"의 대안을 계획할 것을 제안했다. 아버지의 예측할 수 없는 오고감이 문제였기 때문에, 기대와 계획이 명확하게 전달되는 것이 특히 중요했으며, 모든 구성원이 자신의 역할에 책임을 지고 서로가 이행할 수 있다는 데 동의하는 것이 중요했다. 가족은 외출로부터 기운을 차리고 에너지를 얻은 상태로 다음 세션에 왔다. 이 "점프 스타트jump start" 이후, 람 가족은 아버지의 모호한 상실을 받아들이기 위한 다른 단계에서 더 적극적으로 주도할 수 있었고, 모든 희망을 포기하지 않으면서도 삶을 계속 나아갈 수 있었다.

유머의 공유

노먼 커즌스Norman Cousins(1979/2001)는 의사들이 희귀 질병으로 몇 달 안에 죽을 것이라고 말했을 때, 부정적인 감정이 신체에 해로운 화학적 변화를 일으킬 수 있다면, 긍정적인 감정도 치료적 가치를 가져야 한다고 주장했다. 그는 우울한 병실을 나와 편안하고(더 저렴한) 호텔로 옮겼다. 그는 자신의 회복의 많은 부분을 오래된 마르크스 형제들Marx Brothers[1] 영화와 TV 코미디 프로그램을 보는 "웃음 치료"에 돌렸다. 의학 연구들은 유머가 실제로 우리의 기분과 면역 체계를 강화하여 심각한 질병에서 치유와 회복을 촉진할 수 있음을 보고한다.

공유된 유머와 웃음은 역경에 직면한 가족에게 특히 필요하다. 다중 스트레스 상황에서는 구성원들이 압도당하고 고갈되면서 유머가 완전히 사라질 수 있다. 유머는 가족이 어려운 상황에 대처하고 긴장을 줄이며 한계를 수용하는 데 도움을 준다(Wuerffel, DeFrain, & Stinnett, 1990). 절망 속에서 유머를 찾는 것은 위협적인 상황을 해독하고 불안을 줄이며 끊임없는 스트레스에서 휴식을 제공한다. 유머는 대화를 촉진하고 따뜻함과 애정의 감정을 표현하며 긍정적인 전망을 회복하는 데 도움을 줄 수 있다. 유머는 직접적인 대립을 완화하고 방어적인 반응을 녹이며, 사람이 실패를 받아들이도록 돕고 무거운 짐을 가볍게 할 수 있다. 유머는 특히 고통스러운 상황의 부조리하고 기괴하며 어리석거나 비논리적인 측면을 표현할 때 유익할 수 있다.

고기능 가족에서 가족 구성원들은 완벽함을 상상할 수는 있지만, 실패하고 실수를 하며 두려움을 느끼고 안심이 필요하다는 것을 깨닫는다. 이는 유머 감각과 겸손을 촉진한다(Beavers & Hampson, 2003). 가족 치료의 선구자들은 임상가들에게 웃음과 눈물을 나누기 위한 맥락을 제공하여 치료에 인간적 요소를 더하며 엄숙함과 부조리함을 모두 이해하도록 격려했다. 휘태커Whitaker는 창의적인 환상과 발명 과정에 있어 가족의 유머와 놀이의 중요성을 강조했다(Whitaker & Keith, 1981). 그러나 유머는 가족 구성원을 비하하거나 신랄한 비꼬기로 분노, 잔인함, 경멸을 표현할 때 파괴적일 수 있다. 가족 구성원이 함께 웃는 등 유머를 공유하는 것은 가족의 활력을 재활성화할 수 있다.

누적된 스트레스와 탈진으로부터 휴식

가족 구성원들은 압도적인 스트레스에 대처하기 위한 노력으로 감정적으로 과부하가 걸리고 고갈될 수 있다. 임상가는 가족의 탈진을 인식하고 지친 부모나 돌보는 사람에게 더 많은 기대를 부과하지 않도록 주의해야 하며, 대신 다른 가족 구성원들에게 휴

1 1905~1949년까지 브로드웨이 및 영화 등에서 코미디 공연을 한 5명의 형제를 지칭함. (역주)

식 시간과 공간을 조율하여 제공하도록 격려해야 한다. 예를 들어, 나는 아이들에게 주말에 어머니에게 한 시간의 개인 시간을 주도록 요청할 수 있다. 대부분의 경우, 과도한 스트레스를 받는 어머니는 자신을 위한 시간이 주어지면 "그냥 문을 닫고 침대에 가서 모든 소음을 차단하고 싶어요!"라고 말한다. 감정적인 배터리를 재충전하는 것은 필수적이다. 마찬가지로, 부부도 관계를 재충전할 필요가 있다. 부모들에게 마지막으로 데이트를 간 것이 언제인지 물어보면, 그들은 웃으며 기억이 나지 않는다고 말한다. 나는 그들에게 문제를 거론하지 않겠다는 약속과 함께 즐거운 데이트를 위해 어려움에서 벗어날 시간을 가지라고 제안한다. 또한 그들의 침실을 "문제없는 구역problem-free zone"으로 지정하도록 격려할 수 있다.

협력적 문제 해결

효과적인 문제 해결 과정은 가족이 위기와 지속적인 도전에 대처하는 데 필수적이다. 모든 관계에는 문제가 있다. 관계 회복탄력성을 구별짓는 것은 갈등을 관리하고 문제를 협력적으로 해결하는 능력이다. 이는 공공연한 의견 차이에 대한 관용과 일상생활 및 어려운 시기에 문제를 해결하는 기술을 요구한다.

위기 상황의 실질적이고 정서적인 측면은 얽혀 있다. 가족 기능이 실직, 소득 상실 같은 기본적인 실용적 문제로 인해 방해받을 때, 정서적 요구를 처리하는 능력도 압박을 받는다. 결과적으로, 정서적 고통은 문제 해결을 저해한다. 가족 구성원 간의 부정적인 정서적 분위기—분노, 좌절, 낙담 또는 패배감—는 그들이 심각하거나 지속적인 문제를 성공적으로 다루는 것을 방해할 수 있다. 구성원들은 다른 사람의 감정을 상하게 하거나 갈등을 악화시킬까 두려워 자신의 의견을 공유하는 것을 주저하거나 민감한 문제나 의견 차이를 제기하는 것을 피할 수 있다. 실질적이고 정서적인 과제 모두를 다루어야 한다.

맥마스터McMaster 그룹(Ryan et al., 2005)은 효과적인 문제 해결 과정에서 여러 단계를 확인했다. 가족 구성원은 먼저 문제를 인식하고 관련된 사람들과 잠재적인 자원이 될 수 있는 사람들과 소통해야 한다. 협력적인 브레인스토밍을 통해 그들은 가능한 옵션, 자원, 제약을 고려하고 평가하여 계획을 세울 수 있다. 그 후에는 행동을 시작하고 실행하며, 노력을 모니터링하고 성공을 평가해야 한다. 잘 기능하는 가족은 일상생활에서 대부분의 문제를 효율적으로 관리할 수 있으며, 해결하지 못하더라도 문제를 잘 다룰 수 있다. 그들의 의사소통, 의사결정 및 행동은 비교적 원활하게 진행된다. 결과를 검토하면서 필요에 따라 노력을 조정하거나 수정할 수 있다.

문제 및 관련 스트레스 요인 식별: 창의적인 브레인스토밍

부모의 우울증, 남편의 음주, 자녀의 비행 등을 호소하며 도움을 구할 때, 가족 체계 전체에 영향을 미칠 수 있는 가족 생활의 최근 또는 진행중인 다른 스트레스 요인을 탐색하는 것이 중요하다. 자녀나 청소년의 비행은 종종 가족 내 긴장의 척도가 되며, 주의를 요하는 다른 가족 문제에서 관심을 돌리게 할 수 있다.

문제 상황에 대한 창의적인 브레인스토밍에 가족 구성원을 참여시키는 것이 중요하다. 잘 기능하는 가족에서는 부모가 조정자이자 코치 역할을 하며, 다른 사람들의 아이디어를 이끌어 내고, 자신의 의견을 표현하며, 가능한 경우 선택을 장려한다. 젊든 연장자인든 구성원 모두의 기여는 소중한 것으로 존중받는다(Beavers & Hampson, 2003).

문제를 해결하는 데 장애물을 식별함으로써 가족들은 이를 극복할 방법을 찾을 수 있다. 우리는 구성원들이 자원과 제약에 대해 논의하고, 다양한 옵션을 고려하며, 가족과 개별 구성원에게 드는 비용과 이점을 따져보도록 격려할 수 있다. 새로운 해결책을 시도하려는 개방성은 적응적 가족의 특징이다. 유연하고 창의적인 접근 방식은 미래의 문제를 해결하는 데 필요한 자원을 구축하는 데 도움이 된다.

공유된 의사결정: 협상, 타협 및 상호성

회복탄력적인 개인에 대한 연구에서, 히긴스Higgins(1994)는 그들이 장기적인 관계에서 "잘 사랑하는" 능력에 깊은 인상을 받았다. 그들은 서로에 대한 높은 수준의 상호성과 배려를 보였으며, 지속적으로 타인의 필요를 인식하려고 노력했다. 그들은 갈등, 실망, 분노 및 좌절을 견디기 위해 적극적으로 노력했으며, 시간이 지남에 따라 어려움을 성공적으로 해결했다.

다양한 가족을 대상으로 한 연구에 따르면 최적의 부부 및 가족 기능을 위해서는 협상 과정이 매우 중요하다는 사실이 밝혀졌다. 문제 해결에서 협력적인 협상 과정은 결과만큼이나 중요할 수 있으며, 주요 결정에 대해 가족 구성원의 의견을 구하는 것이 필요하다. 치료사들은 중요한 결정이 어떻게 이루어지는지를 주목하는 것이 중요하다.

> 안나는 남편 밥이 더 나은 직장을 얻기 위해 다른 지역으로 이사하기로 결정한 것에 의해 촉발된 최근 우울증에 대한 개인 치료를 요청했다. 나는 처음에 두 사람을 함께 상담실로 초대하여 상황을 공동으로 탐색하고 어떻게 도움이 될 수 있을지를 결정하도록 했다. 이사 결정을 어떻게 내렸는지 물었을 때, 밥은 "나는 훌륭한 직장 제안을 받았고 아마도 이직할 거야, 당신은 어떻게 생각해?"라고 그녀에게 말했다고 했다. 밥이 거의 결정을 내린 상황에서 안나는 그의 이익을 위해 동의했지만, 자신의 감정과 필요를 고려하지 않았다. 모든 준비가 끝난 후, 그녀는 자신의 직장, 가족, 친구, 그리고 지역사회를 떠나는 것에 대해 심각한 우울증을 겪게 되었다. 밥은 결정에 동의한 후 안나가 자신의 슬픔과 후회로 그에게 부담을 주는 것에 화가 나 있었고, 이사 과정의 어려운 실질적 요구에 대해 그녀가 "자신의 몫을 다하길" 원했다. 두 사람 모두 처음에는 안나가 "이사에 적응하기 위해" 개인 상담이 필요하다고 제안했지만, 나는 개인 세션과 부부 세션을 결합할 것을 권장했다.
>
> 두 사람은 의사결정 과정을 검토하고 옵션, 비용, 이점을 보다 협력적으로 논의하도록 강력히 권장되었다. 이 과정에서 두 사람 모두 이사에 대해 복잡한 감정을 가지고 있었지만, 밥은 긍정적인 면만을 표현했고, 안나는 수동적으로 수용하면서 후회와 상실감의 모든 감정을 안고 있음을 드러냈다. 그들의 입장이 극단적으로 나뉘면서 관계는 점점 더 긴장되었다. 안나는 부부의 의사결정에 더 적극적으로 참여하고 자신의 감정을 인정받고 자신의 선호가 고려되도록 해야 한다는 것을 깨달았다. 만약 그녀가 이사에 "적응"하기 위해 개인적으로 치료사와 만났다면, 아마도 그녀는 수용과 함께 원망을 안고 있었을 것이다.

협상은 차이를 드러내고 존중하면서 공동의 목표를 향해 나아가는 과정을 포함한다. 동등한 파트너십을 위해 노력하고 맞벌이 가정 생활의 복잡한 요구를 해결하는 것은 협상 과정에 큰 중요성을 부여한다. 부부는 열린 소통과 갈등 관리에서 편안함과 능력을 키워야 한다. 성공적인 협상자가 되기 위해 가족 구성원은 자신의 감정과 선호를 표현하고, 다른 사람의 이야기를 공감적으로 듣고 반응할 수 있어야 한다. 비판, 비난, 철수의 부정적인 순환을 중단하는 것이 중요하며, 공격과 방어는 관계를 해친다. 강한 관계를 유지하는 사람들은 잘못된 대화를 수정하는 방법과 상처나 불쾌함이 발생했을 때 서로를 달래는 방법을 배운다(Driver et al., 2012). 한 사람이 "이건 잘 안 되고 있어. 잠깐 쉬고 나서 다시 이야기해 보자" 또는 "우리 둘 다 진정하고 서로 얘기를 들을 수 있을 때 더 차분하게 차이를 해결해 보자"고 말할 수 있다. 이러한 배려, 모니터링, 지원은 문제가 해결되는 과정에서 관계를 강화한다.

협상과 타협은 권력과 통제에 대한 갈등으로 방해받을 수 있다. 의사소통의 관계적 측면을 둘러싼 싸움은 실질적인 문제를 다루는 것을 방해한다. 수용은 승리 대 패배, 또는 다른 사람에 대한 권력을 가지는 것 대 통제를 받는 "한 단계 아래"에 있는 것으로 간주될 수 있다. 타협이 "굴복"으로 느껴질 때 입장은 경직되고 비협상적으로 변한다. 시간이 지남에 따라 왜곡된 복종-지배 불균형이 생기면 원한이 쌓인다. 상호성에 대한 신뢰 부족은 단기적인 "눈에는 눈" 식의 교환을 낳거나 한 사람이 다른 사람이 "균형을 맞출" 때까지 유보하는 상황을 초래한다. 양육과 지지의 부족은 분노를 키우는 데 기여한다. 여러 가지 스트레스는 긴장과 갈등을 고조시킨다.

전통적인 성별 기반 사회화와 힘의 역학은 협상 과정과 결과에 영향을 미친다. 남성과 여성은 종종 서로 다른 기본 전제로 협상에 들어간다. 직장에서의 성공을 위해 양육된 남성은 자신의 입장을 강력하고 설득력 있게 주장할 가능성이 높으며, 자신의 필요를 최대한 충족시키는 것을 목표로 한다. 반면, 타인의 필요를 우선시하도록 양육된 여성은 더 자주 양보하고 수용한다. 이러한 왜곡을 서로 다른 전제의 관점에서 맥락화하는 것은 치료에 도움이 될 수 있으며, 원 가족과 사회문화적 영향을 인식하는 것이 중요하다.

안나와 밥은 상황을 이야기하면서, 안나가 "어쩐지 항상 그에게 양보하는 것 같아. 아마도 그건 내 문제일지도 몰라."라고 말했다. 나는 그들의 딜레마를 맥락화하며, 남성과 여성이 협상에 대해 서로 다른 규칙을 배우는 경우가 많다는 점을 지적했다. 우리는 이것이 그들에게 어떻게 적용될 수 있는지 탐구했다. "내가 두 분의 입장을 이해하고 있는지 확인해 보겠습니다. 밥, 당신에게 좋은 협상은 자신의 입장을 가장 강하게 주장하고 이기기 위해 밀어붙이는 것 같습니다. 그런가요?" 밥은 웃으며 "그렇죠, 물론!"이라고 대답했다. "그리고 안나, 당신에게 좋은 협상은 밥의 필요를 고려하고 자신의 것을 타협하는 것 같습니다." 안나는 고개를 끄덕이며 "그리고 나는 그의 규칙으로는 절대 게임을 하지 않고, 그는 내 규칙으로도 게임을 하지 않기 때문에 항상 일이 그의 방식으로 끝나요. 하지만 이 이사 결정은 너무 중요해요, 내 감정도 중요해요."라고 덧붙였다.

우리는 그들의 어린 시절 경험이 이 패턴에 어떻게 기여했는지 탐구했다. 전통적인 노동계급 가정에서 오빠들이 있었던 안나는 일찍부터 적응하는 법을 배웠다. 성취를 위해 노력하는 가정의 외아들인 밥은 자신이 "완전히 버릇없이 자랐다"고 말하며 항상 자신의 뜻대로 되었다고 말한다.

나는 그들의 관계적 왜곡이 "중력의 미세한 끌림"처럼 작용하는 것 같다고 언급했다. 밥은 고개를 끄덕였고, "맞아. 내 머릿속에 규범이 있는 것 같아. 정말 편안해," 그들은 함께 웃었다. 안나는 덧붙였다. "음, 우리가 가족을 떠난 지 10년이 넘었으니, 변화할 때가 된 것 같아요!"

왜곡된 의사소통 과정과 힘의 역학은 종종 주요한 삶의 전환점에서 드러나며, 이로 인해 관계 위기가 발생할 수 있다(9장 참조). 비난없이 더 넓은 사회적 맥락에서 패턴을 논의하는 것은 안나가 자신의 필요를 더 효과적으로 주장하고, 밥이 더 배려하고 상호 조정하여 부부가 보다 균형 잡힌 협상으로 나아가는 데 도움이 되었다. 상호호혜성reciprocity이 증가하면 관계가 크게 강화되고 과도기적 도전을 협력적으로 극복할 수 있는 능력도 향상될 수 있다.

갈등 관리

위기나 누적된 스트레스 상황에서 의사결정 과정은 원활하게 진행되지 않으며, 종종 강렬한 갈등, 고통 또는 분노가 수반될 수 있다. 우리는 가족들이 그러한 상황에서 흔히 발생하는 긴장을 정상화하도록 도울 수 있으며, 대부분의 가족들은 시간이 지남에 따라 회복될 가능성이 있다. 갈등에 대한 관용은 공공연한 이견과 차이를 인정할 수 있게 하며, 합의, 타협 또는 문제에 대한 새로운 시각을 통해 해결할 수 있게 한다. 혼합된 감정과 갈등은 모든 관계의 일부로 예상되는 것이다. 가족들은 그들의 상황의 여러 측면을 고려하기 위해 시각을 확장하고, 균형을 이루며 행동함으로써 이를 처리한다.

예를 들어, 가족의 더 큰 이익이나 자녀의 장기적인 최선의 이익을 위해 행동하는 것이다.

관계 성공의 가장 좋은 예측자는 갈등의 부재가 아니라 갈등 관리이다. 발생할 수밖에 없는 차이를 어떻게 조절하고 해결하거나 수리하는지가 중요하다. 위기 상황에서 갈등을 미루는 것은 기능적일 수 있지만, 시간이 지남에 따라 회피는 비기능적이 될 수 있으며, 해결되지 않은 문제들이 쌓이고 원한이 쌓이면서 관계 붕괴의 위험이 증가한다(Driver et al., 2012; Johnson, 2002). 과거의 트라우마적 경험에서 오는 재앙적인 두려움은 모든 갈등을 피하라는 암묵적인 가족 규칙으로 이어질 수 있다. 그러나 이러한 보호 전략은 긴장이 쌓이고 나중에 폭발할 위험을 높힌다.

부부 관계에서 비판과 담쌓기의 악순환은 경멸과 절망을 생성하며 부식 효과를 갖는다(Driver et al., 2012). 연결에서 멀어지는 것은 시간이 지남에 따라 철수, 관계 회복의 희망 상실, 그리고 결혼의 해체로 이어진다. 갈등은 그 당시에는 불쾌할 수 있지만, 수리된다면 관계에 필요하고 유익할 수 있다. 갈등은 또한 애정, 유머, 긍정적인 문제 해결, 동의, 찬성, 공감, 그리고 적극적인 비방어적 경청과 같은 긍정적인 감정 표현으로 상쇄될 필요가 있다. 다양한 갈등 스타일은 기능적일 수 있으며, 특히 파트너가 스타일 선호에서 일치할 경우 더욱 그렇다.

관계는 영구적인 문제나 해결할 수 없는 문제에 대한 교착 상태가 아니라 대화를 통해 강화된다. 가트만Gottman의 연구에 따르면(Driver et al., 2012), 토론 중에 긍정적인 감정이 더 많을수록 갈등이 완화되었다. 안정적이고 행복한 커플의 긍정적인 상호작용과 부정적인 상호작용의 비율은 최소 5:1이었다. 영구적인 문제에 대해 부부는 파트너에 대한 존중과 수용, 유머, 애정, 즐거움, 그리고 해결할 수 없는 상황에 대한 적극적 대처를 주고받는 대화를 수립하는 것을 목표로 하였다.

갈등을 회피하는 부부와 갈등이 심한 부부 모두에게, 개입은 붕괴로 이어지는 부식 과정을 멈추기 위해 갈등을 처리하는 기술을 향상시키는 데 있다. 파트너가 건설적으로 싸우고, 부정적인 감정을 관리하며, 서로에게 연민을 가지고 반응할 수 있도록 돕는 여러 커플 개입 접근방법이 개발되었다(예: Markman 외, 2010). 이러한 접근법은 갈등을 처리하고 통제할 수 있는 기본 규칙과 코칭을 제공한다. 파트너는 필요할 때 "타임 아웃"을 요청할 수 있고, 격화되는 갈등은 느려지고, 논쟁은 건설적으로 유지되며, 철수는 피하고, 참여는 유지된다. 커플 치료는 파트너가 차이를 더욱 존중하고 갈등을 관리하고 해결하는 데 더 능숙해질 수 있는 안전한 환경을 제공함으로써 관계의 회복탄력성을 구축할 수 있다.

목표에 집중하고, 구체적인 단계를 밟고, 성공을 기반으로 하며, 좌절에서 배우기

회복탄력성을 얻기 위해서는 능독적인 숙달에 대한 믿음을 실천해야 한다. 긍정적인 비전이나 목표에 집중하고 현실적이고 달성 가능한 목표를 향해 구체적인 단계를 밟는 것이 중요하다. 더 먼 목표를 향한 주요 단계를 축하하는 것은 사기를 높여 준다. 각각의 작은 공동의 성공은 가족 구성원들의 자신감과 역량을 성장시켜 더 큰 도전에 맞설 수 있게 한다. 좌절과 불만은 불가피하다. 실수를 받아들이는 것은 가족 구성원들이 공격받거나 조롱당하거나 불충분하다고 정의되지 않고 실패하거나 헤매는 것을 허용한다. 문제가 발생했을 때 자신의 역할에 책임을 지고, 그들은 경험에서 배우며 실수를 반복하지 않도록 한다. 실제로 실패한 경험은 가족 구성원들이 노력을 재조정하거나 문제를 해결하기 위해 새로운 방법을 시도할 때 교육적일 수 있다. 알베르트 아인슈타인Albert Einstein이 말했듯이, "실패를 경험하지 않은 사람은 성공을 알지 못한다."

반응적에서 능동적 접근으로: 예방, 계획, 준비

잠재적인 문제가 다가올 때, 가족들은 명확하고 개방적 방식으로 문제를 논의하고, 실질적, 정서적, 관계적 측면을 다루며 능동적으로 접근하는 것이 최선의 방식이다. 계획과 준비를 통해 위기를 예방할 수 있으며, 시간이 지남에 따라 문제가 쌓이거나 발생하는 주요 문제를 처리하는 노력을 복잡하게 만드는 일이 줄어들 것이다.

대부분의 가족이 위기 상황에서 도움을 구하기 때문에 개입 방식은 위기 반응적 경향이 있으며, 가족이 회복하도록 돕는다. 가족 회복탄력성 접근 방식은 반응적에서 능동적으로 초점을 전환하여 미래의 도전에 대처할 수 있도록 가족의 자원을 강화한다. 그들의 경험을 통한 배움으로 미래를 내다보고 과거의 문제가 재발하지 않도록 계획하고 준비하도록 격려하는 것이 중요하다. 미래를 바라보면서 그들은 위험을 더 쉽게 피하고 예상되는 장애물을 극복할 수 있다. 우리는 그들의 열망이 수정되어야 하는 경우에 대비하여 그들의 관계 "보관소"에 "플랜 B"를 마련할 것을 제안할 수 있다. 이러한 능동적인 태도는 최선을 바라면서도 인생의 실망과 예상치 못한 전환에 대비할 수 있기에 가족 구성원에게 안전감을 높여 준다. 다행히도 회복탄력성에는 많은 다양한 경로가 있다.

요약하면, 가족 과정 연구에서 보고한 것 같이, 명확한 의사소통, 개방적 감정 공유, 협력적인 문제 해결은 가족의 회복탄력성을 촉진하는 중요한 의사소통 과정이다. 모든 문제를 해결할 수는 없기 때문에, 회복탄력성 있는 가족은 상황에서 행동을 취할 수 있는 측면들을 찾아낸다. 우리는 의사소통과 3장에서 설명된 촉진적 신념의 상관관계를 장려함으로써 가족의 회복탄력성을 증진시킬 수 있다. 가족이 위기나 좌절을 의미 있고 관리 가능한 도전으로 바라보는 관점을 갖게 되면, 협력적인 의사소통 과정이 그들의 최선의 노력을 촉진한다. 가족이 어떤 특정 문제로 어려움을 겪고 있든, 가족의 스트레스를 완화하고 자원을 향상시키기 위해 의사소통 과정을 강화하는 것이 중요하다.

3부

실천 적용

STRENGTHENING FAMILY RESILIENCE

6장

가족 회복탄력성 평가
: 실천과 연구를 위한 유용한 지도

지도는 영토가 아니다.

_ 그레고리 베이트슨Gregory Bateson(1979, p. 30)

지도는 낯설고 도전적인 지역에서 방향을 잡는 데 유용하며, 주요 지점을 확인하고, 이정표를 제시하며, 목적지로 가는 여정에서 경로를 제안한다. 역경에 직면한 가족과의 임상 및 지역사회 기반 실천에서 그들의 문제로 가득 찬 삶의 상황은 우리의 주의를 왜곡하고 긍정적인 목표를 향한 경로를 안내할 수 있는 강점과 자원을 식별하기 어렵게 만든다. 이 장에서는 회복탄력성 지향적 가족 평가 및 실천을 위한 여러 유용한 지도를 제공한다. 먼저, 3~5장에서 제시된 가족 회복탄력성의 주요 과정을 요약하고 개입 계획에 일관성을 부여하기 위한 틀로 정리하였다. 다음으로, 몇 가지 회복탄력성 지향적 가계도, 타임라인, 질문지의 사용이 논의되고 설명된다. 마지막으로, 가족 회복탄력성 연구에서의 전략과 도전 과제에 대한 반성과 권고를 간략하게 다룬다.

가족 회복탄력성의 주요 과정: 평가와 개입을 안내하는 지도

수십 년간의 가족 연구에서 확립된 것처럼, 모든 가족 평가에서 잘 기능하는 가족을 구별하는 "단일 요인"이 없다는 점을 염두에 두어야 한다(Lebow & Stroud, 2012). 진단 공식이 가족 상호작용의 풍부함을 "얽힌 가족"이나 "알코올 중독 가족"과 같은 단순한

〈표 6-1〉 가족 회복탄력성의 주요 과정

신념 체계
1. 역경의 의미 만들기 • 회복탄력성에 대한 관계적 관점 – "강인한 개인"과 대조적 • 고통의 정상화와 맥락화: 역경 상황에서 흔하고 이해할 수 있음 • 일관성 감각: 위기를 공동의 도전으로 보기; 의미 있고, 이해 가능하며, 관리 가능함 • 평가의 촉진: 설명적 귀인, 미래 기대 2. 긍정적 관점 • 희망, 낙관적 편향; 도전을 극복할 수 있다는 자신감 • 격려: 강점을 확인하고 잠재력을 키우기 • 적극적인 주도와 인내(할 수 있다는 정신) • 가능한 것을 숙달하고; 변화할 수 없는 것을 받아들이며; 불확실성을 견디기 3. 초월과 영성 • 더 큰 가치와 목적 • 영성: 신앙, 명상적 실천, 공동체; 자연과의 연결 • 영감: 새로운 가능성, 열망을 구상; 창의적 표현; 사회적 행동 • 변화: 역경을 통한 학습, 변화, 긍정적 성장
조직 과정
4. 유연성 • 새로운 도전에 대처하기 위한 반동, 적응적 변화 • 혼란 속에서 재조직하고 안정성을 회복하기: 연속성, 신뢰성, 예측 가능성 • 강력한 권위 있는 리더십: 양육, 안내, 보호 • 다양한 가족 형태: 협력적인 양육/돌봄 팀, 가계 • 부부/공동 양육 관계: 상호 존중; 동등한 파트너 5. 연결성 • 상호지원, 협력 및 헌신 • 개인의 필요와 차이를 존중 • 재연결을 추구하고 관계의 불만을 수리 6. 사회적 및 경제적 자원 동원 • 확대 가족, 사회적 및 지역사회적 지원, 모델 및 멘토 모집 • 재정적 안정성 구축; 스트레스가 많은 일-가정 문제 조정 • 더 큰 체계와의 교류: 제도적, 구조적 지원 요청
의사소통 과정
7. 명료성 • 명료하고 일관된 메시지(말과 행동) • 모호한 정보의 명료화; 진실 추구 8. 개방적 감정 표현 • 고통스러운 감정 공유(슬픔, 고통, 분노, 두려움, 실망, 후회) • 긍정적인 감정 공유와 상호작용(감사, 애정, 즐거움, 유머, 휴식) 9. 협력적 문제 해결 • 창의적인 브레인스토밍 연습과 지략 • 의사결정의 공유; 갈등 수리; 협상; 공정성과 상호성 • 목표에 집중; 구체적인 조치를 취함; 성공을 기반으로 함; 좌절을 통해 배움 • 반응적 태도에서 능동적 태도로 전환: 미래의 도전에 대비

명칭으로 축소할 때, 이는 가족을 고정관념화하고 병리화하게 된다. 대신, 우리는 가족 기능에서 얽혀 있는 여러 요소를 고려하고, 각 가족이 직면한 도전, 자원과 제약, 그리고 사회적 및 시간적 맥락의 영향을 고려하여 여러 시스템 차원에서 강점과 취약성을 평가해야 한다.

회복탄력성과 잘 기능하는 가족에 대한 증가된 연구는 회복탄력성을 위한 가족 과정 강화에 대한 개입 및 예방 접근의 정보를 제공하고 있다. 실무자와 연구자로서 우리는 자신 또는 다른 사람들의 영역에 대한 지도를 그릴 때 자신의 주관성을 인식해야 한다. 문헌 연구와 임상 연구 및 실천을 통해, 나는 아홉 가지 주요 상호작용 과정을 확인하였고 이를 가족 기능의 세 가지 차원으로 조직하였다(Walsh, 2003). 이러한 틀은 임상 및 지역사회 기반 실무자들이 가족 기능의 중요한 요소를 이해하고 개입 계획의 일관성을 가질 수 있는 유연한 지도로 사용하도록 구성되었다. 스프렌클과 동료들(Sprenkle, Davis, Lebow, 2009)이 효과적인 개입에서 가족 치료 과정의 핵심 요소를 식별한 것처럼, 실무자들은 효과적인 가족 기능에 기여하는 가족 과정의 핵심 요소에 집중할 수 있다. 주요 과정을 목표로 하여 제기된 문제를 해결하면서 가족의 회복탄력성을 강화할 수 있다. 〈표 6-1〉은 이 아홉 가지 과정과 그 하위 구성 요소를 요약한다. 간략한 요약도 아래 제공된다.

가족 신념 체계

가족 신념 체계는 다세대, 사회문화적, 그리고 영적 영향에 뿌리를 두고 있으며, 가족 및 사회적 상호작용, 이야기, 유산을 통해 전해진다. 이러한 신념 체계는 가족 구성원들이 자신의 역경, 고통, 그리고 선택을 어떻게 바라보는지에 강력하게 영향을 미친다. 이러한 공유된 구성물은 삶의 도전에 대한 가족의 접근하는 방식을 구성하며, 그러한 경험에 의해 근본적으로 바뀔 수 있다. 역경은 의미의 위기와 통합의 잠재적 붕괴를 야기한다. 가족의 회복탄력성은 효과적인 기능을 향상시키고 유대감을 강화하며 긍정적인 적응과 성장을 위한 선택지를 확장하는 공유된 신념에 의해 촉진된다. 임상가는 가족이 자신의 역경을 의미 있게 해석하고, 희망적이고 긍정적인 전망을 얻으며, 능동적인 주체성을 발휘하고, 초월적이거나 영적인 가치와 연결을 통해 영감, 변화, 긍정적인 성장을 이끌어 내도록 도울 수 있다.

1. 역경의 의미 만들기

회복탄력성에 대한 **관계적 관점**은 가족과 부부가 역경을 공동의 도전으로 접근하도록 격려한다. 공동의 고난, 노력, 그리고 극복에 대한 자부심은 그들의 유대감을 강화한다.

고통을 **정상화**normalizing하고 **맥락화**contextualizing함으로써 가족 구성원들은 역경 상황을 고려하며 그들의 어려움을 이해할 수 있는 것으로 시각을 넓힌다. 고통이 유사한 상황에 처한 사람들 사이에서 공통적으로 발생하며 비정상적이거나 극단적인 조건에 대한 정상적인 반응으로 여겨지는 것처럼, 문제를 인간의 딜레마로 간주할 수 있을 때, 비난, 수치심, 병리화에 대한 경향은 줄어든다. 가족 회복탄력성은 진화론적 시간관, 생애 과정, 그리고 세대에 걸친 성장, 도전, 변화의 지속적 과정에 대한 관점에 의해 촉진된다. 이러한 가족생애주기 관점은 가족 구성원들이 파괴적인 사건이나 전환을 그들 공동 삶의 여정에서의 이정표나 전환점으로 보고, 과거와 미래 세대와 연결될 수 있도록 도와준다.

역경에 대처할 때, 가족들은 위기를 의미 있는 도전으로 재구성하고 이를 이해 가능하고 관리할 수 있는 공유된 **일관성 감각**sense of coherence을 얻도록 도움을 받을 수 있다. 이는 문제의 본질과 원인, 선택 사항 및 미래 기대를 명확히 하려는 구성원들의 노력을 포함한다. 가족 구성원들은 인과적 또는 설명적 귀인을 통해 어떻게 그 일이 발생했는지를 이해하려 하며, 희망과 두려움을 가지고 미래를 바라본다. 실무자들은 가족 구성원들이 자신의 상황과 가능성을 현실적으로 평가하도록 지원하고, 파괴적인 사건 이후 의미의 복원 또는 재구성을 촉진하며, 대처 및 적응 전략에서 능동적인 주체성 갖도록 장려할 수 있다.

2. 긍정적 관점

여러 연구들은 스트레스 대처, 위기 회복, 성공의 장벽 극복을 위한 긍정적 관점의 강력한 신경생리학적 효과를 보고하고 있다. **희망**hope은 정신에 필수적이며, 역경을 극복하기 위한 에너지와 노력을 불러일으킨다. 희망은 믿음 기반의 미래 지향적인 신념이다. 즉각적인 전망이 아무리 암울하더라도 더 나은 미래를 상상할 수 있다. 문제로 가득 찬 상황에서 실무자들은 절망에서 희망을 다시 불러일으킬 필요가 있다. 자녀를 위한 더 나은 미래에 대한 희망은 고군분투하는 부모들이 현재의 삶의 상황에 의해 패배하는 것을 막을 수 있다.

전문가들이 모든 가족의 가치와 잠재력에 대한 확신을 가지고 **낙관적인 편향**optimistic bias을 유지하는 것이 필요하다. 반복되는 허무함과 실패의 경험은 사람들로 하여금 시도를 중단하고 수동적이며 비관적으로 변하게 할 수 있으며, 그들이 하는 일이 아무 의미가 없다는 믿음을 일반화하게 만든다. 절망은 그들에게 의미, 목적, 미래 가능성을 빼앗을 수 있다. 긍정적인 관점은 최선의 노력을 지원하고, 웰빙을 증진하며, 위험을 줄이고 성공의 가능성을 극대화할 수 있다.

어려움 속에서도 **가족의 강점과 잠재력을 확인**함으로써, 우리는 가족들이 무력감과 실패감을 극복하도록 돕고, 그들의 공동 자부심을 강화한다. 우리는 그들이 성공적인 숙달을 경험하고, 그들의 노력이 변화를 가져올 수 있다는 것을 배우면서 자신감과 능력을 쌓도록 돕는다.

회복탄력성의 특징인 **주도성**Initiative과 **인내**perseverance는 시련을 통해 가족들이 공유하는 자신감과 상호 격려를 통해 "할 수 있다"는 정신으로 촉진된다: "우리는 절대 포기하지 않을 것이다." 이러한 확신은 그들이 최선을 다하도록 돕고, 끈질기게 해결책을 찾는 데 적극적인 참여자가 되도록 만든다.

가능성의 예술the art of the possible**을 숙달하는 것**은 회복탄력성에서 매우 중요하다. 실무자들은 가족들이 그들의 상황—도전, 제약, 자원—을 점검한 후 그들의 선택을 최대한 활용하는 데 에너지를 집중할 수 있도록 도울 수 있다. 이러한 노력은 그들이 통제할 수 없거나 변경할 수 없는 것을 받아들이는 것—즉, 타협하는 것—을 수용함으로써 뒷받침된다. 즉각적인 문제가 압도적이거나 더 큰 사회적 조건이 위협적일 때, 가족 구성원들은 갇히거나 무력감을 느끼기보다는 그들이 할 수 있는 부분부터 시작하도록 격려받을 수 있다. 이는 가혹하거나 불공정한 조건을 받아들이는 것을 의미하지 않으며, 무력감에 의해 패배하지 않고 긍정적인 목표를 향해 나아가기 위한 노력을 동원하는 것을 의미한다. 과거의 사건은 바뀔 수 없지만, 이는 더 큰 이해, 학습, 치유를 촉진하는 새로운 시각으로 재구성될 수 있다. 또한 많은 상황이 모호하거나 결과가 불확실할 수 있기 때문에 가족들이 불확실성을 견디는 것이 중요하다.

3. 초월과 영성

초월적인 가치와 실천은 가족에게 즉각적인 어려움 너머의 의미와 목적을 제공한다. 대부분의 가족은 어려운 시기에 문화적 및 신앙 전통과의 연결을 통해 힘, 위안, 그리고 지침을 찾는다. 의식rituals과 예식ceremonies은 어려운 전환을 통과하고 더 큰 공동체 및 공동 유산과의 연결을 촉진할 수 있다.

영성은 인간 경험의 한 차원으로, 고통, 치유, 그리고 회복탄력성에서 두드러지게 나타난다. 죄에 대한 처벌이나 불의로 인한 신앙 상실과 같은 종교적 신념은 고통을 유발할 수 있으며, 종교 교리는 타인에게 해를 끼치는 것을 정당화하는 데 사용될 수 있다. 많은 연구에서 보고되었듯이, 영적 자원은 회복탄력성의 원천이며, 이는 일반적으로 도덕적 가치, 더 높은 힘에 대한 믿음, 의식 및 명상적 실천(예: 기도와 명상), 및/또는 공동체 참여를 통해 활용된다. 사람들은 깊은 개인적 신앙이나 세속적 인본주의, 자연과의 연결, 예술과 음악을 통한 표현, 그리고 사회적 행동주의 같은 종교적 구조 밖에서 영적 양분을 찾는다.

회복탄력성의 역설은 최악의 상황에서 인간 정신의 최선을 이끌어낼 수 있다는 것이다. 외상 후 성장에 대한 연구에서 발견된 것처럼, 위기는 영성을 심화시키고 예기치 않은 방향으로 변형과 성장을 가져올 수 있다. 역경과 고통의 경험은 대담하고 창의적인 행동을 촉발할 수 있다. 이는 가족 구성원들에게 사랑하는 사람의 중요성을 일깨우거나, 오래된 상처를 치유하고 더 의미 있는 관계와 삶의 추구를 위해 우선순위를 재정렬하도록 이끌 수 있다. 사람들은 충격적인 경험에서 벗어나 삶의 목적 의식을 높이고, 타인의 고통에 대한 연민을 얻으며, 고통, 불의 또는 해로운 조건을 완화하기 위한 사회적, 정치적 또는 환경적 행동에 대한 헌신을 하기도 한다. 전문가들은 가족이 더 나은 미래를 구상하도록 지원할 수 있으며, 희망과 꿈이 무너졌을 때 새로운 가능성을 상상하고 발명, 변형 및 긍정적인 성장을 위한 기회를 포착할 수 있도록 도와줄 수 있다.

가족의 조직 과정

다양한 구조, 가정, 자원을 가진 가족들은 삶의 도전에 대응하기 위해 다양한 방식으로 생활 패턴과 관계 네트워크를 조직해야 한다. 회복탄력성은 유연성, 강한 연결성, 사회적 및 경제적 자원의 동원을 촉진하는 상호 과정을 통해 강화된다.

4. 유연성

유연성은 회복탄력성의 핵심적 구조 과정으로 역경에 대처하기 위한 적응적 변화가 포함된다. 단순히 스프링처럼 이전의 형태나 규범으로 "되돌아가는" 것이 아니라(회복탄력성에 대한 잘못된 관점), 이는 도전에 맞서기 위해 재조정하고 힘을 얻는 것을 말한다. 주요 위기나 손실 이후, 가족들은 그들이 알고 있던 "정상" 생활로 돌아갈 수 없을 수도 있지만, 앞으로 나아가기 위해 "새로운 정상new normal"을 구축해야 한다. 실무자들은 새로운 환경을 탐색하고, 관계를 재조정하며, 변화된 조건에 맞게 상호작용 패턴을 재구성하는 노력을 지원할 수 있다.

동시에 가족들은 파괴적인 변화에 대응하고 균형을 맞추어 **안정성**stability**을 회복**할 필요가 있다. 특히 어린이와 취약한 가족 구성원들은 혼란이나 분리나 상실 이후에 **연속성**continuity, **신뢰성**dependability, **예측 가능성**predictability에 대한 확신이 필요하다. 이러한 시기에 일상적인 루틴을 복원하고 의미 있는 의식을 만드는 것이 도움이 될 수 있다.

단호하면서도 유연한 **권위 있는 리더십**authoritative leadership이 일반적으로 가족 기능과 자녀 양육에 가장 효과적이다. 스트레스가 많은 상황에서는 자녀와 취약한 가족 구성원에게 **양육**nurturance, **보호**protection, **지침**guidance을 제공하는 것이 가장 중요하다. 고위험 상황에서는 더 강한 부모의 통제와 모니터링을 요구할 수도 있다. 복잡한 구조를 가진 가족이나 떨어져 사는 구성원들은 가정과 거리를 고려한 **협력적인 공동 양육** 및 **돌봄 팀워크**를 구축하는 데 도움이 필요할 수 있다. 부부 및 공동 양육 관계는 기쁨과 책임을 공유하는 상호 존중과 동등한 파트너십이 있을 때 가장 잘 작동한다.

5. 연결성

연결성Connectedness(응집력cohesion)은 역경 속에서 효과적인 가족 기능을 위해 필수적이다. 위기나 지속적인 다중 스트레스 상황은 가족의 응집력을 분열시킬 수 있으며, 가족 구성원들은 서로에게 의지하지 못하고 단절될 수 있다. 회복탄력성은 어려운 시기를 함께 극복하려는 **상호지원**mutual support, **협력**collaboration, **헌신**commitment에 의해 강화된다. 동시에 개인의 필요와 차이점이 존중된다. 어려운 상황에서는 각 상황의 의미와 영향이나 자녀의 나이와 같은 요인에 따라 사건을 처리하는 데 필요한 대처 스타일이나 타이밍이 다양할 수 있다.

가족 구성원이 분리된 경우, 예를 들어 위탁 양육, 부모의 부재, 지역사회의 혼란과 같은 상황에서는 방문, 사진, 기념품, 편지 및 인터넷 연락을 통해 연결을 유지하는 것이 중요하며, 또한 확대된 친척 및 소중한 문화적, 영적 자원과의 연결도 필요하다. 이러한 것들은 모두 회복탄력성을 위한 **관계적 생명선**relational lifelines이다.

위기 상황에서의 강한 압박은 관계의 긴장을 악화시키고 오해, 갈등, 단절을 촉발할 수 있다. 그러나 생명을 위협하는 사건과 같은 위기는 상처받은 유대의 화해를 위한 촉매제가 될 수 있다. 치료사는 소원해진 관계를 **재연결**reconnection하고 불만을 **수리**repair하도록 촉진할 수 있다.

6. 사회적 및 경제적 자원의 동원

어려운 시기에 가족의 실질적이고 정서적인 지원을 위해 **확대된 친족 및 기타 사회적, 지역사회 자원을 동원**하는 것이 중요하다. 위험에 처한 청소년의 회복탄력성에 대한 역할 모델과 멘토의 중요한 영향은 잘 정리되어 있다. 더 고립되거나 서비스가 부족한 가족은 필요한 서비스에 접근하기 위해 사회 시스템을 탐색하는 데 도움을 받을 수 있다.

갑작스럽거나 지속적인 경제적 어려움에 직면한 가족에게는 **재정적 안전을 구축**하는 것이 중요하다. 지속적인 실업, 고용 불안, 만성 질환, 가장의 상실 또는 대규모 재난은 가족의 경제적 자원을 고갈시키며 연쇄적 영향을 미칠 수 있다. 심각한 재정 압박은 가정 폭력과 해체에 기여하며, 한부모 가정의 아동에게 문제를 일으킬 위험을 높인다. 다중 스트레스를 받는 가족은 **직업과 가족 책임 간의 상충하는 압박을 탐색**하는 데 도움이 필요할 수 있다.

가족과 **더 큰 체계 간의 상호작용**도 회복탄력성의 중요한 생명선이다. 개인이 지지적인 관계를 필요로 하는 것처럼, 가족도 지지적인 제도적 정책, 구조, 프로그램 및 직장, 건강 관리 및 더 큰 체계의 프로그램이 필요하다. 지역 기관과 거주민들을 포함한 지역사회 기반의 협력적 노력은 이웃 범죄나 대형 재난과 같은 도전에 대응하고 미래의 위협적 위험을 낮추는 데 필수적이다. 위험에 처한 청소년의 회복탄력성을 강화하기 위한 다층 체계적 접근은 학교, 직장, 건강 관리 및/또는 사법 시스템과의 가족 상호작용을 촉진할 수 있다.

의사소통/문제 해결 과정

의사소통 과정은 역경 상황에 대한 명료성을 제공하고, 감정을 개방적으로 공유하며, 협력적인 문제 해결과 사전 계획을 촉진함으로써 회복탄력성을 강화한다. 하지만 정보 공유와 감정 표현에 대한 문화적 규범은 매우 다양하다는 점은 고려되어야 한다.

7. 명료한 정보

명료하고 일관된 메시지는 모든 가족 기능을 촉진한다. 스트레스가 많은 상황에서는 의사소통이 쉽게 무너질 수 있다. 모호함과 불확실성은 불안을 증폭시키고 현재 상황과 가능한 조치에 대한 이해를 차단한다. 선의의 가족 구성원은 서로의 걱정을 덜어 주기 위해 고통스럽거나 위협적인 정보를 피할 수 있다. 고통스러운 경험의 진실을 공유할 때 회복이 촉진하는 반면, 부정, 비밀, 또는 은폐는 적응을 방해할 수 있다. 말할 수 없는 것에 대한 불안은 재앙적인 두려움을 생성할 수 있으며, 특히 어린이에게서는 종종 신체적 및 행동적 문제로 표현된다.

치료사들은 가족들이 역경, 현재 상황, 미래 기대에 대한 중요한 **정보를 명료화하고 공유**하도록 도움으로써 의미를 만들고, 감정을 나누며, 정보에 기반한 의사결정을 하고, 미래 계획을 세우는 과정을 촉진할 수 있다. 부모는 자녀가 질문이나 우려가 있을 때 이를 논의할 수 있다는 개방성openness을 보여야 한다. 부모는 연령에 적합한 정보 공유 방법에 대한 안내가 필요할 수 있으며, 자녀가 성장함에 따라 더 큰 이해를 원하거나 새로운 우려를 제기할 수 있다는 점을 예상해야 한다.

8. 감정 공유 및 긍정적인 상호작용

상호 신뢰, 공감, 차이에 대한 관용이 뒷받침된 개방적 의사소통은 가족 구성원들이 위기 상황과 만성 스트레스에 의해 유발될 수 있는 다양한 감정을 공유할 수 있게 한다. 가족 구성원들은 슬픔, 그리움, 좌절, 후회, 분노 또는 불안과 같은 **고통스러운 감정을 표현**하는 데 안전하다고 느껴야 하며, 이러한 감정은 시간이 지남에 따라 바뀔 수 있고, 다양한 성격, 나이, 관계 및 역경의 의미에 따라 달라질 수 있다. 개인들은 가족 체계 내에서 복잡한 감정의 다양한 측면을 표현할 수 있다. 가족 구성원들은 시간이 지남에 따라 조화를 이루지 못할 수 있으며, 어떤 이들은 다른 이들보다 먼저 나아갈 준비가 되어 있을 수 있다. 부모나 자녀는 기능을 유지하거나 다른 이들에게 부담을 주지 않기 위해 자신의 고통스러운 감정을 억누를 수 있다. 감정이 격렬할 때 상호 비난이나 서로에 대한 고조된 반응은 갈등을 촉발하고 악화시킬 수 있다. 약함에 대한 남성적 고정관념은 남성들이 두려움, 취약성 또는 슬픔을 드러내는 것을 제한할 수 있다. 실무자들은 건설적인 대화를 촉진하고 어려운 감정을 처리할 수 있도록 안전한 공간을 제공해야 한다. 관계적 회복탄력성을 위해, 부부와 가족은 차이를 이해하고 존중하며 서로를 위로하는 방법을 배울 수 있도록 도움을 받을 수 있다.

가족 생활이 문제, 고통, 투쟁으로 가득 차 있을 때, **긍정적인 상호작용**은 회복탄력성에 필수적이다. **사랑, 자부심, 감사, 고마움의 표현**은 낙담을 상쇄하고 유대감을 강화한다. 어려움이나 비극 속에서도 웃음과 **유머를 찾는 것**은 정신을 강화시켜 준다. **기쁨, 재미, 즐거운 활동**을 나눌 수 있는 시간과 공간을 만드는 것은 가족 생활을 활력 있게 하고 필수적인 휴식을 제공한다. 문제로 인해 가려질 수 있는 생일, 명절, 기념일을 축하하는 것이 중요하다.

9. 협력적 문제 해결과 능동적 접근

창의적인 브레인스토밍은 **자원**을 확장하여 역경을 극복할 수 있는 새로운 가능성을 열어 준다. **공유된 의사결정**shared decision making과 **갈등 관리**conflict management는 시간이 지남에 따라 공정성과 상호호혜성을 바탕으로 차이를 조율하는 것을 포함한다. 명확한 우선순위와 현실적인 목표를 설정하는 것이 중요하며, 그 후 이를 향한 구체적인 단계를 밟아야 한다. 실무자들은 좌절이나 실패를 학습 경험으로 활용하며 작은 성공을 기반으로 노력하는 것을 촉진할 수 있다.

미래의 도전에 대응하기 위해서는 **능동적 접근**proactive approach이 필수적이다. 회복탄력성을 위해 가족들은 위기 반응적 태도에서 벗어나 잠재적인 위기를 방지하고 예상되는 문제에 대비하며 예상치 못한 어려움에서 회복하기 위해 전환해야 한다. 미래 비전을 향해 나아가기 위해 그들은 지원 자원을 강화하고 장애물을 예상하며 이를 극복할 방법을 모색하고 목표를 향해 나아가야 한다. 구성원들이 "플랜 B"를 염두에 두도록 격려하는 것은 예기치 않은 도전이 발생할 경우 쉽게 적응할 수 있도록 도울 수 있다. 만약 꿈이 산산조각났다면, 가족들은 변화된 환경을 조사하고 새로운 길을 개척하도록 격려받을 수 있다.

회복탄력성에서 상호작용 과정의 상승적 영향

가족 회복탄력성의 주요 과정은 상호작용적이며 상승적이다. 예를 들어, 회복탄력성에 대한 관계적 관점(신념 체계)은 연결성(조직 과정)과 협력적 문제 해결(의사소통 과정)을 지원하고, 이로 인해 강화된다. 공유된 의미 만들기는 의사소통 과정을 통해 이루어진다. 긍정적인 관점은 성공적인 문제 해결과 적극적인 대처를 촉진하고 이를 통해 지속된다. 새로운 도전에 적응하기 위해 필요한 구조적 유연성에서 안정성과 변화 사이의 유동적인 이동과 같은 과정 구성 요소의 균형도 필요하다. 사회적 및 지역사회 자원은 단순한 외부 요인이 아니다; 가족 과정은 환경과의 상호작용에 적극적으로 참여하는 것을 포함한다. 다층적인 역동적 체계 관점은 회복탄력성에서 과정의 순환적 특성과 시간에 따른 일정 수준 내 또는 수준 간의 쌍방적 영향을 인식한다([그림 6-1] 참조).

다양한 가족 치료 모델은 가족 기능의 다양한 영역(또는 차원)에서 상호작용 과정을 중심으로 연구해 왔다(Sluzki, 1983). 예를 들어, 구조적 모델은 주로 조직 패턴에 주목하고, 인지 행동 접근은 신념 체계(스키마)와 의사소통/문제 해결 과정을 다루며, 포스트모던 접근은 삶의 이야기를 확장하고 재진술하는 의미의 사회적 구성과 바라는 미래

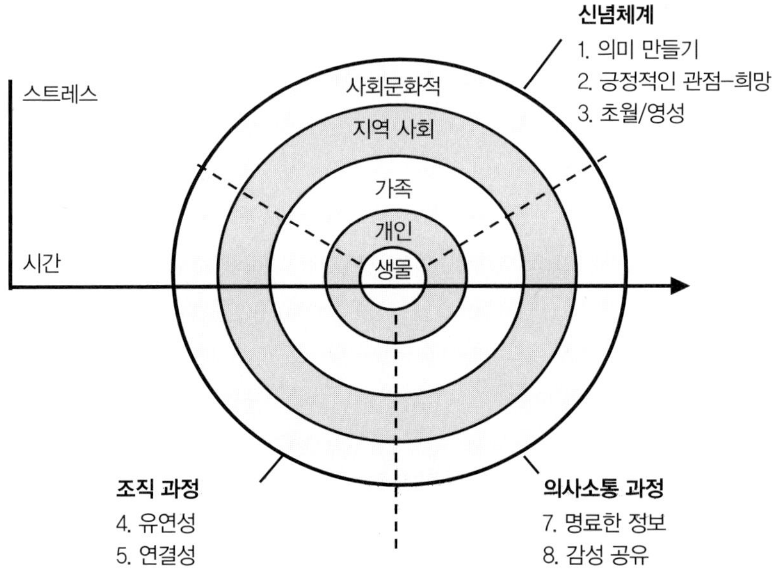

[그림 6-1] 회복탄력성의 다층적 순환 과정

를 향한 단계에 초점을 맞춘다. 최근 연구는 효과적인 실천에서 모델 간의 공통 요소를 찾으려 시도해 왔다(Sprenkle, Davis, & Lebow, 2009). 대부분의 통합적 가족 치료사들은 사회적 맥락과 다세대적 가족생애주기 전반에 걸친 세 가지 영역에서의 가족 기능의 상호작용 과정을 고려하였다(Lebow, 2013). 강점 기반 접근의 실무자들은 가족 회복탄력성을 위한 목표를 설정하고 핵심 과정을 강화하기 위해 여기에 제시된 틀을 유용하게 적용할 수 있다.

생태적, 발달적 관점은 사회적 및 시간적 맥락에서의 기능을 평가하는 데 필수적이다(1장, 9장 참조). 각 가족의 강점과 취약성을 그들의 문화 규범과 가치, 사회경제적 위치, 발달 우선순위와 관련하여 고려하는 것이 중요하다. 주요 과정은 가족의 목표와 선호도, 구조적 구성, 가용 자원에 따라 다양한 방식으로 조직되고 표현될 수 있다. 회복탄력성의 주요 과정은 가족의 도전, 자원, 목표에 맞게 다양한 상황과 다양한 적응 경로에 적용될 수 있다.

가족 체계의 지도화

광범위한 가족 회복탄력성 지향성(또는 meta-framework)과 위에서 언급한 주요 과정은 역경에 대처하는 가족 기능 강화를 위한 조사와 노력을 안내하는 실천 및 연구 평가를 위한 유연한 지도를 제공한다. 이 접근은 가족의 다양성, 다양한 상황적 도전, 그리고 회복탄력성에서 여러 경로의 실행 가능성을 인식한다. 또한, 9~14장에서도 다루듯이, 이 접근은 주요 위기 사건, 트라우마나 상실, 혼란스러운 전환, 또는 만성 다중 스트레스 상태의 도전과 같은 다양한 역경 상황의 요구에 대한 조정을 필요로 한다. 가족 평가를 위한 유용한 도구들이 여기 논의될 것이며, 다음 장에서는 실천 원칙, 지침, 사례가 제시된다.

가족 회복탄력성 평가를 위한 질문지

월시 가족 회복탄력성 질문지(WFRQ: Walsh Family Resilience Questionnaire; 부록 1 참조)는 여기 제시된 틀에서 아홉 가지 주요 과정과 그 구성 요소를 점검하기 위해 구성되었다. 자기 보고식의 질문 항목과 리커트 척도Likert scale는 응답자에게 가족이 심각한 위기 및/또는 지속적인 스트레스에 어떻게 대처하는지에 대한 인식을 평가하도록 요구한다. 체계적 실천에서의 척도 질문과 유사하게, 응답 평가 결과는 실천 및 질적 연구에서 인터뷰를 통해 더 깊이 탐색될 때 가장 유용하다. 예를 들어, 응답자(예: 어머니)는 가족이 어려운 시기에 영적 자원에 강하게 의존한다고 표시할 수 있다(4 또는 5점 평가). 이 때 종교적 및/또는 영적 신념과 관행이 가족 생활에서 어떻게 표현되고 도움이 되는지를 탐구하는 것이 중요할 수 있다. 만약 응답자가 영적 자원을 1 또는 2로 평가했다면, 그들의 삶에서 종교/영성이 단순히 중요하지 않다는 것을 의미할 수 있으나 결핍을 의미하지는 않는다. 가족들은 역경에 대처하기 위해 의존하는 강점과 자원이 다르다. 또한, 이러한 것은 고정된 특성이 아니라 동적인 과정이기 때문에, 점검 당시 가족 구성원들이 유용하다고 생각하면 증가하거나 확장될 수 있다. 따라서 우리는 질문지를 특정 가족 프로필을 작성하는 것으로 생각할 수 있다. 그러나 우리는 가족을 회복탄력성이 있거나 없는 것으로 고정관념적인 방식으로 "프로파일링"하지 않도록 주의해야 한다.

이 척도는 위기 사건 이후의 적응 과정이나 새로운 도전 과제 또는 만성 다중 스트레스 조건에 대처하는 방식의 변화 등 역경에 대처하는 과정에서 가족 내 변화를 평가하는 데 유용할 수 있다. 이 질문지는 실천 효과성 연구에서 사전 및 사후 평가에 사용될 수 있으며, 개입 시작과 종료 시점 및 이후의 추적 조사에서 가족 회복탄력성 과정의 프로필을 제공한다. 이 장의 뒷부분에서 논의되는 바와 같이, 이 척도는 여러 국제 가족 회복탄력성 연구에 적용되고 있다.

회복탄력성 중심의 가족 가계도 및 도표

가족 회복탄력성 지향적 관점에서 우리는 가족의 문제나 한계와 더불어 강점과 잠재력을 탐색한다. 가족 평가에서 가족 체계와 그 지역사회, 문화, 영적 연결성에 대한 전체적 시각을 갖는 것이 중요하다. 이는 즉각적인 가족 구성원, 확대된 친척 및 사회적 네트워크가 포함되며, 현재 문제를 해결하고 가족 기능을 강화하는 데 중요할 수 있는 주요 관계와 자원을 포함한다.

가계도genogram(McGoldrick, Gerson, & Petry, 2008)는 체계적 도표diagram로, 실무자, 연

구자 및 가족 구성원들에게 관계망과 중요한 패턴을 시각화해 주는 귀중한 평가 도구가 될 수 있다. 가족 과정의 구조적 지도인 가계도는 가족을 그래픽으로 표현하고 3세대 이상의 상호작용 과정을 표기한다. 가족 구성원과 함께 또는 가족의 자료를 바탕으로 실무자나 연구자가 구성한 가계도는 가족 체계의 현재 구조를 보여 주며, 생활 배치를 구분하고, 동맹, 갈등, 단절, 상실의 패턴을 기록하며, 친족 및 사회적 네트워크에서 기존 및 잠재적 자원을 식별한다. 맥골드릭McGoldrick과 동료들이 개발한 컴퓨터화된 가계도 프로그램은 복잡한 가족 구조와 관계 패턴을 묘사하고, 중요한 과거 원가족 패턴을 추적하는 데 특히 유용하다.

가계도는 현재 문제 상황과 관련된 확대 가족의 과거 및 진행 중인 문제를 도식화하고 추가 탐색하는 데 유용할 수 있다. [그림 6-2]의 가계도는 다음 사례에서 제시된 문제와 관련된 가족 과정을 보여 준다.

홍콩에 거주하는 한 중국인 부모는 유치원에 다니기를 거부하고 어머니에게 지나치게 의존하는 문제로 도움을 받기 위해 5세 아들을 아동 클리닉에 데리고 왔다. 부모와 함께 만든 가계도를 통해, 유치원에서 바이러스에 감염되어 같은 나이에 세상을 떠난 형이 있었다는 사실을 알게 되었다. 우리가 그 사건이 가족에 어떤 영향을 미

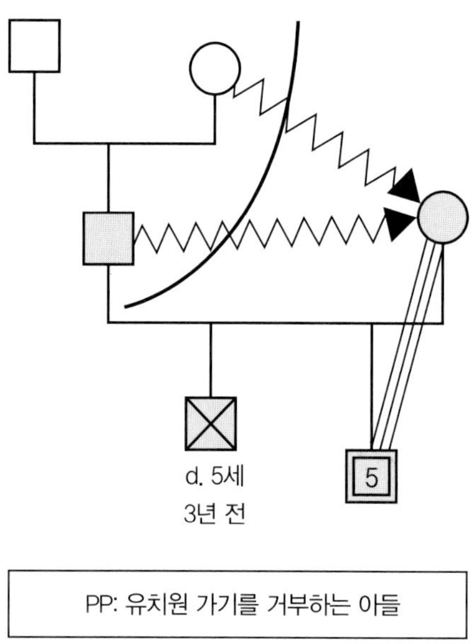

[그림 6-2] 과거의 상실과 연관된 현재 문제의 대가족 역동 가계도

쳤는지 물었을 때, 시부모가 첫째 손자에 대한 돌봄이 부족했다고 며느리를 비난하며 죽음을 어머니 탓으로 돌리고 그녀와의 모든 연락을 끊었다는 사실을 알게 되었다. 아버지는 충실한 아들로서 부모 편을 들며 아내에게 소홀했고, 슬픔 속에 고립된 그녀는 둘째 아들에 대해 과잉 보호적으로 변했다. 매년 고인이 된 아들의 생일에 그녀는 그의 나이만큼 촛불을 꽂은 케이크를 만들어 둘째 아들과 함께 나누었다.

전통적인 임상 평가와 가계도 구성은 주로 문제 있는 가족 구성원과 관계 패턴에 초점을 맞추는 경향이 있어, 개입이 가족의 역기능에 과도하게 집중될 수 있다. 회복탄력성 지향적 접근은 문제 영역과 위험 요소를 인식하지만, 과거, 현재 및 잠재적인 긍정적 영향을 찾는 것을 우선시한다. 누가 도움이 되고, 지지하며, 배려할 수 있을까? 어떤 방식으로? 팀 노력에 기여할 수 있는 강점과 자원을 가진 사람은 누구일까? 가족 구성원들은 누구와 더 잘 연결되기를 원할까? 자원이 상실된 곳에서는 이를 어떻게 보충할 수 있을까? 자원이 될 수 있는 갈등 관계나 소원해진 관계를 어떻게 회복할 수 있을까? 우리는 친족 네트워크에서 잠재적인 역할 모델과 멘토를 식별한다. 예를 들어, 현재의 도전을 극복하는 데 영감을 줄 수 있는, 이민이나 경제적인 어려움 속에서 "할 수 있다"는 정신을 발휘한 조부모의 이야기와 같은 가족 구성원들이 과거의 역경을 극복한 이야기를 듣고자 한다.

가족 구성원에게 그들이 가족을 어떻게 정의하는지 묻는 것이 중요하다. 누구를 포함하나? 누가 중요한가? 그들은 어떤 역할을 하는가? 그들은 어떻게 지지적이거나 문제적인가? 그들은 누구와 단절되어 있는가? 법적 및 혈연적 가족 정의나 사회적 규범은 내담자가 동거인이나 동성 파트너와 같은 일부 관계를 공개하는 데 제약을 줄 수 있다. 한부모 가정에 대한 좁은 시각에서는 비거주 부모의 역할(또는 잠재적 기여)을 간과할 수 있다. 가계도는 고립된 노인을 위한 근거리에 거주하는 조카나 조카딸과 같은 잠재적 자원을 식별하는 데 유용할 수 있다.

가족 구조와 중요한 유대 관계는 매우 다양하기 때문에, 직계 가족 및 이를 넘어서는 모든 중요한 관계를 살펴보는 것이 중요하다. 비거주 부모, 파트너, 그리고 조부모, 이모, 삼촌, 대부모, 사촌 등을 포함한 확대된 친족(공식적 및 비공식적) 등이 포함된다. 한부모와 독립적으로 사는 개인들 등 많은 이들은 회복탄력성을 위해 친밀한 파트너, 친척, 그리고 가족, 친족, 친밀한 영혼이라 여겨지는 가까운 친구들과 자신만의 돌봄의 유대를 형성한다.

반려동물(및 도우미 동물)의 역할은 모든 평가에 포함되어야 한다. 여러 연구 결과가 반려동물이 가족의 회복탄력성에 중요한 유대로서의 관계적 중요성이 있다고 보고하고 있으며, 특히 어린이, 혼자 지내는 성인 및 노인에게 중요하다(Walsh, 2009a, 2009b).

> 한 가족은 부모의 이혼과 어머니의 재혼으로 인해 스트레스가 연쇄적으로 발생했다. 10세 딸 메건은 아버지가 모든 연락과 지원을 끊으면서 적응하는 데 어려움을 겪었고, 새 가족에 적응해야 했으며, 새로운 동네, 학교, 또래를 만나고 가까운 친구들의 상실도 겪어야 했다. 내가 정보를 수집하고 어머니와 가계도를 그리는 동안, 메건에게 중요한 모든 사람을 포함하여 자신의 가계도를 그려보도록 요청했다. [그림 6-3]에서 보듯이, 메건("나")은 가장 가까운 유대로 강아지 스파키를 강조했다. 그녀의 그림은 힘든 시기를 이겨내는 데 이 유대가 어떻게 지원했는지에 대한 대화를 열어 주었다.

가계도는 갱단 참여 위험이 높은 청소년을 대상으로 한 로스앤젤레스 GRYD(Gang Reduction and Youth Development; 갱단 감소 및 청소년 개발) 예방 프로그램의 가족 회복탄력성 훈련의 구성 요소에서 중요한 도구였다(8장 참조). 우리의 접근 방식은 가족의 강점과 잠재력에 다시 초점을 맞추어 부정적인 영향을 줄이고 긍정적인 청소년 발달을 지원하는 것으로, 이를 위해 부모와 확대 가족 구성원이 지원 팀의 노력에 협력하여 참여하도록 하였다. 회복탄력성 기반의 가계도는 상담을 제공하는 사례 관리자의 노력에

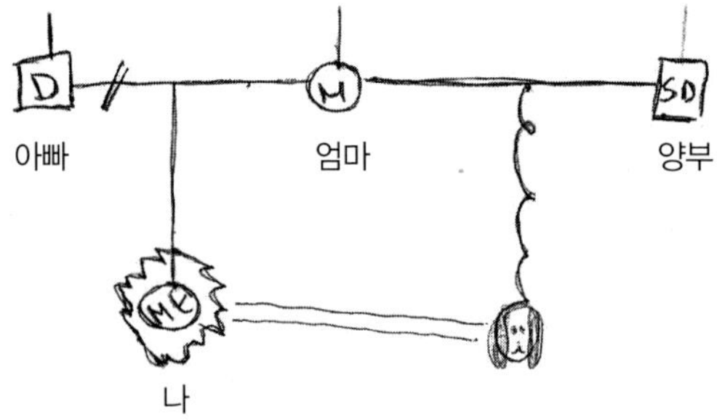

[그림 6-3] 부모의 이혼, 아버지의 단절, 새로운 의붓가족에 적응하는 데 있어 강아지와 유대감을 보이는 10세 메건이 그린 가계도

도움을 제공하기 위해 개발되었다(부록 2 참조). 청소년과 그 가족과 함께 가계도를 구성하는 것은 그들이 그들의 관계와 역사에 대해 더 배우고자 하는 관심을 불러일으켰다. 목표는 다음과 같다.

- 긍정적인 청소년 정체성 강화와 부정적인 영향과의 분리를 위해 가족의 역사와 관계망에 대한 이해와 긍정적인 연결을 증진한다.
- 긍정적인 청소년 발달을 위한 '관계적 생명선'이 될 수 있는 가족 구성원을 확인하고 모집하며, 문제 행동을 줄이고, 갱단 참여에 저항하며, 긍정적인 미래 비전을 향해 나아가려는 청소년의 노력을 지원하기 위해 적극적인 투자와 문제 해결을 제공한다.

다음 사례에 제시된 것처럼, 초기에는 청소년 문제 행동, 위험 요소, 가족 결핍에 대한 좁은 초점과 더 큰 체계의 장벽을 극복해야 했다.

> 상담사는 10세 라파엘과 개별적으로 작업해 왔으며 그의 가족이 긍정적인 기여를 할 가능성에 대해 비관적이었다. 초기 가계도와 평가 보고서는 문제와 위험 요소로 가득 차 있었다. 부정적인 영향이 두드러졌다. 현재 집을 떠난 아버지는 폭력적이었고, 라파와 그의 형은 현재 갱단의 일원이었다. 상담사는 어머니가 방과 후 집에 없었고 라파의 활동을 모니터링하거나 숙제를 도와주지 못했다고 보고했다. 그는 학업에 뒤처지고, 수업을 빠지며, 또래들과 함께 거리에서 시간을 보내고 있었다.
>
> 가족의 강점과 자원을 찾기 위해 우리는 라파와 딸들에 대한 어머니의 희망과 꿈, 그녀 자신의 삶의 도전, 그리고 그녀의 확대 가족에서의 잠재적 자원에 대해 탐색했다. 그녀는 분명히 자녀들을 사랑했고, 라파가 더 나은 미래를 가질 수 있도록 프로그램 활동을 지원하고 싶어하였다.
>
> 초기 평가는 라파의 아버지와 형의 부정적인 영향에 초점을 맞추었지만, 가계도에서 어머니의 오빠인 호르헤가 이전의 갱단원으로, 감옥에서 복역한 경험이 있으며 현재 지역사회에 돌아왔다는 점을 주목하였다. 나는 그에 대해 더 알고 싶어졌다. 어머니는 그가 작은 정비소에서 안정적으로 일하고 있으며, 삶을 바꾸었다고 기쁘게 보고했다. 우리는 호르헤를 다음 세션에 초대하여 그의 조카를 멘토링하는 적극적인 역할을 맡도록 요청했다. 그는 라파의 대부였고, 라파가 더 나은 삶을 살도록 돕고 싶어했

기 때문에 그를 돕는데 열의를 보였다.

일상적인 가족 생활의 구조도 강화될 필요가 있었다. 갱단에 의해 큰 아들을 잃은 어머니는 라파에 대해 끊임없이 걱정하였고 자신의 직장 일정과 긴 통근시간으로 인해 그가 감독이 필요할 때 집에 없다는 것에 괴로워했다. 우리는 가계도에서 한부모인 그녀의 자매가 아이들과 함께 근처에 사는 것을 알게 되었다. 그녀는 자신의 문제로 인해 자매에게 부담을 주고 싶지 않았지만, 우리는 그들이 다음 세션에 함께 오도록 초대했다. 우리는 그들이 팀을 이루어 육아 계획을 결합하고 교환하며, 서로 지원하고 두 가정의 아이들과의 가족 구조와 유대감을 강화할 방법을 찾도록 격려했다. 라파의 학업 참여와 능력을 높이기 위해 방과 후 교사도 함께 도움을 주었다. 어머니가 집 근처의 스트레스가 덜한 직업을 찾고자 하는 바람은 지지받았고, 그녀의 적극적인 노력은 격려되었다.

가족의 사회적 · 경제적 · 정치적 생태에서의 도전과 자원은 모든 평가에 고려되어야 하며, 모두 가족 도표에 기록되어야 한다. 외부 스트레스 요인은 일상적인 가족 생활에 영향을 미친다. 위의 사례처럼, 무관심하고 방치하는 것으로 추정된 어머니는 사랑이 많고 깊이 걱정했지만, 직업과 재정적 요구로 인해 방해를 받았다.

매드슨Madsen(2011)이 개발한 협력적 도움 지도는 가족 중심 서비스에서 사고와 행동을 안내하는 데 유용한 도구로, 우리의 GRYD 프로그램에서도 중요한 역할을 하였다. 이 간단한 평가 다이어그램은 위험과 문제 감소에서 긍정적인 목표와 동원할 수 있는 잠재적 강점 및 자원으로 주의를 전환한다. 표에서 작업자는 다음을 식별한다: (1) 청소년과 가족을 위한 긍정적인 미래 비전; (2) 지원(누가 어떻게 도울 수 있는지); (3) 극복해야 할 장애물(위험과 문제 행동을 재구성하기); (4) 선호하는 미래 비전을 향해 나아갈 단계.

여러 가지 다른 평가 도구들은 가족 및 더 넓은 맥락적 변수 간의 많은 사실적 정보와 다양한 연결을 조직하고 시각화하는 데 유용할 수 있다. 사회 서비스에서 사용하기 위해 개발된 **생태도**ecomap(Hartman, 1995)은 가족과 환경 간의 연결을 강조하는 가족 관계의 그래픽 표현으로, 외부 시스템, 자원, 영향을 포함하여 가족을 둘러싼 원으로 그려진다. 이는 매우 도전적인 사회경제적 맥락 내 복잡한 가족을 위한 개입을 안내하는 데 특히 유용하다. 문화적 가계도(Hardy & Laszloffy, 1995)와 영적 도표(Hodge, 2005)는 이러한 중요한 영향을 보다 심층적으로 탐구하는 데 유용한 도구가 될 수 있으며, 특히 훈련생의 인식과 민감성을 높이는 데 가치가 있다.

가족과 가족 치료에서의 영적 자원에 대한 나의 연구(Walsh, 2009c, 2010, 2013b)에서, 나는 가족 생활에서 영적 차원을 탐구하기 위한 평가 개요를 개발하였다. 여기에는 종교적 및 비종교적 표현이 포함된다. 감사적 탐구를 통해 (1) 역경에 직면했을 때 영적 신념과 행위의 의미와 중요성, (2) 영적 문제가 고통에 기여하거나 긍정적인 성장을 방해하는지 여부, (3) 각 가족의 방향성과 선호에 맞는 치유와 회복탄력성을 지원할 수 있는 잠재적 영적 자원(부록 3 참조)을 이해하도록 돕는 것이 유용할 수 있다.

팔리코프Falicov(2012, 2013)는 이민자 및 초국적 가족의 평가 및 개입을 위한 다차원적 틀인 MECA(Multidimensional Ecological Comparative Approach)를 개발하였다. 그녀는 생태적 맥락, 이주/문화적응, 가족생애주기, 가족 조직의 네 가지 영역에서 특정 영향을 포함하기 위해 MECA-지도와 MECA 가계도라는 두 가지 도구를 설계하였다. 강점 기반 접근 방식과 일치하며 문화 중심 가계도와 유사한 이 도구들은 여러 복잡한 변수를 고려하여 가족 생활을 시각화할 수 있게 해 준다. 이들은 위험과 강점을 식별하고, 과거와 현재의 역할 모델을 찾으며, 구성원들의 고난과 승리, 희망과 절망에 대한 이야기를 나누는 데 유용하다. MECA 가계도를 구축하는 과정은 다른 도표와 마찬가지로 자주 공유되지 않는 삶의 측면을 발견하고, 많은 교차하는 영향에 대한 더 깊은 이해를 얻으며, 그들의 도전을 극복하기 위한 연결과 협력을 구축하는 데 성인과 아동을 적극적으로 참여하게 한다.

시간에 따른 가족 문제 해결: 위험과 회복탄력성

체계 기반 접근 방식의 기본 전제는 중요한 사건과 스트레스가 많은 만성적 상황은 전체 가족에 영향을 미친다는 것이다. 결과적으로 가족 과정은 모든 구성원의 회복탄력성과 관계, 그리고 가족 단위에 영향을 미친다. 따라서 가족이 역경에 어떻게 대처하고 관리하며, 스트레스를 완충하고, 효과적으로 재조직하며, 삶의 추구에 재투자하는지가 모든 구성원의 적응에 영향을 미칠 것이다. 개입의 목표는 스트레스에 더 효과적으로 대처하고, 개별적으로나 관계적 체계로서 강화되어 회복할 수 있도록 가족 자원을 구축하는 것이다. 즉각적인 문제를 해결하는 가족의 능력을 강화하려는 노력은 미래의 도전에 대처할 수 있는 능력도 증가시킨다.

취약한 아동과 가족의 회복탄력성을 증진하기 위해서 러터Rutter(1987)는 개입을 통해 강화할 수 있는 네 가지 일반적인 보호 메커니즘을 제시했다. 그의 도식을 가족 체계에 적용함으로써, 가족 회복탄력성의 주요 과정에 동원할 수 있는 방법을 구체화할 수 있다.

1. 위험 요소를 줄인다.

- 위협적인 상황을 예상하고 준비한다.
- 스트레스의 노출이나 과부하를 줄인다.
- 정보를 제공하고, 재앙적인 신념을 변화시킨다.

2. 지속적인 영향과 추가 위험을 높이는 부정적인 연쇄 반응을 줄인다.

- 스트레스 효과를 완화하고, 충격을 완충하며, 장애물을 극복한다.
- 부적응적인 대처 전략을 변화시킨다.
- 여파와 장기적인 스트레스를 견디고, 좌절에서 회복한다.

3. 보호적인 가족 과정을 강화하고 취약성을 줄인다.

- 가족의 강점, 기회, 성공을 위한 능력을 향상시킨다.
- 회복과 숙달을 위한 자원을 동원하고 지원한다.
- 여파에 따라 재건, 재조직, 재정렬한다.
- 예상되는 새로운 도전과 예기치 않은 도전에 대비하고 준비한다.

4. 성공적인 문제 숙달을 통해 가족과 개인의 자부심과 효능감을 강화한다.

- 협력적인 노력을 통해 능력, 자신감, 연결성을 얻는다.
- 압박 속에서도 지속적인 능력을 유지하기 위해 시간에 따른 도전을 관리한다.

가족은 단순히 스트레스를 주는 삶의 사건에 반응하는 것이 아니다; 잠재적 스트레스 요인에 대한 그들의 능동적인 접근은 그 영향력을 완화하거나 강화할 수 있다(Patterson, 2002). 그들은 잠재적인 위협을 인식하고 준비했는가? 위기를 예방하거나 영향을 줄이기 위해 자원을 얼마나 효과적으로 동원했는가? 스트레스는 재앙적인 두려움과 부적응적인 대처 과정에 의해 복합적으로 작용할 수 있으며, 이는 개인과 관계의 고통에 기여할 수 있다. 종종 가족 구성원과 상담자는 현재의 증상에 너무 집중하여 가족 과정의 스트레스 요인과 각 구성원에게 미치는 여파를 연결하지 못할 수 있다.

> 지난 2개월 동안, 11세 지미는 학교에 자주 결석하고 성적이 떨어졌다. 학교 관계자들은 그가 거리에서 시간을 보내고 있으며, 저소득 주택 단지에 사는 그의 가족이 학교의 연락에 반응하지 않았기에 무관심하고 역기능적이라고 추정했다. 그러나 우리 프로그램의 가족 상담사가 상황을 평가하기 위해 가정 방문을 했을 때, 지미와 그의 두 형제가 4년 전 어머니가 돌아가신 이후 법적 보호자인 할머니와 함께 살고 있다는 것을 알게 되었다. 할머니는 최근 심각한 간 질환과 신부전으로 입원했었고, 지금은 집에서 매주 몇 차례 투석을 받아야 했다. 어머니와 매우 가까웠던 지미는 이제 할머니도 잃을까 봐 극도로 불안해했다. 그는 할머니를 돌보기 위해 학교를 결석하였다. 게다가 네 아이에 대한 책임의 부담은 할머니의 취약한 건강에 위험을 더했다. 아무도 아이들에게 할머니의 상태, 또 다른 상실과 이탈의 위협, 또는 할머니의 향후 장애나 사망 시의 그들의 돌봄에 대한 조치에 대해 이야기하지 않았다. “모든 것이 너무 무서웠어요.”라고 지미가 말했다.

[그림 6-4]에 나타난 대로, 가계도 구성은 이 복잡한 가족 상황을 시각화하고 일관성을 얻으며 잠재적 자원을 식별하는 데 특히 유용했다. 앞의 러터(Rutter, 1987) 모델과 관련하여, 상담사는 가족의 위기 상황을 돕기 위해 여러 단계를 밟았다. 가장 즉각적인 필요는 위험 요소를 줄이고, 부정적인 연쇄 반응을 감소시키며, 할머니의 건강과 아이들의 돌봄을 위한 자원을 강화하는 것이었다.

> 할머니의 동거 파트너는 아이들의 돌봄에 참여하지는 않았지만, 이제 그녀의 건강이 걱정되어 그녀의 부담을 덜기 위해 더 적극적인 역할을 맡기로 동의했다. 팀의 일원으로 참여하기 위해 연락을 받은 외숙모는 지미가 방과 후에 그녀의 아들과 함께 숙제를 하도록 하여 추가적인 휴식을 제공하였다. 아이들의 아버지는 아내의 약물 관련 사망에 대한 비난을 받았고 할머니와 단절했지만, 현재 양육을 맡을 수 있는 능력을 평가하기 위해 연락을 받았다. 아내의 죽음에 대한 깊은 후회로 그는 약물 사용을

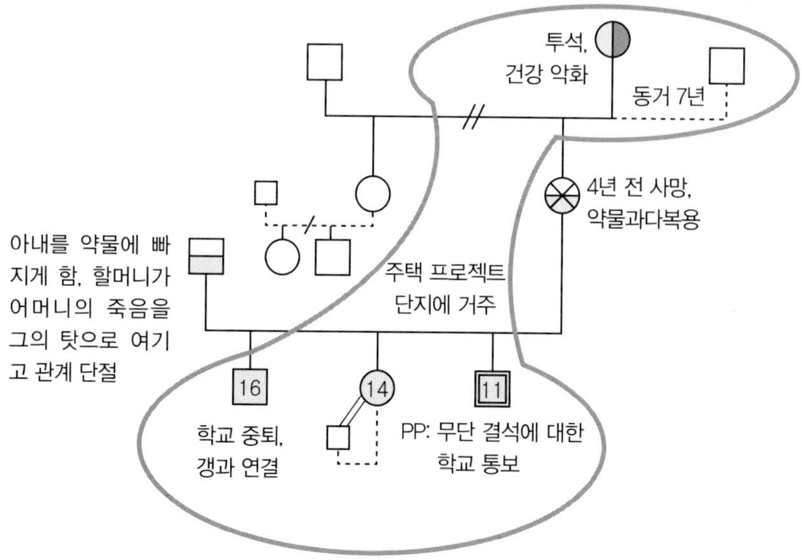

[그림 6-4] 무단결석으로 상담 의뢰한 지미의 복잡한 가족 상황에 대한 가계도

중단하고 삶을 재정비하고 있었다. 이제 직업을 가지고 안정된 그는 아이들과의 만남을 희망했다. 상담사는 그가 가족과 화해할 수 있도록 도왔다. 신뢰를 회복하고 안전을 모니터링하기 위한 조치를 통해 그는 위험에 처해 있으며 도움이 필요한 세 아이 모두와 적극적으로 관계를 맺기 위해 노력하였다. 즉각적인 스트레스가 줄어들면서 모든 구성원은 강화된 가족 네트워크의 혜택을 경험하였다. 상담은 어머니의 죽음으로 인한 상실 문제와 함께 할머니를 잃는 것에 대한 아이들의 불안을 다루었다. 관심은 그들의 미래에 대한 희망과 우려, 그리고 아버지와 함께 거주할 가능성으로 전환되었다.

이 사례는 회복탄력성 기반의 개입이 가족 기능의 세 가지 영역(위기의 의미와 숙달, 가족 구조 패턴의 재조직화, 더 효과적인 의사소통 및 문제 해결)에서 핵심 요소를 어떻게 목표로 하는지를 보여 준다. 이 사례에서처럼, 대부분의 심각한 삶의 위기는 한순간으로 국한되지 않고, 과거의 역사와 미래의 경과를 포함한 복잡하고 변화하는 일련의 상태를 수반한다(Rutter, 1987). 따라서 회복탄력성을 강화하기 위한 노력은 시간에 따른 대처 및 적응 과정을 고려해야 한다. 발달적 관점이 필수적이다(9장 참조).

연대기 구성: 시간에 따른 스트레스 요인 추적

앞의 사례들처럼, 회복탄력성 지향적 평가는 위험 및 보호 요인 모두를 평가하기 위한 탐색을 포함한다. 가족 생활에서 매우 스트레스를 주는 사건을 식별하는 것이 중요하다(Lavee, McCubbin, & Olson, 1987). 과거, 최근, 지속되는 위협적인 스트레스 요인에 의한 가족의 고통을 추적하는 연대기timeline를 구성하는 것이 유용하다(McGoldrick et al., 2008). 그런 다음 이들의 영향과 가족의 대처 및 적응 전략을 탐색할 수 있다. 간단한 수직선 또는 수평선을 그리고 중요한 사건과 변화를 연대순으로 기록할 수 있다. 중요한 사건이나 스트레스 요인의 누적으로 인한 고통의 동시성을 쉽게 볼 수 있다(Walsh, 1983). 연대기는 다음 사항을 기록하는 데 필수적인 도구이다.

- 최근 또는 위협받는 스트레스 사건, 그 의미와 영향
- 스트레스 요인의 누적 및 누적된 영향
- 과거 경험에서 비롯된 부담: 유사한 스트레스 요인에 대한 성공 또는 복잡성
- 가족의 대처 과정 및 잠재적 자원

예를 들어, 우리는 가족 구성원의 정서적 또는 행동적 문제의 시기가 매우 스트레스가 많은 상황과 어떻게 관련되어 있는지 탐색한다. 아동의 행동 문제나 학교 문제는 부모의 별거, 수감, 이주, 군 복무와 같은 불안을 유발하는 전환이나 상실과 일치하는 경우가 많으며, 이는 가족 경계의 변화와 역할 재조정을 수반한다(9장, 11장 참조).

가족 회복탄력성 관점은 시간이 지남에 따라 진화하는 가족의 도전과 반응에 주목한다. 다양한 적응 단계의 요구를 충족하기 위해 가족은 임박한 위기에 적극적으로 접근하고, 위기 기간 동안의 혼란을 관리하며, 즉각적인 여파에서 회복하고, 필요할 경우 장기적으로 삶을 재조직하고 재건하기 위해 다양한 강점을 활용해야 한다. 급성 위기 상황에서는 가족이 단결해야 하지만, 긴급한 상황이 가라앉으면 일상적인 가족 생활을 재개하고 다른 우선 순위에 주의를 기울이기 위해 방향을 전환해야 한다. 반복적이거나 지속적인 스트레스 요인은 시간이 지남에 따라 다양한 심리사회적 문제를 야기한다. 어떤 상황은 "새로운 정상"에 대한 장기적인 적응을 요구하고; 다른 상황은 가족이 롤러코스터처럼 반복적으로 변화해야 하며; 만성 질환의 다양한 경과 같은 또 다른

상황에서는 점진적인 감소에 적응해야 한다(Roland, 2012). 역경과 관련된 도전은 개인 및 가족의 발달 과정에서 다른 중요한 문제와 상호작용한다. 이러한 도전은 다세대 가족 네트워크에서의 과거 역경 경험에 의해 강하게 영향을 받는다. 가족에 대한 전체적인 평가는 구성원들의 도전, 자원, 제약을 명확히 하고, 그들의 과거 경험, 현재의 딜레마, 미래의 희망과 꿈을 이해하는 것을 목표로 한다.

기본 연대기의 변형은 위기 사건을 강조할 수 있으며, 그 예로 색상 코드가 있는 연대기 트라우마 가계도(Jordan, 2004)를 들 수 있다. 살츠만과 동료들(Saltzman, Pynoos, Lester, Layne, & Beardsley, 2013)은 회복탄력성 기반 개입 프로그램인 FOCUS(Family OverComing Under Stress)에 평가와 개입을 통합한 혁신적인 부모 타임라인을 설계하였으며, 이는 높은 스트레스를 받는 군인 가족(13장 참조), 질병이 있는 가족, 가족 구성원의 죽음, 다양한 트라우마 및 상실 경험에 대처하는 가족들에게 사용되었다. 구조화된 이야기 타임라인 활동에서 부모들은 주요 기간과 사건 전, 도중, 후의 전개에서 그들의 경험과 높은 스트레스 또는 스트레스 형성 경험을 개별적으로 공유한다. 이러한 사건에는 이사, 가족의 죽음, 질병, 부상 또는 부모 사이의 오해나 소원해질 수 있는 상황을 초래하는 기타 잠재적 트라우마적 사건이 포함될 수 있다.

[그림 6-5]는 한 군인 가족의 부모 연대기를 보여 준다. 부대 배치 기간 및 귀환 기간은 수평 축을 따라 표시된다. 특히 스트레스가 많은 사건은 시간에 따라 기록되며, 가족의 이사, 고통스러운 작별, 전우의 죽음, 지연된 귀환 등이 포함되고 그 뒤에는 자녀들의 문제와 부모의 다툼 상황이 이어진다. 세로축은 이러한 사건들로 인한 각 부모의 고통의 강도(감정적 온도)를 보여 준다. 이러한 도표화는 스트레스 사건의 영향과 가족이 이를 보다 효과적으로 처리할 수 있는 방법에 대한 논의로 이어진다. 아동 활동인 [그림 6-6] 그래픽 "시간 지도time map"도 함께 진행되어 가족 차원의 경험 공유를 위한 발판을 제공한다. 이 그래프는 또한 FOCUS 개입 연구를 위한 정량적 데이터를 제공한다.

가족들은 외부 전문가들보다 자신의 삶의 상황을 더 잘 이해하지만, 고조된 고통과 즉각적인 문제에 대한 집중으로 인해 그들은 삶의 다양한 스트레스 요인들과의 연결을 보지 못할 수 있다. 실무자들은 최근 및 예상되는 변화 사건에 대해 가족의 접근 방식과 반응, 그리고 그 영향에 대해 정기적으로 질문해야 하며, 즉각적이거나 장기적인 역기능의 위험을 초래하는 복잡한 요소들을 주목해야 한다. 개입 노력은 각 가족의 도전

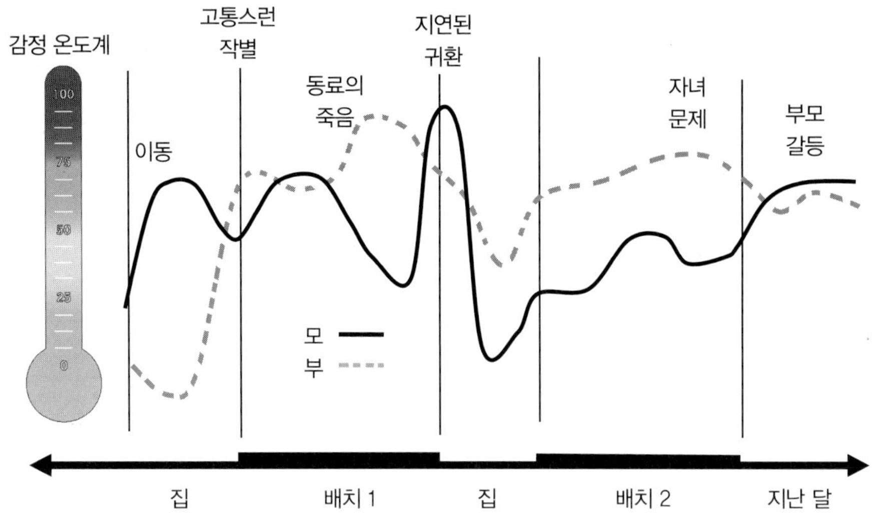

[그림 6-5] FOCUS 가족 회복탄력성 지향 개입에서의 부모 타임라인

출처: William R. Saltzman의 허가를 받아 재인쇄함

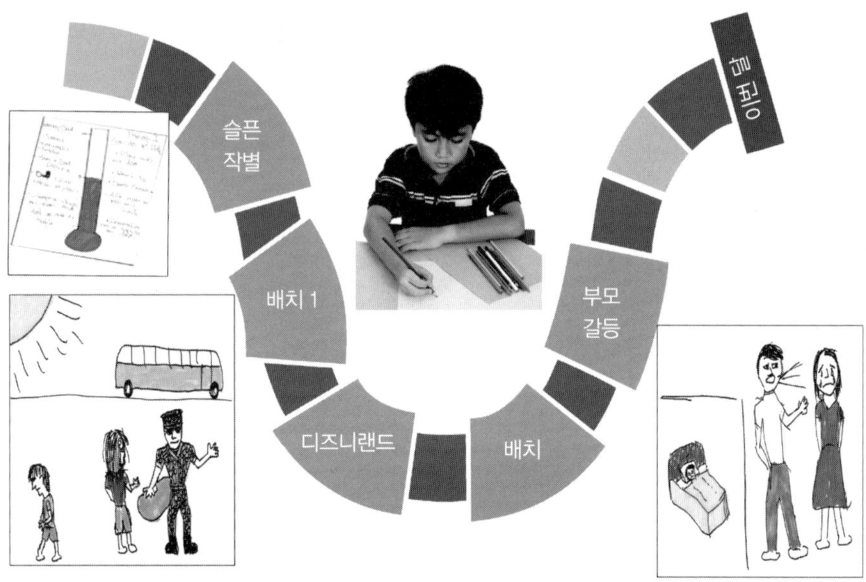

[그림 6-6] FOCUS 가족 회복탄력성 지향 개입에서의 아동 시간 지도

출처: William R. Saltzman의 허가를 받아 재인쇄함

과제와 이를 해결하기 위해 동원할 수 있는 자원에 맞춰 조정되어야 한다. 우리는 가족들이 위기 상황을 평가하고 위험을 줄일 수 있는 방법을 찾도록 도울 수 있으며, 이를 통해 도전 과제를 덜 위협적이고 관리 가능하게 만들 수 있다. 예를 들어, 부모와 다른

돌봄 제공자들은 혼란이나 상실의 상황에서 강력한 리더십, 지도, 양육, 보호를 제공하도록 도움을 받을 수 있다. 위기를 예상하고, 그 와중에, 그리고 그 여파 속에서 우리의 목표는 대처, 회복, 회복탄력성을 촉진하는 상호작용 과정을 강화하여 가족과 그 구성원들이 그들의 경험을 통합하고 삶을 앞으로 나아갈 수 있도록 하는 것이다.

연구 접근법, 도전과 성찰

최근 전 세계적으로 개인, 가족, 지역사회 수준에서의 회복탄력성 연구에 대한 관심이 급증하고 있다. 유엔 인도주의업무조정국(OCHA: Coordination of Humanitarian Affairs)은 불확실한 세계에서 시스템이 스트레스와 충격을 견디는 능력을 측정하기 위한 새로운 글로벌 도구를 개발하였다. 연구자들과 개입 프로그램은 맥커빈McCubbin, 패터슨Patterson 및 동료들(예: Chapin, 2011)의 초기 개념 작업과 여기에서 제시된 가족 회복탄력성 틀(예: Coulter, 2011; Coyle 외, 2009; Lietz, 2013; Saltzman, Lester, Pynoos, & Beardslee, 2012; Saltzman 외, 2013; Yang & Choi, 2002)을 활용하며, 주로 질적 탐구 및 혼합 방법 연구를 위한 광범위한 개념적 지도로 사용하고 있다.

연구 전략 및 도전

수십 년에 걸쳐, 잘 기능하는 가족의 핵심 과정에 대한 가족 체계 연구는 다양한 전략을 활용해 왔다. 이 전략은 인터뷰나 설문지를 통한 개별 구성원의 가족 기능에 대한 인식의 자기 보고(웹 기반 증가)에서부터 통제된 연구 환경이나 자연적인 가정 환경에서의 관찰 연구에 이르기까지 다양하다(Lebow & Stroud 리뷰 참조, 2012). 가족 회복탄력성 연구자들은 일반적으로 부모나 자녀의 사망, 이혼, 정신적 또는 신체적 장애와 같은 특정한 불리한 상황에 초점을 맞춘다(예: Greef & Human, 2004; Greef & Joubert, 2007; Greef & Van der Merwe, 2004; Greef & van der Walt, 2010). 연구들은 종종 가족 회복탄력성 자료를 맥마스터McMaster 그룹의 가족 평가 도구(FAD: Family Assessment Device; Ryan, Epstein, Keitner, Miller, & Bishop, 2005)와 올슨Olson의 Circumplex 모델 및 FACES 목록을 사용한 일반적 가족 기능 척도에 대한 자기 보고 점수와 비교한다(Olson

& Gorell, 2003; Olson, Gorell, & Tinsel, 2006).

개인 및 가족의 회복탄력성을 평가하기 위한 간단한 질문지 개발에 대한 관심이 널리 퍼져 있다. 그러나 지금까지의 노력은 개념적 및 방법론적 약점으로 어려움을 겪어왔다. 개인 회복탄력성을 측정하기 위해 설계된 질문지는 안정적인 심리측정 특성을 확립하지 못했으며, 항목 구성 타당성, 샘플링 방법 및 데이터 분석에 의문이 제기되고 있어 회복탄력성의 복합적이고 상황에 따라 달라지는 본질을 포착하지 못하고 있다(Windle, Bennett, & Noyes, 2011). 지금까지 가족 회복탄력성 질문지를 구성하려는 여러 시도에서도 유사한 개념적 및 방법론적 문제가 발생했다.

가족 회복탄력성 질문지(WFRQ: Walsh Family Resilience Questionaire)는 현재 여러 국제적 연구 프로젝트(예: 대만, 중국, 이탈리아 등)에서 아동 사망, 만성 질환, 이민, 재난 복구, 극심한 빈곤 상태와 같은 다양한 역경 상황에서 가족 회복탄력성을 연구하는 데 적용되고 있다. 회복탄력성의 속성은 다양한 발달적 및 사회적 맥락에서 중요성이 다를 수 있다. 따라서 WFRQ와 같은 질문지와 관련된 심리측정학은 본질적으로 복잡하다. 특히, 상호작용 과정의 순환적이고 중첩적인 특성과 회복탄력성의 맥락적 우연성을 맞추는 필요성을 고려할 때 안정적인 요인 구조를 확립하는 것은 달성하기 어려운 목표일 수 있다. 특정 질문이 다양한 문화적 및 사회경제적 맥락, 언어적 차이, 연구 대상 및 연구 중인 역경 유형(특히 급성 위기 또는 만성 상태)에 맞게 번역되고 구성될 수 있도록 질문지를 적용하는 것이 권장된다. 서로 다른 도전에 대처하는 데 있어 다양한 패턴이 나타날 수 있다. 질문지는 하나의 지도라는 것을 염두에 둬야 하며, 다양한 지형에 맞는 다른 지도들이 예상된다는 점을 명심해야 한다.

단일 모델은 없다: 맥락이 중요

회복탄력성 개념의 유연성은 연구 노력을 복잡하게 만든다(Barton, 2005; Luthar, 2006). 정적이고 단일한 모델, 유형 또는 특성 집합과는 달리, 회복탄력성은 시간에 따라 동적이고 다층적인 체계적 과정을 포함하며(Masten & Monn, 2015), 특정한 역경의 영향과 요구, 가족의 구성, 미래 목표 및 이용 가능한 자원에 따라 달라진다.

따라서 현대 가족의 을 고려해야 한다. 가정의 생활 방식과 더 넓은 관계 패턴은 다양한 가족 구조, 주요 전환, 발달 단계에 따라 다르다. 개인 설문 응답자가 자신의 삶의 도전에 대처하는 가족의 기능에 대한 관점을 요청받을 때, 그들이 "가족"이라고 언급하는 대상은 누구이며, 응답자는 가족 내에서 어떤 위치에 있는가? 연구 우선순위, 대상 집단 및 응답자의 가족 정의는 명확히 해야 한다(예: 현재 가정 또는 가족 관계 네트워크; 부부 관계; 자녀가 있는 공동 양육 또는 한부모 가족 단위; 복잡한 가족 구조 및 가정). 가족에 대한 중요한 특성, 그들의 사회경제적 위치, 직면한 역경에 대한 정보를 아는 것이 중요하다.

루타르(Luthar, 2006; Luther & Brown, 2007)는 연구 설계에서 맥락과 다양한 수준의 조사에 주의를 기울인다. 일부 과정은 맥락 전반에 걸쳐 회복탄력성을 촉진하는 반면, 다른 과정은 맥락에 특정적일 수 있다. 좋은 의사소통과 같은 일반적인 영향 외에도, 일부는 특정 위험 환경에서는 매우 영향력이 클 수 있지만 다른 환경에서는 그렇지 않을 수 있다. 어떤 가족은 급성 위기를 처리하는 데 강하지만 만성적인 스트레스에 장기간 노출되면 무너질 수 있다(Rolland, 2012). 이러한 과정을 고려하여 특정 맥락에서의 상대적 중요성을 구분하기 위해 그룹 내 연구가 더 필요하다. 다양한 강점은 자녀의 죽음, 부모의 재발성 암, 자연 재해, 이혼, 전쟁 지역이나 난민 캠프에 있는 가족의 지속적인 복합 트라우마와 같은 상황-특정 도전에 대처하는 데 다소 도움이 될 수 있다. 재정적 안정성은 회복탄력성을 지원하고 재정적 불안정성은 이혼과 아동의 부적응에 대한 위험 요소이지만, 재정적으로 어려움을 겪는 많은 가족은 관계적 및 영적 자원을 활용하여 기능적으로 매우 회복탄력적이다.

문화적 차이는 중요할 수 있다. 예를 들어, 미국 샘플을 대상으로 한 외상 후 성장(PTG: Post Traumatic Growth)에 관한 연구(Tedeschi, Park, Calhoun, 1996)에서 다음과 같은 다섯 가지 중요한 차원을 발견하였다: 삶에 대한 더 큰 감사와 변화된 우선순위; 타인과의 더 따뜻하고 친밀한 관계; 개인적 강점에 대한 더 큰 의식; 자신의 삶을 위한 새로운 가능성이나 경로의 인식; 그리고 영적(또는 존재론적) 주제에서의 성장. 이후 연구에서는 보스니아 전쟁 난민과 같은 다양한 문화적 맥락에서 다른 요인 구조를 확인하여 PTG 현상의 보편성을 제안하지만 그 차원은 문화 특정성을 나타냈다(가족에 대한 PTG 연구의 확장은 Berger & Weiss, 2008 참조).

질문지 평가 척도는 다양할 수 있다. WFRQ의 일부 응용 프로그램(예: 인도네시아)에서는 "가족 내에서 얼마나 진실/거짓인가"를 평가하였으며, 이는 "얼마나 자주"라는 빈도가 익숙하지 않은 지역 주민들 때문이었다. 다른 연구자들(Kirmayer, Sehdev, Whitley,

Dandeneau, & Isaac, 2009)은 일부 문화적 맥락에서 5점 척도보다 4점 척도가 더 선호된다는 것을 발견했는데 캐나다의 원주민 부족과 같은 경우는 응답자들이 5점 척도에 중간값(3)을 선택하는 경향이 있기 때문이다. 많은 연구의 복잡성을 감안할 때, 가족 회복탄력성 연구에 나의 틀을 적용하고자 하는 연구자들에게 지속적인 협의를 권장하며, 연구자들 간의 네트워킹이 촉진되기를 바란다.

또한 회복탄력성을 부가적, 고정적, 결정론적 특성의 집합으로 재구성하는 경향이 있는 요인 목록을 작성하지 않도록 주의해야 한다. 주요 과정 간의 동적이고 가변적인 상호 연결성 때문에, 회복탄력성의 과정은 서사적이고 현상학적인 연구방법을 통해 더 잘 이해될 수 있다(Barton, 2005).

연구 및 실천에서의 협력적 접근은 일반적으로 인터뷰와 자연적 관찰을 근거로 조사하는 질적 연구방법을 사용하며, 종종 양적 연구방법과 함께 사용된다. WFRQ는 심층 인터뷰에서 응답을 추가적으로 탐구하고 정교화하는 유용한 가이드가 될 수 있다. 질문과 그에 대한 응답은 주요 과정이 어떻게 표현되는지, 제약을 받을 수 있는지, 특정 가족 상황에서 관련이 없거나 유용하지 않을 수 있는지, 또는 발전할 수 있는 잠재적 자원이 있는지 탐구하는 데 도움을 줄 수 있다.

양적 및 질적 접근 방식을 결합한 혼합 연구방법은 가족 회복탄력성에 대한 이해를 가장 잘 발전시킬 수 있다(Black & Lobo, 2008; Card & Barnett, 2015; Lietz, 2006, 2007). 역동적이고 다층적인 종단적 자료 분석 모델은 유망한 양적 접근 방식이다(Masten, 2014). 개인적이거나 선형적인 적응 방식보다는 관계적 발달 접근 방식이 회복탄력성을 이해하는 데 중요하다. 관계적 관점은 회복탄력성을 개인이나 가족에 있는 것으로 보기보다 여러 시스템 차원에서의 인간 상호작용의 산물로 보고, 시간에 따른 영향의 양방향성을 고려한다(Lerner et al., 2013; Sameroff, 2010). 체계에 대한 동적 과정 틀은 현재 사회적 맥락에서 가족 생활의 복잡한 본질을 파악하며, 기계적 개념과 자료 분석을 사용하여 이를 해결하려고 하지 않는다.

가족 회복탄력성의 진화하는 도전과 과정을 시간의 흐름에 따라 조사한 연구는 몇 가지에 불과하다(예: Conger & Conger, 2002; Saltzman et al., 2012, 위에서 설명한 바와 11장 참조). 예를 들어, 리츠와 스트랭스Lietz & Strength(2011)는 아동 학대로 인한 아동 분리와 이후 재통합에 대한 가족 회복탄력성 과정을 연구하기 위해 내러티브와 질적 접근 방식을 사용한 혼합 연구를 하였으며, 아동의 적응 과정에서 시간에 따른 점진적인 단계를 설명하였다. 더 많은 다층적 종단 연구가 필요하다(Masten & Monn, 2015). 전쟁 피해 지역의 인구와 난민 재정착에 대한 와인Weine의 표적 민족지학 연구(예: Weine et al., 2004)는 가족 중심의 정신 건강 예방 개입을 개발하기 위한 귀중한 권장안을 제시하는 다층적 체계 연구의 훌륭한 모델을 제시한다.

연구 및 실천 패러다임에 대한 성찰

많은 가족 체계 치료사, 특히 포스트모더니스트들은 복잡한 가족 과정의 경험적 측정에 대해 우려를 표명해 왔으며, 특히 의미 생성 과정에서 여러 주관적 관점과 경험을 탐구하기 위해 질적 인터뷰와 민족지학 연구의 풍부함을 선호한다. 질적 연구는 가족 구성원('내부자')으로부터 사건, 상황 및 경험의 본질과 의미에 대하여 상세하고 다층적인 "상세한 설명(thick descriptions)"을 발전시키는 것을 목표로 한다(Geertz, 1986). 질적 방법은 사회적으로 구성된 탐구와 분석에 내재된 편견으로 인해 종종 비판을 받지만, 양적 방법의 객관성에 대한 주장도 의문이 제기된다. 모든 연구는 선입견이나 맹점에서 자유롭지 않으며, 이는 정교한 컴퓨터 데이터 분석이 있더라도 마찬가지이다. 모든 연구자는 도구의 구성, 질문의 형성, 방법의 선택, 자료의 해석에 있어서 자신의 가치, 가정, 선호, 편견을 고려해야 한다. 우리 모두는 가족 과정을 지도화하는 데 있어 우리의 주관성을 인식하고 가족 생활에서 역경 경험을 온전히 이해하기 위해 노력해야 한다.

스틸만과 에르베스Stillman &Erbes(2012)가 언급한 것과 같이, 실무자들은 "경험적으로 검증된 치료법"이 아닌 접근 방식을 실천할 수(또는 보상을 받을 수) 없다는 조언을 받는 딜레마를 경험한다. 이러한 과학적 방법은 실증주의적 가정에 기반을 두고 있으며, 인구와 삶의 상황에 걸쳐 일반화된 일련의 규칙, 절차 및 기술을 매뉴얼화하여 모든 사람에게 적용된다. 포스트모던 접근 방식은 이러한 접근의 아이디어와 실천 원칙에 연결되어 있으면서 내담자 경험을 중심으로 다양한 실천 방법에 유연하게 대응할 필요성을 강조하며, 이를 구성하고 살아가는 사람들에게 적용되는 지역적 경험을 밝히려고 노력한다. 이는 그들의 피드백을 수용하고 적용하며, 그들의 가치와 상황에 맞추고, 그들에게 도움이 되었던 방법을 찾는 것을 포함한다.

요약하면, 여기 제시된 회복탄력성 기반 접근은 원칙 기반, 개인 및 가족 중심, 유연함, 그리고 실천의 유기적 특성에 열려 있는 평가 과정을 요구한다. 스틸만과 에르베스의 파일럿 연구는 성과 측정이 아닌 인터뷰에서 목격 원칙을 더 잘 따르기 위해 평가 척도와 평가자라는 용어를 대신하여 **관찰 척도**observation scale와 **관찰자**observer라는 용어를 선호했다. 중요한 원칙으로는 면접관(연구자)의 위치를 영향력 있지만 탈중심적으로 보는 것, 문제를 개인과 분리하여 외부화하는 것, 개인이 스스로를 대변할 수 있는 능력을 지원하는 것(개인 대변), 문화와 사회의 영향에 의문을 제기하는 것, 그리고 개인의 삶에서 문제적 이야기보다 하위에 있었던 선호하는 이야기를 이끌어 내고 식별하는 것이 포함된다(White & Epston, 1990). 이러한 원칙들은 풍부한 대안적 이야기 개발을 가능하게 하고, 중요한 관계에서 이러한 발전을 공유할 기회를 제공한다. 여기 제시된 가족 회복탄력성 틀은 이러한 원칙과 일치하는 것을 목표로 한다.

가족 회복탄력성 연구에서 회복탄력성 실천: 가능성의 예술 숙달하기

회복탄력성이 있는 가족들이 복잡한 상황에서 다중 스트레스 도전을 극복하기 위해 "잘 싸우는" 것처럼, 연구자들도 지식과 실천을 발전시키기 위해 많은 개념적 및 방법론적 도전을 극복하는 데 회복탄력성을 실천해야 한다. 〈표 6-2〉는 어떤 평가에서든

〈표 6-2〉 가족 회복탄력성 평가: 중요 요인

유연한 구조로서의 회복탄력성
• 시간에 따른 역동적 다차원적 체계 과정
회복탄력성의 다양한 경로
• 단일 모델이 없음; 특성의 집합이 아님
상황 조건적: 유용한 강점과 자원은 다음에 따라 달라질 수 있음
• 다양한 역경의 도전 – 위기 사건, 단기적 영향 대 장기적 효과 – 다중 스트레스 상황–동시 스트레스 요인; 누적; 연쇄 효과 – 파괴적인 전환 – 만성적 조건–지속적/반복적/새로운 도전 • 가족 구조(두부모, 한부모, 재혼가정, 무자녀 부부) • 가구–생활 방식 • 확대 가족, 사회, 지역사회 지원 • 생태학적 맥락–사회적/경제적 자원, 장벽, 불균형 • 문화적 가치와 규범; 언어 및 의미 체계 • 가족의 가치, 목표 및 선호 • 생애주기 시기 및 결과

염두에 두어야 할 중요한 원칙과 변수를 요약한 것이다.

모든 변수를 직접 평가하거나 통제하는 것은 불가능할 수 있지만, 대상, 역경의 유형, 연구 목표와 가장 관련이 깊은 변수에 집중하는 것이 바람직하다. 체계적 관점은 연구자들이 넓고 상호의존적인 가족, 사회, 발달 맥락을 염두에 두는데 도움이 된다. 가족처럼, 연구 노력도 팀 접근 방식을 통해 더 성공할 가능성이 높으며, 여러 관점을 통합하고 일관성을 얻기 위해 노력해야 한다. 이는 "가능성의 예술을 숙달하는 것"을 포함한다. 배울 수 있는 것에 초점을 맞추고, 통제하거나 이해할 수 없는 것을 받아들이며, 상당한 불확실성을 견디는 것이다. 연구를 수행하는 것은 실제로 우리의 복잡한 삶을 사는 것과 유사하다.

인간의 회복탄력성에 대한 연구의 발전—개인, 가족, 지역사회에서—은 취약하고 위험에 처한 대상을 위한 사회 정책, 개입 및 예방 프로그램에 혁신적인 잠재력을 가지고 있다. 이 귀중한 연구는 가족이 실패하는 방식에서 가족이 도전에 직면했을 때 어떻게 성공할 수 있는지를 중심으로 자금 및 서비스 우선순위를 알리고 재조정하는 데 기여할 수 있다. 강한 가족을 촉진하는 수사학을 넘어서기 위해서는 개입 및 예방 노력에서 핵심 과정을 더 잘 이해하고 지원해야 한다. 지속적인 연구와 향후 연구는 다양한 불리한 조건과 다양한 인구집단에서 가족 기능의 가장 유용한 구성 요소를 명확히 할 수 있다.

가족 회복탄력성의 평가가 극심한 트라우마나 가혹한 조건을 극복하지 못하는 가족을 "회복탄력성이 없다"고 판단하는 데 잘못 적용되지 않도록 주의해야 한다. 주요 상호작용 과정은 가족의 회복탄력성을 강화할 수 있지만, 강력한 생물학적 또는 환경적 영향을 극복하기에는 충분하지 않을 수 있다. 실천 및 프로그램 적용에 대해 다음 장에서 살펴보겠지만, 다층적 체계 평가는 다양한 형식(개인, 부부, 가족, 다가족 그룹)의 임상 및 지역사회 기반 작업에 중요하며, 중요한 지역사회 자원과 더 큰 체계의 지원을 동원하는 데 필요하다.

7장

가족 회복탄력성 강화를 위한 실천 원칙 및 지침

지평선이 앞으로 기울어져
새로운 변화의 발걸음을 내디딜 수 있는 공간을 제공한다.

_ 마야 안젤루Maya Angelou, 《아침의 맥박 위에서》(1993)

가족 회복탄력성 틀은 가족이 역경을 극복할 수 있는 능력을 증가시키기 위해 강점 기반의 체계적 접근 방식을 활용한다. 이 장에서는 핵심 실천 원칙과 지침을 제시하고, 사례를 통해 유용한 전략과 기법을 제안한다. 이어지는 8장에서는 임상 및 지역사회 기반의 실천과 프로그램 적용의 범위를 설명하며, 부부와 가족의 회복탄력성을 높이기 위한 보다 반응적인 가족 중심 서비스 제공 및 예방 노력에 대한 권장 사항을 제시한다. 또한, 우리는 도전적인 작업 및 실천 환경에서 도움을 주는 전문가들이 필요로 하는 회복탄력성과 대리 회복력의 예상치 못한 이점에 대해서도 고려한다.

가족 회복탄력성 강화를 위한 핵심 원칙과 지침

가족 회복탄력성 접근은 협력적인 과정을 강조하고 강점과 자원을 식별하고 구축하기 위해 노력한다는 점에서 현재의 가족 체계 모델과 많은 공통점을 가지고 있다(Walsh, 2014b). 그러나 이 접근은 가족 기능과 구성원의 고통에 대한 외상 사건, 혼란스러운 전환, 그리고 스트레스가 많은 상황의 영향을 집중적으로 다룬다는 점에서 차별화된다. 또한 이 접근법은 취약성, 위험, 회복탄력성에 대한 사회문화적, 발달적, 다세대적 영향을 폭넓게 고려한다. 개입 노력은 가족이 삶의 도전에 대처하는 데 있어 대처 능력, 숙련도 및 성장을 향상시키는 것을 목표로 한다. 가족 회복탄력성 접근의 핵심 원칙은 〈표 7-1〉에 요약되어 있다.

다음은 3장과 5장에서 설명되고 6장에서 요약된 가족 회복탄력성의 주요 과정을 촉진하기 위해 실무자에게 유용한 질문, 전략, 기법을 제시한다.

부정적인 경험의 의미 만들기

각 가족이 부정적인 상황에서 어떤 의미를 찾는지 탐구하는 것은 매우 중요하며, 우리의 경험이나 우려를 바탕으로 가정하지 않도록 주의해야 한다. 다음과 같은 질문을 할 수 있다: "당신에게 가장 도전적이었던 경험은 무엇입니까? 가장 불안했던 것은? 가장 주목할 만하거나 안심이 되었던 것은?" "가족에게 미친 영향은 어떠했는가? 다양한 구성원들에게는?" "어떻게 그 도전 과제를 해결하려고 했는가?" 이러한 질문은 각 가족의 독특한 경험과 가족 구성원들이 가장 의미 있다고 느끼는 것, 문제라고 느끼는 것, 주목할 만한 것에 대한 주관적인 견해를 인식하게 한다.

특히, 가족이 자녀와 취약한 가족 구성원에게 위기나 위협을 이해하도록 돕고 그들이 돌봄을 잘 받을 것이라는 안심을 주는 것이 중요하다. 가족 구성원들은 상황이 어떻게 발생했는지, 미래에 어떤 의미가 있는지, 그리고 어떻게 대처하고 적응할 수 있는지에 대해 더 잘 이해할 때 가장 잘 기능한다. 우리가 가족들이 위기 경험을 더 이해할 수 있고, 관리할 수 있으며, 의미 있게 만들어 공유된 일관성을 얻도록 도움으로서 회복탄력성이 증진된다.

연민적 증인: 고통과 투쟁 이야기

가족 구성원들이 그들의 어려운 상황의 의미를 찾고 도전에 대해 수용하기 위해 고군분투할 때, 실무자들은 온전히 현재에 존재해야 하며 그들의 경험에 대해 진정한 우려와 관심을 보여야 한다. 종종 실생활에서 사람들은 불편하거나 어떻게 반응해야 할지 몰라서 이들을 외면하기도 한다. 우리는 그들이 겪은 매우 고통스러운 이야기와 지

〈표 7-1〉 가족 회복탄력성의 틀: 실천 원칙

- 인간 회복탄력성의 관계적 관점
  - 가족 및 사회적 유대; 지역사회, 문화적, 영적 자원
- 가족의 결핍에서 강점과 자원으로 관점 전환
  - 역경에 의한 도전; 회복과 긍정적 성장을 위한 잠재력
- 발달적 체계 이론에 기반
  - 생물심리사회적-영적 영향(양방향, 생태학적 관점)
  - 시간에 따른 다층적 동적 과정
- 위기 사건, 주요 스트레스 요인이 가족 체계에 영향 미침
- 접근/반응의 가족 과정이 모든 구성원, 관계, 가족 단위의 적응에 영향 미침
- 위기, 고통, 적응의 맥락적 관점
  - 가족, 더 큰 시스템/제도적 지원; 사회문화적 영향
  - 시간적 영향
    - 위기 사건에 대한 증상의 시기
    - 스트레스 요인의 누적, 파괴적인 전환, 지속적인 역경
    - 시간에 따른 다양한 적응적 도전: 즉각적인 것부터 장기적인 것까지
    - 개인 및 가족의 발달적 우선순위, 다세대적 패턴
- 회복탄력성의 다양한 경로–모든 가족과 상황에 맞는 단일 모델은 없음
- 개입은 예방 가치가 있음: 회복탄력성을 강화함으로써 가족은 미래의 도전에 더 자원이 있고 능동적이 됨

속적인 투쟁에 대해 열린 마음으로 들어야 한다. 우리는 그들의 고통을 들을 수 있다는 확신을 전달하고, 강렬한 감정을 담아내고 대처할 수 있는 안전한 피난처를 제공할 것임을 알려 주는 것이 중요하다. 동시에 우리는 사랑의 보살핌과 회복탄력성의 불꽃을 주목하고, 질문하고, 강조해야 한다.

한 커플이 10개월 된 아기 소피의 비극적인 죽음 이후 상담을 받으러 왔다. 슬픔을 겪는 커플들 사이에서 흔히 나타나는 성별에 따른 차이와는 달리, 크로아티아 이민자인 이반은 감정적으로 괴로워하며 자신을 위한 도움을 요청했다. 그의 미국 아내 노라는 자신이 잘 대처하고 있다고 말하며 치료가 필요하지 않다고 하였다. 그러나 그녀는 이반을 지원하기 위해 커플 세션에 참석하기로 동의했다.

이반은 자신이 과거에 끔찍한 고통을 겪었고, 크로아티아에서의 잔혹한 전쟁과 만행을 겪은 후 어두운 구덩이에 빠졌다고 설명하며 치료를 받으러 왔다고 말했다. 그는 아이를 잃는 것이 더욱 파괴적이었으며, 더 깊은 구덩이에 빠지지 않기 위해 도움을 받고 싶다고 했다. 우리는 다음 몇 세션 동안 지난 1년 동안의 사건과 그들이 쏟았던 사랑의 노력에 대해 이야기 나누었고, 그는 눈물을 흘리며 이야기했다. 정상적인 출산 후, 의사들은 6개월 검진에서 빠르게 성장하는 뇌종양을 발견했다. 그들은 수술, 방사선 치료, 화학요법이라는 힘든 과정을 겪었지만 소피의 생명을 구할 수 없었다.

그는 모든 치료에 대해 후회하지 않았고, 최선을 다한 것에 대해 기쁘게 생각했다. 그러나 그 모든 것 후에 소중한 아이의 생명을 잃은 것은 그가 감당할 수 있는 것 이상이었다.

다음 주, 부부는 다른 도시에 있는 가까운 친척과 친구들을 방문했다. 다음 세션에서 이반은 괴로워했고 그들에게 화가 나 있었다. 저녁 식사 후, 커피를 마시며 앉아 있을 때, 한 사람이 마침내 그들의 상실에 대해 언급했다. 이반은 소피의 사진을 보고 싶냐고 물었고, 사진을 그에게 건넸다. 그의 친구는 너무 불편해하며 "아, 너무 슬프다"라고 중얼거렸다. 그는 재빨리 사진을 옆 사람에게 넘겼고, 그 사람도 잠깐 보고 다시 넘겼다. 그렇게 어색한 침묵 속에서 사진이 돌았고, 누군가 주제를 바꿀 때까지 계속되었다. 부부는 일찍 일어났고, 그들의 슬픔 속에서 완전히 고립된 기분이었다.

나는 만약 그들이 다음 세션에 사진을 가져올 수 있다면 소피의 사진을 보고 싶다고 말했다. 이반은 '내 폰에 있어요'라고 답하며 열심히 사진을 찾았다. 그는 아기의 출생 사진과 살기 위해 싸우는 매일 찍은 사진들을 가지고 있었다. 나는 의자를 부부 가까이로 옮겼다.

나는 그들에게 아기의 출생부터 그들의 기쁜 순간들에 대해 듣고 싶다고 말했다. 그들은 소피에 대한 기쁨의 순간들과 얼마나 아름답고 생명력 넘쳤는지를 나누었다. 나는 아이반과 함께 아이폰을 들고 진단부터 치료까지의 많은 사진을 스캔하며 그들의 여정을 따라갔다. 나는 그들에게 특별하게 기억에 남는 사진에서 멈추고 그 시절에 대해 이야기해 달라고 요청했다. 나는 집중해서 듣고 내 관찰을 나누었다. 한 사진에서 소피는 병원 침대에 누워 있었고, 튜브와 모니터에 연결되어 있었다. 또 다른 사진에서는 수술 후 머리에 붕대를 감고 있었다. 나는 그 경험이 얼마나 힘들었을지 인정하며 그들이 그 기억을 떠올릴 때 잠시 멈췄다. 그런 후 나는 소피가 카메라를 똑바로 바라보며 얼마나 아름다운 눈을 가졌는지 알아차렸다. 아이반도 동의하며 소피가 그들을 안심시키려는 것 같다고, 그렇게 걱정하지 말라고, 잘 이겨내고 있다고 생각한다고 말했다. 한 사진에서 소피는 머리카락을 잃었고, 나는 그들이 아름다운 곱슬머리를 저장했는지 물었다. 노라는 미소를 지으며 고개를 끄덕였다. 마지막 사진에서는 아이반이 침대에 누워 작은 소피를 가슴에 안고 있었고, 그의 팔이 소피를 감싸고 있었다. 나는 그의 사랑스러운 포옹과 소피의 얼굴에 평화로운 미소가 떠오르는 것에 대해 언급했다. 아이반과 안젤라가 서로를 안고 한동안 울고 있을 때 나는 조용히 있었다. 세션이 끝날 무렵, 나는 소피가 모든 고통스러운 치료를 견디며 보여 준 놀라운 힘에 대해 언급했고, 그들이 소피를 사랑으로 돌보는 모습과 가장 어두운 시기에도 서로를 계속 지지하는 모습이 얼마나 존경스러운지 이야기했다.

그 세션은 부부의 회복 여정에서 전환점이 되었다. 이후 몇 주 동안 노라는 스크랩북을 만들기 시작했고, 그 안에는 소피의 머리카락과 그들이 좋아하는 사진 몇 장이 포함되었다. 이반은 더 활기차게 변하고 예전 활동을 재개했으며, 이웃과의 축구 게임에 돌아갔고, 팀원들은 그를 반갑게 맞아 주었다.

모호함의 명료화

부정적 상황의 많은 측면은 종종 불분명하다. 정보가 불충분하거나 일관성이 없거나 이해하기 어려울 수 있다. 위기 상황에서는 상황이 유동적으로 변할 수 있다. 가족 구성원들이 자신의 상황을 어떻게 이해하고 있는지, 그들이 직접 경험한 것, 전문가나 다른 사람들에게 들은 것, 그리고 각자가 믿고 있는 것이 무엇인지 물어보는 것이 중요하다. 도전적인 상황이 점점 더 스트레스를 유발하고 긴장이 고조됨에 따라 가족 구성원들은 종종 서로 다른 인식과 가정을 가지게 된다. 한 가족에서는 어머니의 건강 상태에 대한 우려로 갈등이 발생했다. 그녀는 최근 루푸스 진단을 받았고, 의사들은 그녀나 가족에게 예후, 질병의 진행 방식, 만성 질환을 최선으로 관리하기 위해 무엇을 할 수 있는지에 대한 정보를 거의 제공하지 않았다. 일부 가족 구성원은 그녀가 너무 열심히 일하고 있어 그것이 그녀를 죽일 것이라고 걱정했고, 다른 사람들은 그녀가 너무 활동이 적고 모든 사람의 동정을 이용하고 있다고 생각했다. 모든 언쟁 속에서 그녀는 두렵고 무엇을 해야 할지 확신이 없었으며 가족의 지원을 받지 못하고 있다고 느꼈기에 결국 침대에 눕게 되었다.

가족 구성원들이 중요한 정보를 얻고 공유하도록 돕는 것은 불안을 완화하고 능동적인 대처를 지원한다. 우리는 그들이 신뢰할 수 있는 출처, 예를 들어 의료 기관이나 공공 기관, 그리고 신뢰할 수 있는 인터넷 사이트를 찾도록 격려하고 도울 수 있다. 우리는 그들이 복잡하거나 상충되는 정보에 대해 정리할 수 있도록 의료 또는 법률 전문가에게 압력을 가하는 등 더 큰 시스템을 탐색하는 데 도움을 줄 수 있다(Unger, 2010). 가족 상담은 수집된 정보를 공유하고 다음 단계를 계획하는 데 유용할 수 있다.

다음 사례에 제시된 것처럼, 우리는 또한 내담자가 과거의 트라우마 경험에 대한 정보를 찾도록 안내하여 더 큰 명료성과 마음의 평화를 가져오게 할 수 있다.

데니스는 10년 전 형 알이 교통사고로 사망한 것에 대한 반복적인 악몽을 꾸고 있었다. 그는 형의 이름을 따서 알란이라고 지은 자신의 아들의 안전에 대해 끊임없이 걱정하며, 모든 종류의 교통사고를 상상했다. 알의 죽음에 대한 상황은 모호했고, 그의 부모는 닫힌 관으로 장례식을 치렀으며, 가족 중 누구도 그에 대해 이야기하고 싶어하지 않았다. 우리는 함께 작업하면서 데니스에게 사고에서 살아남은 형의 친구를 찾도록 격려했다. 처음에 그는 그를 찾는 것에 대해 비관적이었고, "건초 더미에서 바늘 찾기와 같다"고 말했다. 다른 사람들에게 물어보고 온라인에서 검색하라고 권유하자, 그는 몇 주 안에 그 친구를 찾았다. 그 친구는 개방적이고 정보가 많았다. 그들의 친구가 운전하던 차는 음주 상태였고, 통제를 잃고 나무에 충돌했다. 알은 두개골 골절로 즉사했고 그 친구는 약간 다쳤지만 알과 함께 있었다. 사고에 대한 더 많은 정보는 데니스에게 상당한 위안을 주었고, 형에게 보여 준 배려에 대해서도 위안을 얻었다. 그것은 또한 그의 아들에게 "언제든 어떤 일이 일어날 수 있다"는 그의 전반적인 불안을 줄여 주었다. 사건에서 교훈을 얻은 그는 스스로 더 조심스럽게 운전하게 되었고, 아들에게 절대 음주 운전을 하지 말라고 가르쳤다.

고통의 정상화, 비병리화, 맥락화

정상화normalizing 지향은 각 가족의 독특한 경험과 신념, 그리고 유사한 삶의 상황에 있는 다른 가족들과의 공통점을 더욱 깊이 이해하는 데 도움을 준다. 우리는 가족 구성원들이 가족이 직면하고 있는 스트레스가 많은 상황에서의 개별 증상, 긴장된 관계, 가족 과정의 붕괴를 일반적이며 이해할 수 있는 것으로 볼 수 있도록 돕는 새로운 관점을 제공할 수 있다.

쉽게 가족의 결점을 찾고 자립의 미덕을 강조하는 문화에서의 부모들은 해결할 수 없는 문제를 가질 때 흔히 부족함을 느낀다. 그들은 가족이 **진짜** 문제라고 종종(또는 암시적으로) 들으면서 가족 치료를 받도록 권유받는다. 그들의 비난, 수치, 실패에 대한 걱정은 종종 전문가들에 의해 이해되지 않고 "저항"으로 낙인찍히며, 이는 치료를 받는 것에 대한 주저함과 조기 중단에 기여한다. 가족이 다른 정신 건강 전문가, 학교 또는 법원과의 접촉에서 겪었을 수 있는 비난과 낙인 경험을 탐구하는 것이 중요하다. 그런 경우 가족은 전문가들이 자신들을 부정적으로 판단할 것이라고 예상하며, 침묵하거나 중립적인 태도를 그 관점의 확인으로 오해할 수 있다.

치료사는 문제가 있는 아동이나 청소년과의 작업 시 부모나 보호자와 존중하는 관계를 맺고 그들의 경험과 최선의 노력을 인정해야 한다. 가족 치료에서 강점 기반 접근의 기본 원칙은 대부분의 가족이 고통을 추구하거나 구성원에게 해를 끼치려는 의도가 없다는 것이다. 대부분의 부모는 자녀를 위해 최선을 다하고 싶어하지만, 그들의 고통에 대한 실행 가능한 해결책을 찾는 데 도움이 필요할 수 있다. 우리는 치료에 참여하는 이유에 대한 병리학적 가정에서 벗어나서 가족 구성원을 문제 해결에 있어 소중한 파트너이자 필수 자원으로 간주한다는 점을 분명히 해야 한다.

정상화의 목표는 가족의 고통을 비병리화하고 맥락화하는 것이다. 이는 모든 문제와 가족을 공통 분모로 축소하려는 것이 아니며, 가족의 독특한 경험이나 고통을 사소하게 여겨서도 안 된다. 우리는 가족 생활의 복잡성을 지나치게 단순화하지 않도록 주의해야 하며, 정말로 파괴적인 가족 패턴을 정상화해서도 안 된다. 폭력과 성적 학대는 너무 흔하더라도 결코 용납 가능한 것으로 정상화되어서는 안 된다. 마찬가지로, 다양성에 대한 존중은 가족 과정이 어떤 구성원에게 해를 끼칠 때 "무엇이든 괜찮다"는 것과는 다르다. 가족 치료사들은 치료적 중립성의 신화를 넘어 심각한 윤리적 문제와 치료적 책임을 다루어야 한다.

재구성 및 재명명

재구성reframing 및 재명명relabeling과 같은 기법을 통해 문제 상황은 긍정적인 변화에 더 잘 적응할 수 있는 새로운 시각으로 재정의될 수 있다. 가족 치료의 초기에 전략적 치료사들은 가족을 앞지르기 위한 교묘한 전술로 역설적 의도와 같은 기법을 사용하였다(Goldenberg & Goldenberg, 2013). 긍정적 함축으로 진정성 있고 존중하는 방식으로 재구성 기법을 사용하는 것은 유용한 새로운 관점을 제공하고, 희망을 생성하며, 파괴적이거나 비난적인 과정을 변화시키고, 변화에 대한 교착 상태를 극복하는 데 도움을 줄 수 있다. 문제들은 스트레스가 많은 상황에서 일반적인 반응으로 이해될 때 병리화되지 않을 수 있다. 급성 외상 스트레스 증상은 비정상적인 외상적 사건에 대한 정상적인 반응이다(11장 참조). 문제 행동은 또한 견딜 수 없는 상황에서 살아남기 위한 전략이자 두려운 결과를 예방하기 위한 시도로 볼 수 있다. 우리는 비록 잘못된 방법일지라도 서로를 돕고자 하며 배려하는 가족 구성원들의 도움이 가지는 의도에 주목한다.

성격 특성과 같은 개인 "내부"에 있는 문제는 맥락에 따라 행동적으로 재정의될 수 있다. 예를 들어, 힘들어하는 자녀에게 필요한 서비스를 제공하기 위해 반응없는 학교 시스템에 대한 어머니의 끊임없는 노력은 "귀찮은 잔소리"가 아닌 어머니의 끈기로 재구성될 수 있다. 악순환 속에서 그녀가 불평할수록 학교는 그녀를 문제로 간주하며 덜 반응하게 된다. 이 세트를 재구성함으로써(Watzlawick, Beavin, & Jackson, 1967), 어머니의 노력이 검증되고 보다 효과적인 대화가 촉진될 수 있다.

이야기의 재작성은 언어와 관점을 통해 문제 상황을 확장하고 재구성하여 문제 해결을 촉진하는 보다 강력한 표현으로 볼 수 있는 수단으로 사용된다(Freedman & Combs, 1996). 마이클 화이트Michael White의 외재화 기법(White & Epston, 1990)에서 치료사는 문제(종종 아동의 행동 문제)를 가족 구성원들의 삶에 혼란을 초래하는 외부 힘으로 재구성한다. 치료사는 아동과 가족과 함께 이 부정적인 힘을 물리칠 파트너로서 협력하여, 아동과 가족이 승리감을 느끼도록 한다.

임상가는 새로운 관점이 압도적인 장애물을 극복하는 데 충분하지 않을 수 있음을 고려해야 한다. 변화하는 직업 시장과 같은 강력한 외부 힘에 대응하기 위해서는 지식, 기술, 그리고 성공할 기회도 필요하다. 불치병과 같은 통제할 수 없고 변화시킬 수 없는 상황의 경우, 우리의 노력은 "가능한 것을 숙달하는 것"이며, 상황을 최대한 활용하는 것이다.

존중하는 언어와 구조 사용

효과적인 개입을 위해서는 가족 구성원의 언어와 관점을 배우고 그들의 경험을 이해해야 한다. 우리는 그들이 문제를 처리하는 방식과 필요한 변화를 저해하도록 영향을 미치는 가치와 기대를 이해해야 한다. 이야기 치료사들은 단어의 힘에 대한 우리의 인식을 증진시켰다. 단어는 비관주의를 반영하고 비난, 수치, 죄책감, 실패를 조장할 수 있으며, 또는 능력과 잠재력에 대한 희망, 자부심, 자신감을 표현할 수 있다.

미국의 건강 관리 시스템은 개인의 병리와 질병에 매우 초점을 맞추고 있어, 부부 또는 가족 치료에 대한 부분적인 비용 보장을 받기 위해서는 한 구성원이 정신과 진단을 받아야 하며, 몇 세션 이상 더 심각한 병리가 문서화되어야 한다(American Psychiatric Association, 2014; Frances, 2013). 가족 회복탄력성 지향적 실천은 생물심리사회적 관점에 기반을 두고 있으며, 우리는 문제 상황을 상호작용 과정, 스트레스 사건, 맥락적 영향과 관련하여 더 넓게 이해한다. 해결책과 긍정적인 목표를 향한 체계적 설명은 변화의 가능성을 더 많이 열어 준다. 우리는 사람에 대한 비하적인 라벨(예: "그녀는 경계선 성격이다")과 "역기능 가족"이라는 경멸적인 가정을 피한다. 치료의 언어 자체가 가족을 병리화할 수 있기 때문에, 우리는 고통받는 개인, 그들의 가족, 상황을 존중하는 방식으로 문제, 질문, 응답을 구성하는 데 세심한 주의를 기울인다.

긍정적인 관점의 격려: 희망 되살리기

내담자가 절망할 때 그들의 고통에 공감하는 것이 중요하지만, 그들의 희망을 되살리는 것도 중요하며, 희망은 성공을 위한 노력을 촉진하기 때문이다. 예를 들어, 이렇게 말할 수 있다. "지금 많은 고통과 갈등을 겪고 계신 것을 이해합니다. 하지만 나는 당신 가족이 많은 강점을 가지고 있다고 확신합니다. 혼란과 불안 속에서도 서로를 깊이 걱정하고 있다는 것을 믿습니다. 그러한 돌봄의 마음으로 문제를 해결하기 위해 나를 만나러 오신 것입니다. 이 문제에 대해 팀으로 함께 노력한다면 상황을 개선할 수 있을 것이라고 희망합니다. 당신과 함께 일하게 되어 기쁘고 당신이 최선의 노력을 하도록 지원할 것입니다."

내담자가 희망을 잃었을 때, 우리는 이렇게 질문할 수 있다. "당신의 상황에 대해 더 희망적이었던 때를 기억할 수 있나요? 무엇이 도움이 되었나요? 누가 그 희망을 지지했나요? 어떻게요?" "지금 그 긍정적인 에너지를 어떻게 활용할 수 있을까요?" 대화는 현재의 딜레마에 대해 무엇을 배우고 적용할 수 있는지, 그리고 가족이 희망을 되찾는 데 도움이 될 수 있는 것을 탐구할 수 있다. 파트너, 부모 또는 다른 사람들이 그들을 다시 활기차게 할 수 있는 말이나 행동은 무엇일까? 종종 한 배우자는 다른 배우자에게 "그냥 나를 안아 주고 사랑한다고 말해 주면 좋겠어요. 그게 이 위기를 이겨내는 데 도움이 될 거예요."라고 말한다. 부모는 감사하다는 말을 들어야 할 수도 있다. 세션이 끝날 때 가족의 포옹은 모두의 기분을 북돋울 수 있다.

카에테 웨인가르텐Kaethe Weingarten(2004, 2010)은 "희망을 행하는 것"에 대해 여러 방식으로 글을 썼다. 그녀는 감정이 행동을 수반하기에 희망을 단순히 감정만이 아닌 실천으로도 보았다. 희망의 실천은 깊은 영적 만족감, 거의 안도감을 제공한다. 그것은 삶을 목적 있고 의미 있게 만드는 의미와 관계의 망에 연결한다. 그러나 희망과 관련해서 우리가 하는 일은 우리의 위치에 따라 달라진다. 희망이 없는 사람과 그들의 절망을 바라보는 사람은 서로 다른 과제를 가지고 있다. 희망이 없다면 우리는 고립을 거부해야 한다. 절망을 목격한다면 우리는 무관심을 거부해야 한다. 둘 다 쉽지 않다.

웨인가르텐은 우리가 현실적인 희망을 실천하도록 격려한다. 이는 맹목적인 낙관주의와는 다르다. 희망을 갖기 위해서는 삶의 복잡성과 모순을 인식하고 의심과 절망을 인정해야 한다. 그녀는 도전이란 상황의 혼란스러움을 바라보면서도 희망을 잃지 않는 것이라고 주장한다. 내담자가 모든 희망을 잃고 소용돌이치며 하강할 때, 치료사들이 그들과 함께 하강하지 않는 것이 중요하다. 한 직원은 어려움을 겪고 있는 가족에게 그 순간에 희망을 느끼기 힘든 것을 이해한다고 말했다. 그는 그들의 힘든 도전과 좌절을 인정한 후, 그들이 이룬 노력과 성과를 상기시키며 현재의 위기를 극복할 수 있다는 자신감을 나누었다. 그는 이렇게 말했다. "지금 여러분이 희망을 잃었다는 것을 알고 있습니다. 그러니 여러분이 희망을 되찾을 때까지 희망을 조금 빌려드리겠습니다."

불만에서 목표로 재조정하기

고통받는 부부와 가족은 서로의 결점을 집중적으로 바라보며 끊임없이 비난하는 악순환에 빠질 수 있다. 아이들을 지원하고 희생양을 만들기를 중단하려는 경향이 있더라도, 치료사는 비판적인 부모나 배우자에 대해 비판적인 태도를 취하지 않도록 주의해야 한다. 이는 비난의 순환을 더욱 악화시킬 뿐이다. 부모에게 "왜 자녀에게 그렇게 엄격하신가요?"라고 묻거나 아내에게 "남편에게서 좋은 점을 전혀 보지 못하는 것 같아요"라고 말하는 것은 그들이 비판적이라는 점을 비난하는 것이다. 대신, 그러한 비판 뒤에 있는 스트레스, 고통, 좌절을 이해하고 가족 구성원들이 불만(문제가 무엇인지)에서 긍정적인 목표(어떻게 하면 더 나아질 수 있는지)로 초점을 전환하고 이를 달성하는 방법을 돕는 것이 중요하다. 견딜 수 없는 상황을 개선하기 위해 무엇이 필요할까? 이혼 직전의 배우자가 다시 노력하기 위해 부부 관계는 어떻게 변화해야 할까? 더 만족스러운 가족 생활은 어떤 모습일까? 이를 달성하기 위해 어떤 변화를 만들어야 할까? 그들의 차이를 극복하는 데 도움이 될 수 있는 공통점은 무엇일까?

평가 인터뷰에서 가족 구성원들의 불만을 들은 후, 부모의 좌절감을 인정하고 상담을 통해 무엇을 얻고자 하는지 물어보는 것이 중요하다. 우리가 원하는 변화가 단순히 현재의 문제를 해결하는 것이라고 가정해서는 안 된다. 나는 다음과 같은 경우처럼 자주 놀라곤 했다.

> 가족 평가에서 부모인 매니와 실비아는 성적 부진과 매트리스 아래에 숨겨 놓은 어머니의 돈을 훔치는 등의 아들의 나쁜 행동에 대한 불만을 쏟아냈다. 내가 그 상황을 해결하기 위한 그들의 노력에 대해 물었을 때 아버지는 격렬한 반응을 보였다. 나는 그들이 느끼고 있는 좌절감과 걱정을 인정해 주었다. 우리가 함께 작업하면서 그들이 가장 바라는 것이 무엇인지 물었을 때, 나는 아들이 행동을 고쳐야 한다고 말할 것이라고 예상했다. 그러나 매니가 목소리를 떨며 "아이들에게 사랑을 보여 주는 방법을 배우고 싶습니다."라고 대답했을 때 나는 놀라게 되었다. 그의 대답에 감동받은 나는 그에 대해 더 듣고 싶어졌다. 매니는 "아버지는 성격이 급하셨고, 소리 지르는 것밖에 몰랐습니다."라고 대답했다. 나는 그가 어린 시절이 어땠는지 물었고, 아이들이 얼마나 주의 깊게 듣고 있는지를 알아차렸다. 그는 아버지와의 관계에서 느꼈던 감정이 지금 아이들과의 관계에서 느끼는 것과 같았음을 깨달았다. 나는 그 경험이 그에게 무엇을 가르쳤는지 물었다. 그는 "방법은 모르지만, 아이들에게 더 잘하고 싶습니다."라고 대답했다.

과거의 경험과 현재의 고통을 연결할 때, 미래의 비전은 파괴적인 패턴을 깨고 더 건강한 관계를 이루는 긍정적인 힘이 될 수 있다. 최근 문제에서 상황적 스트레스를 탐구하는 것도 매우 중요했다. 매니는 기계공으로 최근에 직장을 잃었고, 그들은 집세와 다른 청구서를 제때 내지 못하고 있었다. 실비아에게 이 불안정한 재정 상황은 그녀의 어린 시절 경험에서 비롯된 재앙적인 두려움을 불러일으켰다. 그때 실직한 아버지가 가족을 버렸고, 어머니는 공공 지원을 받아야 했다. 그녀는 그 힘든 시절을 회상하며 눈물을 글썽였다. 매니는 마음이 부드러워져 그녀의 손을 잡으며 말했다. "많지 않은 돈이 사라졌을 때 그렇게 힘들어한 이유가 바로 그거였어요. 안전을 잃었으니까." 다음 세션에서 우리가 그들의 목표인 안정감을 되찾고 가족 간의 사랑을 더 나누는 방법에 초점을 맞추기 위해 틀을 확장했을 때 그들은 서로 포옹을 나누었다.

최고를 이끌어 내기: 강점의 식별, 확인, 구축

모든 역량 기반 접근 방식은 본질적으로 사람들의 최고의 모습을 끌어내는 것을 목표로 한다(Waters & Lawrence, 1993). 우리가 그들의 최고의 모습을 보고 인정할 수 있을 때, 그들이 최선을 다하는 데 도움이 될 수 있다. 우리는 각 가족 구성원에 대해 칭찬할 만한 가치를 찾음으로써 강점을 확인할 수 있다. 모든 가족이 모든 분야에서 강한 것은 아니지만, 모든 가족은 강점과 자원을 가지고 있다. 매우 현실적인 한계 속에서도, 우리는 가족 구성원들의 자산과 잠재력을 인식하고, 그들의 긍정적인 의도, 노력, 성취를 기르고 칭찬할 방법을 찾아냄으로써 회복탄력성을 증진할 수 있다. 그들은 자신이 무능력의 바다에 빠져 있다고 믿을 수 있지만, 모든 사람은 자부심과 성취의 원천이 될 수 있는 "역량의 섬islands of competence"을 가지고 있다.

내가 좋아하는 만화에서는 개 한 마리가 주인을 애정 어린 눈빛으로 바라보며 "당신은 정말 멋져요!"라는 자막이 붙어 있다. 우리는 반려동물과의 유대 관계에서 무조건적인 긍정적 존중을 소중히 여긴다(Walsh, 2009b). 치료사로서 우리는 모든 가족 구성원에 대한 긍정적 존중을 표현해야 하지만, 그들에게 우리가 훌륭하다고 생각한다고 단순히 말하는 것은 공허하게 들릴 것이다. 우리의 칭찬을 그들의 이야기와 우리의 관찰을 바탕으로 진정으로 존경하는 특성과 행동에 연결시키는 것이 중요하다.

문화에 기반한 성별 장벽 극복하기

가정에 문제가 발생할 때, 여성은 전문적인 도움을 구하고, 고통을 인정하며, 잘못을 느끼기 쉽다. 남성성에 대한 고정관념은 취약성과 도움의 필요성을 남성의 약점과 무능력의 징후로 간주하기 때문에, 전문가는 남성을 치료에 참여시키기 위해 더 많은 노력을 기울여야 하는 경우가 많다. 우리는 책임감 있고 사랑스러운 배우자와 부모가 되고자 하는 깊은 열망과 자녀에게 강력한 역할 모델이 되고자 하는 깊은 욕구를 활용하여 그들의 참여를 유도할 수 있다. 우리는 부부와 한부모가 전통적인 성 역할 제약을 초월하여 그들의 상황, 필요, 선호에 맞는 더 기능적인 패턴을 개발하도록 도울 수 있다.

치료사는 가족 내에서 여성이나 소녀를 폄하하는 것을 용납하지 않으면서 가족의 가장으로서의 아버지의 역할을 지지하는 민족적 또는 종교적 가치에 민감해야 한다. 전통 문화의 남성들은 특히 다른 가족 구성원 앞에서 수치심을 느낄 경험을 예상할 경우 치료 받는 것을 더 꺼리는 경우가 많다. 회복탄력성 중심의 실천은 모든 내담자를 존중하기 때문에 남성을 성공적으로 참여시키는 가능성이 더 높다. 경험에 따르면, 우리가 그들의 강점과 잠재력에 집중할 때 그들은 자신의 결점, 두려움, 취약성을 인정하고 긍정적인 변화 노력에 마음을 열 가능성이 더 크다. 우리는 그들의 개방성을 그들의 강점의 표시로 재구성할 수 있다.

긍정적인 의도를 인정하기

회복탄력성 기반의 실천 접근은 가족 구성원들이 숙달과 소속에 대한 깊은 욕구를 드러내는 방식으로 발전하도록 돕는다. 나는 그들의 행동이 비효율적이거나 상처를 줄 수 있을지라도 가족 구성원들의 의도가 긍정적이거나 최소한 해롭지 않다고 가정하는 쪽으로 실수하는 것을 선호한다. 예를 들어, 우리는 아버지의 폭발적인 성격을 통제하는 데 도움이 되는 건강한 열망이 더 나은 부모가 되고자 하는 아버지의 욕구와 연결된 것을 확인할 수 있다. 문제 행동 뒤에 긍정적인 의도가 있다는 가정은 가족 구성원들이 덜 방어적이고 더 개방적이 되도록 도와주며, 그들이 최선을 다하도록 노력하게 한다.

노력과 성취에 대해 칭찬하기

가족 구성원들이 매우 어려운 상황에서 성공하지 못하더라도 그들의 노력을 인식하고 감사하는 것이 중요하다. 칭찬은 그들이 보여 준 배려의 노력과 행동에 대한 구체적이며 소소한 예들을 바탕으로 하는 것이 더 효과적이다. 악천후에도 불구하고 학부모-교사 회의에 참석한 경우가 한 예일 수 있다. 매 세션마다 문제 해결과 함께 새로운 시도가 어떻게 진행되고 있는지(예: 부모의 직업 훈련 프로그램) 물어보고, 진전을 칭찬하는 것을 잊지 말아야 한다. 모든 가족 구성원은 표현할 수 있는 재능이나 특별한 관심사를 가지고 있다. 그들의 문제를 넘어 그들의 삶과 추구에 대해 우리가 관심을 가지고 있다는 것을 알려 주는 것이 매우 중요하다. 다시 말해, 제공되는 칭찬은 진정성이 있어야 하며 그들의 말과 행동과 연결되어야 한다.

가능한 한 우리는 악순환을 선순환으로 바꾸려고 노력할 수 있다. 예를 들어, 스트레스를 많이 받는 어머니가 때때로 통제를 잃거나 자녀에게 화를 내더라도, 나는 그녀가 자녀를 사랑하고 양육할 수 있는 능력이 있다는 다른 징후를 관찰하여 공유할 수 있다. 예를 들어 아기를 부드럽게 안고 있는 모습과 아기가 그녀의 사랑스러운 보살핌에 얼마나 반응하는지를 언급하며, 나는 세션에서 관찰한 어머니의 양육 기술과 유대감을 칭찬할 수 있다. 그녀는 처음에는 믿을 수 없다는 반응을 보일 수 있지만("내가? 그녀가? 정말?") 그후 아이를 쓰다듬으면 아이는 미소를 짓는다. 그래서 가족 구성원들은 상담에 오면서 그들이 생각했던 것만큼 나쁘지 않다는 것을 깨닫는 데 도움이 되었다고 자주 언급한다.

우리는 개인의 성공을 축하하면서 회복탄력성의 관계적 기반을 존중할 수 있다. 나는 대학을 졸업하는 딸을 둔 열심히 일해 온 싱글맘에게 딸의 성공에 대한 중요한 기여를 기리기 위해 장미를 선물한 적이 있었다. 또 다른 경우에는, 아들의 고졸 학력 인증서를 들고 미소 짓는 이민 부모와 아들의 사진을 찍었다. 좋을 때든 나쁠 때든 아들이 힘들게 얻은 성취와 부모의 자부심과 사랑을 항상 기억할 수 있도록, 치료가 끝날 때 나는 그들에게 사진이 담긴 액자를 주었다.

숨은 자원과 잃어버린 역량 끌어내기

가족이 어려움에 처했을 때, 그들의 시각은 문제로 가득 차게 된다. 그들은 대개 막다른 골목에 다다르고, 대처와 문제 해결 노력이 고갈되며, 압도당하고 무력감을 느낄 때 도움을 요청한다. 그들의 문제를 해결할 수 있는 능력은 숨겨져 있거나 접근할 수 없거나 잊힐 수 있다. 가족 구성원들은 미처 인식하지 못한 자원이나 강점을 인식하게 하는 치료적 대화에서 도움을 받는다. 우리는 그들이 잃어버린 능력을 되찾고 현재의 고통에 가려진 사랑스런 관심을 인식하도록 도울 수 있다. 해결 중심 및 이야기 치료사들은 문제 상황의 **예외**를 찾는다—다른 시기나 삶의 다른 영역에서 보여 준 긍정적인 상호작용이나 능력은 현재에 활용될 수 있다(Freedman & Combs, 1996). 예를 들어, 문제가 발생하기 전 부부가 함께 즐거움을 찾았던 방법에 대해 질문하는 것은 잃어 버린 친밀감을 되살리거나 지속적인 역경에 의해 짓밟힌 그들의 삶의 긍정적인 측면을 다시 부각시키는 데 도움이 될 수 있다.

역경 속에서 강점을 강조하기

해결 중심 치료와 마찬가지로, 문제를 제기하는 것 **외에도** 긍정적인 예외나 문제 발생 이전의 행복한 시기에 대해 질문하는 것이 유용하다. 회복탄력성 지향적 접근 방식은 역경의 경험에 초점을 맞추기 때문에, 도전적인 상황 속에서 강점을 찾는 것이 더욱 중요하다. 예를 들어, 우리는 가족 구성원들이 재정적 위기를 극복하기 위해 노력하는 인내심을 칭찬하고, 그들이 어떻게 그들의 노력과 정신을 유지하는지를 논의할 수 있다.

역경은 가족 구성원들의 최선을 이끌어 낼 수 있다. 그러나 고통 속에서는 이러한 강점을 보거나 접근하지 못할 수도 있다. 강점을 강조함으로써 우리는 가족들이 자신의 자원과 잠재력을 인식하도록 돕는다. 그렇게 함으로써, 우리는 그들이 미래에 필요할 때 이러한 강점을 활용할 수 있다는 자신감을 높일 수 있다. 위기를 잘 관리하도록 그들의 노력을 지원하면서, 가족 구성원들은 종종 자신이 몰랐던 자원을 발견하고 새로운 역량을 키우게 된다. 한 남편은 심각한 사고로 장애인이 된 아내를 돌보는 과정에서 새로운 부드러움을 발전시킬 수 있었다. 자녀와의 관계에 소홀했던 아버지는 혼자서 부모 역할을 해야 할 때 새로운 양육 기술을 배우고 더 가까운 유대감을 형성할 수 있었다. 우리는 힘든 시기에 강점을 찾고, 의미 만들기와 숙달하기 위해 노력한다.

레이와 바바라는 두 번째 임신 7개월 때의 심각한 갈등 때문에 도움을 받기 위해 찾아 왔다. 치료사가 더 행복했던 시절과 아기를 위한 미래의 비전에 다시 집중시키려 했지만, 효과가 없었다. 상담자로서 나는 이 임신의 의미를 탐구했다. 레이와 바바라는 첫째 아기를 잃었고, 최악의 상황이 다시 일어날까 두려워하고 있다는 것을 알게 되었다. 그들은 그 경험을 잊으려 했고, 그것에 대해 이야기하는 것을 피했다. 그러나 그들은 매우 불안해했고 아기 방에 대한 계획으로 다투는 것을 자각했으며, 레이는 계속해서 아기 침대 조립을 미루었다. 나는 그들에게 첫 번째 임신에 대한 기억을 나누어 달라고 요청했다. 초기의 희망과 꿈, 준비 과정, 가족과 친구들의 기대감 넘치는 기쁨부터 시작해서 가장 행복한 날이어야 했던 날에 겪은 예상치 못한 충격적인 상실까지 이야기를 나누었다. 그들은 출산의 세부 사항, 분만실에서의 의료진의 낮은 목소리, 아기가 살아남지 못할 것이라는 소식을 듣고 느낀 완전한 절망을 회상하며 다시 눈물을 흘렸다. 그 상실 이후, 각자가 그 사건과 슬픔을 따로 대처하려고 했고 그들은 결코 서로의 아픔을 나누지 않았다. 이제 그들의 말하지 않은 두려움은 곧 태어날 아이를 위한 계획에 노력하는 것을 막고 있었다.

슬픔을 인정하면서, 나는 그들의 사랑과 오랫동안 바랐던 아이를 위해 다시 시도한 용기에 대한 감탄을 나누었다. 나는 출산을 앞둔 몇 주 동안 서로를 지지하도록 격려했다. 우리는 또한 불안으로 인해 멀어지거나 긴장한 채로 주변에 있는 친구와 가족에게 그들의 소원과 필요를 어떻게 전달할 수 있을지에 대해 논의했다.

우리는 또한 의료 전문가와의 연락에 대해서도 탐구했다. 이번에는 걱정할 것이 없다고만 말한 의사의 모호한 일반성에서 불안은 비롯되었다. 그들은 유전학 상담사와 함께 만나 자신의 상황을 더 잘 이해하도록 권장받았다. 그녀는 아기의 태아 발달이 정상임을 명확히 밝혔다. 과거의 위기를 현재의 걱정과 더 잘 공유하고 통합함으로써, 레이와 바바라는 다가오는 출산을 기쁘게 맞이하게 되었다.

불확실성과 함께 살아가는 가족에게 도움 주기

많은 가족이 지속적인 불확실성을 견디는 데 도움이 필요하다. 과거의 사건이나 미래의 기대가 불확실할 때, 우리는 가족 구성원들이 상황에 대해 가능한 한 명확히 하고 지속적인 모호성과 함께 살아갈 방법을 찾도록 도울 수 있다. 많은 경우, 우리는 가족이 직업과 재정적 불안정으로 인해 집을 잃을 위협에 대한 미래의 경과와 결과의 불확실성에 대처하도록 도와야 한다. 주요 재난 이후, 가족들이 다시 이사할 수 있는지, 집과 공동체가 재건될 수 있는지 알기까지는 몇 개월 또는 그보다 더 오랜 시간이 걸릴 수 있다.

기회 포착하기

치료사와 가족이 문제를 해결하기 위해 노력하는 동안, 우리는 위기로부터 개인적 및 관계적 성장의 기회를 포착할 수 있다. 우리는 내담자가 그들의 문제 상황을 가능성의 새로운 시각으로 바라볼 수 있도록 도울 수 있다. 위기에 직면했을 때, 과거의 가족 경험을 되돌아보며 유용한 반응과 유용하지 않은 반응에 대한 교훈을 찾는 것이 도움이 된다. 위기 이후, 가족 구성원들은 그들의 상황에서 무엇을 배울 수 있었는지 탐구할 수 있다. 위험과 취약성에 대한 중요한 교훈이나, 미래에 함정을 예상하고 더 많은 예방 조치를 취해야 할 필요성에 대한 교훈이 있을 수 있다. 회복탄력성을 구축하는 데 있어, 우리는 가족들이 위기와 회복 경험을 온전히 통합하기 위해 노력하도록 돕는다.

위기를 통해서 그동안 배우지 못했거나 성취할 수 없었던 귀중한 것을 얻기도 한다. 역경은 당연하게 여겨지거나 무시되었던 관계의 중요성을 인식하게 할 수도 있다. 혼란스러운 가족 이동은 삶과 관계의 우선순위를 재평가하거나 헌신을 확인하고 강화하는 시간을 갖는 이정표가 될 수 있다. 위기는 가족 구성원들이 자신의 삶을 질문하고, 검토하며, 방향을 전환하도록 이끌 수 있다. 남편을 중심으로 삶을 꾸려온 한 여성은 그가 떠났을 때 큰 충격을 받았다. 치료는 처음 공허함을 느꼈던 상태에서 새로운 재능과 자신의 정체성, 그리고 스스로 만족스러운 삶을 이끌 수 있는 능력에 대한 자신감을 발전시키는 방향으로 그녀의 삶을 바꾸도록 촉진했다. 우리는 상실의 충격으로부터 성장하기 위한 이러한 길들을 열 수 있다.

고통, 치유, 회복탄력성에서 영적 차원의 탐구

신앙적 신념과 실천을 탐구하는 것은 역경에 처한 가족을 돕기 위한 모든 노력의 일환이 되어야 한다(Walsh, 2009d). 내담자가 종교적이지 않거나 영적 문제를 언급하지 않는다고 해서 중요하지 않다고 가정해서는 안 된다. 문화적 신념과 관행에 대해 존중하는 태도로 질문하는 것처럼, 고통스러운 경험의 영적 측면을 탐구하는 데에도 편안함과 관심을 보여야 한다. 심리치료를 과학이자 치유의 예술로서 시각을 확장함에 따라, 우리의 변화 노력은 인간의 영혼을 고려해야 하며, 역경 경험을 생물심리사회적·영적 차원을 포함하여 전체적으로 개념화해야 한다. 우리는 영적 관심사가 어떻게 고통에 기여할 수 있는지, 그리고 내담자의 가치 체계에 맞는 영적 연결이 회복, 치유, 회복탄력성의 강력한 자원이 될 수 있는지를 탐구해야 한다(가족 생활에서 영적 차원 탐구, 부록 3 참조).

한 어머니의 자기 파괴적 음주는 어린 시절 기독교적 배경에 뿌리를 둔 믿음, 즉 그녀의 신생아 딸의 죽음이 아들이 세례받지 않은 것에 대한 하나님의 벌이라는 믿음에 의해 촉발되었다. 그녀는 수년 동안 종교적 실천을 하지 않았지만, 이 신념은 비극적인 상실 속에서 그녀의 마음을 사로잡았다. 그녀는 유대인으로 자랐고 그의 원가족과 친밀했던 남편에게 이러한 믿음과 죄책감을 공유하지 않았다. 그들은 결혼할 때 종교가 그들의 삶에서 중요하지 않다고 생각했다. 부부가 자신들과 자녀의 양육을 위해 종교를 고려하는 것을 촉진하기 위해 부부와 공개적 대화를 하는 것이 중요했다.

공감적 연결의 구축과 감사

우리는 가족 구성원과 그리고 가족 간의 공감적 연결을 구축할 때 가장 효과적으로 가족과 함께 일한다. 종종 치료사들은 처음에 거칠고 무례하게 느껴지는 부모에게 공감하기 어려워한다. 그러나 예를 들어, 어머니의 강한 성격은 힘든 시기를 견디면서 전 파트너의 음주 문제로부터 가족을 지키기 위해 발전시킨 강함으로 볼 수 있다. 우리는 그녀가 직면한 많은 도전과 한부모로서 겪은 고난을 공감하며 그녀의 강인함을 감사할 수 있다.

엡스턴Epston(2012)은 어머니가 과소평가되거나 오해받거나 학대받은 가족의 경우, **어머니 감사 파티**를 제안한다. 그는 아버지가 떠나기 전에 어머니에게 했던 행동처럼 아들이 어머니에게 소리치고 그녀를 멍청하다고 비난하는 사례를 제시한다. 치료사가 아들에게 어머니의 가정 생활에 대한 이야기를 듣도록 초대함으로써, 그는 아버지가 자신에게 가하려던 언어적 및 신체적 폭력을 아들을 보호하고자 하는 사랑의 마음으로 어머니가 대신 감당했다는 것을 깨닫게 된다. 다음 세션에서 아들은 어머니가 해 준 모든 것에 얼마나 감사하는지를 보여 주고 싶지만 방법을 모르겠다고 말했다. 그는 어머니를 위한 감사 비밀 파티의 아이디어를 열정적으로 받아들이고 이모와 다른 친척들과 함께 파티를 준비했다. 엡스턴은 그의 노력을 지지하며 파티에서 감사의 연설을 할 수 있도록 제안하고 그가 하고 싶은 말을 작성하는 데 도움을 주었다. 어머니와 아들이 함께한 후속 세션에서, 어머니는 아들이 최근에 도움을 주고 존중하려는 노력에 감사하며, 아들의 감동적인 연설이 있던 깜짝 파티가 그녀의 인생에서 가장 좋은 날이었다고 표현하였다.

가족 구성원들은 서로 삶의 이야기를 나누고, 그들이 겪은 고통스러운 경험과 시련을 견디며 보여 준 회복탄력성의 순간들을 공유하라는 요청을 받을 때 더 큰 연민을 느끼게 된다. 딸을 과도하게 보호하는 것에 대해 원망받는 어머니는, 자신의 어린 시절 성적 학대에서 겪었던 고통을 딸이 겪지 않도록 하려는 노력이라는 새로운 시각에서 바라볼 수 있다. 10대 자녀를 다루는 데 어려움을 겪고 있는 아버지의 혼란은 자신은 아버지가 부재했던 경험을 설명할 때 명확해졌다. 우리는 긍정적인 역할 모델 없이 좋은 아버지가 되기 위한 그의 도전에 공감할 수 있었다. 우리는 또한 그의 가족 네트워크에서 좋은 아버지나 대리 역할을 했던 다른 사람들, 예를 들어 삼촌이나 할아버지에 대해 물어보고, 그가 본받고자 하는 그들의 특성을 탐구할 수 있다. 삶의 경험에 비추어 현재의 딜레마를 보는 것은 그들을 더 이해하게 하며, 그의 아버지와 같은 결점이 있는 개인들도 최선을 다해 고군분투하는 모습으로 연민을 가지고 바라볼 수 있게 된다.

다음 사례는 이민자 가족에서 흔히 발생하는 세대 간 긴장을 보여 준다(Falicov, 2013).

스타브로스는 17세 외아들 스타브로스 주니어를 치료하기 위해 데려왔다. 이민자인 스타브로스는 아들이 교회를 떠났고, "쓸모없는" 친구들과 어울리며, 학교를 중퇴할 위기에 처해 있다는 사실에 분노했다. 스티브(아들이 선호하는 이름)는 세션에서 존중의 태도로 조용히 앉아 있었지만, 친구들을 옹호하며 학교나 종교에 대해 신경 쓰지 않는다고 고집했다. 스티브는 아버지로부터 학업에서 성공하고 좋은 직장을 얻기 위해 대학에 가라는 압박을 지속적으로 느꼈다. 그는 아버지의 낮은 임금과 긴 근무 시간의 이력을 경시하며, 아버지의 "실패"를 만회해야 한다는 압박감을 느꼈다.

나는 스타브로스에게 그가 삶과 이민의 어려움을 공유한 적이 있는지 물었다. 그는 낮은 목소리로 미국에서의 초라한 시작과 서툰 영어에 대해 부끄러움을 느낀다고 털어놓았다. 자신의 이야기를 하도록 격려받은 그는 자신이 도망친 잔혹한 군사 정권에 대해 설명했다. 그는 징집을 피하기 위해 17세에 형과 함께 학교를 떠나야 했다. 그는 학교에서 뛰어난 성적을 거두었지만, 이 나라에 도착했을 때 유일하게 할 수 있는 청소부 일을 하며, 노부모님께 돈을 보내기 위해 잡일을 했다. 많은 이민자처럼 그는 처음부터 다시 시작하고 생계를 위해 고군분투해야 한다는 것을 깨달았지만, 그의 노력으로 자녀들이 더 나은 삶을 살 수 있을 것이라는 희망으로 의지를 강하게 유지시켰다. 스티브의 어머니가 아들이 12세일 때 오랜 병으로 세상을 떠나면서 상황은 더욱 힘들어졌다. 자신을 위해서는 아무것도 쓰지 않고, 스타브로스는 아들이 대학 교육을 받을 수 있도록 비밀리에 조금씩 돈을 모았다. 그는 그렇게 똑똑한 아들이 있다는 것이 자랑스러웠다. 스티브가 자신의 미래에 신경 쓰지 않을 수 있을까?

스티브는 처음에는 아버지의 이야기에 관심이 없다고 말했지만, 집중해서 들었다. 아버지가 어떤 어려움에 직면했는지, 그가 모든 일을 해내기 위해 얼마나 많은 용기가 필요했는지, 그리고 부모와 아들을 위해 얼마나 힘들게 싸웠는지를 깨닫지 못했다고 말할 때 그의 목소리는 흔들렸다. 스티브는 아버지를 실패자로 보지 않고 영웅으로 보기 시작했다. 게다가 그는 아버지가 자신에게 느끼는 자부심을 인식하지 못했으며, 오직 그의 실망과 불만만을 느꼈었다. 스티브는 아버지가 자신의 친구들, 활동, 신념에 대해 더 관대해지기를 바랐고, 이는 아버지의 경험과 고국의 세계관과는 매우 달랐다. 여러 세션에 걸친 대화와 치료사의 재구성을 통해 스타브로스는 스티브와의 차이점이 아버지에 대한 거부감이 아니라 다른 문화에서 자신을 찾으려는 노력이라는 것을 이해할 수 있었다. 스타브로스는 스티브에게 모든 것을 **자신의** 방식으로 하라고 요구함으로써 자신이 도망친 군사 독재자와 다를 바 없게 되었다고 슬프게 반성했다. 아버지와 아들은 더 나은 균형을 찾도록 도움을 받았다. 성인이 되어가는 스티브는 여전히 좋은 삶을 위한 자신의 선택에 아버지의 격려와 지원이 필요했다. 새로운 관점에서 제시된 선택의 가능성은 스타브로스가 아들을 위해 더 나은 삶을 선사하겠다는 꿈을 진정으로 이루었다는 것을 의미했다. 그는 아들에게 자유라는 선물을 주었다.

> 스타브로스가 아들에게 가혹하고 압박적인 태도를 취하는 문제를 다루면서 그가 그러한 입장에 이르게 된 경위를 배우고(그리고 아들이 이를 이해하도록 돕는 것) 그러한 태도의 보호 기능을 이해하는 것이 중요했다. 나는 그의 아들의 미래에 대한 걱정을 존중했으며, 이는 스티브가 인생에서 더 나은 성공 기회를 가질 수 있도록 하기 위함이었다. 아들과의 상호 이해가 깊어짐에 따라 그는 스티브의 자율적인 노력에 대해 덜 통제적이고 더 수용적인 태도를 취할 수 있게 되었다. 그 결과, 스티브는 분노로 반항하며 나쁜 선택을 할 가능성이 줄어들었다. 이러한 경우 가족의 회복탄력성을 키우기 위해서는 구성원들이 서로에 대한 새로운 이해와 존중에 도달하도록 돕는 것이 필수적이다.

긍정적이고 미래 지향적인 비전 격려하기

도움을 요청하는 사람들은 종종 역경, 고통, 두려움으로 가득 찬 좁고 기쁨 없는 삶의 비전에 갇혀 있다. 내담자의 희망과 꿈에 대해 이야기하는 것은 그들이 더 만족스러운 미래를 상상하고 이를 달성하기 위해 노력하도록 격려한다(Madsen, 2009).

예를 들어, 노후를 준비하는 가족들은 일반적으로 회피하는 주제인 은퇴, 전환적 생활 방식, 생애 마지막 결정과 같은 도전에 대해 함께 고려하고 준비하도록 격려받을 수 있다. 미래 지향적인 질문은 노후의 성취를 위한 새로운 가능성을 열어 줄 수 있다. 한 아들은 부모님이 홀로 남겨졌을 때 가족 농장을 어떻게 관리할지 걱정했지만, 그들의 죽음에 대해 이야기하는 것을 두려워했다. 결국, 집에 방문했을 때 그는 용기를 내어 어머니에게 아버지가 먼저 세상을 떠날 경우 어떻게 할 것인지에 대해 조심스럽게 물었다. 그녀는 "물론 이야기한 적은 없지만, 수년 동안 생각해 왔어. 나는 농장을 팔고 텍사스로 이사해서 손주들 가까이 살고 싶어."라고 대답했다. 그녀의 남편은 머리를 긁적이며 "그게 정말 멍청한 짓이 아니라면 말이야! 나도 많이 생각해 봤는데, 만약 네 어머니가 여기 없었다면 농장을 팔고 텍사스로 갔을 거야!"라고 대답했다. 이 대화를 계기로 부부가 점점 더 부담스러워진 농장을 팔 계획을 세웠고, 텍사스로 이사하여 그곳에서 많은 행복한 시간을 보냈다.

고통받는 부부와 가족과의 작업에서 긍정적이고 미래 지향적인 초점은 치료의 강조점을 문제에서 가능성으로, "무엇이 잘못되었는가?"에서 "기능 향상과 웰빙을 위해 무엇을 할 수 있는가?"로 전환한다. 우리는 내담자와 함께 상황에 맞는 가능한 옵션과 공유된 건설적인 노력을 통해 도달할 수 있는 목표를 구상할 수 있다. 이는 상상력, 희망적인 관점, 그리고 원하는 목표를 향한 행동을 취하는 주도성을 포함한다.

과거가 현재와 미래를 침범할 때

다음의 사례와 같이, 미래 지향적인 초점은 현재의 위기가 과거의 외상 경험을 재활성화할 때도 가치가 있다.

조안과 랄프는 22세 아들 조이가 결혼 전날 심각한 약물 과다복용을 한 이후 가족 상담을 요청했다. 아들이 집을 떠나 결혼하는 것에 대한 감정을 탐색하는 과정에서 조안은 다른 자녀들과 비교했을 때 더 힘들다고 말했지만 그 이유는 모르겠다고 했다. 나는 조이가 그녀의 이름을 따서 지어졌다는 점을 언급하며, 그녀가 집을 떠나 결혼한 경험에 대해 물었다. 조안은 아버지의 강한 반대에도 불구하고 남편과 도망쳐 결혼한 이야기를 했다. 그녀는 아버지의 반대에 격분했으며, 아버지는 다시는 그녀와 이야기하지 않겠다고 했다. 화해도 없이 아버지는 6개월 후 심장마비로 세상을 떠났다. 그녀는 그 이야기를 하며 눈물을 흘렸고 “어쩐지 지금도 똑같은 기분이 든다”고 말했다.

조안과 그녀의 아버지 사이의 명백한 관계를 넘어 현재의 어려움을 유발할 수 있는 다른 체계의 패턴을 탐색하는 것이 중요했다. 조안은 어머니와 매우 가까웠고, 어머니는 과부가 된 후 남은 생을 우울하고 외롭게 보냈다. 과거의 반복에 대해 걱정한 적이 있냐는 질문에 조안은 울기 시작하며 남편의 건강과 비만에 대해 끊임없이 걱정한다고 말했다. 최근 몇 달 동안 남편은 가슴 통증을 호소했지만 의사를 만나기를 거부했다. 조이가 집을 떠나면서 랄프에게 무슨 끔찍한 일이 일어날까 두려워졌고, 그녀는 어머니처럼 될까 걱정했다.

조안의 재앙적인 기대와 노후 결혼생활에 대한 모델의 부족(랄프의 어머니도 과부였다)으로 인해 그녀와 랄프는 자녀를 출가시킨 후 함께할 미래에 대한 꿈이나 계획을 논의한 적이 없었다. 짧은 부부 치료는 그들의 미래 가능성을 구상하는 데 초점을 맞췄다. 랄프는 건강 검진을 받고 스스로를 더 잘 돌보기 시작했다. 그들은 아들의 결혼식을 축하한 후 자발적으로 “재충전 신혼여행”을 떠났다.

가족이 앞으로 나아갈 수 있도록 돕는 데 있어, 과거, 현재, 미래 간의 숨겨진 연결고리를 드러내는 것이 중요하다. 이를 통해 가족 구성원들은 현재의 고통을 더 잘 이해하고 자신의 경험을 통합할 수 있게 된다. 과거를 바꿀 수는 없지만, 우리는 그들이 과거에서 배우고 더 나은 미래를 계획할 수 있도록 도와줄 수 있다.

인간의 한계를 연민으로 받아들이기

나바호족Navaho은 인간의 손으로 만든 러그를 구별하는 방법은 결점에 있다고 말한다. 도움을 주는 전문가로서 우리는 결점을 결함이 아닌 인간의 일부로 바라보며 가족 내에서의 불완전함과 우리의 한계를 수용하는 태도를 기를 수 있다. 만약 가족 구성원이 삶의 고난으로 상처를 입었다면, 우리는 비난과 수치심을 줄이고 대신 연민을 키워야 한다.

우리의 치료적 접근은 실수와 실패가 삶에서 불가피하며, 특히 스트레스가 많은 상황에서 도전적인 노력을 할 때 예상될 수 있다는 인식에 기반하고 있다. 우리는 가족 구성원들이 오류를 인정하고 이를 좌절감이 아닌 소중한 학습 경험으로 바라볼 수 있도록 도와줄 수 있다. 또한, 가능한 한 실수를 자신의 고유한 결함, 예를 들어 아이에게 "너는 충분히 똑똑하지 않다"고 말하는 것보다는 더 큰 노력을 기울이거나 더 현실적인 목표를 설정하는 것과 같이 그들이 변화시킬 수 있는 요인에 귀속시키는 것이 중요하다. 이는 청소년과 가족이 많은 어려움을 겪고 반복적인 좌절로 인해 지쳐 있다고 느낄 때 가장 도전적이지만 필수적이다. 우리는 또한 그들의 시각을 넓혀 그들이 처한 환경에서 그들을 제약하는 구조적 장벽을 인식하도록 도울 수 있다.

개인의 트라우마 치유에 가족 참여하기

위기가 개인에게 닥치고 가족 구성원들이 그 사건에 직접적으로 영향을 받지 않더라도, 체계적 접근은 모두가 어떻게 영향을 받는지와 가족의 반응이 회복에 어떻게 영향을 미치는지를 고려한다. 다른 구성원들은 현재 고통을 겪고 있지 않을 수 있지만, 숨겨진 걱정을 가지고 있거나 나중에 문제가 되어 위험이 커질 수 있다. 가족 회복탄력성 접근은 구성원들을 서로의 지원과 치유를 위해 모이게 한다. 모든 구성원은 가족 개입의 혜택을 받을 수 있으며 서로에게 더 나은 자원이 될 수 있다.

고등학교 1학년인 헤더는 감독이 없는 파티에서 17세의 미식축구 선수에게 성폭행을 당했다. 그녀의 가족은 그녀가 회복할 수 있도록 돕고자 개인 치료를 받도록 조치했다. 집에서는 그녀를 불안하게 만들지 않기 위해 사건에 대해 아무 말도 하지 않았지만, 그 사건은 그들의 생각을 사로잡고 있었다. 그들은 아무런 나쁜 일이 일어나지 않았던 것처럼 기분 좋게 하려고 애쓰며 "정상"처럼 행동했다. 그녀의 치료사는 매우 배려가 깊었지만, 2개월이 지나도 그녀는 가족과 친구들로부터 여전히 고립되어 있었고, 자살 시도를 위해 약을 한 움큼 복용했다. 헤더는 가족의 침묵과 "가짜" 기쁨을 사건에 대한 비난으로 잘못 해석했다.

가족 세션이 열렸고, 헤더의 부모는 그녀의 안녕에 대한 깊은 걱정과 그녀를 지원하는 방법을 몰랐던 것에 대한 후회를 드러냈다. 가족 구성원 누구도 그녀를 성폭행에 대해 비난하지 않았고, 오히려 그들은 자신과 서로를 비난했다. 부모는 그녀가 파티에 가도록 한 결정에 대해 다투었다. 그녀의 오빠인 브라이언은 그 소년의 나쁜 평판을 알고 있었기 때문에 특히 죄책감을 느꼈고, 여동생을 보호했어야 한다고 생각했다. 다른 걱정들도 드러났다. 헤더의 11세 여동생은 자신에게도 그런 일이 일어날 수 있다는 것을 조용히 걱정했다; 남자아이들과 친구들을 믿을 수 있을까?

관계적 회복탄력성 접근은 일련의 긍정적인 효과를 가져왔다. 헤더의 치유는 가족과의 개방적이고 솔직한 소통에 의해 촉진되었다. 또한, 다른 가족 구성원들의 죄책감, 후회, 걱정도 다룰 수 있었다. 가족 구성원들은 더 나은 지원을 보여 줄 수 있게 되었고, 헤더와 함께 성폭행 고소를 위한 행동을 취하기 위해 움직였다. 브라이언과 헤더는 사회적 상황에서 위험을 느끼는 학생들이 전화를 걸어 도움을 받을 수 있는 위기 핫라인을 함께 조직했다. 부모들은 학교에서 부모회의를 조직했으며, 가족 치료사와 학교 상담사를 초대하여 강간에 대한 정보와 회복 및 예방에서 가족 구성원이 할 수 있는 중요한 역할에 대해 논의했다. 가족들은 사회적 행사에서 안전을 보장하기 위해 더 나은 네트워킹을 하도록 권장되었다. 이 위기로 인해 발생한 주도성은 헤더와 그녀 가족의 권한과 치유에 대한 인식을 촉진하여 유대감과 공동체 의식을 강화했다. 헤더는 학교 친구들이 폭행 사건을 알게 되는 것을 꺼렸지만, 친구들은 그녀를 지지하기 위해 모였고 많은 소녀가 공유하는 문제에 대해 나선 그녀의 용기에 대해 칭찬했다.

개인이 트라우마적 경험으로 고통받을 때, 그 위기는 관계망을 통해 영향을 미친다. 가족 세션은 개인과 집단의 치유 모두에 필수적일 수 있다. 이 사례는 회복탄력성 연구에서 두 가지 일반적인 발견을 보여 준다. 회복탄력성의 한 가지 핵심은 가능성의 예술을 숙달하는 것이다. 변화할 수 없는 것(발생한 폭행)을 인정하고 가능한 옵션(가해자를 정의의 심판에 세우고 미래의 피해를 예방하기 위한 노력과 행동)에 노력을 기울이는 것이다. 회복탄력성의 또 다른 핵심은 개인적인 비극과 고통에서 초월하여 다른 사람들을 위한 피해 예방을 위한 노력으로 나아가는 것이다. 핫라인을 조직하려는 영감은 고위험 상황에 처한 다른 청소년들에게 도움이 되며 힘을 불어넣고 있다.

역량, 자신감, 성공을 위한 팀 접근의 장려

부정적인 상호작용이 파괴적인 연쇄 효과를 가져올 수 있는 것처럼, 작은 성공은 긍정적인 파급 효과를 가져와 가족 구성원들의 자신감과 더 어려운 도전을 극복할 수 있는 능력을 증가시킨다. 가족의 회복탄력성을 키우기 위해서는 구성원들이 성공적으로 협력하고 그들의 성취가 주로 공동의 노력과 능력 덕분이라는 것을 경험할 수 있는 치료적 환경을 조성해야 한다. 작은 성공은 자부심과 성취감을 쌓아가는 원천이 될 수 있다. 이러한 긍정적인 믿음과 경험은 그들이 팀 접근 방식을 통해 도전을 극복할 수 있다는 현실적인 희망과 낙관을 생성한다.

역량, 자신감, 성공을 위한 가족 팀워크를 강화하는 데 유용한 몇 가지 지침이 있다. 첫째, 모든 구성원이 과정에 기여하는 것에 대한 책임감과 자부심을 느끼도록 격려할 수 있다. 그들의 노력을 인정하고 더 효과적인 공동 대처 및 문제 해결 전략을 촉진할 수 있도록 제안할 수 있다. 둘째, 가족이 목표를 향해 구체적이고 달성 가능한 단계를 시작하고 이행하도록 도우며, 도전이 압도적으로 느껴지고 목표가 멀게 느껴질 때도 인내할 수 있도록 돕는 것이 중요하다. 동료 캐롤 앤더슨Carol Anderson이 지속적인 정신질환을 가진 가족들에 대한 심리교육 모델에서 말했던 것처럼, "야드 단위로는 너무 힘들지만, 인치 단위로 보면 쉽게 할 수 있다."

둘째, 성공을 치료사의 전문성이 아니라 가족 구성원에게 귀속시키는 것이 중요하다. 그렇게 함으로써 그들은 협력적인 노력이 변화를 가져 올 수 있다고 믿게 된다. 좋은 코치들이 승리한 경기 후에 단언하듯이, 승리는 팀에게 돌아간다. 그들이 더 자주 성공하게 되면, 이러한 공동의 노력이 변화를 가져올 수 있다는 믿음을 갖게 될 것이다. 삶의 한 분야에서 성공한 경험은 다른 삶의 도전에 대한 향상된 대처 능력으로 일반화될 수 있다(Rutter, 1985).

회복탄력성의 다양한 경로

가족들은 위기 상황에서 도움을 요청하는 경우가 가장 많다. 그들이 압도당하고 제시한 문제들에 대한 치료적 관심이 결핍으로 치달을 때, 회복탄력성 기반의 틀은 개입에 대한 긍정적이고 실용적인 초점을 제공한다. 이 접근은 가족의 삶의 도전이라는 맥락에서 고통을 이해할 수 있는 것으로 정상화한다. 이는 미래에 대한 희망을 생성하며, 도달 가능한 목표를 향한 구체적인 행동으로 변화를 뒷받침한다. 〈표 7-2〉는 가족의 회복탄력성을 강화하기 위한 주요 실천 지침을 요약한 것이다.

고군분투하는 가족과의 작업에서 우리는 대부분 불리한 상황에서 회복탄력성이 즉시 회복하거나 항상 능력을 유지하는 것, 쾌활한 낙관주의와 꾸준한 진전을 유지하는 것을 의미하지 않는다는 점을 염두에 두어야 한다. 역경을 다루는 것은 세 걸음 앞으로 나아가고 두 걸음 뒤로 물러나는 것일 수 있으며, 그 후 숨을 고르고 다시 앞으로 나아가려고 시도하는 것이다. 가족 구성원들은 흔들리거나 휴식이 필요할 때, 잘못된 길로 접어들 때, 또는 절망에 빠질 때가 있을 것이다. 그들이 좌절을 경험할 때, 우리는 먼저 그들이 숨을 고를 수 있도록 도와주고, 그다음 그들이 회복하거나 노력을 지속하거나 새로운 길을 찾도록 격려해야 할 수도 있다. 우리가 그들의 문제를 해결할 수는 없지

〈표 7-2〉 가족 회복탄력성 강화를 위한 실천 지침

- 모든 가족 구성원의 존엄성과 가치를 존중한다.
- 공동의 노력을 통해 역경을 극복할 수 있는 그들의 잠재력에 대한 확신을 전달한다.
- 고통을 인격화하고 맥락화하기 위해 존중의 언어를 사용한다.
  - 역경 상황에서 이해 가능하고, 일반적인 현상으로 이해한다(예: 비정상적이거나 극단적인 사건이나 조건에 대한 정상적인 반응).
  - 수치심, 비난, 낙인, 병리적 초점을 줄인다.
- 고통, 우려, 도전을 나눌 수 있는 안전한 공간을 제공한다.
  - 상실, 어려움, 고통, 갈등에 대한 연민을 보여 준다.
  - 구성원 간의 소통, 공감, 상호지원을 구축한다.
- 취약성, 한계와 함께 강점과 자원을 확인하고 확증한다.
- 대처, 숙달, 치유, 성장의 잠재력을 끌어내고 증가시킨다.
- 확대된 친족, 사회, 지역사회, 문화 및 영적 자원을 동원한다–"관계적 생명선", 지원 네트워크, 팀워크를 구축한다; 모델과 멘토를 모집한다.
- 위기와 도전을 학습, 변화, 긍정적 성장의 기회로 본다.
- 문제에서 가능성으로 초점을 전환한다.
  - 삶의 우선순위를 재조정하고, 유대감을 깊게 하며, 의미 있는 활동에 참여한다.
  - 미래 비전; 희망과 꿈.
- 역경 경험–회복탄력성을 포함하여–을 개인적 및 관계적 정체성과 삶의 여정으로 통합한다.

만, 그들의 여정의 한 구간에서 함께할 수 있다.

동료 카를로스 슬루스키Carlos Sluzki는 치료 과정을 설명하기 위해 등산을 비유로 제시한 적이 있다. 그는 당신이 정상까지 곧장 올라가는 것이 아니라 산의 윤곽, 등반의 어려움, 그리고 당신 자신의 기술에 맞는 계획을 세운다고 말한다. 급커브가 있는 산길처럼, 도전적이지만 실행 가능한 경로를 선택하여 한쪽으로 갔다가 조금 더 높은 곳으로 되돌아가서 정상에 점점 더 가까워지는 지그재그 경로를 만들어 나간다. 각 고원에서 잠시 멈추어 수평선을 바라보며 지금까지 온 거리를 감상할 수 있다. 어떤 지점에서는 되돌아가거나 거대한 장애물을 피할 새로운 방법을 찾아야 할 필요가 있다. 도중에 휴식과 재충전을 위한 베이스캠프를 만들고, 폭풍으로부터 피할 곳을 찾으며, 다음 단계의 여정을 위한 힘을 모은다. 다음 구간이 너무 힘들다면, 베이스캠프로 돌아가 재충전하고 재정비한 후, 같은 경로를 다시 시도하거나 새로운 경로를 개척할 수 있다. 이 이미지는 치료 여정에 대한 나의 경험과 우리가 인생에서 겪는 여정을 상기시킨다. 우리는 처음 설정한 목표에 도달하지 못할 수도 있고, 예기치 않은 방향으로 나아가며 새롭고 다양한 경로를 개척할 수도 있다. 그 과정에서 우리는 여정의 의미와 기쁨을 찾고, 도달하는 각 고원에서 새로운 관점을 얻을 수 있다.

8장

가족 회복탄력성의 지역사회 기반 서비스 적용

성공으로 가는 길은 항상 공사 중이다.

_ 익명

가족 회복탄력성 틀은 지역사회 기반의 개입 및 예방 서비스에서 특히 가치가 있다. 이 장에서는 시카고 가족 건강 센터(CCFH: Chicago Center for Family Health)를 통해 개발된 다양한 교육 및 프로그램 응용을 설명하여 광범위한 역경 상황에 대처한다. 또한, 높은 스트레스 환경에서의 소진 및 공감 피로를 예방하기 위해 도움을 주는 전문가들의 회복탄력성을 강화하는 데에도 주목하며, 내담자의 회복탄력성을 이끌어 내는 과정에서 전문가들이 경험하는 간접적인 회복탄력성에 대해서도 다룬다.

가족 회복탄력성 틀의 광범위한 적용

가족 회복탄력성 지향은 정신 건강, 의료, 사회 서비스 및 목회적 돌봄 제공자의 교육 및 실천을 위한 광범위한 상위 구조meta-framework로 활용될 수 있으며, 지역사회 기반 프로그램의 설계 및 제공에도 적용될 수 있다. 이 틀은 다양한 위기 상황, 혼란스러운 전환, 그리고 장기적인 삶의 도전에 유용하게 적용될 수 있다. 개입은 많은 강점 기반의 가족 체계 실천 접근 방식에서 공통적으로 사용되는 원칙과 기법을 활용하지만, 중요한 스트레스 요인의 영향을 보다 중심적으로 다루고 가족의 자원과 긍정적인 적응 가능성을 강화하는 것을 목표로 한다. 이 접근은 또한 가족이 시간이 지남에 따라 그들의 역경 상황, 가치, 자원 및 도전에 맞춰 다양한 회복탄력성의 경로를 형성할 수 있음을 확인한다. 협력적인 회복탄력성 지향 접근은 단기 상담, 가족 상담/치료, 다가족 그룹 등 다양한 형식을 사용하며, 가족 기능, 관계적 유대, 중요한 지역사회 연결 및 미래 삶의 도전에 대응할 자원을 강화한다.

가족 회복탄력성 지향의 실천자들은 가족 구성원들이 역경 경험을 서로 공유하고 침묵, 비밀, 수치심 또는 비난을 극복하며, 상호지원과 팀워크를 구축하는 데 도움을 주는 연민을 가진 목격자이자 촉진자 역할을 한다. 고통 속에서도 가족의 강점에 주목하는 긍정적 탐색appreciative inquiry은 그들이 혼란스럽거나 불충분하다 판단될 것이라는 걱정 때문에 정신 건강 서비스를 찾는 것을 주저하는 가족들을 쉽게 참여시킬 수 있다. 대신, 가족 구성원들은 회복과 회복탄력성을 위한 치유 팀의 필수 구성원으로 존중받는다. 그들이 실패한 부분이 있다면, 그들이 압도적인 도전 과제와 씨름하고 있는 것으로 간주되며, 그들이 최선을 다한다는 의도는 인정받게 된다. 개입 노력은 이러한 도전을 공유된 노력을 통해 어려움을 극복하는 데 초점을 맞춘다.

지역사회 기반 서비스에서는 회복탄력성 지향의 체계적 평가가 개인, 부부, 가족 및 다가족 그룹의 형식뿐만 아니라 더 큰 워크숍 형식과 지역사회 포럼에서도 이루어질 수 있다. 생태학적 관점을 바탕으로 한, 가족 중심의 협력적 노력은 다층적 접근 방식을 결합하여 동료 그룹, 직장, 학교, 신앙 공동체, 지역사회 기관, 그리고 건강 관리, 사법 및 기타 더 큰 시스템을 포함할 수 있다. 효과적인 프로그램은 가족을 참여시키기 위해 유연하고 창의적인 접근 방식을 필요로 한다. 이러한 프로그램이 효과적이기 위해서는 구조적으로 견고해야 하지만, 가장 중요한 것은 가족을 참여시키고 격려하는 능력인 과정이다.

회복탄력성 기반 가족 개입은 가족 상담이나 회의, 단기 상담, 또는 보다 집중적인 가족 치료와 같은 다양한 형식으로 조정될 수 있다. 심리 교육적 다가족 및 부부 그룹은 사회적 지원과 실용적인 정보의 중요성을 강조하며, 가족이 스트레스가 많은 시기를 헤쳐 나가고 미래의 도전에 직면할 때 위기 관리, 문제 해결, 스트레스 감소를 위한 구체적인 지침을 제공한다. 치료사, 코치 또는 그룹 리더는 토론을 촉진하고 가족이 직면하고 있는 특정 스트레스를 명확히 하는 데 도움을 주며, 효과적인 대처 전략을 개발하는 노력을 지원하고, 성공을 작은 단계로 측정하며 가족의 사기를 유지한다. 간단한 후속 조치와 비용 효율적인 워크숍이나 포럼은 가족 여정의 다양한 단계나 전환을 지원하며, 그들이 겪은 일을 통합하고 다가오는 도전에 대비할 수 있도록 돕는다.

가족 회복탄력성 틀은 다양한 역경 상황에 직면한 가족을 위한 실천 적용에 폭넓은 유용성을 가지고 있다.

- 위기, 트라우마 및 상실 사건(슬픔, 전쟁 관련 트라우마, 중대 재해)에서 회복하기
- 파괴적인 전환(예: 실직, 이주, 분리, 이혼, 재혼 가족 통합)을 다루기
- 만성 다중 스트레스 조건(예: 중병, 장애, 빈곤 상태)의 도전 극복하기
- 성공을 가로막는 장벽 극복하기(예: 위험에 처한 청소년, 학교 중퇴)

시카고 가족 건강 센터의 가족 회복탄력성 중심 프로그램

이 책에서 설명하는 가족 회복탄력성 틀은 지난 25년 동안 시카고 대학교와 제휴된 비영리 고급 교육 기관인 시카고 가족 건강 센터(CCFH: Chicago Center for Family Health; www.ccfhchicago.org)에서 전문 교육, 상담, 서비스 개발을 안내해 왔다. 공동 창립자이자 공동 이사인 존 롤랜드John Rolland 박사와 나는 가족 시스템 교육 및 실천을 발전시키는 데 관심이 있는 재능 있는 임상 교수진 네트워크를 구성했다. 우리 교수진은 다양한 부부 및 가족 치료 모델과 전문 분야를 결합하고, 가족의 다양성에 반응하고, 소외된 인구와 사회 정의 문제에 헌신하는 강점 기반의 협력적 접근 방식을 공유한다.

지역사회 기반 조직과의 파트너십 구축은 건강 관리, 정신 건강 및 사회 복지 전문가들, 특히 저소득 및 소수 민족 가족, LGBT(게이, 레즈비언, 양성애자 및 트랜스젠더), 장애인 및 기타 취약 집단과 함께 일하는 이들을 교육하고 지원하는 것이 사명의 핵심이다. 이를 위해 우리는 워크숍과 집중 인증 프로그램을 제공하고, 지역 건강 관리 센터, 학교 및 사회 복지 기관과 협력하여 전문 직원 교육, 조직 상담 및 프로그램 개발을 진행해 왔다. 우리의 시스템 접근 방식은 목회 상담, 가족 법률, 가족 사업 분야에서도 유용하게 적용되었다.

우리의 궁극적인 사명은 심각한 삶의 도전에 직면한 청소년, 부부 및 가족의 회복탄

〈표 8-1〉 CCFH 회복탄력성 지향, 지역사회 기반 프로그램 적용

위기, 트라우마, 상실로부터 회복
• 복잡하고 트라우마적 상실에 대한 가족의 적응(Walsh) • 대규모 트라우마 사건; 주요 재난(Walsh) • 관계적 트라우마(Barrett, 상황 변화 센터) • 난민 가족(Rollad, Walsh, Weine) • 전쟁 및 분쟁 관련 복구(Rolland, Weine, Walsh)
혼란스러운 가족 전환 탐색
• 이혼, 한부모, 재혼 가족 적응(Jacob, Lebow, Graham, Simons) • 위탁 보호(Engstrom) • 실직, 전환, 재취업 스트레스(Walsh, Brand)
만성 다중 스트레스 조건의 도전 극복
• 심각한 질병, 장애, 임종 관련 도전(Rolland, Walsh, R. Sholtes, Zukerman) • 빈곤; 지속적인 복합 외상(교수진) • LGBT 문제, 낙인(Koff)
성공의 장애물 극복: 위험에 처한 청소년
• 아동 및 청소년 발달 문제(Lerner, Schwartz, Gutmann, Martin) • 가족-학교 파트너십 프로그램(Furst 및 팀) • 갱단 감소/청소년 개발(GRYD)(Rolland, Walsh 및 팀)

력성을 강화하기 위해 가족 중심의 회복탄력성 지향 정책, 서비스 및 실천을 발전시키는 것이다. 프로그램은 다양한 역경 상황을 다루기 위해 설계되고 시행되었으며, 이는 〈표 8-1〉에 요약되었고 프로그램 조정자[1]도 기재되어 있다.

이러한 응용 프로그램 중 몇 가지는 다음 장에서 논의되며, 이 장에서는 이혼, 복잡한 가족 상실, 주요 트라우마 및 재난, 만성 질환, 다중 스트레스 가족, 재연결 및 화해와 같은 가족생애주기 문제를 다룬다. 1990년대에는 하워드 브라운Howard Brown 병원과

1 프로그램 개발, 교육 및 상담 서비스에서 중요한 역할을 해 온 CCFH 교수진은 다음과 같다. Bessie Sultan Akuamoah, LCSW; Michele Baldwin, PhD, LCSW; Mary Jo Barrett, MSW; Cheryl Berg, LCSW; Robin Bluestone-Miller; Pamela Brand, PsyD, LMFT; Gene Combs, MD; Mona Fishbane, PhD; Jill Freedman, LCSW; Ruth Fuerst, LCSW; Katherine Neill Goldberg, MA; Deane Graham, LMFT, LCPC; Miriam Gutmann, MD; Lynn Carp Jacob, LCSW; Michael Kelly, PhD; Bruce Koff, LCSW; Jay Lebow, PhD, LMFT; Ronna Lerner, LCSW; William Martin, LCSW; Bonnie Mervis, LCSW; Michelle Adler Morrison, LCSW; David Schwartz, PhD; John Schwartzman, PhD; Nancy Segall, MA, LCSW; Len Sharber, MDiv, LCSW; Kate Sori, PhD, LMFT; Michele Scheinkman, LCSW; Robert Sholtes, MD; Susan Sholtes, LCSW; Virginia Simons, LCSW; Sant Singh, MAS, MA, FIC, LCSW; Karen Skerrett, PhD, RN; Thomas Todd, PhD; Lorena Valles, LCSW; Stevan Weine, MD; and Steven Zuckerman, PhD, LMFT.

호라이즌Horizons 사회 복지와 협력하여 LGBT 고객의 도전을 다루는 회복탄력성 지향 교육 및 상담 프로그램이 개발되었다(조정자, Bruce Koff). 성공적인 가족-학교 파트너십 프로그램(Kelly, Bluestone-Miller, Mervis, & Fuerst, 2012)과 같은 다층적 접근 방식은 위험에 처한 청소년과 가족과 함께 더 큰 시스템에서 작업한다. 여기에서는 다양한 역경에 직면한 가족을 위한 지역사회 기반 서비스에서 이 접근 방식의 잠재적 유용성을 설명하기 위해 네 가지 프로그램 방식에 대한 설명을 제공한다.

가족, 질병 및 협력적 건강 관리 프로그램

CCFH의 가족, 질병 및 협력적 건강 관리 프로그램(FICH: Families, Illness and Collaborative healthcare Program)은 회복탄력성 기반과 발달적 체계 지향에 뿌리를 두고 있으며, 롤랜드Rolland의 협력적 건강 관리를 위한 통합 가족 시스템 질병 모델에 중점을 두고 있다(Rolland, 1994; Rolland & Walsh, 2005, 2006). 이 접근 방식은 주요 건강 문제에 직면한 가족과 부부가 신체적 한계와 상실에도 불구하고 잘 살고 사랑할 수 있도록 돕는다. 이는 아프고 방해가 되는 질병 관련 경험을 정상화하고, 가족의 강점과 자원을 바탕으로 건강한 기능과 모든 구성원의 웰빙을 최적화한다. 이 접근 방식은 생물의학적 및 심리사회적 서비스 제공자, 환자, 그들의 가족 및 기타 돌봄 제공자를 동등한 파트너로 포함한다. 예방에 중점을 두고 가족의 자원을 극대화하는 방식으로 가족을 돌보는 것이 더 성공적이고 비용도 효율적인 것으로 나타났다(Campbell, 2003; 12장 참조).

워크숍, 단기 집중 과정, 고급 인증 프로그램을 포함한 교육 제공은 만성 및 생명을 위협하는 질병, 장애 및 상실과 관련된 도전 과제를 다루기 위해 건강 및 정신 건강 관리 전문가를 위한 다양한 실천 환경에서 설계되었다. 이 프로그램은 애드보캣 일리노이 매소닉Advocate Illinois Masonic 의료센터의 가정학과와 협력하여 전국적으로 높은 평가를 받고 있는 1년 FICH 박사 펠로우십 프로그램이다.

FICH 프로그램은 여러 교육 및 상담 프로젝트에서 지역사회 기반 건강, 정신 건강 및 사회 서비스 기관과 협력하였으며, 회복탄력성 및 가족 중심의 실천을 리더십 개발과 프로그램 계획 및 실행에 통합하여 시스템 변화를 촉진하고 있다.[2] 한 가지 예로, 롤랜드 박사는 일리노이주 지부의 미국 다발성 경화증 협회와 협력하여 다발성 경화증(MS: Multiple sclerosis) 문제에 직면한 부부를 위한 회복탄력성 파트너 프로그램을 개발하였다(Rolland, McPheters, & Carbonell, 2008). 이 프로그램은 부부들의 4주간 그룹 회기와 1일 워크숍의 두 가지 형식으로 제공되었다. 대부분의 부부는 최소 5년 이상 다발성 경화증을 경험하였다. 많은 참석자들이 환자 또는 배우자를 위한 지원 그룹에 참여했지만, 놀랍게도 이들이 MS를 앓고 있는 다른 부부와 함께 만날 기회를 가진 것은 이번이 처음이었다. 그들은 시간이 지남에 따라 그들의 관계에 대한 도전에 특별히 집중하는 것이 얼마나 가치 있는 일이었는지에 대해 모두 언급하였다. 시카고 지역에 MS 영향을 받는 가족이 많기 때문에, 우리는 질병 단계별 그룹과 자녀 양육에 참여하는 젊은 부부 및 더 높은 수준의 장애와 돌봄의 요구에 대처하는 중년 및 노년 부부를 위한 특정 생애 단계 도전에 맞춘 그룹을 제공할 수 있었다.

실직, 전환, 장기 실업의 스트레스

직업 및 소득 상실, 그리고 장기 실업에 대한 불안과 불확실성은 가족 전체에 강한 스트레스를 줄 수 있으며, 다른 상실과 노숙의 연쇄적 위험을 높일 수 있다. 이러한 심각한 스트레스는 종종 우울증, 약물 남용, 심각한 부부 갈등, 관계 내 학대 및 가족 해체를 촉발한다. 배우자 및 부모의 역할도 방해받게 된다. 한부모 가정은 유일한 소득원을 잃을 수 있다. 수개월 또는 그 이상 기간 동안 누적된 스트레스는 배우자와 가족 구성원의 성공적 재취업을 위한 재교육 및 직업 탐색의 노력을 지원하는 능력을 감소시킨다.

다년간 CCFH 가족 회복탄력성 기반 프로그램은 공장 폐쇄나 회사 축소로 인해 일자리를 잃은 실직 근로자와 그 가족의 적응을 목표로 해왔다. 시카고에 위치한 지역사회 기반 기관인 오퍼레이션 에이블Operation Able은 직업 재교육 및 배치 서비스에 전문적이며, 우리와 협력하여 가족 회복탄력성 기반 서비스를 개발하기 위해 연락을 해왔다. 한

---

2 수년간의 수많은 상담 및 교육 서비스는 다음과 같은 파트너십을 포함한다. the Kovler Diabetes Center at the Pritzker Medical Center of the University of Chicago; Children's Memorial Hospital/Lurie Children's Hospital at Northwestern Feinberg School of Medicine; the End-of-Life Coalition and regional hospice programs; the Why Me? and Gilda's Club cancer support programs; and the NorthShore University Health System Integrative Medicine Program and Center for Compassion in Medical Care.

사례로 대규모 의류 제조 공장의 폐쇄 및 이전으로 인해 1,800명 이상의 근로자가 갑작스럽게 일자리를 잃었다. 이들 대부분은 영어가 제한적이고 변화하는 직업 시장에서고용을 위한 교육과 기술이 부족한 민족/인종 소수자 및 이민자들이었다. 이들은 모두 가족의 필수적인 생계부양자였으며, 많은 이들이 한부모였다. 기관 직원들은 개별적으로 초점을 맞춘 서비스가 일자리 상실로 발생한 가족의 스트레스를 해결하지 못하고 있다는 점에서 우리의 접근 방식을 찾았다. 가족의 스트레스는 실직 근로자가 필요로 하는 중요한 가족 지원을 방해하고 있었다.

가족 회복탄력성 지향 워크숍은 상실과 전환 스트레스가 개인과 가족에 미치는 영향을 다루기 위해 설계되었으며, 가족의 스트레스에 주목하고 역할 기능을 재조정하며, 가족 구성원들이 실직 근로자의 노력을 지원하도록 독려하였다. 워크숍 참가자와 리더는 그들의 도전과 관련된 논의 주제를 함께 식별하고 회복탄력성의 핵심 요소에 집중하였다. 예를 들어, 그들은 제약적인 신념(예: "아무도 나를 고용하지 않을 것이다" "나는 직업과 급여가 없으면 가족에게 무가치하다")에 대해 논의하였다. 진행자들은 인식된 문제점에서 벗어나 업무 수행에 대한 자부심과 일과 가족 생활에서의 신뢰성과 충성도와 같은 기술과 강점을 식별하는 데 초점을 맞추었다.

부모의 역할은 재조정이 필요했다. 전통적인 남성 "생계부양자" 역할을 잃으면서 자존감이 감소한 남성들에게는 가족에 대해 그들이 인식하는 기여와 실제 기여를 확장하는 것이 중요했다. 그들이 가족 구성원으로부터 자신이 어떻게 가치 있게 여겨지는지를 듣는 것이 중요했다. 직업 전환은 또한 더 많은 시간을 배우자와 자녀와 함께 보낼 수 있는 기회를 제공하며, 가족 생활에서 유용한 기여를 확대할 수 있는 기회를 제공하였다. 아버지들은 가사 및 자녀 양육 책임을 더 많이 나누면서 새로운 능력과 이점을 경험했다. 우울하고 지친 한부모는 친족 네트워크의 "생명선"에 도움을 구하도록 격려받았다. 예를 들어, 그들은 자녀의 이모, 삼촌, 대부모를 포함시켜 서로의 지원을 제공하며, 부담에서 벗어날 수 있도록 자녀 돌봄 시간을 교환하는 등의 방법을 사용할 수 있었다.

"할 수 있다"는 정신은 그룹 과정에서 확산되어, 낙담과 절망의 악순환을 희망과 성공에 대한 결단의 선순환으로 전환시켰다. 힘든 시간을 겪고 있는 가족들의 서로에 대한 진정한 관심과 존중은 그들의 상황에서 느끼는 낙인과 수치심을 줄였다. 격주로 진행된 가족 워크숍은 실직 근로자에게 주도적으로 행동하고 직업 탐색 노력을 지속할 수 있도록 격려했다. 그들은 작은 성공을 축하하고 실망에 대해 함께 위로하며 유대감과 상호지원을 강화했다. 도전 속에서도 유머를 찾고 함께 웃는 능력은 고무적이었다. 한 어머니는 면접 전에 긴장하여 머리를 고치려다 귀걸이가 하나 없다는 것을 깨닫고, 두 개의 귀걸이를 같은 귀에 걸고 있다는 사실을 알게 되었다. 가족 구성원들은 "가족의 즐거운 시간"을 만들기 위한 간단한 방법을 브레인스토밍하고, 스트레스에도 불구하고 서로에게 매일 감사를 표현하기로 합의했다. 더 집중적인 도움이 필요한 가족에게는 가족 상담이 제공되었다.

이 프로젝트의 성공을 바탕으로, 첫 직업을 찾고 있는 젊은 한부모 어머니들을 위한 유사한 회복탄력성 기반 그룹이 개발되었다. 대부분은 지속적인 고용을 위한 취약성과 여러 장벽을 극복해야 했으며, 많은 부분이 가족 및 가정과 관련되어 있었다(다중 스트레스 가족에 대한 13장 참조). 이러한 어머니들은 종종 동기 부족과 기능 저하로 결핍의 관점에서 비춰진다. 반면, 회복탄력성 접근은 이들 어머니를 자원이 부족하고 모든 삶의 측면에서 지속적인 스트레스에 압도된 존재로 보았다. 우리는 새로운 고용 요구에 맞춰 자녀 돌봄 계획을 찾고 관리하는 데 있어서의 어려움을 다루었다. 또한, 자녀 돌봄 계획과 가족 생활을 방해하는 파트타임, 불규칙한 근무 시간, 불확실한 교대 근무 일정 등 직장 정책과 관행을 변화시키기 위해 더 큰 시스템과 협력했다. 상담은 특별한 돌봄이 필요한 자녀를 양육하거나, 장애가 있는 노인을 돌보거나, 혼란스러운 가정을 안정시키거나, 약물 남용이나 폭력의 위험을 높이는 남자친구와의 문제적 관계를 끝내는 것과 관련된 특정 도전을 극복하는 데 도움을 주었다. 잠재적인 친족 및 사회적 지원, 종교적 · 영적 자원도 식별되고 활용되었다. 회복탄력성 기반의 접근은 어머니들의 시각을 절망에서 희망으로 전환시켜 그들의 강점과 잠재력을 발견하도록 하였다. 이는 그들이 더 나은 삶을 위해 적극적으로 나서고, 인내하며, 가능한 것을 숙달하도록 격려했다.

보스니아 및 코소보 난민을 위한 지역사회 기반 회복탄력성 지향 다가족 그룹

CCFH와 일리노이 대학교의 집단학살, 정신의학, 증인 센터가 협력하여 개발한 프로젝트는 지역사회 기반 가족 회복탄력성 접근의 가치를 입증했다. 1998~1999년 동안 우리는 보스니아 난민을 위한 회복탄력성 기반 다가족 그룹을 설계하고 실행하였으며,

다음 해에는 코소보 난민을 위한 그룹을 운영하였다. 두 그룹 모두 세르비아 인종 청소 정책으로 인해 사랑하는 사람, 가정, 그리고 공동체를 잃는 등 여러 트라우마와 손실을 겪었다. 많은 난민들이 깊은 정서적 상처를 가지고 있었지만, 정신 건강 서비스가 난민 공동체를 병리적으로 보았으며, 특히 외상 후 스트레스 장애(PTSD)에 대한 정신과적 낙인, 정신 질환으로의 진단, 개인 증상에 집중된 좁은 치료적 초점으로 인해 서비스를 이용하지 않았기 때문에 우리의 가족 회복탄력성 접근을 필요로 했다. 우리의 회복탄력성 접근은 가족을 동원하여 치유와 적응을 촉진함으로써 낙인과 수치심에 대응했다.

이 프로그램은 9주간의 다가족 그룹 형식을 활용했으며, 심리치료의 언어를 사용하지 않았다. 보스니아 가족을 위한 그룹은 쿠키와 큰 냄비의 커피를 제공하여 CAFES(Coffee And Family Education and Support)라는 이름으로 불렸다. 코소보 가족을 위한 그룹은 그들이 차를 좋아했기 때문에 TAFES라고 불렀다. 가족들은 강한 가족 중심의 문화적 가치를 반영한 프로그램에 쉽게 참여했으며, 주민들이 편안하게 느낄 수 있는 동네 상점에서 진행되었다. 이 그룹은 가족들이 여러 전환, 트라우마, 그리고 적응의 어려움을 겪으며 고통과 투쟁의 이야기를 나눌 수 있는 따뜻한 환경을 제공했다. 또한, 그들의 용기, 인내, 신념, 강한 친족 네트워크, 사랑하는 사람에 대한 깊은 관심, 그리고 비극을 극복하고 새로운 삶을 만들어 나가려는 결단과 같은 가족의 강점과 자원을 끌어내고 확인했다. 가족 세션의 초점은 과거의 경험과 슬픔을 나누는 것과 새로운 환경에서의 실질적인 요구와 도전에 대처하는 것 사이에서 이루어졌다. 협력의 정신을 촉진하고 지역 자원을 개발하기 위해, 지역사회의 진행자들이 초대되어 그룹을 공동으로 이끌고 긴급한 필요가 발생할 경우 도움을 줄 수 있도록 하였다. 이러한 접근 방식은 존중받고 치유되며 힘을 주는 경험으로 여겨졌다(Weine et al., 2005).

전쟁 피해 지역의 회복탄력성 중심의 가족 및 지역사회 서비스

보스니아 및 코소보 난민을 위한 회복탄력성 기반 다가족 그룹의 성공은 코소보에서 지역사회 기반의 회복탄력성 지향 가족 중심 교육 및 서비스를 개발하기 위한 다년간의 프로젝트로 이어졌다. 이 프로젝트의 목표는 전쟁으로 피해를 입은 지역에서의 많은 서비스 요구를 해결하기 위해 코소보 정신 건강 전문가와 준전문가의 역량을 강화하여 가족의 대처 및 회복 능력을 증진하는 것이었다. 코소보 가족 전문 교육 협력체

(KFPEC: Kosovar Family Professional Educational Collaborative)는 프리슈티나Pristina 대학교의 파리드 아가미Farid Agami 박사가 이끄는 코소보의 정신 건강 전문가들과 미국 가족치료 아카데미[3], CCFH, 일리노이 대학교의 가족 치료사 팀 간의 협력으로 이루어졌다. 이 접근 방식의 가치를 설명하면서 팀의 공동 리더인 롤랜드Rolland와 와인Wine(2000)은 다음과 같이 언급한다.

> 강점이 있는 가족은 코소보 삶의 중심이지만, 건강 및 정신 건강 서비스는 일반적으로 가족을 중심으로 구성되어 있지 않다. "가족"은 국제 기구의 가치 체계의 일부라고 공언되지만, 대부분의 프로그램은 정신 건강 서비스에 대한 가족 접근 방식을 실질적이거나 의미 있는 방식으로 정의, 개념화, 운영화하지 않는다. 난민, 기타 트라우마 생존자 및 전환 사회의 취약한 사람들의 심리사회적 요구가 전통적인 트라우마 정신 건강 접근 방식이 제공하는 개인적이고 정신병리학적인 초점을 훨씬 초과한다는 점을 인식하면서, 이 프로젝트는 회복탄력성을 기반으로 가족 강점을 강조하는 가족 중심 교육 및 훈련 프로그램의 시작을 목표로 한다(p. 35).

많은 국제 지원 프로그램에서 전문가들은 열정을 가지고 도착하지만, 장기적인 문제를 해결하기 위한 지역 역량 구축의 지속적인 노력이나 협력 없이 떠나는 경우가 많다. 이에 반해, 이 프로젝트는 코소보 전문가들과 협력하여 신중하게 계획되고 실행되었으며, 이후 몇 년 동안 지속적인 연락과 주기적인 재교육 세션이 이루어졌고, 각 세션은 지역의 새로운 요구와 우선 사항에 맞춰 조정되었다. 초기 12개월 동안 미국 가족 치료팀은 프리슈티나에서 일주일 간의 교육 세션을 실시하였고 피해를 입은 농촌 지역을 방문했다. 컨설턴트들은 강점 기반의 협력적이고 가족 회복탄력성 지향적인 메타 관점을 공유하며, 코소보 전문가들이 이 틀을 조정하고 지역 문화와 서비스 우선 사항에 가장 잘 맞는 실천 응용 프로그램을 개발하도록 격려했다. 가치 있는 것으로 평가된 자료(이 책 초판의 장을 포함)는 알바니아어로 번역되었다. 방문 사이에는 인터넷과 공동 글쓰기 프로젝트를 통해 연락이 유지되었다.

---

3 The KFPEC의 미국 가족 치료팀은 다음과 같다. Stevan Weine, MD and John Rolland MD(Coordinators); Carol Becker, PhD; Ellen Pulleyblank Coffey, PhD; Melissa Elliott, RN; James Griffith, MD; Judith Landau, MD; John Sargent, MD; Carlos Sluzki, MD; Jack Saul, PhD; Kaethe Weingarten, PhD. The Kosovar professional team was led by Ferid Agani, MD.

이 접근은 가족을 만나 이야기를 듣고, 그들이 겪은 잔혹한 사건을 목격하며, 그들이 대처하고 앞으로 나아가도록 도움이 되는 강점과 자원을 이끌어 내는 것이 중요함을 강조했다. 한 가족의 경우, 어머니는 남편과 두 아들, 두 손자가 농가 마당에서 살해당하는 총소리를 들었다. 팀원들은 그녀와 생존한 가족 구성원들과 그 사건에 대해 이야기하고, 그들이 어떻게 강하게 버틸 수 있었는지에 대해 물었다.

> 생존한 아들은 이렇게 대답했다. "우리는 모두 신자입니다. 우리 가족의 강점 중 하나는 하나님으로부터 옵니다. 믿을 수 있는 무언가가 있다는 것이 큰 도움이 되었습니다."
>
> 인터뷰어: "신앙을 강하게 유지하기 위해 무엇을 하십니까?"
>
> 아들: "나는 어머니를 '힘의 원천'으로 봅니다 …… 다섯 가족을 잃은 사람을 보는 것-그녀를 보는 것만으로도 우리는 힘을 얻습니다. 우리는 미래와 우리가 이룰 수 있는 것에 대해 생각해야 합니다. 이것이 우리를 강하게 유지합니다. 만약 내가 여기 없으면 [다섯 살 조카를 가리키며] 그에게 무슨 일이 일어날까요? 내가 강한 모습을 보이면, 조카는 강해질 것입니다. 내가 약해지면, 조카는 저보다 더 약해질 것입니다."
>
> 인터뷰어: "조카가 성장하면서 가족에 대해 무엇을 배우기를 바라십니까?"
>
> 아들: "그가 독립하고 다른 사람들과 가족을 돕게 되는 순간-아버지, 할아버지, 삼촌들이 다시 살아 있는 것을 보는 것과 같을 것입니다"(Becker, Sargent, & Rolland, 2000, p. 29).

이 가족에게는 신념 체계와 의사소통의 긍정적인 영향이 두드러졌으며, 특히 이슬람 신앙에서 힘을 얻었고, 강력한 모델과 멘토의 영감, 그리고 다음 세대에 전해지는 이야기들이 중요한 역할을 하였다.

많은 가족이 연결성, 협력, 그리고 적응적인 역할 유연성을 통해 회복탄력성을 구축하였다. "모든 사람은 살아 있든 죽어 있든, 여기 있든 해외에 있든 가족과 고향에 속해 있습니다. 모두가 중요하고, 서로 의지하고 있습니다." 상담자들은 요리하거나 식물을 심을 때 모든 사람이 유기적으로 함께 움직이며, 서로 보완적인 패턴을 이루어 각자가 이전 사람이 남긴 부분을 이어받는다는 것을 관찰했다. 그들은 비록 그들의 슬픔이 헤아릴 수 없지만, "가족의 숨겨진 보물은 부재한 각 역할을 채우는 그들의 적응력"이라고 언급했다(Becker et al., 2000, p. 29).

이 프로그램을 바탕으로 다른 협력 프로젝트들이 개발되었고 계속되고 있으며, 이는 분쟁 후 지역의 사회 시스템과 경제의 혼란과 붕괴가 증가함에 따라 더욱 심화되고 있는 높은 실업률과 인권침해라는 더 넓은 맥락 속에서 약물 남용과 AIDS 그리고 청소년 발달 문제의 치료와 예방에 중점을 두고 있다. 회복탄력성의 정신은 코소보를 위한 새로운 지역사회에 기반한 가족 중심의 정신 건강 관리 시스템을 구축하기 위한 창의적인 노력 속에서 지속되고 있다(Pulleyblank-Coffey, Griffith, & Ulaj, 2006).

갱단 참여 위험이 높은 청소년의 긍정적 발달 촉진: 가족 중심 훈련 구성요소(GRYD 예방 프로그램)

미국의 갱단 예방 프로그램은 가족을 포함하는 경우가 드물며, 이는 청소년 사법 분야에서 고위험 청소년의 가족이 역기능적이거나 변화에 대한 동기가 부족하며 투자할 가치가 없다는 일반적인 가정에 의해 저해되고 있기 때문이다. 그러나 연구들에 의해 가족이 중요하다는 사실이 밝혀졌다. 부모의 따뜻함, 더 높은 수준의 감독 및 모니터링은 청소년의 행동 문제와 갱단 참여와 관련이 있다(예: Gorman-Smith, Henry, & Tolan, 2004). 가족은 주요 유대 관계로서, 소속감과 보살핌, 보호, 소중함, 지원을 느끼도록 해 준다. 더 취약한 가족과 지역사회에서 이러한 유대 관계를 강화하려는 노력은 갱단 참여의 유혹을 상쇄할 수 있다.

우리는 갱 관련 약물과 폭력에 시달리는 도시에서 L.A. 부시장실의 갱 감소 및 청소년 개발(GRYD: Ganf Reduction and Youth Development) 프로그램과 함께 2년 동안 일할 수 있는 행운을 가졌다. 부시장인 기예르모 세스페데스Guillermo Cespedes는 개입 및 예방을 위한 다층적 시스템 모델을 설계하였다. 예방 프로그램에는 갱 참여 위험이 높은 것으로 확인된 10세에서 14세 사이의 청소년 1,000명에게 배정된 150명의 사례 관리자가 포함되었다(연구 평가를 위한 500명의 고위험 청소년 비교 그룹은 표준 지역사회 기반 기관 서비스만 받았다). 개입에는 개인 및 그룹 상담, 활동, 가족 세션이 포함되었다. 세스페데스는 경력 초기에 가족 치료와 지역사회 작업에 대한 교육을 받았으며, 위험한 지역에서 어려움을 겪고 있는 청소년들이 갱의 유혹에 저항할 수 있도록 가족 구성 요소의 중요성을 인식했다. 프로그램에 참여하는 청소년들이 집에서 생활하고 있기 때문에 가족을 포함하지 않는 것은 말이 되지 않았다.

프로그램의 연구자들은 처음에 증거 기반 가족 개입 모델의 사용을 권장하였다. 그러나 세스페데스는 일방적이고 문제 중심적 접근 방식에 실망하였고, 개입 프로토콜에 맞추기 위해 교육생들에게 일률적인 방법을 제공하는 방식에 반대하였다. 그는 모델에 대한 충실성을 보장하기 위해 자신의 직원을 프로그램에 투입하라는 컨설턴트의 요구에 가장 반대했으며, 이는 지역 거주자들과 그들의 어려움을 이해하고 있는 유능한 민족 및 인종적 소수자이며 석사 수준의 전문가들인 GRYD 프로그램 직원들을 대체하는 것이었기 때문이었다. 또한, 대부분 공식적인 전문 교육이 제한된 사례 관리자들에 대한 경시적인 시각이 있었으며, 그들이 봉사하는 지역사회에서의 작업과 삶의 경험, 그리고 청소년들이 위험을 극복하도록 돕겠다는 강한 헌신을 이해하지 못했다.

반면, 세스페데스는 근로자와 내담자의 필요와 도전에 유연하고 반응적인 강점 중심 접근 방식이 필수적이라고 믿었다. 그는 CCFH 공동 이사인 존 롤랜드John Rolland와 나에게 연락하여 가족 회복탄력성 중심의 훈련 프로그램을 개발하고 조정하도록 요청하였고, 매우 취약한 청소년과 그들 가족의 강점을 식별하고 강화하면 삶을 개선할 수 있는 잠재력이 있다는 확신에 바탕을 둔 유연하고 원칙에 기반한 틀을 높이 평가하였다.

우리의 협력 팀 접근 방식은 GRYD 훈련 직원, 기관 이사 및 사례 관리자의 지역 지식과 실천 및 삶의 경험을 존중하고 활용하도록 설계되었다. 우리는 가족을 도전에 대한 전문가로 참여시키고, 자녀에 대한 그들의 최선의 희망을 지원했다(Fraenkel, 2006). 우리의 접근 방식은 문제와 결핍에 대한 기존의 초점에서 벗어나 청소년과 그 가족을 "위험에 처한" 것이 아니라 지지적인 관계 유대를 강화함으로써 긍정적인 성장과 성공적인 삶을 이룰 수 있는 잠재력을 가진 "가능성이 있는" 존재로 바라보는 방향으로 전환하는 것을 목표로 하였다. 청소년의 행동과 미래의 열망은 가족, 또래, 지역사회, 더 넓은 사회경제적 영향, 문화적 및 영적 자원에 대한 고려를 포함한 그들 생활 상황의 맥락에서 다루어졌다.

지역의 필요와 우려에 적응하기 위해, 우리는 주요 우선 사항을 다루는 훈련 세션을 설계하고 일정을 잡도록 요청받았으며, 피드백에 따라 유연하게 조정하고 진행하면서 수정하였다. 세스페데스가 말했듯이, "우리는 비행하면서 비행기를 만들어야 한다."—바로 그것이 우리가 한 일이다.

이 훈련을 제공하기 위해, 우리는 사례 관리자 및 직원들과 함께 저소득 및 소수 민족 공동체와 협력 사업을 수행한 경험이 풍부한 가족 치료 훈련자들로 팀을 구성하였다. GRYD 직원들에 의해 "드림 팀"으로 불린 우리의 훈련 팀 구성원에는 해리 아폰테Harry Aponte, 윌리엄 매드센William Madsen, 호르헤 콜라핀토Jorge Colapinto, 안드레 브라운Andrae Brown, 낸시 보이드-프랭클린Nancy Boyd-Franklin, 셀리아 팔리코프Celia Falicov, 톰 토드Tom Todd, 존 롤랜드John Rolland, 그리고 내가 포함되었다. 우리 각자는 가족 회복탄력성 틀; 가계도 적용 및 확대 가족 자원; 매드센Madsen(2011)의 협력적 도움 지도; 가족 구조 기술 구축; 근로자의 자기 활용; 이민 가족의 도전; 문화 자원 활용; 감독 훈련 등 특정 분야의 초점과 전문성을 가져왔다.

훈련 프로그램은 광범위한 프로그램 목표를 달성하기 위해 GRYD 직원들이 정의한 두 가지 전략 구성 요소에 초점을 두었다.

수직적 전략 구성 요소

다세대 생애주기 모델에 기반하여, 회복탄력성 지향적 가계도는 우리의 의견을 반영하여 GRYD 직원들에 의해 개발되었다(6장 및 부록 2 참조). 모든 근로자와 감독자는 먼저 자신의 가계도를 작성하여 그 유용성을 배우고 이해했다. 코칭 기법을 사용하여 청소년과 그 부모/보호자를 관계 자원, 즉 회복탄력성을 위한 "생명선"에 연결하였다. 수직 전략은 다세대 가족 역사를 탐구하여 (1) 과거의 역경을 극복하는 데 있어 회복탄력성의 이야기를 끌어내고, (2) 현재의 확대 가족 시스템에서 장기적인 가족 회복탄력성과 위험에 처한 청소년의 성공적인 발전을 지원할 긍정적인 모델과 멘토를 식별하였다. 우리는 청소년을 지원하기 위해 최선을 다해 그들의 노력을 지지하고, 그들의 잠재력을 믿으며, 그들이 삶을 최대한 활용하도록 격려할 수 있는 가족 구성원을 식별하여 참여시켰다. 회복탄력성 지향적인 가계도와 매드센Madsen의 협력적 도움 지도는 청소년과 가족이 더 강한 정체성, 연결감, 그리고 역량을 개발하는 데 사용할 수 있는 도구를 제공하여, 그들이 직면한 도전과 장벽을 극복할 수 있는 능력을 증가시켰다.

수평적 훈련 구성 요소

이 구성 요소는 가정 단위에 초점을 맞추어 부모/보호자의 기능을 강화하고 청소년과 가족의 문제 해결 능력을 향상시키는 데 중점을 두었다. 구체적으로, 직원들에게 (1) 위험 요소와 관련된 문제 행동 및 상호작용 패턴을 식별하는 기술, (2) 문제 정의 및 이미 시도된 해결책에 대한 정보를 수집하는 기술, (3) 각 청소년과 가족과 함께 미래 비전과 참여 및 실행 전략을 개발하는 기술 훈련을 하였다. 우리는 청소년의 문제 행동과 자기 파괴적 행동을 줄이는 데 좁게 초점을 맞추기보다는 긍정적인 신념과 행동을 촉진하고, 가족 구조 기능을 강화하며, 원하는 목표를 향한 관계적 지원을 구축하는 것이 긍정적인 청소년 발전에 더 효과적이라는 확신을 공유했다. 대신, 이러한 행동과 위험 요소는 선호하는 삶의 꿈을 향한 경로에서 극복해야 할 장애물로 다루었다(Madsen, 2009, 2011; 회복탄력성 지향적 가계도 사용은 6장 참조).

가족 구조적 과정도 다루었다. 이 훈련 구성 요소는 부모/보호자의 양육과 권위를 모두 증가시키는 것을 목표로 하였으며, 특히 청소년의 일상 활동을 모니터링하고 감독하는 데 중점을 두는 것과 동시에 부모의 가혹하고 강압적인 통제 사용을 줄이는 데도 초점을 맞추었다. 학교 생활의 성공에 대한 적극적인 가족 지원도 필수적이었다.

훈련 프로그램은 모든 참가자(150명의 사례 관리자, 지역 기관장, GRYD 직원)를 위해 2~3일 워크숍을 9개월 동안 진행하였으며, 워크숍은 다음을 포함하였다.

- 실무 관련 지식과 기술 발표, 보충 자료 및 PDF 형식의 자료 제공
- 훈련 구성요소의 기술을 통합하기 위해 기관 직원(전략 팀)의 발표를 위한 사례 기반 가족 중심 컨설팅 제공
- 적용 및 도전에 대한 소그룹 및 전체 그룹 토론

학습과 적용을 강화하기 위해, 주기적인 웹 기반의 소그룹 사례 상담 세션이 각 기관에서 스카이프Skype를 통해 원거리 훈련 상담자와 함께 진행하였다. 이러한 세션은 지역 기관 직원 간의 협력적 팀워크를 강화하는 데도 기여하였다. 훈련 팀 구성원과 GRYD 직원 간의 정기적인 연락은 훈련 세션에 대한 지속적인 피드백과 조정을 촉진하여 프로그램 요소와 일정을 새로운 도전에 맞추고 목표를 최적으로 달성하는 데 도움을 주었다. 이러한 유연성은 때때로 도전적이었지만 프로그램의 강점으로 작용했으며, 직원과 훈련생의 만족도와 청소년 및 가족과의 작업에 대한 역량과 자신감을 높이는 데 기여하였다.

GRYD의 개입 및 예방 프로그램 전반에 걸쳐, 회복탄력성을 위한 더 넓은 지역사회, 문화 및 영적 자원에 대한 주의가 기울여졌다. 매우 성공적이었던 "여름 밤의 빛

(Summer Night Lights)"의 시작은 갱 활동 및 마약 판매의 어둡고 위협적인 동네 공원을 여름 밤 청소년, 가족 및 지역사회가 모일 수 있는 밝고 환한 모임 장소로 변화시켰다. 이곳에서 그들은 지역 상인들이 제공하는 다양한 민족 음식을 즐기고 게임, 스포츠 및 기타 활동에 참여할 수 있었다. 경찰서는 안전을 보장하고 주민들과 상호작용하기 위해 경찰관을 배치하여 상호 신뢰를 구축하였다. 이러한 시작은 청소년에게 여름 일자리를 제공하고 지역사회와 연결성을 강화함으로써 갱 관련 범죄와 폭력을 크게 줄였다(www.grydfoundation.org/summer-night-lights).

가족 회복탄력성 강화를 위한 지역사회 서비스 재검토

가족 회복탄력성 실천 접근은 실용적이며 성장 지향적이다. 이는 주요 가족 과정을 목표로 하여 문제를 해결하는 과정에서 가족 기능과 자원을 강화한다. 핵심 원칙에는 협력과 팀워크; 다층 체계적 및 지역사회 기반 개입; 유연한 서비스 제공; 예방 및 조기 개입이 포함된다. 회복탄력성에는 다양한 경로가 존재하는 것처럼, 가족 회복탄력성 상위 구조meta-framework는 다양한 체계 지향적 실천 모델과 양식에 적용될 수 있다.

협력과 팀워크

가족 회복탄력성 접근은 가족 구성원 간의 팀워크를 구축하여 삶의 도전을 극복하도록 노력한다. 위기 상황에서는 서로의 지원이 무너지는 경향이 높으며, 구성원들은 고립되고 자립적인 대처 방식으로 움츠러들게 된다. 우리가 상호지원, 공감적 의사소통, 가족 및 지역사회 구성원 간의 공동 문제 해결을 장려할 때, 문제를 함께 해결하면서 유대감이 강화된다. 부부 및 가족 회의와 지역사회 포럼을 통해 협력 환경을 조성한다. 더 명확하게 말하자면, 우리는 구성원들이 서로를 파트너 또는 팀원으로 생각하도록 초대하여 공동의 노력을 통해 더 많은 자원을 활용할 수 있게 돕는다.

서비스 제공에서, 체계 내외의 다양한 분야를 포함한 협력적 팀 접근 방식은 각 팀 구성원의 역할과 전문성을 존중한다. 이는 내담자 및 가족 중심의 통합된 치료를 촉진하고, 복잡한 시스템에서 단편적이고 비반응적인 서비스를 극복하는 데 도움을 준다.

보건 및 복지 서비스는 문제 중심적 경향이 있으며 증상이 있는 개인에 좁게 초점을 맞추고, 때로는 파트너, 부모, 보호자를 포함하지만 여전히 다른 스트레스 요인과 잠재적 자원을 포함한 가족 네트워크를 흐릿한 배경으로 남겨 둔다. 서비스가 가족 중심으로 제공될 때, 모든 가족 구성원을 돕기 위한 노력은 보다 잘 조정되고 사전 예방적으로 이루어질 수 있다.

다중 체계적, 지역사회 기반 개입

극한의 상황에 처한 가족이 스스로를 유지하고 도전을 극복하기 위해서는 환경적 지원이 중요할 수 있다. 치료사들은 가족 내부에만 초점을 맞추는 것을 넘어 개인, 가족, 사회적 네트워크 및 더 큰 시스템 간의 연결을 구축하도록 권장받고 있다. 예를 들어, 루스 퍼스트Ruth Furst가 이끄는 CCFH 교수진은 시카고의 여러 공립학교에서 가족-학교 파트너십 프로그램을 개발하여, 위험에 처한 청소년의 높은 학교 실패 및 중퇴율을 줄이고 그들의 회복탄력성과 성공을 촉진하는 것을 목표로 하였다. 가족과 학교 전문가의 긍정적이고 적극적인 참여를 장려하는 이러한 파트너십은 큰 변화를 가져올 수 있다. 다중 스트레스를 받는 취약한 가족과의 작업에서 지역사회 기반 가족 자원 관점은 매우 중요하다(13장 참조). 긍정적인 상호작용을 증진하고, 대처 노력을 지원하며, 가족 외부 자원을 구축하는 것을 목표로 하는 개입은 스트레스를 줄이고 자부심과 역량을 향상시키며 보다 효과적인 기능을 촉진하는 데 협력하여 작용한다.

유연한 서비스 제공

우리의 건강 관리 및 사회 서비스 제공 시스템은 시간이 지남에 따라 가족의 도전에 반응하고 사전 예방적으로 대응할 수 있도록 보다 유연하게 조직되어야 한다. 위기나 상실에서 회복하고 여러 도전에 적응하는 것은 4~6회의 세션으로 한 번에 이루어질 수 없다. 이는 치료의 범위가 무제한인 모호하고 개방적인 계약을 의미하지 않는다. 한 동료는 시간이 지남에 따라 적응에 주의를 기울이는 것이 가족이 도움을 받기 위해 한 번 상담을 받으면 평생 치료를 받아야 한다는 것을 의미하는지 걱정하였다. 문제 일부는 전통적인 심리치료 관점에 있다. 회복탄력성 기반 접근은 예방적 가족 의학 모델, 가족

의사의 지속적인 역할, 그리고 치유의 개념에 더 잘 맞는다. 우리의 신체 건강을 생각할 때, 우리는 스스로를 영구적인 의료 치료를 받는 환자로 여기지 않는다. 우리는 위기 상황에서뿐만 아니라 정기적인 건강 검진을 위해 의사를 만나고, 시간이 지남에 따라 그들과(또는 그들의 임상 환경과) 건강 및 예방 지향적인 관계를 발전시키는 것이 가장 좋다.

회복탄력성 지향적 접근은 가족 치료의 개념을 상담, 단기 상담, 그리고 심리 교육 그룹을 포함하도록 확장한다. 체계적 틀은 개입 우선순위를 안내한다. 만남은 가족 단위, 하위 그룹, 부부 또는 개별 구성원과 다양한 시점에서 열릴 수 있으며, 치료는 지원 네트워크를 구축하는 데 도움이 되는 비공식적인 친척이나 친구와의 회의를 포함할 수도 있다. 가족의 신앙 공동체와 같은 지역사회 연결도 적극적으로 장려된다. 개입이 시간에 따른 다양한 도전과 적응 과정에 맞출 수 있도록 하기 위해, 우리는 전통적인 치료 계약과 종료까지 매주 회기 경직된 일정을 재구성할 수도 있다.

실천을 안내하는 심리사회적 지도

롤랜드Rolland가 개발한 가족 체계-질병 모델(1994, 2012; 12장 참조)은 개입을 안내하고 가족의 대처 및 회복탄력성을 촉진하는 유용한 심리사회적 지도로서 다양한 역경에 대한 잠재적 가치를 가지고 있다. 가족의 도전과 개입 우선순위는 발병 양상(급성 vs. 점진적), 경과(단기, 재발, 지속적, 점진적 악화), 결과, 기능적 손상 정도, 미래 경과에 대한 불확실성과 관련하여 달라질 수 있다. 스트레스는 이정표, 전환, 변화하는 요구 사항이 있는 지속적인 과정으로 접근할 수 있다. 시간이 지남에 따라 전개되는 사건의 다양한 단계는 서로 다른 가족의 강점을 필요로 하는 문제를 제기한다. 짧은 위기는 즉각적인 자원 동원을 필요로 하며, 초기 불균형 기간 이후 가족은 재조직하고 익숙한 생활 패턴을 재개할 수 있다. 장기적이거나 영구적인 변화 또는 지속적인 역경이 있는 경우, 가족은 위기 이전의 정체성을 잃은 슬픔을 겪고, 새로운 상황에 적응하기 위해 익숙한 패턴과 희망, 꿈을 변경해야 할 수 있다. 이러한 심리사회적 지도는 스트레스 관련 위기나 장기적인 노력을 관리할 수 있는 능력을 강화하기 위해 상담 및 주기적인 가족 "심리사회적 검진"을 안내할 수 있다.

실천 노력은 이혼과 같은 혼란스러운 전환의 즉각적인 심리사회적 요구를 충족하기 위해 강점을 구축하는 데 집중할 수 있으며, 앞으로의 예상 경과에 대비할 수 있다.

CCFH의 이혼 중재 및 이혼 후 교육 및 서비스는 이혼 전의 스트레스를 겪는 가족을 몇 년 동안 추적한 종단적 연구 결과를 바탕으로 하여 회복탄력성을 촉진하는 과정을 식별하였다(Hetherington & Kelly, 2002; 9장 참조). 이러한 연구는 부모가 분리 결정, 양육권, 거주지 및 방문 옵션을 계획적으로 접근하여 위험을 줄이고 자녀의 긍정적인 적응을 촉진하는 데 도움을 주는 노력을 안내한다. 이혼 후, 우리는 부모가 시간이 지남에 따라 일반적으로 발생하는 전환적 고통과 복잡성을 예상하고 관리하도록 저극적으로 도울 수 있다(예: 자녀의 교육이나 종교 교육에 대한 결정, 거주지 변경, 재혼 및 새 가족 형성 등). 우리는 가족이 발생하는 도전에 대처할 수 있도록 협력 이혼 전문가, 판결 후 중재 또는 기타 적절한 서비스와 연결한다.

가족이 위기 상황에서 자원을 모아야 하는 것처럼, 이러한 시기에는 보다 집중적인 전문적 도움이 필요하다. 마찬가지로, 가족이 안정적인 기간 동안 더 많은 분리로 균형을 이동할 수 있는 것처럼, 간헐적인 치료적 접촉은 적응의 정체기 동안 가족 기능을 유지하는 데 도움이 될 수 있다. 초기 위기 단계(몇 주에서 몇 달까지 지속될 수 있음)에서는 회기를 주간으로 진행하거나 상황이 긴급할 경우 더 자주 진행할 수 있다. 가족 구성원은 개별적으로 또는 다양한 조합으로 만날 수 있으며, 예를 들어, 우울증을 앓고 있는 청소년은 개인적으로 또는 가족과 함께 상담을 받을 수 있다. 시간이 지남에 따라, 회기의 빈도를 줄여(예: 격주 또는 월간) 진행함으로써 진행 상황을 유지할 수 있다. 회기는 재혼 가족 형성과 같은 예측 가능한 스트레스 포인트에 맞춰 예약할 수 있으며, 예상치 못한 문제나 새로운 혼란이 발생할 경우 필요에 따라 도움을 받을 수 있다.

체계 지향적 접근: 회복탄력성 강화를 위한 다양한 경로

건강한 가족 기능에 많은 경로가 있는 것처럼, 가족 치료에 대한 우리의 관점도 가족을 강화하고 지원하기 위해 다양한 체계 기반 접근과 양식으로 확장되어야 한다. 개인 세션과 공동 세션을 결합할 때는 신중한 계획, 타이밍, 초점이 중요하며 비밀 유지 및 삼각관계 문제에 주의를 기울여야 한다. 귀중한 정보, 대처 기술 및 지원은 위기 상황에 처한 가족이나 지속적인 스트레스와 도전에 대처하는 가족을 다양한 형식으로 강화할 수 있다. 심리 교육과 지원 네트워크를 제공하는 다가족 그룹은 다양한 불리한 상황에 직면한 가족에게 특히 유용하다. 그들의 상황과 관련된 성공적인 가족 대처에 대한 연구는 개입을 안내할 수 있으며, 가족들 간에도 공유될 수 있다. 많은 가족이 모호성을 명확히 하고 스트레스를 관리하기 위한 정보와 지침을 간절히 필요로 한다. 비슷한 도전에 직면한 다른 가족들과 경험을 공유함으로써 새로운 자원을 얻고 그들의 고통을 정상화할 수 있다. 가족들은 회복탄력성을 강화하는 에너지를 주는 집단 목표에 긍정적으로 반응한다.

예방: 위기 반응에서 사전 예방 서비스로

정신 건강 및 건강 관리에 대한 새로운 우선 순위에 따라, 자원은 비용 효율적인 예방 서비스에 집중되어야 한다. 고통받는 아동과 가족을 위한 대부분의 프로그램은 반응적이며, 피해자를 잔해에서 구출하는 데 초점을 맞추고 있다. 문제가 고착화되고 악화되기 전에 위험에 처한 사람이나 급성 고통을 겪고 있는 사람들을 지원하기 위해 사전 예방적인 웰빙 기반의 서비스를 제공하는 것이 더 합리적이다. 정보, 자원, 기술 및 지식 개발 기회를 제공하는 프로그램은 위기에 따른 방식이 아닌 지속적인 방식으로 운영될 때 효과적이며 비용 효율적이다(Dolan, 2008).

회복탄력성을 키우는 가족 개입은 역경에 직면할 때 면역력이나 강인함을 높이는 심리사회적 예방접종 역할을 할 수 있다. 위기가 발생하기 전에 가족의 회복탄력성을 강화함으로써 우리는 그들의 취약성을 줄이고 스트레스에 대처하는 능력을 강화하며 새로운 도전에 대응할 자원을 향상시킬 수 있다. 가족 기능을 강화하고 친족 및 지역사회 네트워크에서 지원 자원을 동원함으로써 위기 예방 기술을 개발할 수 있다.

예방적 개입은 문제가 발생하기 전, 발생할 때, 또는 발생한 후에 제공될 수 있다. 1차 예방 및 가족 생활 교육은 위험에 처한 개인과 가족을 위한 지원 및 권한 부여를 창출하는 전략이다(Harris, 1996). 예를 들어, 시카고 기반 가족 초점과 예방 프로그램(Family Focus and Ounce of Prevention)은 새로운 10대 부모와 협력하여 건강한 부모-자녀 관계, 초기 아동 발달, 부모 자신의 교육, 직업 및 사회적 기능을 지원한다. 학교 및 지역사회 센터와 같은 자연스러운 지역사회 환경에서 가족 중심의 예방 및 조기 개입을 위한 광범위한 서비스가 제공될 필요가 있다. 가족 치료사 및 기타 전문가들은 지역사회 상담, 포럼 및 공개 강연을 통해 정보와 가족 대처 전략을 제공할 수 있다. 더 큰 체계 수준에서의 예방 조치는 위험한 환경 조건을 수정함으로써 취약성과 위험을 감소시킬 수 있다.

2차 예방은 위기의 초기 단계에 대한 개입이나 스트레스가 많은 전환에 대한 초기 조정을 포함한다. 3차 예방은 지속적인 문제 과정에서 나중에 취해지는 조치로, 추가적인 재발이나 악화를 방지하는 것을 목표로 한다. 회복탄력성의 관점에서 볼 때, 모든 치료적 노력은 고통받는 가족이 미래의 위기를 피하고 웰빙과 긍정적인 성장을 지원할 수 있는 강점을 개발하도록 돕는다면 예방적일 수 있다. 무릎 부상의 치료와 치유가 유용한 비유가 될 수 있다. 물리 치료는 회복을 도울 뿐만 아니라 취약한 부위의 근육 회복력을 강화하여 미래의 부상을 예방하고 건강한 기능을 유지할 수 있도록 한다. 많은 단기 위기 개입 접근법이 단기 회복에 도움이 되지만, 가족의 회복탄력성이 강화되지 않는다면 미래의 위기가 취약한 가족을 압도할 가능성이 높으며 반복적인 응급 치료가 필요하게 된다. 만약 우리가 예방 모델인 가정의학이나 치과의학처럼 심리사회적 치료를 위한 가족 중심의 정신 건강 서비스를 조직한다면, 고통의 많은 부분을 피할 수 있을 것이다.

결론적으로, 회복탄력성 기반 서비스는 가족의 권한을 강화하며, 공유된 희망을 불러일으키고, 새롭거나 갱신된 역량을 개발하며, 상호지원을 구축한다. 우리는 가족이 현재의 문제를 해결할 뿐만 아니라 미래의 도전에 보다 효과적이며 능동적으로 대처할 수 있도록 돕는다. 따라서 모든 개입은 예방 조치이기도 하다.

돕는 전문가의 회복탄력성 강화

도움을 주는 전문가로서 우리는 모두 실천 환경에서 도전적인 업무의 요구를 충족하기 위해 회복탄력성이 필요하다. 만성적으로 스트레스가 많은 직업과 자원이 부족한 기관, 학교, 의료 환경 및 기타 대규모 시스템에서는 번아웃이 흔하게 발생한다. 지속적인 요구와 사건 및 기록 관리의 과부하는 에너지를 소모시킨다. 많은 위기 상황에 처한 내담자, 지속적인 트라우마를 경험하는 사람들, 그리고 다중 스트레스 조건에 압도된 사람들과 함께 일할 때 연민 피로compassion fatigue가 발생한다.

인간적 연결

많은 전문 교육과 연구의 초점은 변화에 대한 전략과 전술을 강조한다. 그러나 여러 해에 걸쳐 심리치료의 다양한 접근 방식의 효과성에 대한 연구에서 치료적 관계는 공통적인 요소로 두드러지게 나타났다(Lebow, 2012; Sprenkle et al., 2009). 이 관계는 개방적인 의사소통과 신뢰하는 분위기를 바탕으로 내담자가 다양한 생각, 감정, 의견을 반영하고 표현할 수 있는 능력을 촉진한다. 최근의 내러티브 접근법은 치료적 대화의 치유력을 강조한다. 우리의 공감적 경청, 진정한 관심, 그리고 존중하는 호기심은 가족 구성원들이 자신의 이야기를 하고, 그들의 어려운 상황에 대한 새로운 관점을 고려하도록 격려한다.

가족과의 인간적 연결은 회복탄력성 지향적인 실천 접근 방식에서 매우 중요하다. 내담자가 변화에 대해 개방적이고 수용적이기 위해서는, 도움을 주는 전문가가 그들의 삶의 이야기와 복지에 진정으로 관심을 가져야 한다. 우리는 그들의 곤경을 이해하고, 고통에 공감하며, 그들이 최선을 다하도록 격려해야 한다. 우리는 완전히 참여하는 데 편안함을 느껴야 하며, 상호작용에서 모범을 보이고, 자신의 역경 경험에서 배운 것을 (적절하게) 공유해야 한다.

워터스와 로렌스Waters & Lawrence(1993)가 제안한 매우 적절한 표현인, 치료사와 내담자의 "용기 있는 참여"는 역량 기반 작업과 회복탄력성을 구축하기 위한 협력적 노력의 핵심이다. 내담자뿐 아니라 치료사로서 우리는 제약적인 신념에 의문을 제기하고 도전하며, 무력하고 피해자적인 입장에서 벗어나려는 시도를 지원하고, 내담자가 어려운 시기에도 최선을 다할 수 있도록 격려할 용기가 필요하다. 더 나은 관계와 삶의 목표를 위해 그들에게 더 많은 것을 기대하고 위험을 감수하도록 요구하는 데는 용기가 필요하다. 이러한 관점으로 함께할 때, 우리의 내담자는 긍정적인 변화를 향해 나아가게 되고, 변화할 수 없거나 불확실한 상황에서도 더 큰 편안함을 느끼며 살아갈 수 있게 된다.

회복탄력성을 위한 관계적 생명선

도움을 주는 전문가로서 우리 자신의 회복탄력성은 관계에 기반하며, 동료들과의 협력, 지지적인 작업 시스템, 만족스러운 개인 관계를 통해 육성되고 유지된다. 사례 수가 증가하고 복잡해지는 반면, 직원 자원이 줄어들면 전문적인 탈진의 위험이 높아진다. 나는 학생들과 치료사들에게 지원적인 전문 네트워크를 구축하고 경력의 각 단계에서 학습과 발전의 경험을 찾도록 권장한다. 대학원 가족 치료 교육 센터는 워크숍, 강의, 사례 상담 그룹에 참여함으로써 활력을 주는 전문적인 공간을 제공하고, 관계를 양육하며 성장할 수 있는 기회를 제공한다. 협력 상담 팀이나 파트너는 동료애, 역량, 자신감을 구축하는 데 이상적이다. 지속적인 그룹 경험은 멘토링 관계, 동료 지원, 기술 향상을 제공한다. 매월 동료 상담 그룹을 통해 전문적인 성장과 연결성을 유지할 수 있다.

팀 구성이 불가능한 실습 환경에서는 "버디 시스템buddy system"을 형성할 수 있다. 신뢰할 수 있는 동료는 전문적인 생명선 역할을 할 수 있다. 내담자가 위기에 처했거나 전문가가 지원이 부족하고 낙담했을 때 상호 자원과 상담이 가능하다. 나와 가까운 동료들은 서로에게 의지하며, 그 결과 우리는 우리의 정신을 새롭게 하고 창의적인 에너지가 다시 불붙는 것을 발견한다.

한번은 동료가 자신이 지난 세션에서 거의 잠이 들 뻔했기 때문에 내담자와의 세션을 관찰해 달라고 나에게 요청했다. 그는 2년 전 남편이 떠난 이후 절망에 빠진 중년의 어머니인 글로리아와의 대화에서 지루함과 짜증을 느끼고 있었다. 그녀가 자신의 삶에서 항상 일어났던 모든 나쁜 일들을 떠올리며 고민에 대해 계속 얘기할 때, 내 동료는 그녀의 곤경에 공감을 표하고자 꿈속에 있는 듯 조용히 고개를 끄덕였다. 그의 생각이 흐트러지고 시선이 다른 곳으로 향하자, 글로리아는 그를 다시 참여시키기 위해 드라마의 강도를 높였고, 이는 오히려 그를 더 짜증 나게 만들었다. 이러한 교착 상태의 관계가 매주 반복되었다.

동료와 내가 함께 상황을 살펴보면서, 글로리아의 슬픈 이야기에 너무 집중함으로써 그가 그녀의 수동적이고 피해자적인 입장, 전반적인 비관주의, 그리고 다른 사람들이 그녀에게 관심을 가지려면 그녀가 그들의 동정을 불러일으켜야 한다는 믿음을 무의식적으로 강화하고 있다는 것이 분명해졌다. 변화가 일어나기 위해서 그는 글로리아가 그녀와 자녀를 위해 더 나은 삶을 누릴 자격이 있고 그것을 이룰 수 있는 사랑스러운 사람이라는 진심어린 관심을 보여야 한다는 것을 인식했다. 치료적 대화의 초점이 그녀의 강점을 인식하고 확인하는 것으로 전환되자 그녀는 생기를 되찾았고, 이혼의 어려움 이후 그녀가 삶을 재건을 도우려는 그의 노력을 지속하는 데 어려움이 없었다. 회복탄력성을 촉진하는 치료적 관계는 트라우마적 경험으로 인한 손상에서 회복하고, 무엇이 가능한지에 대한 내담자의 시야를 확장하며, 그러한 꿈을 추구하기 위한 행동과 관계 자원을 지원한다.

워터스와 로렌스Waters & Lawrence(1993)는 치료사들이 내담자의 투쟁과 대립을 신화적인 "영웅의 여정"으로 보도록 권장하며, 이는 회복탄력성 접근 방식과 일치하는 관점이다. 그들은 조지프 캠벨Joseph Campbell의 관찰을 언급하며, 성경의 다윗과 골리앗 이야기처럼 신화 속의 영웅들은 모두 용이나 다른 적을 물리치기 위해 역경을 이겨내고 있다고 설명한다. 영웅은 개인적인 원한, 실망, 복수의 방식이 아닌, 자연의 방식으로 용기 있고 품위 있게 삶에 참여하게 된다. 우리가 내담자를 이러한 관점에서 바라볼 때, 내담자의 인생 여정의 긍정적이고 유능한 측면과 우리 자신의 노력을 더 쉽게 인식할 수 있다. 워터스와 로렌스는 다음과 같이 말한다.

> 우리 작업에서, 삶에 대한 용기 있는 참여라는 목표는 증상의 '부정적인' 측면을 피하려는 욕구 이상의 것으로 우리를 안내한다. 치료에서, 우리의 내담자는 '그들의 드래곤을 물리치려는' 영웅들이지만, 우리가 그것을 잊고 그들의 역기능, 피해 의식, 또는 장애에 사로잡혀 있다면 우리는 그들에게 별로 도움이 되지 않는다. 우리는 그들의 핵심에 숙련과 소속에 대한 욕구가 있다는 것을 인식해야 한다. 내담자와 우리가 그러한 장애물에 맞서고 삶의 가능성을 변화시킬 용기를 가질 때, 그들은 영웅이 된다(1993, p. 58).

연민 피로와 대리 회복탄력성

가장 높은 스트레스를 동반하는 작업 상황 중 하나는 트라우마, 고문 및 기타 잔혹한 경험을 한 개인, 가족 및 공동체를 돕는 것이다(11장 참조). 극심한 고통, 무력감, 그리고 혼란을 목격하면서 쌓이는 정서적 긴장은 의료진, 치료사, 상담사, 인도주의 활동가, 인권운동가, 응급 구조대원, 심지어 기자들까지 포함하여 도움을 주는 전문가들을 대리 트라우마의 위험에 처하게 하며, 시간이 지남에 따라 탈진이나 연민 피로의 증상을 초래할 수 있다. 피글리Figley(2002)가 개발한 개념인 연민 피로compassion fatigue는 도움을 주는 전문가와 기타 돌봄 제공자의 삶에서 트라우마 스트레스, 이차 트라우마 스트레스, 그리고 누적 스트레스/탈진이 융합되는 것을 포함한다. 강렬한 트라우마적 이야기와 외상 후의 지속적인 분투에 공감하며 듣고 반응하는 것은 도움을 주는 사람들에게 부정적인 영향을 미칠 수 있다.

대리 회복탄력성vicarious resilience은 전문가들이 내담자의 회복탄력성을 탐구하고 역경을 극복하는 과정을 살펴볼 때 경험하는 긍정적인 혜택을 말한다. 에르난데스와 동료들(2010; Hernandez, Engstrom, & Gangsei, 2007)에 의한 이 개념은 고문, 정치 폭력, 납치 생존자들과 함께 일하는 정신 건강 전문가들을 대상으로 한 인터뷰 연구를 바탕으로 개발되었다. 작업자들은 사람들이 겪은 고통과 투쟁의 이야기와 함께 놀라운 용기, 인내, 영웅주의, 관대함과 같은 자원의 이야기를 끌어낼 때, 자신의 작업과 개인 생활에서 깊은 영감을 받았다고 보고했다.

이 자료는 내담자의 회복탄력성 이야기와의 상호작용을 통해 치료사들의 전문적 및 개인적 권한 부여에 기여하는 복잡한 요소들을 보여 주었다. 가장 일반적으로 언급된 혜택은 인간의 치유 능력을 목격하고 반영하는 것이었다. 그들은 정신 건강 교육에서 충분히 인식하지 못했지만 이제는 그들의 실천에 포함된 차원인 희망과 헌신의 힘, 그리고 영적 자원의 가치를 내담자로부터 배우게 되었다고 보고했다. 그들은 자기 사용의 효능을 얻고, 도움이 되는 개입을 맥락에 맞게 설정하고 시간, 환경, 개입의 경계를 개발하는 데 능숙해졌다. 또한 지역사회 개입의 가치를 배우게 되었다. 폭력 목격에 관한 웨인가르텐Weingarten(2004)의 연구를 지지하며, 치료사들은 연민, 인식, 지식, 및 효과적인 행동의 입장에서 최선을 다해 작업을 수행할 수 있었다고 반영했다.

대리 회복탄력성의 이러한 효과는 그들의 업무 상황을 넘어 일반화되어 자신, 관계, 환경에 대한 인식을 크게 형성하였다. 이 경험은 그들에게 자신의 삶에서 문제의 중요성을 재평가하게 만들었다. 그들은 좌절에 대한 관용을 얻고, 부정적인 사건을 재구성하고 대처하는 능력을 증가시켰다. 치료사들은 또한 폭력에 대한 자신의 가치와 관점, 그리고 회복과 회복탄력성의 핵심 과정으로서 사회적 및 법적 검증과 보상의 중요성을 명확히 하고 강화하는 경험을 하였다. 여러 시스템과 함께 협력하고 내담자의 삶에서 변화를 목격하는 것은 일부 전문가들에게 자신의 트라우마 작업을 교육, 저술, 연구 및 활동으로 확장하도록 영감을 주었다.

사회적 구조 개선: 손상된 서비스 체계의 변화

체계 지향적 전문가들은 개인과 가족의 붕괴 위험을 높이는 사회적 분열을 개선하기 위해 우리의 에너지를 사무실의 벽 너머로 인도하는 윤리적 책임이 있다고 굳게 믿고 있다. 우리는 가족들이 그들의 삶에서 사회적 및 경제적 압박의 공격을 견딜 수 있도록 도우면서, 더불어 위험을 높이고 회복탄력성을 약화시키는 파괴적인 사회적 힘을 근절하기 위해 노력해야 한다. 이는 더 큰 체계 변화와 사회 운동에 적극적으로 참여하는 것을 포함하며, 전문 지식을 활용하여 손상된 사회 구조를 복구하는 데 기여해야 한다. 협력적인 전문가와 가족 내담자 옹호는 장벽을 극복하기 위한 노력을 강화하고 가족이 번영할 수 있는 가족 중심 정책을 촉진할 수 있다.

도움을 제공하는 전문가의 회복탄력성은 미국의 영리 의료 시스템의 장벽을 극복하는 데 필수적이다. 이 시스템은 모든 인간 서비스 부문에서 위험에 처한 가족과 고통받는 가족에게 심리사회적 치료의 접근성과 가용성을 제한한다. 이러한 어려운 도전에도 불구하고, 체계 기반의 가족 중심 서비스는 광범위한 문제에 유용하게 적용될 수 있고 가족을 기능적 단위로 강화하는 개입의 비용 효율성 덕분에 계속해서 수요가 있을 것이다. 우리는 가족 체계 기반 서비스의 중요성을 명확히 하고 그 효과를 뒷받침하는 연구 증거를 모아야 한다. 다양한 분야의 전문가들은 영역 경쟁을 제쳐두고, 가족의 복지를 증진하는 공동 사명을 위협하는 더 큰 체계를 변화시키기 위한 협력적 노력에 함께 해야 한다. 내담자를 위한 회복탄력성의 핵심은 또한 우리의 전문적 회복탄력성의 핵심이기도 하다.

전문적 및 개인적 삶의 균형

우리는 또한 전문적이고 개인적인 삶에서 건강한 균형을 이루는 도전에 직면해 있다. 연민 피로의 위험과 고통스럽고 위협적인 문제들이 함께 따라오는 가능성은 우리가 선택한 일에서 피할 수 없는 부분이다. 전문적인 측면과 개인적인 측면은 서로의 성공에 의미를 지니며, 이를 현명하게 적용하고 내담자와 자신의 삶의 상황, 공통점과 차이점을 인식할 때 더욱 그렇다. 전통적인 심리치료의 안전한 경계와 위계는 협력적인 치료 관계에서 모호해질 수 있다. 그러나 우리가 자신의 한계를 인식하고 스스로를 돌본다면, 이러한 도전이 가져다주는 이익은 그만한 가치가 있을 수 있다(Barrett & Stone Fish, 2014).

개인적인 삶에서, 우리 모두는 회복탄력성을 위한 생명선이 필요하다. 다른 사람에게 손을 내밀고 친밀한 유대감을 깊게 하며, 확대된 가족 및 사회적 연결을 즐기고, 자연, 예술, 음악 등 다양한 문화적 및 영적 자원을 통해 영양을 공급받는 것이 필요하다. 이를 통해 우리는 삶의 여러 측면에서 휴식, 기쁨, 웃음, 그리고 의미를 찾을 수 있다. 한 종양학 전문가는 슬픔에 압도될 때 신생아를 보기 위해 출산 병동을 방문하고, 또 다른 치료사는 정원을 가꾸는 즉각적인 즐거움을 누리며, 또 다른 사람은 주말에 축구를 즐긴다. 나는 매일 강아지와 함께 산책하며 평화로운 사색을 찾고, 여름에는 해변을 따라 걷는 것을 가장 좋아한다. 강아지가 물속을 들락날락하며 날아가는 물새를 쫓는 순수한 기쁨을 함께 나누는 것이다. 우리는 서로 돕는 관계와 더불어 가족, 친구, 그리고 더 넓은 연결망에서 더욱 온전하게 참여하고, 연민과 감사의 마음을 가짐으로써 회복탄력성을 키워간다.

4부

위기, 전환, 지속적 도전을 통한 가족 회복탄력성의 촉진

STRENGTHENING FAMILY RESILIENCE

9장

가족생애주기에서의 도전과 회복탄력성
: 발달적 체계 관점

현재는 어제와 내일을 나누는 끊임없이 움직이는 그림자이다.
그 안에 희망이 있다.

_ 프랭크 로이드 라이트Frank Lloyd Wright

가족 회복탄력성을 이해하고 강화하기 위한 우리의 노력은 개인 및 가족생애주기와 관련하여 주요 스트레스 요인의 시간적 맥락에 주의를 기울인다. 다층적 체계 관점에 기반한 가족 발달적 관점이 필요하며, 이는 시간이 지남에 따라 매우 스트레스가 많은 가족의 도전과 회복 경로를 다루는 데 도움이 된다. 관계적 관점은 인간 발달에서 관계의 중심성을 가정한다. 따라서 회복탄력성에 대한 관계적 접근은 상호 적응적 기능과 발달과 관련된 과정과 결과를 연구하는 데 도움을 준다. 위기과 회복탄력성에 대한 연구는 가족이 혼란스러운 가족 전환을 탐색하고 발달 단계와 관련된 도전을 극복하는 데 필요한 가족 과정을 강화하는 데 기여할 수 있다.

가족생애주기는 점점 더 길어지고 다양해지며 유동적으로 변화하고 있다. 2장에서 설명한 바와 같이, 풍부한 연구 결과는 아이들과 가족이 다양하고 안정적인 가족 구조에서 번창할 수 있음을 보여 준다. 그러나 시간이 지남에 따라 성인과 그 자녀는 점점 더 다양한 가정과 친족 관계로 전환하게 되어 모든 관계에 복잡성을 더하게 된다. 다중 스트레스 환경 조건은 저소득층 및 소수 민족 가족과 사회의 주변부에 있는 가족을 더욱 압박하고 불안정하게 만든다. 만성적이고 반복적인 스트레스는 부적응과 아동 문제의 위험을 높이기 때문에, 가족은 혼란스러운 전환을 완충하고, 실행 가능한 새로운 전략을 수립하며, 삶의 경로에서 회복탄력성을 위해 지지적인 친족 네트워크를 함께 만들어야 한다.

발달적 체계 관점

시간에 따라 이동하는 체계로서의 가족

가족은 생애주기와 세대를 넘어 진화하는 상호교환적 체계이다. 가족은 과거, 현재, 미래를 연결하며 삶의 여정을 함께하면서 가정 내외에서 친족 관계의 복잡한 망을 구성하고 재편성한다. 개인과 가족의 발달은 시간이 지남에 따라 함께 진화한다. 부모, 형제, 배우자, 자녀 및 기타 가족 구성원과의 관계는 성장하고 변화하며, 경계가 바뀌고, 역할이 재정의되며, 새로운 구성원과 상실에는 적응이 필요하다(Hetherington, 2003).

발달적 체계 관점은 시간이 지남에 따라 생물심리사회적 변인의 상호작용에 따라 달라지는 인간 체계와 사회 생태계 안 또는 사이의 기본적 거래 과정의 측면에서 가족 기능을 고려한다. 최근의 후생유전학 및 사회신경생물학 연구(Cozolino, 2014; D'Onofrio & Lahey, 2010; Feder et al., 2009; Spotts, 2012)에서 확인된 바와 같이, 개인의 성향은 생애 전반에 걸쳐 대인 관계 및 사회문화적 영향에 의해 강화되거나 상쇄될 수 있다. 주요한 관계와 경험은 후생학적 과정을 통해 결국 미래 세대에 영향을 미칠 수 있다.

연대기적 시간, 사회적 시간, 역사적 시간

정상적인 발달과 가족 생활에 대한 우리의 기대—전형적이거나 최적의 기대 모두—는 주로 사회적으로 구성되며, 주관적인 세계관과 더 큰 문화, 그리고 역사적 시간에 의해 영향을 받는다(Walsh, 2016a). 가족과 사회의 시간 기록은 삶의 기대와 목표를 설정하는 데 영향을 미치며, 성공에 대한 느낌과 또래와 조화를 이루는 데 도움이 된다(Neugarten, 1976).

연대적 나이는 성숙, 결혼, 자녀 출산, 은퇴 등의 규범적 이정표와 연관되는 경향이 있다. 인생의 다음 10년으로의 전환 — 30, 40, 또는 60이 되는 것 — 은 큰 의미를 지닐 수 있다. 그러나 의학의 발전과 생물학적 및 사회적 변화로 인해 전통적인 이정표는 변화하고 있으며, 연령에 적합한 규범이 흐려지고 있다. 다양한 생식 전략은 이제 노인들이 자녀를 갖는 데 도움을 주고 있다. 65~75세 사이의 성인 대부분은 건강하고 생산적이며, 자신을 "노인"으로 여기지 않으며, 후반 생애의 가능성을 확장하고 있다(Walsh, 2012b).

다양한 민족적 및 사회적 규범은 가족생애주기에 대한 기대에 영향을 미치며, 이는 경력 및 결혼 선택, 가족 안정성, 그리고 기대 수명에 영향을 미치는 사회경제적 요인과 얽혀 있다. 성별, 계급, 민족, 인종, 종교는 우리의 관계 발전과 결혼 및 가족 생활에 대한 역할 기대를 구조화한다. 여러 세대에 걸친 다세대적 유산도 가족의 세계관에 영향을 미치며, 이는 구성원들의 삶의 여정에 대한 기대, 희망, 꿈을 포함한다.

인생 과정에 걸친 규범적(전형적, 예상 가능한) 경과는 개인이 성장하고 성년이 되며 노화하는 역사적 시대의 영향을 크게 받는다. 각 세대별 집단은 그 시대의 사회적, 경제적, 정치적 흐름에 영향을 받아 시간이 지남에 따라 진화하므로 독특함을 가진다(Elder & Shanahan, 2006). 전쟁이나 기근과 같은 주요 사회적 및 세계적 사건은 다양한 연령 집단에 다르게 영향을 미치며, 그들의 정체성과 삶의 포부를 형성한다. 최근의 경기 침체와 고용 시장의 변화는 오늘날의 청년들의 직업 확립, 결혼 전망, 자녀 양육 계획에 심각한 영향을 미쳤다. 또한 이는 노년기 노인들의 직업 및 재정적 안전을 위협한다.

인간 발달의 규범적 모델을 넘어서: 사회구성주의자의 시각

20세기 중반, 인간 발달과 가족생애주기에 대한 영향력 있는 모델들이 영미 관점에서 개발되었으며, 이는 그 시대의 문화적 이상과 전형적인 패턴을 반영한다(Walsh, 2012c). 규범적 연구는 전통적인 성별에 따른 가장/주부라는 이성애자 결혼 커플이 이끄는 백인 중산층의 온전한 가족을 기준으로 표준화되었다. 이러한 가족 생활 모델은 건강한 가족과 아동 발달에 필수적인 보편적 기준으로 고착화되었다.

마찬가지로, 이러한 공식은 생애주기에서 개인, 부부, 가족 발달의 단계를 표준적인 순차적 진행으로 승인하고 특권을 부여했다. 다른 경로를 따르는 사람들은 낙인찍히고 병리화되는 경향이 있었으며, 그들의 삶은 일탈적이거나 결핍적이며 불완전하거나 해로운 것으로, 그리고 심지어 죄악으로 간주되었다. 독신 여성과 자녀가 없는 사람들은 불완전한 삶을 살고 있는 것으로 여겨졌고, "자녀가 없는" 커플은 이기적이라고 간주되었으며, 양부모는 "진짜" 또는 "자연적인" 부모로 여겨지지 않았고, 동성 부모는 자녀에게 해를 끼친다고 가정되었다.

건강한 생애 발달의 개별적 모델은 주로 남성 기준에 기반하고 있으며, 더 부유하고 교육받은 남성에 대한 소규모 연구를 통해 일반화되었다. 분리, 자율성, 직업적 성공—남성성과 관련된 가치—은 긍정적인 발달과 성인 성숙의 주요 지표로 여겨졌다. 반면, 관계의 우선순위와 타인을 돌보고 양육하는 것은 여성 발달의 주요 속성으로 간주되었다. 그러나 바일란트Vaillant(2002)의 남성 하버드 졸업생에 대한 장기 연구는 강한 관계가 남성의 긍정적인 발달과 삶의 만족에 있어 가장 중요한 열쇠임을 보고하였다. 여성주의 학문은 인간 발달에서 관계적 연결성과 상호의존성의 가치에 대한 인식을 높이고, 남성과 여성, 남편과 아내, 아들과 딸의 잠재력을 확장하기 위해 여성적 또는 남성적 속성을 고정하는 것을 피한다(McGoldrick et al., 1989).

사회구성주의적 시각은 현대 가족 형태의 다양성과 문화적 영향, 삶의 선택, 그리고 각 개인과 가족의 발달 경로를 독특하게 만드는 중요한 사건의 교차점을 이해하는 데 필수적이다. 무엇보다도, 풍부한 연구가 확인하듯이, 긍정적인 발달을 위해 필수적인 단일 모델이나 삶의 궤적은 존재하지 않는다.

가족의 도전과 회복탄력성

가족 회복탄력성의 시간적 맥락

개인 회복탄력성에 대한 현재의 발달적 접근은 시간에 따라 동적이고 다층적이며 과정 지향적인 변수를 폭넓게 다루고 있으며, 이는 생애주기 인간 발달 과학에서 **관계적 발달 체계**relational developmental systems의 관점으로의 이론적 전환을 반영한다(Masten, 2014). 자료 분석을 위한 고급 컴퓨터 프로그램은 이러한 복잡한 상호작용을 발달 경로에 따라 다루고 있다. 이러한 체계 지향은 개인 및 가족 수준의 접근 방식을 통합하도록 장려한다(Masten & Monn, 2015).

부정적인 상황의 영향과 적응 전략은 시간에 따라 그리고 개인 및 가족생애주기 경과와 관련하여 다르게 나타난다.

1. 가족들은 시간이 지남에 따라 새로운 도전에 대응하기 위해 다양한 경로를 탐색한다.
2. 여러 스트레스 요인이 누적되면 가족의 자원을 압도할 수 있다.
3. 위기의 영향은 다세대 가족생애주기의 시기에 따라 달라질 수 있다.
4. 가족의 과거 역경과 대처 경험은 재앙적인 기대를 생성할 수도 있고 회복탄력성의 모델이 될 수도 있다.

새로운 도전과 시간에 따른 다양한 적응 경로

대부분의 주요 스트레스 요인은 단순히 단기적인 단일 사건이 아니라, 과거의 역사와 미래의 경과를 포함한 복잡한 변화하는 조건들을 포함한다(Rutter, 1987; 6장 참조). 이러한 복잡성을 고려할 때, 어떤 단일한 대처 반응이 항상 가장 성공적인 것은 아니며, 다양한 전략이 새로운 도전에 대응하는 데 유용할 수 있다. 스트레스 사건의 영향을 평가할 때, 가족 구성원들이 상황에 어떻게 접근하는지 살펴보는 것이 중요하다. 여기에는 그들의 선제적 조치, 즉각적인 반응, 그리고 장기적인 전략이 포함된다. 일부 접근 방식은 단기적으로 기능적일 수 있지만, 시간이 지나거나 조건이 변화함에 따라 경직되고 비기능적으로 변할 수 있다. 예를 들어, 아버지가 뇌졸중을 앓게 되면 가족은 자원을 동원하고 위기를 극복하기 위해 함께 노력해야 하지만, 이후에는 만성 장애에 적응하고 다른 구성원의 필요를 충족시키기 위해 방향을 전환해야 한다(Rolland, 2012). 따라서 가족의 회복탄력성은 위협적인 사건부터 혼란스러운 전환과 즉각적 여파 및 그 후의 다양한 충격파를 거쳐 시간이 지남에 따라 확장되는 다양한 적응 경로를 포함한다.

누적 스트레스

일부 가족은 단기적인 위기에는 잘 대처하지만, 만성 질환, 끊임없는 빈곤 상황, 또는 전쟁으로 피폐해진 지역에서의 복잡하고 지속적인 트라우마와 같은 다양하고 지속적인 도전의 누적 압박에 무너지곤 한다(11장 및 12장 참조). 다중 스트레스를 겪는 가족, 특히 저소득층, 자원이 부족한 한부모 가정은 특히 취약하다(13장 참조). 내부 및 외부 스트레스 요인의 누적은 대부분의 가족을 압도할 수 있으며, 이는 후속 문제의 위험을 높이고 연쇄적인 영향을 초래할 수 있다(Patterson, 2002).

> 브라이언과 재스민은 세 명의 어린 자녀를 둔 부모로 브라이언의 심각한 음주 문제로 인해 이혼 직전의 상황에 처해 있었다. 브라이언은 AA(알코올 중독자 익명 모임)와 분노 조절 그룹에 참여하고 있었다. 간단한 부부 상담은 상호작용에서 감정적 반응성을 줄이는 데 초점을 맞추었지만, 가족의 역사나 맥락적 영향은 탐구되지 않았다.
>
> 자문으로 초대받은 나는 그들의 가족 생활과 최근의 스트레스에 대해 질문하며 시간에 따른 사건들을 추적하였다. 브라이언은 2년 전 갑작스럽게 세상을 떠난 형에 대해 이야기하며 감정이 북받쳤다. 그 이후로 그는 작은 가족 사업을 구하려고 애썼지만 실패했다. 지난 1년 동안 마을 경제가 침체되면서 사업이 망했고, 그는 겨우 파트타임 일자리를 찾았으며, 가족은 필수적인 수입과 건강 보험을 잃게 되었다. 그 후, 세 아이를 키우는 데 큰 도움을 주셨던 재스민의 외할머니가 중풍으로 쓰러지셨고, 이제 재스민은 외할머니를 돌봐야 했다. 이 부부는 거듭된 위기로 휘청이며 압박이 쌓여갔다. 그들은 단지 물 위에서 머리를 유지하려고 애쓰고 있었고, 모든 것의 누적된 영향을 인식하거나 논의하지 못했다고 말했다.
>
> 그들의 현재 위기를 지난 2년 동안 가족이 겪어온 스트레스 사건의 맥락에서 이해하는 것이 필수적이었다. 회복탄력성 중심의 부부 상담은 그들의 누적된 압박과 손실을 고려하여 고통을 맥락화하는 데 도움을 주었고, 상호지원, 역할 재조정, 팀워크를 촉진하였다. 지속적인 도전에 대처하기 위해 확대된 가족과 지역사회 자원도 동원되었다.

다세대 가족생애주기 경로

가족의 기능 및 고통에 대한 발달적 평가는 시간이 지남에 따라 다세대 가족 체계에 주목한다(McGoldrick et al., 2016). 부모, 형제자매, 배우자, 자녀 및 확대 가족 구성원과의 관계는 생애주기 동안 진화하고 변화한다. 불리한 상황의 의미와 그로 인한 영향은 모든 구성원의 관계를 고려해야 한다. 예를 들어, 한 부부가 사산을 경험했을 때, 그 충격은 친족 네트워크 전반에 걸쳐 파괴적이었다. 그리스 대가족으로 모두가 첫째 아들에게서 태어날 첫아들의 출생을 간절히 기다리고 있었기 때문이었다.

인생의 많은 위기와 전환은 감정적 불균형을 초래하며, 특히 가족 구성원의 합류 또는 상실이 있을 때나 하위 체계가 재정의되고 업데이트될 때 종종 구조적 재조정과 관계의 재정렬을 요구한다. 생애주기 동안 성공적인 가족 기능은 강한 관계적 연결과 구조, 역할, 새로운 발달적 우선 순위와 도전에 대한 유연성에 달려 있다(Walsh, 2015c). 이전 생애 단계에서 기능적이었던 패턴이 더 이상 적합하지 않게 되면, 새로운 옵션을 탐색할 수 있다. 중요한 가족 구성원의 기능 상실이나 사망이 발생하면, 다른 구성원들이 새로운 역할과 책임을 맡게 된다. 이를 통해 그들은 새로운 역량을 개발하고 향상된 자아 존중감을 느낄 수 있다.

경미하거나 중간 정도의 혼란은 첫 자녀의 출생과 같은 **규범적 가족 발달 전환**에서 일반적으로 경험된다(Cowan & Cowan, 2012). 반면, 자녀의 사망, 부모의 조기 상실, 또는 배우자의 조기 상실과 같은 **비규범적 스트레스 요인**은 흔치 않고, 예상치 못하거나, 시간적 또는 사회적 기대에 부합하지 않는 경우가 많아 훨씬 더 큰 혼란을 초래하는 경향이 있다(Walsh & McGoldrick, 2013).

스트레스는 한 발달 단계에서 다른 단계로 넘어가는 전환기에 가족과 가족 구성원들이 관계를 재정의하고 재조정함에 따라 강화된다. 모든 규범적 변화는 어느 정도 스트레스를 동반하지만, 잘 기능하는 가족조차도 매우 파괴적인 사건이나 다중 스트레스 조건에서는 흔들릴 수 있다. 전환 위기와 즉각적인 고통은 일반적이지만, 대다수의 어린이와 그 가족에게 장기적인 기능 장애를 초래하지는 않는다. 가족이 어떻게 예상되는 도전에 준비하고, 혼란을 관리하며, 효과적으로 재조직하고, 삶의 추구에 재투자하는지는 모든 가족 구성원과 가족관계의 즉각적이고 장기적인 적응에 영향을 미칠 것이다(Walsh, 2011).

시간이 지남에 따른 연속성과 변화의 균형은 매우 중요하다(Falicov, 1988). 공유된 의식은 과거, 현재, 미래를 연결하고, 재혼 가족 형성과 같은 혼란스러운 전환을 촉진하는 데 유용하다(Imber-Black, 2012). 장례식과 추모식은 여러 중요한 기능을 수행한다. 사랑하는 이의 죽음을 기념하고, 그 삶을 존중하며, 기억을 지속하고, 유족이 앞으로 나아갈 수 있도록 공동체의 지원을 제공한다.

잘 기능하는 가족은 진화적인 시간 감각을 가지고 있으며, 생애주기와 세대를 거치며 지속적인 성장, 변화, 그리고 상실의 과정을 겪는 경향이 있다(Beavers & Hampson,

2003). 가족 구성원들은 지침이 되는 이야기로 업데이트되고 수정된 내적 이미지와 함께 강한 세대 간 연결을 경험한다. 이러한 관점은 구성원들이 파괴적인 사건과 전환을 그들의 공유된 삶의 여정에서 이정표로 인식하는 데 도움이 된다. 이는 자녀가 성장하고 부모가 나이를 먹으며, 새로운 구성원이 태어나고 사랑하는 이가 세상을 떠나는 가족 생활의 리듬과 흐름을 받아들이는 데 도움이 된다.

반대로, 가족 구성원들이 시간의 흐름과 과거, 현재, 미래 간의 연속성—또는 단절—을 받아들이지 못할 때 기능 장애의 위험이 높아진다(McGoldrick et al., 2016). 증상은 파괴적인 전환 시기에 흔히 발생한다. 가족 구성원들은 스트레스로 인해 시간 감각을 잃고, 과거에 집착하거나 미지의 세계로 나아가는 것을 두려워하며 시간에 얼어붙을 수 있다. 어떤 이들은 과거와의 연결감이나 미래 방향 없이 현재 순간만을 살아가거나, 고통스러운 관계와 역사적 측면에서 분리됨으로써 트라우마가 있는 과거에서 벗어나려 시도할 수도 있다.

과거의 유산

트라우마적 과거 경험은 종종 인식되지 못한 채 가족 대본에 저장되어, 가족이 딜레마나 위기에 직면할 때 의미와 행동의 청사진을 제공한다(Byng-Hall, 1995). 1장에서 본 마틴의 가족 사례처럼, 해결되지 않은 갈등, 비밀, 그리고 상실은 지하로 퍼져 고통스러운 증상이나 파괴적인 행동으로 폭발하거나, 다음 세대의 가족 드라마에서 재현될 수 있다. 부정적인 원가족의 영향을 찾도록 훈련받은 임상가들은 현재의 도전에 대한 희망과 용기 있는 행동을 고취할 수 있는 긍정적인 다세대 이야기, 영웅, 유산을 찾아야 한다.

일부에게는 긍정적인 가족 유대가 과거의 실망, 갈등, 상실에 의해 가려질 수 있다. 그러나 회복탄력성과 성장은 가족 구성원들이 자신의 과거와 화해하고 그것에 대한 의미 있는 이해를 현재의 삶과 미래의 희망 및 꿈에 통합하는 것을 포함한다. 베이트슨Bateson(1989)은 "삶을 구성하는 것은 과거를 재해석하여 현재에 의미를 부여하고 미래를 지속적으로 재구상하는 것을 포함한다"고 말했다(pp. 29-30).

현재의 스트레스 요인이 과거 경험으로부터의 고통스러운 기억과 감정을 재활성화할 때 고통은 더욱 심화된다. 가족 구성원들은 즉각적인 상황을 과거의 사건과 혼동하며 관점을 잃게 되고, 고통스러운 감정과 연결로부터 압도당하거나 단절될 수 있다. 관계적 학대나 전쟁 관련 트라우마와 같은 과거의 역경은 미래의 기대에 영향을 미치며, 재앙적인 두려움은 합병증의 위험을 높이는 반면, 회복탄력성의 이야기는 긍정적인 적응을 고취할 수 있다. 부모가 사망한 나이에 도달하는 것은 불안으로 가득 차 있을 수 있으며, 일부는 최악의 상황을 예상하는 반면, 다른 일부는 새로운 건강 관리 방식을 시작하여 회복탄력성을 얻는다(Walsh & McGoldrick, 2004, 2013). 발달적 사건과 세대 간의 사건의 융합은 탐구되어야 한다(McGoldrick et al., 2016).

한 부부는 남편이 아내의 둘째 아이에 대한 바람에 강력히 반대하면서 격렬한 싸움이 계속되자 치료를 받기로 결정했다. 가계도를 구성하는 과정에서 남편의 어머니가 그의 동생을 출산하는 중에 사망했다는 사실이 드러났다. 이는 그가 억압하고 아무에게도 공유하지 않았던 치명적인 상실이었다. 그 경험을 탐구하면서 아내의 공감 어린 이해를 통해 그는 아내를 잃는 것에 대한 재앙적인 두려움을 깨달았고, 그들의 유대는 더욱 깊어졌으며, 함께 미래의 방향을 설정하게 되었다.

시간적 맥락에서의 가족 기능 평가

시간이 지남에 따라 다세대 시스템의 맥락에서 가족 기능을 평가할 때, 중요한 사건의 순서나 스트레스 요인의 누적 및 제시된 문제를 기록하는 데는 타임라인이 유용하다(6장 참조). 예를 들어, 아들의 학교 성적 하락은 아버지의 최근 직업 상실과 관련된 가족 내 긴장으로 촉발될 수 있다. 가족 구성원들이 이러한 연결을 언급하지 않거나 심지어 인식하지 못할 수 있기 때문에, 가계도와 타임라인은 탐구를 안내하고 탐색할 패턴을 드러내는 데 도움이 될 수 있다. 우리는 예상되는 스트레스 요인, 최근의 스트레스 요인, 그리고 과거의 스트레스 요인에 대한 가족의 조직적 변화와 대처 전략에 대해 질문하고, 특히 파괴적인 전환에 대해 살펴본다. 우리는 현재의 위기에서 고조된 불안의 연관성을 탐구한다. 과거의 트라우마나 상실의 재활성화를 일으키는 위협적인 분리 같은 것이 예가 될 수 있다. 능동적인 대처와 인내 등 회복탄력성을 촉진하는 과정과 다른 삶의 도전에 직면했을 때의 긍정적인 적응에 대한 이야기를 이끌어 내는 것이 중요하다.

가족생애주기 단계 및 전환: 발달적 도전과 회복탄력성

개인과 가족의 발달은 서로 얽혀 있으며, 각 생애 단계는 새로운 도전과 기회를 제시한다. 역경의 영향은 그들의 현재의 생애 단계와 관련된 우선순위와 우려에 따라 개인, 부부, 가족에게 다르게 나타날 수 있다. 관계의 변화와 가족 구성원의 추가 및 상실에 따라 가족 조직, 역할, 경계의 변화가 필요하다. 개인의 증상과 관계적 고통은 종종 주요 가족 전환과 일치하며, 여기에는 예측 가능한 규범적 스트레스와 예상치 못한 혼란이 포함된다(Hadley, Jacob, Milliones, Caplan, & Spitz, 1974). 예를 들어, 아기의 출생 직전에 조부모의 사망은 슬픔에 잠긴 부모에게 슬픔을 겪는 것과 신생아와의 애착 형성을 동시에 해야 하는 요구를 발생시킨다(Walsh & McGoldrick, 2004).

모든 가족에서 주요 스트레스 요인과 부모의 삶의 도전은 자녀의 발달 단계와 관련된 필요와 우려가 교차한다. 부모의 심각한 질병, 장애, 돌봄 필요는 청년기 자녀의 교육이나 경력 계획을 방해할 수 있다(Rolland, 2012). 가족 위기 시 서로 다른 발달 단계에 있는 형제자매들은 각기 다른 주요한 우려와 대처 전략을 가지고 있을 것이다. 시간이 지남에 따라 각 자녀가 성숙해짐에 따라 새로운 우려가 부각될 수도 있다. 한 가족에서는 어머니의 유방암 진단이 8세 딸에게 강렬한 상실 문제를 불러일으켰고, 사춘기에 접어들면서 딸에게는 유방암 위험에 대한 불안으로 나타났다. 가족은 이러한 발달적 문제와 시간이 지남에 따라 개방적이고 지속적인 연령에 적합한 의사소통의 필요성에 민감해야 한다.

순차적인 생애주기 단계의 규범적 모델을 제시하지 않더라도, 다양한 생애 단계와 전환을 겪고 있는 부부와 가족에게 일반적으로 나타나는 주요 도전을 이해하는 것은 유익하다. 자녀가 서로 다른 발달 단계에 있는 경우, 예를 들어 재혼하여 두 번째 가족을 꾸리는 10대 자녀를 둔 부모와 같은 상황에서는 어려움이 겹쳐 더 복잡해진다.

생애주기에서의 부부

결혼으로 전환이나 평생 파트너에 대한 헌신은 오늘날 더욱 다양해졌으며, 결혼 전 또는 결혼 대신 동거하는 경우가 점점 더 흔해지고 있다. 결혼이 자녀 출산 이후에 이루어지기도 한다. 또한, 많은 부부가 자녀를 양육하지 않기로 선택하고, 그들의 관계를 가족으로 정의한다. 일부는 자녀 양육을 대신하거나 준비하기 위해 반려동물을 입양하기도 한다(Walsh, 2009b).

오늘날의 부부는 가족 전통에 덜 얽매여 있으며, 다양한 친밀 관계와 성별 배치를 발전시킬 자유가 있다(Sassler, 2010). 그들은 인종, 문화적 배경, 신앙 지향을 초월하여 결혼하는 경우가 점점 더 많아지고 있다. 그러나 부모가 그들의 관계를 반대할 때, 원가족과의 관계를 조정하는 것은 고통스러운 도전이 될 수 있다.

전통적인 결혼 서약인 "죽음이 우리를 갈라놓을 때까지"는 길어지는 생애주기 동안 지키기 어려워지고 있다(Walsh, 2012c). 이혼율이 높은 가운데, 첫 번째 결혼의 절반 이상이 평생 지속된다는 것은 주목할 만한 사실이다. 부부는 60년, 심지어 70년을 함께 기념하는 경우가 늘어나고 있다. 관계의 회복탄력성은 인생의 폭풍을 견디고 변화하는 우선순위를 충족하는 데 필요하다(Fishbane, 2013; Jordan, 1992). 젊은 시절에는 로맨스와 열정이 파트너 선택에서 두드러지는 경향이 있다. 자녀를 양육하는 경우에 관계 만족도는 가족의 기쁨과 책임을 공유하는 것과 더 관련이 있다. 노년기에는 동료애와 보살핌의 필요에 대한 욕구가 가장 중요해진다.

부부가 자녀를 성인으로 독립시키는 과정은 그들의 관계와 가정을 재평가하고 재구성하는 것을 포함한다. 이들은 현재를 되돌아보고 미래를 바라보며, 건강이 좋다면 앞으로 20~40년을 함께할 수 있다는 기대를 가지게 된다. 자녀를 양육하는 동안 불행한 결혼 생활을 유지해 온 일부는 이 시점에 이혼을 결심하기도 한다. 현재 중년의 이혼은 대부분 여성이 주도하며, 여성은 과거보다 더 많은 재정적 독립성을 가지고 있다. 그러나 여러 연구에 따르면, 결혼 만족도는 대개 청소년 자녀를 둔 경우 가장 낮지만, 자녀가 독립한 후에는 대부분의 부부가 높은 수준으로 회복된다.

은퇴 후에는 삶의 우선순위를 재조정하고 배우자 간의 가사 책임을 재협상해야 한다. 대부분의 사람들은 노년기에 더 많은 개인적 및 공동의 여가 활동을 즐길 수 있는 시간이 생기고, 공유된 역사와 손주들과의 유대감 덕분에 관계 만족도가 높아지는 것을 경험한다. 노화하는 게이와 레즈비언들은 과거의 경험(강한 낙인과 HIV/AIDS 유행 시대)과 현재의 삶의 상황 및 사회적 환경에 영향을 받아 다양한 방식으로 친밀감의 필요를 충족한다(Cohler & Galatzer-Levy, 2000). 사회적 수용이 증가함에 따라, 많은 장기 동성 관계가 노년기에 공개적으로 축하받고 있다.

시간에 따른 이러한 변화를 고려할 때, 회복탄력성이 있는 부부는 결혼을 제도적 관계로 보기보다는 생애주기 동안의 역동적인 파트너십으로 접근한다. 성공적인 관계는 파트너가 변화하는 필요와 선호에 맞춰 적극적으로 유대감을 형성하고 재형성하는 과정에서 역할, 상호 기대, 우선순위를 주기적으로 재협상해야 한다.

자녀 양육 단계와 발달적 전환

예상되는 가족 발달 전환은 예상치 못한 변화보다 관리하기 쉬운 경향이 있지만, 가족 구조가 새로운 필요와 우선순위에 맞춰 적응해야 하기 때문에 여전히 스트레스를 유발한다. 가족은 지속성과 변화의 균형을 맞추어야 하며, 이를 통해 혼란 속에서도 안정성을 제공하고 지속적인 연결을 유지해야 한다.

부모 역할과 유아 양육으로의 전환

새로운 부모가 되는 과정은 구조적 변화를 수반하며, 자녀 양육에서 새로운 역할을 맡게 됨에 따라 정체성과 초점이 변화한다. 아기 출생이나 입양과 함께 부모는 자신의 삶을 재조직해야 한다. 안정적인 애착 발달을 위해서는 감정적으로 참여하고 수많은 요구에 지속적으로 주의를 기울여야 한다. 두 명 이상의 자녀를 양육하는 경우에는 시간과 자원을 더욱 잘 조절해야 한다. 새로운 부모에게는 모든 생활 패턴이 변화한다. 시간과 공간, 재정, 근무 일정, 여가 등이 모두 영향을 받는다.

부부 간의 관계에서도 변화가 일어나며, 그들은 두 사람의 유대감을 세 사람의 관계로 확장하고 두 세대의 가정을 형성하여 공동의 부모 연합을 만들어야 한다. 이 과정에서 직장과 가족 간의 긴장, 관계의 불균형, 그리고 훈육과 같은 자녀 양육 가치와 관행을 협상해야 한다. 부모가 되는 이러한 전환기는 종종 결혼 만족도가 감소하고 맞벌이 부부가 더 전통적인 성 역할로 돌아가는 경향이 있다(Cowan & Cowan, 2012). 신생아에 대한 새로운 애착과 주의가 우선시되면서 개인의 필요나 부부 간의 친밀감을 위한 시간과 에너지가 줄어든다. 일반적인 스트레스 요인으로는 서로 다른 양육 스타일과 역할 기대에 대한 갈등이 있으며, 이는 종종 원가족, 문화적 또는 사회적 계층의 규범에 영향을 받는다.

맞벌이 부부의 경우, 가족의 회복탄력성은 자녀 양육, 가사 관리, 직장에서의 지속적인 요구와 예상치 못한 도전을 탐색하는 데 있어 상당한 유연성, 협력, 원활한 의사소통을 필요로 한다(2장 참조).

한부모 가정에서는 가정이 안정적이고 재정적으로 안전하며 부모의 기능이 강할 때 대부분의 자녀가 잘 성장한다. 한부모는 특히 스트레스가 많은 시기에 실질적, 정서적, 재정적 자원을 확장된 가족과 사회적 네트워크에서 활용할 수 있을 때 가장 잘 대처한다. 조부모는 스트레스가 많은 시기에 자녀 양육에서 중요한 역할을 하며, 친족 돌봄에서 후견 역할을 맡기도 한다(Hayslip & Kaminski, 2005; 13장 참조). 공식적 및 비공식적인 친족의 유연한 참여는 위기 시 회복탄력성을 위한 여러 애착과 지원망을 제공할 수 있다. 대다수의 어머니가 노동 시장에 참여하고 있는 상황에서, 저렴하고 질 좋은 보육 서비스의 즉각적인 이용 가능성은 필수적이다.

형제자매 간의 유대는 회복탄력성의 중요한 자원이 될 수 있다(Kramer, 2010). 부모는 어린 시절부터 긍정적인 형제자매 관계를 육성하는 것이 중요하다. 종단적 연구에 따르면, 이러한 긍정적인 관계는 청소년과 성인에게 더 나은 결과를 가져오는 것으로 나타났다. 성별이나 나이 차이와 같은 변수는 덜 중요하며, 나이 많은 형제자매가 긍정적인 사회적 행동을 모델 및 멘토 역할을 하며 상호 존중, 협력, 문제 관리 능력을 발전시키도록 격려하는 것이 중요하다.

어린아이들은 종종 마법적 사고를 사용하고 상상의 친구나 형제를 만들어서 트라우마 경험에 대처한다. 한 아버지는 세 살짜리 딸 엘라가 뇌종양 치료를 받던 아기인 여동생이 몇 달 후에 사망한 경험을 이야기했다. 엘라는 부모, 친척, 친구들의 지원을 받으며 잘 대처하는 것처럼 보였고, 병원에 있는 여동생을 웃게 만드는 것을 좋아했다. 그러나 고통의 초기 단계였던 어느날 그녀는 '밍구스'라는 상상 속의 오빠에 대해 이야기하기 시작했다. 그녀는 부모에게 그가 종양이 있었고, 그녀가 그에게 주사를 주고 치료를 해 주어야 한다고 이야기했다. 여동생이 세상을 떠난 후, 그녀는 부모에게 밍구스가 이사 갔다고 알렸지만, 그는 코너를 돌면 살고 있다고 했다. 가끔 그녀는 밍구스와의 대화에 대해 이야기하며, 그가 더 이상 아프지 않아서 기쁘다고 말했다.

보스니아 출신의 작가인 그녀의 아버지는 그의 공동체가 겪었던 인종 청소의 참상에 대한 이야기를 썼다. 그는 엘라가 상상 속의 이야기를 구성하는 능력을 높이 평가했다. 이는 그녀가 이해할 수 없고 통제할 수 없는 모든 일을 정신적으로, 정서적으로 처리하는 방법이었다. 그는 이후 몇 달 동안 자신의 슬픔을 다루면서 그들이 겪은 경험을 기록하기로 결심했다. 그는 자신의 치유를 위해서가 아니라 그들의 경험을 증언하고 아기의 짧은 생명을 기리기 위해 이 작업을 하고 있다고 말했다(Hemon, 2013).

청소년기 전환

청소년기라는 가족의 전환은 혼란을 초래할 수 있으며, 청소년의 변화하는 인지적, 정서적, 신체적, 사회적 요구에 맞춰 역할, 규칙, 관계의 유연한 변화를 요구한다. 청소년이 더 많은 자율성을 추구하고, 독립적인 활동과 또래와의 관계를 원할 때, 부모는 어린 자녀와는 질적으로 다른 규칙과 경계를 설정해야 한다. 강력하면서도 유연한 규칙과 한계를 설정하는 것은 특히 권위, 사생활, 휴대전화 및 인터넷 사용과 관련된 문제에서 도전이 될 수 있다. 당뇨병과 같은 청소년의 심각한 의학적 상태를 관리하는 것은 통제와 치료 준수에 대한 갈등이 발생할 수 있다(Rolland, 출판중).

그러나 밀접한 청소년-부모 관계, 지도 및 모니터링은 긍정적인 발달에 여전히 중요하며, 특히 고위험 지역에 사는 청소년들에게 더욱 그렇다(Gorman-Smith et al., 2004; Liddle, 2013; Steinberg et al., 2006; 8장 및 13장 참조). 지지적인 가족 유대가 부족한 청소년들은 약물 남용, 임신, 학교 중퇴, 갱단 참여와 같은 문제를 겪을 위험이 더 크다. 또래 괴롭힘이나 성폭행의 위험은 부모의 개입이 필요할 수 있다. 성 정체성에 의문을 품거나 비순응적인 청소년의 자살 위험은 가족의 수용이 있을 경우 상당히 낮아진다(LaSala, 2010). 신뢰할 수 있는 유대감, 안정적인 구조, 그리고 열린 의사소통은 청소년들이 자신의 관심사와 걱정을 공유할 수 있게 하고, 지지와 안전감에 의지할 수 있게 한다. 청소년들은 삶에 대해 배우고, 자신의 정체성 문제와 사회적 관심사를 논의하며, 교육 및 또래 관계에 대한 정보에 기반한 선택을 할 수 있도록 부모와 다른 성인 가족 구성원의 의견이 필요하다.

부모는 종종 청소년 자녀와 노년기에 접어든 부모의 재정적, 실질적, 정서적 지원에 대한 양쪽 세대 모두의 스트레스에 직면한다. 경우에 따라서는 과거의 원가족 문제들이 다시 활성화될 수 있다. 한 아버지와 아들의 밀접한 관계는 자립 전환이 다가오면서 격렬해졌고, 이는 아버지의 아버지가 집을 떠났던 해결되지 않은 갈등을 재현하는 것이었다.

청년과 중년 부모의 시작

성인의 시작과 가족 단위의 구조적 축소가 이루어짐에 따라, 대부분의 부모는 자녀 양육 책임에서 벗어나 자유로워지고 자신의 필요와 우선사항에 다시 집중하게 되며 "빈 둥지" 전환에 잘 적응한다.

미국 사회에서, 청년의 주요 발달 과제는 자율성을 확립하고 교육 및/또는 직장 생활과 친밀한 관계에서의 초기 헌신을 통해 개인적인 삶의 목표를 세우는 것이다. 갈등이 많거나 학대가 있는 가족에서 자란 경우, 이들은 연락을 끊거나 반응적으로 다른 관계로 도피할 수 있다. 그러나 대부분의 청년들은 자율적인 성인으로서 가까운 관계와 상호의존성을 위해 관계를 재협상하고 재조정하면서 분리되고 개별화할 수 있다. 하지만, 어려운 경제 상황과 고등 교육에서 발생한 재정적 부채로 인해 젊은이들은 진로를 고민하면서 다시 집으로 돌아오고 있다. 심각한 발달 장애나 정신 질환을 가진 자녀를 사랑으로 양육한 가족에게는 청년기는 필수적인 지원을 제공하면서 자녀가 자신의 삶을 최대한 활용하도록 격려하는 데 있어 어려운 도전이 될 수 있다.

가족과 노후의 도전

사회가 노인에 대해 부정적인 고정관념을 가지고 있음에도 불구하고, 대부분의 노인들은 70대까지 건강을 유지하며, 상대적으로 높은 삶의 만족도와 정서적 웰빙을 경험하고, 더 많은 여가를 즐기며, 친구 및 가족과의 적극적인 참여와 새로운 활동에서 의미와 만족을 찾는다(Walsh, 2012b). 신경가소성에 대한 신경과학의 발견은 노년기에 긍정적인 성장과 기능을 위한 많은 가능성을 뒷받침한다(Cozolino, 2014). 미래 시간에 대한 주관적인 감각은 변화하며, 남은 삶의 시간을 고려하여 우선순위가 재조정된다. 노후의 회복탄력성을 위해서는 평생 학습에 참여하고, 활동적으로 지내며, 친족 유대를 강화하고, 오래된 우정을 되살리며, 새로운 친구를 사귀는 것이 중요하다(Walsh, 2016b).

가족 유대와 세대 간 관계는 성인 생활 전반에 걸쳐 상호 유익하고 역동적이며 함께 발전하는 경향이 있다(Bengston, 2001; Walsh, 2015a). 대부분의 노인들은 가족 구성원과 밀접한 관계를 유지한다. 조부모 역할이나 다른 생산적 역할의 참여는 새로운 삶의 기회를 제공한다(Mueller & Elder, 2003). 노인들이 활기차고 생산적이며 그들의 지혜, 지식, 돌봄에 대한 가치를 인정받게 되면서 젊은 세대와 노인 모두가 혜택을 얻게 된다.

형제자매, 사촌, 조카 및 조카딸, 대부모, 가까운 친구, 반려동물, 그리고 사회적 네트워크와의 중요한 유대는 회복탄력성에 필수적이며, 특히 혼자 살거나 자녀가 없는 사람들에게 더욱 그렇다. 모바일 세계에서는 중요한 관계가 멀리 떨어져 있는 경우가 많으며, 빈번한 휴대전화 및 인터넷 연락으로 관계가 지속된다.

중년기과 노년기에 접어들면서, 하나의 체계로서의 가족은 노인 구성원과 함께 주요 적응적 도전에 직면하게 된다. 각 가족의 접근 방식은 이전의 패턴과 문화적 세계관에서 발전한다. 수년간의 체계적 과정은 상실에 적응하고 새로운 요구에 유연하게 대응하는 능력에 영향을 미친다. 한때 기능적이었던 패턴은 변화하는 우선순위와 제약에 더 이상 맞지 않을 수 있다. 은퇴, 질병, 사망, 그리고 홀로 남는 변화는 복잡한 관계 패턴을 변화시키며, 종종 가족의 지원, 상실에 대한 조정, 재조정, 재구성을 요구한다. 이러한 도전은 또한 관계 변화와 성장을 위한 기회를 제공한다. 예를 들어, 노인들은 일반적으로 사랑과 감사, 자녀에 대한 자부심, 과거의 잘못에 대한 후회를 표현하는 데 더 개방적이 된다.

많은 노인들이 재정적 안정을 위해 은퇴 연령을 넘어서도 계속 일하지만, 종종 직장 내 차별에 직면한다. 필요한 수입과 혜택의 상실은 자립성과 노후 계획을 위협한다. 자립의 윤리와 의존에 대한 낙인이 지배적인 문화 속에서, 대부분의 노인들은 성인 자녀에게 재정적 지원을 요청하거나 그들에게 부담을 주는 것을 꺼린다. 자존심과 수치심 문제로 인해 많은 이들이 재정적으로 어려움을 겪고 있거나 더 이상 독립적으로 살 수 없다는 사실을 인정하는 것조차 주저한다.

고령화와 함께 만성 질환 및 장애는 가족에게 상당한 도전을 제기한다(12장 참조). 알츠하이머병 및 기타 치매는 시간이 지남에 따라 모호한 상실의 연쇄를 동반하며, 사랑하는 이들에게 특히 고통을 안겨준다(Boss, 1999). 장기적인 돌봄은 지정된 주 돌봄 제공자에게 큰 부담을 준다. 대부분은 중년 여성이 노인 돌봄, 직장, 그리고 10대 또는 청년 자녀에 대한 책임을 동시에 지고 있다(Brody, 2004). 초고령의 노인을 돌보는 간병인들도 은퇴 연령을 넘겼으며 제한된 자원을 가지고 있다.

협력적인 **돌봄 팀** 접근 방식은 회복탄력성을 촉진하고 우리 사회의 개인 돌봄 제공자 모델에서 불균형한 부담을 피하는 데 도움이 된다. 가족 네트워크 상담은 모든 돌봄 구성원이 각자의 능력, 근접성, 자원에 따라 기여하도록 격려할 수 있다(Walsh, 2012b, 2016b). 책임과 도전 과제를 공유하는 것은 유대감을 강화하고 오랜 경쟁 관계를 치유하는 기회가 될 수 있다(12장 참조).

노인이 능력 저하나 의존성 문제를 겪을 때 세대 간 관계는 종종 긴장하게 된다(예: 안전하지 않을 때 운전을 포기하기를 거부하는 경우). 노부모가 매우 허약해지고 정신적 또는 신체적 능력을 잃더라도, 이를 세대 간 역할 전환으로 보아서는 안 되며, 부모를 "아이 같은" 존재로 낙인찍어서는 안 된다. 부모가 어린 자녀를 돌보는 것처럼, 성인 자녀는 노부모에 대한 효도의 책임이 있다고 생각한다(Walsh, 2016b). 부모는 세대 계층에서 자녀에게 여전히 부모로 남아 있다. 노인에게 있어 존엄성, 존중, 그리고 의미 있는 참여는 매우 중요하다.

노인과 그 가족의 회복탄력성을 위한 우선 사항은 의미와 만족의 원천을 끌어내고, 인생의 다양한 경험을 일관된 자아, 관계의 통합성, 그리고 삶의 가치로 통합하는 것이다. 킹과 윈King & Wynne(2004)은 **가족 통합성**family integrity이라는 개념을 도입하였으며, 이는 다세대 가족 체계 내에서 의미, 연결, 연속성을 추구하는 노년기의 발달적 노력을 의미한다. 이 과정은 (1) 시간이 지남에 따른 관계의 역동적 변화, 가족 구성원들의 변화하는 생애주기의 요구에 대한 반응, (2) 과거의 갈등과 상실의 해결 또는 수용, (3) 긍정적인 유산을 여러 세대에 전달함으로써 공동의 의미 창출이라는 세 가지 역량을 포함한다.

이혼 및 재혼 전환 시 가족 과정

예기치 않거나 시기적으로 부적절한 가족 전환은 가족 생활에 특히 파괴적이며, 구성원들이 정서적 및 행동적 문제에 직면할 위험을 높인다. 여기에서는 이혼 과정과 재혼 가족 통합에 따른 가족의 발달적 도전, 위험, 그리고 회복탄력성에 대해 다룬다. 이 책의 후속 장에서는 사랑하는 사람의 죽음, 질병 및 장애, 전쟁과 주요 재난, 이주, 다중 스트레스 조건, 그리고 위탁 양육과 같은 주제를 다룰 것이며, 이러한 모든 상황은 긍정적인 적응을 위한 상실과 갱신에 대한 주의가 필요하다.

이혼 및 이혼 후 과정: 위기와 회복탄력성

이혼은 독립적 사건으로 여겨지지만, 시간이 지남에 따라 복잡하게 변화하는 일련의 상황을 수반하며, 이로 인해 여러 어려움이 발생한다. 종단적 연구들은 이혼 전의 긴장 고조에서부터 별거, 법적 이혼 과정, 그리고 이혼 후 가정, 역할, 관계에 대한 재조직화에 이르는 가족 과정과 관련된 위기와 회복탄력성을 추적해 왔다(Hetherington & Kelly, 2002). 이혼 경험은 첫 해 동안 특히 고통스럽고 파괴적일 수 있지만, 이혼이 필연적으로 자녀들에게 피해를 준다는 주장은 소규모 임상 자료를 기반으로 하며, 이는 대규모의 신중하게 통제된 연구에서 반박되었다(Greene et al., 2012). 일부 연구에서는 이혼한 부모의 자녀가 온전한 가족의 자녀보다 문제를 겪을 위험이 더 높다고 하지만, 이혼 가정의 자녀 4명 중 1명 미만이 심각하거나 지속적인 어려움을 겪는 것으로 보고된다. 갈등과 학대가 심한 가족에서는 부모가 이혼한 자녀가 가족이 온전한 자녀보다 더 잘 지내는 경향이 있다. 게다가, 재정적 압박과 비거주 부모의 불확실한 연락 및 지원은 이혼 후 적응 문제의 위험을 높인다. 성인이 된 자녀들은 이혼에 대한 아픈 기억을 가질 수 있지만, 대부분은 부모가 불행하게 결혼 생활을 유지한 경우의 자녀들보다 헌신적인 친밀한 관계를 발전시키는 데 더 큰 어려움을 겪지 않았다. 무엇보다도, 자녀의 건강한 적응은 거주 부모의 강력한 기능, 재정적 안정, 가정의 안정성, 그리고 이혼 전후 부모 간의 관계의 질에 달려 있다(Ahrons, 2004)

공동 양육joint custody은 부모가 의사결정, 자녀 연락, 재정 지원 및 공유 책임에서 협력할 수 있을 때 잘 작동한다. 심각한 갈등이 있는 경우, 단독 양육권과 주거지 설정이 권장되며, 비거주 부모의 지원 및 방문에 대한 명확한 지침이 필요하다(Kelley, 2007). 병렬 양육parallel parenting 방식이 종종 가장 현실적이다. 이 방식에서는 각 부모가 자신의 양육에 대한 권한과 책임을 맡고, 상대방의 양육 권리를 방해하지 않거나 자녀를 자기편으로 끌어들여 연합하지 않기로 합의한다. 그러나 두 가정 간의 규칙과 기대가 차이가 많다면 두 거주지를 오가는 자녀에게 부담이 될 수 있다. 임상 전문가들은 부모가 적대감을 최소화하고 상호 존중을 높이며 공통의 지침에 동의하도록 도울 수 있다.

중요한 확대 가족과의 지속적인 유대는 부모와 자녀를 위한 더 큰 연결과 지원 네트워크를 유지하게 한다. 이는 부모의 부재나 제한된 연락 상황, 예를 들어 이주, 수감, 정신 건강 문제, 약물 남용, 안전 문제 등에서 특히 중요하다. 임상 전문가들은 과거에 신뢰할 수 없거나 부재했거나 해로운 영향을 미쳤던 부모의 현재 상태와 잠재적 참여를 평가해야 한다. 만약 연락을 위한 장벽을 극복할 수 있고 자녀의 안전이 보호된다면, 많은 이들이 자녀의 긍정적인 발달을 더 지원할 수 있게 된다.

시간이 지남에 따른 가족 과정은 롤러코스터와 같은 여정을 겪으며, 전환점에서 감정적 긴장의 정점이 나타난다. 부모는 이혼 결정을 관리하고 소통하는 방식, 그리고 양육권, 재정, 방문 일정에 대한 조정에서 자녀의 적응을 촉진할 수 있다. 특히 중요한 것은 비거주 부모의 자녀 연락 및 재정 지원 약속에 대한 신뢰할 수 있는 이행이다. 부부 간의 불만이 있더라도, 부모는 자녀를 중재자로 삼거나 충성 갈등에 휘말리게 하거나 다른 부모를 악마화하는 방식으로 삼각관계를 형성하지 않는 것이 중요하다. 자녀의 생일, 졸업식과 같은 중요한 행사를 축하하거나 특별한 도움이 필요한 경우 부모가 가족들과 협력할 때 자녀는 가장 잘 적응할 수 있다.

이혼 후 치유 및 화해 촉진

결혼이 끝났을 때, 시간에 걸쳐 어떻게 가족이 적응 과정을 처리하느냐는 모든 구성원과 관계의 치유와 회복탄력성에 큰 차이를 만들 수 있다. 이혼은 헤어짐에 대한 처음 고민, 화해의 실패, 복잡한 법적 절차, 고통스러운 상실과 전환의 혼란, 가정의 재조직 및 재배치, 인생 계획의 수정, 그리고 재혼에 이르기까지 복잡한 감정과 상호작용의 과정을 수반한다.

자녀의 기능과 이혼한 부모와의 관계는 지속적인 부부 갈등에서 벗어날 때 종종 개선된다. 이혼 후 절반 정도의 가족의 부모는 우호적인 공동 양육 관계를 구축할 수 있으며, 전 배우자들이 비공식적인 친족 관계를 유지할 수 있다(Ahrons, 2004). 여기에는 가족 구조 패턴의 재구성과 관계의 재협상을 포함한다. 그러나 "문제를 뒤로하고 앞으로 나아가자"는 일반적인 시도(회복탄력성에 대한 잘못된 관점)로 인해, 일부는 감정적 상처를 돌보지 않고 새로운 관계에 뛰어드는 경우가 있다.

45세 게리는 "아내—즉, 내 삶—을 정리하기 위해" 도움을 요청했다. 그는 이전의 개인 치료가 18년간의 결혼생활이 절망적으로 역기능적 이었다는 것을 깨닫게 해 주었다고 설명했다(치료사는 그의 아내를 만난 적이 없고 부부 치료를 제안하지도 않았다). 그로 인해 그는 결혼 생활을 정리하고 새로운 활력을 주는 관계를 시작할 수 있게 되었다. 그는 힘든 이혼 직후 즉시 재혼했고, 그 해 새 부부는 아기를 가졌다. 10대 자녀들은 그를 보기를 거부하고 그의 생일 선물을 열지 않은 채 반송했다. 게리는 자녀들이 그를 거부하는 것에 대해 "전 아내"를 탓했다. 자녀 방문 및 지원에 대한 끊임없는 비난과 분쟁이 지속되었던 그들의 격렬한 관계는 현재의 결혼에 심각한 부담을 주고 있었다. 그는 왜 삶을 지속하고 새로운 현실을 받아들이지 못하는지 궁금해했다.

게리의 큰 아이들과 전 부인인 신디와의 세션에서 그가 그들을 버리고 즉시 새로운 가족을 만들었다는 것에 대한 분노가 드러났다. 가장 큰 딸은 게리가 새 아들에게 너무 애정을 쏟고 있으며, 자신에게는 그렇게 관심을 갖지 않았던 것에 특히 화가 났다. 신디는 게리가 경력을 쌓는 동안 자신의 필요를 무시한 것에 분노했다. 그의 갑작스러운 이탈로 인해 온 가족이 갑자기 찢어진 것처럼 보였다. 게리가 과거에 대해 이야기하기를 거부하자 이혼의 이유는 불분명해졌다. 신디는 처음에는 다른 여성을 비난하다가 결국 자신을 탓하며 모든 것을 이해하려고 애썼다. 만약 그가 새 아내와 아이에게 그렇게 사랑을 줄 수 있다면, 아마도 모든 것이 자신의 잘못이었을 것이라고 생각했다. 두 딸은 사랑받을 수 있는 능력과 남자를 신뢰할 수 있는 능력에 의문을 품게 되었다.

이혼의 상처를 치유하고 불만과 단절된 관계를 회복하는 것이 중요했다. 게리는 이제 불륜과 그가 가족을 버린 방식에 대한 죄책감으로 고군분투하였다. 그는 신디와 두 딸에게 진심 어린 사과의 편지를 쓰도록 권장받았고, 그들에게 준 고통, 이혼을 처리한 방식, 그리고 관계를 회복하고자 하는 희망에 대해 반성했다. 그는 신디에게 상담사와 함께 세션에 참석해 줄 수 있는지 물었다. 그들은 함께 고통스럽지만 치유의 길을 시작했고, 시간이 지나면서 게리는 딸들과의 강한 유대감을 회복했다.

이혼 후 화해는 재결합과는 구별되는 개념이다. 이는 관계의 어려운 측면과 고통스러운 부분을 받아들이고 경험을 통합하여 삶을 앞으로 나아가게 하는 과정을 포함한다. 관계의 종료에서는 강렬하고 복합적인 감정이 흔히 나타난다. 심층 연구에 따르면 많은 전 파트너들이 과거의 불만을 객관적으로 바라보고 상처와 적대감을 어느 정도 화해함으로써 자녀 양육에 협력하고 우호적이며 존중하는 관계를 유지할 수 있는 것으로 나타났다. 또한 부모는 자녀의 재결합 환상을 부추길 수 있는 모호함을 명확히 하는 것이 중요하다. 그들은 부부나 가족 단위로 다시 함께하지는 않겠지만, 자녀를 위해 최선을 다할 것이라는 점을 분명히 해야 한다.

이혼 과정에서는 관계와 상대방에 대한 평가 절하가 흔히 발생하며, 이는 애착을 느슨하게 하고 상실의 고통을 완화하며 수치심과 죄책감을 줄이는 역할을 한다. 적대적인 법적 시스템은 갈등과 양극화를 심화시킨다. 이혼은 실패와 부적절함에 대한 낙인을 동반하는 의미를 지닌다. 각 파트너가 고통스러운 상실의 의미를 찾으려 애쓰는 동안, "이혼 이야기"가 형성된다. 각 파트너의 결혼과 그 붕괴에 대한 서사적 구성은 향후 수년간의 관계에 영향을 미칠 수 있다. 헤더링턴과 동료들(Hetherington & Kelly, 2002)은 이혼한 배우자들이 제공한 이혼 후의 설명이 너무 달라서 "맹목적인" 평가자들은 같은 결혼생활을 하는 파트너를 비교할 수 없었다고 보고했다. 전 배우자를 악마화하는 이야기는 개인이 무력하고 피해자적인 입장에 갇히거나 분노와 비난의 태도를 유지하게 만들 수 있다. 원치 않는 이별이나 전 파트너의 용서할 수 없는 행동에 대해 우울하거나 분노하거나 무력감을 느끼는 사람들은 종종 상대방을 처벌하려고 한다. 소유권 분쟁 후, 남성들은 자녀 양육비 지불을 거부하고, 여성들은 면접교섭권을 거부하는 반응성과 상호 보복의 악순환에 빠지게 된다. 치료사와 중재자는 이혼 시 이러한 피할 수 있는 결과를 예방하기 위해 중요한 기초 작업을 할 수 있다. 장기 추적 연구에 따르면, 이혼 후 대부분 자녀의 성공적 적응은 두부모가 자녀와 계속 관계를 유지하고 가능한 한 협력하여 양육과 재정 지원을 제공하여 자녀가 두부모와 신뢰할 수 있고 갈등 없는 관계를 유지할 수 있을 때 향상된다.

이혼은 많은 상실을 동반한다. 비록 파트너나 관계가 매우 실망스럽거나 상처를 주었다 하더라도, 이혼은 온전한 가족 단위와 관계의 미래에 대한 희망과 꿈을 잃는 것을 의미한다. 고통스러운 감정적 이혼은 법적 이혼보다 지연되거나 뒤늦게 진행될 수 있으며, 이는 자녀와의 지속적인 관계를 복잡하게 만들고 오래된 애착과 갈등을 불러일으킬 수 있다. 한 이혼한 남성은 자녀를 데리고 나가기 위해 이전 집의 초인종을 눌러야 하는 것이 너무 괴로워서 다른 곳으로 이사하여 자녀를 보지 않게 되었다고 말했다. 학교나 다른 중립적인 장소에서 만남과 헤어짐을 조정하는 것은 이러한 긴장을 완화하는 데 도움이 될 수 있다.

모호한 상실은 이혼 과정을 복잡하게 만든다(Boss, 1999). 과부의 경우에 흔히 나타나는 이상화와 슬픔과는 달리, 이혼은 상처와 불공정을 부각시키며, 긴 법적 분쟁과 양육권 싸움으로 인해 분노와 원한이 종종 고조된다. 과부와 달리, 이혼은 결혼과 온전한 가족 단위가 해체되지만, 전 파트너와 각 부모는 계속 살아가며 별도의 삶과 새로운 관계로 나아간다. 전 파트너들은 더 이상 부부가 아니지만, 평생 동안 자녀의 부모로 남아 있다. 부모가 별도의 삶과 가정을 꾸리면서 새로운 애착과 가족을 형성할 때, 자녀와 관련된 문제와 사건에 대한 지속적인 접촉은 고통스러운 감정을 불러일으키고 오래된 갈등을 재활성화할 수 있다. 긍정적인 적응은 잃어버린 것(과거의 희망과 꿈 포함)을 애도하고 상처, 분노, 비난, 죄책감에 대처함으로써 촉진된다.

전 배우자를 악마화하려는 경향은 새로운 파트너를 과도하게 이상화하려는 경향만큼 강하다. 이혼을 둘러싼 비난, 수치심, 죄책감은 적대적인 법적 시스템에 의해 더욱 부채질되어, 이혼이나 원하는 합의를 정당화하는 잔인한 인격 살해를 촉발하는 경우가 많다. 사람들은 이혼 후 너무 상처받거나 쓴맛을 느껴서, 그들을 하나로 묶었던 전 파트너와의 관계의 긍정적인 측면을 잊어버리곤 한다. 이 관계는 많은 좋은 시간을 가져다 주었을 수도 있다. 선의의 가족이나 친구들이 하는 비난에 동참하지 않으려면 성숙함과 관대함이 필요하다. 이혼 후 회복탄력성을 위해서는 실망, 상처, 상실과 함께 커플과 가족 관계에 투여된 희망과 꿈, 에너지와 노력을 이해하는 것이 중요하다.

파괴적이고 고정관념적인 피해자-악당 시나리오에 갇힌 내담자는 전 파트너와의 관계, 또는 자녀에 대한 공동의 자부심을 포함하여 이러한 이야기를 수정하고 확장하도록 도와줄 수 있다. 치료사는 연애 초기부터 고점과 저점을 거쳐 관계의 역사를 검토하도록 격려하며, 긴장을 유발한 스트레스 요인들을 주목하게 할 수 있다. 내담자가 이혼이 어떻게 끝났는지를 보다 완전하게 이해하기 위해 전 배우자, 다른 중요한 가족 구성원, 가까운 친구들로부터 명확한 정보와 관점을 얻는 것도 유용하다. 전 남편의 성적 요구를 충족하지 못한 것에 대한 열등감을 느끼고 있었던 산드라는 그의 이혼 결정을 더 잘 이해하기 위해 이혼 1년 후 그를 초대하여 공동 치료 세션을 가지도록 격려받았다. 그는 자신이 동성애자임을 인정하게 되었고 더 이상 거짓으로 살 수 없다는 것을 드러냈다. 그러나 그들의 가족이 보수적인 종교 신념을 가지고 있었기 때문에 당시에는 이를 공개적으로 밝힐 수 없었다.

적응은 두 전 파트너가 관계의 붕괴 과정에서 자신의 역할을 인정할 수 있을 때 촉진된다. 치료사는 서로에 대한 부정적인 관점을 재조정하여 긍정적인 측면을 포함하도록 유도하는 질문을 제기할 수 있다. 전 파트너들이 자신의 관계에 대한 의미를 찾고 그 관계의 종료에 대한 자신의 역할을 인정하도록 돕는 것은 이혼의 감정적 해결을 촉진하여 그들이 원한이나 괴로움 없이 삶을 계속 이어갈 수 있도록 한다.

이혼 후 느끼는 불안정감, 안전감 상실, 미래에 대한 불확실성은 불안을 증폭시킬 수 있다. 이별을 겪으면서 자신과 관계에 대한 핵심 신념과 가정이 재검토된다(예: "내가 당신의 배우자가 아니라면 나는 누구인가?"). 치료사의 질문은 미래 지향적인 가능성을 탐색하도록 유도할 수 있다. "분노와 갈등을 줄이는 데 도움이 될 수 있는 각자의 강점이 무엇이라 생각하나요?" "자녀를 위한 공동 양육을 위해 결혼 생활의 차이를 어떻게 제쳐둘 수 있을까요?" 변화할 수 없는 것을 받아들이고 자녀의 미래를 위해 최선을 다할 수 있는 방법을 고려하도록 돕는 것이 중요하다.

시간과 노력을 들이면 많은 전 배우자들이 과거의 불만을 초월하여 깨진 결혼을 배려하는 친족 관계로 변화시킬 수 있다. 중병을 앓고 있는 전 아내를 방문한 한 남자는 병원의 다른 방문객들에게 자신을 어떻게 소개해야 할지 몰랐다. 그의 전 아내는 간단히 그를 소개했다. "이 사람은 샘이에요. 아이들의 아버지예요. 우리는 오랫동안 함께 했었고, 이제 그는 평생의 좋은 친구예요."

이혼 후 확대 가족 관계의 재구성

원가족의 관계 역학은 때때로 이혼에 영향을 미칠 수 있다. 최근 이혼한 조엘에게 그의 결혼에서 문제가 언제 시작되었는지 물어보았다. 그는 "허니문 이전부터요!"라고 대답했다. 결혼식에서 그의 아버지는 그가 어머니와 꼭 같은 여성을 찾았다고 축하했는데, 아버지는 결혼 생활 내내 어머니를 끊임없이 비난해 왔다. 조엘은 "그것이 내 결혼에 대한 죽음의 입맞춤이었어요."라고 말했다. 갈등이 있는 이혼에서는 원가족이 한쪽을 지지하기 위해 끌려들어가거나 주변으로 밀려날 수 있다. 이로 인해 소중한 손주들과의 접촉을 잃을 위험이 크다. 삼각관계를 피하고 중요한 확대 가족 관계를 유지하기 위해 적극적인 노력을 기울일 수 있다. 우리는 내담자가 자녀를 위해 강한 연결을 촉진하도록 격려하고, 그들이 전 인척in-laws 및 확대 가족 구성원과 유지하고 싶은 관계의 종류를 고려하도록 도울 수 있다.

불편함의 한 원인은 이러한 관계를 정의하는 데 사용하는 언어와 범주에 있다. 일부는 전 확대가족을 농담 삼아 "아웃로out-laws"라고 부르기도 한다. "의붓삼촌step-uncle"이라는 표현은 "전 이모ex-aunt"만큼이나 터무니없게 느껴진다. 많은 문화에서는 가족 재구성에 대한 언어와 형식성 문제를 겪지 않으며, 다양한 친족 관계를 소중히 여긴다. 이러한 관계는 아이들의 삶을 풍요롭게 하고 회복탄력성의 생명선이 될 수 있다.

재혼 가족 적응

이혼한 성인의 3분의 2 이상이 재혼하며, 나머지 대부분은 새로운 파트너를 만난다. 자녀가 관련된 경우, 이러한 전환은 의붓 관계의 협상과 다른 생물학적 부모와의 재조정을 요구한다. 여기에 복잡성을 더하는 것은, 종종 두 파트너의 이전 결혼에서 발생한 전 배우자와 자녀들이 여러 가정과 확장 가족 네트워크에 걸쳐 존재한다는 점이다.

의붓가족 형성에서의 어려움은 재혼의 이혼율을 높이는 데 기여한다(Coleman, Ganong, & Russell, 2015; Pasley & Garneau, 2012). 새로운 커플 관계를 확립하는 것이 우선이며, 전 배우자를 비난하지 않는 것이 중요하다. 충성 갈등에 갇힌 자녀들은 종종 의붓 부모에게 저항하거나 반발함으로써 자신의 갈등을 표현한다. 생물학적 부모가 주된 양육을 맡고, 새로운 파트너가 지원적인 역할을 수행함으로써 자녀와 신뢰하고 배려하는 관계를 점진적으로 구축할 때 적응이 촉진된다. 의붓가족의 통합은 일반적으로 몇 년이 걸린다.

재혼할 때, 사람들은 해결되지 않은 문제를 새로운 관계로 가져오며, 이는 재혼의 이혼 위험을 높이는 데 기여한다. 재혼에서 흔히 저지르는 실수 중 하나는 과거와의 관계를 끊고 새로운 가족 단위를 둘러싸는 경계를 설정하려는 잘못된 시도이다. 이는 온전한 핵가족 모델을 모방하려는 것이다. 자녀들은 충성 갈등에 휘말리거나, 배려하는 생물학적 부모와 단절되거나, 의붓 부모와 즉각적인 대체 유대감을 형성해야 한다는 기대를 받을 때 기능 장애의 위험이 더 높아진다. 이전 결혼에서 자녀와 소원해진 아버지들은 때때로 의붓 자녀와의 관계를 발전시키는 데 장애를 겪기도 한다. 상실감, 죄책감, 애착에 대한 두려움을 극복하는 것은 재연결과 새로운 유대감을 촉진할 수 있다. 우리는 또한 대부분의 경우 자녀가 두 생물학적 부모와의 유대를 유지하고자 하는 열망을 새 파트너가 이해하도록 도울 수 있다. 전 배우자 간의 좋은 관계에 대해 질투하거나 위협을 느낄 경우, 관계를 가정 간의 협력적인 양육 팀으로 구성하는 것이 도움이 된다. 자녀들은 편을 들도록 강요받지 않을 때 긍정적인 의붓 관계를 더 쉽게 형성할 수 있다.

별거, 이혼, 그리고 의붓가족 형성은 시간이 지남에 따라 진화하는 과정이기 때문에,

치료사는 이전 가족 단위, 전환의 시기와 성격, 그리고 미래에 예상되는 변화에 대해 질문할 필요가 있다. 특히, 최근의 변화나 다가오는 구성원 변화 또는 가정 구성의 변화는 현재의 문제와 관련된 위기를 촉발할 수 있다. 현재의 가정만을 집중적으로 살펴보는 것은 터널 시야를 초래할 수 있으며, 다음과 같은 사례에서 그 예를 볼 수 있다.

14세의 맷과 12세의 매기 두 자녀의 양육권을 가지고 있는 이혼한 아버지는 매기의 격렬한 반항 행동에 대해 도움을 요청했다. 상담을 위해 사례를 제시하면서 치료사는 가족 구조를 다음과 같이 도식화했다.

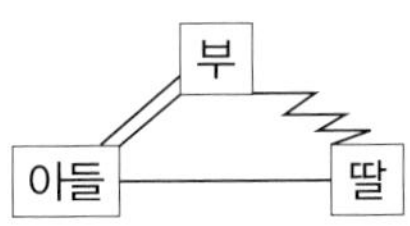

치료사는 가족의 초점을 현재 가정으로 제한하고 문제를 아버지와 맷 간의 강한 유대감이 매기를 배제하는 삼각관계로 평가했다. 그 결과 매기는 잘못된 행동을 통해 주목을 받으려 했다. 개입은 아버지와 매기 간의 애착과 양육 기술을 높이는 데 집중했지만, 성공적이지 않았다.

가정의 경계와 현재 개입의 시간 틀 너머에는 위기를 촉발하는 중요한 관계적 복잡성이 존재했다. 발달적 체계 탐색을 촉진하기 위해, 우리는 다음 세션에서 아버지와 함께 가계도와 타임라인을 구성했고 아래 그림으로 나타났다.

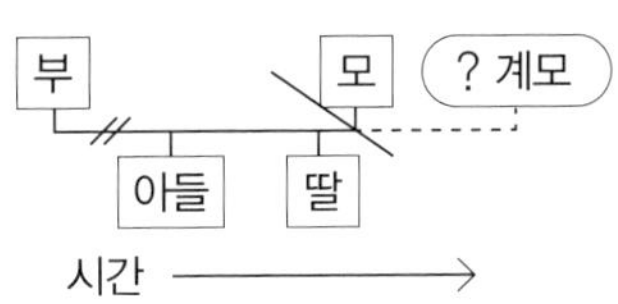

아버지는 3년 전 어머니가 그의 가장 친한 친구와 불륜을 저질렀다는 사실을 알게 된 후 이혼했다. 분노한 그는 치열한 양육권 싸움에서 승리했으며, 자녀들이 어머니와의 접촉을 심각하게 제한하고 그녀를 악마화했다. 이혼 중에 그는 새로운 친밀한 관계에 빠졌고, 그 여성은 이제 결혼하자고 압박하고 있었다. 매기는 그녀의 애정을 얻으려는 노력에 반복적으로 거부감을 표시했다.

아버지와 자녀들과의 세션에서 매기는 어머니에 대한 반감을 강하게 표현하며, 어머니와의 접촉이 끊어진 것에 대한 상실감과 "대체" 엄마에 대한 불만을 드러냈다. 그러자 아버지는 재혼에 대한 자신의 주저함을 인정했는데, 이는 그의 신뢰가 깨지고 배신감을 느낀 데 뿌리를 두고 있었다. 이러한 관계의 얽힘은 풀어내고 해결해야 할 필요가 있었으며, 가족이 과거에서 벗어나기 위해서는 필수적이었다. 아버지가 자녀들과 어머니 간의 긍정적인 연결을 촉진하고, 재혼 가능성과 새로운 계모 가족 관계의 복잡성으로 나아가기 전에 자신의 이혼에 대한 감정을 처리하는 것이 중요했다.

발달적 관점의 확장

사회에서 관계와 가정의 다양성이 증가함에 따라, "가족"에 대한 우리의 관점은 길고 다양한 삶의 과정을 반영하도록 확장되어야 하며, 각 개인, 커플, 가족을 독특하게 만드는 도전과 선호에 맞춰 치료적 접근 방식을 조정해야 한다. 우리는 가족 구성원들이 복잡하고 변화하는 관계 시스템에서 성공적으로 살아가는 방법을 배우고, 혼란스러운 전환을 완충하며, 스트레스가 많은 시기를 최대한 활용하는 방법을 배우도록 도울 수 있다.

가족들은 종종 위기 상황에서 도움을 요청하지만, 그들이 제시하는 문제와 고통이 관련된 스트레스 요인과 연결되지 않을 수 있다. 가계도와 타임라인은 복잡한 가족 체계를 시각화하고, 시간에 따른 중요한 사건과 변화를 추적하여 가족 발달 맥락에서 문제를 이해하고 해결하는 데 도움을 준다(McGoldrick et al., 2008). 중요한 접점에서 과거의 고통스러운 경험이 재활성화될 수 있으며, 최근의 위기 사건이나 위협받는 사건, 스트레스 요인의 누적, 가족 또는 가정 구성의 변화 등을 탐색하여 그 의미를 이해해야 한다.

가족 발달적 관점에서, 임상가는 가족의 고난, 고통, 상실에 대한 연민을 가지고 그들의 용기, 배려, 최선의 노력을 확인하면서 위기나 어려움의 이야기를 듣고 각 가족의 삶의 여정에 관심을 갖는다. 회복탄력성 지향적 접근에서는 문제 중심의 시각을 재조정하여 긍정적인 적응을 촉진할 수 있는 강점과 자원을 식별하고 강화하는 것이 중요하다. 확장된 친족, 사회적 및 지역사회 네트워크, 문화적 및 영적 자원을 식별하고 활용하는 것이 필수적이다. 회복탄력성을 위한 주요 상호작용 과정을 강화하는 데 초점을 맞춘 개입을 통해, 가족들은 위기를 처리하고, 전환을 탐색하며, 지속적인 스트레스를 견디고, 미래의 도전에 대응하는 데 더 많은 자원을 활용할 수 있게 된다. 우리는 가족들이 복잡성 속에서 일관성을 찾고, 혼란의 여파 속에서 연속성을 회복하도록 도울 수 있다. 그들이 의미, 목적, 기쁨, 그리고 연결을 향한 노력을 격려하며, 삶의 도전에서 개인적 및 관계적 성장을 이룰 수 있는 잠재력에 대한 확신을 가질 수 있도록 지원할 수 있다.

성인기 전반에 걸친 가족 유대의 중요성은 연구, 임상 교육 및 실천에서 간과되어 왔다. 이들은 주로 초기 발달 단계, 즉 젊은 커플과 자녀를 양육하는 가족에 중점을 두고 있다. 청년이 집을 떠나면, 관심은 그들의 삶의 경로와 가족 형성으로 이동하며, 부모 세대는 확장된 친족으로서 주변으로 밀려나거나 과거의 원가족 영향에 대한 배경 이야기로 물러나게 된다. 세대 간 유대는 여전히 중요하며, 부모는 결코 부모의 역할을 멈추지 않으며, 자신의 필요와 자녀 및 손주들의 복지에 평생 관심을 가지고 있다.

또한, 아동이나 가족의 정체성을 삶의 여정에서 한 시기로 정의하지 않는 것이 중요하다. "이혼한 자녀" 또는 "부서진 가족"과 같은 경멸적인 명명은 삶을 계속 이어가고자 하는 이들을 가두어 놓을 수 있으며, 이전 또는 미래의 만족스러운 관계적 삶을 가릴 수 있다. 우리의 발달적 관점은 전체 생애 과정과 과거에서 미래로 확장되는 다세대 연결의 상호의존성을 반영하도록 확장되어야 한다. 정체성과 의미의 공유된 구성은 개인과 그 가족이 시간에 따라 경험을 조직하고 해석하며 연결하는 평생의 과정이다.

가족 생활 리뷰를 촉진하는 과정(Walsh, 2012b, 2016b)은 가족이 가족 생활의 단계와 전환을 통합하고, 관계를 업데이트하며, 사랑하는 이들에 대한 감사를 얻는 데 도움을 줄 수 있다. 추억을 공유하는 것은 여러 관점을 통합하고, 시간에 따른 가족 구성원들의 주관적인 경험을 통합하는 귀중한 경험이 될 수 있다. 희망과 꿈, 중요한 이정표, 그리고 그들의 만족감, 자부심, 후회를 회상하는 것은 가족 이야기를 확장하고 공감적 이해를 촉진한다. 단절이나 고정된 이미지와 기대를 초래했던 이전의 갈등이나 상처는 새로운 관점에서 재고될 수 있으며, 오해와 잘못된 가정은 명확해질 수 있다. 가족 구성원들이 성숙해짐에 따라 그들은 종종 이전의 잘못이나 비밀에 대해 더 개방적이고 솔직해지며, 과거의 실수와 상처를 더 쉽게 인정하고 후회하게 되어, 오래된 상처를 치유할 수 있는 가능성을 열어 준다. 가족 사진, 스크랩북, 족보, 재회, 그리고 순례 여행은 이러한 작업을 돕는 데 유용할 수 있다. 가족 역사에 대한 이야기와 소중한 대화는 비디오로 녹화되어 보존되고, 젊은 세대에 전달될 수 있다. 과거의 고난에서 지혜를 얻을 수 있고, 회복탄력성에 대한 이야기는 앞으로의 여정에 영감을 줄 수 있다.

우리는 관계적 존재이다. 대부분의 삶은 가정 내외의 다양한 친밀한 관계와 중요한 친족 및 사회적 유대에 의해 풍요로워진다. 가족 발달적 틀은 각 가족의 기능을 더 넓은 사회문화적 맥락과 다세대 생애주기에서의 진화와 관련하여 살펴본다. 우리는 가족과 그 구성원들이 살고 있는 문화와 시대, 그들의 역사, 그리고 중요한 사건과 의미의 구조적 원천이 기여하는 바에 민감해야 한다.

위기와 도전은 인간 조건의 본질적인 부분이다. 가족은 지속성과 변화를 균형 있게 조절하여 혼란 속에서도 안정성을 제공하고 지속적인 연결을 유지해야 한다. 가족이 기능적 단위로서 도전에 어떻게 대처하는지는 모든 구성원의 긍정적인 발달과 가족의 미래에 매우 중요하다. 다양한 적응 경로가 가능하며, 회복탄력성이 있는 가족들은 유연하고 다양한 전략을 사용한다. 회복탄력성은 잘 싸우는 것, 역경을 효과적으로 극복하고 그로부터 배우는 것, 그리고 그 경험을 삶의 여정에 통합하는 것을 포함한다.

10장

상실, 회복, 회복탄력성

죽음을 받아들임으로써 우리는 삶을 더욱 온전히 포용할 수 있다.

_ 빅터 프랭클Victor Frankl, 《죽음의 수용소에서》

어린 시절, 이웃의 외동딸 결혼식을 보며 느꼈던 기쁨이 기억난다. 다른 가족들처럼 그들은 완벽한 결혼식을 계획했고, 신랑과 신부는 빛나 보였으며, 모두가 신혼여행을 떠나는 모습을 보며 환호했다. 그러나 로맨틱한 목적지로 가는 도중 차가 얼어붙은 구불구불한 시골 도로에서 미끄러져 그들은 생명을 잃고 말았다. 가장 행복한 순간에 비극이 닥쳐와 모두의 희망과 꿈이 산산조각이 났다.

죽음과 상실을 받아들이는 것은 가족이 직면하는 가장 어려운 도전이다. 체계적 관점에서 볼 때, 상실은 죽은 자와 생존자가 공유하는 생애주기에서의 상호작용 과정으로 이해되며, 죽음의 최종성과 삶의 연속성을 모두 인식한다(Walsh & McGoldrick, 2004, 2013). 중요한 죽음은 모든 가족 구성원과 그들의 관계, 그리고 가족이라는 기능적 단위에 영향을 미친다. 가족 회복탄력성 접근은 죽음과 죽어가는 것을 직면할 수 있는 능력을 키우고, 생존자들이 상실을 넘어 온전히 살고 사랑할 수 있도록 돕는다.

이 장에서는 상실에 대한 도전과 관련된 회복탄력성 기반의 체계적 평가 및 개입을 위한 틀을 제시한다. 발달 관점에서 상실과 회복 과정은 시간에 따라 그리고 가족생애주기 전반에 걸쳐 고려된다. 주요 가족 적응 과제가 설명되며, 기능 장애의 위험을 높이는 변수와 치유 및 회복탄력성을 촉진하는 핵심 과정이 식별된다. 복잡한 상황을 효과적으로 처리하기 위한 지침도 제공된다.

사회역사적 맥락에서의 죽음과 상실

세월이 흐르면서 가족들은 삶의 불안정성과 죽음이 가져오는 혼란에 대처해야 했다. 문화 전반에 걸쳐 애도에 대한 신념과 관습은 죽음을 통합하고 생존자들의 변화를 촉진하는 데 도움을 주었다(Walsh & McGoldrick, 2004). 각 문화와 종교는 고유한 방식으로 죽어가는 이들과 삶을 이어가야 하는 사랑하는 이들에게 도움을 제공한다(Rosenblatt, 2013). 대부분의 전통은 죽음을 삶의 리듬에 포함시키고, 영적 영역으로의 이동을 강조하며, 더 높은 힘에 대한 변함없는 믿음 등 죽음이라는 피할 수 없는 사실을 받아들이도록 돕는 세계관과 의식을 가지고 있다. 대부분의 문화는 상실을 가족과 공동체의 결속을 위한 기회로 보고, 슬픔의 표현을 지지한다. 반면, 우리의 지배적인 영미 문화는 죽음을 직면하는 것을 피하는 경향이 있으며, 상실의 영향을 최소화하고 애도하는 이들이 빠르게 "종결"을 얻고 앞으로 나아가도록 권장한다. 애도 전문인을 제외하고, 정신 건강 및 의료 전문가들은 이러한 문화적 회피를 반영하여 상실에 대처하는 데 소극적 태도를 보여 왔다.

그러나 죽음과 상실을 직면하는 것의 중요성에 대한 인식이 커지고 있다. 기술과 미디어는 전 세계의 재앙적 사건들을 더욱 널리 알리고 있다. HIV/AIDS와 같은 대규모 전염병, 주요 재난, 전쟁, 테러 공격은 우리의 불안정하고 불확실한 글로벌 환경에서 삶과 죽음의 불안정성에 대한 관심을 높였다(11장 참조).

현대의 사회적, 경제적, 정치적 격변 속에서 가족들은 여러 가지 상실, 혼란, 불확실성에 대처하고 있다. 이 장은 죽음을 통한 상실에 초점을 맞추고 있지만, 가족의 적응 과정은 신체적 및 정신적 질병, 실업, 이주, 가족 분리, 이혼, 위탁 양육 및 입양, 대인 및 집단 트라우마, 지역사회 재난과 같은 다른 경험의 상실 문제에도 널리 적용된다. 이러한 주제는 다른 장에서 다루어진다. 상실에 대처하기 위한 가족의 회복탄력성을 강화함으로써, 우리는 가족 구성원들의 유대감을 깊게 하고 새로운 힘을 발휘할 수 있도록 돕는다.

체계적 관점에서의 상실 이해

임상 이론, 연구 및 실제에서 애도에 대한 관심은 주로 자녀, 부모, 배우자 또는 형제자매와 같은 중요한 이원적 관계의 상실에 대한 고통받는 개인의 애도 반응에 집중해 왔다(Rubin, Malkinson, & Witzum, 2012). 비증상적인 가족 구성원들은 정상적으로 기능하고 있으며 주목받을 필요가 없다고 가정될 수 있다. 체계적 관점은 중요한 상실에 대한 관계망 전반의 상호작용 과정과 상호 영향을 확장하여 우리의 시각을 넓혀준다. 보웬Bowen(1978)은 죽음이나 위협받는 상실이 가족의 기능적 평형을 어떻게 방해할 수 있는지를 관찰하였다. 가장 가까운 구성원의 애도 반응을 넘어, 감정적 충격파는 죽음 직후 또는 그 이후에도 전체 관계망에 걸쳐 반향을 일으킬 수 있다. 방치된 슬픔은 다른 관계에서 강력하고 해로운 반응을 촉발할 수 있으며, 이는 결혼 생활의 거리감, 이혼부터 갑작스러운 대체 또는 외도와 같은 결과를 초래할 수 있다(Walsh & McGoldrick, 2004).

나의 연구와 임상에서 확인된 것처럼, 가족이 상실 상황을 처리하는 방식은 광범위한 영향을 미친다. 다음 사례에서 그 예를 볼 수 있다.

> 50대 여성인 마리는 성인 자녀들의 권유로 치료를 받으러 왔으며, 자녀들은 "엄마가 우리를 과도하게 돌보는 걸 그만둬야 해요. 우리는 이제 성인이자 자녀를 둔 부모예요!"라고 불평했다.
>
> 첫 번째 회기에서 그녀는 자녀들에 대해 걱정하지 않을 수 없다고 말했다. 그녀는 7세 때 암으로 어머니를 잃었기 때문에 성인 자녀의 어머니가 되는 방법을 모르겠다고 덧붙였다. 그 상실을 탐구하면서, 그녀는 어머니의 죽음 몇 달 전 아버지가 어머니를 보호하려고 했고 자녀 돌봄의 "부담"에서 벗어나게 해 주려 했을 때 자신이 버림받은 것 같이 느꼈던 기억을 떠올렸다. 그녀는 마지막 밤을 회상하며, 친척들이 어머니가 임종을 맞이하는 집에 모였던 때를 기억했다. 마리는 남동생 짐과 함께 일요일에 입는 옷을 차려입고 그의 손을 잡고 작별 인사를 하기 위해 기다렸다. 그러나 아무도 그들을 부르지 않았고, 장례식에도 데려가지 않았다.
>
> 혼란스러운 여파 속에서, 아버지는 그들을 돌볼 수 없을 정도로 슬픔에 잠겨 있었고, 의도는 좋았지만 친척들은 각자 한 아이씩 맡아 키우며 그들을 분리시켰다. 그들은 언제 다시 만날 수 있을지, 혹은 집으로 돌아갈 수 있을지에 대한 불확실성을 안고

> 있었다. 몇 주 후 집으로 돌아갔을 때, 아버지는 감당할 수 없는 슬픔에 고립되어 심하게 술을 마셨고, 밤에는 그녀의 침대에 들어와 성적으로 학대했다. 1년 후 그의 재혼은 그녀의 비밀스러운 고통을 끝냈다. 그녀는 이 학대에 대해 이야기할 때 분노를 보이지 않았다. 이는 그녀가 처음으로 털어 놓은 일이었다. 내가 그녀의 감정에 대해 물었을 때, 그녀는 아버지의 깊은 슬픔과 외로움이 너무 안타까워서 그를 비난하지 않았다고 말했다. 그 일은 그를 위로해 주었고, 그녀가 유일하게 남은 부모를 잃는 것에 대한 두려움을 덜어 주었다. 그녀는 나중에 아버지처럼 술을 많이 마시는 남자와 결혼했고, 자녀들을 위해 가족을 유지하기 위해 신체적 학대를 여러 해 동안 견뎌냈다. 그녀와 남동생과의 끈끈한 유대는 세월이 흐르는 동안 그녀의 생명선이었다. 세션 중 그 시점에서 그녀는 눈물을 흘리며, 짐이 최근 소형 비행기 사고로 사망했다는 사실을 털어 놓았다.

이 사례에서처럼 일부 가족은 감당할 수 없는 상실로 인해 무너져 내리며, 성인들은 자녀를 돌보고 위로, 안심, 안전을 제공할 수 없게 된다. 분리로 인한 2차적 상실, 불확실한 의사소통, 미래에 대한 불확실성은 고통을 더욱 증가시킨다. 형제자매 간의 유대는 이러한 혼란 속에서 그리고 앞으로 수년 동안 중요한 생명선이 될 수 있다. 마리의 형제의 최근 사망은 그녀에게 치명적인 상실이었고, 이는 그녀의 어린 시절 트라우마를 재활성화시켰으며, 그녀의 성인 자녀들과의 관계에도 여파를 미쳤다. 상실의 유산은 생존자들 간의 상호작용 및 상호 영향의 광범위한 패턴에서 표현되며, 세대를 넘어 이어진다. 상실의 영향은 생존자들이 맺는 다른 사람들과의 관계에도 영향을 미치며, 심지어 고인이 된 사람을 알지 못했던 이들에게도 그 여파가 미친다.

죽음이나 위협적인 상실은 가족의 기능적 균형을 깨뜨릴 수 있다. 보웬Bowen(1978)이 관찰한 바와 같이, 감정적 반응의 강도는 상실 당시 가족의 통합 정도와 잃어버린 가족 구성원의 중요성에 의해 영향을 받는다. 감정적 충격파는 중요한 상실 직후와 그 이후에도 전체 가족 체계에 걸쳐 퍼질 수 있다. 따라서 치료사는 상실의 의미와 맥락을 이해하기 위해 가족 네트워크, 고인의 위치, 그리고 상실을 둘러싼 가족 역동성을 평가할 필요가 있다.

상실은 가족 생활의 기초를 흔들고 모든 구성원에게 영향을 주는 강력한 경험이다. 개인의 고통은 슬픔에서 비롯될 뿐만 아니라, 가족의 감정적 영역의 재조정에서도 기인한다. 특정 상실 사건의 의미와 이에 대한 반응은 가족의 신념 체계에 의해 형성되며, 이는 다른 상실 경험에 의해 변화한다. 상실은 또한 가족 구조를 수정하며, 종종 가족 체계의 주요 재조정을 요구한다.

가족 내의 죽음은 여러 가지 손실을 수반할 수 있다. 특정 인물의 상실, 각 구성원 간의 독특한 관계의 상실, 역할 기능의 상실, 온전한 가족 단위의 상실, 그리고 이루어질 수 있었던 모든 것에 대한 희망과 꿈의 상실이다.

죽음은 단순한 사건 그 이상이다. 발달적 체계 관점에서 볼 때, 죽음은 시간에 걸쳐 얽힌 여러 과정이 포함된 것으로 볼 수 있다. 이는 죽음의 위협과 접근, 즉각적인 여파, 그리고 장기적인 의미에 이르기까지의 과정을 포함한다. 가족생애주기 관점은 여러 세대가 시간이 흐르면서 어떻게 서로 영향을 주고받으며 상실에 접근하고 반응하는지를 살펴본다(McGoldrick & Walsh, 2004). 각 상실은 다른 모든 상실과 연결되어 있지만, 그 의미는 독특하다. 우리는 죽음의 사실적 상황과 그것이 각 가족의 사회적 및 발달적 맥락에서 지니는 의미에 모두 주의를 기울여야 한다. 가족 평가에서는 결정론적 인과 관계 가정이 아니라 진화적 관점에서 과거, 현재, 미래의 연결을 탐구한다. 사회적 맥락과 마찬가지로, 상실의 시간적 맥락은 의미의 틀을 갖고 있으며, 이는 상실과 삶에 대한 미래의 접근 방식에 영향을 미친다.

상실에 대한 가족 적응

사별에 대한 현대의 접근방식은 연구에 기초하며 정상적인 슬픔에 대한 초기 이론에서 발전하였다. 정상적인 슬픔 반응의 시기, 표현, 강도에는 큰 차이가 있으며(Wortman & Silver, 1989), 애도 과정은 질서정연한 단계 순서나 일정이 없다. 시간이 지남에 따라 적응적인 대처는 상실과 회복 사이를 번갈아 오가는 주의의 역동적 진동을 포함하며, 때로는 슬픔에 집중하고 때로는 새로운 도전을 극복하는 데 집중한다(Stroebe & Schut, 2010).

상실에 대한 적응은 "한 번에 끝나는" 일종의 완전한 해결을 의미하지 않는다. 중요한 상실은 결코 완전히 해결되지 않을 수 있다. 마찬가지로, 상실에 대한 반응에서의 회복탄력성은 일반적으로 오해받고 있으며, 감정적 경험에 대해 빠르게 "종결"을 짓거나 단순히 다시 일어나는 것을 의미하지 않는다. 오히려 애도와 회복은 점진적이고 유동적인 과정으로, 일반적으로 시간이 지남에 따라 강도가 줄어든다. 그러나 슬픔의 다양한 측면은 특히 기념일이나 다른 중요한 사건과 함께 예상치 못한 강도로 다시 나타날 수 있다. 고통스럽고 혼란스러울 수 있지만, 다양한 형태의 애도는 치유의 과정이다.

죽음은 삶을 끝내지만 관계는 끝나지 않는다. 애도 과정은 고인과의 단절이 아니라, 물리적 존재에서 영적 연결, 기억, 행동, 그리고 친족 네트워크를 통해 다음 세대에 전해지는 이야기로 이어지는 지속적인 유대 관계로 변화하는 관계이다(Stroebe, Schut, & Boerner, 2010; Walsh & McGoldrick, 2004). 상실을 수용하고 통합하는 능력은 가족 체계 내의 모든 건강한 과정의 핵심이다(Beavers & Hampson, 2003).

가족 적응과제의 촉진

가족은 시간이 지남에 따라 상실에 대한 새로운 도전에 대응하기 위해 다양한 경로를 탐색한다. 개인, 가족, 문화적 죽음 대처 방식이 다양하다는 점은 염두에 두어야 하지만, 가족은 기본적인 적응 과제에 직면한다. 이러한 과제가 해결되지 않으면 구성원들의 기능 장애에 대한 취약성과 가족 갈등 및 해체의 위험이 증가한다. 상실에 대한 체계적 접근 방식을 개발하면서, 임상 연구에 기반하여 모니카 맥골드릭Monica McGoldrick과 나는 가족 구성원들의 즉각적이고 장기적인 적응을 촉진하고 가족을 기능적 단위로 강화하는 네 가지 주요 과제를 제시한다(Walsh & McGoldrick, 2004). 우리는 이러한 도전을 가족이 적극적으로 참여하고 임상가가 촉진할 수 있는 과제로 접근한다(Worden, 2008; 개인적 도전에 대해 Worden의 접근하는 방식과 유사하게), 이 과제들은 가족 기능의 세 가지 영역—신념 체계, 조직 패턴, 그리고 의사소통/문제 해결—에서 가족 회복탄력성을 위한 핵심 과정의 얽힘을 포함한다.

죽음과 상실에 대한 공유된 인정

가족 구성원들은 각자 나름의 방식으로 죽음의 현실을 직면하고, 그것이 자신과 서로에게 어떤 의미인지 고민해야 한다. 갑작스러운 죽음의 충격으로 이 과정은 갑작스럽게 시작될 수 있다. 가능하다면, 임종 중인 가족과의 접촉은 적응을 촉진하며, 아이들이 사랑을 표현하고 작별 인사를 할 기회를 제공한다. 그들을 잠재적인 불안으로부터 보호하려는 선의의 시도는 오히려 그들을 고립시키고, 불안한 환상을 불러일으키며, 슬픔의 과정을 방해할 수 있다.

개인, 가족, 문화에 따라 죽음에 대한 정보와 감정을 직접 표현하는 방식은 다르지만, 명확한 의사소통은 중요하다. 임상가는 신뢰의 분위기, 공감적 반응, 다양한 반응에 대한 관용을 통해 지원을 제공해야 한다. 죽음의 사실과 상황에 대한 명확한 정보를 공유하는 것은 애도 과정을 촉진한다. 죽음의 현실을 받아들이지 못하는 가족 구성원은 다른 사람들과의 접촉을 피하거나 슬퍼하는 이들에게 화를 낼 수 있다. 사랑하는 이들과 함께 죽음과 임종을 용기 있게 맞이할 때, 관계는 더욱 풍요로워질 수 있다. 파트너가 쇠약한 병으로 세상을 떠났을 때, 보니는 슬펐지만 평화롭기도 했다.

> "단순한 사실은, 제니의 몸이 멈췄다는 것입니다. 우리 사이에는 미완의 일이 없었습니다. 나는 죽음에 대한 많은 두려움을 안고 있었습니다. 제니는 마지막 날까지 어떻게 더 살아있고 더 개방적으로 느낄 수 있는지를 보여 주었습니다. 그녀는 죽음을 받아들였지만, 떠나고 싶지는 않았습니다. 수용은 기쁘거나 상황을 좋아한다는 의미가 아니라, 그것이 그 당시의 진실이었음을 의미했습니다."

장례식과 추모식은 죽음의 현실과 직접적으로 마주할 수 있는 기회를 제공하며, 고인에게 마지막 경의를 표하고, 유족이 친족과 공동체로부터 슬픔을 나누고 위로를 받을 수 있는 방법을 제공한다(Imber-Black et al., 2012). 가족들은 고인이나 임종자의 선호를 존중하며 의미 있는 의식과 매장 또는 화장을 미리 계획할 것을 권장받는다. 점점 더 많은 사랑하는 이들이 의미 있는 추도사, 개인적인 이야기, 사진, 예술적 표현을 통해 의식에 참여하여 고인의 삶의 여정과 다각적인 인간성과 관계를 기억하고 기념한다. 특히 감동적인 의식 중 하나는, 아버지의 두 번째 결혼에서 태어난 아들과 딸이 어린 시절의 감동적이고 유머러스한 이야기를 나누었고 그 후, 이전 결혼에서 태어난 아들이 나와서 말로 표현하는 것이 편하지 않다며 아버지를 기억하기 위해 작곡한 감동적인 플루트를 연주했던 일이다.

유대 전통에서는 많은 다른 전통과 마찬가지로 장례식에 참석하는 것이 결혼식보다 더 중요하다고 여겨지며, 이는 삶을 기리고 상실을 기념하는 의미가 있다. 회복탄력성의 핵심 과정은 장례 후 시바shiva[1]에서 모인 사람들이 함께 읽는 다음의 유대인 애도 기

1 부모나 배우자 등 사별한 유대인이 장례식 후 7일 간 상복을 입는 관습의 기간 (역주)

도에서 감동적으로 표현된다.

> 때때로, 이별의 고통은 우리가 감당할 수 있는 것 이상으로 느껴지지만, 사랑과 이해는 우리가 어둠을 지나 빛으로 나아가도록 도와줄 수 있습니다. 그리고 사실, 슬픔은 우리가 다시 살아 있는 이들을 섬기고 축복하도록 이끄는 위대한 스승입니다 …… 따라서 그들이 떠나도, 고인들은 여전히 우리와 함께하며, 그들이 더 나은 순간에 스스로가 살기를 원했던 방식으로 우리를 움직이게 합니다. 우리는 그들을 지금 기억합니다. 그들은 우리의 마음 속에 살아 있으며, 그들은 영원한 축복입니다(미국 랍비 중앙 회의, 1992).

가족의 선호에 따라 상실의 경험을 공유하는 것은 치유 과정에서 매우 중요하다. 나는 가족들이 주저하는 가족 구성원들에게 장례식이나 추모 모임에 참석할 것을 권유할 것을 권장한다. 어떤 이들은 가고 싶지만 시간을 낼 수 없다고 말하고, 다른 이들은 고인이 살아 있을 때를 기억하는 것이 더 좋다고 말한다. 그러나 역설적이게도, 상실이 기념될 때 삶과 관계는 더욱 온전히 인식될 수 있다.

인터넷을 통해 친척과 사회적 네트워크에 죽음을 알리는 것이 일반화됨에 따라, 신중하게 진행될 경우 의미가 있을 수 있다. 이민자의 한 젊은 성인 딸은 멀리 있는 친척, 친구, 지인들을 자신의 웹사이트로 초대했고, 그곳에서 그녀는 아버지의 죽음을 기리기 위해 감동적인 헌사를 작성했다. 그녀는 아버지의 삶의 여정에 대한 이야기와 가족 생활의 중요한 이정표와 어린 시절의 사진이 담긴 앨범을 공유했다.

추모식을 하거나, 무덤에 비석을 세우거나, 재를 흩뿌리는 의식을 거행하거나, 사랑하는 이를 기억하기 위해 나무를 심는 데 결코 늦은 때는 없다. 기념일이나 명절 모임에 가족 구성원들을 모아 고인을 "다시 기억"하는 것은 깊이 치유되고 연결되는 경험이 될 수 있다. 어머니의 죽음 20주년을 맞아, 나는 남편과 딸과 함께 어머니의 삶을 기념할 의미 있는 방법을 찾고 싶었다. 어머니는 피아니스트이자 오르가니스트로서 음악에 대한 깊은 애정을 가지고 계셨고, 이는 시카고 대학교 캠퍼스에 있는 록펠러 예배당의 캐롤 종소리를 떠올리게 했다. 나는 어머니를 기리기 위해 간단한 콘서트를 마련했고, 종탑 지붕에 올라가도록 초대받았다. 종소리가 조화롭게 울려 퍼지는 동안, 우리는 저녁 하늘을 바라보며 반짝이는 별들 사이에서 그녀의 영혼과 연결되어 있음을 느꼈다.

상실의 공유된 경험

개방적인 의사소통은 상실과 회복 과정에서 가족의 회복탄력성에 매우 중요하며, 특히 즉각적인 여파의 과도기적 혼란 속에서 더욱 그렇다. 우리는 가족 체계 내 모든 구성원의 다양하고 변동적이며 때로는 상충하는 반응을 고려할 때, 가족의 애도 과정의 복잡성을 이해할 수 있다. 예를 들어, 형제자매 간의 차이는 일반적이며, 이는 성별, 출생 순서, 상실 당시의 나이, 그리고 가족 역학과 관련이 있다. 가족 구성원들이 슬픔과 회복 과정에서 서로 다른 대처 스타일과 타이밍을 가질 수 있으므로, 이러한 차이에 대한 관용이 필요하다.

애도 과정은 상실을 가족의 삶의 경험과 신념 체계에 일관되게 맞추어 의미 있는 관점으로 정리하려는 공동의 이야기 시도를 포함한다. 이는 상실의 지속적인 부정적 의미, 즉 미래에 대한 희망과 꿈의 상실을 다루는 것을 요구한다. 나도Nadeau(1998)의 질적 연구는 상징적 상호작용 이론에 기반하여 가족 구성원의 사망에 대한 반응으로서의 가족 의미 형성 과정을 탐구했다. 나도는 비임상적이고 다세대인 유족 가족을 인터뷰했다. 그녀는 "무슨 일이 일어났는지"에 대한 이야기가 공동 구성 과정에서 나타났음을 발견했으며, 가족들이 공유하는 의미 형성 과정에서 사용하는 전략들을 확인했다. 이러한 전략에는 이야기 나눔, 꿈의 공유, 가족 내외의 다른 죽음과 비교, (사망 시점 근처에 발생한 사건에 의미를 부여하는) "우연의 일치", 그리고 (고인이 된 구성원의 특성을 규명하는) 특징화가 포함되었다. 가족들은 또한 "가족의 언어"를 사용하여 개인의 의미의 실타래를 복잡하게 엮어 나갔다. 의사소통 패턴에는 동의/비동의, 다른 구성원의 의미를 참조하기, 지원하고 반향하며 문장을 마무리하고, 설명하고 질문하는 협력적 중단이 포함되었다. 가족 의미 형성은 가족 규칙에 덜 영향을 받는 인척의 참여에 의해 촉진되었으며, 이는 금기시되는 주제에 대한 논의를 열 수 있었다. 가족 차원에서의 문제 해결은 실질적인 문제에 대한 해결책을 찾는 것이었다. 예를 들어, 가족 구성원이 사망했을 때, 가족 상호작용은 잃어버린 구성원이 맡고 있던 공석 역할을 채우는 데 초점을 맞추었다. 그녀의 연구는 신념, 조직 패턴, 그리고 의사소통 과정 간의 지속적인 상호작용을 드러냈다.

가족이 상실을 경험할 때, 다양한 방식으로 영향을 받은 구성원들은 다양한 반응을 보일 가능성이 높다. 서로에 대한 공감과 배려 있는 반응을 보일 수 있는 능력이 필요하다. 서로 다른 반응과 타이밍에 대한 관용이 중요하다. 강한 감정은 다양한 순간에 표출될 수 있으며, 분노, 실망, 무력감, 안도감, 죄책감 또는 버림받는 느낌과 같은 복잡하고 혼합된 감정이 대부분의 가족 관계에서 어느 정도 존재한다. 영미 문화에서는 강렬한 감정의 표현이 다른 사람들에게 불편함과 거리감을 초래할 수 있다. 게다가, 압도적인 감정을 나누는 것에 있어 통제 상실에 대한 두려움은 상실 경험에 대한 모든 의사소통을 차단할 수 있다.

애도가 차단되면 감정이 갈등으로 폭발할 수 있다. 일부 어린이는 불안이나 우울증의 증상으로 슬픔을 내면화하는 반면, 다른 어린이는 행동 문제로 고통을 외면한다. 청소년은 가족으로부터 철수하거나 위험한 행동 및 약물 또는 알코올 남용에 빠질 수 있다. 만약 가족이 특정 감정을 견딜 수 없다면, 직접적으로 용납되지 않는 감정을 표현하는 가족 구성원은 희생양이 되거나 배제될 수 있다. 견딜 수 없는 감정은 다양한 가족 구성원에 의해 분열된 방식으로 위임되고 표현될 수 있다. 한 사람은 가족의 모든 분노를 짊어질 수 있고, 다른 사람은 슬픔만 느낄 수 있으며, 또 다른 사람은 오직 안도감만 보일 수 있고, 또 다른 사람은 무감각할 수 있다. 비극적인 상실의 충격과 고통은 가족의 응집력을 산산조각내어, 구성원들이 슬픔 속에서 고립되고 지지받지 못하게 만들 수 있다([그림 10-1] 참조).

> 라마레즈 부인은 지난 2개월 동안 악화된 11세 딸 테레사의 학교 문제에 대한 도움을 요청했습니다. 첫 번째 세션에서 치료사와 어머니는 테레사에게 집중했으며, 테레사는 성적 하락과 주의 산만함을 설명하는 데 어려움을 겪는 것처럼 보였다. 자문으로서 나는 치료사가 가족 내 최근의 스트레스 사건을 탐색할 것을 제안했다. 가장 큰 아들인 18세 레이는 갱단의 총격전 중에 사망했으며, 그를 죽인 총격 사건은 가족 단위를 산산조각내었다. 아버지는 고통을 덜기 위해 술에 의존하며 철수했다. 둘째 아들 미겔은 무의미한 살인에 대한 복수를 위해 가족의 분노를 거리로 가져갔다. 막내 아들은 아무런 반응을 보이지 않고 조용히 피했다. 라마레즈 부인은 슬픔 속에서 혼자였고, 테레사의 학교 문제로 주의를 돌렸다.
>
> 가족 세션은 공유된 애도 작업을 위한 맥락을 제공했다. 가족 구성원들은 자신의 감정을 공개적으로 나누고 서로를 위로하도록 격려받았다. 특히, 부모님을 더 이상 걱정시키거나 부담을 주지 않기 위해 자신의 고통을 억누르고 있던 오빠를 포함시키는 것이 중요했다. 치료사는 부모가 법률 상담을 받을 수 있도록 도와주고, 법원 시스템을 탐색하는 데 필요한 정보를 얻고, 미겔의 도움을 받아 살인에 대한 정의를 추

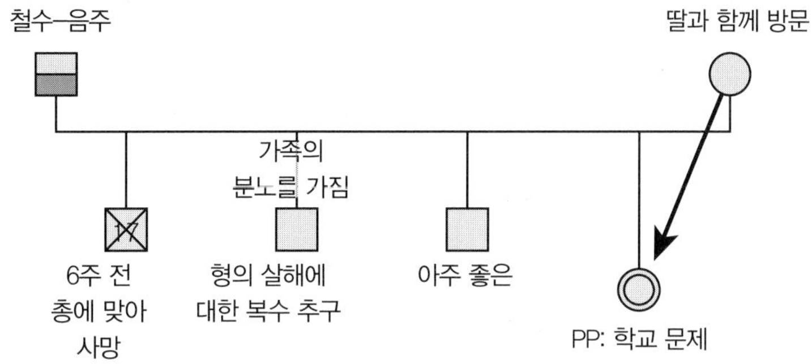

[그림 10-1] 장남의 과거 죽음이 가족 체계에 미친 영향을 강조하는 가계도

구하기 위한 공동 행동을 계획하고 실행하도록 도왔다. 그들은 또한 레이의 소지품을 정리하도록 격려받았고, 각 가족 구성원은 그의 재킷, 좋아하는 셔츠, 소중한 기타와 같은 기념품을 선택했다. 레이의 생일이 다가오는 것을 두려워하는 그들에게 그를 기억하기 위해 함께 할 수 있는 무언가를 계획하도록 권장하였다. 가족은 처음으로 함께 교회에 가서 그를 기억하기 위해 촛불을 밝히기로 결정했다. 그들은 이모, 삼촌, 사촌들이 함께하도록 초대했다. 이후, 그들은 하루 종일 함께 시간을 보내며 옛 가족 이야기를 나누었고, 미겔은 레이의 기타를 연주했다.

이러한 과정은 분열된 가족을 회복하고 상호지원과 치유를 위한 더 응집력 있는 네트워크를 촉진했다. 후속 조사에서 테레사의 학교 문제와 아버지의 음주는 줄어들었다. 상실을 함께 극복하는 경험은 그들의 회복탄력성을 강화시켜, 삶의 다른 문제를 더 잘 대처할 수 있도록 도왔다.

가족 체계의 재조직

가족 구성원의 죽음은 가족 생활의 구조에 큰 구멍을 남긴다. 이는 기존의 상호작용 패턴을 방해할 수 있다. 적응 과정은 관계의 재조정과 역할 기능의 재분배를 포함하여 상실을 보상하고, 전환 스트레스를 완화하며, 가족 생활을 지속하는 데 도움을 준다. 종종 가족의 재조직 작업은 부모가 자신의 슬픔을 처리할 수 있기 전에 해결해야 할 필요가 있다.

중앙아메리카에서 이민 온 한 아버지는 어머니의 죽음 이후 8세 딸의 치료를 위해 찾아왔다. 그는 자신의 슬픔과 죄책감에 직면하여 "무너지기"를 원하지 않아 자신을 위한 치료는 거부했다. 그는 HIV/AIDS에 감염되었고, 이를 딸에게 전염시켜 죽음에 이르게 되었다. 게다가 자신도 위험에 처해 있었기 때문에, 그는 가능한 한 오랫동안 건강하게 일하며 기능적으로 지내고 싶어 했다. 치료사는 그의 생명을 위협하는 상황을 고려하여 자신을 위한 치료를 받지 않겠다는 결정을 존중하면서도, 딸의 안녕을 위한 상담에 참석해 줄 수 있는지 물었다.

치료사는 그의 건강이 계속 유지되기를 바라는 희망을 표현하는 동시에, 그가 너무 아프거나 사망할 경우 딸의 양육과 돌봄에 대한 생각과 계획을 탐색하였다. 그는 치료사에게 이에 대해 생각해 본 적이 있다고 말했다. 그는 친근한 이웃이 자신의 아이들과 함께 딸을 맡아 줄 것이라고 가정했으며, 이는 그의 고국에서 흔한 비공식적인 협의였다. 그러나 그는 실제로 이웃에게 요청하지 않았고, 자신의 사망 시 법적으로 딸이 양육 보호 시스템에서 주 정부의 보호를 받게 된다는 사실을 알지 못했다. 따라서 그는 법률 지원 상담사와 함께 적절한 조치를 취하는 것이 중요했다.

가족의 역할과 책임은 애도에 방해가 될 수 있다. 부모의 직업적 요구와 생계 부양 역할은 직장에서 기능을 유지하기 위해 감정 표현을 제한할 수 있다. 특히 한부모 가정에서는 모든 사람이 한부모에게 의지하고 있기 때문에 자녀들이 슬픔에 잠긴 부모를 지지하기 위해 자신의 필요를 희생할 수 있다. 따라서 가족 구성원들이 과중한 부모의 슬픔을 처리할 수 있도록 시간과 공간을 구조화하고, 필요한 휴식을 제공하기 위해 다른 사람들의 기여를 모으는 것이 중요하다.

가족이 재조직의 속도를 조절하도록 돕는 것이 중요하다. 가족이 손실에서 도망치기 위해 집이나 지역사회에서 급작스럽게 이사하면, 추가적인 이동은 더 많은 혼란과 사회적 지원의 상실을 초래하며, 자녀는 새로운 학교에 적응하고 친구를 잃어야 한다. 반대로, 다음 사례에서 볼 수 있는 것처럼, 어떤 가족은 더 이상 기능하지 않는 이전의 패턴에 너무 경직되게 집착하기도 한다.

남편의 죽음 이후, 밀러 부인은 가족 생활을 계속 이어가고 남편의 규칙에 따라 두 딸을 키우겠다고 다짐했다. 그녀는 스트레스가 많은 전일제 직업을 가졌지만, 집을 깨끗하게 유지하고 남편이 좋아하던 음식을 준비하며, 식탁의 맨 위에 그의 빈 의자를 두었다. 딸들이 사춘기에 접어들면서 갈등이 발생했다. 그녀는 남편이 좋아하던 가족 활동과 외출을 계속 고집했지만, 딸들은 그런 활동을 더 이상 즐기지 않았다. 딸

> 들은 친구들과 더 많은 시간을 보내고, 단지 즐기는 척했던 복잡한 식사와 활동을 포기하고 싶어 했지만, 동시에 불충실하게 보이고 싶지 않았다. 어머니는 남편을 이상화하고 그의 기준에 부응하기 위해 "두부모" 역할을 하는 것이 얼마나 힘든 일인지 인정했다. 우리는 아버지의 기억을 기리고, 소중한 연속성을 유지하며, 딸들의 새로운 발달 우선 사항과 한부모 가족으로서의 구조에 더 잘 맞도록 변화를 줄 수 있는 방법을 찾는 작업을 진행했다.

가족 구조는 압도적인 상실로 인해 무너질 수 있다. 리더십과 의사소통이 흔들릴 수 있으며, 부모는 자녀를 양육하고 보호하는 데 어려움을 겪을 수 있다. 마리의 사례에서 보았듯이, 자녀들은 부모의 상실과 가족의 애도 과정에서 제외되는 것뿐만 아니라, 상실 이후의 추가적인 분리, 혼란, 보호 부족으로 인해 더 큰 고통을 겪을 수 있다.

부모의 죽음으로 인해 자녀들이 생존한 부모를 잃는 것에 대해 걱정하는 것은 자연스러운 일이기 때문에, 안정적 연락이 중요하며 떨어져 살 때는 더욱 그렇다. 필수적인 생명선인 형제자매를 함께 유지하기 위해 모든 노력을 기울여야 한다. 무엇이 언제 일어날 것인지, 누가 그들을 돌볼 것인지에 대한 명확한 정보를 제공하는 것이 중요하다. 확장된 가족 구성원들은 생존한 부모가 일상 생활 패턴을 재조직하고, 자녀들에게 적절한 돌봄과 보호를 제공하는 데 도움을 주어야 한다. 상실 후 처음 몇 주가 지나면 사회적 지원이 줄어드는 경우가 많기 때문에, 슬픔을 겪고 고립된 사람들을 친척 및 지역사회 지원과 연결하는 것이 매우 중요하다. 이러한 지원은 이후 몇 달 동안 지속적으로 필요하다.

다른 관계와 삶의 추구에 대한 재투자

시간이 지나면서, 생존자들은 앞으로 나아가기 위해 자신의 삶과 관계를 재구성해야 하며, 새로운 희망과 꿈을 재구상해야 한다. 당연하게 여겼던 관계들이 더 소중하게 여겨질 수 있으며, 새로운 예기치 않은 삶의 방향이 열릴 수 있다.

그러나 때때로, 다른 애착이나 헌신의 형성이 고인의 이상화, 불충실감, 또는 또 다른 상실에 대한 재앙적인 두려움으로 인해 차단될 수 있다. 어떤 사람들은 아픈 상실에서 도망치기 위해 새로운 파트너나 자녀로 급하게 대체하려 할 수 있다. 좋은 의도일지라도 친구나 친척들이 남아 있는 부모를 "아이들을 위해" 조급하게 재혼하도록 압박할 경우, 애도 과정이 무시되고 복잡한 상황이 발생할 위험이 있다. 사별한 배우자의 갑작스러운 재혼은 자녀나 전 시가에게 불충실하다고 여겨져 불만을 일으킬 수 있다. 종종 자녀들은 상실이 아직 통합되지 않았을 때 새로운 의붓 부모를 받아들이는 것을 꺼린다. 치료사들은 가족이 이러한 단계들을 탐색하고 조절할 수 있도록 도와줄 수 있다.

회복탄력성 중심의 체계적 접근 방식은 상실에 대한 가족의 다양한 구성원과 하위 시스템이 문제를 드러낼 때 반응하기 위해 필요한 창의성과 유연성을 요구한다. 시스템의 한 부분에서 변화가 발생하면, 다른 부분에서도 변화가 발생하게 된다. 개인, 부부 또는 가족 단위와 다양한 시점에서 만나는 결정은 상실 과정에 대한 체계적 관점에 의해 안내된다.

이러한 실천적 접근 방식은 애도와 회복 과정을 촉진하는 적극적인 단계를 장려하며, 이는 아버지의 죽음에 대한 슬픔이 몇 년 동안 차단되었던 (위의) 밀러 가족과의 지속적인 작업에서 잘 나타난다.

> 나는 어머니와 딸들에게 예전부터 오래도록 보관된 지하실의 밀봉된 상자를 정리하도록 격려했다. 그들은 어떤 물건을 기념품으로 남겨 둘지 논의하고, 아버지의 친척과 친구들에게 일부를 보냈으며, 나머지는 자선단체에 기부했다. 다가오는 기일을 맞아 어머니는 그 당시에는 할 수 없었던 헌사를 쓰기로 결정했다. 이것은 한 딸이 아버지를 기억하기 위해 시를 쓰고 다른 딸이 그림을 그리도록 자극했다. 그들은 큰 열정을 가지고 이 모든 것을 소책자로 엮어 친척과 친구들에게 보냈고, 잃어버렸던 소중한 인연을 되살렸다.
>
> 이러한 정리와 재연결은 어머니가 남자친구와 커플 세션을 요청하게 만들었다. 남편이 죽은 직후, 브리아나는 친밀한 관계에 빠져들었다. 레몬트는 그녀가 필요할 때 위로가 되었지만, 이제 그들은 그의 통제적인 성격과 그녀의 실망에 대해 다투고 있었다. 그녀는 관계를 계속할지 확신이 서지 않았다. 그는 그녀에게 사랑한다고 확신시켰지만, 자신도 다시 생각해볼 필요가 있다고 말했다. 다음 주, 그는 우리 시간의 끝 무렵에 커플 세션에 도착했다. 숨이 차서 급히 온 큰 남자는 소파에 털썩 주저앉았고, 소파는 가운데가 갈라져 부서졌다. 그는 사과하며 아마도 소파가 그들의 이별을 예고한 것 같다고 말했다. 그들은 서로를 깊이 아끼고 있었지만, 각자의 길을 가기로 합의했다.
>
> 그 후 몇 주 동안, 그녀는 고인이 된 남편에 대한 꿈을 꾸기 시작해 놀랐고, 그리

움으로 눈물을 흘리며 깨어났다. 우리는 그녀가 이전에 다루지 않았던 슬픔을 다루기 위해 개인 세션에서 만났다. 나는 시간이 지남에 따라 그들의 관계와 함께 발전해 온 삶의 회상을 통해 그 사람을 기억하는 것이 도움이 된다고 생각했다. 그녀는 그들이 어떻게 만났고 연애를 시작했는지 회상한 후, 결혼 생활과 자녀 양육에서의 이정표, 기쁨, 힘든 시기를 되짚어 보았다. 그녀가 가지고 있던 큰 후회 중 하나는 그가 갑작스러운 교통사고로 사망하기 전날 밤에 일어난 다툼이었고, 아침에 출근하기 전에 그와 화해했더라면 좋았을 것이라고 생각했다.

다음 세션에서는 게슈탈트의 "빈 의자" 기법을 사용하여, 그녀에게 그가 지금 그 자리에 앉아 있다면 하고 싶은 말을 상상하도록 도와주었다. 그녀는 그들의 사소한 다툼에서 자신의 잘못에 대해 얼마나 미안한지 말하기 시작했다. 그녀는 그를 얼마나 사랑했는지, 그리고 소중한 순간들을 회상하며 눈물을 흘렸다. 그는 그녀 인생에서 소중한 사랑이었다. 우리는 세션을 마치기 전에 그 감정을 간직하며 몇 분간 침묵 속에 앉아 있었다. 나는 그녀에게 다음 세션에서 그의 죽음 이후 가족의 삶에서 일어난 변화에 대해 업데이트하고 싶다고 물었다. 그 세션에서 그녀는 새로운 삶을 시작하기 위해 새로운 도시로 이사한 이야기와, 그 없이 모든 직장과 자녀 양육의 책임을 지는 것이 얼마나 힘들었는지, 하지만 딸들이 얼마나 똑똑하고 아름답게 성장했는지를 듣고 그가 얼마나 기쁘고 자랑스러워할 것인지에 대해 이야기했다. 나는 그녀가 혼자서 놀라운 일을 해냈다고 칭찬을 덧붙였다.

다음 세션에서는 남편의 죽음이 그녀에게 남긴 "무거운 짐"을 혼자 짊어지게 한 것에 대한 죄책감이 섞인 분노와 버림받은 감정에 대해 이야기했다. 그녀는 이제 딸들을 위해 "완벽한 가족"을 제공해야 한다는 비현실적인 기대를 완화하고, 그들에게 더 많은 것을 기대하며 집안일의 책임을 나누도록 요구할 때가 되었다고 말했다.

3개월 후의 후속 세션에서는 그녀와 딸들은 더 편안하고 행복해 보였다. 비록 딸들이 새로 부여된 일에 불평을 하긴 했지만, 그들은 더 큰 독립성과 엄마와의 더 나은 관계를 즐기고 있었다. 그녀는 더 나은 근무 시간과 복지를 제공하는 새로운 직장을 찾았고, 교회 합창단에서 노래를 부르기 시작하여 기쁨과 연결감을 느꼈다. 이러한 새로운 단계들은 그녀가 체중 감량 프로그램을 지속할 결심을 강화시켰고, 그녀가 짊어지고 있던 신체의 "과부하"를 줄이는 데 도움이 되었다.

내담자들의 놀라운 회복탄력성과 창의성은 우리의 작업을 통해 드러날 수 있다. 이 경우, 우리는 우선순위가 나타남에 따라 가족, 커플, 개인 세션을 유연하게 결합했다. 그녀의 결혼 생활의 슬픔에 접근하면서, 밀러 부인은 세션을 녹음해도 되는지 물었다. 돌아보니, 그녀는 "이제 모든 것이 녹음되어 있으니 더 이상 머릿속에 짊어질 필요가 없어요. 선반에 두고 원할 때 들을 수 있어요."라고 말했다. 그녀는 몸과 마음의 부담을 내려놓고 정신을 되찾고 번영하기 위해 무엇을 해야 하는지 이해했다.

가족 위기와 회복탄력성의 변수

죽음의 영향은 상실 상황, 주변 가족 과정, 사회적 맥락 등 여러 변수의 영향을 받으며(Walsh & McGoldrick, 2004, 2013), 여기에는 죽음/상실의 성격, 상실의 시기, 관계와 역할 기능의 상태가 포함된다.

상실의 성격과 상황

죽음의 방식은 생존한 가족 구성원에게 다양한 도전을 제기하며, 이는 임상 평가에서 반드시 탐구되어야 한다. 가계도와 타임라인은 다세대 가족 분야에서 시간이 지남에 따라 중요한 사건과 증상의 순서 및 동시성을 추적하는 데 특히 유용하다(McGoldrick et al., 2008).

갑작스러운 죽음 또는 장기적 질병/임종

갑작스러운 죽음의 경우, 가족 구성원들은 상실에 대비할 시간, 미완의 일을 처리할 시간, 심지어 작별 인사를 할 시간조차 부족하다. 반면, 만성 질환이나 장기적인 임종 과정은 가족의 돌봄 및 재정 자원을 고갈시키고 다른 구성원의 필요를 소홀히 할 수 있다. 가족의 긴장이 끝나는 것에 대한 일반적인 안도감은 죄책감으로 이어질 수 있다(Rolland, 2012). 또한, 가족들은 치료 중단이나 생명 유지 노력 종료에 대한 고통스러운 임종 결정에 점점 더 직면하게 된다(12장 참조). 이러한 결정은 심오한 윤리적 및 종교적 딜레마를 제기하며, 가족 구성원 간의 강렬한 갈등을 초래할 수 있다(Walsh, 2009c).

모호한 상실

상실에 대한 모호함은 애도 과정을 차단하고 불안, 우울, 갈등을 유발하는 것으로 나타났다(Boss, 1999). 특히 알츠하이머병과 같은 치매는 "긴 작별"이라고 불리며, 인지적 손실이 점진적으로 개인의 정체성, 관계, 역할, 심지어 사랑하는 사람에 대한 인식을 침식하기 때문에 가족 구성원에게 특히 고통스럽다(12장 참조). 또한, 납치 사건이나 재난, 전쟁에서 실종된 경우와 같이 사랑하는 사람이 죽었는지 살아 있는지 모르는 모호한 상황도 있다. 비행기 사고 후, 가족들은 종종 시신이나 개인 물품이 회수될 때까지 애도를 시작할 수 없다고 보고하며, 죽음이 물리적으로 실체화될 때까지 기다린다. 가족들은 실종된 사랑하는 사람의 운명을 확인하기 위한 장기적인 수색에 몰두하게 되는 경우가 많다. 일부는 앞으로 나아가고 싶어 하는 반면, 다른 일부는 돌아올 희망을 포기하고 싶지 않아 갈등이 발생한다.

인정되지 않고 낙인 찍힌 상실

소외된 상실disfranchised losses—즉, 인정받지 않거나 숨겨지거나 최소화된 상실—은 슬픔을 겪는 이들이 지원받지 못하게 만든다. 이는 유산, 가까운 친구, 멘토 또는 전 배우자의 죽음, 또는 소중한 반려동물의 상실과 같은 경우에 흔히 발생한다(Doka, 2002; Walsh, 2009b). 슬픔을 겪는 사람들은 고립감을 느끼며, 자신의 슬픔을 느낄 권리가 없다고 생각할 수 있다. 그들은 슬픔이 부적절하거나 과도하거나 사회적으로 승인된 범주에 맞지 않는다고 느낄 수 있다. 상실이 숨겨질 수 있는 경우, 예를 들어 동성애, 레즈비언, 또는 트랜스젠더 등은 관계 자체가 비밀이거나 가족, 지역사회, 또는 종교적 비난에 직면할 때이다. 자살이나 HIV/AIDS에 대한 낙인은 비밀, 잘못된 정보, 그리고 소외를 조장하여 가족 및 사회적 지원을 저해하고, 중요한 건강 또는 정신 건강 치료에 부정적인 영향을 미칠 수 있다.

폭력적인 죽음

폭력적이고 트라우마적인 죽음은 가족 네트워크 전반에 걸쳐 강렬한 슬픔 반응을 유발한다(Walsh, 2007; 11장 참조). 이러한 죽음의 영향은 특히 이를 목격했거나, 그에 기여했거나, 가까스로 생존한 사람들에게는 파괴적일 수 있다. 무의미한 비극은 특히 힘들게 받아들여지며, 이는 음주 운전과 같은 과실의 결과이거나, 이웃이나 학교 총격 사건과 같은 고의적인 폭력 행위일 수 있다. 살인은 대개 친척이나 가까운 지인에 의해 발생하며, 종종 가정 폭력의 경우에 해당한다. 자살은 가족에게 고통스러운 죽음으로, 특히 충동적이거나 무의미하게 보이거나 사랑하는 사람에게 상처를 주기 위한 의도로 여겨질 때 더욱 그렇다. 가족 구성원들은 이러한 파괴적인 행위를 이해하기 위해 고군분투하며, 자신들이 어떻게 다르게 행동했을 수 있었는지에 대해 깊이 고민하게 된다.

자살의 경우, 임상가는 학대나 버림받음과 같은 가족의 영향, 청소년 또래의 괴롭힘, 우울증, 죄책감 또는 수치심을 유발하는 직업, 군대 또는 재정적 문제, 또래의 약물 또는 음주 문화, 그리고 자기 파괴적인 중독으로 이어질 수 있는 처방 진통제의 사용 등을 탐구해야 한다. 약물 중독자의 가족에서 발생하는 다중 트라우마적 상실의 영향은 자기 파괴적인 행동에 기여한다. 주요 정신 질환, 특히 양극성 장애는 위험을 더욱 높이는 요인이다.

사후에 임상가는 가족 구성원들이 느끼는 분노나 죄책감을 다루는 데 도움을 주어야 하며, 특히 그들이 죽음에 대해 비난받거나 스스로를 비난할 때 더욱 그렇다. 가족 구성원들의 수치심과 은폐는 의사소통을 왜곡하고, 이로 인해 사회적 지원으로부터 고립될 수 있다.

> 14세 댄과 그의 가족은 최근의 자살 시도를 설명할 방법을 찾지 못했다. 부모가 가족에 대해 이야기할 때, 댄과 그의 여동생만 언급했으며, 14세에 사망한 형 피터에 대해서는 전혀 언급하지 않았다. 댄과의 세션에서 그는 피터에 대해 이야기했고, 부모의 슬픔을 덜어 주기 위해 형의 자리를 대신하려고 노력해 왔음이 드러났다. 아버지는 아들의 죽음과 관련된 날짜나 사건을 기억하지 못했으며, 첫 아들을 "여전히 살아 있는 것처럼" 기억하고 싶어 했다. 댄은 사진 속 형의 모습과 닮기 위해 자신의 외모를 가꾸었다. 형이 죽었던 나이에 도달하고 사춘기로 인해 자신이 "예정된" 모습에서 변화하고 있다는 것을 느꼈을 때 댄은 천국에 있는 형과 함께하고자 자살을 시도했다. 가족 치료는 댄과 그의 부모가 과거의 상실을 다루고, 댄이 대리인의 위치를 포기하여 자신의 발전을 위해 나아갈 수 있도록 하는 데 초점을 맞추었다.

치료적 노력은 가족들이 암울한 전망 속에서 희망을 회복하고, 보다 명확한 관점에서 삶의 선택지를 평가하며, 관계와 삶의 추구에 다시 참여할 수 있는 의미와 에너지를 찾도록 돕는 것을 목표로 하였다. 비록 치료사나 사랑하는 사람들이 항상 폭력적인 죽음을 예방할 수는 없지만, 개방적인 의사소통을 통해 위험을 줄이고, 가족과 친구의 지원을 동원하며, 과거 또는 현재의 외상에 대한 의미의 일관성을 증진시킴으로써 위험을 낮출 수 있다. 우리는 가족 구성원들이 서로를 지원하고, 고통스러운 경험을 통합하며, 실망과 상실을 넘어 의미 있는 미래를 구상할 수 있도록 도울 수 있다.

상실의 시기

죽음의 의미와 영향은 가족과 개인 구성원들이 겪고 있는 발달적 도전 과제에 따라 달라진다(Walsh & McGoldrick, 2004, 2013; 9장 참조).

시의 부적절한 상실

연대기적 또는 사회적 기대에 비추어 볼 때 조기 또는 시의 부적절한 죽음, 특히 배우자 조기 상실, 부모 조기 상실, 또는 자녀의 죽음은 가족에게 더 힘든 경우가 많다. 배우자 조기 상실은 감정적 준비 없이 충격적이고 고립된 경험이 될 수 있으며, 같은 인생 단계에 있는 다른 사람들이 자신의 취약성을 마주하는 것을 피하기 위해 거리를 두는 경우에는 더욱 복잡해질 수 있다.

자연스러운 삶의 질서를 뒤집는 아동의 죽음은 특히 비극적이며, 불공정하게 느껴지며, 공유된 희망과 꿈을 무너뜨린다. 부모와 조부모는 종종 "왜 내가 아닌 그 아이인가?"라는 질문으로 어려움을 겪는다. 장기간의 애도는 흔하며, 마음의 고통은 종종 수년 또는 평생 지속될 수 있다. 부모는 자녀의 복지에 대한 책임이 있기 때문에, 죽음을 예방했어야 한다는 생각에 사로잡히는 경우가 많다. 자녀를 잃은 부모의 결혼 생활은 갈등, 거리감, 이혼의 위험이 높아지지만, 비극을 통해 서로를 지지하고 유지하는 배우자들은 이전보다 더 강한 관계를 형성할 수 있다(Oliver, 1999). 다른 자녀를 갖고자 하는 일반적인 충동은 위안을 줄 수 있다. 새로운 관계가 대체 욕구나 애착 문제로 부담을 받지 않도록 상실을 경험할 시간을 허용하는 것이 권장된다.

상실과 기타 스트레스의 누적

상실이 다른 주요 스트레스 요인이나 또 다른 상실과 동시에 발생할 때, 상충되는 요구와 누적된 압박이 가족 기능을 과중하게 하고 애도를 방해하는 경우가 많다. 애도와 다른 가족 발달 전환이 동시에 발생할 때, 특히 결혼, 자녀의 출생, 또는 젊은 성인의 독립과 같은 상황에서는 경계 변화와 역할 및 관계의 재정의가 필요하기 때문에 복잡성이 더해질 가능성이 높다(Walsh, 1983). 다중 스트레스 상황에 처한 가족에게는, 확장된 친족과 사회적 지원이 애도 과정과 다른 도전 과제 모두에 주의를 기울일 수 있도록 하는 것이 매우 중요하다.

과거의 상실과 세대 간 유산

발달적 및 다세대적 압박의 융합은 고통을 증가시키고 기능 장애의 위험을 높인다(Walsh & McGoldrick, 2004, 2013). 과거 상실에 대한 가족 경험을 탐구하는 것은 현재의 상실 상황에서의 기대에 어떻게 영향을 미치는지를 살펴보게 하며, 이는 재앙적인 두려움에서 희망적인 전망에 이르기까지 다양하다. 가족 역사, 이야기, 그리고 과거의 역경에 대한 긍정적인 성장과 적응적 대처의 역할 모델에서 나타나는 회복탄력성의 경험은 현재의 노력을 고무할 수 있다.

증상이 과거 세대의 중요한 죽음이나 상실과 동일한 생애주기 지점에서 발생하는 경우, 세대 간 기념일 패턴을 주목하는 것이 중요하다. 어떤 사람들은 부모가 사망한 동일한 나이나 인생 전환점(예: 은퇴)에 도달했을 때 자신의 죽음이나 배우자의 죽음에 대해 집착하게 된다. 많은 이들이 갑작스러운 직업이나 관계 변화를 겪거나 새로운 운동 프로그램을 시작하며 "올해를 넘겨야 한다"고 느끼는 반면, 다른 이들은 자기 파괴적인 행동을 보일 수 있다. 해결되지 않은 가족 패턴이나 시나리오는 자녀가 이전의 죽음이나 트라우마적 상실 당시의 부모와 동일한 나이나 단계에 도달했을 때 반복될 수 있다(Walsh, 1983).

숨겨진 가족 규칙(Byng-Hall, 2004)과 가족 유산의 힘을 이해하는 것은 상실에서 이러한 패턴의 전이를 이해하는 데 중요하다. 기념일 반응은 과거와의 신체적 및 정서적 단절이 있었고, 가족 규칙이 과거의 외상적 사건에 대한 개방적인 의사소통을 차단할 때 더 자주 발생한다. 이는 마틴이 아버지의 과거 홀로코스트 경험과 관련하여 동일한 나이에 겪은 위기 사례에서 나타났다(1장 참조). 치료 개입은 역사가 반복되지 않도록 이러한 숨겨진 패턴을 드러내고 가족 구성원들이 과거와 화해하며 현재의 관계를 구분할 수 있도록 돕는 것을 목표로 한다.

가족 및 사회적 네트워크

상실 전후의 가족 기능과 관계 상태의 일반적인 수준은 신중하게 평가되어야 하며, 여기에는 확장된 가족 및 사회적 네트워크도 포함된다. 가족의 신념 체계, 조직 패턴, 그리고 의사소통 과정은 상실에 대한 적응을 중재하는 데 중요한 역할을 한다. 다음과 같은 변수를 특히 주목해야 한다.

의미 만들기

각 가족의 신념 체계는 다세대적, 사회문화적, 종교적 영향에 뿌리를 두고 있으며, 이는 죽음에 대한 관점과 상실에 대한 적응 경로에 강력한 영향을 미친다. 의미 만들기 과정은 가족 구성원들이 상실을 이해하고 그것을 보다 견딜 수 있도록 관점을 정립하려는 시도를 포함한다(Nadeau, 1997, 2008). 일반적으로 그들은 고통스러운 질문과 씨름한다. 왜 우리에게? 왜 내가 아닌 내 아이(또는 형제, 배우자)에게? 어떻게 이런 일이 발생했는가? 누구를 비난해야 하는가? 예방할 수 있었던 것인가? 지금 우리는 무엇을 할 수 있는가? 이러한 우려는 죽음의 원인이 불분명할 때 더욱 두드러진다. 갑작스럽고 예상치 못한 죽음이나 의미가 없는 것처럼 보이는 죽음은 정상성normality, 안전성security, 예측 가능성predictability의 핵심 가정을 산산조각낼 수 있다.

임상가는 죽음과 관련하여 비난, 수치, 죄책감을 조장하는 신념을 탐구할 필요가 있다(Rolland, 1994). 이러한 신념은 개인의 책임, 숙련도, 통제라는 서구적 가치에 의해 촉발될 수 있다. 원인이 불분명하고 책임이나 과실에 대한 질문이 제기될 때 이러한 인과 귀속은 특히 강하게 나타난다. 가족 구성원들은 일반적으로 자신이나 다른 사람들이 죽음을 예방하기 위해 뭔가를 할 수 있었던 것이라는 생각과 씨름한다. 그들이 이러한 우려를 공유하고 상황에 따라 책임과 통제의 한계를 받아들이도록 돕는 것이 중요하다.

긍정적 관점: 희망

희망은 깊은 절망의 시기에 가장 필요하다. 회복탄력성은 통제할 수 없는 것을 수용하면서 가능한 것을 숙달하는 것을 의미한다. 가족 구성원들은 그들의 최선의 노력, 낙관주의, 기도, 그리고 의료적 치료에도 불구하고 죽음을 막을 수 없다는 절망감을 느낄 수 있다. 희망의 초점은 그들이 통제할 수 없는 것에서 죽음의 과정으로 전환되어야 한다. 소중한 시간을 최대한 활용하고, 고통을 덜어주며, 관계의 불만을 치유하는 것이다. 사랑하는 사람을 되돌릴 수는 없지만, 죽음이 희망과 꿈을 산산조각낼 때, 우리는 가족 구성원들이 삶을 계속할 수 있는 새로운 의미를 찾도록 도울 수 있다.

초월과 영성

죽음은 삶을 끝내지만, 관계는 죽음을 초월하며 영적 연결, 기억, 이야기, 그리고 행동을 통해 지속된다. 우리의 죽음과 사랑하는 사람의 죽음은 상징적인 방법을 통해 더 개방적이고 용감하게 마주할 수 있으며, 이를 통해 우리는 더 크고 의미 있는 전체의 일부로서 자신을 바라볼 수 있다. 영적 내세나 환생을 믿는 사람들은 죽음을 다른 영역으로 가는 통로로 받아들이는 데서 위안을 찾으며, 동양 및 미국 원주민의 신념에서는 우주에서 더 큰 진화 주기의 일부로 여겨진다(Walsh, 2009d).

영적인 신념과 실천은 죽음과 상실에 직면했을 때 회복탄력성을 촉진한다(Walsh, 2009c). 연구에 따르면, 깊은 신앙, 기도, 명상적 실천, 그리고 공동체의 지원이 이러한 시기에 긍정적인 생리적 효과를 가져온다고 보고된다(Koenig et al., 2012). 사람들은 비극적인 죽음이 인간의 이해를 초월하지만 하느님의 더 큰 계획의 일부이거나 신앙의 시험일 수 있다는 믿음에서 위안을 찾는다.

그러나 종교적 신념은 때때로 큰 고통의 원인이 될 수 있다. 종교간 결혼interfaith marriage을 한 어머니는 둘째 아이의 사산이 첫째 아이를 세례 주지 않은 데 대한 하나님의 벌이라고 믿었다. 또 다른 경우에는 한 남편이 부부의 불임이 자신의 과거 불륜에 대한 하나님의 벌이라고 비밀리에 믿고 있었다. 어떤 사람들은 자신의 신앙에서 멀어지기도 한다. 한 슬픔에 잠긴 아버지는, 자신과 아버지의 이름을 따서 지을 예정이었던 신생아 아들이 죽은 후 "나는 하나님께 화가 났다. 어떻게 무고한 아기의 생명을 빼앗을 수 있는가!"라고 외쳤다. 임상가는 죽음, 임종, 상실의 경험에서 영적 차원에 대한 주의를 기울이고, 필요에 따라 목회 상담사와 상담하거나 그들에게 의뢰하는 것이 중요하다(Walsh, 2009d).

고통은 글쓰기, 음악, 예술과 같은 창의적 표현을 통해 초월될 수 있다. 사람들이 다른 이들에게 도움을 주기 위해 추모식을 통해 고인을 기린다. 양극성 장애로 고통받던 젊은 성인 딸이 자살한 후, 한 가족은 그녀의 이름으로 심각한 정신 질환에 대한 공공

교육 프로그램을 조직했다. 가족들은 사회적 행동이나 옹호를 통해 개인적인 상실을 초월하여 다른 가족들의 고통을 예방할 수 있다. 치유는 고인의 가장 좋은 측면과 관계를 기리려는 노력에 의해 촉진된다. 한 어머니는 무모한 운전자가 딸의 생명을 앗아간 후 이렇게 말했다. "내 딸은 내가 슬픔이나 분노에 사로잡히기를 원하지 않을 것이다. 그녀는 내가 그녀를 기억하기 위해 의미 있는 일을 하기를 원할 것이다." 리츠Lietz(2007)의 연구에 따르면, 회복탄력성이 있는 가족들은 종종 다른 이들을 위한 그러한 비극을 예방하는 행동에서 새로운 목적을 찾았다.

가족의 유연성과 역할 기능

가족 조직—규칙, 역할, 경계의 체계—은 상실 이후 재조직을 위해 유연하면서도 명확하게 구조화되어야 한다. 죽음 이후에 무엇이 변화했는지, 무엇이 변하지 않았는지를 탐구하는 것이 도움이 되며, 가족이 상실의 여파 속에서 익숙한 패턴을 복원하거나 적응할 수 있는 방법을 모색해야 한다. 상실로 인해 무질서해진 가족은 혼란스러운 여파를 관리하는 데 필요한 권위 있는 리더십, 안정성, 연속성을 구축하는 데 도움이 필요할 것이다. 지나치게 경직된 가족은 정해진 패턴을 수정하고 상실에 필요한 조정을 할 수 있도록 지원이 필요할 수 있다.

상실은 가족 생활에서 개인과 그 역할 기능이 얼마나 중요한지에 따라 더 크게 느껴지며, 예를 들어, 자녀 양육에서 중요한 역할을 한부모, 조부모, 형제자매 또는 노인을 주로 돌본 성인 자녀의 죽음은 큰 영향을 미친다. 외동아들, 외동딸, 또는 세대의 마지막 남은 자녀의 죽음은 특히 큰 공백을 남긴다. 가족이 즉각적인 대체를 찾으려 하여 상실의 고통을 회피할 경우 기능 장애의 위험에 처할 수 있다. 극단적인 경우, 생존한 가족 구성원이 역할 기능을 재배분하거나 새로운 유대 관계를 형성할 수 없을 경우, 가족의 시간은 정지될 수 있다.

가족 연결

상실에 대한 적응은 가족의 응집력과 상호지원을 강화하고, 슬픔의 과정에서 개인차이에 대한 관용과 존중을 통해 촉진된다. 강하게 결합된 가족에서는 차이를 배신으로 간주하거나 위협으로 느낄 수 있어, 구성원들이 감정을 억누르거나 왜곡하게 된다. 상실의 고통을 피하기 위해 일부 가족은 자녀, 새로운 파트너, 또는 신생아를 감정적

대체물로 삼는 경우가 있으며, 이는 그 관계를 복잡하게 만들고 애착 및 이후의 분리에 어려움을 초래할 수 있다. 다른 가족들은 거리 두기와 감정적 단절을 통해 고통을 회피할 수 있다. 가족이 분열되면 구성원들은 고립된 슬픔 속에서 스스로를 돌봐야 한다.

죽음 당시의 관계 상태

모든 가족 관계는 때때로 갈등, 복합적 감정 또는 변화하는 동맹이 있다. 만약 강렬하고 지속적인 갈등, 강한 양가감정, 또는 소원해진 관계가 있었다면, 애도 과정은 더욱 복잡해질 가능성이 높다. 문제가 있거나 학대적인, 또는 부재한 부모의 죽음은 힘든 일이다. 성인 자녀는 결코 가질 수 없었던 부모를 위해 오랫동안 슬퍼할 수 있다. 한 여성은 94세의 아버지가 세상을 떠난 후 우울증으로 70세에 입원했다. 그녀는 평생 동안 아버지의 사랑을 얻기 위해 더 어린 여동생과 경쟁했지만, 성공하지 못했다. 아버지가 임종할 때, 여동생을 부르며 그녀에게는 관심을 두지 않았다. 노년에도 아버지의 죽음에서 그녀가 가장 아팠던 것은 언젠가 그의 인정을 받을 수 있는 미래의 가능성을 잃은 것이었다.

임종기 돌봄에서는 가족 구성원들이 다시 연결하고 긴장된 관계를 회복하도록 격려하는 것이 중요하다. 이러한 기회는 사라지기 전에 이루어져야 한다. 이를 위해서는 고통스러운 감정이나 오래된 갈등을 불러일으키는 것에 대한 주저함을 극복해야 한다. 가족들은 대면이 취약성을 증가시키고 죽음의 위험을 높일 수 있다고 두려워할 수 있다. 이러한 우려를 민감하게 다루고, 파괴적인 상호작용의 악순환을 중단하며, 가족 구성원들이 감정을 건설적으로 공유하도록 도와주는 것이 필요하다. 이는 아픈 관계를 치유하고, 새로운 연결을 형성하며, 상호지원을 구축하는 데 목적이 있다. 9장에서 설명된 **가족 생활 리뷰**는 다양한 관점을 통합하고, 오해를 명확히 하며, 상처와 실망을 삶의 도전이라는 맥락에서 재조명하고, 관계의 돌봄 측면을 회복하며, 과거의 갈등에 얼어붙은 유대를 업데이트하고 새롭게 하는 데 유용한 과정이 될 수 있다. 죽음을 맞이하는 개인과 그를 사랑하는 이들은 종종 더 개방적이고, 자비로우며, 과거의 실수와 상처에 대해 후회하게 되어 용서의 가능성을 열어 준다. 삶의 끝에서 "정말 미안해"와 "사랑해"라는 간단한 말은 그 어느 때보다 더 큰 의미를 갖는다.

대가족, 사회적 및 경제적 자원

지지적인 친척, 친구, 그리고 지역사회 네트워크를 동원하는 것은 매우 중요하다. 인터넷 자원은 유용한 정보와 지원을 제공할 수 있지만, 정보 과부하와 잘못된 정보는 피하는 것이 중요하다. 가족의 회복은 비싼 장기 의료 치료, 불충분한 건강 보험 보장, 또는 주요 생계 부양자의 사망으로 인해 재정이 고갈될 때 저해될 수 있다. 따라서 가족이 이러한 재정 문제를 논의할 수 있도록 돕는 것이 중요하다.

명확하고 개방적인 의사소통

가족이 상실에 직면할 때, 열린 의사소통은 감정적 회복과 재조직 과정을 촉진한다. 임상가는 가족 구성원들이 애매하거나 인정되지 않은 상실의 사실과 상황을 명확히 할 수 있도록 도와줄 수 있다. 알코올 관련 사고, 약물 과다복용, 또는 자살과 같은 사건의 은폐는 생존자에게 추가적인 차단된 의사소통, 단절, 그리고 자기 파괴적 행동이라는 고통스러운 유산을 남긴다.

따라서 가족 내에서 상호 신뢰, 공감적 반응, 그리고 시간에 따라 다양하게 변하는 상실에 대한 반응에 대해 관용적 분위기를 조성하는 것이 중요하다.

성별 관련 문제

최근 수십 년 동안 성 역할과 관계는 변화하고 있지만, 가족 내 남성과 여성에 대한 기대는 여전히 전통적인 성 기반 규범의 영향을 강하게 받고 있다. 애도 과정에서 여성은 슬픔의 표현부터 말기 환자 및 생존 가족 구성원, 심지어 배우자의 확대 가족에 대한 돌봄까지 사회적 및 정서적 과제를 처리하는 주요 역할을 맡도록 사회화되어 왔다. 반면, 남성은 실무적 역할로 사회화되어 장례식, 재정, 그리고 재산 정리와 같은 실질적인 업무를 맡는 경향이 있다. 지배적인 미국 문화에서는 남성이 상실의 시기에 감정적으로 제약을 받고 철수하는 경향이 더 크다. 취약성이나 의존성을 드러내는 것에 대한 문화적 제약은 감정 표현과 위로를 주고받는 능력을 차단할 수 있으며, 이는 남성이 홀로 남겨진 첫 해에 심각한 질병과 사망에 이를 위험을 높인다.

자녀의 죽음과 같은 상실에 대한 파트너의 서로 다른 반응은 부부 관계에 긴장을 초래할 수 있다. 남성은 슬픔보다 분노를 표현하고, 철수하거나 일에 몰두하거나 알코올, 약물, 또는 외도에 의존하는 경향이 더 크다. 그들은 아내의 슬픔 표현에 불편함을 느끼고, 어떻게 반응해야 할지 모르며, 자신의 감정을 잃는 것에 대한 두려움(문화적으로 "무너짐"과 "흐트러짐"으로 규정됨) 때문에 어려움을 겪을 수 있다. 슬픔을 겪는 개인은 가장 필요한 시기의 파트너의 감정적 부재를 버림받음으로 인식하게 되어 이중 상실double loss을 경험하게 된다(Johnson, 2002).

> 마릴린은 유일한 자녀인 18세의 지미가 그녀의 품에서 쓰러져 죽은 후, 위로받을 수 없는 슬픔으로 개인 치료를 받고 있었다. 마릴린과 맷은 노동자 계층의 아프리카계 미국인 부부로, 지미를 잘 키우기 위해 열심히 노력했으며, 그가 대학 장학금을 받았다는 사실을 매우 자랑스러워했다. 맷 역시 유일한 자녀를 잃었지만, 자신은 괜찮고 도움이 필요하지 않다며 치료를 거부했다. 그럼에도 불구하고 그는 마릴린을 매 세션마다 차로 데려다 주고 기다렸다. 그러나 서명할 진료 양식을 작성하라는 요청을 받았을 때 그는 주저했다. 증상 체크리스트를 작성하거나 도움이 필요하다는 낙인을 찍히는 것을 원하지 않았다. 자신의 감정을 통제하는 냉정한 태도는 그에게 자부심의 원천이었다. 그러나 치료사가 그가 아내에게 도움이 될 수 있다는 격려에 응답하여 그녀 곁에 앉아 세션에서 그녀를 지지하게 되었다. 얼마 지나지 않아 그는 치료사에 대한 신뢰를 얻고 자신의 깊은 상실의 아픔을 나누었으며, 두 부부는 슬픔을 공유하는 데서 위안을 찾았다.

한 배우자가 비극적인 순간에 취약성과 슬픔을 인정하는 데 어려움을 겪을 때, 다른 배우자는 두 사람의 감정을 대신 짊어지게 될 수 있다. 이로 인해 감정적으로 부재한 파트너에 대한 원망이 쌓일 수 있으며, 그 파트너는 무감각하고 지지하지 않는다고 느낄 수 있다. 관계가 위험에 처해 있기 때문에 부부 접근 방식이 필수적이다. 개입은 관계의 양극화를 줄여 파트너들이 서로를 지지하고 애도의 과정에서 인간 경험의 모든 범위를 공유할 수 있도록 도와줄 수 있다.

> 도린은 그들의 "반쯤 헌신된" 관계가 "교착 상태"에 빠졌다고 느끼고 결혼하거나 관계를 끝내고 싶어하였고, 그로 인해 도린과 닉은 부부 치료를 받았다. 대부분의 밤, 닉은 저녁 식사를 위해 도린의 집에 오고, 딸들이 잠자리에 든 후, 도린의 침대 옆에 침대를 설치하고 그곳에서 밤을 보냈으며, 매일 아침 자신의 아파트로 돌아갔다. 치료사는 6년 전, 도린의 남편이 갑작스럽게 사망한 지 몇 달 만에 도린이 오랜 친구인

> 닉의 제안을 받아들여 아이들과 함께 그의 지역으로 이사하여 새로운 삶을 시작하게 되었다는 사실을 알게 되었다. 닉은 그녀에게 직장과 아파트(자신의 아파트 옆)를 찾아 주었다. 그들의 관계가 너무 빨리 진행되었기 때문에 애매한 상태로 남아 있었다. 남편의 상실로 인해 큰 충격을 받은 도린은 처음에 닉에게서 지지와 위안을 찾았고, 이사가 반가운 탈출구가 되었지만, 그녀는 우울해지고 체중이 늘며 직장에서 불행했다. 부부 세션에서 닉이 다른 여성들과 지속적인 가벼운 관계를 맺고 있으며, 쓰라린 이혼과 자녀들과의 단절 이후 다시는 완전히 헌신하지 않겠다고 거부하는 모습을 드러냈다. 도린은 관계를 끝내고 자신의 삶을 계속하기로 결정했다. 이 상실로 인해 그녀는 매일 밤 고인이 된 남편에 대한 꿈을 꾸고 그에 대한 강렬한 그리움에 휩싸여 치료에서 지연된 슬픔을 마주하기 시작했다.

대체 관계의 이별 시, 과거의 상실로 인한 슬픔이 드러나는 것은 흔한 일이다. 이 시기에 개인 상담은 지연된 슬픔 과정을 다루고, 이전의 연애, 결혼, 가족 생활을 되돌아보며, 상실과 그에 따른 삶의 여러 의미를 탐구하는 데 매우 유용하다. 충성심과 죄책감 문제는 반드시 다루어야 할 중요한 사항이다. 치료사의 격려로 도린은 장례식 이후 처음으로 남편의 묘지를 방문하기 위해 고향으로 돌아갔고, 그곳에서 아이들의 성장과 재능, 함께한 삶의 기억, 그리고 앞으로의 삶에서 그에 대한 사랑 등 전하고 싶었던 모든 것을 "말해 주며" 묘지에서 시간을 보냈다. 이 방문과 대화는 그녀에게 평화로운 감정을 가져다 주었다.

기타 상실, 스트레스, 삶의 변화 동시 발생

상실과 또 다른 상실, 주요 스트레스 사건, 또는 발달 이정표가 동시에 발생할 경우, 가족은 과중한 부담을 느끼고 상충하는 과제와 요구에 직면할 수 있다. 연대기를 작성하는 것은 임상가가 상실과 스트레스가 많은 전환의 동시 발생 및 증상의 시기와의 관계를 인식하는 데 도움이 될 수 있다. 특히, 아기의 출생과 함께 사망이 동시 발생할 경우에는 주의가 필요하다. 슬픔을 겪는 과정과 아기를 양육하는 과정은 본질적으로 상충하는 요소가 있기 때문이다. 또한, 중요한 상실 시기에 태어난 아기는 특별한 대체 기능을 맡게 될 수 있으며, 이는 높은 성취를 이끌어 내거나 기능 장애를 초래할 수 있다. 마찬가지로, 상실 이후 갑작스러운 결혼은 두 관계를 혼란스럽게 하여 애도 과정과 새로운 관계에 대한 노력에 방해가 될 수 있다. 스트레스가 쌓일 때, 가족 구성원의 지원을 동원하는 것이 특히 중요하다.

과거 트라우마적 상실과 미해결된 슬픔

일부 개인과 가족은 과거의 트라우마적 상실 경험에서 더 강인하게 회복되는 반면, 다른 이들은 이후의 상실에 더 취약하게 된다. 치료에서 분리, 애착/헌신, 또는 자기 파괴적 행동과 관련된 문제가 제기될 때, 가족 체계 내에서 이전 트라우마적 상실과의 가능한 연결 고리를 탐구하는 것이 매우 중요하다.

상실을 경험한 가족 돕기: 치료적 과제

이처럼 상실에 대한 치유와 회복탄력성은 단순히 개인의 애도 문제에 국한되지 않고, 가족의 애도 과정과도 밀접하게 연관되어 있다. 모든 인간 경험 중에서 죽음은 가족에게 가장 고통스럽고 광범위한 적응적 도전을 제기한다. 따라서 모든 가족 구성원, 그들의 관계, 그리고 기능적 단위로서의 가족에 미치는 죽음의 여파를 다루기 위해서는 임상적 평가 및 개입을 위한 체계적 접근 방식이 필수적이다.

상실에 대한 가족 회복탄력성 지향적 접근은 주요 가족 적응 도전 과제, 위험을 높이는 변수, 그리고 회복을 촉진하는 핵심 가족 과정을 이해하는 데 기반을 두고 있다. 가족 형태, 가치관, 그리고 삶의 경로가 다양함을 고려할 때, 우리는 상실에 대한 일반적인 반응 패턴을 규범적 기준과 혼동하지 않도록 주의해야 하며, 애도의 차이가 반드시 병리적이라는 가정을 해서는 안 된다. 가족이 상실을 다루도록 돕기 위해서는 그들의 특정 신앙과 문화적 유산을 존중해야 하며, 애도 과정을 통해 그들만의 길을 개척하도록 격려해야 한다.

개인, 부부, 가족 세션은 시간이 지남에 따라 다양한 적응 도전에 맞춰 유연하게 결합될 수 있다. 주요 관계와 가족 기능을 강화함으로써, 치유 과정은 체계 전반에 걸쳐 파급 효과를 일으켜 모든 구성원에게 혜택을 줄 수 있다. 개방적인 의사소통과 상호지원이 강조되지만, 죽음과 상실을 다루는 적극적인 과정도 장려된다. 모든 성인 가족 구성원(가장 취약한 계층뿐만 아니라)이 유언장 및 지시사항을 작성하고 논의하는 것이 권유된다. 의미 있는 추모 의식의 계획 및 참여가 권장되며, 상실의 순간뿐만 아니라 기념일이나 몇 년 후에도 묘지를 방문하는 것도 권장된다. 애도가 차단된 경우, 내담자가 오래된 사진과 기념품을 정리하도록 격려할 수 있으며, 이는 기억을 열어 주고 과거와 현재의 이야기를 흐르게 하는 계기가 된다. 그들은 이러한 이야기와 기념품을 자녀, 다른 가족 구성원, 친구들과 공유함으로써 회복과 새로운 회복탄력성을 위한 긍정적인 상호 영향을 촉발할 수 있다.

죽음과 치유는 양립할 수 있다. 죽음 앞에서 치유를 찾는 것은 삶의 풍요로움과 중요한 관계를 통합하는 것을 의미한다. 슬픔을 겪는 가족은 가슴 아픈 상실을 극복할 힘을 찾을 수 있고, 자신의 비극으로부터 다른 이들을 돕는 의미 있는 삶을 살아갈 수 있다. 임상가는 장기 기증, 의학 연구를 위한 추모 기부, 유사한 상실을 겪은 가족을 위한 지원 그룹 형성 또는 지역사회 행동 연합의 주도 등의 이타적인 행동을 통해 내담자가 가장 어두운 시간에 자부심, 존엄성, 그리고 목적을 찾도록 도울 수 있다.

11장

트라우마적 상실과 집단 트라우마
: 가족 및 공동체 회복탄력성 강화

혼자 느끼는 슬픔은 영혼에 깊은 구멍을 남기지만,
나누는 슬픔은 새로운 생명을 낳는다.

_ Nomathemba[1](희망을 의미하는 줄루어)

이 장에서는 가족의 경계를 넘어 트라우마 경험과 트라우마적 상실로부터 회복하기 위한 회복탄력성 지향적 다중체계적 가족 및 공동체 접근 방식을 제시한다. 위기와 회복탄력성에 대한 주요 가족 및 사회적 과정이 개요로 설명된다. 지역사회 폭력, 전쟁 관련 트라우마, 대량 학살, 주요 재난 상황에서의 실천 원칙, 개입 지침, 사례 설명이 포함되어 가족과 공동체의 회복탄력성을 촉진하는 방법을 제안한다.

트라우마, 고통, 회복탄력성: 다중체계적 관점

"트라우마trauma"라는 단어는 상처를 의미하는 라틴어에서 유래되었다. 트라우마 경험은 신체, 정신, 영혼, 그리고 타인과의 관계에 상처를 줄 수 있다(Herman, 1992; van der Kolk, McFarlane, & Weisaeth, 2006). 외상 사건의 생존자를 치료하기 위한 주요 치료

1 Ntozake Shange, Joseph Shabalala, Eric Simon이 공동 집필한 뮤지컬로, 남아프리카 공화국의 아파르트헤이트 체제에서 벗어나려는 격동의 여정을 다룬다.

모델은 개인 중심적이며 병리학에 초점을 맞추어 PTSD 증상을 식별하고 감소시키는 데 중점을 두고 있다. 반면, 다층 체계적이고 회복탄력성 지향 실천 접근은 극심한 트라우마 경험에서 고통을 파악하고, 그로 인한 파급 효과를 관계 네트워크 전반에 걸쳐 다루며, 최적의 회복을 위해 가족 및 공동체 자원을 강화하는 데 중점을 둔다.

가족와 공동체에 미치는 트라우마적 사건의 영향

재앙적인 사건, 전쟁, 광범위한 재난이 초래하는 다중체계적 영향에 대한 관심이 커지고 있다. 가족 체계 접근은 힐Hill(1949)의 제2차 세계대전 참전 군인과 그 가족의 적응에 대한 획기적인 연구에서 발전하였다. 트라우마 연구 분야에서 피글리Figley와 동료 연구자들은 전쟁, 재앙적 사건, 폭력, 성적 학대가 관계 시스템에 미치는 스트레스 영향을 주목하였다(Catherall, 2004; Figley & McCubbin, 1983). 가족은 트라우마의 영향으로 고통받는 구성원의 회복에 필수적인 자원이다. 그러나 주요 외상은 생존자의 가장 가까운 관계와 사랑하는 이들의 웰빙, 특히 배우자, 자녀, 부모에게 영향을 미친다. 2차 외상화(Figley, 2002)는 경험한 트라우마에 대한 학습과정이나 지속적인 상호작용과 가족 생활에서 파괴적 증상, 금단 증상 또는 해로운 행동이 지속될 때 발생한다.

가족과 그들의 공동체는 복잡하게 얽혀 있으며(Betancourt & Kahn, 2007), 전쟁, 대량 학살, 주요 재난과 같은 상황에서 공유된 트라우마의 영향을 경험할 수 있다. 가족 기능과 중요한 친족 네트워크는 특히 지속적인 갈등이나 황폐한 지역사회와 같은 복잡한 트라우마 상황에서 방해받을 수 있다. 따라서 주요 외상의 가족 및 광범위한 영향을 고려하는 것은 모든 치료 접근 방식에서 필수적이다. 게다가, 가족 및 공동체 네트워크는 트라우마 회복과 파괴된 삶을 재건하는 데 필수적인 자원이며, 그들의 강점과 잠재력이 동원될 때 더욱 효과적이다(Denborough, 2006; Saul, 2013; Webb, 2003).

회복탄력성과 외상후 성장

외상성 스트레스 연구는 회복탄력성에 대한 관심을 높이고 있으며, 주로 개인의 신경생물학적 및 심리적 과정에 초점을 맞추고 있다(Southwick & Charney, 2012). 외상 후 스트레스 증상은 극심한 외상 경험의 강도, 빈도 및 지속 시간이 증가함에 따라 심화된다. 그러나 동일한 위험 수준에 있는 개인 간에는 큰 차이가 있다. 다양한 외상 상황과 사회적 맥락에서의 연구에 따르면, 급성 스트레스 증상은 즉각적인 여파에서 흔하게 나타나지만, 대부분의 고통받는 개인은 회복과 회복탄력성을 경험하며 시간이 지남에 따라 반등하고 강점을 얻으며 장기적인 장애를 겪지 않는다(Litz, 2004; Masten & Narayan, 2012).

회복을 위한 노력은 종종 놀라운 변화와 성장을 가져온다. 외상 후 성장에 대한 연구는 다음의 다섯 가지 영역에서 긍정적인 개인의 변화를 발견하였다: (1) 새로운 기회와 가능성의 출현; (2) 더 깊은 관계와 타인에 대한 큰 연민; (3) 미래의 삶의 도전에 맞설 수 있는 강화된 느낌; (4) 우선순위의 재조정과 삶에 대한 더 깊은 감사; (5) 영성의 심화(Calhoun & Tedeschi, 2013; Tedeschi & Calhoun, 2004; Tedeschi & Kilmer, 2005).

반 데르 콜크van der Kolk와 동료들은 외상과 외상의 치료 및 예방에 대한 생물심리사회적 이해를 발전시켰으며, 취약성, 회복탄력성 및 외상 후 반응의 경과에 영향을 미치는 변수에 주목하였다(van der Kolk et al., 2006). 일부 개인은 스트레스에 더 취약할 수 있지만, 극단적인 상황에서 고통을 겪지 않는 사람은 없다. 트라우마의 영향과 회복 가능성은 상처받은 사람들이 다른 사람들과의 관계에서 위안, 안도감, 안전을 찾을 수 있는지의 여부에 달려 있다. 필요할 때 다른 사람들이 함께할 것이라는 신뢰를 바탕으로 한 강한 연결은 불안감, 무력감 또는 무의미함의 감정을 상쇄한다.

정신 건강 전문가들은 주된 병리학적 초점과 개인 치료 접근 방식에서 전환하여 가족과 지역사회에 미치는 영향을 다루고 그들의 치유 및 회복탄력성 역량을 강화함으로 트라우마 회복을 가장 잘 촉진할 수 있다(Walsh, 2007). 다중체계적 회복탄력성 지향 접근은 고통을 맥락화하고, 집단적 영향을 다루며, 개인과 집단의 회복 및 성장을 위한 대인 및 제도적 자원을 강화한다(Saul, 2013).

트라우마와 트라우마적 상실

트라우마, 상실, 그리고 슬픔의 경험은 서로 얽혀 있다(Figley, 1998; Lattanzi-Licht & Doka, 2003; Litz, 2004; Neimeyer, 2001). 시의적절하지 않거나 갑작스럽고/또는 폭력적인 죽음은 가장 일반적인 트라우마의 원인이다. 트라우마 상황은 죽음, 생명을 위협하는 신체적 손상이나 장애, 유괴, 고문, 수감 또는 박해, 강제 이주/재배치, 또는 관계 폭력과 성적 학대를 포함할 수 있다. 트라우마 회복에 대한 치료적 관심은 주로 대인/관계적 침해, 특히 복합 외상 경험의 생존자에게 집중되어 왔다(Herman, 1992; Courtois, 2004). 친척이나 가까운 지인에 의해 저질러진 심각한 해악이나 살인은 사랑하는 사람과 신뢰하는 사람에 의해 가해지기 때문에 매우 파괴적이다. 외상 후 생존자들은 일반적으로 헌신과 친밀감에 대한 두려움을 지속적으로 경험한다(Johnson, 2002). 체계적 접근은 알메이다Almeida & Durkin(1999), 바렛과 스톤피쉬Barrett & Stone Fish(2014), 쿨터Coulter(2011), 그리고 셰인버그와 프렌켈Sheinberg & Fraenkel(2001)에 의해 발전되었다.

이 장에서는 가족의 경계를 넘어선 지역사회 폭력, 전쟁 및 민족적 · 종교적 · 정치적 갈등에서의 광범위한 잔혹 행위, 주요 재난이나 재앙적 사건에서의 대규모 외상 등 극단적인 상황에서의 공유된 트라우마와 상실에 초점을 맞춘다.

이러한 상황에서의 다양한 형태의 트라우마는 다중 상실을 수반할 수 있다.

- 신체적 또는 심리적 온전함에 대한 감각(예: 심각한 신체적 손상 또는 고문)
- 중요한 사람, 역할 및 관계(예: 가족의 가장 또는 공동체 지도자)
- 온전한 가족 단위, 집, 그리고 공동체
- 삶의 방식과 경제적 생계
- 미래 잠재력; 이룰 수 있었던 모든 것에 대한 희망과 꿈
- 핵심 세계관 속의 무너진 가정들(예: 안전, 예측 가능성 또는 신뢰)

트라우마적 상실의 상황은 〈표 11-1〉에 요약되어 있듯이 복잡한 회복의 위험을 초래하며, 신중한 평가와 개입 목표가 필요하다(10장 참조). 트라우마적 상실에서는 우울, 불안, 약물 남용, 관계 갈등 또는 철수와 같은 증상이 흔히 나타난다. 치유가 차단된 생존자는 자기 파괴적 행동과 자살, 또는 타인에 대한 복수와 해악을 통해 더 넓은 고통을 지속시킬 수 있다. 대규모 역사적 또는 지속적인 외상은 희망과 긍정적인 비전의 상실과 함께 부정적인 세대 간 패턴의 전이를 촉진할 수 있다(Danieli, 1985; Pinderhughes, 2004). 잔혹 행위와 불의가 있을 때, 가족이나 공동체의 명예를 회복하려는 충동은 상호 보복의 순환을 촉진할 수도 있고, 비극을 초월하려는 용감한 노력을 촉발할 수도 있다(14장 참조).

〈표 11-1〉 트라우마적 죽음과 상실 상황

트라우마적 죽음의 의미와 영향은 신중한 평가와 주의가 필요한 상실 상황에서의 다양한 요인에 의해 영향을 받는다.

- **폭력적인 죽음.** 폭력적인 죽음은 사랑하는 사람, 특히 이를 목격하거나 간신히 살아남은 사람들에게 충격적이다. 원인에 대한 비난, 죄책감, 복수의 욕망에 대한 집착은 흔한 일이다. 무의미한 비극이나 무고한 생명의 손실은 특히 견디기 힘들며, 고의적 폭력 행위인 경우에 더욱 그렇다.
- **시의 부적절한 죽음.** 시의적절하지 않은 상실은 가장 견디기 어렵다. 어린이와 배우자의 이른 죽음은 불공정하게 느껴지며, 미래의 희망과 꿈을 앗아간다. 어린 자녀를 둔 부모의 상실은 가족 체계의 재조정을 요구한다.
- **갑작스러운 죽음.** 갑작스러운 상실의 경우, 사랑하는 이들은 작별 인사를 할 시간조차 없다. 청천벽력 같은 사건으로 인해 정상성과 예측 가능성이 산산조각 난다. 충격과 강렬한 감정, 그리고 무질서와 혼란은 즉각적인 위기 기간에 예상할 수 있는 반응이다. 가족 구성원은 고통스러운 후회에 대한 도움이 필요할 수 있다.
- **장기적인 고통.** 죽음 이전에 신체적 또는 정서적 고통이 장기적으로 지속된 경우(예: 폭행, 고문, 의료 지원 부족), 가족 구성원들에게 큰 고통이 따르며, 죄책감, 분노 또는 후회가 동반될 수 있다.
- **모호한 상실.** 사랑하는 사람이 실종되어 살아 있는지 죽었는지 모르는 모호함은 가족을 마비시킬 수 있으며, 가족은 최악의 상황을 두려워하면서도 최선의 결과를 희망하게 된다(Boss, 1999). 유해나 개인 소지품이 회수될 때까지 애도가 차단될 수 있으며, 죽음이 물리적으로 실체화될 때까지 기다려야 할 수 있다. 가족은 더 많은 정보를 요구하고 남아 있는 불확실성 속에서 삶을 재개하기 위해 도움이 필요할 수 있다.
- **인정되지 않거나 낙인 찍힌 상실.** 상실이나 그 원인이 사회적 낙인(예: HIV/AIDS)으로 인해 숨겨질 때 애도는 복잡해진다. 비밀, 잘못된 정보, 소외는 가족 및 사회적 지원과 중요한 건강 관리에 장애가 된다.
- **영향의 누적.** 가족은 다수의 죽음, 장기적 또는 반복적 외상, 다른 상실(집, 직장, 공동체) 및 파괴적 전환(예: 이별, 이주)의 정서적, 관계적, 기능적 영향에 압도당할 수 있다.
- **과거의 트라우마적 경험.** 과거의 트라우마와 상실은 생명 위협이나 상실 상황에서 재활성화되어 영향을 강화하고 회복을 복잡하게 만들 수 있다.

트라우마적 상실을 경험할 때, 대부분의 사람들은 이를 완전히 극복하는 의미의 "해결"을 경험하지 못한다. 가족들은 사망의 확실성이나 원인과 같은 일부 측면에서 부분적인 "종결"을 얻을 수 있지만, 쉽게 회복되지 않는다(Walsh & McGoldrick, 2004). 회복과 회복탄력성은 시간이 지남에 따라 복잡하고 점진적이며 유동적인 과정을 수반하며, 슬픔의 다양한 측면이 예상치 못한 강도로 번갈아가며 다시 나타나며 특히 중요한 사건이 있을 때 더욱 그렇다. 관심은 일반적으로 슬픔에 대한 집착과 비극으로 인해 영원히 변화된 세계에 다시 참여하는 것 사이를 오고간다(Stroebe & Schut, 2010). 주요 트라우마 사건 이후 회복과 회복탄력성을 촉진하기 위해, 우리는 상실에 대한 가족 적응의 네 가지 과제를 유용하게 적용할 수 있다(Walsh & McGoldrick, 2004, 2013; 10장 참조). 회복과 회복탄력성의 경로는 개인, 가족, 문화 및 영적 선호에 따라 다르다. 가족 및 공동체 포럼과 종교 간 추모 행사는 가족과 공동체가 서로를 지원하고 존중하며 차이를 연결하는 데 도움을 줄 수 있다.

연구에 따르면, 적응적 애도는 전통적인 애도 접근 방식에서 강조되는 분리의 필요성보다는 신체적 존재에서 지속적인 유대감으로의 관계 변화를 의미한다. 이는 영적 또는 상징적 연결, 기억, 행동, 그리고 세대를 넘어 전달되는 이야기들을 통해 촉진되며, 경험의 최선을 끌어내는 데 기여한다(Stroebe, Schut, & Boerner, 2010; Walsh & McGoldrick, 2004, 2013; 9장 참조). 트라우마적 상실을 받아들이는 것은 트라우마 경험의 의미를 찾고, 그것을 올바른 관점에 바라보며, 상실과 회복의 경험을 개인 및 집단의 정체성과 삶의 여정의 구조에 엮어 넣는 방법을 찾는 것을 포함한다.

집단 트라우마의 회복탄력성에 대한 가족 및 사회 과정

이 책에서 제시된 가족 회복탄력성 틀(3~8장 참조)은 가족과 공동체가 트라우마 경험에서 회복하고 더 강해지는 데 도움을 줄 수 있다. 신념 체계, 조직 패턴, 그리고 의사소통/문제 해결에서 다음의 주요 과정에 주의를 기울이면 취약성과 위험을 줄이고 회복탄력성을 촉진할 수 있다(〈표 11-2〉 참조).

신념 체계

트라우마 경험에서 구성원들의 인식과 대처 반응에 영향을 미치는 가족 및 문화적 신념을 탐구하는 것은 매우 중요하다. 임상가는 회복탄력성에서 다음의 과정을 촉진할 수 있으며, 이는 외상 후 성장(PTG)에서 발견되는 과정과 유사하다(Calhoun & Tedeschi, 2013).

트라우마적 경험의 의미 만들기

핵심 신념은 현실감, 정상성, 의미 또는 삶의 목적을 제공하여 사람들의 기반과 방향을 정한다. 타인을 신뢰할 수 있다는 기대, 공동체가 안전하다는 믿음, 삶이 질서 정연하고 사건이 예측 가능하다는 신념, 자녀가 부모보다 오래 살 것이라는 기대, 사회가 정의롭다는 믿음은 웰빙을 촉진한다. 그러나 트라우마적 경험이 이러한 가정을 산산조각 내면, 질서, 의미, 목적을 회복하려는 깊은 욕구가 생긴다(Janoff-Bulman, 1992).

〈표 11-2〉 트라우마적 상실: 위기와 회복탄력성에 대한 주요 가족 및 사회 과정

취약성, 부적응의 위험	회복탄력성을 위한 주요 과정 촉진
신념체계	
• 무너진 가정; 모호한 또는 무의미한 상실 • 실패감/책임감; 비난, 수치, 죄책감 • 희망 없음, 절망; 암울한 전망 • 무력함: 무기력함, 압도됨 • 다세대 유산: 트라우마, 상실, 재앙적인 두려움 • 영적 고통; 불의한 느낌, 죄에 대한 처벌; 문화적/영적 단절, 공허	1. 트라우마적 상실 경험의 의미 만들기 • 고통의 정상화, 맥락화 • 공유된 도전으로서 일관성 얻기: 이해할 수 있고, 관리 가능하며, 의미 있는. 2. 긍정적인 관점: 희망, 미래의 꿈 • 강점의 확인, 잠재력 개발 • 가능한 것의 숙련; 변할 수 없는 것의 수용 3. 초월과 영적 연결 • 신앙적 신념, 실천, 공동체; 자연; 예술 • 목적, 의미 있는 유대, 추구; 사회 운동 • 학습, 변화, 성장
조직 과정	
• 경직된, 독재적, 불안정한-혼란스러운, 신뢰할 수 없는, 리더 없는 • 서로 얽혀 있는, 갈등이 많은, 소원한 유대 • 중요한 유대나 역할 기능 상실 • 갑작스러운 대체, 착취 또는 타인 학대 • 역할 재분배나 관계 재투자할 수 없는 • 사회적으로 고립된; 승인되지 않거나 낙인찍힌 상실 • 제도적 장벽; 경제적 자원 상실, 자원 없는	4. 적응하고 재안정화할 수 있는 유연성 • 구조, 일상, 예측 가능성의 회복 • 재구성; 역할 기능의 재정렬 • 강력한 리더십: 조정 5. 연결성: 가족, 사회, 공동체 • 생명선; 상호지원; 사회적 네트워크 • 소원해진 관계의 회복 6. 경제적, 제도적 자원
의사소통/문제해결 과정	
• 사망/상실 상황에 대한 모호한 정보 • 상실 사건에 대한 비밀, 왜곡, 부정 • 정서적 공유의 차단 또는 높은 갈등 • 성별 제약(예: '남자는 울지 않는다') • 즐거운 상호작용이나 휴식의 부족 • 문제 해결 및 의사결정의 차단	7. 명확하고 일관된 정보, 메시지 • 트라우마와 상실과 관련된 모호함을 명확히 함 8. 개방된 감정 표현, 공감적 반응 • 개인, 문화적 차이를 존중 • 슬픔 속에서도 기쁨, 유머, 휴식을 공유 9. 협력적 의사결정, 문제 해결 • 자원; 작은 단계와 성공을 기반으로 구축 • 사전예방적 계획, 준비; "플랜 B"

트라우마와 상실에 대한 반응으로 의미를 재구성하는 것은 치유의 핵심 과정이다(Neimeyer, 2001). 이는 경험에서 얻은 새로운 지혜를 반영할 수도 있고, 쌓아온 강점을 증명할 수도 있다. 우리의 작업은 사람들이 변화된 조건에 적응하기 위해 새로운 정상성, 정체성, 관계성을 구상하도록 돕는 것이다. 우리의 임무는 그들을 위해 의미를 만드는 것이 아니라, 그들이 자신의 경험에서 스스로 의미를 찾도록 지원하는 것이다(Frankl, 1946/1984).

가족 및 지역사회 구성원들의 고통을 이러한 트라우마적 상황에서 이해할 수 있고 일반적인 것으로 맥락화하는 것이 중요하다. 우리는 그들이 일관성을 얻으려는 노력을 지원하여 그들의 상황을 더 이해할 수 있고 관리 가능하며 의미 있는 공유된 도전으로 만든다. 한 가족의 집이 지진으로 파괴되었을 때, 아버지는 이렇게 회상했다. "처음에는 충격 상태에 있었고, 방향 감각을 잃고, 무엇을 해야 할지 전혀 알지 못했습니다. 그러다가 우리는 스스로를 다잡고, 우리의 불행한 처지를 점검한 후, 잔해를 치우고 선택지를 알아내기 위해 함께 힘을 모았습니다. 우리는 서로를 계속 안아 주며, 한 걸음씩 나아갔습니다."

가족 구성원들은 시간이 지남에 따라 발생한 일의 의미를 찾고, 시야를 넓히며, 이를 더 견딜 수 있게 만들기 위해 고군분투할 수 있다(Nadeau, 1997, 2008). 그들은 흔히 "왜 우리에게?" "왜 내 아이에게? 왜 나는 안 되는가?" "이 일이 어떻게 발생했는가?" "누구의 잘못인가?" "예방할 수 있었던 것인가?"와 같은 고통스러운 질문들과 씨름한다. 이러한 우려는 예를 들어 비행기 추락, 화재, 폭발 등 원인이 불분명할 때 지속된다. 임상가는 가족이 유용한 사실 정보를 얻고 공유하도록 도울 수 있다. 우리는 비난, 수치, 죄책감을 조장하는 우려를 탐구하고, 내담자가 자신의 후회, 책임, 그리고 상황에 따른 통제의 한계를 받아들이도록 도울 수 있다. 경험에서 교훈을 얻는 것은 미래의 행동을 안내하는 데 도움이 될 수 있다.

희망: 긍정적 관점

희망은 깊은 절망의 시기에 삶을 재건하고, 꿈을 수정하며, 전달할 긍정적인 유산을 만드는 데 필요한 에너지와 정신에 활력을 불어넣는 데 필수적이다. 우리는 가족들이 "가능한 것을 숙달"하도록 노력하고 잃어버린 것 또는 변화할 수 없는 것에 점차 적응하도록 돕는다. 우리는 지속적인 노력을 통해 미래의 가능성에 대한 희망을 품는 동시에, 장기적인 불확실성과 긴 회복 과정을 견딜 수 있도록 일부 사람들을 도와야 할 수도 있다.

초월과 영성

트라우마적 상실과 함께 초월적인 문화적 및 영적 가치와 실천은 의미, 목적, 연결성을 제공할 수 있다. 사람들은 인간의 이해를 초월하는 재앙적 사건들이 신앙의 시험이거나 신의 더 큰 계획의 일부라고 믿음으로써 위안을 찾는다. 기도, 명상 수행, 그리고/또는 신앙 공동체는 위안과 지원을 제공할 수 있다. 인간이 초래한 비극에서는 신앙이 용서의 길을 열어 줄 수 있다(14장 참조). 영적인 연결, 기억, 이야기, 그리고 행동를 통해 고인의 가장 좋은 면, 잃어버린 모든 것, 그리고 단련된 용기와 회복탄력성을 기릴 수 있다. 추모 의식, 기도회, 기념일 추모, 통과 의례, 그리고 회복의 이정표를 축하하는 활동에 적극적으로 참여하는 것은 치유를 촉진한다. 이러한 활동은 또한 정체성, 관계성, 그리고 선함과 연민이라는 핵심 사회적 가치를 재확인할 기회를 제공한다(Imber-Black, 2012). 혼란이나 슬픔으로 인해 종종 기념되지 않는 명절과 생일을 축하할 방법을 찾는 것은 기분을 고양시키고 모두가 삶의 리듬과 다시 연결될 수 있도록 도와준다.

심각한 고통은 예술을 통한 창의적 표현을 통해 초월될 수 있다. 공동체나 교회에서의 노래 참여 같은 음악은 슬픔을 해소하고 계속 나아갈 수 있는 정신을 회복시킬 수 있다. 글쓰기, 드라마, 음악, 또는 미술을 통해 트라우마와 생존의 경험을 표현할 방법을 찾는 것은 회복탄력성을 촉진할 수 있으며, 특히 어린이들에게 도움이 된다.

치유는 잃어버린 이들을 기리기 위한 추모 헌정으로 도움을 받을 수 있다. 사람들은 다른 이들에게 혜택을 주고 미래의 고통을 예방하기 위한 지역사회 활동이나 옹호를 통해 새로운 목적을 찾는다(Perry & Rolland, 2009). 비극에서의 학습과 성장은 새로운 우선순위와 깊어진 헌신을 불러일으킬 수 있다. 회복은 생존자들에게 삶의 충만함을 되돌려 주는 마음과 영혼의 여정이다.

조직 과정

유연한 구조

회복탄력성을 위해, 가족과 지역사회는 매우 파괴적인 사건에 대응하도록 효과적으로 조직되어야 한다. 예기치 않은 도전과 변화하는 조건에 적응하기 위해 유연성이 필요하다. 동시에, 전환적 혼란에 수반되는 혼돈과 방향 감각 상실을 줄이기 위해 질서, 안전, 안정성을 회복하는 것이 중요하다. 특히 어린이들은 일상적인 루틴이 재개되거나 새로운 배치가 이루어질 수 있을 때 안심하게 된다. 강력한 리더십과 대응 노력의 조정이 필수적이며, 가족과 사회적 네트워크 간의 협력이 필요하다. 주요 재난 상황에서 구조, 회복, 재건에 참여하는 지역사회 단체, 기관, 그리고 모든 정부 차원은 명확한 계획, 권한 체계, 조정, 의사소통을 갖추어야 한다. 명확한 규칙과 지침이 필수적이며, 일관된 후속 조치가 필요하다. 기본적인 하부 구조가 상실된 상황에서는 가족 및 사회 시스템이 역할과 기능을 재조직하고, 재조정하며, 재배치해야 한다. 그러나 모든 수준에서 필요에 따라 신속하게 방향을 전환할 수 있을 만큼 민첩해야 한다.

연결성

트라우마적 경험으로 무력감과 공포가 지속될 때, 우리는 사랑하는 사람들의 목소리를 듣고 서로에게 지원, 위안, 안전을 구하는 연결이 필요함을 느낀다. 높은 응집력이 필수적이지만, 개인의 반응에서 차이를 수용하고 존중하는 것도 필요하다. 일부, 특히 어린 아이들은 불안하게 매달리거나 지속적인 접촉을 필요로 할 수 있으며, 다른 이들은 고통이나 상실을 피하기 위해 거리를 두는 경향이 있을 수 있다. 대피와 같은 혼란스러운 상황에서는 가족 구성원들이 함께 있을 수 있도록 모든 노력을 기울여야 하며, 허리케인 카트리나 이후처럼 고립되어 고통받고 사랑하는 이들을 걱정하는 일이 없도록 해야 한다. 분리와 애매한 상실이 있을 때, 연락처 정보와 소통은 우려를 덜고 재회를 촉진하는 데 필수적이다. 트라우마가 관계의 위반을 포함할 경우, 신뢰와 안전을 회복하는 것이 더 어려워진다. 문제가 있거나 소원해진 관계에서는 해결되지 않은 갈등으로 인해 고통이 심화될 수 있다. 상담은 치유, 재연결, 그리고 화해를 촉진하는 데 도움이 될 수 있다(14장 참조).

사회적, 경제적 자원과 확대 친족

집단적 외상과 상실이 있을 때, 정서적 및 실질적인 지원을 위해 제도적 서비스뿐만 아니라 친족, 사회, 그리고 지역사회 네트워크를 동원하는 것이 중요하다. 사회적 지원에는 친구, 이웃, 의료 제공자; 성직자 및 성도 지원; 학교 교사 및 상담사; 고용주 및 동료; 그리고 지역사회 조직이 포함될 수 있다. 다가족 지원 그룹과 지역사회 포럼은 정보를 교환하고, 상실과 생존에 대한 기억과 이야기를 나누며, 상호지원을 제공하고, 회복을 위한 희망과 노력을 격려하는 데 유용하다. 주거지와 일자리 상실, 의료비, 재건 비용 등과 관련하여 재정 지원과 예상 보상에 대한 후속 조치가 중요할 수 있다.

의사소통과 문제 해결

명료하고 유용한 정보

가족들은 종종 트라우마 사건의 사실과 상황을 명확히 하고, 자신의 상황을 개선하기 위해 취할 수 있는 단계에 대한 도움이 필요하다. 실질적인 지침은 그들이 삶을 재건하는 데 도움을 줄 수 있다. 혼란과 좌절을 피하기 위해, 비상 및 복구 계획 담당자는 일관되고 정확한 정보를 제공해야 하며, 오류를 수정하고 변경 사항을 신속하게 업데이트해야 한다. 허리케인 카트리나에 대한 대응이 실패한 이후, 피해 지역의 한 주민은 "페덱스FedEx가 전 세계적으로 소포를 추적할 수 있다면, 정부는 왜 얼음 배송을 추적할 수 없는가?"라고 언급했다(얼음은 목적지에 대한 연락을 기다리며 트럭에서 녹아 버렸다).

감정적 공유와 지원

트라우마 사건은 생존자들에게 강렬한 감정 폭과 변동을 유발할 수 있으며, 이는 친족 및 사회적 네트워크 전반에 걸쳐 파급 효과를 줄 수 있다. 한 소년은 감정적 혼란이 "멈추지 않는 롤러코스터 타기"와 같다고 표현했다. 고통스럽거나 받아들일 수 없는 감정이 표현되지 않거나, 불충실하거나 위협적인 것으로 간주될 때, 상호 신뢰, 공감적 반응, 그리고 시간이 지남에 따른 차이에 대한 관용의 분위기를 조성하는 것이 중요하다.

협력적 문제 해결/사전 대응

즉각적인 필요에 대한 실질적인 지원은 최우선 과제이다. 목표는 실용적이고 현실적인 단계, 업무, 프로젝트로 구체적으로 접근해야 한다. 시간이 지남에 따라 회복과 삶의 재건이 느리게 진행되는 가운데, 가족과 지역사회의 노력을 결집하여 작은 성과를 경험하고 진전을 기념하는 것이 중요하다. 무엇보다도, 위기 반응 모드에서 사전 대응 자세로 전환하여 미래의 위험을 줄이고 새로운 위협에 더 큰 회복탄력성으로 대처하기 위한 준비 계획에서 교훈을 얻는 것이 필요하다.

가족이 지역사회의 폭력으로 고통받을 때

폭력은 매일 전 세계 공동체에 심각한 피해를 주고 있다(Aisenberg & Herrenkohl, 2008). 케테 웨인가르텐Kaethe Weingarten(2004)은 폭력이 일반적인 충격이 되어 영향을 미치지만, 우리의 삶이나 우리가 아는 사람들의 삶에 직접적으로 영향을 미치기 전까지는 거의 자극하지 않는다고 지적한다. 각 폭력 사건은 연루된 가족들에게 비극이다.

다음의 사례에서 살펴볼 수 있듯이, 가족과 지역사회의 협력적 행동은 도움을 주는 전문가의 지원을 통해 치유와 회복탄력성을 촉진할 수 있다. 집 근처의 한 동네에서 발생한 비극적인 총격 사건은 따뜻한 여름 저녁, 백인 청소년과 라틴계 청소년 간의 조롱이 격화되면서 시작되었고, 이는 치명적인 결과를 초래했다. 한 성직자와 교회의 적극적인 참여와 희생된 소년 부모의 용감한 노력 덕분에, 다음 해 동안 회복, 초월, 변화를 위한 놀라운 여정이 만들어졌다(Shefsky, 2000; Terkel, 2000, 2002).

18세의 라틴계 갱단원인 마리오 라모스는 지역사회의 다른 소년을 총격으로 죽인 혐의를 받았을 때, 그의 가족의 교구 사제인 올더쇼 신부는 회중에게 "그는 우리 교구의 아들입니다. 이들 가족에게 손을 내밀고 기도와 지원을 제공해야 합니다."라고 말했다. 그는 사랑이 넘치며 열심히 일하는 이민자인 마리오의 부모를 방문했으며, 그들은 고통 속에서 아들의 폭력적인 행동을 이해하기 위해 애쓰고 있었다. 신부는 구금 중인 마리오를 방문하여 그를 위로하고, 교구 신자들에게 그에게 편지를 쓰고 그가 죽인 영의 가족을 위해 기도해 줄 것을 권했다. 영 가족은 교구 신자는 아니었지만, 올더쇼 신부는 그들의 집을 방문하여 애도를 표하고, 도움이 필요할 때 언제든지 그들을 위해 여기 있겠다고 전했다. 처음에 영 씨는 그 방문에 화가 났고 "그 사람 아들이 우리 아들을 죽었어요!"라고 말했다. 그러나 며칠 후, 잠을 이루지 못한 그는 자정 넘어 신부에게 전화를 걸었고, 그들은 한 시간 넘게 이야기를 나누었다. 신부의 봉사와 연민은 부모를 교구로 이끌었고, 그곳에서 따뜻한 공동체의 위로를 받았다.

수개월에 걸쳐, 마리오에 대한 신앙 공동체의 지원은 그의 진정한 변화를 촉진했다. 그는 갱단을 떠나고, 지원을 위해 기독교 단체에 소속되었으며, 영 부인에게 편지를 써서 살인에 대한 깊은 후회를 표현하고 용서를 구했다.

영 부인은 어린 시절부터 깊은 신앙을 가지고 있어 마리오에게 연민과 용서를 제공하는 편지를 쓸 수 있었다. 그들은 우편으로 편지를 주고받았다. 그녀는 나중에 이러한 결정이 비극을 치유하고 감당할 수 없는 고통 속에 있는 그녀 가족을 더 잘 도와주기 위해서라고 말했다. 남편은 몇 달 동안 일을 할 수 없었고, 살아남은 자녀들은 큰 충격을 받았으며, 막내아들은 형과 함께 하고 싶어서 차에 뛰어들기도 했다. 그녀는 남편의 깊은 분노와 복수에 대한 충동을 이해했지만, 어떠한 보복에도 반대했다. 그녀는 비극에서 긍정적인 것을 이끌어 내지 않으면 정신이 나갈 것 같은 기분이 들었다고 말했다. 그녀는 종교적 배경에서 영감을 얻었고, 성경에서 용서하지 않는 것이 몸과 마음과 영혼을 부식시킨다는 구절을 떠올렸다. 용서를 하면서, 그녀는 살인과 그로 인해 가족 전체에 미친 파괴적인 영향에 대해 마리오에게 분명한 책임을 물었다. 그녀는 그와의 연락을 계속하며 그의 재활을 위해 노력하고, 마리오가 자신의 삶을 향상시킬 책임을 지도록 권유했다. 그녀는 나중에 이렇게 말했다. "그는 폭력의 행위를 통해 우리 삶에 들어왔지만, 이제 그는 내 마음속에 있습니다 …… 내 아들을 되돌릴 방법은 없지만, 여기에는 낭비하고 싶지 않은 잠재력이 있는 삶이 있습니다."

비록 그녀의 남편은 용서의 길을 따르지 않았지만, 그녀의 치유 방식에 대한 존중은 그들의 관계에 매우 중요했다. 영 씨는 자신의 분노와 슬픔을 지역사회의 활동을 통해 발산하며 독자적인 초월적 경로를 개척했다. 그는 총기 폭력을 막기 위한 조직에서 리더십을 발휘하며, 자녀를 잃은 지역사회의 많은 가족을 위해 쉼없이 일했다. 그의 아내도 그 노력에 동참하여, 그들의 활동이 치유를 촉진하고 자녀의 회복에 더 많은 에너지를 쏟을 수 있도록 도와주었다는 것을 발견했다.

마리오의 선고 공판에서 올더쇼 신부는 그의 어머니와 함께 참석하며 "당신에게 용기를 주기 위해 곁에 앉고 싶습니다."라고 말했다. 영 씨가 도착했을 때, 신부는 그들을 소개했다. 라모스 부인은 영어를 하지 못했지만, 영 씨는 그녀의 눈에서 상실에 대한 슬픔을 보았고 둘 다 아들을 잃었다는 사실—영 씨는 아들을 무덤에, 라모스 씨는 아들을 감옥에—을 깨닫고 눈물을 흘리며 그녀를 포옹했다.

이 놀라운 사례에서 회복탄력성의 주요 과정이 분명하게 드러난다. 여러 달에 걸쳐, 영 씨 부부와 마리오는 "가능한 것을 숙련하겠다"는 결심을 하여, 비극에서 좋은 것을 만들어내고 미래의 폭력을 예방하기 위해 에너지를 집중했다. 가장 중요한 것은 관계적 연결과 영적 자원을 활용하는 힘이었으며, 이는 신앙적 신념, 성직자와 공동체의 참여, 그리고 지역사회 활동에서의 새로운 목적을 통해 이루어졌다. 이러한 자원은 정신건강 분야에서 오랫동안 간과되어 왔지만, 회복탄력성의 중요한 경로가 될 수 있다.

피해자의 가족과 범죄자의 가족 모두는 지속적인 지원과 옹호가 필요하다. 대부분은 정의가 실현되었다고 느낄 때 삶을 계속 이어갈 수 있는 능력이 더 높아진다. 그러나 많은 이들이 형사 사법 시스템의 길고 복잡한 과정에서 추가적인 트라우마를 경험한다. 범죄자의 가족은 종종 사회적 비난, 고립, 그리고 책임을 지우는 추측으로 인해 방치되는 상황에 직면한다. 위의 사례에서 신부는 두 가족 간의 장벽을 허물고 상호 연민을 촉진했다. 비극의 첫 번째 기념일에 그는 두 가족을 초대하여 저녁과 기도를 함께 나누었다. 두 가족, 교구 공동체, 그리고 무료 변호사의 노력 덕분에 마리오의 형량은 상당히 줄어들었고 그는 긍정적인 길을 계속 걸을 수 있었다. 그들의 노력은 범죄 청소년의 가치와 잠재력에 대한 깊은 확신에 기반을 두고 있었다. 회복적 정의restorative justice를 위한 운동은 피해를 복구하고 범죄자의 인성을 회복하기 위한 이러한 행동을 강조한다. 가족과 지역사회 구성원이 함께 노력할 때, 이 사례와 같이 결과는 바뀔 수 있다.

대량 학살

평화로운 뉴잉글랜드 마을의 샌디 훅Sandy Hook 초등학교에서 발생한 26명의 어린이와 교직원이 사망한 총격 사건은 모든 어린이와 가족이 상상할 수 없는 비극의 취약성을 더욱 부각시켰다. 전국 언론의 주목을 받으며 각 가족은 치유의 길을 찾기 위해 고군분투했다. 가족들은 자신의 슬픔을 결코 "극복"할 수 없으며 평생 슬픔을 안고 살아갈 것이라고 생각하지만, 대부분의 경우 시간이 지남에 따라 슬픔을 견디는 것이 더 쉬워진다는 것을 인식하였다. 많은 이들이 자녀를 기억하기 위한 노력을 통해 회복탄력성을 키워간다. 다음은 지역 신문 보도에서 발췌한 한 이야기이다(Dobbs, 2014).

> 6세의 캐서린이 사망한 이후 14개월 동안, 그녀의 직계 가족과 먼 친척들은 그녀에 대한 기억을 생생한 추모의 장소—그녀의 이름을 딴 동물 보호소를 세우는 것—로 만들기 위해 노력해 왔다. 그들은 이 과정 전반에 걸쳐 어린이들을 참여시켰고, 메시지를 전파하기 위해 빵 판매를 조직하고 티셔츠를 판매했다. 캐서린의 사촌 잭(10세)은 참여하고 싶은 마음으로 '캐서린의 평화 팀'이라는 모금 그룹을 만들고 인터넷을 통해 소식을 전파하며 전 세계에 페이스북 팔로워와 기부금을 모았다. 캐서린의 평화 팀

에 참여한 몇몇 10대들은 모금 댄스와 평화 파티를 개최했다. 잭은 사촌을 생각할 때, 마당에서 술래잡기를 하고 캐서린이 금세 흥미를 잃고 나비를 쫓으러 갔던 기억을 떠올렸다. 가족들이 그녀와의 추억을 기리기 위한 방법을 고민할 때, 그녀가 동물을 사랑했다는 것을 떠올려 보호소를 찾아갔다. "이것이 캐서린이 원하는 것을 우리가 할 수 있는 확실한 방법입니다."라고 그녀의 어머니가 말했다.

그러나 세상이 계속 나아가는 동안, 그녀의 친척들은 다른 사람들이 이해할 수 없는 슬픔을 안고 있었다. 그녀의 삼촌은 "고통은 여전히 존재합니다 …… 그녀를 대신할 수 있는 것은 없습니다. 하지만 매일 그것을 극복할 방법을 찾아야 합니다."라고 말한다. 그녀의 어머니는 "프레디(오빠)가 혼자 썰매를 타는 모습을 보는 것이 힘듭니다. 작년에는 그녀와 프레디가 함께 썰매를 탔던 때를 이야기하는 것조차 너무 아팠습니다. 하지만 이제는 그 기억을 소중히 여길 수 있게 되었습니다."라고 덧붙였다. 이제 프레디가 캐서린에 대한 꿈을 꾸면, 그것은 그녀의 죽음을 고통스럽게 상기시키기보다 행복한 대화 주제가 된다. 점점 더 그들은 그녀의 죽음을 넘어 삶에 대해 생각하게 된다. 그녀가 어떻게 벌레와 개구리를 잡고 속삭였는지, 어떻게 그녀보다 두 배나 큰 가족의 노인을 일으켜 세우려 했는지, 그리고 그들이 세우고 있는 보호소를 얼마나 사랑했을지를 생각한다. "우리는 평생 치유를 경험합니다. 하지만 예전과 같지는 않을 것입니다."라고 그녀의 어머니는 말했다. "하지만 우리는 캐서린의 유산을 위한 뿌리를 내리기 시작했습니다. 우리가 하고 있는 것은 아름다운 것을 만드는 것입니다."라고 그녀는 덧붙였다. "그녀의 손길이 우리가 하는 모든 일에 담겨 있습니다."

지속적인 지역사회 폭력

빈곤과 차별의 만성적 스트레스에 영향을 받는 황폐한 지역사회는 복잡하고 지속적인 트라우마로 고통받고 있다. 어린이와 가족의 일상 생활은 전쟁터에서 사는 것과 다름없다(Garbarino, 1997). 미국에서 총기 확산으로 인한 치명적인 폭력이 젊은 생명에 비극적인 영향을 미치고 있으며, 이는 종종 가난한 소수 민족 공동체에서 발생한다. 이러한 폭력은 개인적인 불만, 가정 폭력, 자살의 결과이거나 갱단 및 마약 활동과 관련이 있는 경우가 많으며, 때때로 보호받아야 할 이들에 대한 신뢰를 무너뜨리고 불의에 대한 분노를 부추기는 잘못된 법 집행과 인종이나 민족 차별의 결과일 때가 있다. 긴장과 폭력은 종종 인종적 또는 민족적 차별과 사회의 주변부에 살며 사회적 수용, 자원,

교육, 경제적 발전 기회가 부족한 사람들에 대한 경시의 반복적인 경험에 의해 촉발된다. 재앙적인 두려움과 파괴적인 행동 패턴은 종종 여러 세대에 걸친 가족의 트라우마와 상실에서 비롯된다. 감옥에 있는 오빠와 최근 운전 중 총격으로 사망한 아들을 둔 한 어머니는 슬프게 말했다 "우리는 내일 누구와 함께할지, 누구를 잃어버릴지 결코 알 수 없습니다." 일부 개인은 반복되는 고통, 공포, 무력감을 알코올이나 약물로 무디게 하거나 감정과 자신 또는 타인에 대한 걱정을 차단함으로써 "내가 신경 쓰지 않으면 아프지 않을 것"이라는 마음으로 대처하려고 한다.

그러나 지역사회 폭력에 대해 생각할 때, 지역사회를 비난하거나 주민들에 대해 최악의 상황을 가정하는 데 주의해야 한다. 이러한 조건 속에서도 대부분의 가족은 매일의 삶을 이어가며 자녀를 잘 키우고 더 나은 미래를 위해 노력하는 놀라운 회복탄력성을 보여 준다. 그러나 많은 주택 프로젝트 단지와 위험 지역에서는 가족들이 지지적인 연결이 부족한 채 서로 고립된 경우가 있다. 지속적인 부모 그룹은 쉽게 접근할 수 있는 환경을 제공하여 우려 사항과 장애물을 극복하기 위한 전략을 공유할 수 있는 기회를 제공한다(13장 참조). 많은 프로그램(8장 참조)에서는 나이 많은 남성들이 갱단 구성원 및 위험에 처한 청소년들과 멘토링 관계를 형성하여 폭력의 흐름을 막고 학교와 직업 추구를 장려하는 노력을 기울인다. '거리를 되찾자(Take Back the Streets)'와 같은 지역 기반 프로그램은 주민, 경찰, 사회 기관이 협력하여 자긍심과 역량 강화를 도모함으로써 폭력 범죄에 맞서 가족과 지역사회의 회복탄력성을 구축한다.

중대 재해: 집단 트라우마와 치유

중대 재해는 광범위한 혼란과 손실을 초래한다. 자연 재해와 인재의 구분은 모호해졌으며, 기후 변화와 지진, 극심한 가뭄, 미국 동부 해안에서 허리케인 샌디가 초래한 광범위한 파괴같은 환경 재난에서처럼 많은 상황에서 여러 요인이 인식되고 있다. 많은 경우, 인간의 활동 또는 무활동이 자연적 사건의 영향을 악화시키며, 이는 허리케인 카트리나로 인해 뉴올리언스 도시가 물에 잠긴 결함이 있는 제방 붕괴 사례에서 볼 수 있다.

각 생존자의 경험은 고통의 원인과 회복탄력성의 경로 측면에서 고유하다. 도움을 주는 전문가들은 트라우마 상황의 특정한 영향과 의미를 이해하고, 다음 사례와 같이 단절된 관계를 다시 연결함으로써 정서적 상처의 치유를 도울 수 있다.

> 동남아시아의 한 해안 지역이 홍수로 침수된 지 수개월이 지난 후, 인근 마을의 한 교사는 거리에서 잠을 자는 12세 소년을 발견했다. 그는 극심한 고통을 받고 있었다. 무슨 일이 있었는지 물었을 때, 그는 홍수 당일 아버지와 함께 집에 돌아오던 중 어머니가 물살에 휩쓸려 가는 것을 보았다고 말했다. 그의 아버지는 그에게 헤엄쳐 가서 어머니를 구하라고 소리쳤지만, 그는 그 자리에 얼어붙어 아버지에게 꾸지람을 받았다. 그 후 그는 도망쳤고, 그 이후로 가족을 보지 못했다. 그는 아버지에게 수영을 할 줄 모른다고 말하기가 너무 부끄러웠다. 어머니의 생명을 구하지 못한 자신을 용서할 수 없었다. 여전히 아버지를 만나기 주저하던 그는 상담사와 함께 삼촌을 만나기로 동의했다. 삼촌은 이야기를 듣고 나서 그날의 홍수는 수영선수조차도 생명을 구할 수 없을 만큼 강력했다고 그를 안심시켰다. 그는 아버지 또한 수영을 할 수 없었음을 알고 있었고, 그래서 자신의 무력함 속에서 아들에게 절박하게 도움을 요청했다고 덧붙였다. 삼촌은 소년을 받아들여 아버지와 아들의 재회를 주선하며 그 비극적인 날로부터 치유를 시작했다.

여러 가지 상실, 이탈, 적응의 어려움이 겹치면서 발생하는 누적효과는 압도적일 수 있다. 이전의 삶을 회복할 수 없을 때 슬픔은 더욱 깊어지며, 한부모는 이를 "슬픔의 연속"라고 표현했다. 의미를 찾고 회복하는 과정은 무엇이 파괴되었는지를 이해하고, 새로운 삶을 어떻게 구축할 것인지, 그리고 미래의 비극을 어떻게 예방할 것인지에 대한 고군분투를 포함한다. 지진과 마찬가지로, 우리는 구조물의 어떤 약점이 붕괴의 원인인지 알아야 하지만, 그러한 피해를 견뎌낸 구조물의 강점으로부터 더 많은 것을 배울 수 있다.

재난의 잔해에서 구해낸 가족 생활의 작은 조각들도 특별한 의미를 지닐 수 있다. 최근 토네이도가 시카고 인근 마을을 강타했을 때 주민들은 지하실과 지역사회 대피소에서 나와 집의 기초가 뜯겨 나가고 가구와 소지품이 널리 흩어져 있는 모습을 발견했다. 주변 지역의 주민들은 웹사이트를 만들어 발견된 물품의 사진을 게시했고, 사랑의 편지 한 페이지, 아이의 인형, 액자에 담긴 사진 등이 포함되었다. 한 가족은 백 마일 이상 날아간 깨졌지만 부서지지 않은 꽃병을 되찾아 큰 위안을 얻었다. 그 꽃병은 그들이 더 견고한 기초 위에 짓고 있는 집의 새로운 벽난로 위에 놓였다.

슬픔에 잠긴 가족들에게 관심이 쏠리는 동안, 재난을 겪은 생존자들은 외로운 길을 걸어야 할 수 있다. 한 학교 화재로 거의 100명의 어린이가 사망했을 때, 생존한 한 소녀는 모두가 그녀를 얼마나 용감하고 운이 좋은지 이야기할 때 우울해졌다. 아무도 그녀의 무서운 경험에 대해 묻지 않았고, 그녀는 공황 상태에서 연기가 가득한 교실을 기어가며 쓰러진 동급생들을 넘어 창문에 도달해 뛰어내린 것에 대한 깊은 수치심을 결코 드러내지 않았다. 또 다른 소녀는 뛰어내릴 때 척추 부상을 입었고, 친구들과 이웃들은 그녀를 영웅으로 맞이했지만, 많은 이들이 나중에 그녀의 부상을 보고 비극을 떠올리기 불편해하며 연락을 피했다. 또 다른 생존 아동은 목사님이 슬픔에 잠긴 가족들을 위로하며 "하나님이 그의 특별한 천사들을 데려가셨다"고 말한 메시지에서 우연히 받아들인 의미로 인해 지속적인 자기 의심을 경험했다. "하나님이 나를 선택하지 않으셨다는 것은 무슨 의미일까요?"

회복과 회복탄력성의 경로

조기 개입은 트라우마와 트라우마적 상실을 겪은 사람들에게 중요하다(Litz, 2004). 급성 고통을 완화하고 회복을 위한 자원을 동원하는 것은 더 심각하고 만성적인 PTSD를 예방하는 데 결정적일 수 있다. 그러나 우리는 "빠른 해결책"에 주의해야 한다. 위기 개입은 초기 정보와 지원을 제공하는 데 매우 유용할 수 있다. 그러나 위기 관리자를 위해 고안된 일부 보고 프로그램(예: 중대 사건 스트레스 보고)은 도움이 되지 않는 것으로 밝혀졌으며, 사건 직후 생존자들에게 일회성 형식으로 적용했을 때 고통을 증가시키는 경우가 많았다(Emmerik, Kamphuis, Hulsbosch, & Emmelkamp, 2002). 고통은 개인의 트라우마 증상에 대한 좁은 초점으로 인해 악화되었으며, 일반적인 트라우마 반응이 PTSD라는 정신적 장애의 초기 징후일 수 있다는 걱정을 증가시켰다. 또한 무력감과 분노를 포함한 강렬하고 압도적이며 고통스러운 기억과 감정을 열어놓고, 이후 후속 조치 없이 개인을 집으로 보내는 방식이 문제를 더욱 악화시켰다.

다가족 그룹은 힘든 경험을 겪은 사람들에게 지지적인 환경을 제공할 수 있다. 초기 개입은 (1) 고통을 정상화하고 맥락화하기; (2) 역량 강화를 위해 강점과 능동적인 대처 전략을 이끌어 내기; (3) 지속적인 회복을 위한 가족 및 사회적 지원 동원하기; (4) 심각하고 지속적인 고통을 겪고 있는 사람들에게 후속 세션과 정신 건강 서비스 제공하기가 가장 도움이 된다.

다음은 다가족 그룹 세션에서 유용한 진행자 가이드라인이다.

- 개인, 가족, 지역사회, 문화 및 영적 정체성과 연결을 기초로 하여 시작하기
- 위기 경험 중 기억에 남는 몇 가지 측면을 공유하도록 초대하기. 그들이 겪은 최근 그리고 지속된 위기, 상실, 어려움, 불의에 대해 인정하고, 연민을 가지고 경청하기
- 강점과 인내 및 대처 노력에서 나타난 잠재력을 이끌어 내고 확인하기: 그들 자신의 이야기와 타인의 긍정적인 반응에서 보여 준 용기, 독창성 또는 관대함을 강조하기
- 여러 세션에 걸쳐 공유된 의미 만들기와 숙달 촉진하기: 그들에게 일어난 일에서 그들이 상황에 대해 할 수 있는 일로 초점을 전환하여 무력감이나 피해자 의식에서 벗어나 능동적인 주도성와 역량 강화하기. 절망감과 무기력에서 벗어나 보다 희망적인 관점과 관리 가능한 단계별 진행으로 전환하기
- 회복 과정 중 생명선과 같은 삶의 중요한 연결고리에서 회복탄력성을 위한 자원 식별하기(초기 그라운딩grounding에서 앞서 언급된 것들과 연결하여). 여기에는 확대 가족 네트워크, 민족 또는 종교 공동체, 또는 명상적 실천에 대한 개인적인 신념 등이 포함된다.
- 과거의 역경에서 가족이 의지했던 개인적, 관계적, 영적 자원, 예를 들어 그들의 "할 수 있다"는 정신에 대한 자부심과 현재의 노력을 고무할 수 있는 회복탄력성의 이야기를 식별하기

가족, 교사, 상담사 및 기타 전문가들은 저널, 음악, 예술 작품이 어린이와 청소년에게 특히 유용하다는 것을 발견하였다. 많은 재난 상황에서 의미 만들기, 감정 표현 및 능동적인 대처를 촉진하기 위해 설계된 한 프로그램은 활동 책을 사용하여 어린이들이 고통과 회복의 경험을 표현하도록 도왔다(Kliman, Oklan, Wolfe, & Kliman, 2005). 그림 그리기, 색칠하기, 단어 활동은 어린이들이 슬픈, 나쁜, 무서운 부분뿐만 아니라 사

람들이 했던 유용하고 용감하며 좋은 일들을 기억하고 문서화하며 통합하는 데 도움을 준다. 나이가 많은 어린이들은 저널 형식으로 자신이 배운 것; 지금 도움이 될 것; 그들과 가족 및 지역사회가 재건하고 미래에 더 잘 준비하기 위해 할 수 있는 일들을 설명하도록 초대되었다.

우리는 가족의 회복 과정을 시간에 따라 살펴본다. 허리케인 카트리나 이후의 가족 회복탄력성에 대한 한 연구에 따르면, 직접 영향을 받은 모든 가족은 초기 기능 저하를 경험했으며, 한부모는 그들이 "바닥을 쳤다"고 말했다. 이후 몇 달 동안 대부분의 가족은 지속되는 재난 관련 스트레스와 돌보는 할머니의 죽음과 같은 다른 가족 위기에 직면하면서, 회복을 위한 노력에서 롤러코스터 같은 과정을 겪었다(Knowles, Sasser, & Garrison, 2010). 그럼에도 불구하고 많은 가족은 과거의 기준선을 넘어 더 높은 수준의 가족 기능과 긍정적인 성장을 이루었으며, 이 책에서 제시된 가족 회복탄력성 틀의 주요 과정을 증명했다(Walsh, 2003). 특히, 가족들은 영적 자원, 의미 만들기 노력, 개방적인 감정 표현, 협력적인 문제 해결을 통해 회복탄력성을 얻었다. 이 연구는 또한 장기적으로 기능이 저하된 가족들이 사회적 지원, 직업 기회, 경제적 자원이 부족하다는 것을 발견했다. 많은 가족은 직업 기회나 주택 재건축의 진전도 없이 과밀한 정부 공급 임시거처에 갇혀 있었다.

나는 뉴올리언스의 튤레인Tulane 대학교에 있는 포터-카슨Porter-Cason 연구소의 자문으로 수년간 활동해 왔으며, 이 연구소는 강점 기반의 가족 중심 교육 및 지역사회 서비스를 제공하기 위해 설립되었다. 카트리나 사건이 발생한 지 5년 후, 주택이 거의 100% 파괴된 세인트 버나드 교구의 한 지역 정신 건강 기관을 방문했을 때 가족들은 여전히 통제할 수 없는 지속적인 장애물에 직면해 있었다. 자신의 회복 노력을 통해 회복탄력성을 보여 준 지역 주민들은 어려움을 겪고 있는 가족들을 돕기 위한 협력 프로그램에서 동료 상담사로 참여하고 있었다. 다섯 자녀와 함께 여전히 임시 연방재난관리청FEMA 거처에 살고 있는 한 어머니는 이렇게 말했다. "우리는 살아 있지만, 아직 살고 있지는 않습니다."

근처의 플라쿼민스Plaquemines 교구에서는, 베트남 전쟁 이후 동남아시아에서 온 난민인 3대째 어업 가족들이 해안 지역을 황폐화시킨 대규모 기름 유출 사고로부터 회복하기 위해 고군분투하고 있었다. 의미 만들기 노력과 미래 계획은 정부 및 산업 관계자들이 수개월 동안 제공한 불명확하고 일관되지 않은 정보로 인해 혼란스러움과 좌절감을 경험했다. "물고기를 안전하게 먹을 수 있을까? 어업 산업은 살아남을 수 있을까, 아니면 파괴될까?" "젊은 세대는 가족 사업을 재건해야 할까, 아니면 이주로 인해 회복탄력성을 지원했던 강한 가족 네트워크가 깨지더라도 새로운 생계를 찾기 위해 흩어져야 할까?" 이처럼 광범위한 재난 상황에서 전문가들은 고통받는 가족들과 함께 일하는 것뿐만 아니라 그들의 회복에 영향을 미치는 더 큰 시스템, 특히 정부 당국과 협력하여 회복을 위한 미래 전망과 지원을 명확히 하고, 최신 웹사이트 정보와 자원 연락처를 게시하고, 의사소통과 협력 노력을 촉진하기 위해 커뮤니티 포럼을 개최하도록 노력해야 한다.

뉴올리언스의 활기찬 공동체로서의 재활성화는 놀라운 성과를 이루었다. 카트리나 발생 6개월 후, 황폐 속에서도 매년 마르디 그라Mardi Gras 축제가 개최되었다. 퍼레이드를 하는 음악가들과 수레들은 슬픔, 자부심, 희망, 유머, 풍자, 초현실주의가 뒤섞인 모습을 표현하였고, 일부는 곰팡이로 분장하여 공공 관리와 연방관리청FEMA의 실패를 조롱하기도 하였다. 주요 재즈 음악가들은 지역 음악가들이 재난 이전에 부적절한 주택에서 살았고 여전히 난민 상태에 있다는 점을 우려했다. 그들은 새로운 주택 개발인 음악가 마을을 만들기 위해 지원을 모았으며, 이 프로젝트는 카트리나 이후 뉴올리언스 지역 주민을 위한 주택 재건 노력의 초석이 되었다(www.nolamusiciansvillage.org). 음악가 마을의 핵심 아이디어는 도시의 여러 세대의 음악가들과 다른 가족들을 위한 공동체를 만드는 것이었다. 이 비전의 중심에는 음악 교육과 공연의 중심지인 엘리스 마살리스 음악 센터Ellis Marsalis Center for Music가 있었으며, 이는 도시의 풍부한 음악 전통을 공유하고 보존하며 저소득 청소년과 가족들을 참여시키기 위해 노력하였다.

감정적으로 치유하고 삶을 재건하는 긴 여정은 시간이 지남에 따라 나타나는 스트레스와 적응 과정을 고려하는 종단적 접근이 필요하다(예: Litz, 2004). 이는 전문가의 유연한 지원과 친족 및 사회적 네트워크의 지원이 수개월, 때로는 훨씬 더 긴 시간 동안 필요하다는 것을 의미한다. 생존자들은 종종 그들이 너무 깊이 고통받아 또 다른 하루를 견딜 수 있을지 모르겠다고 하거나 삶에 더 이상 의미가 없다고 느꼈던 순간들이 있었다고 말했지만, 그들은 다시 힘을 모아 계속 나아갔다. 즉각적인 실질적 요구에 밀려 가족 구성원들은 감정적 필요를 억누를 수도 있다. 그들은 초기 사회적 지원이 줄어들고 상실과 새로운 어려움의 영향이 완전히 느껴지거나 고통이 심화된 후 몇 달 후까지 상담을 찾지 않을 수도 있다. 이를 위해서 각 가족의 다양한 핵심 시점에 맞추어 개입의 속도를 조절하고, 슬픔, 새로운 도전, 미래 방향에 대한 주의를 기울이면서 앞뒤로 조율하며, 휴식과 에너지 보충을 위한 시간을 허용하는 것이 필요하다.

회복탄력성에 대한 연구는 어려움을 겪으면서 다른 사람에게 손을 내밀고 적극적으로 대처하는 노력을 통해 사람들이 평소에는 활용하지 않았을 자원에 접근하고 새로운 능력과 삶에 대한 관점을 얻는다는 것을 충분히 보고하고 있다. 각 생존자의 경험은 독특하지만, 그 과정에서 나타나는 인간의 연민과 관대함은 놀랍다. 서아프리카에서 발생한 광범위한 에볼라 발병 중 한 의사는 격리 병동에서 끔찍한 죽음이 이어지는 가운데 순간의 은총이 있었다고 말했다. 아기를 잃은 어머니들은 고아가 된 아이들을 먹이고 돌보았던 것이다.

재난에서 사랑하는 사람을 구하지 못한 사람들에게는 그 상실이 치명적일 수 있다. 한 남자는 불타는 아파트에서 탈출하려고 할 때 심각한 장애가 있는 아내를 붙잡지 못한 것에 대해 괴로워했다. 그럼에도 불구하고 "아이들을 잘 돌봐 줘"라는 아내의 마지막 말은 그를 계속 나아가게 했다. 그는 "매일 힘들다. 이런 일을 해 본 적이 없다. 어떻게 해야 할지 몰랐지만, 할 수 있다는 것을 깨닫고 있다. 그녀의 목소리와 정신이 나에게 힘과 결단력을 준다"고 말했다.

또 다른 재난은 과거의 트라우마를 재활성화할 수 있지만, 동시에 추가적인 치유의 기회를 제공하기도 한다. 스코틀랜드 로커비Lockerbie에서 발생한 테러로 인한 비행기 추락 사건의 희생자 가족들은 8년 후 또 다른 비행기 추락 사고로 인해 고통이 다시 되살아났고, 한 아버지는 이를 "깊은 상처에서 찢어진 딱지"에 비유했다. 그럼에도 불구하고 많은 가족이 나서서 최근에 사랑하는 이를 잃은 가족들을 지원했고, 그러한 도움을 통해 자신들의 장기적 회복에도 도움이 된 것을 발견했다.

회복과 회복탄력성에 대한 다중체계적 접근

인도주의적 위기 상황에서 다중체계적 회복탄력성 중심 접근은 개인, 가족, 지역사회의 자원을 활용하고 확장하여 상호작용하는 시너지를 창출하며, 광범위한 트라우마와 상실을 치유하는 데 중요한 요소가 된다(Miller, 2012; Mollica, 2006; Saul, 2013; Weine, 2011). 전 세계 여러 지역의 재난 복구 경험에 기반한 랜다우Landau의 LINC(Linking Human Systems) 모델은 자연 자원을 식별하고 연결하여 치유의 망을 형성한다(Landau,

2007; Landau, Mittal, & Wieling, 2008). 전문가들은 지역사회 내의 자연스러운 리더와 변화 주도자를 격려하며 자문의 역할을 수행한다. 다양한 기술, 재능, 연령대를 가진 가족 및 지역사회 구성원들은 지역사회의 회복탄력성에 다양한 방식으로 기여할 수 있다. 노인들은 이전의 역경을 극복한 기억과 교훈을 제공할 수 있으며, 젊은 세대는 놀이와 창의성의 능력을 새롭게 할 수 있다. 이러한 접근은 장기적인 생존 가능성과 미래에 대한 희망을 보장하는 데 매우 효과적이다.

대규모 재난에서 발생하는 심각한 심리사회적 트라우마와 관련하여, 랜다우와 사울Landau & Saul(2004)은 지역사회 회복탄력성이 다음의 네 가지 주제를 포함한다는 것을 발견했다.

1. 사회적 지원체계를 강화하고, 연합을 형성하며, 정보와 자원을 공유하여 회복의 기초인 공동체 구축 및 사회적 연결을 강화한다.
2. 다양한 경험을 포괄할 수 있는 넓은 범위의 이야기를 통해 집단적 이야기 나누기와 트라우마 경험과 반응을 확인한다.
3. 삶의 리듬과 루틴을 재정립하고 집단 치유 의식에 참여한다.
4. 새로운 희망을 가지고 미래에 대한 긍정적인 비전에 도달한다.

이러한 주제들은 신념 체계, 조직 자원, 의사소통 과정에서 설명된 회복탄력성의 핵심 과정과 밀접하게 연결되어 있다.

구조와 서비스가 중단되는 광범위한 재난은 더 큰 시스템이 반응하지 않을 때 가족과 지역사회의 분열, 갈등, 불안정을 초래할 수 있다. 정부의 구조 및 회복 노력의 실패는 주민들의 트라우마, 고통, 혼란스러운 이주를 악화시킨다. 재난 발생 시(Boyd-Franklin, 2010; Norris & Alegria, 2005) 가장 큰 영향을 받는 사람들—그리고 가장 소외된 사람들—은 특히 인종 소수자, 자원이 제한된 사람들, 노인 및 심각한 건강 문제를 가진 사람들처럼 가장 취약하고 소외된 집단이다. 재난 대비 및 회복을 위해서는 지역 및 국가의 비상 계획, 조정, 의사소통, 후속 조치의 중요성을 강조해야 한다(Norris, Stevens, Pfefferbaum, Wyche, & Pfefferbaum, 2008). 놀스와 동료들(Knowles, Sasser, & Garrison, 2010)이 결론 지은 바와 같이, 가족은 종종 사회의 기반이라고 불리지만, 재난이 발생했을 때 자원의 부족으로 취약해진다. 따라서 지속 가능한 지역사회를 위한 재난 후 계획에 대한 약속은 회복탄력적인 가족을 위한 정책과 관행을 우선시해야 한다.

군인 가족과 전투 관련 외상

전쟁 관련 트라우마에 대한 주요 치료 모델은 개인 중심으로 이루어져 있으며, PTSD 및 관련 장애의 증상을 줄이는 데 초점을 두고 있다. 군 가족들은 전쟁에서의 장기 복무, 반복적인 배치, 스트레스가 많은 재진입 전환, 그리고 배우자, 부모, 자녀 역할과 관계 변화로 인해 신체적, 심리적, 관계적 상처의 영향을 겪고 있다(McDermid et al., 2008). PTSD, 장애, 외상성 뇌 손상, 약물 남용, 자살, 폭력 및 이혼의 증가율은 모든 구성원을 포함한 가족 전체에 파급 효과를 미친다.

가족들은 또한 군인이나 퇴역 군인의 도덕적 손상moral injuries로 인해 영향을 받는다(Nash & Litz, 2013). 군종 목사와 가족 생활 교육자는 이러한 문제에 특히 민감할 수 있다. 최근의 **도덕적 손상** 개념은 전쟁 지역에서 가장 깊은 도덕적 가치를 훼손하는 사건에 참여함으로써 도덕적 신념 체계가 손상되는 것을 의미하며, 이는 깊은 수치심, 죄책감, 자기 혐오를 유발한다. 이러한 사건은 신뢰의 배신 행위나 행동의 실패; 극단적이거나 불균형적인 폭력 또는 학대, 여성과 아동을 포함한 민간인의 피해 또는 인명 손실; 그리고 계급 내 폭력, "아군 사격," 성적 학대를 포함할 수 있다. 비인간적인 행동과 관련된 깊은 수치감과 죄책감은 군인들이 인간 공동체에 재진입하거나 용기 있는 행동에 대한 찬사와 상을 받거나 배우자 및 가족의 사랑을 받아들이는 데 도덕적으로 부적합하다고 느끼게 만든다. 도덕적으로 해로운 사건은 되돌릴 수 없지만, 치유는 상징적인 보상을 시도하는 용서의 여정을 포함한다. 한 군종 목사는 실수로 가족을 향해 총을 쏘아 다섯 명의 아이들을 죽인 군인에게 이렇게 조언했다. "나가서 구할 수 있는 다섯 명의 아이들을 찾아라."

여러 연구는 군인의 전쟁 지역 배치, 전투 노출, 배치 후 장애와 관련하여 군인의 배우자와 자녀에게 미치는 트라우마의 심리적 및 관계적 영향을 보고하였으며, 이러한 영향의 중요한 조절자로서 가족 과정의 역할을 강조한다(MacDermid, 2010).

가족 회복탄력성 틀은 전쟁의 극한 상황에서 트라우마의 다양한 측면—영적(도덕적) 차원까지 포함하여—을 파악하고, 극심한 고통을 비정상적인 상황에 대한 정상적인 반응으로 맥락화한다. 흥미롭게도, PTSD에 대한 베트남어는 "영적 슬픔spiritual sadness"으로 번역된다. 개입은 가족의 스트레스를 다루고, 유대감을 강화하며, 돌아오는 군인의 회복탄력적 적응을 지원하는 가족의 역할을 촉진한다. 목회 상담사와의 상담이 도움이 될 수 있다.

이 책에 제시된 틀은 군인 가족 회복탄력성 연구(MacDermid, Sampler, Schwartz, Nishida, & Nyarong, 2008), 가족 생활 교육자, 군목, 치료사의 교육, 그리고 군인과 그 가족을 위한 서비스에 적용되었다. 가족 회복탄력성 기반 프로그램은 워크숍 및 주말 휴양 형식을 활용하여 가족들이 배치 전후의 어려움을 극복하고, 부상, 트라우마, 상실로부터 치유되어 가족 관계를 재활성화하고 미래의 가능성을 재구상하는 데 도움을 주기 위해 설계되었다.

주요사업으로 UCLA와 하버드의 솔츠먼Saltzman 및 동료들은 전시 파병과 부모의 부상으로 어려움을 겪는 군인 가족들을 위해 널리 사용되는 단기 개입 프로그램인 FOCUS를 설계하였다(Saltzman et al., 2011, 2013; 타임라인 활동은 6장 참조). 이 프로그램은 핵심적인 가족 회족탄력성 과정을 강화함으로써 스트레스가 많은 시기와 그 이후에 아동 및 가족의 기능과 적응을 개선하는 것을 목표로 한다. 이 프로그램은 가족 심리 교육과 발달 지침, 구조화된 의사소통 및 이야기 공유 경험, 그리고 월시Walsh(2003, 2007)의 가족 회복탄력성 틀에서 도출된 가족 회복탄력성 과정을 목표로 하는 특정 가족 수준의 기술을 결합한다. 개입의 목표는 다음과 같다.

- 공유된 가족 이야기의 발전
- 가족의 인식 및 이해 증진
- 가족의 공감과 의사소통 향상
- 자신감과 희망 증진
- 개방적이고 효과적인 의사소통 지원
- 선별된 가족 회복탄력성 기술의 향상(스트레스 관리 및 감정 조절, 협력적 목표 설정 및 문제 해결, 트라우마 및 상실의 기억 관리)

이 프로그램은 다양한 다문화 가정과 군 문화에 맞게 조정되고 개선되었으며, 다양한 배경을 가진 아동과 가족에게 효과적인 것으로 나타났다. 의사소통, 정서적 반응 및 참여, 역할 명확성, 문제 해결 등 핵심 가족 회복탄력성 과정과 연관된 가족 기능의 특정 측면의 향상은 부모와 아동의 고통 감소 및 전반적인 적응 기능 향상과 관련이 있는 것으로 나타났다. 이 프로그램은 또한 다양한 트라우마 상황, 질병, 상실에 대처하는 가족들에게 효과적으로 사용되었다.

전쟁 폐허 지역의 트라우마와 난민 경험

우리는 전 세계 여러 지역에서 벌어지는 전쟁, 폭력적인 민족, 부족, 종교, 정치 갈등, 그리고 집단학살이나 인종 청소로 인한 막대한 인명 피해와 참상을 목격해 왔다. 가족 구성원들은 강제로 분리 또는 납치되거나 사랑하는 이들의 잔인한 살해와 학대를 목격하게 된다. 어린 소년과 소녀들은 전투에 강제로 끌려가거나, 노예가 되거나, 성매매에 팔리기도 한다. 생존자들을 가족 및 지역사회와 재연결하거나, 망명 시설에서 그들을 환영하는 노력은 그들의 회복탄력성에 매우 중요하다.

전쟁의 영향을 받은 사람들이 겪는 사회적 및 개인적 뿌리 뽑힘, 가족의 붕괴, 분리와 상실, 정신적 및 신체적 고통, 그리고 광범위한 사회적 변화 등으로 인한 트라우마를 견뎌내는 데 있어 따뜻하고 배려 있는 관계가 제공하는 위안과 안전은 매우 중요하다(Weine, 2006). 전쟁 지역에서 가족이 제공하는 안전은 폭격, 공습, 폭력적인 죽음을 목격하는 공포 등의 스트레스를 완화하는 역할을 한다(Masten & Narayan, 2012). 대피 시, 아이들은 부모와 형제자매와 함께 있거나 긴밀하게 연락을 유지할 수 있을 때 가장 잘 적응한다.

난민 가족은 신체적 및 심리사회적 트라우마와 상실을 극복하고, 이주 과정에서 더 큰 고통, 분리, 재배치와 같은 수많은 도전에 직면한다. 많은 이들이 박해를 피하기 위해 고향을 떠나 망명을 요청해야 하며, 다른 이들은 가혹한 환경 조건으로 인해 강제로 이주하게 된다. 종종 그들은 여러 장소를 옮겨 다니거나 수년 또는 수십 년 동안 난민 캠프나 내부 이재민(IDP: internally displaced persons) 캠프에 갇혀 있게 된다. 납치, 기아, 고문, 강간, 투옥, 비인간적인 대우는 너무나 흔한 일이다. 많은 이들이 사랑하는 사람, 집, 공동체를 잃는 다중 트라우마적 상실을 겪었고, 잔인한 만행을 목격했다(Weine, 2006). 보스니아 및 코소보 난민을 위한 회복탄력성 기반 다가족 그룹에 대한 설명은 8장에서 확인할 수 있다.

몰리카Mollica(2006)는 난민들과의 광범위한 작업을 통해 환경과의 연결과 정신 및 신체의 치유 사이에 복잡한 관계가 있다고 믿었다. 아름다움이나 사회적 연결을 경험할 때, 신경 화학적 과정이 활성화되어 실제로 심리적 상처를 치유하기 시작한다. 재난 이후의 아름다움은 자연과 예술을 통해 경험할 수 있으며, 사회적 연결성은 가족, 친구, 동료 및 지역사회 단체를 통해 이루어진다.

가족 구성원이 피난을 떠날 때, 사랑하는 이들이 실종되거나 운명이 불확실한 채 서로 헤어지는 상황에 처하게 된다. 시리아에서 벌어지고 있는 비극적인 내전으로 인구의 절반 이상이 피난민이 되기도 하였다. 모호한 상실에 대한 스트레스와 불안이 고조되면서, 가족 구성원들은 정보를 얻고, 다른 이들의 생존과 안전 여부를 확인하며, 가능한 한 연락을 재개해야 할 절실한 필요를 느낀다. 이러한 긴급한 상황에 대응하기 위해 혁신적인 프로그램인 난민 연합Refugees United(www.REFUNITE.org)이 두 형제에 의해 설립되었다. 이 비영리 단체는 공공 및 민간 단체와 협력하여 기술을 통해 난민 가족들을 직접 연결해 준다. 특별히 설계된 안전한 인터넷 및 모바일 검색 도구를 통해 가족 구성원들은 사랑하는 이들을 검색하고, 위치를 파악하고, 직접 소통할 수 있다.

전쟁 폐허 지역에서의 회복탄력성 중심 가족 및 공동체 서비스

보스니아 및 코소보 난민을 위한 회복탄력성 기반 다가족 그룹의 성공은 코소보에서 지역사회 기반의 회복탄력성 지향적 가족 중심 교육 및 서비스 개발을 위한 다년간의 프로젝트로 이어졌다(8장 참조). 코소바 가족 전문 교육 협력(KFPEC: Kosova Family Professional Educational Collaborative)은 코소보의 정신 건강 전문가들과 미국의 가족치료사 팀 간의 파트너십으로, 전쟁으로 황폐화된 지역에서 높은 서비스 요구를 해결하기 위한 지역 역량을 강화하는 것을 목표로 하였다. 이 프로그램에서 발전한 다른 협력 프로젝트들은 약물 남용, HIV/AIDS, 심각한 정신 질환의 치료 및 예방, 그리고 전쟁으로 황폐화된 지역에서 흔히 발생하는 경제적, 사회적, 체계적 혼란 속에서의 청소년 발달 문제를 다루고 있다. 회복탄력성의 정신은 코소보를 위한 새로운 지역사회 기반 가족 중심 정신 건강 관리 시스템을 구축하기 위한 창의적인 노력 속에서도 지속되고 있다.

지속적인 복합 트라우마

콜롬비아와 수단과 같은 일부 문제 지역에서는 전쟁과 갈등이 수십 년, 심지어 여러 세대에 걸쳐 지속되어, 모든 직접적인 영향을 받는 사람들에게 복합 트라우마complex trauma와 고통을 초래하고 있다. 바렛과 스톤피쉬(Barrett & Stone-Fish, 2014)가 발견한 바에 따르면, 회복탄력성의 필수 요소는 다음과 같다: 의미 있는 미래 비전의 중요성; 타인을 소중히 여기고 자신이 존중을 받는 경험; 더 나은 세상과 살 가치가 있는 삶에 대한 희망; (무력감 대신) 힘을 느끼는 것; 그리고 실행 가능한 해결책을 만들기 위한 협력적 노력. 특히 의미 있었던 나의 경험 중 하나는 2006년에 가자와 서안 지구의 팔레스타인 난민 공동체를 위한 유엔 난민 구호 기구(UNRWA: United NAtions Relief and Works Agency)의 지역 정신 건강 프로그램을 위해 실시한 트라우마, 상실, 가족 회복탄력성에 관한 간략한 교육이었다. 라말라에서 한 며칠간의 교육 집단 경험은 상담사와 감독자들이 전문적인 도전과 강점을 보다 개방적으로 공유하도록 촉진하였고, 효과적인 전략을 브레인스토밍하고 팀 회의를 계획하여 그들의 작업에서 더 큰 협력과 상호 지원을 도모하는 데 기여했다.

나는 지속적인 복합 트라우마로 고통받는 아이들과 가족들과 함께 일하는 팔레스타인 상담사들의 용기와 헌신에 대해 큰 존경심을 느꼈다. 그들은 자신과 가족들이 동일한 조건과 파괴적인 상실을 경험하고 있는 상황에서 힘든 일을 하고 있었다. 우리의 토의에서, 그들은 가족 회복탄력성의 핵심 요소로 상담사로서 그들 자신의 회복탄력성을 적용하는 것, 특히 긍정적 신념 체계가 가장 도움이 되었다고 말했다. 그들은 희망을 유지하고 회복하는 것의 중요성을 강조했으며, 이는 낙관주의와 구별된다. 즉, 그들은 즉각적인 점령 종료 전망에 대한 비관론에도 불구하고, 긍정적인 노력이 아이들의 미래에 변화를 가져올 수 있다는 믿음을 가지고 있었다. 그들은 자신들이 통제할 수 없는 더 큰 정치적 교착 상태 속에서, 그들에게 가장 공감되는 회복탄력성의 핵심은 "가능성의 예술을 터득하는 것"과 "당신이 가진 것, 당신이 있는 곳에서, 당신이 가진 시간 안에 할 수 있는 모든 것을 하라"는 인용구였다. 팔레스타인 사람들의 깊고 지속적인 이슬람 신앙에서 경험하는 영성은 그들의 회복탄력성의 가장 깊은 원천이며, 고통받는 이들을 상담하기 위한 그들의 변함없는 노력에 영양을 공급하였다.

가자 지구 국경 폐쇄로 인해, 가자 UNRWA(United Nations Relief and Works Agency)

상담사들과의 교육은 예루살렘의 유엔 사무소에서 화상 회의를 통해 진행되었다. 가자에서 가족들의 고통을 덜기 위해 쉼 없이 노력하는 상담사들에 대한 깊은 감사는 그들과의 지속적인 연락으로 이어졌고, 이메일 교환 및 회복탄력성의 영적 원천에 관한 공동 저술 작업(Wolin, Muller, Taylor, Wolin, Ranganathan, et al., 2009)으로 발전했다. 이 온라인 연결은 나중에 몇몇 상담사들이 이스라엘 군의 가자 침공 중에 나에게 연락하여 그들의 잔혹한 경험, 아이들이 느낀 공포, 그리고 광범위한 파괴에 대해 이야기할 때 외부 세계와의 연결 고리가 되었다. 트라우마와 상실을 경험하는 가족과 공동체가 직면한 깊은 고통과 지속적인 도전은 단기적인 해결책, 낙관적 사고방식, 또는 변화를 위한 치료사의 기술로 해결할 수 있는 문제가 아니다. 내가 제공할 수 있는 것이 너무 적다는 사실에 겸손해졌지만, 나는 그들의 이야기를 증언할 수 있었다. 그것은 그들에게 중요했고, 나에게는 공정한 해결을 위한 인식 제고와 옹호 활동을 더 많이 하도록 하는 계기가 되었다.

이러한 경험을 통해 나는 회복탄력성 지향의 교육과 실천에서 함께하는 사람들과의 관계가 가장 중요하다는 것을 깨달았다. 우리의 연결성은 근거리든 원거리든 간에 고통과 고난의 경험에 대한 연민 어린 목격과 인간 회복탄력성에 대한 신념을 바탕으로 그들의 회복탄력성을 촉진시키는 역할을 한다. 이러한 관계는 그들이 어려움을 극복하고 회복하는 데 필요한 힘과 지지를 제공하는 중요한 요소이다.

테러 공격으로 인한 대규모 사상자

테러 공격이 만연한 이 시대에 우리 모두는 더 불안정하고 불확실한 세상에 살고 있다. 2001년 9.11 테러는 상상할 수 없는 사건이 갑작스럽게 발생하여 미국인들의 무적에 대한 환상을 산산조각 내며 트라우마를 심화시켰다(Walsh, 2002b). 그러나 이는 미국에서 발생한 첫 번째 공격이 아니었다. 오클라호마시 폭탄 테러 경험에서 귀중한 교훈을 얻을 수 있다.

오클라호마시 폭탄 테러 교훈: 지역사회의 대응과 회복탄력성

1995년 오클라호마시의 머러Murrah 연방 청사 폭탄 테러 이후, 지역사회의 회복탄력성이 놀랍게도 드러났다. 이 공격으로 168명이 사망하고 842명이 부상을 입었으며, 그 중에는 어린이들도 포함되어 있었다(Sitterle & Gurwitch, 1999). 테러 용의자로 외국인이 즉시 의심받았지만, 테러범이 젊은 백인 기독교 미국인이라는 사실이 밝혀지면서 국가 전체가 충격에 빠졌다. 즉각적인 혼란과 고통 속에서 지역 주민들은 회복 노력을 위해 함께 모였고, 심각한 영향을 받은 이들을 돕고 지원하기 위한 봉사 활동 및 조직적 노력에 협력하였다. 수천 명의 전문가, 자원봉사자, 구조대원들이 힘을 합쳐 도움이 필요한 이들에게 효과적인 위기 개입을 제공하고, 참여자들을 위한 강력한 지원 시스템을 구축하였다.

특히 주목할 만한 프로그램은 지역 교회에서 만든 연민 센터Compassion Center로, 수백의 가족이 사랑하는 이들에 대한 정보를 얻기 위해 모였다. 초기의 혼란을 극복하고, 여러 기관이 협력하여 구조 진행 상황에 대한 정확한 정보를 제공하고, 피해자 신원 확인을 촉진하며, 정서적 지원을 제공하기 위해 다중 기관 노력이 신속하게 조직되었다. 이 센터는 생존자들의 다양한 요구를 충족하기 위해 여러 긴급 및 지역사회 조직의 대응을 조정했다. 정신 건강 서비스는 세 가지 핵심 목표를 가지고 있었으며(앞에서 설명한 회복탄력성의 조직 및 의사소통 핵심과 유사함), (1) 가족들이 자신의 고통을 나눌 수 있는 안전하고 보호적인 환경을 제공하는 것, (2) 가족들이 질서, 예측 가능성, 구조감을 회복하도록 돕는 것, (3) 가족들에게 존중을 가지고 정보를 제공하는 것이었다.

의식rituals은 생존자, 고인의 가족, 그리고 더 넓은 지역사회의 단결과 치유를 촉진하는 데 중요한 역할을 하였다. 이러한 의식은 슬픔과 공포를 의미 있고 삶을 긍정하는 활동으로 전환시켰으며 긴 치유 과정에 대한 믿음을 심어 주었다. 폭탄 테러 현장과 폭발로 손상되었지만 파괴되지 않은 유일한 "생존자 나무" 주변에는 비공식적인 추모와 헌물이 마련되었다. 공식 추모식과 이후의 추모 행사들은 모든 희생자와 회복에 기여한 모든 이들에게 경의를 표했다.

집단 회복 사례 연구(Zinner & Williams, 1999)에 따르면, 슬픔의 경험은 지역사회에 있어 발달적 위기가 될 수도 있고 성장의 기회가 될 수도 있다. 재앙적인 사건, 외상성 상실, 그리고 고통은 지역사회의 사기를 무너뜨리고 미래 발전의 정체를 초래할 수 있다. 그러나 오클라호마시에서는 회복하겠다는 결의를 강화하고 지역사회를 새로운 성장 영역으로 이끌었다. 그들 회복의 특징은 무기력함이 아닌 학습된 자원 활용이었다. 지역사회 구성원들은 자발적으로 나서서 다양한 역할을 맡았고, 도움이 필요한 이들을 도우면서 상호 이익을 제공하고 자신감과 효능감을 얻었다. 이러한 협력의 과정, 즉 의미를 만들고 트라우마 경험의 일부를 극복하는 것이 그들의 회복탄력성을 촉진한 것이다.

9.11 공격 이후의 회복탄력성

2001년 9월 11일의 테러 공격은 가까운 곳과 먼 곳의 가족과 지역사회에 광범위한 파급 효과를 가져왔다. 여기에서 제시하는 몇 가지 주목할 만한 사례들은 비극 이후 가족과 지역사회가 결집할 때 가능한 회복탄력성을 보여 준다.

뉴욕시에서는 수천 명의 사람들이 세계 무역 센터 공격 현장에 모여 지원 서비스를 조직하고, 시신 회수 및 현장 청소를 도우며, 필요할 때마다 도움의 손길을 내밀었다. 의식은 슬픔을 나누고 치유하는 데 매우 중요했다. 촛불 집회, 지역사회 모임, 그리고 예배 장소 등에서 수많은 추모 행사가 열렸다. 다시 한 번, 지역사회는 최악의 상황을 견디고 극복할 수 있음을 보여 주었다. 전국과 전 세계에서 낯선 이들의 배려가 쏟아졌다. 특히 오클라호마시 지역사회는 슬픔에 잠긴 가족들에게 도움을 제공하고, 실종된 사랑하는 이들의 소식을 기다리는 이들을 위로하기 위해 대량의 곰 인형를 보냈다.

이러한 회복탄력성의 불꽃은 많은 긍정적인 발전을 촉발했다(Walsh, 2002b). 두 달 후, 퀸즈의 한 이웃에서 비행기가 이륙 직후 추락했는데, 이 지역은 세계 무역 센터에서 많은 소방관을 잃은 노동자 계층 아일랜드계 및 이탈리아계 미국인 공동체였다. 도미니카 공화국으로 향하는 그 비행기에서 대부분의 사상자는 맨해튼 북부 빈민가인 워싱턴 하이츠의 도미니카 공동체 출신이었다. 뉴욕 시민들이 또 다른 비행기 추락과 추가 테러 공격에 대한 두려움에 힘들어하는 와중에 도미니카 공동체 지도자와 시장은 두 지역 사회가 겪은 고통에 마음이 움직여 함께 합동 추모식을 계획함으로써 오랜 인종 간의 분열을 해소하고 거의 접촉하지 않았던 공동체를 하나로 모으는 계기를 마련하였다. 가족 구성원들은 그동안 자신들이 너무 다르고 공통점이 없다고 생각해 왔다고 말했다. 슬픔 속에서 함께 모임으로써, 그들은 강한 가족, 근면한 노력, 그리고 깊은 신앙이라는 공유된 가치를 발견하게 되었다.

그러나 더 큰 과제는 사람들이 일상으로 복귀한 후 위기 상황에서 나타나는 강한 정신과 유대감을 지속하는 데 있었다. 시간이 지나면서, 유족들은 “저지 맘스Jersey Moms”와 “9.11의 목소리Voices of September 11”와 같은 옹호 단체를 조직하여 자원과 지원을 제공하였다. 그들은 테러가 어떻게 발생했고 어떻게 예방할 수 있었는지를 이해하기 위한 독립적 위원회 설립을 촉구하기 위해 공개 석상에서 목소리를 냈으며, 미래의 위협을 피하고 대비하기 위한 권고안을 마련하였다. 위기 사건을 명확히 하고 의미를 부여하며, 그로부터 교훈을 얻고 사전 조치를 취하려는 그들의 공동 노력은 가족과 지역사회의 회복탄력성 강화에 핵심적인 과정이었다.

랜다우와 사울Landau & Saul(2004)이 언급한 바와 같이, 자연적인 지원 체계를 구성하는 지역사회 구성원들은 위기 이후 변화를 이끌어 내는 데 있어 외부 제공자들보다 많은 장점을 가지고 있다. 그들은 기존 자원과 취약 계층에 대한 지역 지식에 더 쉽게 접근할 수 있으며, 오랜 시간에 걸쳐 발전된 관계망을 보유하고 있다. 이들은 종종 지역사회 공동체 모임이나 자원봉사 활동과 같은 연대감을 구축하는 긍정적인 사회적 과정에 이미 참여하고 있다. 이러한 노력은 그들의 경험과 우선순위에 의해 추진되기 때문에 외부에서 도입된 프로그램보다 더 성공적일 수 있다. 지역사회 구성원들은 이웃 발전에 더 많은 투자를 하고 있기 때문에, 최근 위기에 대한 자금이 고갈되거나 관심이 다른 곳으로 옮겨간 후에도 활동을 지속할 가능성이 더 높다.

남부 맨해튼 공동체 회복 프로젝트

테러 공격의 직접적인 영향을 받은 지역에서는 학교가 폐쇄되고 가족들이 몇 달 동안 집을 떠나 있어야 했다. 정신 건강 전문가들은 처음에는 아동의 잠재적 병리 현상에 집중했고, 가족들이 우려를 논의할 수 있는 곳은 거의 없었다. 아이들이 끔찍한 공포를 목격했던 학교로 돌아가면서 부모들은 깊은 슬픔에 잠겼다. 사울과 동료들은 지역 기관과 주민들이 참여하는 지역 기반 프로그램을 조직하여 아동, 가족, 지역사회의 회복탄력성을 촉진했다(Landau & Saul, 2004; Saul, 2013). 다가족 그룹과 부모, 교사, 상담사, 학교 직원들로 구성된 네트워크는 경험을 공유하고, 아동들의 걱정에 응답하며, 상호 지원을 제공하고, 회복 노력에 대한 공동 행동을 촉진하는 자원으로 활용되었다.

이러한 지원 그룹들은 일련의 지역사회 포럼으로 발전하여 치유의 개념을 개인의 스트레스 반응에 국한하지 않고 지역사회 전체의 회복으로 확장했다. 이러한 맥락에서 다양한 반응이 정상화되었고, 재난 회복의 공통적인 단계를 식별하는 틀이 제공되었다.

1. "우리는 함께 서 있다United we stand": 처음에는 사람들이 충격을 경험하지만, 그 후 함께 모여 경계를 풀고 경험을 공유하였다.
2. "당밀과 지뢰밭": 피로와 짜증이 쌓이면서 스트레스가 증가하고, 감정이 격해지며, 사람들은 더 안전하다고 느끼는 그룹으로 후퇴했다. 이 단계에서는 지역사회의 스트레스와 긴장을 줄이는 방법에 초점을 맞추었다.
3. "회복에 대한 긍정적인 비전": 이 단계에서 지역사회는 미래에 대한 희망을 구축하기 위해 함께 모였으며, 회복이 수동적인 과정이 아니라 공동의 목적을 위한 능동적인 협력이라는 이해를 얻었다.

이 과정을 통해 지역사회의 연결성은 치유와 지원의 기초를 제공하며, 신뢰할 수 있는 정보와 피드백을 함께 제공하였다. 포럼의 비디오 녹화본은 부모들에게 제공되어 그들이 경험한 내용을 되새기고, 서로의 이야기를 공유할 수 있는 기회를 마련했다. 이러한 자원은 가족들이 서로의 경험을 이해하고, 회복 과정에서 감정을 나누는 데 도움을 주었다.

지역사회 요구의 평가를 통해 아이디어와 창의성을 모으고 공유하는 공공 공간인 지역 자원 센터가 설립되었다. 이 센터는 재난 대비 계획을 수립하고 비디오 이야기 아카이브, 증인 극장 프로젝트, 지역사회 웹사이트, 노인을 위한 컴퓨터 교육 프로그램, 예술 프로젝트, 심지어 삼바 학교까지 다양한 프로젝트를 개발하였다. 이러한 프로그램들은 지속적인 긍정적인 효과를 가져왔다.

모호한 상실에 대한 지역사회 개입으로서의 가족 회의

폴린 보스Pauline Boss가 공동으로 이끄는 또 다른 시스템 중심의 치료사 팀(Boss, Beaulieu, Weiling, Turner, & LaCruz, 2003)은 테러 이후 실종된 세계 무역 센터 노동 조합 근로자들의 가족들을 대상으로 연구하였다. 다가족 집단 회의는 노조 회관에서 열렸으며, 가족들이 정신 건강 시설보다 더 편안하게 느낄 수 있었다. 추가적인 상담 서비스도 제공되었다. 문화적 다양성을 지닌 가족, 주로 이민자 가족들의 요구를 세심하게 고려하기 위해, 개입 팀은 다국어를 구사하고 다인종으로 구성되었으며, 가족들의 문화적 다양성에 주의를 기울였다. 집단 리더들은 가족들이 고통스러운 경험을 공유하도록 도왔고, 그들의 기본 전제를 전달하였다. 사랑하는 사람이 실종된 경우, 모호한 상실이라는 외상적 상황이 비정상적이지, 고통받는 가족 구성원들의 반응이 비정상적이지 않다는 것이다.

집단 상호작용과 상호지원은 큰 힘이 되고 치유가 되었다. 아버지를 잃고 깊은 슬픔에 빠진 딸은 살아남은 동료의 증언으로 인해 큰 도움을 받았다. 그는 그녀에게 아버지를 타워 중 하나에서 보았으며, 아버지가 사망하기 전에 1,000명의 생명을 구했다고 전했다. 또한 그녀가 축구 경기장에 가서 관중석에 있는 사람들을 보면 아버지의 용기 있는 행동에 자부심을 느낄 수 있다고 말했다. 유족들은 세션을 여러 달 동안 연장하기로 결정했으며, 여러 명의 미망인들은 리더십 역할을 맡았고, 첫 번째 기념일에 맞춰 추모 행사를 준비하였다.

도전과 놓친 기회

테러 공격 이후, 전국적인 조사에 따르면 대부분의 미국인들은 가족과 사랑하는 사람들, 그리고 신앙을 통해 힘과 위안, 그리고 위로를 찾았다. 전 세계적으로 계속될 테러 위협의 가능성을 감안할 때, 우리는 두려움과 불확실성 속에서도 정상성을 재정의하고 삶을 이어가야 했다. 적을 악마화하고 복수하려는 성급한 행동은 비극적으로 두 차례의 전쟁과 그로 인한 의도치 않은 결과로 이어졌으며, 이는 역사적으로도 너무나 자주 반복되어 왔다. 이러한 상황은 또한 테러 용의자에 대한 프로파일링과 노골적인 인종차별, 차별, 그리고 학대를 부추겼다. 가장 큰 과제는 테러리즘의 다양한 뿌리를 더 잘 이해하고, 그것에 기여하는 불평등과 불공정 문제를 해결하는 것이다. 우리는 오래된 가정에 의문을 제기하고, 세상에 대해 더 많이 배우며, 타인의 고통을 이해하고, 의미 만들기, 치유, 변화를 위한 공동의 성찰과 긍정적인 행동에 참여해야 한다.

우리 사회는 더 나은 모습을 보여 줄 수 있다. 2013년 보스턴 마라톤 폭탄 테러에 대한 대응에서 드러났듯이, 큰 비극은 인간 정신의 최선을 이끌어 낼 수 있다. 평범한 사람들과 지역 공무원들은 친인척, 이웃, 그리고 낯선 사람이 응급 치료를 받고, 힘겨운 치유의 여정을 겪으며, 삶을 재건할 수 있도록 돕는 데 놀라운 용기, 연민, 그리고 관대함을 보여 주었다. 보스턴 공동체는 더욱 강해진 자부심과 풍부한 자원을 바탕으로 부상했다.

비극 이후의 회복탄력성 구축

트라우마로 인한 상실은 가족과 공동체 전체에 깊은 영향을 미치며, 그들의 집단적 반응은 회복에 도움이 되거나 방해가 될 수 있다. 재난은 우리 삶에서 진정으로 중요한 것이 무엇인지 깨닫게 하고, 우선순위를 재조정하며, 타인을 돕기 위한 행동에 나서도록 영감을 줄 수 있다. 공동체는 가장 극심한 고통과 슬픔을 견뎌낼 수 있음을 보여 주었고, 시간과 엄청난 노력을 통해 재건하고 더 강해질 수 있었다. 1871년 시카고 대화재 이후, 미래지향적인 지역사회 지도자들은 세계 최고의 도시 계획가와 건축가들을 모아 말 그대로 잿더미에서 시카고를 재건하였다. 비극에 대한 이러한 회복탄력적 반응은 혁신적인 고층 빌딩과 광활한 공원으로 도시의 스카이라인과 호숫가를 변화시키는 것을 가능하게 했다. 오늘날 우리는 파괴된 공동체와 그 공동체를 지탱하는 가족들의 삶을 재건하기 위해 강력한 리더십, 투자, 그리고 협력적인 노력이 필요하다.

도움을 제공하는 전문가로서 우리는 주요 트라우마와 인도적 위기에서 겪는 모든 상처를 치유할 수는 없다. 그러나 우리는 가족과 지역사회 구성원들이 깊은 고통과 새로운 노력을 나눌 수 있는 안전한 피난처를 만들어 줄 수 있다. 그들의 고통과 투쟁을 연민으로 지켜보고 그들의 용기와 인내에 경의를 표하는 것은 매우 가치가 있다. 우리가 증상에서 강점과 잠재력으로 초점을 전환할 때, 사람들은 자신이 가지고 있는 많은 예상치 못한 역량과 자원을 발견하고 구축할 수 있다. 우리는 그들의 더 나은 미래에 대한 희망과 꿈을 다시 불러일으키고, 그들의 최선의 노력을 지원할 수 있다. 우리는 그들이 서로를 지지하고 도전 과제를 극복하기 위한 적극적인 전략을 취하도록 격려할 수 있다. 다중체계적이고 회복탄력성 지향적인 실천 접근은 가족과 지역사회가 협력을 통해 가능한 비전을 확장하도록 도와주며, 단순히 트라우마와 상실을 견디는 것을 넘어 그들이 번영할 수 있는 정신을 되찾는 데 기여한다.

따라서 회복은 공동의 목표를 향해 함께 노력하는 구성원들의 시너지 효과에서 비롯되는 창의적 과정이 된다. 삶에 대한 용기 있는 참여의 목표는 도움을 주는 전문직으로서 우리의 작업을 안내하며, 내담자는 자신의 삶을 재건하고 변화시키는 여정에 동행한다. 내가 만나고 함께 일했던 용감한 사람들—가족, 치료사, 그리고 인도적 노력에 참여하는 이들—은 나에게 **대리 회복탄력성**vicarious resilience의 힘을 가르쳐 주었다. 이 개념은 에르난데스와 동료들(Hernandez et al., 2002, 2010)의 연구에서 발전된 것으로, 도움을 주는 전문가들이 회복탄력성의 관점에서 일할 때 얻을 수 있는 이점을 의미한다. 트라우마 경험을 겪은 이들의 회복탄력성의 이야기를 전함으로써, 우리는 우리 자신도 일과 삶에 영감을 받고 활력을 되찾으며, 종종 변혁적인 방식으로 변화하게 된다(8장 참조).

비극적인 사건 이후, 회복, 영웅주의, 그리고 용기에 대한 수많은 이야기 속에서 놀라운 회복탄력성이 드러난다. 위기, 트라우마, 그리고 고통을 통해 특별한 연민, 관대함, 그리고 지혜가 형성된다. 시간이 지나면서, 우리는 공유된 성찰을 통해 트라우마 사건에 대한 경험의 전체성을 개인적이고 집단적인 정체성의 구조에 통합하기 위해 노력한다. 비극에 대한 우리의 반응은 우리를 하나로 묶는 인류애를 구현할 수 있다. 우리는 서로의 차이에도 불구하고 하나의 인류 가족이다.

12장

심각한 질병과 장애
: 가족의 도전과 회복탄력성

"세상은 고통으로 가득 차 있다.
하지만 그것을 극복하는 것으로도 가득 차 있다."

_ 헬렌 켈러Helen Keller, 《중간 지점: 나의 생애 후반》

심각한 질병과 장애는 가족에게 수많은 도전을 안겨 주며, 이를 극복하고 적응하기 위해 상당한 회복탄력성이 필요하다. 건강 위기는 또한 우리 삶에 대한 경각심을 불러일으킬 수 있다. 이는 일상 생활의 혼란 속에서 종종 잃어버리는 우선순위에 대한 인식을 높이고 변화시킬 수 있다. 지속적이고 반복적인 상태는 우리의 생활 패턴에 변화를 요구하고, 희망과 꿈을 재조정하게 만든다. 이 장에서는 심각한 건강 및 정신 건강 문제에 대한 가족 회복탄력성 접근의 주요한 주제를 강조한다.

가능성의 예술 배우기: 삶의 교훈

인생의 과정에서 심각한 질병은 누구에게나 찾아온다. 치료사도 예외는 아니다. 질병과 돌봄의 어려움에 대한 우리 자신의 경험은 회복탄력성에 대해 많은 것을 가르쳐 줄 수 있다. 이러한 경험은 만성적이고 쇠약하며 생명을 위협하는 상태에서도 최대한 잘 살기 위해 노력하는 개인과 가족과 함께하는 우리의 협력에 깊이를 더할 수 있다.

몇 년 전, 모로코에서 상담을 마치고 집으로 돌아오는 길에 바이러스성 수막염으로 입원하게 되었다. 진단 결과는 들었지만, 무엇을 기대할 수 있는지에 대한 정보는 전혀 제공되지 않았다. 처음 며칠 밤 동안 간호사들이 나를 계속 깨웠지만, 이유를 설명해 주지 않았다. 그래서 나는 그들이 내가 여전히 살아 있는지 확인하기 위해 깨우는 것이라고 추측했다. 일주일 후, 위기 기간이 끝났고 뇌파EEG 결과가 정상으로 나타났으며, 집으로 돌아가서 "정상적인 활동"을 재개할 수 있다고 들었다. 내가 지침을 요청했을 때, "잠시 스트레스를 피하라"는 말만 들었다. 남편은 내가 "조금 짜증을 낼 수 있다"고 말했다. 그 주말, 나는 방문하는 친구들을 위해 저녁 파티를 열었다. 나에게는 "정상적인 활동"이었고, 축하하고 즐거운 일이었으며, 스트레스를 주는 일이라고 생각하지 않았다. 그러나 저녁이 끝나기 전에 쓰러지고 말았다. 신경과 의사와의 후속 진료에서 나는 화가 났고 더 명확한 지침을 요청했다. "어떻게 해야 내가 어떤 것이 너무 스트레스를 주는지 알 수 있겠습니까?" 그의 대답을 잊을 수가 없다. "모퉁이까지 걸어가서 집에 돌아오려 할 때 구급차가 필요하다면, 그것은 너무한 것입니다." 이 대답은 전혀 도움이 되지 않았다. 구급차가 필요해진 후에야 알게 된다면, 스스로를 보호하고 건강 위기를 피할 수 있는 지침이 없었던 것이다.

그 후의 1년은 내가 성공적인 업무와 활동적인 3세 아이의 양육이라는 두 가지 요구를 충족시키기 위해 고군분투하면서 긴 악몽과도 같았다. 나는 딸을 유치원에 데려다 주기 위해 침대에서 일어났고 그 후 3시간짜리 세미나를 진행했지만, 그날 나머지 시간 동안은 날카로운 두통과 어지러움, 그리고 극심한 피로로 쓰러지고 말았다. 수업에서 무엇을 말했는지 기억이 나지 않았다. 책 초안을 작업하려고 했지만, 단어를 찾고 일관된 문장을 만드는 데 극심한 어려움을 겪었다. 의사는 친절했지만 다소 깔보는 태도로, 매번 "편하게 쉬라"고 말하며 곧 나아질 것이라고 했다. 마치 내가 동정을 얻기 위해 어려움을 과장하고 있는 것처럼 느껴졌다. 무력하고 절망적인 기분이 들었다. 회복탄력적인 자아는 다시 일어설 수 없었다.

1년 동안 "편하게 쉬는" 시간을 가졌지만, 나는 여전히 크게 나아지지 않았다. 그래서 다른 신경과 의사를 상담하게 되었고, 추가 검사를 통해 내가 신경학적 손상을 입었으며, 특히 전정계에 문제가 있다는 사실을 알게 되었다. 나쁜 소식에도 불구하고, 이 의사는 더 도움이 되고 희망적인 태도를 보였다. 그의 접근 방식은 전통적인 치료 패러다임보다 치유와 회복탄력성 철학에 더 가까웠다. 그 핵심 가정은 인간의 뇌가 상당한 가소성을 가지고 있다는 것이다. 우리가 회복을 위해 자원을 적극적으로 활용한다면, 뇌는 스스로를 회복하고 손상과 손실을 보상하기 위해 회로를 수정할 수 있다는 것이다.

그는 협력적으로 작업하며 내 우려를 듣고 질문에 답하는 데 시간을 할애했다. 정보 브로셔를 제공하고, 뇌 손상의 도표를 그려 주며, 질병 경험을 이해하는 데 도움을 주었다. 약물은 통증과 어지러움을 조절해 주었다. 이 의사는 뇌가 신체의 다른 부분처럼 잘 기능하기 위해 운동이 필요하다고 믿었고("사용하지 않으면 잃는다"), 취약성을 줄이고 정신적 에너지와 기능을 회복하기 위한 강화 운동 프로그램을 추천했다. 그는 내가 가르치고 글쓰기를 지속하도록 격려했지만, 점진적인 방식으로 능숙함을 서서히 회복할 수 있도록 도와주었다. 그는 증상이 심한 스트레스 상황에서 악화될 때 낙담하지 않도록 도와주었고, 앞으로 그런 상황을 예상하고 스트레스를 더 효과적으로 완충할 수 있도록 삶을 재구성하는 방법을 제안하였다. 몇 달 후, 많이 개선된 상태에서 나는 그에게 첫 번째 신경과 의사가 같은 환자를 이렇게 다르게 접근할 수 있었는지 물었다. 그는 웃으며 대답했다. "나는 X 박사를 수년간 알고 지냈습니다. 우리는 함께 테니스를 칩니다. 그는 부상을 당하면 몇 달 동안 경기를 중단하고 편하게 쉬죠. 하지만 나는 부상을 당하면 물리 치료를 받고 가능한 한 빨리 코트에 복귀합니다. 모든 것은 세계관에 달려 있습니다."

실제로 그렇다. 하지만 일부 심각한 상태는 개선될 수 없기 때문에 나는 운이 좋은 편이었다. 돌아보면, 사례에 대한 성공적인 접근 방식은 회복탄력성의 많은 핵심 과정을 포함하고 있었고, 협력적인 치료 파트너십에 기반하고 있었다. 불행히도, 하나의 연결 고리가 빠져 있었다. 가족의 포함이었다. 개인적으로 가장 힘든 시기를 극복하고 아이를 잘 돌볼 수 있게 되었지만, 이미 긴장 상태였던 결혼 생활은 지속되지 못했다. 그럼에도 불구하고, 몇 달 동안의 조용한 성찰은 내 삶에 대한 새로운 관점을 갖게 해 주었다. 친구들은 나의 큰 버팀목이었다. 나는 업무 과중을 줄이고, 정말 중요한 것들에 집중하며, 사소한 불만을 제쳐두고, 삶에서 더 많은 기쁨을 찾는 법을 배웠다. 시간이 지나면서 나는 뇌 손상의 장기적인 후유증과 마주해야 했다. 손실을 보상하는 법을 배웠다. 왼손잡이인 나는 왼손의 힘과 협응력을 잃었기 때문에 오른손의 능력을 키우고 한 손으로 키보드를 다루는 능력을 발전시켜야 했다. 나는 시력 저하와 어지러움을 극복해야 했다. 한 전문의의 말에 웃음이 터져 나왔다. "당신의 눈은 정말로 함께 작동하지 않네요, 그렇죠?" 지속적인 도전을 극복하면서, 나는 이 경험이 가져다 준 더 깊은 지혜와 유대감에 감사하게 되었다. 나는 가능성의 예술을 실천하는 법을 배웠다.

질병 경험: 체계적 관점

심각한 질병에 대한 가족 회복탄력성 접근은 체계적 관점에 기반하고 있으며, 질병의 도전을 인간화하고 최적의 기능, 개인의 웰빙, 그리고 관계적 연결을 촉진하는 언어와 개념을 포함한다.

생물심리사회적 지향

정신과 및 의학적 장애에 대한 통합된 생물심리사회적 관점은 널리 권장되지만 실제로 적용되기는 쉽지 않다. 감정적, 대인 관계적, 상황적, 환경적 스트레스는 모두 다양한 증상에 기여하고, 생리적 면역력과 신경 기능을 저하시켜 건강 문제의 위험, 경과 및 심각성을 증가시키며, 사망을 가속화할 수 있다. 의학 교육과 실천은 점점 더 전체 사람을 치료하는 방향으로 나아가고 있지만, 통합된 치료는 주로 증상에 초점을 맞추고 있으며, 가족 및 사회적 영향은 충분한 주의를 받지 못하고 있다(McDaniel, Doherty, & Hepworth, 2013; Collaborative Family Healthcare Association 웹사이트 www.ccfh.net 참조).

신체적 질병이 가족 기능에 상당한 영향을 미친다는 것과 가족의 신념과 관행이 구성원의 신체 및 정신 건강에 영향을 미칠 수 있다는 것은 잘 연구되어 있다(Campbell, 2003; Carr & Springer, 2010). 당뇨병, 암, 다발성 경화증, 외상성 뇌손상 또는 척수 손상, 주요 정신 질환 등 심각한 질환을 앓고 있는 경우, 개인과 그 가족은 위기를 극복하고 시간이 지남에 따라 도전적인 환경을 헤쳐 나가야 한다.

대부분의 가족 영향에 대한 연구가 부정적인 측면에 초점을 맞추었지만, 가족 체계 접근은 가족의 강점이 질병의 경과와 모든 가족 구성원의 삶의 질에 긍정적인 영향을 미친다는 것을 보여 준다(Weihs, Fisher, & Baird, 2001; Rolland, 2012). 가족 회복탄력성을 강화하려는 노력은 스트레스를 완화하고, 신경생리학적 면역 과정을 강화하며, 기능과 웰빙을 향상시키는 데 기여할 수 있다. 가족 회복탄력성 틀은 개인을 가족, 지역사회, 문화적 및 영적 자원과 연결한다. 이러한 전인적holistic 접근은 점점 더 동양 의학과 마음챙김 명상과 요가와 같은 가르침 및 실천을 서양의 치료 모델과 통합하고 있다(Walsh, 2009c).

질병, 고통, 회복탄력성의 문화적, 영적 차원

질병과 고통은 문화 및 영적 문제를 수반하며, 인간의 조건, 신체적, 정신적, 정서적 취약성, 그리고 죽음에 대한 질문을 제기한다(Wright, 2009; Wright & Bell, 2009). 다문화 사회에서, 내담자들의 다양한 민족 전통, 영적 신념, 그리고 치유 관행은 이해되고 존중되어야 하며, 치료에 통합되어야 한다(Falicov, 2009; Walsh, 2010). 예를 들어, 많은 고대 문화에서는 정신 장애를 영혼 빙의의 한 형태로 이해해 왔다. 많은 이민자 가족들은 서양 의학과 더불어 토착 치유법을 사용하며, 질문하지 않으면 그들의 신념과 관습을 언급하지 않을 수도 있다. 키르마이어와 동료들(Kirmayer, Dandeneau, Marshall, Phillips, & Williamson, 2011)은 캐나다의 이민자, 난민, 그리고 원주민의 문화적 및 영적 전통이 심각한 건강 및 정신 건강 문제에 대처하는 데 있어 강력한 회복탄력성의 원천이 된다는 것을 발견하였다. 그들의 광범위한 연구는 모든 정신 건강 서비스, 특히 억압받고 소외된 집단을 위해 통합적 접근 방식을 촉구하며, 회복탄력성을 증진시키는 가족 및 부족 전통과 지역사회, 환경, 그리고 그 너머의 영적 영역과의 연결성을 활용할 것을 제안한다.

가족의 질병 경험

질병 경험illness experience이라는 용어는 증상과 고통을 안고 살아가는 삶의 본질을 가장 잘 포착한다(Kleinman, 1988). 이는 장애가 있는 개인과 그 가족 및 사회적 네트워크의 구성원이 고통스러운 증상, 장애, 그리고 치료와 관련된 신체적 및 심리사회적 도전을 어떻게 인식하고, 대처하며, 극복하는지를 나타낸다. 생명을 위협하거나 생명을 단축시키는 상태는 불확실한 예후와 죽음 및 상실에 대한 예상 속에서 계속되는 어려움을 제기한다(Rolland, 2012). 사랑하는 사람에게 질병이 발생했을 때, 전체 가족이 최적의 대처와 적응을 위해 주의를 기울여야 한다.

실제로, 예를 들어, 한 여성의 유방암, 유방 절제술, 방사선 및 화학 요법 치료 경험에 대한 치료적 논의는 그녀의 정체성, 신체 이미지, 성적 정체성에 미치는 영향을 포함하도록 확대될 것이다. 또한 그녀의 정신적 기능("화학 요법으로 인한 뇌" 증상), 친밀한 파트너 및 자녀와의 유대, 가족 및 직장 책임, 그리고 재발 가능성에 직면했을 때 삶의 우선순위에 대해서도 논의할 수 있다. 모든 의학적 상태와 관련하여 다음과 같은 질문을 탐색한다.

- 가족, 직장, 사회적 기능은 어떤 영향을 받습니까?
- 배우자의 질병 경험은 무엇입니까? 자녀들은 어떻습니까?
- 부부는 시간이 지남에 따라 악화되는 날씨로 인한 관계 악화를 어떻게 피할 수 있습니까?
- 부모는 자녀의 상실에 대한 우려를 어떻게 다룰 수 있습니까? 같은 질병이 자신들에게 미칠 위협에 대해서는 어떻게 접근할 수 있습니까?
- 도움이 되는 친인척과 사회적 자원을 어떻게 동원할 수 있습니까?

유전체genomic 과학과 기술의 발전으로 인해, 임상의는 개인과 그 가족이 유전자 검사에 대한 결정을 내리고, 결과를 다른 사람과 공유하고, 유전 질환이 있는 자녀, 형제, 또는 다른 가족 구성원에게 정보를 제공하는 문제를 다루는 데 점점 더 많은 도움을 제공해야 할 필요성이 커지고 있다(Rolland & Williams, 2005). 그러나 유전적 소인이 운명을 결정짓지 않는다. 최근의 후생유전학epigenetic 연구는 대부분의 유전적 질환의 발현과 경과에 있어 가족 및 환경적 영향의 잠재력을 밝혀내고 있으며(Spotts, 2012), 이는 가족 과정을 강화할 필요성을 강조한다.

도움을 주는 전문가로서, 질병에 대한 우리의 접근 방식은 대처와 적응을 촉진할 수 있다. 우리의 이미지와 언어는 존중을 전달하고 질병 경험을 인간화해야 하며, 예를 들어 "장애가 있는 사람person with a disabling condition"이라고 언급하는 것이다. 만성 질환의 진단이 제한된 삶이나 절망감에 대한 비관적인 관점을 강화하지 않도록 주의해야 한다. 반면, 모든 역경을 이겨내는 슈퍼스타의 비현실적인 이미지는 영감을 줄 수는 있지만, 파괴적인 상태를 예방하거나 되돌릴 수 없는 사람들에게는 실패감을 불러일으킬 수 있다.

"건강한" 배우자, 간병인, 형제자매 또는 다른 가족 구성원의 필요도 주목해야 한다. 간병 요구에 의해 소모된 사람들은 우울증, 질병, 그리고 조기 사망의 위험에 처할 수 있다. 그러나 과중한 부담이나 지원이 부족하지 않다면, 대부분은 잘 지내며, 많은 이들이 도전 과제를 통해 가족 구성원 간의 의미 있는 참여와 상호지원을 통해 관계가 풍요로워지는 것을 경험한다.

건강 관리에 대한 가족 체계적 접근

포괄적인 체계 기반 건강 관리에서 가족은 건강 문제와 그에 따른 심리사회적 도전을 통합적으로 치료하는 핵심 단위이다(Heru, 2013; Kazak, 2006; McDaniel et al., 2013; Rolland & Walsh, 2005). 심각한 질병에 대한 가족 개입은 생물학적 취약성과 환경적 스트레스 및 지원 간의 지속적인 상호작용을 다룬다. 개입의 목표는 내담자가 질병의 도전에 대처하고 이를 극복할 수 있도록 돕고, 스트레스를 줄이며, 개인 및 가족 기능과 긍정적인 적응을 강화하는 것이다. 우리는 가족을 팀 접근 방식의 필수 파트너로 참여시킨다. 가족의 회복탄력성 잠재력을 향상시키는 것은 환자와 가족 모두의 삶의 질을 높이는 데 기여한다.

시간에 따른 다양한 심리사회적 도전

특정 질병의 도전 과제는 다양하지만, 질병의 심리사회적 요구와 시기에 따라 많은 공통점이 존재한다. 롤랜드(Rolland, 1994, 2012)가 개발한 가족 체계-질병 모델은 평가 및 회복탄력성 지향 개입을 위한 유용한 구조를 제공한다. 이 모델은 질병을 시간에 따른 실질적, 정서적, 대인적 요구의 패턴에 따라 체계적 관점에서 설명한다. 만성 질환의 진행은 질병 단계와 개인 및 가족의 생애주기 패턴이 얽히는 과정을 포함한다(9장 참조). 우리가 가족들이 성공이나 숙달에 대해 생각하도록 돕는 방법은 그들의 도전 과제, 자원, 가치에 따라 달라질 것이다. 이 모델은 (1) 질병의 심리사회적 유형; (2) 질병 진행 단계; (3) 핵심 가족 체계 변수라는 세 가지 차원을 다룬다.

첫째 차원에서, 질병은 개인과 가족에게 뚜렷한 심리사회적 요구를 제기하는 주요 생물학적 유사성과 차이를 기준으로 분류된다. 질병의 양상은 발병(급성 vs. 점진적), 경과(진행성, 지속적, 재발성 또는 일시성), 결과(치명적, 갑작스러운 사망 가능성 동반한 수명 단축, 또는 수명에 영향 없음), 무능력(없음, 경증, 중등도, 또는 중증), 그리고 경과에 대한 불확실성의 수준에 따라 다양할 수 있다. 각 심리사회적 유형의 상태는 가족의 생활 방식, 강점 및 취약성과 관련하여 다룰 수 있는 실질적이고 정서적인 요구의 양상을 보인다.

둘째 차원에서 시간 단계의 개념은 임상가들이 만성 질병과 장애를 지속적인 과정으로서 장기적으로 생각할 수 있는 방법을 제공하며, 가족은 이 과정에서 이정표, 전환점, 그리고 변화하는 요구를 탐색하게 된다. 위기, 만성, 그리고 말기 단계는 각각 뚜렷한 심리사회적 도전 과제를 가지고 있으며, 각 단계는 특정한 가족의 강점이나 변화를 요구한다. 예를 들어, 위기 단계는 만성 질병에 대한 초기 사회화 기간을 포함한다. 가족의 발달 과제에는 (1) 통제감을 유지하는 질병에 대한 의미 창출, (2) 질병 이전의 가족 정체성 상실에 대한 애도, (3) 단기적인 위기 재조직화 경험, (4) 불확실성과 가능한 위협적 상실에 직면했을 때 가족의 유연성 개발이 포함된다. 점차적으로 가족은 만성 질환의 지속성 또는 영구성을 받아들이고, 질병 관련 증상과 치료와 잘 살아가는 방법을 배우며, 전문가 및 의료 시스템과의 지속적인 협력을 구축해야 한다. 만성 단계에서는 가족이 소진을 피하고, 관계의 불균형(예: 간병)을 재조정하며, 모든 가족 구성원의 상충하는 요구와 우선순위를 조율하기 위해 스스로의 속도를 조절해야 한다. 질병의 제약을 고려하여 개인 및 가족 목표를 유지하거나 수정하고, 위협된 상실에 직면했을 때 친밀감을 유지할 방법을 찾아야 한다. 생명을 위협하거나 치명적인 상태에서는 가족이 질병에 대한 통제감과 숙련의 관점을 전환하여 소중한 시간을 최대한 활용하는 것이 가장 효과적이다.

질병의 심리사회적 요구는 질환의 각 단계에 따라 다루어진다. 이 모델은 질병이 개인 및 가족의 역동성과 발달에 어떻게 상호작용하는지—가족의 질병, 상실 및 기타 역경에 대한 다세대 역사; 질병 경험이 가족 구성원에게 갖는 의미; 신념 체계, 조직 패턴, 그리고 의사소통 과정을 포함한 변화하는 상황에 맞춰진 가족 회복탄력성의 주요 과정—를 평가하는 데 도움을 준다. 롤랜드모델은 중요한 문제가 시간이 지남에 따라 표면화되거나 변화함에 따라 정기적인 가족 상담 또는 “심리사회적 점검”을 안내할 수 있다. 가족 심리교육 집단과 지원 네트워크는 질병 관련 유용한 정보, 관리 지침, 그리고 간병의 어려움에 대처하고 다양한 스트레스를 극복하며 삶을 최대한 활용하는 데 필요한 지원을 가족 구성원에게 제공할 수 있다. 치료사로서 우리는 심각하고 생명을 위협하는 질병의 불확실한 경과에 따라 가족이 새로운 도전에 대처할 수 있도록 유연하게 도와야 한다.

나는 활기찬 여성인 케이트와 유방암 치료 8년 동안 다양한 단계와 전환기에 걸쳐 주기적으로 만남을 가졌다. 그녀와 남편 웨인은 두 번의 재발을 겪으면서도 놀라운 용기와 회복탄력성을 보여 주었고, 최선의 치료 방법을 찾고 의학적 발전에 대한 정보를 유지하는 데 적극적으로 나섰다. 나는 그들에게 자녀들이 우려를 표할 때 민감하게 듣고 반응하며, 의사소통의 통로를 열어두도록 안내하였다. 웨인은 케이트를 지지하며 어려운 시기에 세 자녀를 양육하기 위해 근무 일정을 유연하게 조정하였다. 웨인이 감정적으로 멀어졌던 시기에 몇 차례 부부 세션을 진행하여, 그의 표현되지 않은 상실에 대한 두려움과 혼자서 양육 책임을 관리할 수 없다는 두려움을 탐구하였다. 케이트는 "정상성의 섬"으로 느껴지는 파트타임 사무직을 유지하기로 결정했으며, 수많은 서류 작업을 처리하며 동료들과 어울리고 가벼운 대화를 나누는 동안 자신의 병을 잊고 지낼 수 있었다. 그녀는 동료들에게 자신의 상태나 치료의 주요 변화에 대해 솔직하게 알렸고, 필요할 때는 휴식을 취했다. 그 외에는 직장에서 자신의 질병에 대해 논의하는 것을 선호하지 않았으며, 삶에서 비질병 중심적인 측면을 보존하기 위해 경계를 유지했다. 안정된 시기에는 치료를 멈추고 "장기 휴가"를 보내며 "그저 장미 냄새를 맡고 싶다"고 말했다. 그러나 새로운 합병증이 다가올 때마다 적극적으로 연락을 해 왔다. 때때로 그녀는 "나침반을 잃었다"고 표현하며, 자신의 여정에서 다시 방향을 잡기 위해 찾아오기도 했다.

1년 전, 암이 척추 아래로 전이되었을 때, 케이트는 실험적인 골수 이식 수술을 받았고, 다시 한 번 어려운 상황을 이겨내며 중요한 몇 달을 잘 견뎌냈다. 그러나 회복 중에 그녀의 70세 어머니가 치료할 수 없는 대장암 진단을 받았고, 이는 빠르게 진행되어 사망에 이르게 되었다. 한 달 후, 케이트는 12세 딸 몰리에 대해 걱정하며 전화를 걸었다. 몰리가 친구에게 쓴 편지를 발견했는데, 그 내용은 그녀가 절망적으로 불행하며 도망치고 싶다는 것이었다. 우리는 가족 세션을 진행했으며, 처음에 몰리는 "인생은 최악이야!"라며 선생님들에게 불만을 토로하며 기숙학교에 가고 싶다고 말했다. 내가 할머니의 최근 사망이 가족 구성원에게 어떤 영향을 미쳤는지 물었을 때, 몰리의 눈에는 눈물이 고였다. 부모의 수용적인 태도 덕분에 그녀는 두려움을 나눌 수 있었다. "할머니의 죽음이 너무 무서웠어요. 할머니는 암이 있었고, 엄마는 세 번이나 암에 걸렸어요. 할머니가 죽을 수 있다면 엄마도 그럴 수 있어요. 가끔은 암이 다 사라지지 않았다는 악몽을 꿔요. 그럼 나는 그냥 도망치고 싶어요." 부부는 그녀를 안아 주며 그녀가 흐느끼는 것을 달래 주었다. 몰리의 형제자매들도 자신의 감정과 우려를 나누도록 격려받았다. 나는 부모가 불확실성과 함께 사는 딜레마와 암을 영원히 없애고 싶다는 소망에 대해 이야기하려는 노력을 지지했다. 부모 모두 아이들에게 엄마가 계속 잘 지내고 있으며, 상황이 변할 경우 솔직하게 이야기하겠다고 안심시켰다. 대화는 가족이 함께하는 시간을 최대한 활용할 수 있는 방향으로 전환되었다.

이 사례는 체계적 치료사들이 개인, 부부, 가족 세션을 어떻게 결합하여 회복탄력성 지향적인 체계적 지도를 통해 시간이 지남에 따라 개입 우선순위를 어떻게 조정할 수 있는지 보여 준다. 부모가 위기 상황에서 질병 경험을 최대한 잘 대처하더라도, 나중에 더 많은 대화가 필요한 다른 위기가 발생할 수 있다. 여기서 할머니의 죽음은 어머니가 항상 어려움을 이겨낼 것이라는 공유된 낙관주의(긍정적 환상)를 산산조각 내었다. 또한 발달적 전환기는 새로운 우려가 종종 나타나는 중요한 시점이다. 몰리가 사춘기에 접어들면서 그녀는 어머니의 상태와 어머니를 잃는 것이 의미하는 바를 더 잘 이해하게 되었다. 그녀는 또한 자신의 유방암 위험에 대해서도 걱정하기 시작했다. 이제 이러한 문제에 대해 더 솔직하게 이야기할 때가 된 것이다.

질병과 그로 인한 결과를 받아들이는 것은 결코 일회성의 문제가 아니며, 시간이 지남에 따라 주기적으로 작업해야 하는 과정이다. 케이트의 장기 목표는 그녀의 딸들이 독립할 때까지 그 곁에 있는 것이었으며, 그녀는 처음에는 딸들이 운전면허를 취득하는 것으로 정의하였다. 그 이정표에 도달했을 때, 그녀는 새로운 목표를 설정했다. 바로 딸들이 독립하여 대학에 진학할 때까지였다. 그 목표가 이루어졌을 때, 그녀는 나와 만나며 "음, 이제는 계속해서 잘 살아갈 새로운 이유를 찾아야겠네요!"라고 말했다. 우리는 그녀에게 의미 있는 활동과 그녀와 남편이 함께 즐길 수 있는 여행에 대해 이야기했다. 이러한 생애주기 전환은 상담을 위한 귀중한 접점이 될 수 있다.

질병을 제자리에 두기

심각하고 만성적인 상태를 가진 가족은 단순히 예전의 정상적인 삶으로 "되돌아갈" 수 없으며, "정상 세계를 떠나 질병 세계로 들어가는" 새로운 지형을 탐색해야 한다. 가족이 질병에 대한 관점을 얻는 것은 매우 중요하며, 이는 개인의 정체성을 정의하거나 가족 생활을 지배하지 않도록 해야 한다. 중요한 것은 질병의 영향을 인식하고, 가능한 것을 숙달하며, 통제할 수 없는 것을 받아들이고, 질병과 함께 잘 살아가기 위해 타협하는 것이다. 이를 성공적으로 수행하기 위해 가족은 "질병을 제자리에 두는" 방법을 찾아야 한다(Gonzalez & Steinglass, 2002). 케이트(앞 사례)가 "정상성의 섬"이라고 부르는 것을 지키기 위해 직장에서 경계를 유지했던 것처럼, 질병에 대한 우려를 논의하는 시기, 장소 및 대상에 대한 경계를 설정하는 것이 도움이 될 수 있다.

시간이 지남에 따라 만성 질환은 장애가 있는 배우자와 간병하거나 돌보거나 "건강한" 배우자와의 부부 관계를 왜곡할 수 있다(Rolland, 1994). 질병이 가족 생활의 모든 측면에 지속적으로 침투하는 것은 절망감을 부추길 수 있다.

40대 중반의 노동자 부부인 마이크와 델로레스는 갈등이 커지면서 결혼 생활의 존속이 위협받고 있어 치료를 받으러 왔다. 첫 번째 상담에서 그들은 돈, 성, 그리고 마이크의 주말 밤 외출에 대해 다투었다. 델로레스가 지팡이를 짚고 걷는 데 어려움을 겪고 있음에도 불구하고, 그녀가 다년간 다발성 경화증으로 고통받고 있다는 사실은 두 사람 모두 언급하지 않았다. 그녀의 상태에 대해 질문했을 때, 두 사람은 이를 "새로운 것이 아니다"라고 축소하며 사소한 불만을 놓고 다시 다투기 시작했다.

두 파트너의 질병 경험에 대해 더 자세히 알아보기 위해 각각의 개인 세션을 진행하여 각자가 더 자유롭게 우려를 표현할 수 있는 기회를 제공하였다. 마이크는 델로레스의 장애와 의존도가 증가함에 따라 우울하고 분노를 번갈아 느꼈다고 밝혔다. 그들은 전통적인 가장-주부 역할을 가진 부부였다. 그녀의 병이 진행됨에 따라, 델로레스는 집을 청소하거나 요리, 쇼핑, 심부름을 관리하는 데 점점 더 어려움을 겪었고, 성에 대한 모든 관심을 잃었다. 마이크는 힘든 건설 일을 하며 초과 근무를 하여 그녀의 의료비를 감당하는 동안, 집에 돌아와 그녀가 "누워 있는" 모습을 발견하는 것이 불편했다. 그는 그녀를 떠나고 싶다는 환상을 품었고, 사소한 일에 대해 그녀에게 짜증을 내며, 부끄러움을 느끼고는 주말마다 동네 바에서 과음으로 자신의 좌절감을 달래곤 했다. 델로레스는 자신의 몸을 통제할 수 없을수록 마이크에 대해 더 통제하려고 했다. 그녀는 자신이 그에게 큰 부담이 된 것에 대해 죄책감을 느끼다가도, 그가 자신의 필요에 더 신경 쓰지 않는 것에 대해 짜증과 원망을 느끼곤 했다.

다음 부부 세션에서는 관계의 고통을 그나 그녀의 잘못으로 돌리는 것이 아니라, 점진적으로 쇠퇴하는 질병이 그들의 삶에 부과한 부담에서 비롯된 공동의 딜레마로 재구성하는 것이 중요했다. 질병의 영향을 이해함으로써 부부는 서로의 영향을 듣고 위로할 수 있었고, 각자가 어떻게 영향을 받았는지, 그리고 그것이 그들의 관계, 재정적 안정성, 미래의 희망과 꿈을 어떻게 파괴했는지를 공유했다. 또한 델로레스의 상태가 앞으로 어떻게 진행될지에 대한 불확실성과 조기 사망 가능성에 대한 우려도 있었다. 그들은 질병의 침투를 줄이고 함께 즐거움을 찾기 위해 힘을 합치면서 결혼 생활이 강화되었다. 델로레스는 마이크가 친구들과의 외출이 외도가 아니라는 것을 확인하고, 자신이 갈 수 없을 때 그가 좋아하는 스포츠 경기에 나가도록 격려했다. 그에 따라 마이크는 과음하지 않기로 약속했다. 갇힌 기분을 덜 느끼게 된 그는 델로레스에게 더 친절해졌고, 그녀가 친구들과의 외출과 만남을 필요로 하는 것을 지지했다. 그녀가 자연을 사랑하는 것을 알고, 그는 휴일에 그녀를 근처 공원과 식물원에 데려가 그녀의 기분을 밝게 해 주었다. 그들은 다가오는 기념일을 위해 매주 조금씩 돈을 모으기로 결정했다.

만성 질환의 누적된 영향이 점점 더 커지면서 신체적, 정서적, 관계적, 재정적 부담을 가중시키고 미래의 희망과 꿈을 감소시킬 때, 내담자들이 자신과 자신의 관계를 질병 이상의 것으로 볼 수 있도록 돕는 것이 매우 중요하다. 화이트White & Epston(1990)의 문제 외재화 기법과 유사하게, 질병은 원치 않는 침입자로 규정된다. 가족 구성원들이 힘을 합침으로써 삶의 주도권을 되찾을 수 있다. 부부 치료는 각 파트너가 서로의 입장에 대한 공감을 얻고, 죄책감과 비난과 같은 문제를 다루며, 그들의 관계를 재조정하여 가능한 한 충만하게 살고 사랑할 수 있도록 도와줄 수 있다.

주요 가족 회복탄력성 과정: 만성 질환의 도전에 대한 대처

최근 연구들은 만성 질환, 특히 아동 질환 및 신체적, 정신적, 발달적 장애와 관련하여 주요 가족 과정이 어떻게 도움이 될 수 있는지를 다양한 방법으로 확인하였다(Beavers & Hampson, 2010; Greeff & Nolting, 2013; Greeff, Vansteenwegen, & Gillard, 2012; Greeff & van der Walt, 2010; Knestricht & Kuchey, 2009; Levine, 2009; McCubbin, Balling, Possin, Friedrich, & Byrne, 2002; Retzlaff, Hornig, Müller, Gitta, & Pietz, 2006; Shapiro, 2012).

신념 체계

개인, 가족, 그들의 문화적 및 영적 전통과 의료 제공자의 신념 체계는 질병 경험과 모든 치유 과정에서 교차한다. 우리는 건강 문제의 발생 원인이나 지속 원인에 대한 고통스러운 인식, 그리고 치료 과정에서 도움을 주는 전문가와 가족의 역할에 대한 신념을 다루어야 할 필요가 있다. 예를 들어, 앞의 여러 연구들은 공유된 일관성과 더 큰 가족 비전 또는 신성한 신념이 가족 회복탄력성에 기여한다는 것을 보여 준다.

역학 연구는 생명을 위협하는 상황에서 불확실성에 직면했을 때 희망의 중요성을 강조한다. 테일러Taylor(1989)는 암 환자들이 좋지 않은 예후를 극복할 수 있는 잠재력에 대한 "긍정적인 환상"을 가질 때 더 잘 회복할 수 있다는 것을 발견하였다. 부정과는 달리, 상황의 엄중함을 명확히 이해하면서도 치유와 웰빙에 강한 초점을 유지하기로 선택하는 것을 의미한다. 이러한 태도는 긍정적인 결과의 가능성을 극대화하기 위한 단계(예: 스트레스 감소, 사회적 지원, 건강한 식단, 운동)에서 적극적인 주도성과 인내를 촉진한다. 환자들이 예상보다 오래 살지 못하더라도, 그들은 소중한 시간을 최대한 활용하면서 삶의 질과 관계가 훨씬 더 만족스럽고 의미 있다고 느꼈다.

건강 상태로 인해 사망과 상실의 위험이 높아진 가족을 돕는 데 있어, 그들의 희망을 훼손하지 않고 최적의 웰빙과 삶의 질을 위한 최선의 노력을 격려하는 것이 중요하다. 질병이 진행될 경우, 가족이 제한된 회복이나 사망과 같은 더 큰 부정적 결과의 **가능성**을 직면하면서 현실적이거나 합리적인 희망의 의미를 재구성하도록 돕는 데 세심한 배려가 필요하다(Weingarten, 2010). 말기 상태에 이르고 죽음이 **확실시**되는 경우, 그들은 희망, 기도, 노력을 고통과 괴로움의 완화, 편안함 증진, 정서적 및 관계적 웰빙, 그리고 마음의 영적 평화로 전환하도록 격려받을 수 있다. 그럼에도 불구하고, 그들이 살아야 할 시간의 길이는 근위축성 측색 경화증(ALS)과 같이 질병의 진행이 느리거나 빠른 것과 같은 변수에 따라 불확실할 수 있다. 질병이 치료 불가능하거나 고통이 견딜 수 없게 되거나 치료가 압도적일 때, 절망감은 흔히 발생한다. 가족 내에서는 희망을 붙잡고 있거나 포기하는 것 사이에서 갈등이 생길 수 있다(Flaskas, 2007). 치료사는 치료적 대화에서 절망감에 대한 감정, 다양한 구성원에게 희망이 의미하는 바, 그리고 가능하다면 내담자가 새로운 희망의 비전을 찾고 가능한 것을 숙달하도록 지원할 수 있는 공간을 마련해야 한다.

상태와 예후의 의미를 부여하는 것은 매우 중요하다. 가족들에게 어떤 질병 정보를 받았는지, 각 구성원이 향후 경과에 대해 어떻게 생각하는지 질문하고, 그들의 최선의 희망과 최악의 두려움을 탐색하는 것이 유용하다. 이러한 신념이 가족 구성원 간에 극단적으로 나뉘면, 특히 추가 치료 옵션을 추구할지 포기할지에 대한 결정을 내려야 할 때 강한 갈등을 초래할 수 있다. 우리는 가족이 의학적 예후, 치료 및 관리 문제에 대한 보다 명확한 정보를 얻도록 도와 협력적인 의사결정을 내리도록 도울 수 있다. 상태가 악화됨에 따라, 우리는 가족이 그들의 옵션과 가능성을 재평가하도록 돕고, 가능한 것을 숙달하고 그들이 통제할 수 없는 것을 받아들이도록 격려할 수 있다. 비록 최선의 노력이 기대했던 결과를 가져오지 못할 수 있지만, 그들은 삶의 질에 큰 영향을 미치고 관계를 향상시킬 수 있다. 예방 및 치료를 위한 활동과 옹호는 가족의 회복탄력성에 있어 귀중한 경로이다. 다발성 경화증에 걸린 한 아버지는 안 좋은 예후에도 불구하고 긍정적인 전망을 유지했다. "나는 이 병을 갖고 있는 것이 행복하지는 않지만, 이 병과 함께 사는 행복한 사람입니다." 연구에 참여하는 것은 그의 삶에 더 큰 의미를 부여했다. "내가 다른 사람들을 도울 수 있다면 나는 만족합니다. 내 잔은 반쯤 차 있습니다. 그리고 나는 미래 세대에 대한 희망을 가지고 있습니다."

조직 과정

심각한 장애가 있는 경우, 일관된 규칙, 의식, 일상과 같은 가족 생활의 리듬을 설정하는 것이 아동과 가족의 회복탄력성을 촉진한다는 연구 결과가 있다. 가족의 조직 패턴은 질병의 경과에 따라 다양한 적응 요구에 맞춰 변화해야 할 필요가 있다. 예를 들어, 10대 자녀가 있는 가족에서 아버지가 심장마비를 겪으면 위기가 발생하여 가족 구성원들이 높은 응집력으로 뭉치게 된다. 가족 생활은 초기의 불안과 혼란으로 인해 방해를 받는다. 이후 몇 주 동안 아버지가 회복하면서 가족은 다시 안정화되고, 가정의 질서를 회복하며, 공유된 식사 시간과 같은 일상적인 루틴을 재개하고, 학교 과제와 활동과 같은 다른 사람의 우선 사항에 대한 관심을 확대한다. 몇 달 후, 가족 기능은 더 가까워지고 더 구조화된 상태를 유지할 수 있다. 구성원들은 아버지가 재발할까 두려워 그를 불편하게 하지 않도록 경계하고 조심할 수 있다. 청소년은 부모를 지원해야 한다는 압박감 때문에 대학 진학을 위해 집을 떠나지 못할 수 있다. 모든 가족은 위기 상황에 따라 변화하지만, 일부 가족은, 특히 위기가 재발하거나 질병이 만성화되는 경우,

자원과 대처 기술을 극대화하기 위해 역할과 상호작용 패턴을 재조정하는 데 도움이 필요하다.

의사소통

긍정적인 의사소통 패턴은 심각한 건강 문제에 대처하는 데 있어 가족의 회복탄력성을 촉진한다. 가족 및 의료 제공자와의 개방적인 의사소통은 질병 진단, 예후, 치료 옵션 및 관리 지침을 명확히 하는 데 필수적이다. 진단을 받는 것처럼 사건을 구성하는 것은 심각한 상태에 의미를 부여하며, 이를 다루는 데 도움이 되거나 방해가 될 수 있다(Rolland, 1994). 의료 전문가가 생명을 위협하는 예후에 대해 배우자나 부모에게만 이야기함으로써 가족 구성원 간의 의사소통을 차단하고 고립을 초래할 수 있다. 일부는 이를 함께 공개적으로 이야기하는 것이 현명하지 않거나 환자에게 해롭다고 가정할 수 있다. 임상의가 가족 구성원이 정보를 공유하고 질병 상황 및 옵션을 명확히 하는 데 민감하게 도움을 줄 때, 그들에게 닥친 도전에 대처하는 데 더 잘 지원할 수 있다.

임상의는 또한 문화적 차이와 각 가족의 선호를 탐색할 필요가 있다. 전통적인 일본 문화에서는 가족에게는 사랑하는 사람이 임종을 앞두고 있다는 사실을 알리지만, 환자에게는 이를 알리지 않는 경우가 있다. 이는 환자가 알게 되면 죽음을 앞당길까 봐 두려워하기 때문이다. 그러나 모든 가족이 전통적인 규범을 따르기를 원한다고 가정해서는 안 된다. 종종 환자는 자신의 상태를 알고 있지만, 사랑하는 사람들에게 걱정을 끼치고 싶지 않아 이에 대해 이야기하지 않는다. 중요한 대화의 기회를 빼앗는 "침묵의 공모conspiracy of silence"에 기여하지 않도록 주의해야 한다.

연구에 따르면 심각한 신체적 및 정신적 장애가 있는 자녀를 둔 가족의 적응과 역량에 있어 좋은 의사소통의 중요성이 강조되었다. 가족은 필연적으로 만성적인 슬픔과 기능 장애를 겪는다는 통념과는 달리, 자신의 감정을 솔직하게 다룬 가족들은 잘 적응하며 기쁨을 포함한 다양한 감정을 표현할 수 있는 가족 구성원 간의 상호지원을 강화시켰다. 한 중증 질환에 걸린 어린 소녀는 이렇게 말했다. "우리는 살아가야 하고, 사랑해야 해요!"

협력적 돌봄 팀

가족 회복탄력성 접근은 우리 사회가 특정 주 돌봄 제공자에게만 집중하는 협소하고 개인주의적인 관점을 확장하여 모든 가족 구성원을 돌봄 팀으로 참여시킨다. 가족 개입 우선순위에는 (1) 스트레스 감소; (2) 장애가 있는 구성원의 건강 상태, 기능적 능력, 한계 및 예후에 대한 정보; (3) 지속적인 돌봄, 문제 해결, 최적의 기능을 위한 구체적인 지침; (4) 가족의 노력을 지원하기 위한 보충 서비스와의 연계; (5) 가족과 친구들이 의미 있고 즐거운 관계를 공유할 수 있는 방법에 초점을 맞춘다. 돌봄의 어려움에 대처하기 위해, 지역사회는 주간 프로그램부터 보조 및 공동 생활에 이르기까지 다양한 서비스를 통해 가족을 지원하고, 장애인이 지역사회 생활에 완전히 참여할 수 있도록 노력해야 한다.

인생 후반의 질병과 돌봄

사회가 고령화되고 의료 기술이 발전함에 따라, 더 많은 노인이 만성 건강 상태를 가지고 더 오래 살아가고 있다(Qualls & Zarit, 2009). 미국에서는 소득, 인종, 적절하고 저렴한 의료 서비스와 연관된 불균형에 따라 건강 문제와 그 심각성이 크게 달라진다. 과거에 비해 60대까지 건강한 사람들이 더 많아졌지만, 75세 이상, 특히 85세 이상의 허약한 노인들에게는 점진적이고 퇴행성인 신체적 및 정신적 상태와 만성 통증이 점점 더 흔해지고 있으며, 이는 장기적인 돌봄을 필요로 한다.

노인을 위한 가족 돌봄은 요구가 많고 세대 간 관계에 부담을 줄 수 있다. 노화하는 부모가 신체와 삶에 대한 기능과 통제를 잃으면서 자율성과 수치심이 동반된 의존의 문제가 부각된다(9장 참조). 가족 규모가 줄어들고 출산이 늦어짐에 따라, 중년층—소위 "샌드위치 세대"—은 직무 요구, 자녀 양육, 노부모 및 기타 친척 돌봄이라는 여러 압박에 직면하게 된다. 돌봄의 부담은 딸과 며느리로서의 역할로 여성에게 불균형적으로 가해지고 있다. 이동성이 높은 사회에서 성인 자녀는 종종 먼 거리에서 살며, 왕복 이동은 필요할 때 지원을 제공하는 능력을 더욱 어렵게 만든다. 은퇴 연령을 넘긴 성인 자녀들은 자신의 건강과 자원이 감소하는 상황에서 80대와 90대의 노부모에 대한 책임을 점점 더 많이 지게 된다.

가족과 친구들은 최전선에서 도움을 준다. 만성 질환을 가진 노인의 수가 증가함에 따라, 이들은 일상적인 기능을 위한 가정 기반 돌봄을 받고 있으며, 고비용의 약물과 주기적인 입원이 필요하다. 장기적인 돌봄은 우울증, 불안, 건강 저하에 큰 영향을 미칠 수 있다. 노인의 만성 질환의 일부 측면은 수면 장애, 요실금, 망상, 공격적인 행동 등 가족에게 특히 파괴적일 수 있다. 유용한 관리 지침, 지원 그룹, 가정 건강 보조인, 주간 보호 프로그램은 피로를 줄이고 기운을 회복하는 데 도움이 될 수 있다.

진행성 치매: "긴 작별 인사"

85세 이상의 노인 중 40% 이상이 영향을 받는 진행성 치매는 가족에게 특히 큰 위기이다(9장 참조). 치매의 대부분을 차지하는 알츠하이머병은 현대 사회에서 가장 파괴적인 질병 중 하나이다. 치매는 점진적으로 정신 및 신체 능력을 빼앗아 가며, 기억 상실, 방향 감각 상실, 판단력 저하, 신체 기능에 대한 통제 상실 등의 증상을 동반한다. 이 질병의 비가역적인 경과는 "긴 작별"이라고 불리며, 10년에서 20년 동안 지속될 수 있다. 가족은 정체성, 가족 역할, 관계, 심지어 사랑하는 사람에 대한 혼동과 인식의 점진적인 상실을 포함한 많은 모호한 상실을 처리하는 데 도움이 필요하다(Boss, 1999). 사랑하는 사람을 다른 사람과 혼동하는 경우도 있으며, 심지어는 오래 전에 세상을 떠난 사람과도 혼동할 수 있다. 유머를 찾는 것은 기분을 가볍게 하는 데 도움이 될 수 있다.

> 대니는 부모에게 헌신적인 아들이었으며, 아버지의 악화되는 치매를 보며 마음이 아팠고, 자신의 건강 문제에도 불구하고 아버지를 돌보는 어머니에게서 오는 좌절감과 슬픔을 안타까워했다. 대니는 자주 저녁을 함께 하며 도움을 주었다. 어느 날 밤, 어머니가 식탁을 치우고 있을 때, 아버지가 대니에게 몸을 기울이며 말했습니다. "저기 있는 여자 좀 봐. 정말 훌륭한 요리사고, 보기에도 좋네. 내가 결혼안 남자가 아니었다면, 정말 그녀에게 반했을 거야!" 대니는 아버지를 안아 주며 대답했다. "아빠는 행운아예요. 왜냐하면 어머니와 결혼했으니까요! 바로 아버지의 아내죠!" 그들은 모두 크게 웃었고, 어머니는 그 칭찬에 기뻐했으며, 이 이야기는 여러 번 회자되었다.

반려동물과의 유대는 건강이 악화되는 노인들에게 회복탄력성을 촉진하는 데 도움이 되는 것으로 나타났다(Walsh, 2009a, 2009b). 한 치매 할아버지는 더 이상 가족의 대화를 따라갈 수 없었지만, 소파에 가까이 누워 있는 반려견을 쓰다듬으며 만족감을 느꼈다. 그는 저녁 식사 중에 식탁 아래에서 자신에게 주의를 기울이는 반려견에게 소시지를 몰래 주는 것에 큰 기쁨을 느꼈다. 기능적으로 장애가 있거나 당뇨병, 발작과 같은 생명을 위협하는 질환을 가진 사람들을 돕기 위해 훈련된 보조견은 중요한 동반자가 되어 이들이 독립적으로 생활할 수 있도록 돕는다.

노후를 단지 쇠퇴와 상실의 시기로만 바라보아서는 안 된다. 이 시기는 개인적 및 관계적 변화와 성장의 잠재력을 지니고 있다(Walsh, 2012b). 한 아버지의 인지쇠퇴는 예전의 거친 태도에서 부드러운 방어 기제와 감정의 완화와 함께 나타났으며, 이는 성인 자녀들이 아버지와 더 따뜻하게 교류할 수 있도록 해 주었다. 돌봄의 도전은 또한 더 큰 친밀감과 관계의 상처를 치유할 기회를 제공한다.

어려운 가족 역동

세대 간 긴장은 종종 의존성 문제로 인해 발생한다(Walsh, 2016b). 가족 구성원들이 증가하는 부모의 요구를 충족시키는 것이 부모와 자녀 간의 "역할 전환"이 아니라 규범적인 자녀로서의 책임이라는 점을 이해하는 것이 도움이 된다. 노부모는 가족의 연장자로서 존중받아야 하며, 기능 저하를 "아이 같은" 것으로 폄하되어서는 안 된다. 가족 치료사는 의존성 문제에 대해 민감하게 대화의 문을 열고, 강점과 한계에 대한 현실적인 평가를 할 수 있다. 심각한 장애가 있는 나이 든 아버지가 위험을 인정하거나 자율성을 포기하는 것을 꺼릴 수 있다. 성인 자녀들은 노인이 가능한 한 삶에 적극적으로 참여하고자 하는 욕구를 지지하면서 존중하는 방식으로 개입하도록 격려받을 수 있다.

과거의 불만이 가족 관계를 파괴한 경우, 돌봄과 생사 결정은 종종 더 복잡해진다. 한 성인 자녀가 개입하여 과중한 부담을 지게 되면, 다른 자녀들에 대한 원망이 생길 수 있다. 그러나 의학적 위기는 가족 구성원들이 긴장된 관계를 치유하고 돌봄 팀으로서 협력할 기회가 될 수 있다.

38세의 싱글맘 조엘렌은 고통스러운 딜레마를 안고 치료를 받으러 왔다. 만성 알코올 남용으로 인한 합병증으로 입원한 아버지가 그녀에게 신장을 기증해 달라고 요청한 것이다. 그녀는 아버지로서 곁에 있어 주지 않았으면서 그렇게 중요한 것을 포기하라는 요청에 분노를 느꼈다. 아버지는 술에 취해 비열한 행동을 하며 자주 자리를 비웠고, 때로는 폭력적이기도 했다. 그녀는 또한 아버지가 음주로 인해 상태를 더 악화시켰으며, 가족의 여러 차례의 중단 요청을 무시한 것에 대해 화가 났다. 그러나 의무감과 연민이 있는 딸로서, 그녀는 죄책감을 느꼈다. 그녀가 신장을 거부함으로써 아버지가 죽는 것을 원하지 않았기 때문이다.

나는 조엘렌의 갈등을 형제자매와 공유하며 그들과 논의해 보라고 제안했다. 그러나 그녀는 그들과 수년간 소원했고 거의 연락하지 않았다고 말하며 그 아이디어를 일축했다. 그래서 나는 조엘렌에게 어머니와 이야기해 보라고 격려했다. 어머니는 아버지가 형제자매들에게도 신장 기증을 요청했다고 알려 주었다. 그녀는 누가 좋고 배려하는 자녀로 보일지, 누가 나쁘고 이기적인 자녀로 보일지를 두고 오래된 경쟁이 다시 불붙었다는 사실에 분노했다. 그녀는 이제 형제자매들을 모으기 위해 주도권을 잡았다. 회의 일정을 잡는 것이 어려워지자, 나는 그녀에게 계속 시도하라고 격려했다. 그들이 만났을 때, 오래된 경쟁은 사라지고 그들은 공유된 딜레마를 함께 해결하기 시작했다.

나는 미래에 대한 질문으로 대화의 초점을 재조정하며, 노부모를 돌보는 데 있어 혹은 사별하신 생존한 부모를 돌보는 과정에서 다른 어려움이 발생할 가능성을 고려해 본 적이 있는지 물었다. 그들은 미래를 바라보는 것을 피했지만, 나는 그들이 향후 도전과 즉각적인 위기를 해결하기 위해 팀으로 협력할 방법에 대해 생각하도록 격려했다. 이 대화에서, 가장 형인 빅은 아버지를 위해 자신의 신장을 기증하겠다고 자원했다. 그는 음주 문제가 시작되기 전 아버지와의 좋은 시절을 회상하면서 갈등을 덜 느꼈다고 말했다. 다른 형제자매들도 그를 지지하겠다고 동의하며 수술을 함께 하기로 했다. 새로운 연대의 시작이 형성되면서, 모두는 부모의 향후 필요에 대해 연락을 유지하고 함께 모이기로 합의했다. 시간이 지나면서, 빅은 아버지의 삶의 고난에 대한 이야기를 나누며 그의 동생들이 아버지에 대한 이해와 연민을 확장할 수 있도록 도왔다.

가족 구성원들은 종종 극심한 피로와 고갈된 자원으로 인해 거리를 두게 된다. 반복되는 위기는 무력감, 절망감, 좌절감, 그리고 심화된 갈등을 촉발할 수 있다. 일부는 고통스러운 과거 경험, 실패한 구출 시도, 파괴적인 행동에 대한 분노, 또는 자신이 이타적인 돌봄의 끝없는 구덩이에 빠질까 두려워 거리감을 두게 된다. 또한 상실감과 생존에 대한 죄책감도 흔하게 나타난다. "사랑하는 사람이 병으로 인해 삶이 파괴된 상황에서 어떻게 내가 성공하고 삶을 즐길 수 있을까?" 그러나 단절의 안도감은 때때로 부모의 안녕에 대한 걱정과 나중에는 어려운 시기에 부모가 그들을 버렸다는 슬픔이나 죄책감으로 가려질 수 있다.

나의 경험은 신체적 회복이 불가능할 때에도, 특히 관계 회복을 결코 포기하지 말아야 한다는 것을 가르쳐 주었다. 나는 많은 노약자의 부모, 형제, 성인 자녀들과 함께 일하면서 그들의 다양한 고난에 대한 이해가 깊어졌고, 찢어진 유대감을 회복하는 것이 거의 항상 가능하다는 확신이 더욱 강해졌다(14장 참조). 관계의 회복은 시간이 지나도 여전히 중요한 가치이며, 서로의 이해와 소통을 통해 상처를 치유할 수 있는 기회는 항상 존재한다.

입소 결정

건강 악화로 장기 요양 시설의 입소를 고려해야 할 경우, 이는 가족 전체에게 위기가 될 수 있다. 입소는 대개 가족의 자원이 한계에 다다르고, 정신적 또는 신체적 악화가 후기 단계에 접어들거나 자신이나 타인에게 해를 끼칠 위험이 높을 때 마지막 수단으로 고려된다. 그러나 죄책감과 시설 입소에 대한 인식은 가족에게 매우 스트레스를 줄 수 있으며, 특히 가족이나 문화적 맥락에서 버림받는 것으로 여겨질 때 더욱 그렇다.

> 굽타 부인은 10대 아들과의 문제로 도움을 요청하며, 아들을 "통제할 수 없는 무력감"을 느꼈고 "시설에 보내야 할 것 같다"고 우려했다. 가족 평가 결과, 굽타의 어머니가 집으로 오신 이후 지난 몇 달 동안 아들의 모든 활동을 통제하려는 어머니의 시도에 아들이 저항하는 악순환이 심화되는 것으로 나타났다. 굽타 부인은 어머니의 악화된 파킨슨병 상태를 설명하며 눈물을 흘렸고, 24시간 돌보는 것이 불가능하다고 느꼈다. 그녀는 어머니가 바닥에 쓰러져 있는 모습을 발견한 후에는 밤에 잠을 잘 수 없었다. 아들을 통제하려 애쓰는 과정이 그녀의 고조된 걱정을 다른 방향으로 돌렸다. 그녀는 어머니의 상태가 자신의 통제를 넘어섰지만, "시설에 보내는 것"은 절대 불가능하다고 생각했다. 1년 전 아버지가 임종하면서 그녀에게 항상 어머니를 돌보겠다고 약속해 달라고 부탁했다. 또한 그녀는 인도 일부 지역에서 과부들이 집과 공동체에서 추방당하는 이야기도 들었다. 어머니를 버리는 것은 그녀에게 견딜 수 없는 일이었다. 남편은 일에 몰두하며 거리를 두었고, 그녀는 이 딜레마 속에서 혼자라고 느꼈다. 부부 상담 세션에서 남편은 자신의 죽어가는 어머니의 돌봄을 자매들에게 맡긴 것에

대한 죄책감을 회피하고 있었다고 인정했다. 이 가족 위기는 이제 남편이 아내와 장모의 안녕을 지원할 기회가 되었다. 부부는 함께 사랑하는 이를 버리지 않으면서 최상의 돌봄을 제공하는 방법을 탐색하며, 가정 간호 지원이나 근처의 요양 시설을 고려했다. 이 과정에서 그들의 유대감은 더욱 강화되었다.

말기 질환

말기 질환과 관련하여 가족은 많은 고통스러운 어려움에 직면하게 된다. 이러한 딜레마에는 생명을 연장할 가능성이 거의 없거나 전혀 없는 치료를 얼마나 오랫동안 계속할 것인지, 독성 부작용, 그리고 남은 시간 삶의 질 저하 등이 포함된다. 임종 과정이 장기화되고, 가족의 돌봄과 재정 자원이 고갈되며, 다른 가족 구성원들의 필요가 오랫동안 보류된 경우, 가족의 부담을 덜 수 있다는 안도감은 생존자에게 죄책감으로 다가올 수 있다. 임상의는 통증 조절과 완화 치료에 대한 충족되지 않은 요구와 사랑하는 이들의 재정적, 정서적 부담에 대한 걱정에도 주의를 기울여야 한다. 고통을 줄이고, 중증 환자의 편안함과 안정을 유지하면서 다른 가족 구성원들의 필요를 충족시킬 수 있는 최선의 방법을 마련하기 위해서는 가족의 협력이 필수적이다.

가족은 삶의 끝에 다가가면서 개인적, 문화적, 영적 문제를 다룰 때 현명한 조언이 필요하다(Walsh, 2009d). 가완데Gawande(2014)는 의료 전문가들이 환자와 그들의 사랑하는 이들과 중요한 대화를 나누도록 권장하며, 네 가지 기본 질문을 탐구할 것을 제안한다. 자신의 건강이나 상태에 대한 이해는 어떠한가? 건강이 악화될 경우 목표는 무엇인가? 두려움은 무엇인가? 기꺼이 감수할 수 있는 것과 감수할 수 없는 것은 무엇인가? 가장 중요한 것은 죽음과 상실에 다가가면서 우선순위에 대한 대화이다. 어떤 사람들은 프로젝트를 완료하거나 자녀의 졸업식과 같은 특별한 이벤트를 위해 충분히 오래 사는 것을 우선시할 수 있으며, 다른 사람들은 고통과 고난을 끝내고 추가 치료를 포기하는 것을 선호할 수 있다.

임종에 대한 희망 사항을 사전에 계획하는 것이 권장된다. 임상의는 가족 구성원들이 생전 유언에 대해 논의하고, 복잡한 상황에 대한 감정을 나누며, 다양한 옵션을 평가하고, 내린 결정에 대해 수용할 수 있도록 도와줄 수 있다. 장애가 진행되는 동안 사람들의 우선순위는 흔히 변화하기 때문에 시간이 지남에 따라 이러한 결정은 건강 상태의 변화에 맞춰 검토되고 유연하게 수정되어야 한다. 일부 문화에서는 죽음을 계획하거나 공개적으로 논의하는 것이 금기시되므로, 임상의는 가족의 신념에 민감해야 한다. 점점 더 많은 가족이 고통스러운 임종 딜레마에 직면하고 있다. 미국에서는 말기 환자의 존엄성, 마음의 평화, 그리고 임종 과정에 대한 통제력을 강화하기 위해 말기 환자가 요청할 경우 의사 조력 죽음에 대한 대중의 지지가 증가하고 있다. 사랑하는 이를 위한 생명 유지 노력을 유지하거나 중단하는 결정은 생명이 언제 끝나는지, 그리고 그 끝을 누가 결정해야 하는지에 대한 근본적인 질문을 제기하며, 이는 의료 윤리, 종교적 신념, 환자/가족의 권리, 심지어 형사 기소의 가능성까지 포함된다. 서로 다른 견해와 결정으로 인해 가족이 갈라질 수 있다.

말기 질환은 예상치 못한 선물을 안겨 줄 수도 있으며, 특히 삶의 끝자락에서 가족 구성원들이 사랑하는 이들과 온전히 교감하고 소중한 시간을 최대한 활용할 때 더욱 그렇다. 이러한 순간들은 관계를 깊게 하고, 감정적으로 연결되며, 서로의 존재를 더욱 소중히 여기는 기회를 제공한다. 고통과 슬픔 속에서도 가족 간의 사랑과 이해가 더욱 강화될 수 있는 기회가 될 수 있다.

52세 제임스는 어머니의 말기 질환으로 인한 견딜 수 없는 슬픔에 대해 이야기하기 위해 나를 찾아왔다. 우리는 그의 복잡한 감정을 함께 탐구했다. 독실한 가톨릭 신자였던 어머니는 아버지의 알코올 중독과 잦은 실직으로 인해 여러 번 이사와 학대받는 결혼 생활에도 가족을 지키기 위해 최선을 다해왔다. 아버지가 최근 세상을 떠난 후, 제임스는 어머니가 마침내 평화롭고 편안한 노후를 즐길 수 있을 것이라는 큰 희망을 품고 어머니를 위해 새 집을 구입했다. 그러나 그녀의 병이 이렇게 빨리 그의 꿈을 산산조각 내버린 것에 그는 큰 충격을 받았다. “정말 불공평해요! 어머니는 좋은 시간을 누릴 자격이 있잖아요.”

제임스와 그의 자매들은 성인이 된 후 각지에 흩어져 살며 거의 연락을 하지 않았다. 어머니의 암 진단 이후, 어머니는 평소와는 다르게 그들에게 여러 번 방문해 달라고 부탁했다. 이제 어머니가 마지막 작별 인사를 하기 위해 그들을 불러 모은 것이 아니냐는 생각에 제임스는 두려웠다. 그는 어머니를 방문하러 가면서 심한 고통을 느꼈다.

그가 돌아온 후 다시 만났을 때, 제임스는 변한 모습이었다. 내적 혼란은 가라앉았고, 비록 어머니는 방문 중에 세상을 떠났지만, 그는 깊은 감동을 받았다고 말했다.

> "나는 어머니가 강한 분이라는 것을 알고 있었지만, 당신의 죽음을 맞이하는 모습은 정말 놀라웠습니다. 어머니는 우리를 다시 하나로 묶기 위해 의도적으로 나와 자매들을 불러서 자신을 돌보게 했습니다. 그녀의 마지막 요청은 우리가 계속해서 유대감을 유지하는 것이었습니다. 어머니는 아이들과 자신의 뿌리에서 멀리 떨어진, 지금 사는 곳에 묻히고 싶지 않다고 하셨습니다. 대신, 그녀는 화장해 달라고 요청하셨고, 우리가 그녀의 유골이 담긴 항아리를 가지고 가족이 살았던 각 도시를 여행하며 우리가 즐겼던 아름다운 곳에 유골 일부를 뿌리기를 원하셨습니다. 어머니의 용기는 우리가 그녀의 소원을 존중하는 것 이상으로 나아가도록 영감을 주었습니다. 우리는 어머니에게 유골 일부를 남겨두고 함께 아일랜드로 여행을 가서 조부모가 살았던 마을에 마지막 유골을 뿌리겠다고 약속했습니다. 어머니는 매우 기뻐하셨고, 몇 시간 후 우리가 어머니 곁에 앉아 어머니가 좋아했던 아일랜드 발라드를 부르는 동안 평화롭게 돌아가셨습니다."

고통, 죽음, 상실 속에서 형성되는 이러한 변화의 잠재력은 회복탄력성의 개념을 단순히 잘 대처하는 것과 구별한다. 앞서 살펴보았듯이, 회복탄력성은 단순히 돌봄의 부담을 짊어지거나, 상실의 슬픔을 견디거나, 꿈을 하향 조정하는 것 이상의 의미를 지닌다. 이 감동적인 이야기는 관계적 회복탄력성의 핵심을 보여 준다. 가족 구성원들은 가능성의 예술을 실천하기 위해 함께 모였다. 그들은 함께 보내는 제한된 시간을 최대한 활용하고, 어머니의 소원을 실현함으로써 어머니의 기억과 정신을 기리고 유지하며 즉각적인 죽음과 상실을 초월했다. 이 과정에서 그들 자신과 그들의 유대감도 변화하였다. 회복탄력성 지향의 실천에서는 이러한 과정을 촉진할 수 있다.

정신 질환에 대처하는 가족

우리는 이제 주요 정신 질환의 발현과 진행에 있어 생물유전학적 취약성과 가족 및 사회환경적 요인 간의 복잡한 상호 영향에 대한 충분한 증거를 가지고 있다(예: Tienari et al., 2004). 그러나 생물심리사회적 관점은 대부분의 치료에 잘 통합되지 않으며, 현재는 정신약리학적 접근과 인지행동적 접근이 우선시되고 있다. 1968년 임상 훈련 첫해에 예일 메디컬 센터의 모델 정신과 입원병동(T-1)에서 개인, 집단, 가족 및 다가족 치료 접근법과 새로 개발된 정신약물 치료를 결합한 경험이 있었던 것은 나에게 행운이었다. 나의 첫 번째 가족 치료 경험은 이 다층적 접근의 가치를 깨닫게 해 주었다.

> 에미 루는 심한 정신증적 증상으로 정신과 병동에 입원하게 되었다. 그녀는 20년 넘게 양극성 장애를 앓아 왔다. 헌신적인 남편 월트는 그녀를 최고의 치료 센터에 데려갔고, 반복적인 위기, 입원, 그리고 짧은 회복 기간 그녀 곁을 지켰으며, 효과적인 치료에 대한 희망을 결코 포기하지 않았다.
>
> 에미 루가 당시 실험 단계에 있던 리튬을 복용하기 시작하면서, 그녀와 가족은 가족 치료를 받게 되었다. 정신과 1년차 레지던트였던 나는 가족치료를 열심히 하였고, 에미 루가 놀라운 회복을 보이자 우리는 농담 삼아 우리의 능숙한 가족 개입 덕분이라고 말했다.

비록 어떤 질환이 생물학적 기반을 두고 향정신성 약물에 반응하더라도, 가족의 치료 참여는 환자와 가족의 최적 적응을 위해 매우 중요하다. 가족이 그녀의 질환을 유발한 것은 아니지만, 그들 역시 그 영향으로 고통받는다. 가족 구성원들은 에미 루가 아프기를 원치 않았고, 그녀의 증상이 그들에게 어떤 기능을 제공하지도 않았다(일부 초기 가족 치료사들의 잘못된 믿음). 그러나 그들은 수년 동안 그녀의 기능 장애를 중심으로 가족 생활을 구조화해 왔다. 모든 이의 가장 큰 소망인 회복은 파괴적인 변화가 수반된다. 약물 치료가 과다한 증상을 완화할 수 있지만, 사랑하는 이들은 관계와 생활 패턴을 재조정해야 한다. 심각한 질환과 약물 치료와 마찬가지로, 앞으로 나아가는 길이 순탄하지 않을 수도 있다.

> 월트와 두 명의 10대 아들이 에미 루를 만성 질환자가 아닌, 파괴적인 상태에서 회복 중인 사랑하는 아내이자 어머니로 인식하도록 돕는 것이 중요했다. 그녀의 기능과 가치를 향상시키기 위해, 그들은 수년 동안 그녀의 부족함과 약화된 자아감을 보완하기 위해 설정된 가족 기능의 패턴을 변경할 필요가 있었다. 월트는 점점 더 육아와 가사 책임을 맡게 되었고, 에미 루는 개 산책과 같은 잡일을 맡게 되었다. 그녀의 역량과 자신감을 회복하기 위해서는 부모의 파트너십이 재조정되어야 했다. 월트와 아들들은 기대치를 바꿀 필요가 있었다. 그들은 질병이 그들의 역할과 관계를 규정하지 않는 방식으로 어떻게 관계를 맺어야 할지에 대해 불안하고 불확실해했다.

퇴원 계획 및 입원 후 재입원 세션은 치료 단위의 중요한 구성 요소로, 에미 루와 가족이 희망과 우려를 공유하고 가족 생활을 재조직할 수 있도록 하였다. 우리는 그들이 재발을 예상하는 이른 봄에 후속 가족 세션을 예약했다. 이를 통해 재발에 대한 두려움을 논의하고, 약물을 조정하며, 가족의 성과를 유지할 수 있는 기회를 제공하였다.

기능을 최적화하고 심각한 재발의 위험을 줄이기 위해서는 병원 입원부터 퇴원까지 가족 구성원들을 파트너로 참여시키는 것이 중요하며, 계획된 후속 조치와 외래 지속 치료를 위한 의뢰가 필요하다. 퇴원 후 처음 몇 주와 몇 달은 가장 도전적인 시기가 될 수 있다. 어려움이 발생함에 따라 관계적 긴장이 증가하는 것은 일반적이다. 현실적인 기대를 지원하고 유용한 지침을 제공하는 것이 도움이 되며, 스트레스를 유발하는 상호작용 패턴을 재조직하고 의사소통 기술을 구축하여 개인과 가족의 회복탄력성을 강화할 수 있다.

결핍 기반에서 자원 기반으로의 치료적 접근

정신의학적 용어에 의해 강화되는 결핍에 대한 초점은 임상 실천에 강력한 영향을 미친다. 반복적인 정서적 고통을 겪는 사람들이 도움을 요청할 때, 그들은 종종 이전 치료 경험에서 비롯된 병리적 부담을 안고 있다. 회복탄력성 기반 접근은 이러한 경험을 변화시키는 것을 목표로 한다.

20대 후반의 신혼부부인 제시와 테드는 제시의 공포성 불안으로 도움을 요청했으며, 그녀는 공황 발작 없이 아파트를 나갈 수 없었다. 제시는 불안 강도를 낮추는 향정신성 약물 치료를 받았지만, 여전히 하루 종일 아파트에 혼자 남아 점점 우울해지고 자신의 삶의 공허함과 감정적 문제의 절망에 대해 깊이 생각하게 되었다. 부부는 최근 테드의 새 직장 때문에 제시의 고향에서 이사했다. 첫 몇 세션 동안 제시는 어머니의 만성 음주와 우울증, 그리고 세 번의 짧은 정신과 입원으로 이어진 자신의 반복적인 공황 발작 등 자신의 "역기능 가족"에 대해 길게 이야기했다. 그녀는 시카고로 이사하기 전까지 지난 6년 동안 한 주에 몇 차례씩 정신분석을 받았다. 이제 다시 "무너질"까 두려워하며, 그녀는 이전 치료사에게 위기 전화를 걸고 있었다. 테드는 제시에게 주의를 기울이고 배려했지만, 그녀의 불안정한 상태와 재앙적인 두려움에 겁을 먹고 있었다.

결핍 지향 치료는 과거 가족의 상처와 그로 인한 제시의 한계 및 정서적 취약성에 계속 초점을 맞추었을 것이다. 일부 치료사들은 "손상된" 파트너와 함께 있는 "정상적인" 배우자에게 동정을 느꼈을 수도 있다. 또는 결혼한 두 파트너 모두가 동등하게 기능 장애를 겪고 있다고 가정하고, 테드에게서도 근본적인 병리를 찾았을 수 있다. 반면, 가족 회복탄력성 접근은 그들의 강점과 잠재력을 확인하고 격려했다. 테드는 견고하고 안정적이며 배려심이 깊은 사람이었다. 제시에 대한 그의 끌림은 이해할 수 있었다. 그녀는 사랑스럽고 따뜻하며 애정이 넘치고 매력적이며 똑똑한 여성이었다. 그러나 테드는 과거의 실패한 결혼에서 비롯된 두려움도 있었다. 최근 자신의 경력을 위해 그를 떠난 여성과 이혼한 그는 제시의 의존성과 헌신적인 충성심에서 안도감을 느꼈다. 그러나 그는 제시의 심각한 고통을 예상하지 못했으며, 그녀의 무력함을 "필요로" 하지도 않았다.

세션이 제시의 "엉망진창"인 가족과 그녀의 오랜 정서적 문제들로 인한 현재의 고난을 "설명"하는 방식으로 진행되면서, 나는 커플의 삶에서 최근의 전환 위기로 초점을 옮겼고, 이사로 인한 혼란이 그들의 삶에 미친 영향을 살펴보았다. 나는 이 결정이 어떻게 이루어졌는지 물었다. 두 사람은 감정을 공유하고 전반적으로 좋은 결정이 될 것이라고 결론지어 공동으로 결정을 내렸다. 그러나 전환 경험에는 불균형이 있었고, 더 취약한 파트너에게 더 큰 스트레스를 안겨 주었다. 이사는 테드의 경력에 도움이 되고 그에게 자부심을 주었다. 또한, 가까운 곳에 사는 그의 가족과 반가운 만남을 가져왔다. 반면, 가정주부 역할을 맡고 곧 가정을 꾸리기를 희망했던 제시는 공동체 네트워크, 만족스러운 직장, 그리고 치료사를 잃었다. 그녀는 낯선 도시의 아파트에서 길고 텅빈 나날을 보내며 고립감을 느꼈다. 구조와 지지의 상실은 그녀의 불안, 반추, 자기 의심을 더욱 부추겼다.

부부가 이 중대한 전환기 속에서 최근의 증상들을 이해하도록 돕는 것은 제시의 적응과 부부의 회복탄력성에 있어 매우 중요했다. 나는 이사가 개인뿐만 아니라 관계에도 매우 스트레스를 준다고 표현했으며, 그들이 커플로서의 회복탄력성을 강화함으로써 더 나은 적응을 할 수 있을 것이라고 강조했다. 새로운 지원 네트워크를 형성하고 새로운 공동체에 뿌리를 내리도록 돕기 위해, 나는 그들의 신념과 생활 방식에 맞는 교회에 가입하는 것에 대한 관심을 탐색하며 여러 번 방문해 보도록 격려했다. 몇 주 안에 그들은 새로운 "영적 고향"과 "같은 영혼"을 가진 교회를 찾았다. 제시는 교회를 통해 몇몇 여성들을 만나 그들이 그녀를 돌봐 주고, 지역 자원에 대한 좋은 추천을 해 주며, 심부름에 동행해 주었다. 이러한 작은 구체적인 지원은 그녀의 불안감을 완화하고 "낯선" 환경에 대한 통제감을 느끼도록 도왔다. 편안함이 증가함에 따라, 우리는 그녀가 그만둔 도서관 일과 책에 대한 사랑과 지식에 대해 이야기를 나누었다. 테드는 그녀에게 교회의 기금 모금 도서 판매에 자원봉사하도록 권했다. 그 일에서의 성공은 그녀가 이웃 도서관에서 자원봉사 직책을 맡게 되는 계기가 되었다. 그 경험은 몇 달 후, 버스로 갈 수 있는 가까운 서점에서의 파트타임 직업으로 이어졌다. 테드의 믿음 덕분에 그녀는 "공황 상태가 되는 것에 대한 두려움"을 극복하고 그 일을 훌륭하게 해냈으며 보람이 있는 도전이라고 느꼈다.

제시가 자신을 손상된 존재로 정의하는 것을 멈추고, 많은 장점과 취약성을 가진 매력적이고 흥미로운 사람으로서 자신의 정체성을 넓히는 것이 우리 작업에 있어 매우 중요했다. 또한 그녀가 치료를 과거의 상처를 끝없이 돌보는 장소로 경험하는 것이 아니라, 잠재적인 재능과 능력을 개발하는 장소로 경험하는 것이 중요했다. 제시는 이전 치료를 중독으로 돌아보게 되었다. 세월이 흐르면서 그녀의 취약성과 치료사에 대한 과도한 의존은 그녀가 스스로 생존할 수 있는 능력에 의문을 품을 정도로 커졌다.

우리의 치료는 5개월 후 성공적으로 끝났다. 제시의 약물 복용은 점차 줄어들었다. 1년 후, 나는 출산 소식과 함께 부부가 새로운 삶을 시작할 수 있도록 도와준 것에 대한 감사 편지와 귀여운 아기 사진을 받았다. 하지만 삶은 질서 있는 경로를 따르지 않았다. 6개월 후, 제시는 공황 상태에 빠져 전화를 걸었다. 테드의 회사가 인수되었고, 해고될지도 모른다고 했다. 몇 차례의 상담을 통해, 부부는 "최악의 상황"으로 인해 이사가 불가피할 경우를 대비해서 가능한 모든 방안을 적극적으로 고려했다. 몇 달 후 상황이 악화되었을 때, 커플은 준비가 되어 있었고 제시는 공황 상태에 빠지지 않았다. 테드는 이미 구직 활동을 시작했고, 제시가 돌아갈 계획인 대학의 바람직한 공동체에서 좋은 직장을 얻었다. 우리는 이사 전에 몇 차례 상담시간을 가졌고, 필요할 경우에는 신뢰할 수 있는 그 지역의 동료와 연결해 주었다. 제시의 담당 의사는 이사라는 예상되는 혼란 속에서 필요할 경우 항불안제를 다시 복용할 것을 권고했다.

우리는 후속 전화 연락을 예약했고, 그들은 새 전환이 얼마나 순조롭게 진행되었는지에 대한 자부심을 표현하는 카드를 휴가철에 보냈다. 이전 이사에서 배운 모든 것을 바탕으로, 그들은 이제 스스로를 이사 전문가로 여기게 되었다. 제시는 심지어 이 주제에 대한 기사를 잡지에 쓰는 것에 대해 생각하기도 했다.

존중하는 협력

정신과 의사와 연구자들은 오랫동안 가장 심각한 정신 질환을 이해하고 효과적으로 치료하기 위해 노력해 왔지만, 가족을 지나치게 병리화하는 경향이 있었다. 수십 년 동안 "조현병을 유발하는 어머니"라는 개념은 어머니의 성격과 양육 결함이 조현병을 유발한다고 비난했으며, "냉장고 어머니"는 자폐증을 유발하는 것으로 여겨졌다. 가족 체계 패러다임은 가족 단위에서 다층적이고 지속적이며 반복적인 상호작용을 인식하고 선형적이고 결정론적인 가정을 반박하였다. 그럼에도 불구하고 일부 초기 가족 치료사들은 증상을 유지한다고 여겨지는 이른바 "조현병 가족"의 역기능적 가족 과정에 초점을 맞추었고, 가족을 위험한 "바라쿠다[1]"로 간주하며 적대적으로 접근하고 그들의 상호작용을 "더러운 게임"이라고 불렀다(Anderson, 1986). 그러나 강점 중심의 가족 치료사들은 이러한 경멸적인 접근을 피했고, 새로운 연구에서는 조현병의 생물학적 기반를 확인하고 환자 가족의 다양한 기능 수준을 발견했다(Walsh & Anderson, 1988).

연구들은 가족 과정이 정신 질환의 미래 경과에서 어떤 역할을 하는지 조사해 왔다. 예를 들어, 과도한 "감정 표현"(즉, 비판적인 발언과 감정적 과잉 개입)은 매우 취약한 개인의 증상 재발을 예측했다. 조현병에 대한 높은 유전적 위험을 가진 입양된 일란성 쌍둥이에 대한 연구에서는, 의사소통의 일탈이 있는 가족에서 성장한 경우 이 질환이 발병할 가능성이 유의미하게 더 높았다(Tienari et al., 2004). 주목할 만한 것은 이러한 연구들이 가족 보호 요인의 중요성을 입증했다는 것이다. 건강한 의사소통 패턴을 가진 입양 가족은 고위험 아동을 조현병 발병으로부터 보호했다. 이러한 과정 요소를 식별함으로써, 우리는 스트레스를 유발하는 상호작용 패턴을 줄이고 의사소통을 향상시켜 개인과 가족 기능을 모두 강화하는 개입을 목표로 할 수 있다.

1 창꼬치, 이빨이 날카롭고 공격적인 물고기 (역주)

가족 개입과 심리교육적 접근

연구와 실천의 발전은 다양한 심각하고 지속적인 정신 질환 및 발달 장애에 대한 가족 개입의 효과를 입증해 왔다. 성공은 협력적인 관계를 통해 가족 및 지역사회 자원을 동원하는 데 달려 있었다. 평가와 개입은 어려움이 있는 사랑하는 사람의 장기적인 적응을 위해 가족 구성원을 돌봄적이고 필수적인 자원으로 참여시킨다. 개입은 스트레스를 줄이고 지원 네트워크를 강화하는 것을 목표로 한다.

임상가는 사랑하는 사람의 증상이나 치료 실패로 인해 비난과 수치심을 느낀 가족의 낙인 경험에 대응해야 한다. 가족은 재발하는 정신병적 또는 파괴적인 에피소드에 직면하여 합리적으로 예상할 수 있는 만큼 잘 대처하고 있을 수 있다. 가족 치료에 대한 의뢰는 인과적 가정과 분리되어야 하며, 지속적인 정신 건강 상태와 생활에 있어 효과적인 대처 및 통제력을 강화하기 위해서는 가족의 참여 가치를 기반으로 해야 한다.

구조적이고 집중적인 개입을 제공하는 **단기 가족 치료**는 개인 및 가족 기능을 강화하고 스트레스와 갈등을 줄이는 데 유용할 수 있다. 추적과 수정이 가능한 구체적이고 현실적인 목표를 설정하여 작은 성공을 달성하고 보다 견고한 기반을 마련하는 것이 중요하다. 더 높은 기능 수준과 안정성에 도달하면, 정기적인 가족 상담이나 다가족 집단을 통해 성과를 유지하고 후퇴를 방지할 수 있다.

가족 심리교육적 접근은 유용한 정보, 관리 지침 및 사회적 지원을 제공한다. 가족 심리교육을 포함한 통합 치료 전략은 조현병, 양극성 장애, 주요 우울증 및 기타 심각한 질환치료에 가장 효과적이었다(Anderson, Reiss, & Hogarty, 1986; Lucksted, McFarlane, Downing, Dixon, & Adams, 2012; Miklowitz, 2010). 수많은 연구는 이 접근 방식이 재발을 예방하고 회복을 개선하며 가족의 웰빙을 증가시키는 데 효과적임을 입증했다. 증상의 심각성을 조절하고 파괴적인 행동이나 반복적인 입원을 예방하기 위해 약물 유지가 필요할 수 있다. 또한, 사회성 집단에 참여하고 생산적인 활동에 참여하는 것은 기능을 향상시키고 고립감을 줄이는 데 도움이 된다.

앤더슨 등Anderson et al(1986)의 모델에서는 연결 단계에서 공감적 동맹을 구축하며, 치료사는 가족의 필요와 경험, 그리고 그들의 삶에서 특정 스트레스 영역에 비판 없이 주의를 기울인다. 하루 종일 진행되는 생존 기술 워크숍에서는 정보와 관리 지침을 제공하고, 이후 지역사회에서 안정적인 기능을 위한 구체적인 단계를 지원하기 위해 간략한 가족 치료가 이어진다. 매달 진행되는 다가족 집단은 이러한 성과를 유지하는 데 도움을 준다. 심리교육의 기본 원칙은 간략한 집중 가족 상담 및 효과적인 예방 및 조기 개입 프로그램에 맞게 조정되었다(McFarlane, 2002). 전통적인 치료에 비판적인 가족 소비자 집단은 이러한 발전에 긍정적으로 반응하였다.

심리교육적 다가족 집단은 정신적 및 신체적 질환 모두에 효과적이다(Gonzalez & Steinglass, 2002; McFarlane, 2002; Steinglass, 1998). 이러한 집단은 재발을 예방하거나 지연시키고, 약물 및 치료 순응도를 높이고, 스트레스를 줄이며, 개인 및 가족 기능을 향상시킨다. 전문적 집단은 일반적으로 네 가구 이상의 가족이나 부부로 구성되며, 상황적 스트레스, 상실 및 전환기를 관리하는 방법에 초점을 맞추면서 관계와 문제 해결 능력을 강화한다. 집단은 사회적 지원 네트워크를 형성하고, 가족 구성원들이 서로의 경험을 통해 배우고, 자신의 상황에 대한 관점을 얻으며, 고립감과 낙인, 죄책감 및 비난을 줄일 수 있는 기회를 제공한다. 집단 개입은 단기적이거나 모듈식 구조를 가질 수 있으며, 일반적으로 하루 종일 진행되는 워크숍이나 4~6주 단위의 세션으로 구성된다. 월별 모임은 성과를 유지하고, 위기와 후퇴를 예방하며, 지속적인 도전과 새로운 또는 재발하는 스트레스를 다루는 데 도움을 준다. 다가족 자조 집단은 만성 질환을 경험하는 사람들에게 장기적인 치료와 지원을 제공하는 데에도 유용하다.

산모 우울증 상황을 위해 개발된 가족 기반 접근법도 있다. 라일리Riley, 발데즈Valdez 및 동료들은 아동과 가족의 회복탄력성을 증진하기 위해 다가족 그룹 형식을 사용한 "가족을 강하게 유지하기Keeping Families Strong" 프로그램을 설계하였다(Riley et al., 2008). "가족의 강점Fortalezas Familiares"은 어머니가 우울증을 겪을 때, 이민 라틴계 가족의 관계적 가족 과정을 다루고 웰빙을 증진하기 위해 설계된 12주간의 지역사회 기반 예방 프로그램이다(Valdez, Abegglen, & Hauser, 2012; Valdez, Padilla, Moore, & Magana, 2013).

지역사회 연계의 동원

필수적인 서비스 수요에도 불구하고, 사회 정책과 예금 삭감으로 인해 병원 입원 기간이 크게 감소하여 약물 치료와 신속한 안정화에 서비스가 국한되고 있으며, 자립생활을 유지하기 위한 충분한 외래 서비스와 지역사회 지원이 부족하다. 심각한 문제를 안고 있는 사람들이 감옥에 갇히거나 거리와 보호소에서 불안정하게 생활하는 비극적인 사례에서 이러한 정책의 실패를 확인할 수 있다. 만성 정신 질환의 경과 동안 가족이 주된 돌봄 부담을 떠맡아야 한다는 기대, 종종 물질 사용 문제와 동반되는 상황, 그리고 그들의 어려움에 대한 무관심은 가족들이 자발적으로 행동하게 만들었다(Lefley, 2009). 정신 질환 국가 연합(NAMI: National Alliance on Mental Illness)과 같은 소비자 옹호 단체는 가족들에게 귀중한 네트워크와 정보를 제공하고, 더 많은 연구와 지원을 위해 로비 활동에 참여한다. 균형 잡힌 마음 부모 네트워크(Balanced Mind Parent Network; 최근 우울증 및 양극성 장애 지원 연합과 합병된)는 청소년의 심각하고 불안정한 기분 장애로 어려움을 겪고 있는 가족들의 노력으로 발전하였다. 이들은 언제 어디서나 접근 가능한 동맹 네트워크인 가상 주방 테이블 공동체(virtual kitchen table community)를 형성하였으며, 그들의 웹 기반 연결과 프로그램은 교육, 역량 강화, 고립 해소를 위한 이해와 자원을 공유한다(www.thebalancedmind.org). 한 어머니는 이렇게 말했다. "이것은 폭풍 속 등대와 같은 존재입니다."

만성 질환을 가진 가족 지원

일반적인 임상 우선 순위

심각한 신체적, 정신적 질환이 있는 경우, 가족의 강점, 자원, 성공적인 대처 전략을 구축하는 것이 중요하다. 가족은 (1) 일반적인 질병 및 치료 문제를 파악하고 해결하고, (2) 예측 가능한 스트레스 상황에서 문제 해결 지원을 제공할 때 스트레스를 더 잘 처리하고 미래의 위기를 예방하고 완화하는 데 더 적극적일 수 있다. 질병 경과 및 변화하는 삶의 도전에 따라 가족 구성원에게 개입을 조정하고 대처하기 위해서는 유연성이 필요하다. 우선 순위는 다음과 같다.

1. 질병/장애 경험이 가족에게 미치는 스트레스 영향을 줄인다.

2. 다음에 관한 정보를 공유한다.

- 질병/장애, 치료 방법 및 예상되는 경과
- 개인의 취약점, 능력, 잠재력

- 취약성을 줄이고 기능을 향상시키기 위해 약물, 치료, 식이요법, 물리 치료/재활 준수의 중요성
- 시간이 지남에 따라 개인과 가족에게 예상되는 심리사회적 어려움
- 개인 및 가족 생활주기 우선순위와의 상호작용

3. 만성 질환의 다양한 단계에 걸쳐 실용적인 지침을 제공한다.

- 지속적인 스트레스 감소
- 증상, 치료, 합병증 관리
- 문제 해결 및 위기 예방
- 최적의 기능과 웰빙을 위한 강점 구축
- 다른 가족 구성원 및 삶의 우선순위에 대한 휴식 및 관심

4. 지역사회에서의 기능과 가족 돌봄 노력을 지원하는 서비스 링크를 제공한다. 예를 들면:

- 가정 건강 관리 지원
- 주간 돌봄, 구조화된 업무 프로그램, 사회적 접촉
- 생활 지원 및 그룹 홈
- 국가 및 지역 소비자 단체; 유용한 인터넷 자원
- 신앙 기반 공동체 및 서비스

심각한 질병으로 어려움을 겪는 가족 구성원들은 종종 자신이 너무 많은 일을 하고 있는지, 너무 적은 일을 하고 있는지, 그리고 낯설고 도전적인 상황을 어떻게 헤쳐 나가야 할지 확신하지 못하는 경우가 있다. 그들은 정보, 관리 지침, 그리고 현실적인 기대를 설정하는 데에 대한 도움을 중요하게 생각한다. 간과되는 가족 문제 중 하나는 휴식의 필요성이다. 즉, 가족 구성원들이 질병과 간병 걱정에서 벗어나 자신의 필요를 충족하고, 즐거운 경험을 함께 즐기며, 에너지를 보충하고, 활력을 되찾을 수 있는 시간과 공간이 필요하다.

만성 질환과 함께 자주 동반되는 여러 상실—즉 기능이나 인지 능력의 상실, 사지 절단이나 손상, 온전함과 "정상성"에 대한 감각 상실, 가족 내에서의 소중한 역할과 기능 상실, 고용 및 지위의 상실, 그리고 미래에 대한 개인적이고 공유된 희망과 꿈의 상실—에도 주의를 기울여야 한다.

건물 붕괴로 인해 영구 장애를 입고 휠체어에 의존하게 된 건설 노동자 믹은 술을 심하게 마시기 시작했다. 어느 날 밤, 아내 페그는 그가 바닥에 쓰러져 사냥용 총을 쏘려고 하는 것을 발견했다. 개인 상담과 부부 상담 세션에서 우리는 그가 겪었던 여러 가지 상실, 즉 가족의 생계를 책임지는 역할, "강한 남자"라는 이미지, 그리고 그가 소중히 여겼던 활동적인 삶 등을 탐구했다. 가족 세션을 통해 그는 아내와 자녀들이 자신을 얼마나 사랑하고 소중히 여기며 필요로 하는지를 깨달았고, 이는 그의 내적 치유와 회복탄력성에 가장 중요한 요소였다. 가족의 지원과 격려는 그가 계속 살아가고 삶을 최대한 활용하려는 의지를 재충전해 주었다. 페그가 파트타임에서 풀타임으로 일을 늘리면서, 그는 요리를 맡고 자녀들의 숙제를 도와주기 시작했고, 이는 새로운 만족감과 더 가까운 가족 유대를 제공했다. 시간이 지나면서 그는 웹 기반의 소규모 사업을 시작하고 딸의 축구 팀을 코치하기 시작했다. 그는 장애를 원하지는 않았지만, 이제 그의 삶과 사랑하는 사람들이 그 어느 때보다 더 소중하다고 페그에게 말했다.

위기 개입/위기 예방

대부분의 만성 질환은 증상이 주기적으로 악화되기 때문에, 극심한 통증을 겪는 가족에게는 위기 개입이 시급하다. 이러한 도움이 없다면 많은 개인과 가족들은 한 위기에서 다음 위기로 넘어가며, 시간이 지남에 따라 별다른 성과를 거두지 못하며, 정서적 탈진, 심각한 갈등, 관계 단절의 위험에 처하게 된다. 치료사는 적극적으로 개입하여 일시적으로 압도된 가족이 재정비하고 위협적인 상황을 통제할 수 있도록 충분한 구조를 제공해야 한다. 인지 장애가 있는 사람들은 동기가 부족하거나, 판단력이 떨어지거나, 필요한 약물을 복용하지 않을 수 있기 때문에, 가족의 협력이 치료에 대한 참여를 지속하고 스트레스를 줄이는 데 매우 중요하다. 정기적인 "심리사회적 건강 검진"과 예방 지향적인 상담은 질환의 주요 변화나 혼란스러운 삶의 전환기에 맞춰 진행되어 가족이 회복탄력성을 가지고 "앞으로 나아갈" 수 있도록 도와줄 수 있다.

지역사회 중심의 가족 중심 건강 서비스

도움을 주는 전문가들이 장애가 있는 사람들과 그 가족들에게 다가가 그들의 존엄성을 존중하고, 지속 가능한 친인척 및 사회적 지원을 구축하기 위해 노력한다면 가족과 지역사회의 회복탄력성을 키울 수 있다. 많은 경우, 인간 관계와 생산적인 기능에 대한 기본적인 욕구는 거주자의 취약성과 잠재적 강점에 맞춰 구성된 구조화된 공동 생활 시설 및 보호된 워크숍과 같은 프로그램을 통해 충족될 수 있다. 가족은 심각하고 지속적인 질병과 장애를 치료하는 데 필수적인 자원이다. 우리는 협력을 장려하고, 그들의 어려움을 이해하며, 최선의 노력을 지원할 수 있다. 그러나 가족이 혼자서 그 부담을 감당할 수는 없다. 강한 가족을 지지한다는 수사적 표현에도 불구하고, 가족 중심의 예방 및 개입 서비스는 효과가 입증되었음에도 여전히 부족하다. 가족과 지원 전문가들은 번거로운 서류 작업을 완료하고 혼란스럽고 실망스러운 규정 준수 및 환급 관리를 헤쳐 나가야 한다. 빈곤한 환경에서 살고 있는 가족, 특히 소수 민족과 인종 가족은 심각한 질병과 장애, 돌봄 부담, 그리고 불충분한 건강 관리 및 정신 건강 서비스 등의 위험에 가장 취약하다. 따라서 가족 중심의 서비스와 의료, 개인, 사회, 재활 등을 포함한 통합적인 서비스를 제공하는 돌봄 시스템이 필요하다. 시간이 지남에 따라 변화하는 필요를 충족하고 독립적인 생활, 최적의 기능, 그리고 웰빙을 지속하기 위해서는 돌봄의 연속성과 지역사회 서비스가 필수적이다.

차이를 장애 그 이상으로 보기

회복탄력성 지향은 전인격을 포용하며, 가족이 장애를 넘어 사랑하는 사람을 소중히 여기고 긍정적인 관심사, 능력, 재능, 잠재력을 격려할 수 있도록 지원한다. 또한, 자폐증이나 기타 발달 장애가 있는 자녀를 양육하는 부모들은 상당이 회복탄력적이며(Bayat, 2007), 가족 경험을 손실이 아닌 이득으로 여긴다(Dura-Vila, Dein, & Hodes, 2010). 이는 정신 질환에 대한 낙인에 맞서는 데 특히 중요하다. 평생 어려운 도전을 겪는 많은 개인들이 만족스럽고 생산적인 삶을 구축하며 음악, 예술 및 기타 분야에서 의미 있는 표현을 찾는다. 일부는 가족에 의해 특별한 재능을 계발할 수 있다. 자폐증을 가진 놀라운 여성인 템플 그랜딘은 자신의 삶을 최대한 활용할 수 있도록 도와준 어머니의 사랑과 헌신에 감사하고 있다. 그녀는 고등 학위를 취득하고, 자신의 과도한 집중력과 감각적 차이를 동물과 관계를 맺고 그들이 세상을 인식하는 방식을 이해하는 특별한 능력으로 전환하였다(Grandin & Johnson, 2004). 그녀의 동물 고통에 대한 민감성은 가축을 보다 인도적으로 대우하기 위한 시스템 설계로 이어졌다. 그녀는 또한 과도한 구체성 같은 자폐 증상을 심각한 결핍으로 낙인찍힌 이들에게 약점이 아닌 장점으로 볼 수 있도록 영감을 주었다. 그녀의 시각적 사고는 다른 사람들이 보지 못하는 해결책을 찾을 수 있게 해 준다. 그녀는 큰 두루미가 한 번 비행한 긴 이주 경로를 기억할 수 있는 능력처럼 자폐증이 있는 일부 개인들이 완벽한 원근법으로 복잡한 그림을 그리는 것과 유사하게 뇌를 사용한다고 언급한다. 우리는 신체적 및 인지적 차이를 부채 측면뿐만 아니라 **자산**으로도 보아야 한다. 각 가족 구성원의 관심사와 능력을 존중하고 향상시킴으로써, 가족은 최선을 이끌어 내고 유대감을 통해 기쁨을 나눌 수 있다.

13장

취약한 다중 스트레스 가족의 회복탄력성 증진

희망은 결코 흘러내리지 않는다,
항상 솟아오른다.

_ 스터즈 터클Studs Terkel, 《희망은 사라지지 않는다》

많은 가족, 특히 가난하고 불우한 지역사회에 있는 가족들은 그들의 기능을 압도하는 빈번한 위기와 만성적인 스트레스에 시달리고 있다. 가족 회복탄력성 접근은 가족이 반복적인 좌절과 실패로 인해 지치고 패배감을 느낄 때 가장 필요하고 유익하다. 이 장에서는 매우 취약한 가족을 강화하기 위한 개념적 기초와 실천 지침을 제공한다. 이는 그들이 스트레스가 많은 삶을 관리하고 고위험 조건의 역경을 극복하기 위한 최선의 노력을 지원하는 데 중점을 둔다. 긍정적인 목표와 잠재력에 집중함으로써, 가족은 지속적인 역경을 극복할 수 있다는 희망과 자신감을 얻게 된다.

다중 스트레스 가족의 이해

다중 스트레스를 받는 가족들은 그들의 삶의 여러 측면에서 심각한 문제를 겪고 있다. 시간이 지남에 따라 내부 및 외부 스트레스가 쌓이면서 과중한 부담을 느끼고 불안정해질 수 있다. 부부는 갈등과 이혼의 위험이 높고, 한부모는 고갈되며, 자녀나 다른 가족 구성원은 심각한 의학적, 행동적, 정서적 문제, 약물 남용, 폭력 또는 성적 학대를 겪을 수 있다. 정신 건강, 사회 복지, 소년 사법 제도에서 매우 취약한 가족들은 종종 그들의 결점에 의해 규정되었다. "심각하게 역기능적인 가족"이라는 낙인은 병리적 가족에 대한 관점을 강화하며, 희망이 없고 치료 불가능하다는 선입견을 갖게 했다. 가족 내부에만 국한된 관점과 "다중 문제 가족"이라는 딱지는 종종 가족의 문제에 대한 책임을 가족에게 돌리는데, 그 중 많은 문제는 가족이 통제할 수 없으며 가족이 만든 것이 아니다. 이러한 가족들을 "다중 스트레스"를 받는 가족으로 보는 것(Madsen, 2009)은 가족의 어려움을 더 잘 맥락화하며, 그들의 불안정한 생활 조건과 압도적인 어려움을 인식하는 데 도움이 된다.

다중 스트레스를 받는 가족들이 어떻게 과중한 부담을 느끼고 지원이 부족해지며, 과거와 현재의 많은 도전과 충족되지 않은 필요로 인해 취약해지는지를 이해하는 것이 중요하다. 위기 상황은 종종 그들의 환경 조건에 내재되어 있거나 과거의 트라우마를 재활성화하는 촉발제가 된다. 많은 취약한 청소년과 가족들이 심각한 문제에 대해 높은 위험에 처해 있지만, 스와데너와 루벡Swadener & Lubeck(1995)은 그들을 "가능성이 있는" 어린이와 가족으로 보아야 한다고 강조하며, 그들의 잠재력에 대한 확신과 긍정적인 발전을 위한 장벽을 극복하도록 돕는 데 투자해야 한다고 주장한다.

빈곤과 차별로 인한 가족의 어려움

가혹한 역설이지만, 위기와 혼란은 불리한 환경에 처한 가족들의 삶에서 끊임없이 반복될 수 있다. 미국을 비롯한 경제적, 사회적, 인종적 불평등이 심한 다른 나라들에서 저소득 가정은 실업, 열악한 주거 환경, 차별, 불충분한 의료 서비스로부터 끊임없는 스트레스에 직면하고 있다. 부모들은 자녀에게 음식, 의복, 주거, 교육과 같은 기본적인 필수품을 제공하기 위해 고군분투한다. 제한된 직업 기회와 자원 접근성으로 인해 삶의 전망은 암울하다. 가족이 위태로운 상황에 처해 있을 때, 직업 상실이나 의료 위기는 그들을 재정적 파탄으로 빠뜨릴 수 있다. 장기 실업과 혜택이 없는 임시 또는 파트타임 일자리는 빈곤과 절망의 악순환을 끊기 어렵게 만든다. 이러한 문제들은 아무리 건강한 가족이라도 엄청난 어려움을 안겨 준다.

빈곤과 차별이 결합된 심리적, 사회적, 경제적 부담은 가난한 소수 민족 아동과 가족을 여러 문제에 직면할 위험에 더 크게 노출시킨다. 최근 이민자들은 문화적, 언어적 차이로 인한 추가적인 장벽에 직면해 있다. 이웃의 황폐, 범죄, 폭력 및 마약이 만연한 환경 속에서 부모들은 자녀의 안전에 대해 끊임없이 걱정한다(Garbarino, 1997). 얽혀 있는 가족과 환경 스트레스는 학교에서의 어려움과 중퇴, 갱단 및 범죄 활동, 그리고 10대 임신을 야기하며, 이 모두가 가족의 부담을 악화시킨다. 가족의 취약성을 줄이기 위한 개입은 가족의 생존과 긍정적인 아동 발달에 위협이 되는 환경적 요인들을 다루어야 한다.

스트레스 축적과 가족 발달 문제

가족의 취약성은 시간이 지남에 따라 여러 스트레스 요인의 누적된 영향으로 인해 더욱 심화된다. 반복적인 위기, 트라우마, 상실, 그리고 이탈은 대처 노력을 압도하고 가족 생활을 방해할 수 있다. 지속적인 어려움은 자원을 고갈시키며, 만성적인 고통은 여러 해에 걸쳐, 그리고 한 세대에서 다음 세대로 이어질 수 있다. 과도한 스트레스를 받거나 고갈된 가족 구성원은 실수하거나 잘못된 선택을 할 가능성이 높아져, 어려움을 더욱 악화시킨다. 스트레스 감소와 상호지원을 위한 개입은 이러한 악순환을 끊기 위해 필수적이다.

단일 위기 사건은 연쇄적인 영향을 미칠 수 있다(Masten, 2014). 예를 들어, 심각한 부상과 장애는 직업 상실, 가족의 주거지 상실, 그리고 이사로 이어질 수 있으며, 이는 새로운 지역과 학교에서의 상실과 적응 문제를 자녀에게 초래한다. 아동의 정서적 또는 행동적 문제에 대한 치료적 대처는 누적된 스트레스에 맞춰 조정되어야 한다. 우리는 가족이 관점을 얻고, 파괴적인 변화의 속도를 조절하고 완화하도록 도울 수 있다.

다중 스트레스를 받는 가족의 경우, 가계도와 연대기 구성의 체계적 평가를 통해 과거와 현재의 트라우마, 혼란, 상실을 파악할 수 있다. 치료적 노력을 압도할 수 있는 각각의 특정 사건을 개별적으로 다루지 않고, 주요 위기를 식별하고 반복적인 패턴에 주목하는 것이 필요하다. 현재의 문제에 초점을 맞춘 단기 상담에서도 증상과 재앙적 두려움이 과거의 트라우마나 시간이 지남에 따라 누적된 경험의 영향을 받을 수 있음을 이해하는 것이 중요하다. 위기에 처한 한 부부와의 작업에서, 한 파트너의 헌신에 대한 두려움, 철수, 음주 문제는 그가 원가족과 위탁 가정 시스템에서 겪었던 많은 분리와 상실을 회상할 때 더 잘 이해된다. 그의 음주는 아내가 이전 결혼에서 알코올 남용으로 인해 파괴된 아픈 기억에서 비롯된 재앙적인 두려움을 자극한다. 가족이 어디에서 왔는지를 이해하는 것은 그들이 현재의 딜레마를 의미 있게 이해할 수 있는 능력을 향상시켜 그들의 행동과 미래 방향에 대한 정보를 제공하고 역량을 강화할 수 있다.

강점 기반, 가족 중심 서비스

핵심 원칙

다중적이고 복잡하며 심각한 문제와 반복적인 위기를 겪는 가족들은 사회 복지 서비스 사례의 비율에서 불균형적으로 큰 부분을 차지한다. 불행히도, 이들은 제대로 된 서비스를 받지 못하고 소외될 가능성이 더 높다(Kaplan & Girard, 1994). 전통적인 서비스는 결핍 기반이며, 개인 중심적, 단편적, 위기 반응적이며, 접근하기 어렵고, "전문가"에 의해 내담자를 정의하는 경향이 있었다.

이와 대조적으로 강점 지향 서비스는 다음과 같은 핵심 원칙을 강조한다.

- 가족을 강화하는 가족의 강점과 자원을 파악하고 구축한다.
- 개인의 문제에 대한 가족 중심의 접근 방식을 취한다.
- 유연하고 전체적인 서비스를 제공한다.
- 예방과 조기 개입을 강조한다.
- 지역사회 기반의 협력적 파트너십을 구축한다.

결핍 기반에서 자원 기반 모델로

가족 옹호자인 브론펜브레너Uri Bronfenbrenner(1979)는 도움을 받을 수 있는 자격을 얻기 위해 가족의 결점을 입증하도록 요구하는 결핍 기반의 공공 정책과 서비스에 반대했다. 개인이나 가족을 병리학적 라벨로 분류하는 것은 비인간적이고 낙인을 찍는 경험이다. 부모에 대한 부정적인 고정관념(파괴적이고 적대적이며 무관심하다는 인식), 부모를 접근 불가능하고 동기 부여가 부족하여 치료할 수 없다는 선입견, 그리고 과거 문제와 실패한 개입에 대한 두꺼운 기록은 모든 치료적 접촉에 대한 부정적인 기대를 불러일으킨다.

취약한 가족들이 자신의 문제를 이해하고 해결할 수 있는 능력을 과소평가하지 않도록 하는 것이 중요하다. 대부분의 가족은 어려움과 함께 놀라운 강점을 보여 준다(Orthner, Jones-Sanpei, & Williamson, 2004). 많은 가족이 끊임없는 고난 속에서도 매일을 견뎌내는 회복탄력성을 가지고 있으며, 적은 수입으로도 창의적인 방법으로 문제를 해결하는 자원을 가지고 있다. 대부분의 부모는 자녀에 대해 깊은 애정을 가지고 있으며, 그들을 위해 더 나은 삶을 살기를 바라지만, 어려움에 짓눌려 최선의 의도대로 꾸준히 행동하지 못할 수 있다. 부모들은 종종 자신의 삶에서 변화가 필요한 부분을 알고 있으며, 우리가 그들의 의견을 존중하며 잘 듣고, 최선의 노력으로 지원한다면, 그들은 긍정적인 조치를 취할 수 있다(Madsen, 2009).

다중 스트레스를 받는 가족과의 치료가 지나치게 문제 중심으로 진행될 경우, 문제로 가득 찬 가족 생활의 경험을 암울하게 재현하게 된다. 회복탄력성 기반의 관점은 그들이 스트레스가 가득한 삶의 도전을 헤쳐 나갈 수 있도록 힘을 실어 준다. 개입은 긍정적인 상호작용을 촉진하고, 대처 노력을 지원하며, 스트레스를 줄이고, 자부심과 역량을 향상시키며, 가족 기능과 유대를 강화하기 위한 자원을 구축하는 데 도움을 준다.

개인 기반 접근에서 가족 중심 접근으로

구획화된 서비스는 내담자를 현재의 증상에 따라 좁게 분류하는 경향이 있으며, 개인, 가족, 사회적 맥락 전체에 주의를 기울이지 못하는 경향이 있다. 종종 기관들은 원칙적으로 가족 강화의 중요성을 인정하지만, 실제로는 보통 개별 아동이나 성인을 보고, 때때로 주요 보호자와 만나는 경우가 많다. 과중한 사례 부담과 복잡한 가족 상황 속에서, 담당자들은 자신들이 도움이 될 수 있을지 의심할 수도 있다. 실패한 경험은 다중 스트레스를 받는 가족들이 회복 불가능하다는 그들의 믿음을 강화할 수 있다.

청소년 사법 제도에서 가족과 함께 일하고 싶어하는 학생은 기관에 수감된 청소년과 그 가족과 함께 일하겠다는 명시된 사명에도 불구하고 실제로는 어떤 가족도 만나지 않았다는 사실을 알게 되었다. 그녀는 기관 직원들이 수년 동안 "그런 기능 장애가 있는 가족들을 치료에 동기 부여하기가 너무 어렵다"며 더 이상 "자원을 낭비하지 않는다"고 들었다고 전했다. 대부분의 청소년들이 가족 구성원과 밀접한 연락을 유지하고 집으로 돌아갔음에도 불구하고, 그들은 청소년 범죄자와 개별적으로 만났다. 우리의 경험에 따르면, (1) 수감된 청소년이 지역사회로 복귀할 때 가족의 지원을 얻고, 갱단 참여를 저지하며, 교육 및 직업 훈련을 장려하고, (2) 가족의 스트레스를 줄이고 최선의 노력을 격려하기 위해서는 가족을 참여시키는 것이 매우 중요하다(Walsh, 2013a). 가족의 기반이 강화되면, 가정은 위험에 처한 청소년들에게 더 견고한 기반이 된다. 만약 부모가 이러한 구조를 제공할 수 없다면, 우리는 긍정적인 모델을 모집하고 친족 네트워크 내에서 멘토링 관계를 장려한다(Ungar, 2004; 8장 참조).

가족의 구성원 중 누구든 도움을 요청할 때—부모나 보호자, 자녀, 배우자—우리는 관계 네트워크에 주의를 기울인다. 가족 중심의 접근은 모든 가족 구성원이 함께 지속적인 세션에 참석하는 것을 요구하지 않으며, 이는 스트레스가 많거나 단절된 가족에게는 실현 가능하지 않을 수 있다. 가장 중요한 것은 가족 구성원 간의 중요한 연결, 그들의 문제, 그리고 변화와 성장을 위한 잠재적 자원에 대해 체계적 관점을 유지하는 것이다.

단편적 서비스에서 전체적인 서비스로

인간 서비스 시스템은 서로 간 조율이 부족하고, 체계적이지 않고 단편적인 방식으로 문제를 처리하며, 가족들에게 여러 관료주의적 기관의 미로를 헤쳐나가도록 요구할 때, 가족의 혼란과 좌절을 심화시키고 근무자들의 노력을 방해한다. 한 가족 내에서 한 자녀는 학교 기반 전문가에게, 형제는 청소년 사법 상담사에게, 또 다른 구성원은 약물 치료 프로그램에 참여할 수 있다. 가정 내의 조부모는 광범위한 의료 치료가 필요할 수 있으며, 과중한 부담을 안고 있는 한부모는 우울증으로 고통받을 수 있다. 이처럼 단편화된 서비스에서는 아무도 상호 연관된 문제를 다루거나 협력적인 노력을 구축하지 않는다.

가족 중심의 회복탄력성 지향 접근은 시스템 간 협력적인 서비스 제공을 강화한다. 광범위하고 포괄적인 접근은 서비스를 조정하고 통합하며 자원을 모으는 것을 목표로 한다. 서비스는 전체론적으로 바라보며, 각 가족의 도전에 맞춤화되고 지역사회, 문화적, 영적 자원을 활용한다. 이러한 접근은 가족이 직면한 문제를 보다 효과적으로 해결하고, 그들의 강점을 극대화하며, 지속 가능한 변화를 촉진하는 데 기여한다.

위기 대응적에서 예방 지향적 서비스로

정신 건강, 사회복지 서비스 및 학교와 가족의 접촉은 대개 위기 반응적 경향이 있다. 이러한 시기에 단기적 개입은 더 복잡하거나 뿌리 깊은 문제를 충분히 해결하거나 가족이 미래의 도전에 대비하도록 준비시키기 어렵다. 제한된 초점으로는 관계 구축이나 가족 생활의 재구성을 촉진하여 성과를 통합하는 데 도움이 되지 않을 수 있다. 지속적이거나 재발하는 문제를 해결하고 미래의 위기를 예방하기 위해서는 시간에 따른 유연성과 반응성이 필요하다.

심각한 자금 부족에도 불구하고, 예방 지향 서비스는 대부분의 치료 프로그램보다 훨씬 더 효과적이고 비용도 적게 든다. 가족에 대한 "사전 투자"를 통해 그들의 대처 능력과 자원을 증가시켜 문제의 심화와 만성화를 예방할 수 있다(Harris, 1996). 예방적 접근은 매우 취약한 가족—불안정한 상황에 처해 있고 자원이 부족하며 여러 문제에 시달리는 가족—을 식별할 수 있다. 서비스 확장 활동을 통한 가족 기능을 강화하기 위한 조기 개입은 더 심각하고 만성적인 문제를 예방할 수 있다.

협력적, 가족 지향적, 지역사회 기반 파트너십 구축

아동 발달 분야와 연계하여 위험에 처한 아동과 가족을 위한 가족 지원 및 보존 프로그램을 옹호하는 초기 운동은 가족이 가장 좋은 자원이라는 믿음에 기반을 두고 있다(예: Dunst & Trivette, 2009; Kagan & Weissbourd, 1994). 헤드 스타트Head Start의 성공적인 미취약아동 프로그램은 가족의 역량을 강화하고 어린 자녀의 삶의 기회를 개선하기 위해 설계되었으며, 프로그램의 모든 측면에 가족의 참여를 장려했다. 부모는 프로그램 의사결정에 협력하고 자원봉사자, 참관자, 유급 지원 직원으로 활동한다. 전문 직원과 긴밀히 협력함으로써 그들은 자녀를 돕고 자신의 삶을 개선하는 데 필요한 기술을 습득하게 된다.

가족 지원 프로그램은 초기에는 주로 모자 관계에 초점을 맞추는 경향이 있었지만, 많은 프로그램이 가족 돌봄 네트워크를 포함하도록 확장되었다. 내담자 중심인 이 프로그램들은 기초 수준에서 예방 및 역량 강화를 위한 조기 개입에 집중한다. 지역사회에서 접근 가능한 가족 지원 센터는 취약한 가족을 지원하고 강화하기 위한 다양한 정보와 서비스를 제공한다. 전문가와 지역사회의 준전문가들은 10대 미혼모를 위한 부모 교육 및 지원과 같은 스트레스가 많은 생애주기 전환기에 있는 가족을 지원한다. 이들은 지역사회, 학교 시스템, 병원 및 기업의 노력을 결집하여, 가족을 공식 및 비공식 서비스와 지원 네트워크에 연결한다.

가족 보존 프로그램은 취약한 아동을 보호하고 그들 가족을 강화하는 이중적인 의무를 가지고 있다. 안전이 보장된다는 전제하에 아동이 가족과 함께하는 것이 최선이라는 확신을 기반으로 한 이 프로그램은 가족을 대체하는 대신 문제를 겪고 있는 가족을 지원하고 강화하는 것을 목표로 한다. 가정 외 배치를 예방하기 위해, 이들은 즉각적인 가정 기반 개입을 제공하여 위기를 완화하고 가족을 안정시키며, 미래의 위기를 피하기 위한 문제 해결 기술을 가르친다. 훈련된 직원은 가정에서 가족과 집중적으로 협력하며, 우려되는 영역을 다룬다. 향후의 방임이나 학대에 대한 책임을 지고 가족 구성원은 위험 평가, 스트레스 감소, 리더십, 양육 및 보호 강화를 위해 적극적으로 참여한다. 필요에 따라 추가 지원도 제공된다. 아동이 심각한 방임이나 학대의 높은 위험에 처해 있고 가족 개입이 불가능할 경우 보호시설로의 배치가 필요하다. 가족의 유대를 끊지 않고 주거 및 위탁 양육을 연결하기 위해 노력하며, 가능할 경우 가족 재통합을 위해 노력한다(Kaplan & Girard, 1994).

다중체계적 접근

강점 지향의 다중체계적 접근에 기반한 프로그램은 가족 및 지역사회 파트너십을 구축하여 불리한 조건을 극복할 수 있는 집단적 역량을 강화한다(Saul, 2013). 이러한 서비스는 접근성과 경제성을 고려하여 가정 기반 및 지역사회 프로그램을 통해 제공되도록 설계되었다(Madsen & Gillespie, 2014). 다층적 접근은 어려운 사회적 상황에서 아동의 학교 문제나 행동 문제와 같은 개별 문제를 가족 및 더 큰 시스템 개입, 예를 들어 가족-학교 파트너십을 통해 해결한다. 시카고의 모범 프로그램인 세이프칠드런SAFE Children은 헤드 스타트Head Start를 기반으로 하여 폭력지역의 부모들이 자녀가 1학년을 잘 적응할 수 있도록 돕는다. 가족을 연결하고 강한 공동체 의식을 구축하기 위해 노력하며, 비공식적인 접촉, 공동 프로젝트 및 활동을 통해 고립과 불신을 극복한다. 가족들은 우선순위를 설정하고 해결책을 모색하며 네트워크와 구조적 지원을 구축하는 데 적극적으로 참여한다.

프랜켈과 동료들(Fraenkel, 2006; Fraenkel, Hameline, & Shannon, 2009)은 복지에서 일

자리로 전환 중인 쉼터에 거주하는 노숙자 가족을 위한 효과적인 협력 프로그램을 개발하였다. 그는 프로그램을 구축하는 데 있어 가족과 진정으로 협력하기 위해서는 전문 프로그램 개발자들이 가족을 그들 삶의 상황에 대한 전문가이자 대처와 회복탄력성을 지원하는 프로그램에서 가장 유용하다고 생각하는 것에 대한 정보제공자로 보아야 한다고 강조한다. 이러한 접근은 계급, 인종, 민족 또는 차이와 차별의 다른 차원에 의해 소외된 가족과 함께 일할 때 특히 적합하다. 이러한 가족들은 종종 그들과의 상담 없이 만들어진 프로그램을 받게 된다. 그 결과, 가족들은 프로그램이 매력적이거나 관련성이 없다고 느끼고, 참석하지 않기로 선택할 수 있으며, 이는 그들이 "저항적"이거나 "동기 부여가 부족하다"고 여겨지게 만든다. 그러나 가족들은 프로그램을 만드는 과정에 어느 정도 통제권을 가질 때, 자신의 지혜, 경험 및 욕구를 통해 프로그램의 내용과 구조에 기여했을 때, 그리고 전문 프로그램 개발자와 수혜자 간의 관계가 협력적이고 상호 존중할 때 프로그램에 적극적으로 참여하게 된다. 이러한 협력적 접근은 가족들이 자신의 목소리를 반영한 프로그램에 참여함으로써, 그들의 회복탄력성과 대처 능력을 강화하는 데 기여할 수 있다.

다중체계적 관점은 가족과 지역사회를 포함하는 다양한 프로그램 노력을 통합하여, 가족 생활 교육 및 심리 교육 지원 그룹과 같은 예방적 접근에서부터 위기 및 고질적인 문제에 대한 보다 집중적인 개입에 이르기까지 포괄한다. 가족생애주기 지향은 건강한 임신과 초기 양육, 아동 및 청소년 발달, 안정적인 가족 단위, 노인 돌봄을 촉진하는 서비스를 안내하는 데 도움이 될 수 있다(9장 참조). 취약한 청소년과 가족과 함께 일하는 근로자들은 강점 지향적 시스템 평가 및 가족 개입 기술에 대한 교육을 통해 효과성을 높이고 탈진을 줄일 수 있다(예: Berg, 1997; Madsen & Gillespie, 2014; Minuchin, Colapinto, & Minuchin, 2007). 매드슨Madsen(2011)의 협력적 도움 지도는 내담자의 긍정적인 비전에 초점을 맞추고, 잠재적 지원을 파악하고 동원하며, 장애물을 극복하고, 목표를 향해 적극적인 조취를 취하는 노력을 이끌어 내는 귀중한 도구이다.

여러 근거 기반의 가족 중심 다중체계적 개입 모델은 고위험 및 문제 청소년, 그들의 가족, 그리고 더 큰 지역사회 시스템에 효과적이었다(Henggeler, Cunningham, Schoenwald, & Borduin, 2009; Liddle, 2013; Sexton, 2011). 이러한 접근은 청소년 행동 장애 및 약물 남용에 사용되며, 가족의 응집력 및 의사소통 증가와 양육 관행의 개선을 포함한 가족 기능의 개선을 가져오고, 이는 표준 서비스로 달성된 결과보다 청소년의 긍정적인 행동 결과와 유의미하게 연관되어 있다. 다양한 형식을 통해 가족 치료사는 학교 상담사, 교사, 코치 및 또래 집단을 포함한 다양한 이해관계자를 참여시키고, 법적 문제를 해결하기 위해 경찰, 보호 관찰관 및 판사와 협력할 수 있다. 또한 청소년과 가족이 직업 서비스, 청소년 개발 조직, 사회적 지원 네트워크 및 종교 자원에 접근할 수 있도록 도울 수 있다. 모든 접근은 변화를 위한 강점과 역량을 이끌어 내는 데 중점을 둔다.

평가 및 개입 우선순위

가족 회복탄력성 지향은 가장 어려운 상황에 처한 가족조차도 건강해지고 변화와 성장을 위한 잠재력을 가지고 있다는 확신에 기반한다. 그러나 환경적 장애물, 고갈된 자원, 또는 자기 파괴적인 생존 전략이 긍정적인 선택지를 인식하고 활용하는 데 방해가 될 수 있다. 치료사는 가족 구성원들과 협력하여 그들이 공유된 희망, 능동적인 주체성, 그리고 권한 부여를 발전시킬 수 있도록 돕는다. 또한 치료적, 가족적, 사회적 맥락에서 성공을 저해하는 장벽을 식별하고 극복하기 위해 노력한다.

가족 스트레스, 취약성, 강점, 잠재력 평가

회복탄력성 기반의 재초점은 가족과의 첫 접촉에서 시작된다. 평가 과정에서 우리는 정보를 수집하는 의도가 가족의 스트레스와 영향, 그리고 가족의 목표와 앞으로 나아갈 경로를 이해하기 위한 것임을 명확히 해야 한다. 과거의 판단적이고 결핍 중심적 평가 경험으로 인해 가족 구성원들은 중립적인 질문조차도 비난으로 받아들일 수 있다. 회복탄력성 지향적 실천에서는 가족을 긍정적인 틀 안에서 평가하며, 그들의 도전과 목표와 관련하여 취약성과 제약뿐만 아니라 자원과 잠재력을 탐색한다.

대부분의 경우, 도움 요청은 가족 구성원 한 명에게 초점을 맞춘 즉각적인 위기에 집중된다. 만남에서는 여러 가지 문제가 종종 드러나고 다른 구성원들도 고통을 겪고 있을 수 있다. 아들의 기물 파손, 아버지의 실종, 재정적 어려움, 그리고 어머니의 우울증이 모두 어떻게 연결되어 있는지를 이해할 때, 우리는 공통의 관심사와 목표에 더 잘 집중할 수 있다. 제시된 문제가 가족의 스트레스에 반응하여 발생하고 그 스트레스를 악화시키는 경우, 우리는 가족 간의 협력을 통해 상황을 개선한다. 이러한 협력적 접근은 고통을 완화하고 다른 도전 과제를 극복할 수 있다는 희망과 자신감을 심어 준다.

정보 수집은 강점을 식별하고 우선적으로 다루어야 할 영역을 정하는 토대를 마련한다. 중요한 가족 및 지역사회의 연결고리는 무엇인가요? 가족 구성원들은 그들의 불리한 상황을 어떻게 바라보고 있나요? 그들은 이를 해결하기 위해 어떤 시도를 했나요? 상호작용의 어떤 패턴이 불안이나 갈등을 심화시키거나 감소시키나요? 취약성과 위험을 증가시키거나 감소시키는 패턴은 무엇인가요? 가족을 강화하는 데 도움이 되는 구성원은 누구이며, 그들은 어떻게 그렇게 하나요? 스트레스를 관리하고 성공을 가로막는 장벽을 극복하기 위해 활용할 수 있는 숨겨진 자원은 무엇인가요? 핵심 가족 단위의 변화가 각 구성원에게 긍정적인 파급 효과를 미칠 수 있는 방법은 무엇인가요? 가족이 지속적인 위기에 처하고 가족 구성원들의 관심이 분산되어 있을 때, 초기 상담에서 주요 스트레스를 이해하고 구성원들의 고통과 관련된 패턴을 파악하는 것이 중요하다.

가계도(McGoldrick et al., 2008)는 매우 복잡한 가족 시스템을 도식화하는 데 필수적인 도구이다. 예를 들어, 이 도구는 이중 핵가족, 재혼 가족, 위탁 가족 또는 확대 가족 등 여러 가정에 걸쳐 있는 가정, 부모가 여러 배우자를 두고 자녀의 아버지가 다른 가정, 그리고 구성원들이 다양한 거주 형태를 가지고 있는 가정(6장 참조) 등을 나타내는 데 유용하다. 가족과 함께 대규모 가계도를 상호작용적으로 그리는 것은 가족 구성원들의 참여를 쉽게 유도할 수 있다. 아이들은 종종 사람들이 어떻게 연결되어 있는지, 각자가 관계망에서 어디에 속하는지 살펴보는 데 매우 관심을 갖는다. 모든 구성원이 같은 페이지에 있는 것을 보는 것은 많은 상실, 이탈, 및 재구성을 경험한 단절된 가족에게 일관성을 느끼게 한다. 체계적 패턴을 시각화하는 것은 치료사와 가족 모두가 혼란을 덜 느끼도록 도와주며, 개입 계획의 방향을 설정하는데 도움이 된다.

가족 연대기family timeline를 그리는 것은 가족 구성원들이 주요 사건과 그 사건이 시간에 따라 어떤 영향을 미쳤는지 회상할 수 있도록 도와주며 발달적 관점을 촉진한다(6장 참조). 가족은 트라우마적 사건을 대처하기 위해 어떤 시도를 했나요? 주요 전환점에서 어떤 조직적 변화가 있었나요? 다중 스트레스를 겪고 있는 가족의 경우, 타임라인은 시간에 따른 가족 생활의 사건과 변화의 혼란을 정리하는 데 도움이 된다. 예를 들어, 가족 구성원들이 부모의 알코올 의존을 스트레스가 가득한 맥락에서 볼 때 부모의 철수

행동으로 더 잘 이해할 수 있다. 가계도와 연대기는 많은 단절된 경험의 조각들을 모아 보다 완전하고 일관된 가족 서사를 구성하는 데 유용하다.

가족 생활이 문제로 가득 차 있을 때, 혼란 속에서도 평온함, 만족감, 연결감, 희망을 제공했던 특정 관계, 사건 및 시기를 파악하는 것이 중요하다. 평가와 치료가 문제에 초점을 맞출 때 종종 간과되는 이러한 긍정적인 경험은 활용하고 확대할 수 있는 자원을 제공한다. 예를 들어, 어머니의 남자친구에게 학대를 당한 한 10대는 할머니와의 따뜻한 관계에서 안식처를 찾았을 수 있다. 비록 그 사람이 더 이상 가까이 있지 않거나 살아 있지 않더라도, 그 관계에서 긍정적인 특성을 파악하는 것은 새로운 건강한 관계를 형성하는 데 도움이 될 수 있다.

진단 평가는 심각한 정신 질환과 약물 남용을 식별하고, 파괴적인 행동의 위험을 판단하며, 향정신성 약물 치료의 필요성을 평가하는 데 필수적일 수 있다. 그러나 문제를 개인의 성격 구조로 규정하는 것은 영구적인 손상과 결함에 대한 인식을 강화하는 경향이 있다. 사람들이 변화할 수 있는 문제 행동 및 상호작용 패턴을 식별하는 것이 더 유익하고 희망적이다. 또한, 특정 구성원의 문제로 가족에게 꼬리표를 달지 않도록 주의해야 하며(예: "알코올 중독 가족"), 사례 보고서에 내담자를 존중하지 않는 내용을 포함해서는 안 된다. 내담자가 기관이나 법원에 보내는 편지를 읽고 의견을 제시하도록 격려함으로써 그들을 치료의 적극적인 파트너로서 소중하게 생각한다.

가족 회복탄력성 핵심 과정: 평가 및 개입을 위한 틀

3~5장에서 제시한 핵심 가족 회복탄력성 과정의 세 가지 영역은 심각하고 만성적인 문제를 가진 가족에 대한 효과적인 개입을 위해 처음 개발되었다. 이 구조는 가족을 "심각하게 기능 장애가 있는" 것으로 규정하는 방식에서 벗어나, 특정 취약성과 강화할 수 있는 자원을 파악하는 방식으로 관점을 전환하는 데 도움을 주었다. 다중 스트레스를 겪고 있는 가족과 임상가는 위기 속에서 강렬한 감정과 혼란에 휩싸일 수 있다. 이 모델은 강점을 찾는 데 집중하도록 상기시켜 주며, 수많은 문제에 압도되지 않도록 도와준다. 인터뷰 과정에서 정보가 산발적으로 나타나더라도, 우리는 체계적인 관점을 유지하고 가족 회복탄력성을 강화하기 위한 개입의 핵심 과정을 목표로 삼는 방식으로 정리할 수 있다.

신념 체계

가족이 반복적인 위기, 실망, 좌절을 경험할 때, 그들은 상황이 나쁘게 전개될 것이라는 믿음을 가질 가능성이 높아진다. 이러한 기대는 비관주의를 생성하여 미래의 가능성에 대한 인식을 왜곡한다. 실행 가능한 대안이나 해결책을 찾지 못하는 것은 자신감을 더욱 약화시키고 주도성을 차단한다. 항상 또는 절대, 전능하거나 무력한, 피해자 또는 악당과 같은 '전부 아니면 전무'라는 극단적인 전반적 일반화가 흔히 발생한다. 재난적인 두려움과 파괴적인 행동 패턴은 종종 지역사회 폭력과 사회적으로 유해한 환경에 지속적으로 노출됨으로써 발생하거나, 가족 역사에서의 여러 외상으로부터 파급될 수 있다(Garbarino, 1997).

가족이 그들의 통제를 벗어난 심각하고 지속적인 상황에 어려움을 겪을 때, 전문가들은 만연한 무력감과 절망감을 극복하도록 도와야 한다. 처음에는 우리의 도움을 거부하는 것처럼 보이는 가족을 포기하지 않는 것이 중요하다. 그들의 이전 경험을 경청하는 것은 그들의 비관주의와 불신에 대한 통찰을 제공할 수 있다. 그들은 자신의 노력이 헛될 것이라고 기대하거나, 다른 사람들과 마찬가지로 우리가 그들을 실망시킬 것이라고 생각한다. 실수나 좌절에도 불구하고 그들의 가치와 잠재력에 대한 우리의 믿음을 지속적으로 전달함으로써, 우리는 가족이 스스로를 믿도록 도울 수 있다. 이는 자부심, 용기, 미래에 대한 희망을 키우고, 긍정적인 행동과 인내를 촉진하는 데 기여한다.

문화적, 영적 자원은 가난하고 소외된 공동체에서 회복탄력성의 원천이 될 수 있다. 이러한 공동체에서의 암울한 삶의 기회는 청소년에게 단축된 미래에 대한 인식을 심어준다. 폭력, 마약 또는 감옥으로 잃어버린 젊은 남성의 비율이 높은 상황에서, 가족과 공동체는 아샨티 속담인 "실패가 불가능한 것처럼 행동해야 한다"의 지혜처럼 문화적 유산을 활용하여 이러한 도전을 극복하도록 청소년을 양육하기 위해 더욱 결단력을 가져야 한다.

강한 신앙, 실천, 그리고 공동체 참여는 가난한 지역사회의 대부분의 가족에게 절망에 맞서고 사랑, 용기, 인내의 정신을 지속시키는 역할을 한다(Walsh, 2009d, 2012d). 이러한 요소들은 긍정적인 양육을 촉진하며, 위험에 처한 청소년과 공유될 때 청소년을 비행으로부터 보호한다(Mahoney, 2010). 해리 아폰테Harry Aponte(2009)는 빈곤한 소수 민족의 도심 가족들과의 작업을 통해 그들의 영적 필요뿐만 아니라 신체적 필요도 인식하게 되었다. 만연한 불공정감, 무력감, 분노는 사회에서 기회, 권력, 특권에 대한 접근을 거부당하는 데서 기인한다. 아폰테는 치료사들이 실용적인 해결책에만 국한되지 말고, 삶의 의미, 목적, 희망을 빼앗는 절망에 맞서기 위해 영적 필요에도 주의를 기울일 것을 촉구한다. 그는 또한 치료사들이 공동체 활동의 촉매 역할을 하여 억압적인 조건을 변화시키기 위한 희망의 정신을 동원할 것을 요청한다.

조직 과정

사회복지기관에서 관찰되는 다중 스트레스를 겪는 가족들의 대부분은 한부모 가정에서 거주하며 복잡한 가족 구조를 가지고 있다. 연구에 따르면 다양한 형태의 가족이 기능하고 자녀를 잘 양육할 수 있다고 보고한다. 그러나 지속적인 스트레스와 부족한 자원은 가족의 기능과 안정성을 약화시키고, 부모의 에너지를 고갈시키며, 자녀의 부적응 위험을 높인다. 여러 번의 부모의 다중 재파트너링repartnering, 반복적인 상실, 그리고 이탈은 이러한 어려움을 더욱 복잡하게 만든다. 가족의 조직, 역할 기능, 상호작용 패턴, 그리고 관계는 파편화되고 혼란스러워질 수 있다. 치료의 우선 과제는 가족 단위의 안정성과 응집력을 강화하고, 확대 가족 및 지역사회 자원을 활용하는 것이다.

구조, 안정성, 리더십 및 협력 구축. 가족 조직을 강화하는 것은 최우선 과제이다. 만성적인 스트레스 상황에서는 역할과 규칙이 모호해져 일상 생활을 구조화하고 누적된 문제를 해결하는 데 필요한 협력이 저해될 수 있다. 여러 번의 재결합, 이별, 그리고 가정 구성원의 변화로 인해 안전, 안정성, 일관성이 결여될 수 있다. 혼란 속에서 질서, 안전, 그리고 안정에 대한 깊은 갈망이 존재한다.

일부 가족은 극단적인 경직성과 무질서 사이를 오가기도 한다. 혼란이 발생할 때, 그들은 익숙한 것에 단단히 매달릴 수 있다. "배를 흔들지 마라"는 암묵적인 규칙이 있을 수 있으며, 다시 "전복"될 것에 대한 두려움이 있을 수 있다. 가족이 압도당할 때, 치료 환경은 안심시키는 평온함, 질서, 예측 가능성, 그리고 안정성을 갖춘 안전한 피난처와 견고한 구조를 제공해야 한다. "치료적 변화"를 너무 성급하게 추진하는 것은 더 많은 혼란과 통제 상실에 대한 두려움을 부추길 수 있다. 작고 구체적이며 점진적인 단계부터 시작하여 이를 기반으로 발전시키는 것이 더 도움이 된다. 우리는 내담자의 삶을 통제할 수 없고, 통제해서도 안 되지만, 치료사는 세션을 주도하고 통제 불능의 과정이나 파괴적인 상황 악화를 중단시켜 가족이 도움의 과정과 자신의 삶을 스스로 통제할 수 있다고 느끼게 해야 한다.

개입은 권위적인 양육을 강화하는 것을 목표로 한다. 스트레스로 인해 지친 가족의 리더십은 불규칙하고 비효율적이 되어, 일관성 없는 한계 설정, 모니터링, 그리고 후속 조치가 이루어질 수 있으며, 결국 부모가 폭발할 때까지 이어질 수 있다. 부모가 양육과 훈육을 동시에 제공하는 방법에 대해 확신이 없을 때, 훈육을 배려의 한계와 사랑의 결과로 간주하는 것이 도움이 될 수 있다.

압도된 부모가 다루기 힘든 자녀를 통제하지 못할 때, 전문가가 단순히 대신 책임을 맡게 되면 무력감과 무능력감을 강화할 수 있다. 부모에게 책임을 부여하고 규칙과 한계를 설정하도록 지원하는 것이 중요하다. 우리는 부모와 힘을 합쳐 권위와 리더십을 강화함으로써 부모의 역량을 강화한다. 초기 세션에서는 우리가 주도할 필요가 있지만, 궁극적으로 부모가 리더십을 발휘할 수 있도록 역량과 자신감을 키우는 것을 목표로 해야 한다.

다중 스트레스를 겪는 가족, 특히 한부모 가정에서는 모든 구성원 간의 팀워크가 필수적이다. 나이가 많은 자녀가 위임된 업무를 함께 수행할 수 있도록 명확하고 연령에 맞는 기대를 설정하는 것은 그들의 역량을 키우고 가족 기능을 지원하는 데 도움이 된다. 과기능하거나 저기능하는 구성원의 불균형을 재조정해야 하며, 부모가 명확하게 책임을 지고, 어떤 자녀도 과중한 부담을 지지 않도록 하며, 형제자매가 자유롭게 활동할 수 있도록 해야 한다. 주간 집안일을 공정하게 배분한 차트를 게시하는 것과 같은 구체적인 지침은 구조와 후속 조치를 강화할 수 있다. 사회적 학습 모델에 기반한 긍정적인 강화는 다중 스트레스를 겪는 가족에서 문제의 홍수와 잘못된 행동 및 처벌에 대한 집중을 상쇄하는 데 도움이 된다. 칭찬과 특권은 노력에 대한 보상을 제공하고 개인적인 책임감, 가치감, 그리고 소속감을 형성하는 데 기여한다.

압도된 가족들이 동기 부여를 받고 있는지를 평가하는 것은 잘못된 질문이다. 대신, 우리는 그들이 다양한 스트레스를 관리하고 좌절감을 줄이기 위해 어떻게 지원할 수 있을지 물어야 한다. 이미 과중한 부담을 지고 있는 부모에게 추가적인 요구를 쌓아 올리지 않도록 주의해야 한다. 끝까지 이행하지 못하는 것은 그들의 결핍감을 더욱 강화시킬 뿐이다. 그들의 상황에서 어려움을 인정하고 맥락화하는 것이 중요하다. 세션에서 부모의 혼란스러운 상황을 듣거나 한 주간 겪었던 수많은 문제에 대해 한 시간 정도라도 이야기를 나누다 보면, 우리는 압도당한 자신의 감정을 활용하여 부모의 어려움을 공감하고 그들의 노력과 인내심에 박수를 보낼 수 있다.

연결구축 및 상호지원. 압도된 가족이 분열되고 소외되면, 구성원들은 스스로 생존해야 하며, 배려와 즐거운 접촉이 부족해진다. 이러한 좌절감은 격렬한 갈등이나 파괴적인 행동으로 폭발할 수 있으며, 이는 가족 유대를 더욱 분열시킬 수 있다. 종종 무관심하고 학대를 경험하는 열악하고 소외된 생활 조건에 있는 가족들은 사회적으로 고립되고 소외감을 느끼게 되어 지원을 받지 못한다고 느낄 수 있으며, 이러한 상황은 학대와 방임으로 이어질 수 있다. 지친 부모는 자녀의 행방, 성생활, 또는 약물 및 알코올 사용에 대해 무관심할 수 있다. 일부 부모는 책임에서 도망치거나 스스로 약물 사용으로 도피하려고 한다. 절망감은 잘못된 행동을 하는 자녀를 내쫓겠다는 위협으로 이어질 수 있다. 가족과 지역사회에서 소속감을 느끼고 양육되고 소중히 여겨진다는 느낌을 받는 청소년은 행동 장애, 조기 임신, 갱단 참여의 위험이 낮다(8장 참조). 개입 노력은 가족 간의 연결, 팀워크, 상호지원, 그리고 확대 가족 및 지역사회 자원과의 연계를 촉진하는 데 중점을 둔다.

더욱 불안정한 가정에서는 취약하고 극도로 불안한 구성원들이 얽히게 되고 서로에게 집착하며 경계가 흐려지고, 생각, 감정, 욕구가 뒤섞이거나 왜곡된다. 불명확한 경계는 성적 학대와 같은 위반을 초래할 수 있다. 부모는 자녀를 부부 갈등에 얽매이게 할 수 있다. 17세의 제니는 팔에 작은 십자가를 새긴 후 자해적인 행동으로 치료를 받았다. 그녀는 부모의 격렬한 갈등에 휘말려 "십자포화 속에 갇힌 기분"이라고 말했다. 다른 형제자매들은 모든 연락을 끊거나 거리감을 두다가 다시 무력한 의존 상태로 돌아가는 패턴을 오가는데, 이는 약물 및 알코올 남용에서 흔히 나타나는 양상이다. 제니의 오빠는 (그의 표현에 따르면) "지리적 치료"를 받겠다고 하며 갑자기 집을 떠나 500마일 떨어진 외딴 지역의 오솔길에 있는 오두막으로 갔다. 그러나 그는 가족 치료를 "확인"하기 위해 돌아왔고, 세션 동안 문 근처에 조용히 앉아 다소 어리둥절한 미소를 지었다. 나중에 그는 "안전한 거리를 유지하기 위해" 약물에 취해 있었다고 말했다. 이러한 강렬하고 양가적인 애착과 충성심은 단순히 물리적 분리로 해결되지 않는 경우가 많다. 가족 치료와 개인 치료를 결합하면 구성원 간의 얽힘을 풀고 보다 차별화된 연결을 이룰 수 있도록 도와줄 수 있다.

일부 경우에는 다음의 사례처럼 가족 생활이 무섭게 통제 불능 상태로 빠져드는 경우가 있다.

워싱턴 가족은 13세와 15세의 두 형제가 기물 파손으로 체포된 후 가족 치료를 받기 위해 방문했다. 가장 최근에는 어머니의 침대에 불을 지르는 사건이 발생했었다. 조사 결과, 어머니는 반복적인 음주 및 폭력 행동 때문에 아버지를 쫓아낸 후, 17세의 큰아들에게 자신의 침실을 주고 그를 "가장"으로 임명했다는 사실이 밝혀졌다. 어머니의 원가족 관계도 알코올 남용과 폭력으로 복잡했다. 빈곤 속에서 싱글맘으로 살았던 그녀의 언니는 "모든 통제를 잃고" 어린 아이를 때려 죽였다.

치료사는 이 복잡한 역사에 압도되어 어디서부터 시작해야 할지 확신이 서지 않았다. 취약성을 강화하는 상호작용 패턴을 파악하고 변경하는 것이 중요했다. 명확한 구조가 부족하면 상황이 통제 불능 상태에 빠지게 되고, 재앙적인 두려움이 생겨난다. 폭력, 살인, 성폭력까지 어떤 일이든 일어날 수 있다. 아버지가 없는 덕분에 가정은 폭력으로부터 더 안전해졌지만, 어머니는 그의 "법과 질서"라는 권위에 의존해 왔고 스스로 책임을 지는 것이 불가능하다고 느꼈다. 게다가, 힘든 공장 일과 긴 통근으로 인해 집에 돌아왔을 때는 지쳐 있었다. 그들의 아파트는 어지럽혀져 있었고, 어머니는 거실 소파에서 자고 있었으며, 12세의 딸은 두 "야생적인" 형제와 방을 공유하고 있었다. 그들의 생활 구조는 위험을 가중시켰고 혼란스러움을 더욱 증폭시켰다.

가족의 안정성, 리더십, 그리고 경계를 강화하는 것이 중요했다. 치료사는 이러한 목표를 규범적으로 설정하며, 가장으로서 어머니의 존중과 권위를 확인하고 모든 가족 구성원의 건강한 욕구를 확인했다. 그는 직장과 가정의 "두 가지 업무"를 감당하는 성실한 싱글맘인 어머니에게 필요한 휴식을 위해 자신의 방을 되찾을 것을 강력히 권장했다. 가족 구성원들은 창의력을 발휘하여 모든 사람이 자신의 공간을 가질 수 있도록 아파트를 재배치하는 방법을 생각해 보도록 격려받았다. 다음 세션에서 그들은 매직 마커로 평면도를 그리고 가구의 그림을 잘라서 배치했다. 이 작업을 재미있게 즐기며 그들은 자신의 생활 공간을 계획하는 데 있어 통제감을 느꼈다. 치료사는 작은 창고를 비워 딸을 위한 공간으로 만들자는 어머니의 아이디어를 지지했다. 그는 10대 소녀가 형제들로부터 사생활을 보호받아야 한다는 점을 고려하여 좋은 아이디어를 규범적으로 설정했다. 어머니는 큰아들이 다시 형제들과 함께 지내도록 하여 그들을 진정시키고 숙제를 도와주도록 했다. 치료사는 그들이 침대 주변을 사진과 포스터로 꾸미고 싶어하는 열정을 지지했다. 이 사례에서처럼, 우리는 가족의 일상생활에서 그들의 창의적인 해결책을 격려함으로써 구조적 변화를 촉진할 수 있다.

비거주 부모와 확대 가족 및 사회적 네트워크. 가정의 기능이 가장 중요하지만, 비거주 부모가 자녀에 대한 약속의 신뢰성을 높이는 것도 중요하다. 특히 자녀가 서로 다른 아버지를 두고 있거나 부모가 가정에서 사라진 경우에는 연락 및 재정 지원의 양과 신뢰성에 대해 질문하는 것이 중요하다. 양육 부모와 그들의 확대 가족이 과거에 신뢰할 수 없었던 파트너에 대해 비관적일지라도, 그들의 현재 상태를 탐색하지 않고 즉시 배제해서는 안 된다(예: 그들이 안정적인 회복 상태에 있거나 안정적으로 고용되어 있을 수 있다). 관여하지 않았던 아버지들은 예상보다 더 자녀에 대해 깊은 연락을 원한다. 양육 부모의 동의가 있을 경우, 비거주 부모와 연락하여 그의 상황, 잠재적 참여 및 위험 우려 사항을 탐색할 수 있다. 긍정적인 반응이 있을 경우, 협력적인 공동 양육 방식을 촉진하는 것이 자녀에게 이익이 될 것이다(Waller, 2012). 명확하게 구조화된 단계별 절차는 닳아 버린 유대감을 다시 엮어 줄 수 있다. 신뢰성과 신뢰를 보여 주는 것이 무엇보다 중요하다. 과거에 위험이 있었던 경우, 자녀의 보호를 보장하기 위해, 신중하게 모니터링된 방문을 준비할 수 있으며 확대 가족을 포함할 수도 있다. 나의 경험상, 관여하지 않았던 부모들이 자녀의 긍정적인 성장을 지지해 주기에 너무 늦은 때는 없다.

확대 가족 네트워크는 다중 스트레스를 받는 가족들에게 중요한 생명선 역할을 하며, 여기에는 이모, 삼촌, 대부모, 비공식적인 친척들이 포함된다. 함께 거주하는 것은 재정적 걱정을 덜어 줄 수 있다. 할머니들은 스트레스를 많이 받거나 분열된 가족에서 중요한 돌봄 역할을 종종 수행한다. 우리는 또한 종종 간과되는 할아버지와 의붓할아버지의 잠재적 기여를 탐색해야 한다. 자신의 자녀에게 무관심했거나 어린 시절에 심각한 실수를 저질렀던 많은 이들은 깊은 후회를 느끼며 다음 세대를 위해 나설 기회를 환영한다. 한 도시 지역에서는 거리 범죄, 마약, 폭력이 만연한 가운데, 학교에 오가는 아이들을 보호하기 위해 할아버지 감시 그룹이 결성되었다. 이는 위험한 일상적인 통행로를 안전하게 만들기 위한 노력의 일환이었다.

의사소통 과정

명료성. 만연한 불분명한 의사소통 과정은 가족의 취약성을 심화시킨다. 부모는 말과 행동에서 더 일관성을 유지하는 데 도움이 필요할 수 있다. 메시지가 왜곡되거나 가족 구성원들이 서로의 마음을 읽을 수 있다고 생각하게 되면, 그들의 생각과 기대가 더욱 혼란스러워질 수 있다. 중요한 정보가 불분명하게 남아 있으면 불안이 증가한다. 가족이 그들의 문제 상황, 선택 사항, 목표를 명확히 하는 데 도움을 주는 것이 우선 과제가 되어야 한다.

우리는 치료적 파트너십을 정의하는 데 있어 명확하고 일관적이어야 한다: 우리의 역할과 가족 구성원에 대한 헌신; 그들이 우리에게 기대할 수 있는 것; 그리고 우리가 그들에게 기대할 것. 가능한 한 정기적이고 예측 가능한 일정으로 연락을 유지하고, 기대에 따라 행동하기 위해 최선을 다하는 것이 중요하다. 세션에서는 의사소통 규칙을 설정하고 유지함으로써 혼란스러운 가족 상호작용에 질서와 집중을 가져올 수 있다. 예를 들어, 한 번에 여러 사람이 이야기하고 서로를 방해하며 다른 주제로 벗어나는 경우, 차례를 정하는 규칙이 도움이 될 수 있다. "한 번에 한 사람만 이야기합니다. 그렇게 하면 당신 차례가 되었을 때 모두가 당신 이야기를 들을 수 있습니다." 규칙을 긍정적인 측면에서 설명하는 것이 다른 사람을 방해하는 사람을 비난하는 것보다 더 효과적이다. 부족 회의에서 사용되는 "말하는 막대기talking stick"나 장난감 마이크 같은 도구는 의사소통을 촉진할 수 있다.

감정 표현. 가족의 스트레스가 누적되면 감정 공유가 중단되거나 긴장감이 고조되어 반응성이 높아질 수 있다. 가족 구성원들이 슬픔, 분노, 좌절, 무력감, 반복적인 실망감, 두려움 등 다양한 어려운 감정을 견딜 수 있도록 돕는 것이 중요하다. 동시에 그 감정의 강도를 조절하고 서로에게 공감적으로 반응할 수 있도록 도와야 한다(Johnson, 2002). 치료사는 파괴적인 악순환을 적극적으로 중단하고 가족 구성원들이 안전하게 느끼고 부정적인 감정을 건설적이고 존중하는 방식으로 처리할 수 있도록 도와야 한다. 반복적인 부정적인 상호작용은 관계를 부식시키고 상호 이해를 차단한다. 가족 구성원들이 듣기를 멈추거나 반격하거나 철수하게 된다. 일부 가족은 불쾌한 감정을 억누르고 갈등을 피하는데, 이는 과거에 폭력이나 가족 해체로 이어질까 두려워하기 때문이다. 그러나 긴장이 고조되고 감정적 필요가 충족되지 않으면, (전부 아니면 전무의 패턴으로) 억눌린 감정의 주기적인 폭발 위험이 높아진다. 재앙적인 두려움을 이해하고 상호지원을 강화하며 가족 구성원들이 감정적 필요와 상처를 이해와 치유를 촉진하는 방식으로 표현할 수 있도록 돕는 것이 중요하다. 우리는 그들이 갈등을 관리하고 수습

하는 기술을 습득하도록 도울 수 있다. 상담 과정에서 촉진적인 기본 규칙을 설정하고 유지함으로써, 가족 구성원들이 우려를 표현하는 데 더 안전하게 느끼도록 도와준다. 민감한 문제를 보다 차분하게 논의할 수 있을 때, 불안이 줄어들고 문제를 보다 효과적으로 해결할 수 있다.

문제가 가득한 가족에서는 긍정적인 상호작용을 촉진하는 것이 더욱 중요하다. 가장 필요한 것은 서로에 대한 진정한 사랑, 감사, 그리고 고마움을 표현하는 것이다. 공유된 유머, 웃음, 즐거운 활동은 가족 생활에 활력을 불어넣고, 지속적인 요구로 인한 피로와 탈진을 상쇄한다. 우리는 부모와 자녀 모두에게 영양이 필요하다는 점을 염두에 두어야 한다. 그들은 자신의 노력에 대한 감사와 삶의 폭풍에서 벗어날 수 있는 휴식이 절실히 필요하며, 이를 통해 에너지와 기운을 회복할 수 있다. 최근 홍콩의 한 병원에서 어려움을 겪고 있는 가족과의 세션을 관찰하였다. 세션 전에, 원장이자 치료사인 웨이 융 리Wei Yung Lee와 나는 모든 가족 구성원에게 차를 제공하는 것이 흥미로운 아이디어일 것이라고 생각했다. 그녀는 편리한 차 도구가 없었기 때문에 큰 냄비에 뜨거운 물을 채워서 모든 사람을 위한 컵과 함께 쟁반에 담아 가져갔다. 의자에 털썩 주저앉아 있던 어머니는 일어나 차를 연달아 마셨고 차를 한 모금 마실 때마다 더욱 활기차게 참여하게 되었다.

협력적 문제 해결. 행동 지향적이고 구체적인 문제 해결은 다중 스트레스를 받는 가족과의 작업에서 필수적이며, 해결할 수 없는 문제의 부정적인 영향을 줄이는 데도 도움이 된다. 최우선 과제는 주거, 고용, 어린이 돌봄 또는 직업 훈련과 같은 가족의 즉각적인 필요를 다루는 것일 수 있다. 명확하고 달성 가능한 목표를 설정하고, 이를 달성하기 위한 작고 관리 가능한 단계들을 제시해야 한다. 각 성공은 더 복잡한 문제를 처리할 수 있는 능력에 대한 자신감을 쌓아 준다. 또한 치료적 관계와 가족 팀워크에 대한 신뢰를 구축한다. 과제는 스트레스를 줄이고 가족 구조를 강화하도록 설계되어야 한다. 우리는 가족 구성원들이 우선순위를 정하고 주의를 집중할 수 있도록 도와야 한다. 새로운 위기가 닥쳤을 때 발생할 수 있는 좌절이나 혼란을 정상화하고 예상할 때, 가족들은 불가피한 어려움에도 덜 낙담하게 된다. 실패란 넘어지는 것이 아니라, 계속해서 주저앉아 있는 것이다. 비록 우리와 내담자가 모든 것을 통제할 수는 없지만, 중요한 것은 다시 회복하고 노력을 배가하는 결단력이다.

치료는 가족들이 자신의 역량을 개발하도록 도와줌으로써 그들을 강화한다. 현재의 스트레스를 줄이는 것만으로는 충분하지 않으며, 문제 해결 능력을 향상시킴으로써 미래의 도전에 더 잘 대처할 수 있도록 돕는다. 초점은 현재의 문제를 해결에서 미래의 문제 예방으로 확장된다. 우리는 그들이 일이 잘못될 수 있는 방법뿐만 아니라, 그들의 노력으로 일이 잘 될 수 있는 방법을 예상하도록 격려하고자 한다.

회복탄력성 지향적인 실천에서 치료사는 가족들이 문제에서 가능성으로 초점을 전환하도록 돕는다. 딜레마를 다양한 방식으로 바라보고 선택지를 확장함으로써 가능성이 생성된다. 부정적인 행동을 줄이는 데 집중하기보다는, 가족들이 새로운 기술, 역량, 자신감을 얻도록 도와줄 때 더 성공적이다. 가능성의 예술을 숙달하기 위해, 다음 사례에서처럼, 우리는 가족들이 잘못된 상황과 바꿀 수 없는 상황에서 교훈을 얻도록 도와주고, 그들이 성공하고 앞으로 나아갈 수 있는 방법에 다시 초점을 맞추도록 돕는다.

14세 크리스털은 두 번째 가출 시도로 인해 치료를 받게 되었다. 치료사는 그녀가 어릴 적 할아버지에게 성적 학대를 당했으며, 최근에는 어머니의 남자친구인 릭에게도 성적 학대를 당했다는 사실을 알게 되었다. 크리스털의 어머니는 사건 이후 그 관계를 끝냈지만, 크리스털은 어머니가 자신을 보호하지 못했다고 화를 내며 비난했다. 치료사는 크리스털을 지지하려는 의도로 어머니를 비난하는 데 동참했지만, 상담이 끝난 후 크리스털이 약을 한 움큼 먹고 자살 시도를 하게 되었다.

가족 상담은 현재의 위기를 처리하기 위해 가족 자원을 끌어내는 데 초점을 맞추었다. 어머니는 학대에 대해 인지하지 못했거나 크리스털의 고통에 더 민감하지 못했던 것에 대해 진심으로 후회하고 있었다. 치료사는 크리스털의 고통과 어머니의 진정한 후회를 모두 인정하며, 그 경험에서 배워 이 위기에 새로운 방식으로 접근할 수 있다고 제안했다. 그녀는 어머니가 릭과의 관계를 끝낸 것을 칭찬하며, 크리스털의 행복이 최우선임을 보여 주었다고 강조하였다. 그들은 다음에 무엇을 할 수 있을지에 집중했다. 크리스털은 릭을 기소하고 싶어 했고, 어머니는 고소하기로 동의했다. 치료사는 크리스털과 어머니가 법적 절차와 재판을 겪는 동안 지원할 수 있도록 집 밖에 사는 크리스털의 두 오빠를 불러 참여시켰다.

다음 3개월 동안 치료사는 가족이 사건을 끈질기게 추적하는 과정에서 진전을 기록하고 칭찬했다. 릭이 어머니를 물러서게 하려고 압박할 때, 치료사는 어머니가 단호하게 대처할 수 있도록 지원했다. 가족 구성원들은 이 도전에 함께 나섰고, 결국 유죄 판결을 이끌어 내는 데 성공했다. 마지막 가족 상담에서 크리스털은 어머니를 껴

> 안고 어머니와 오빠들에게 고마움을 표현했다. “이번에는 정말 나를 위해 힘을 내주셨어요. 처음으로 우리 모두가 진정한 가족이 된 것 같아요.”

가족은 자신의 힘에 접근할 수 있을 때 역량 강화이 커진다. 발생한 트라우마와 고통을 인정하고 존중하면서도, 우리는 희망의 편에 무게를 실을 수 있다. 즉, 상황이 더 나아질 수 있는 잠재력을 강조하는 것이다. 우리는 긍정적인 의도를 강조하고, 충분히 활용되지 않은 강점을 발휘하며, 진전과 성공을 축하할 수 있다.

실천 과제의 숙달

가족에게 다가가기

다양한 스트레스를 겪는 가족들은 반복적인 부정적인 상호작용과 여러 시스템에서의 도움이 되지 않는 경험으로 인해 선의의 “도움제공자”에 대해 종종 좌절감, 경계심, 불신을 느끼게 된다(Boyd-Franklin, 2004). 그들의 경계심과 회의론은 노골적인 분노에서부터 상담 불참과 합의된 계획을 따르지 않는 것까지 다양한 형태로 나타날 수 있다. 그들의 행동은 “왜 신경 써야 하지? 아무것도 잘 풀리지 않고, 일하는 사람들은 왔다가 가고, 아무도 진정으로 신경 쓰지 않아.”라는 태도를 표현할 수 있다. 도움을 주는 전문가는 이러한 학습된 비관주의를 이해하고 생산적으로 연결하기 위해 모든 노력을 기울여야 한다. 이는 우리가 주저하는 가족 구성원과 함께 지속적으로 관계를 유지하려는 의지를 보여 준다. 약속을 놓친 후 다음 세션에 대한 알림 메시지를 보내는 것은 우리의 노력 의사를 전달하고 협력 관계의 연속성을 증진한다.

참여를 꺼리는 가족 구성원에게 다가가기 위해 모든 노력을 기울여야 하며, 이들의 참여는 스트레스, 위험 및 취약성을 줄이고 가족 기능과 아동의 복지를 강화하는 데 기여할 수 있다. 우리는 주저하는 아버지가 치료에 적극적으로 참여하도록 유도할 수 있으며, 이를 통해 자녀의 성공을 돕는 양육자로서의 강력한 역할과 자부심을 강조할 수 있다. 부모의 동거 파트너의 불확실한 역할은 탐색해야 하며, 위험 요소를 평가하는 동시에 취약한 상황을 안정시키고 강화할 수 있는 잠재적 자산을 지원하는 요소도 탐색해야 한다.

지속적 문제 속에서 강점 찾기

어떤 가족들은 끊임없는 위기에 처해 있는 것처럼 보인다. 체계적인 틀과 명확한 목표가 없으면 치료 세션은 모든 방향으로 흩어져 위기에서 위기로 휘청거릴 수 있다. 문제로 가득 찬 가족들이 있을 때, 병리적 요소의 끌림에 저항하고 강점을 찾는 것은 도전적이다. 가족들이 위기에 처하면, 그들의 삶에서 문제적인 측면이 부각되고 상담 전문가들도 그들과 마찬가지로 압도당하고 낙담할 수 있다. 우리는 좌절감을 느끼며 가족과의 온전한 소통을 주저하거나 변화에 대해 창의적 사고를 하지 못하게 될 수 있다. 내담자들이 우리의 희망과 헌신의 상실을 감지할 때, 그들은 치료를 포기하고 중단할 가능성이 더 높아진다. 그들의 건강한 노력을 인식하는 것은 우리에게 희망을 주며, 이는 그들의 혼란을 극복하기 위해 강점과 함께 일할 에너지를 불어넣는다. 내담자를 과소평가할 때, 우리는 그들의 숙련의 가능성을 간과하게 된다. 정말로 불가능한 경우도 있을 수 있지만, 나와 강점 중심적인 동료들의 경험은 거의 그렇지 않았다.

문제가 많은 가족 속에서도 자부심과 성취의 원천으로 삼을 수 있는 역량의 영역을 찾아 확대할 수 있다(Waters & Lawrence, 1993). 우리는 가족 구성원들이 자신의 한계에 머무르기보다는 선택과 기술을 개발하도록 격려할 때 가장 효과적이다. 치료 과정에서 우리는 무엇에 집중할지를 끊임없이 선택해야 한다. 만약 우리가 가족의 절망감과 무력감에 휘말리게 된다면, 치료는 지체된다. 모든 부적응적 반응에는 재배할 수 있는 건강한 노력의 씨앗을 포함하고 있다. 부모는 자녀가 더 잘하기를 간절히 바라기 때문에 통제를 잃고 학대하게 될 수 있다. 우리는 부모가 최선의 의도를 가지고 지속적으로 노력할 수 있도록 희망, 배려, 그리고 작은 성과를 강조해야 한다. 학대나 방치와 함께 배려가 존재하는 경우가 대부분이지만, 어떤 경우(예: 심각한 약물 중독 부모가 있는 가족)에는 시간이 지남에 따라 배려가 사라져 회복할 수 없는 경우도 있다. 그럼에도 불구하고 우리는 변화의 가능성을 포기해서는 안 되며, 친족 네트워크에서 긍정적인 자원을 찾아 새로운 시작을 지원하기 위해 단호한 노력을 기울여야 한다.

치료사에게 가장 어려운 도전 중 하나는 변화가 더딘 가족 구성원들과 공감하는 것이다. 우리는 학대적인 남성이나 자녀를 보호하지 못한 어머니를 악마화하는 유혹에 빠질 수도 있다. 문제 행동을 다루면서 우리는 개인을 병리화하려는 유혹에 저항해야 한다. 우리는 각 개인을 삶의 고난의 맥락에서 바라보며 공감을 얻을 수 있다. 지원이 부족한 한부모, 과거 성적 학대에 의해 남성에 대한 신뢰가 깨진 아내, 자신이 학대를 당한 경험이 있어 자녀를 훈육하는 방법을 모르는 아버지 등이다. 치료사가 고착된 문제를 고질적이고 불가피한 것으로 간주할 때, 이는 치료적 교착 상태에 대한 실패감을 덜어 줄 수 있지만, 동시에 내담자의 자존감과 삶의 기회를 더욱 약화시킨다. 우리는 내담자의 고난을 이해하고 치료적 장애를 용기, 인내, 새로운 팀워크가 필요한 공유된 도전으로 바라봄으로써 변화의 가능성을 열 수 있다.

위기 개입 및 위기 예방

압도감을 느끼는 일부 가족들은 치료를 응급실 서비스처럼 여길 수 있다. 그들은 위기 상황에서 나타나고, 상황이 진정되면 돌아오지 않는다. 치료사들 또한 반응적인 태도에 휘말릴 수 있다. 우리는 모두 최근의 위기와 그 여파에 휩쓸리게 된다. 한 치료사는 학대적인 남자친구에게 구타당한 위기에 처한 어머니를 상담했다. 어머니는 남자친구가 감옥에 가고 상황이 진정되자 다음 세션을 취소했다. 그러나 6주 후, 어머니가 다시 남자친구에게 구타당하면서 가족은 또다시 위기에 처하게 되었다. 치료사는 남자친구가 언제 출소할 가능성이 있는지, 그리고 남자친구가 복귀하면 어머니가 어떻게 대처할 것인지에 대해 질문하지 않았다. 따라서 사전 계획을 세우고 준비할 기회를 놓친 것이다. 그럼에도 불구하고 많은 위기는 예측하고 예방할 수 있다. 다음 파도에 앞서 나가는 것이 중요하다. 가족 면담을 구조화할 때 미래에 초점을 맞추면 문제를 더 잘 예측하고 내담자가 문제를 관리하거나 예방할 수 있도록 준비하는 능력을 향상시킬 수 있다.

문제없는 공간 만들기

가족들이 문제를 해결하기 위해 치료와 상담에 오는 만큼, 우리는 가족의 암울한 삶의 경험을 문제의 연속으로 재현하지 않도록 주의해야 한다. 비문제적이고 긍정적인 삶의 영역에 대한 대화를 장려하는 것이 중요하다. 학교와 활동, 한 주간의 하이라이트, 그리고 잠깐의 즐거운 순간에 대한 관심을 보일 때, 얼굴이 밝아지고 대화가 활기를 띠게 된다. 재미있는 순간에 함께 웃는 것은 안도감을 준다. 우리가 역량과 성공의 영역을 강조할 때, 이는 희망을 심어 주고 가족 구성원들이 문제를 넘어서는 관점을 갖도록 돕는다. 일상생활이 문제로 가득 차 있을 때, 우리는 가족 구성원들이 문제없는 공간을 구조화하도록 도울 수 있다. 가족 외출을 계획하거나 부모가 문제를 이야기하지 않는 "날"을 즐길 수 있도록 하거나, 저녁 식사 테이블이나 부부의 침실에서 싸우지 않겠다는 규칙에 동의하는 것이 가능하다.

특히, 부모가 끊임없는 요구로부터 잠시 벗어날 수 있는 시간과 활동을 구조화하는 것은 그들이 보살핌을 받고, "재충전"하며, 더 효과적으로 기능할 수 있도록 한다. 싱글맘이 다음 주 "휴무"시간을 정하도록 초대받을 수 있으며, 가족 구성원들을 동원하여 그녀의 시간과 공간이 존중되도록 할 수 있다. 또한, 이모, 삼촌과 같은 확대 가족 구성원들이 주기적으로, 심지어 작은 방식으로라도 도움을 주는 것은 지속적인 스트레스를 완화하는 데 도움이 될 수 있다.

모델과 멘토 모집하기

가장 문제가 많은 가족에서도 모델과 멘토를 찾고 참여시킬 수 있다. 형제자매는 기술을 가르치거나 숙제를 도와줌으로써 유대감을 형성하는 것처럼, 자신의 능력을 활용하여 어려움을 겪고 있는 동생들을 도울 수 있다. 부모가 부재하거나 심각한 정신 질환, 범죄 활동, 또는 약물 남용으로 어려움을 겪는 경우, 확대 가족 시스템의 다른 구성원들을 참여시키는 것이 중요하다. 예를 들어, 갱단에 연루된 형과 아버지를 둔 위험에 처한 청소년의 경우, 우리는 감옥과 갱 생활을 떠나 삶을 변화시킨 외삼촌을 소집했다. 그는 소년과 강한 멘토링 관계를 형성하고, 그의 긍정적인 삶을 지지해 주었다.

시인 마야 안젤루Maya Angelou의 삶에 대한 감동적인 이야기는 그녀가 어린 시절의 역경을 극복하는 데 있어 친족의 유대가 지닌 힘을 보여 준다(Angelou, 2004). 마야의 이혼한 부모는 약물 남용, 도박, 그리고 난잡한 성생활이 만연한 안전하지 않은 환경에 깊이 연루되어 있었기 때문에, 그들은 5세인 마야와 아들 베일리를 전국을 가로질러 할머니에게 보냈다. 남매의 강한 유대는 두 사람에게 많은 삶의 도전을 극복할 수 있는 용기와 자신감을 주었다. 그들의 할머니는 그들이 절실히 필요로 했던 안정과 안전을 제공하였다. 인종 차별이 심한 남부 농촌 지역에서 할머니는 깊은 신앙과 "가장 좋아하는 삼촌처럼" 대화했던 하나님과의 개인적인 연결을 통해 자신의 회복탄력성을 유지하였다. 매일 학교가 끝난 후, 마야는 삼촌 윌리가 운영하는 작은 식료품점에 갔고, 그는 그녀의 숙제를 검사했다. 공교육을 거의 받지 못한 가난한 사람이었던 윌리 삼촌은 다리가 불편하고 심각한 언어 장애가 있었지만, 교육을 소중히 여기며 그녀의 멘토이자 후원자가 되었다. 그는 마야에게 학업에서 최선을 다하고 인생의 높은 목표를 향해 나아가도록 격려했다. 마야는 그를 기리기 위해 시를 썼고(Angelou, 2004), 다른 이들도 자신의 관계망에서 같은 역할을 할 수 있는 '윌리 삼촌'을 찾도록 격려했다.

과거 트라우마에서 배우고 성장하기

한 세대에서 겪었던 과거 위기 상황은 다음 세대에서 다시 나타날 수 있으며, 종종 자녀가 당시 부모와 같은 나이가 되었을 때 더욱 두드러지게 나타난다. 예를 들어, 16세의 딸이 성생활을 하고 임신할까 걱정하는 어머니는 자신도 16세에 임신했을 수 있다. 가족의 현재 스트레스가 과중하면 과거의 사건을 회상하는 것이 어려울 수 있지만, 과거의 중요한 사건에 대해 배우는 것은 즉각적인 문제에 대한 통찰을 제공할 수 있다.

통합 치료 접근법에서 치료는 현재와 미래에 초점을 맞추지만, 각 가족의 과거와 연결되어 있다. 과거와 현재의 도전과 대응을 연결과 구별하는 것이 중요하다. 예를 들어, 한 아버지는 어린 시절 자신의 아버지의 긍정적인 참여가 부족했거나 사랑과 승인을 얻는 데 무력감을 느꼈을 수 있지만, 이제는 자신의 자녀에게 사랑하는 부모가 될 수 있다. 치료의 과제는 세대 간의 패턴과 연결을 드러내고, 고통스러운 과거 경험에서 교훈을 얻어 배우자와 자녀와의 관계에서 다르게 행동할 기회를 잡는 것이다. 자녀가 부모의 성장과정의 어려움에 대해 배우는 것은 도움이 될 수 있으며, 이는 부모가 자녀의 입장을 이해하는 데도 도움이 된다. 우리는 다음과 같은 질문을 할 수 있다. "당신의 부모가 제공해 주지 못했던 것 중 무엇이 필요했었나요?" "부모님의 문제 외에, 그들과의 관계에서 긍정적인 기억은 무엇이 있나요?" "이제 부모가 되었으니, 당신의 경험에서 무엇을 배워 자녀의 필요를 더 잘 충족시킬 수 있을까요?" 부모가 아픈 역사가 반복되지 않도록 조치를 취할 만큼 자녀를 걱정하는 것은 칭찬받을 만한 일이다. 우리는 그들이 최선의 의도와 자신이 갈망했던 강한 유대를 만들고자 하는 열망을 실천하도록 격려할 수 있다.

치료적 방식 결합하기

심리 교육 및 지원 집단은 가족 상담에 귀중한 보조 수단으로, 가족들이 고립감을 줄이고 상호지원 시스템을 개발하는 데 도움을 준다. 한 주택 프로젝트에서는 위기에 처한 한부모들이 스트레스 관리와 양육 문제를 위해 개별적으로 상담을 받았지만, 여러 번의 이사 후 그들은 아파트에 고립되어 이웃과 거의 알지 못하는 상황이었다. 부모들이 함께 모여 문제 해결 전략과 경험을 공유할 수 있도록 주택단지 회의실에서 매주 회복탄력성 있는 어머니 모임을 마련하고 운영하는 것은 간단한 일이었다. 또 다른 저소득층 지역에서는 라틴계 어머니들을 위한 스페인어 모임이 지속적으로 운영되어 큰 효과를 거두었다. 이 모임을 통해 그들은 상호 공감, 지원, 유머를 찾았고, 공통의 어려움에 대한 이야기를 나누며 자신감, 역량, 그리고 공동체 의식을 구축하였다(Falicov, 2013). 또 다른 유망한 접근은 지역사회에 살거나 비슷한 배경을 가진 훈련된 멘토 부모를 활용하는 것이다. 짧고 시간 제한이 있는 프로그램과 함께 월별 지원 모임을 구성하면 참가자들이 추가 세션을 위해 다시 돌아올 수 있어 가치가 있다.

약물 남용, 폭력 또는 성폭력에 대한 치료 모델은 이 책의 범위를 넘어서는 경우가 많으며, 일반적으로 다중 양식 접근을 사용한다(예: Barrett & Stone Fish, 2014; Sheinberg & Fraenkel, 2001). 학대에 대한 가족 체계 전문가들은 맥락적 접근을 촉구하며, 부부 또는 가족 치료가 안전하게 시작되기 전에 가해자에게 사회적 책임과 학대 행동 패턴을 중단하는 데 즉각적 우선 순위를 맞춘 개인 또는 집단 개입을 강력히 권장한다(Almeida & Durkin, 1999). 다양한 접근법은 관련 전문가들 간의 원활한 소통을 통해 잘 조율되어야 한다.

일은 끝나지만, 관심은 계속된다

가족이 여러 가지 반복적인 문제를 안고 있을 때, 어디서부터 시작해야 할지뿐만 아니라 어떻게 마무리해야 할지 결정하는 것은 어렵다. 그들이 삶에서 높은 스트레스를 계속 경험할 가능성이 높기 때문에, 성공은 발생하는 모든 문제를 해결하는 것이 아니라, 가족이 문제 상황을 처리하는 능력을 더욱 강화하는 것으로 정의되어야 한다. 우리는 가족 구성원들이 앞으로의 도전을 관리하고 극복할 수 있는 더 강력한 개인적 및 관계적 자원을 갖추도록 목표를 설정한다.

우리의 치료적 파트너십이 의미가 있을 때, 그것을 끝내는 것은 내담자의 다른 고통스러운 상실로 인한 강렬한 감정을 재활성화할 수 있다. 이는 과거의 버림받음에 대한 기억과 자신이 사랑받을 수 없거나 부모나 배우자를 멀어지게 했다는 생각을 불러일으킬 수 있다. 우리는 불안과 좌절을 예상하고 탐구해야 하며, 가족이 이를 실패의 징후로 보지 않도록 도와야 한다. 치료사나 기관이 가족이 준비되지 않은 상태에서 관계를 종료해야 할 경우, 우리가 그들을 걱정하지 않는다는 것을 의미하지 않는다는 점을 명확히 하는 것이 중요하다.

마무리할 때, 각 가족 구성원과 전체 가족에 대해 우리가 가장 감사하게 생각하는 점을 전달하는 것이 중요하며, 그들이 이룬 진전과 그들이 앞으로 이룰 수 있다고 믿는 추가적인 성과를 언급해야 한다. 미래에 문제가 발생할 가능성을 정상화함으로써, (1) 이것이 우리가 함께한 작업이 실패했다는 것을 의미하지 않으며, (2) 앞으로 우리 또는 다른 도움을 주는 전문가와의 만남이 새로운 도전에 대응하는 데 유익할 수 있다는 점을 강조하는 것이 중요하다. 가족이 다른 치료사나 기관으로 전환될 경우, 좋은 연결을 촉진하는 것이 중요하다. 취약한 가족의 경우, 세션 간의 시간을 점진적으로 늘리는 것이 도움이 될 수 있다. 이는 가족 구성원들이 과정에서 어느 정도의 통제와 예측 가능성을 경험하고, 자신의 능력에 대한 자신감을 점점 더 키울 수 있도록 하며, 치료사는 여전히 그들이 더 심각한 어려움을 피하고 성과를 유지할 수 있도록 도와줄 수 있다. 마지막 세션은 가족이 이룬 모든 성과를 축하하는 것으로 기념될 수 있다.

가정 기반 서비스

가족이 스트레스를 받거나 직장 때문에 장거리 통근을 하는 경우, 지역사회 기반 서비스와 가정 기반 서비스는 쉽게 접근할 수 있어야 한다(Madsen & Gillespie, 2014). 치료사는 가족 구성원들의 참여를 유도하고 그들의 노력과 성과를 지속적으로 유지하기 위해 상담 일정을 조정하는 데 추가적인 노력을 기울여야 한다. 가정 방문은 가족 구성원들에게 자신이 노력할 가치가 있다는 것을 보여 준다. 또한, 다음 사례에서처럼 가족의 생활에서의 내재된 위험과 잠재적 자원을 명확하게 파악할 수 있는 기회를 제공한다.

12세의 외아들 지미 먼로는 어머니 샤를레인과 그녀의 오랜 남자친구 알 스티븐스와 함께 살고 있었다. 9개월 전, 지미의 어머니는 급성 정신증 발작으로 한밤중에 베개로 지미를 질식시키려 했다. 그 후 지미는 어머니가 입원하여 약물로 안정될 동안 이모와 함께 살았고, 이제 다시 집으로 돌아왔다. 샤를레인은 지미의 새 사회복지사와의 약속을 여러 차례 지키지 못했고, 사회복지사는 가정 방문 일정을 잡았다. 사회복지사가 아파트에 다다르자 갑자기 앞쪽 커튼이 내려졌고, 노크를 했지만 아무도 대답하지 않았다.

집단 슈퍼비전에서, 사회복지사는 그날 오후 다시 가정 방문 일정을 잡도록 권유받았다. 이번에는 샤를레인이 목욕 가운을 입고 다소 흐트러진 모습으로 문을 열었지만, 그녀를 안으로 초대했다. 사회복지사는 지미의 예술 작품 몇 점을 보여 주며 그의 창의성을 칭찬했다. 샤를레인은 조금 마음을 열고 커피를 권했고, 주방에서는 남자의 목소리가 들렸다. 사회복지사가 동거 남자친구를 못마땅하게 여길 수 있다고 가정할 것 같아, 상담사는 먼저 나서서 "아, 알 스티븐스 씨 맞으세요? 지미가 스티븐스를 정말 좋아한다고 말했어요."라고 먼저 질문했다. 알이 조심스럽게 방에 들어오자, 사회복지사는 그를 친절하게 맞이하고 샤를레인의 동의를 얻어 대화에 참여하도록 초대했다. 사회복지사는 지미의 프로그램과 상담사로서의 자신의 역할에 대해 설명하며 대화를 시작했다. 그녀는 그들과 만나는 이유를 설명하고, 이 프로그램에서 가족들이 적극적으로 아이들의 성공을 지원할 때 가장 잘 성장한다는 것을 발견했다고 말했다. 그녀는 정기적인 만남을 통해 지미의 진행 상황을 알리고, 가족들이나 지미의 걱정에 답하고, 지원 팀으로서 함께 일할 것이라고 말했다. 그녀는 그들의 질문에 답하고, 그녀에게 연락하는 방법을 알려주었다. 그들은 순조롭게 시작했다. 샤를레인은 사회복지사가 다시 와 준 것에 감사했고, 알은 해 질 녘에 동네가 조금 어수선할 수 있다며 그녀를 버스 정류장까지 데려다 주겠다고 제안했다. 그녀는 그의 제안을 수락하고 그를 더 잘 알 기회를 가지게 되었다.

매 세션 후, 알은 사회복지사를 버스 정류장까지 데려다 주었고, 때때로 샤를레인에 대한 우려를 이야기했다. 그는 야간 근무를 하고 있었고, 샤를레인이 밤에 공황 상태에 빠지고 잠을 잘 이루지 못하는 것에 대해 걱정했다. 샤를레인은 그가 돌아올 때까지 TV를 켜 놓고 앉아 있는 경우가 많았고, 그 후로는 거의 하루 종일 잠을 잔다고 했다. 처음에 샤를레인의 약물 조정이 이루어져 그녀가 밤에 더 깊이 잘 수 있도록 했다. 사회복지사는 알과 함께 그가 아침 근무로 전환할 수 있는 방법을 탐색하고, 지미와 함께 시간을 보내는 것에 관심을 갖도록 격려했다. 저녁 식사와 주말 외출이 규칙적으로 이어지면서 그들의 "가족"이라는 느낌은 더욱 강해졌다.

그 후 대화는 미래의 희망과 꿈, 그리고 그것을 향해 나아갈 방법에 대해 탐구했다.

샤를레인과 알은 더 안전한 구역의 더 큰 아파트로 이사하고 싶어했지만, 재정적으로 어려운 상황이었다. 샤를레인은 취직을 꿈꿨지만, 기술과 교통 수단이 부족하여 도전에 어려움을 겪었다고 말했다. 그들은 함께 동네에서 가능한 일들에 대해 브레인스토밍을 했다. 한 달 후, 샤를레인은 근처의 편의점에서 파트타임 직장을 구하게 되어 사회복지사를 놀라게 했다. 직장, 급여, 그리고 사회적 접촉 덕분에 그녀의 기능과 자존감이 향상되었고, 그 결과 그녀는 자신과 지미를 더 잘 돌보게 되었다. 알과 샤를레인은 새로운 수입을 어떻게 쓸지에 대해 장난스럽게 서로를 놀리기도 했다. 학기 동안 지미와 가족은 꾸준히 발전하였고, 매달 후속 상담은 상황을 잘 유지하는 데 도움이 되었다. 가족은 지미가 친구들과 안전하게 밖에서 놀 수 있는 더 큰 아파트로 이사했다.

전문가의 끈질긴 노력은 가족 내에서 중요한 구조적 및 상호작용적 변화를 가져오는 데 강력한 힘이 될 수 있다. 앞의 사례의 경우, 상담팀의 지지적인 격려는 상담자 자신의 인내심을 더욱 강화하였다.

매드슨(Madsen, 2011)이 말하듯이, 가정 방문은 매우 구조화된 사무실 방문보다 더 "어수선할" 수 있다. 생산적인 환경을 위한 우선 사항은 상대적으로 조용하고 작업 가능한 공간을 만드는 것이며, 방해를 방지하기 위해 경계를 설정하는 것이다. 이 과정에서 가족의 협력을 이끌어 내면 치료적 파트너십의 기초가 마련된다. 우리는 부모에게 나이 많은 자녀에게 전화를 받거나 아기를 돌보도록 요청할 수 있다. 가정 세션을 구조화하는 것은 혼란의 바다 속에서 작은 평온의 섬을 만드는 것이다. 치료사의 사무실이라는 인위적인 환경과는 달리, 이는 일상 생활에서 스트레스 폭격에 대해 더 많은 통제를 얻는 것이 가능하다는 것을 보여 준다.

가족, 위탁 가족, 친족 돌봄: 협력적 접근

위탁 가정 및 친족 돌봄 배치는 취약한 아동을 즉각적인 위험으로부터 보호하는 데 필수적일 수 있다. 바람직하게는, 아동이 확대 가족 구성원, 특히 할머니와 같은 공식적 또는 비공식적 보호자와 함께 배치되는 것이 가장 좋다(Engstrom, 2012). 가족 체계적 개념과 방법은 전문가들이 가족의 역량을 강화하고 가정 간 협력을 증진하는 데 더 효과적으로 작업할 수 있도록 도와준다. 회복탄력성 기반의 재통합 프로그램은 반복적인 배치의 위험을 완화하고 낮출 수 있다(Thomas, Chenot, & Reifel, 2005).

협력적 배치 결정: 가족 회의

아동 배치를 고려할 때, 신중한 체계적 평가를 통해 명백하고 현재적인 위험이 있는지 여부뿐만 아니라, 필수적인 보호, 돌봄 및 지원을 제공하기 위해 확대된 친족 자원을 동원할 수 있는지 여부를 판단할 수 있다. 가족 구성원이 배치 결정에 참여할 때, 그들은 아동에게 가장 좋은 배치 방안을 지지할 가능성이 높아진다. 협력적 과정은 아동이 가족의 통제를 넘어서는 외부 세력에 의해 분리되고 있다는 느낌을 줄이고, 임의적인 법원 결정의 위험을 감소시킨다. 또한, 가족 구성원이 위탁 가족과 협력하고, 아동과 지속적인 접촉을 유지하며, 성공적인 배치 경험에 투자하도록 장려한다. 아동에게는, 비록 떨어져 살더라도 이러한 지속적인 유대가 중요한 생명선이 될 수 있다.

마오리 문화의 영향을 크게 받은 뉴질랜드의 한 모범 프로그램에서는 부족회의와 유사한 가족 회의를 소집하여 확대 가족 내 가장 강력한 자원을 모아 귀중한 의견을 수렴한다. 전문가와 가족 구성원은 함께 다양한 선택지를 검토하고, 친족 및 지역사회 자원을 평가한다. 아동 배치에 대한 모든 결정은 부모의 인간성, 존엄성, 그리고 그들이 삶을 변화시킬 수 있다는 희망을 빼앗지 않고 이루어져야 한다.

중요한 연결 유지하기

전통적으로 위탁 돌봄은 아동을 역기능적 가족으로부터 구출하는 수단으로 여겨져 왔다. 이는 부모와 위탁 보호자를 적대자로 설정하며, 나쁜 부모 대 좋은 부모의 구도를 만든다. 우리는 위탁 가족과 생물학적 가족을 적대자로 보지 말고, 자녀의 복지에 대한 우려를 공유하는 협력자로 보아야 한다. 마오리족은 확대 가족 내에서 시행되는 전통적인 위탁 돌봄 및 입양 형태인 훙아이whāngai를 가지고 있으며, 이는 문자 그대로 "먹이를 주다"라는 의미이다. 생물학적 가족과의 유대는 유지되며, 친척들이 양육 및 멘토링 역할에 적극적으로 참여한다(Waldegrave et al., 출판 예정).

배치 기간 동안 중요한 관계의 연속성을 유지하는 것이 우선 사항이어야 한다. 부모, 형제자매 및 확대 가족 구성원과의 모든 유대를 끊지 않음으로써 추가적인 트라우마를 예방할 수 있다. 이는 살바도르 미누친Salvador Minuchin이 "가족을 해체하는 것"이라고 비판한 일반적인 관행이다(Minuchin et al., 2007). 성공적인 배치는 아동을 보호하고 그들의 직계 및 확대 가족 구성원, 그리고 지역사회, 문화 및 영적 연결과의 일부 유대 관계를 유지하는 데 달려 있다. 우리는 아동이 부모와의 모니터링된 접촉, 다른 친척과의 방문, 전화 통화, 카드, 인터넷 연결 등을 통해 중요한 유대를 지속할 수 있는 방법을 찾아야 한다. 캘리포니아의 한 모범 프로그램에서는 수감된 부모가 가족에게 비디오 메시지를 보낼 기회를 신청하며, 이는 대개 자녀에게 진심 어린 사랑의 메시지를 전달한다. 직접적인 접촉이 불가능할 때에도 아동이 가족 역사와 유산에 대한 이야기, 사진 및 기념품을 갖는 것이 중요하다. 부모, 형제자매 또는 조부모의 목걸이, 스카프 또는 좋아하는 셔츠는 소중한 "소속감"이 될 수 있다. 한 소녀는 어머니의 잠옷을 스카프처럼 두르고 밤에 잘 잘 수 있도록 했다. 나이가 많은 아동은 현재의 경험과 과거의 기억을 기록하고 미래에 대한 희망과 꿈을 표현하기 위해 일기나 저널을 쓰도록 격려받을 수 있다.

재통합의 과도기적 혼란 다루기

아동이 집으로 돌아올 때의 과도기적 어려움은 다음의 사례처럼 체계적 관점에서 접근해야 한다.

> 8세의 테렐은 코카인 중독과 방치로 인해 세남매와 함께 어머니의 양육권을 잃고 외할머니의 보호를 받게 된 후, 2년 동안 "분리 불안"을 호소하며 한 기관에서 개인 치료를 받았다. 어머니는 회복 노력의 일환으로 남자친구와의 학대적인 관계를 청산했다. 약물 치료 후원자의 지원과 격려를 받으며 그녀는 약물에서 벗어나 공적 지원을 받지 않고 직장에 들어갔으며, 최근에는 자녀의 양육권을 되찾았다.
>
> 최근 한 달 간의 전환 기간 동안, 테렐은 점점 너 불안해졌다. 어머니를 되찾으면서 아이들은 이제 할머니를 잃게 되었다. 어머니는 법원에서 자녀의 양육권 이전을 한 것에 대해 할머니에게 여전히 분노를 느끼며, 아이들의 접촉을 차단했다. 할머니가 가까운 아파트로 이사하여 가까이 유대하려 했지만, 아이들은 상실감과 충성심으로 갈등하며 더욱 고통스럽고 혼란스러워했다.
>
> 테렐의 치료사는 대기실에서 어머니가 지쳐 보이는 것을 보고 그녀의 상태를 물었다. 그녀는 "스트레스를 받고 있다"며 힘든 직장을 그만두려고 한다고 말했다. 힘든

상황을 관리하기 어려운 그녀는 재발의 위험이 높아지고 자녀를 다시 잃을 수 있는 상황에 처해 있었다. 압도당하고 지쳐 있었지만, 그녀는 자신을 위한 치료를 거부하며 시간이 없다고 말했다.

이러한 위기 상황에서, 나는 가족 회복탄력성 관점에서 상담을 요청받았다. 이 전환기를 안내하기 위해서는 체계적 접근과 몇 가지 기본적인 구조적 개입이 필요했다. 원래 제기된 문제인 테렐의 분리 불안은 최근 할머니와의 접촉이 차단되면서 분명히 심화되었다. 형제자매들도 갑작스러운 상실로 고통을 받고 있었고, 어머니에게 짜증을 내고 반항적이었다.

가족 개입은 먼저 어머니와 할머니 간의 긴장된 관계를 회복하는 데 초점을 맞추었다. 두 사람 모두 어머니가 과거의 약물 문제를 극복하기 위해 성공적으로 노력한 점과 할머니가 그녀의 부재 동안 아이들을 훌륭하게 돌본 점을 인식하는 것이 중요했다. 현재의 위기는 정상화되고 맥락화되었다. 그들은 모두 애착, 가정, 양육 역할 및 직무 요구의 변화와 함께 스트레스가 많은 전환기를 겪고 있었다. 치료는 그들의 변화하는 역할 관계를 협상하여 아이들이 두 가지 애착을 지속할 수 있도록 하고, 어머니가 풀타임 직장을 관리하면서 양육의 어려움에 대처할 수 있도록 지원하는 데 중점을 두었다.

어머니와 할머니는 아이들의 사랑과 충성심을 두고 경쟁하는 것과 권위 및 능력에 대한 갈등에서 협력적인 관계로 전환하도록 도움을 받았다. 치료사는 가정 간 협력할 수 있는 방법을 브레인스토밍하도록 촉진했으며, 어머니가 주 양육자로서 책임을 지고 할머니가 그녀의 노력을 지원하는 구조를 마련하였다. 그러나 어머니에게 도움을 요청하는 것은 그녀가 다시 "실패했다"는 신호로 여겨졌고, 실패, 비난, 수치심으로 점철되었다. 이 시점에서 할머니의 역할을 재구성하는 것이 중요했다. 즉, 결함이 있는 어머니로부터 아이들을 구하는 것이 아니라, 딸이 아이들과 직장에서 성공할 수 있도록 최선을 다하는 것을 지원하는 것이었다. 그들은 할머니가 방과 후와 주말 몇 시간 동안 아이들을 돌봐 주는 방식으로 아이들과의 유대를 지속하고 어머니에게 필요한 휴식과 지원을 제공하기로 했다.

이 사례가 보여 주듯이, 재통합 과정에서 전환 기간은 신중하게 계획되어야 하며, 아동과 양육자가 귀환 전후 몇 주 동안 준비할 수 있도록 해야 한다. 부모 방문은 잘 구조화되어 점진적으로 증가해야 하며, 감정적 혼란이 예상되므로 잠재적인 위기에 대한 대처 방안도 마련해야 한다. 전환 후 구조적 변화(예: 가정 변화, 역할 관계 및 아동 돌봄 배치)는 예상되는 스트레스를 완화하기 위해 계획되어야 하며, 각 상황에 맞게 조정되어야 한다. 스트레스가 많은 전환 기간 동안 집중적인 개입을 한 후에는 매달 세션으로 이어질 수 있다. 양육 그룹, 교육, 직업 훈련 및 주택 추천 등 다양한 지원 서비스가 필요할 수 있다. 가족 관계에서 초기 "허니문" 기간이 지나면, 약물 남용 재발, 학대적인 파트너의 귀환, 방임 행동 또는 스트레스가 많은 가족 생활에 대한 환멸로 인해 위험이 증가할 수 있다. 주기적인 지속적 만남은 성과를 공고히 하고 위기 및 추가적인 혼란스러운 배치를 예방하는 데 도움이 된다.

치료적 파트너십 구축

다중 스트레스를 겪고 있는 가족과의 작업에서, 우리는 전통적인 치료 관점과 우리의 역할을 재구성해야 한다. 가족이 힘든 상황에 처해 있을 때, 그들이 "동기 부여"를 받을 때까지 기다리기보다는 적극적이고 동원 가능한 입장을 취하는 것이 중요하다. 창의성, 구조적 유연성, 다양한 개입을 포함하는 실용적인 접근 방식이 가장 유용할 수 있다. 우리는 촉진자, 옹호자, 협력자 역할을 할 수 있으며, 모델이자 양육하는 멘토로서의 역할도 수행할 수 있다. 우리는 우리의 경험을 바탕으로 유사한 상황에서 성공한 다른 사람들의 사례를 제시하여 새로운 관점과 희망을 제공할 수 있다.

비록 압도된 가족 구성원들이 전문가가 그들의 문제를 해결하거나 구해 주기를 바랄 수 있지만, 협력적인 접근 방식은 필수적이다. 가족에게 다가가 적극적으로 참여하면서도, 우리는 현실적인 한계를 가진 돌봄과 헌신의 관계를 모델링해야 한다. 긴급한 필요에 대한 지원을 위해 그들 자신의 친족 및 지역사회 네트워크에서 잠재적 자원을 동원하도록 도와줄 때 가족은 힘을 얻는다. 우리는 압박감 속에서도 실제적인 관계를 강화함으로써 최선을 다할 수 있다. 문화적 및 영적 자원 또한 회복탄력성의 원천이 될 수 있다.

취약하고 다중 스트레스를 겪고 있는 가족을 위한 회복탄력성 지향적 접근의 일반적인 목표는 다음과 같다.

- 의심, 거부, 실패 및 위축의 악순환 극복하기

- 직접적이고 정직하며 존중하는 의사소통을 통해 신뢰하는 파트너십 구축하기
- 가족들이 스트레스를 줄이고 다양한 요구와 목표의 우선순위를 정하도록 돕기
- 각 가족의 잠재력을 믿고, 자신의 상황을 개선하고 오래된 문제를 극복할 수 있다는 희망과 자신감을 심어 주기
- 문제를 해결하고 위기를 피하며 스스로를 옹호하는 능력을 향상시키기

이러한 목표를 달성하기 위해, 우리는 강점 기반 가족 치료 접근에서 다양한 기법을 활용할 수 있다. 궁극적인 목표는 가족 구성원들이 유대감을 강화하고, 자신의 능력과 가치를 믿으며, 더 나은 삶을 위한 장벽을 극복할 수 있는 능력을 갖추도록 돕는 것이다.

14장

재연결과 화해
: 관계적 상처 치유

미래는 공동의 열망으로 우리를 하나로 묶어 주는
관계와 공동체를 구축하는 능력에 달려 있다.

_ 달라이 라마Dalai Lama, 《다양성의 조화》

나는 종종 회복탄력성이 있는 사람으로 여겨졌고, 나 자신도 그렇게 보게 되었다. 나는 본질적으로 회복탄력성이 있기 때문에 가족의 역경과 결핍에도 불구하고 스스로를 "일으킬 수 있다"는 일반적인 믿음을 받아들였다. 많은 사례 연구에서 등장하는 역기능 가족 출신의 회복탄력성이 있는 사람들처럼, 나는 전통적인 통념을 따르며 집을 떠난 후 가족과의 접촉을 피했다. 대학을 졸업한 후, 나는 "지리적 치료"를 선택하여 세계의 반대편으로 여행하고, 다시 돌아와서 중간 지점에 정착했으며, 집에는 짧은 방문만을 했었다. 대공황을 극복하지 못한 아버지가 전화 옆에 계란 타이머를 두고 있었기 때문에 매주 전화 통화는 더 쉬웠다. 3분이 지나면 그는 "자, 시간 다 됐다!"고 외치며, 통화 중간에 대화가 끝났다.

임상 수련을 받는 동료들처럼 나도 심리치료를 받았고, 그 치료는 부모의 결점을 중심으로 진행되었으며, 치료사는 그들의 모든 말과 행동의 부정적인 의미를 탐구하며 이를 목록화하고 다듬었다. 그러나 나중에 강점 지향적인 체계적 관점을 통해 새로운 시각을 얻으면서, 나는 나의 회복탄력성이 가족이 겪은 어려움과 그 속에 숨겨진 강점 덕분에 형성되었다는 것을 깨달았다. 이러한 어려움을 통해 나는 "정상적인 가족"과 평온하고 "이상적인" 환경에서 성장했더라면 가질 수 있었던 것보다 더 강인하게 성장하게 되었다.

그러나 개인의 회복탄력성과 자립성, 그리고 가족과의 단절 간의 연관성은 아동 발달 및 정신 건강 분야에서 만연해 왔다. 종종 치료사, 회복 운동, 또는 선의의 친구들의 권유로 사람들은 가족과의 접촉을 피하고 가족을 절망적으로 역기능적이며 관계적 회복은 불가능하다는 고정관념으로 바라보게 된다. 그들의 가족 구성원에 대한 이미지는 초기 생애 드라마에서 상처받고, 한심하며, 파괴적인 인물로 마치 돌에 새겨진 것처럼 각인되어, 그들은 다른 관계로 옮겨간다. 비슷한 방식으로, 사람들이 결혼이나 다른 중요한 관계를 떠나면서 이전의 파트너를 버리고 그들을 악마화하며 새로운 관계에 뛰어들어 새롭게 시작한다.

어떤 사람들은 가족과의 거리를 두는 것을 이해할 수 있는 생존 전략으로 삼고 있으며, 이는 지속적인 갈등, 학대 또는 다른 극단적인 상황에서 바람직할 수 있다. 그러나 대부분의 경우, 단절은 개인의 회복탄력성이나 우리가 구축하는 미래의 관계를 위한 필수적이거나 최적의 경로가 아니다. 우리 문화가 회복탄력성을 단순히 문제를 뒤로하고 앞으로 나아가는 것으로 잘못 이해하는 것처럼, 이러한 단절과 도망치는 해결책은 단기적인 안도감을 줄 수 있지만, 장기적으로는 해결되지 않은 문제와 관계 문제를 해결하는 데 대한 비관적인 시각을 남기며, 이는 삶의 여정에서 짐으로 남아 다음 세대에 전해질 수 있다. 이러한 단절은 우리의 마음과 삶의 구조에 구멍을 남긴다.

내 경험에 따르면, 오래된 상처를 치유하려는 노력을 통해 내면의 온전함, 깊고 지속적인 유대감, 그리고 인류 공동체와의 연민 어린 연결을 더 잘 얻을 수 있다. 심각하게 문제가 있는 젊은 성인들의 가족들을 대상으로 한 초기 연구에서, 나는 소위 "역기능적" 가족들이 역경 속에서도 드러내는 강점에 놀라곤 했다. 실무 경험에서도, 나는 가장 문제가 많은 관계에서도 긍정적인 변화가 일어날 수 있다는 것을 여러 번 발견하였다. 관계 수리relational repair에 대한 나의 장려는(이 책 전반에 걸쳐 표현된 바와 같이), 우리가 과거의 역경에 대한 새로운 관점을 얻고, 우리를 아프게 하거나 실망시킨 사람들의 어려움과 강점, 그리고 한계를 이해하며, 유대를 회복하기 위해 최선을 다하고, 이러한 경험의 전체를 우리의 삶과 관계에 통합할 때 회복탄력성이 강화된다는 확신에 기반하고 있다

이 마지막 장에서는 재연결과 화해의 가능성을 보여 주는 지침 원칙과 사례를 제공한다. 이러한 과정은 가족의 상처를 치유하기 위한 노력으로 설명되며, 아픈 이별이나

이혼 후 가족 관계와 관련된 상황에도 적용될 수 있다(9장 참조). 과거의 원한에 대한 어려운 딜레마도 고려된다. 용서와 관계 회복이 요구되지 않거나 불가능할 때조차도, 개인의 치유와 성장의 기회는 예상보다 더 큰 경우가 많다. 이 논의 전반에 걸쳐, 나는 개인적인 목소리뿐만 아니라 전문적인 목소리로 이야기하기로 선택했으며, 치료사와 내담자를 과거의 고통스러운 경험을 받아들이고 앞으로 나아가며 미래를 위한 유산을 남기기 위해 고군분투하는 "우리"의 입장에서 연결하고자 했다.

치료사, 당신의 관계를 치유하라: 개인적 여정과 성찰

치료사가 내담자의 오랜 관계 패턴에 대한 비관과 불안을 극복하도록 돕기 위해서는, 대부분의 경우 어느 정도 변화가 가능하다는 확고한 믿음을 가져야 한다. 그러나 우리 스스로가 관계에서 변화에 대한 희망을 포기했다면, 이러한 확신을 갖는 것은 어려울 수 있다. 마찬가지로, 치료사가 유사한 장애물에 갇혀 있거나 자신의 통제를 벗어난 상황을 받아들이지 못한다면, 내담자 부부 또는 부모-자녀 유대를 회복하도록 돕는 것은 어려울 수 있다. 그러나 관계의 파탄 후 깊은 이해와 합리적인 화해에 도달했을 때, 치료사는 그들의 어려운 경험을 유용한 방식으로 활용할 수 있다. 흥미롭게도, 치료사의 현재 관계 회복 상태와 불만의 화해를 추구하는 부부 및 가족의 치료 결과 간의 상관성을 다룬 연구는 아직 없다. 나의 개인적인 노력이 다른 이들에게 영감을 줄 수 있기를 바라며, 부모를 더 잘 이해하고 관계를 변화시키기 위한 노력에서의 경험을 공유하고자 한다. 임버-블랙Imber-Black(2012)이 확인했듯이, 가족의 역사와 비밀을 드러내는 것은 불안을 초래할 수 있지만, 강력한 치유 효과를 가져올 수 있다.

아버지와의 재연결: 그의 역경, 고난, 회복탄력성 배우기

나의 초기 연구와 실천 경험은 가장 문제가 많은 관계에서도 긍정적인 변화가 일어날 수 있다는 확신을 주었지만, 유일한 예외가 있었다. 바로 내가 포기한 아버지와의 관계였다. 나는 전문적인 입장과 개인적인 입장 사이에서 불편한 불일치를 느꼈다. 다른 가족의 강점과 변화 가능성을 강조하면서도, 아버지를 희망 없는 사람으로 치부하고 있었다. 수년 동안 나는 아버지에 대한 실망, 분노, 그리고 수치심을 안고 살았다. 그는 다리를 절뚝거리는 수줍고 겸손한 분이었다. 그는 "너무 큰 기대를 하지 마라. 그러면 절대 실망하지 않을 것이다"는 신념을 가지고 있었다. 그는 적은 것으로도 살아갔고, 사회적 지위와 재정적 성공에 감명을 받는 우리 가족과 지역사회의 다른 사람들로부터 실패자로 여겨졌다. 나는 그에 대한 이러한 시각을 받아들이고 아버지의 뜨거운 수치심을 느꼈다. 분명 이제 내 가족 관계에 대해 작업할 때였다.

나는 머레이 보웬Murray Bowen과 상담할 수 있는 행운을 가졌고, 그 시기에 가족 관계를 개선하기 위해 노력하고 있던 가까운 친구이자 동료인 모니카 맥골드릭Monica McGoldrick과 함께 고민을 나눌 수 있는 두 배의 축복을 받았다. 우리는 서로를 지지하며 희망을 잃지 않고 인내할 수 있도록 격려했다. 우리의 유대감은 변화 노력에서 회복탄력성의 원천이 되었다.

아버지와 다시 관계를 회복하기 위해 보웬의 재연결 기술을 연습할 많은 기회를 가졌다. 어머니가 돌아가신 이후 4년 동안 그를 방문하지 않았기 때문이다. 내가 전화를 걸어 아버지를 보러 비행기를 타고 가고 싶다고 말했을 때, 그는 기뻐하는 대신 퉁명스럽게 "내가 네 항공료를 내줄 거라고 기대하지 마라"고 말했다. 나는 깊이 심호흡을 하고 그러지 않겠다고 말했다. 나의 방문이 기쁘지 않은 듯, "일이 많아서 너와 보낼 시간이 별로 없을 거야. 그리고 아파트는 엉망이야"라고 말했다. 나는 더 깊이 심호흡을 하고 "괜찮아요. 친구 집에 머물 생각이었어요. [이는 집에 머무는 일반적인 규범에서 벗어난 것이었다.] 일이 끝난 후 저녁에 만날 수 있으면 좋겠어요."라고 말했다. 그러자 그는 "아, 너는 친구들을 보러 오는 거구나."라고 반박했다. 이 시점에서 나의 분노가 치밀어 올랐다면 또 한 번의 실패한 시도로 치부하고 포기하기 쉬웠을 것이다. 나는 이렇게 엄청난 노력을 하고 있는데, 아버지는 고마워하지도 않고 절망적이었다. 하지만 나는 방어적이거나 짜증 내지 않으려 애쓰며, 나의 가장 큰 바람은 아버지를 만나는 것이라고 다시 한번 강조했다. 전화는 어떤 격려도 없이 끝났지만, 나는 계속해서 계획을 진행했다. 비행기가 정오에 도착했을 때, 아버지는 공항 게이트에서 나를 기다리고 있었고, 우리가 함께 시간을 보낼 수 있도록 병가를 냈다는 사실에 놀랐다.

재연결을 시도할 때 우리는 주도권을 잡고 즉각적인 반응이 실망스러울 경우 반응하지 않도록 유의해야 한다. 보웬의 방식에서는 상대방을 변화시키려는 것이 아니라, 우리가 관계를 맺는 방식을 변화시키려는 것이며, 이는 대개 상호작용에서 새로운 가능성을 열어 준다. 또한 아버지의 입장을 이해하려고 노력하는 것이 매우 중요했다. 나는 재연결을 위해 개인적으로 노력해 온 지 꽤 되었고, 내 전화는 아버지에게 갑작스러운 것이었으며, 당신의 감정을 보호하기 위해 방어적으로 반응했다("너무 많은 기대를 하지 않으면 실망하지 않을 거야."). 내가 깨닫게 된 것은, 아버지는 특히 이제 홀로 남겨진 상태에서 외동딸인 나를 몹시 그리워했다는 것이었다. 나는 아버지 입장에서 생각해 보려고 했다. 나는 왜 지금 전화를 했을까? 내가 아버지에게서 원하는 것이 있는가? 내가 친구들을 만나고 싶어서 단지 "예의"로 전화를 한 것일까? 수년간 아버지에게 느꼈던 실망감과 불편함을 생각할 때, 내가 아버지를 걱정하고 실제로 보고 싶어 한다는 것을 아버지는 어떻게 알 수 있을까?

아버지와의 재연결을 위한 노력은 내게 기대 이상으로 많은 혜택을 가져다 주었다. 이후 몇 년 동안 연락을 주고받을 때마다 가끔 마찰이 있긴 했지만 우리의 관계는 더욱 깊어졌다. 아버지는 조용한 사람이었고 문제나 고통스러운 주제에 대해 이야기하는 것을 좋아하지 않았다. 아버지와 우리 가족은 과거에 대해 결코 이야기하지 않았다. 내가 그의 삶에 대해 더 알고 싶다는 진정한 관심을 보이고, 여러 번의 방문을 통해 끈질기게 설득한 끝에야 아버지는 당신의 어린 시절 이야기와 그가 겪었던 고통과 놀라운 회복에 대해 털어놓기 시작했다.

아버지는 그의 절름발이에 대해 결코 이야기하지 않았다. 어머니는 그것이 청소년기 스포츠를 하다 생긴 부상이라고 생각했다. 가족 결혼식에서 충분히 샴페인을 마신 삼촌을 붙잡고 나는 더 많은 이야기를 들을 기회를 잡았다. 그는 먼저 아버지가 유아 시절에 높은 의자에서 떨어져 엉덩이를 다쳤다고 말했다(나중에 알게 된 것은, 아버지가 선천적인 고관절 탈구가 있었고, 유전적 장애의 낙인이 있었기에 삼촌이 사고 이야기를 하는 것이 더 쉬웠던 것일까?). 그때는 1909년으로, 현대 의학이 발전하기 전이었다. 아버지는 허리에서 발끝까지 석고 붕대로 감고 있었고, 10세가 될 때까지 세 번이나 그 과정을 겪었다. 매번 석고 붕대를 제거하고 나면 그의 고관절은 다시 제자리에서 빠져나왔다. 이 고통스러운 경험은 그가 자유롭게 걷거나 학교에 다니거나 형제나 또래들과 놀 수 없게 만들었고, 어린 시절 대부분을 집에서 보내게 했다. 부모님의 엄청난 지원으로(그들은 적은 저축을 모두 소진했다), 아버지의 고관절은 마침내 고정되었지만, 그때쯤 한쪽 다리는 다른 쪽보다 짧아졌다. 그는 11세에 학교에 입학했지만, 꽤 똑똑했음에도 불구하고 1학년 아이들은 그를 조롱하고 놀렸다. 어색하고 부끄러워하며 그는 14세에 학교를 그만두었다. 이후 그는 독학으로 고졸 학력을 취득하고 1930년대에는 지역 대학에 등록하여 약학 학위를 취득하기 위해 약사 밑에서 일하며 학비를 마련했다. 3년 후, 그 대학은 대공황의 희생양이 되어 파산하고 문을 닫았다. 그의 상사는 아버지의 노력과 성실함을 칭찬하며, 힘든 시기를 견디며 적은 급여로 계속 일한다면 은퇴 후 약국을 주겠다고 약속했다. 나의 부모님이 결혼했을 때, 그들은 재정적으로 어려움을 겪고 있었지만 미래에 대한 희망을 품고 있었다. 그들의 최선의 노력에도 불구하고, 1939년에 약국은 문을 닫았고 아버지의 꿈은 다시 한 번 산산조각이 났다. 그 후, 삼촌들이 아버지를 위해 작은 사업체를 인수하여 부모님은 그 지역으로 이사하여 새 삶을 시작하셨다. 그들은 열심히 일했고, 내가 태어났으며, 어느 정도 잘 지내는 것처럼 보일 때쯤 아파트 건물에서 화재가 발생해 그들은 가진 모든 것을 잃게 되었다. 나는 역경 속에서 태어났다고 할 수 있지만, 우리에게는 행운도 있었다. 화재가 발생한 날, 나는 병원에서 편도선 제거 수술을 받고 있었고, 덕분에 우리 모두 목숨을 구할 수 있었다.

아버지와의 화해 여정을 계속하면서 나는 이 이야기의 많은 부분을 조합해 나갔다. 그의 삶을 새로운 시각에서 바라보는 것은 아버지에 대한 나의 관점과 감정을 근본적으로 바꾸어 놓았다. 내 안의 분노와 실망은 사라지고, 그의 삶에 대한 연민 어린 이해가 생겨났다. 아버지는 더 이상 실패자가 아니었으며, 오히려 수많은 역경과 잔혹한 실망을 극복하기 위해 용감하게 싸운 영웅이었다. 그는 외톨이였고, 사회적 상황이나 재정적으로 더 성공한 친척들과 함께 있을 때는 결코 편안하지 않았다. 그럼에도 불구하고 그는 가족 중에서 가장 강하고 회복탄력성 있는 사람 중 하나였다. 그는 삶의 역경을 용기 있게 헤쳐 나갔고, 거듭되는 시련 속에서도 항상 도전에 맞서 싸웠다. 그의 어린 시절 어머니의 보살핌과 따뜻한 유대감은 아버지의 회복탄력성을 키워주었다.

내가 성장하는 동안, 아버지는 주 7일, 하루 12시간씩 일했다. 가끔 일요일 드라이브를 갈 때는 “매일 영업하지만, 오늘은 하지 않습니다”라는 간판을 걸어 놓았다. 그는 이웃의 목수, 배관공, 전기공과 협력하여 방 네 개짜리 작은 집을 지었다. 어머니도 음악 교사로서 매우 열심히 일했지만, 항상 지역사회 봉사 프로젝트를 위한 시간을 만들었다. 아버지는 70세가 될 때까지 하루 종일 서 있을 수 없을 때까지 일하셨다. 그 후, 사회보장연금을 받으시던 아버지는 매일 일어나 장애 아동을 위한 병원에 기금을 모으는 슈라이너스Shriner's 단체에서 풀타임 자원봉사 사무직을 맡았다. 아버지가 돌아가신 후 아파트를 정리하면서 여러 봉사상을 발견했는데, 겸손했던 아버지는 이에 대해 언급하신 적이 없으셨다. 나는 아버지가 서커스를 좋아했던 기억을 떠올렸고, 한 번은 아이들을 웃게 하기 위해 광대가 되고 싶었다고 말씀하셨던 것이 생각났다.

아버지의 삶의 조각들을 맞추어 가면서 나는 비로소 아버지를 이해하게 되었다. 화해의 초기 단계에서 나는 "잃어버린 시간"에 대한 엄청난 슬픔을 경험했다. 아버지의 결점에 대한 실망감과 수치심 때문에 아버지의 강점을 보지 못하고 우리의 관계를 가로막았던 그 오랜 세월이 후회스러웠다. 아버지가 돌아가시기 전, 그러한 마지막 소중한 발견과 재연결의 시간들은 삶에서 지속적인 사랑과 영감의 원천이 되었다.

맥골드릭McGoldrick이 상기시키듯이, 진정한 가족에는 순수한 성인이나 죄인이 없다. 만약 우리가 가족 구성원 중에서 악당이나 실패자로 간주하는 이들에게서 구원할 수 있는 특성을 찾으려 한다면, 그들을 다르게 볼 수 있게 될 것이다. 아메리카 원주민의 지혜를 따르자면, 가능성을 보기 위해서는 가능성을 믿어야 할지도 모른다. 마찬가지로, 가장 문제가 많거나 소원해진 관계조차 변화와 성장을 위한 잠재력을 가지고 있다고 믿을 수 있다면, 우리는 진정으로 재연결과 화해를 촉진하는 방식으로 행동할 가능성이 더 높아진다.

재연결을 위한 기회 잡기: 어머니의 비밀, 슬픔, 강점 배우기

어머니는 가톨릭 교회를 떠나 아버지와 결혼 후 유대교로 개종하면서 가족과 단절되었다. 매년 크리스마스 카드가 외삼촌으로부터 오긴 했지만, 나는 그분을 한 번 짧게 만난 것이 전부였다. 어머니가 힘든 시기에 그에게 지원을 요청했을 때, 그는 차가운 태도로 "네가 선택한 길이니, 그 길을 가라"고 말했다. 어머니가 돌아가시기 직전, 나는 27세였고 그녀를 더 잘 알고 싶었던 그 짧은 시간에, 어머니는 아버지에게도 숨겨왔던 비밀을 나에게 말씀해 주셨다. 바로 어머니가 17년 동안 수녀 생활을 하셨다는 것이다. 내가 많은 질문을 하기도 전에 어머니는 돌아가셨다.

몇 년 후, 크리스마스 카드를 보내온 삼촌이 가족 모임을 고대하고 있다고 말했다. 그러나 그는 구체적인 세부사항이나 초대는 하지 않았다. 어머니의 고통스러운 배제에 대한 분노와 동일시를 극복하고, 나는 위험을 감수하고 모임에 관심을 표현하고 참석할 수 있는지 물어보는 답장을 보냈다. 그는 즉시 정중한 초대로 답장을 보내왔다. 나는 그 재회가 어머니의 사촌인 호노리아 수녀의 은퇴를 기념하는 자리라는 것을 알게 되었다. 그녀는 어머니의 가장 친한 친구이자, 16세에 함께 수녀원에 들어갔던 사람으로, 그들의 청소년기와 초기 성인 시절 동안 가장 가까운 친구였다. 이 재회는 내가 놓칠 수 없는 기회였다.

나는 또한 내가 살고 있는 시카고에 거주하는 내가 알지 못했던 친척들이 이번 재회에 참석한다는 것을 알게 되었다. 예상보다 나는 더 불안해했다. 새로 알게 된 사촌들은 친절했지만, 대화는 피상적이고 어색했으며, 어머니에 대한 언급은 없었다. 재회에서 모든 사람이 나를 따뜻하게 맞아주었지만, 여전히 아무도 어머니에 대해 이야기하지 않았다. 나는 이상하게도 이 가족과 혼자 떨어져 있는 듯한 기분이 들었고, 어머니를 거부한 사람들과 재회하고 싶어하는 것에 대해 배신감을 느꼈다.

가족 치료에서 배운 도구들이 불안을 덜어 주고 연결을 만드는 데 도움을 주어 그 날을 넘길 수 있었다. 오래된 사진들을 살펴보며, 나는 등장인물에 대한 이야기를 듣고 싶었다. 그러고 나서 나는 주방 테이블에 앉아 종이와 연필을 꺼내어 가계도를 그리기 시작했고, 그림을 그리면서 질문을 던졌다. 곧 가족들이 모여들어 호기심을 보이며 자신의 이야기를 추가하거나 수정하려 했다. "그건 전혀 맞지 않아-그가 그녀의 여동생을 버렸다는 걸 기억하지 못해?" 이야기가 흘러나오기 시작했다. 내가 어머니에 대한 이야기를 듣고 싶다고 말하고, 그녀가 수녀였다고 나에게 털어놓았던 이야기를 하자, 그들은 모두 마음을 열고 어머니가 수녀복을 입고 있는 사진을 꺼내왔다. 그들 또한 내가 알고 있는지 확신이 없어 그 비밀을 간직하고 있었던 것이다. 그 후 이틀 동안 친척들은 더 많은 이야기를 나누었다. 나는 그들에게 참석하지 못한 다른 사람들과 연락하여 "빈칸을 채우고" 그들에게 떠오르는 기억을 보내달라고 격려했다. 그들은 나에게 완전한 가계도를 그려서 모두에게 보내달라고 열심히 요청했고, 나는 몇 달 후 새해 인사와 함께 가계도를 보냈다.

재회에서 나는 호노리아 수녀님을 산책에 초대했다. 그녀도 우리 둘이 이야기할 기회를 원하고 있었다. 나는 먼저 어머니가 어떻게 좋은 학생이자 재능 있는 피아니스트에서 수녀가 되기로 결심했는지를 이해하고 싶었다. 나는 외할머니가 독실한 프랑스계 캐나다 가톨릭 신자였고, 외할머니가 좋아했던 어머니의 오빠가 신부가 되기를 바라셨다는 것을 알게 되었다. 오빠가 1년만에 신학교를 떠나 연인과 결혼하자, 어머니는 수녀원에 들어가 외할머니의 호의를 얻을 기회를 잡았다.

어머니의 삶에서 숨겨진 이 이야기를 알게 되면서, 어머니를 한 사람으로 이해하는 데 있어 불일치했던 부분들이 점점 더 일관성을 갖게 되었다. 그녀는 종교 생활을 통해 대학 학위를 취득하고, 음악 분야에서 파이 베타 카파Phi Beta Kappa[1]로 졸업했으며, 매우 존경받는 교사, 오르가니스트, 합창단 지휘자로 활동했다. 그러나 그녀는 자신의 깊은 개인적 영성과 인류애, 삶에 대한 사랑이 점점 더 위계적이고 금욕적이며 은둔적인 환경과 상충하고 있음을 경험했다. 큰 고통 속에서 그녀는 현실 세계를 위해 수도회를 떠나기로 용기 있는 결정을 내렸다. 그 당시(1930년대) 그러한 결정은 수치스럽고 용서받을 수 없는 일이었다. 수도원을 떠난 후, 외할머니는 어머니를 보지 않기로 했고, 그 해에 세상을 떠났으며, 장례식이 끝난 후에야 그 소식을 전해 들었다. 이 화해의 상실은 어머니가 평생 비밀리에 간직한 깊은 슬픔이었다. 나는 이제 그녀의 눈에서 보았던 슬픔, 위로를 찾을 수 없는 슬픔을 이해하게 되었다.

원을 넓히기 위해 손을 내밀다

가족 재회에서 나는 어머니의 사촌 알마를 보며 특히 불안함을 느꼈다. 어린 시절, 어머니와 내가 그녀를 방문했던 유일한 기억이 어두운 기억으로 남아 있었다. 결혼을 잘한 그녀는 호화롭게 살고 있었지만 우리를 차갑게 대했다. 나중에 어머니는 그녀가 우리에게 너무 과분하다 생각한다고 말했다. 어머니의 당혹감에 대해 나는 아버지가 잘못된 종교를 가졌고 우리가 가난하게 살고 있기에 아버지의 잘못이라고 생각했다. 그녀를 다시 보게 되자 나는 위축되고 경계심이 생겼지만, 그녀는 나에게 호의를 베풀며 그녀를 방문하도록 초대했다.

재회 이후, 나는 알마를 방문할 생각을 계속했지만 미루게 되었다. 몇 개월이 지나고 나서야 나는 결국 전화를 걸고 방문하기로 결심했다. 기억했던 것처럼 차갑고 어두워 보이는 집에 다다르자 긴장감이 느껴졌다. 알마는 나를 따뜻하게 맞아주었고, 오래된 사진이 가득 담긴 큰 상자를 준비해 두었다. 그녀는 사진을 보며 기억을 나누었고, 눈물을 흘렸다. 그녀는 어린 시절 어머니에 대해 매우 질투를 느꼈다고 고백했다. 그녀의 아버지는 벌목 작업 중 실종되었고, 시신이 발견되지 않아 사망한 것으로 추정되었다.

---

1 1776년 설립된 미국의 가장 오래된 학술 명예 단체로 각 분야에서 뛰어난 성과를 이룬 학생들에게 회원자격을 부여함. (역주)

무일푼이 된 그녀의 어머니는 세탁소에서 긴 시간 일해야 했고, 알마는 외가에서 살게 되었다고 말했다. 알마는 자신의 상실과 슬픔을 감추며, 매일 나의 어머니와 할아버지 사이의 사랑의 유대감을 보며 냉담하고 원망스러운 마음을 키웠다. 어머니와 내가 그녀를 방문했을 때 그녀의 방어적인 차가움은 그 오래된 고통이 다시 활성화된 결과였다. 이번 방문이 끝날 때쯤 나는 새로운 애정으로 그녀를 꼭 껴안았고, 그녀가 내게 준 많은 사진과 새로운 관점들을 소중히 간직했다.

3주 후, 한 사촌이 전화해 알마가 잠자는 중에 세상을 떠났다고 전했다. 나는 바쁜 일정과 미루는 습관 때문에 소중한 인연을 거의 놓칠 뻔했다는 것을 깨달았다. 이 경험을 통해 나는 내담자와 학생들에게 고통스러운 경험을 극복하고 상처받은 관계를 치유하기 위한 좋은 의도를 행동으로 옮기는 것을 미루지 말라고 권장한다. 이는 특히 노인이나 생명을 위협하는 질병을 가진 사람들에게 긴급하다. 그러나 우리의 삶은 예측할 수 없으며, 어떤 관계에서도 시간을 당연하게 여겨서는 안 된다. 관계의 회복탄력성의 핵심은 적극적인 주도성이다. 즉, 우리 앞에 있는 기회를 잡고 우리가 갈망하는 새로운 관계의 가능성을 창출하기 위해 인내하는 것이다.

이름 짓기: 단절의 연결

이름 짓기는 종종 세대를 초월한 연결을 만들고 결혼과 자녀 양육을 통해 가족을 하나로 묶는 방법이 된다. 나의 가족에서 이름 짓기는 어머니가 자신의 삶과 정체성의 다양한 실타래를 엮는 방법이 되었다. 독실한 가톨릭 신자였던 외할머니는 어머니와 삼촌의 이름을 마리아와 요셉이라고 지었다. 요셉이 신학교를 떠난 후, 어머니는 수도원에 들어가 그의 자리를 대신했을 뿐만 아니라 그의 이름을 따서 요세핀 수녀가 되었다. 그녀가 결국 종교 단체를 떠나 "평범한" 삶을 살기로 결심했을 때, 그녀는 자신의 정체성의 일부를 유지하기 위해 이름을 메리 조로 바꾸었고, 간단히 조라고 불리기를 원했다(흥미롭게도, 어머니가 세상에 나왔던 해에 캐서린 헵번이 영화 "작은 아씨들"에서 조 역할을 맡았다). 아버지와 결혼하고 유대교로 개종했을 때, 모두가 그녀를 조라고 불렀지만, 친정에서는 여전히 메리로 남아 있었다. 문화적이고 종교적인 간극을 연결하고 시어머니의 인정을 받기 위해 어머니는 아버지의 외할머니인 프리미드의 이름을 따서 내 이름을 지었다(내 중간 이름인 캐롤린은 그녀의 어머니 이름이다). 내가 성인이 되었을 때 비로

소 프로마(프리미드)가 유대 이름인 프루마Fruma에서 유래되었으며, 이는 "경건한" 또는 "영적인"이라는 의미를 지닌다는 것을 알게 되었다. 따라서 내 이름은 어머니에게 특별한 의미가 있었을 것이다. 그녀는 세속적인 삶을 선택했지만 유대교를 받아들이고 성전 오르가니스트가 되었다. 이후 베나이 브리트B'nai Birth[2] 회장으로 선출되었을 때, 한 회원이 그녀에게 "진짜 유대인이 아니다"라고 비난하며 그녀의 마음에 오래된 상처를 남겼다. 부모님은 종교공동체를 떠났지만, 평생 동안 개인적으로 영적인 삶을 살았다.

화해의 과정

모든 가족 관계는 때때로 갈등, 복잡한 감정, 또는 변화하는 동맹 관계를 겪기 마련이다. 갈등이 강렬하고 지속적일 때, 양가감정이 심할 때, 또는 유대가 약해졌을 때, 가족 치료는 회복과 관계 성장의 가능성을 제공한다. 화해는 성급한 평화가 아니다. 오히려 화해는 상호 재참여 과정을 수반하며, 각자가 서로를 진지하게 받아들이고, 관계의 위반을 인정하며, 그에 따른 고통을 감수할 준비가 되어 있어야 한다. 화해는 잘못을 바로잡는 것 이상의 의미를 지닌다. 화해는 우리를 더 깊은 신뢰와 헌신의 자리로 인도한다.

새로운 시각으로 타인을 바라보기: 관계에서의 자기 변화

우리는 무언가를 있는 그대로가 아니라, 우리 자신이 있는 그대로 바라보는 경향이 있다.

> 로스코는 매우 힘든 가정에서 성장했다. 어머니는 만성 우울증을 앓았고, 아버지는 알코올 중독으로 가혹하고 비판적이었다. 그는 가족을 독으로 생각하게 되었고 모든 접촉을 피했다. 그럼에도 불구하고 부모님에 대한 생각은 끊임없이 내적 혼란을 야기했고, 그는 배우자와 자녀들에게도 가혹하고 비판적인 태도를 갖게 되었다. 부모에

---

2 1843년에 미국에서 설립된 유대인 공동체의 국제적인 자선 및 사회단체 (역주)

대한 고정된 시각을 확장하는 것이 변화의 열쇠였다. “내 모든 관계가 변화할 수 있는 유일한 방법은 부모를 다른 시각으로 보는 것이라는 것을 이해하기 시작했다.”

재연결과 화해의 작업에서 우리는 새로운 방식으로 보고 듣는 것이 필요하다. 가장 중요한 요소는 타인의 삶과 관점에 대한 존중과 진정한 호기심이다. 심리학 교수인 닐 포스트먼Neil Postman은 다음과 같은 귀중한 교훈을 주었다. 관련 있고 적절하며 실질적인 질문을 하는 방법을 배우면 당신은 배우는 법을 배운 것이며, 아무도 당신이 알고 싶거나 알아야 할 것을 배우는 것을 막을 수 없다.

원가족 연구에서 우리는 먼저 확대 가족 영역 전체를 살펴본다. 가계도와 연대기 표(McGoldrick et al., 2008)는 관계 네트워크를 도식화하고 중요한 정보와 주요 사건의 타이밍을 기록하는 데 필수적인 도구이다(6장 참조). 이 지도는 연결의 의미와 중요성을 탐구하는 논의를 이끌어 낸다. 개인 치료가 본질적으로 부분적이고 주관적인 내담자의 내면화된 이미지와 관점에 의존하는 반면, 가족 치료사는 내담자가 확장 가족 구성원 및 다른 사람들과 연락하여 불분명한 정보를 명확히 하고 주요 가족 구성원 및 관계에 대한 다양한 관점을 얻도록 권장한다.

명절이나 생일, 결혼식, 성인식bar mitzvahs, 졸업식, 장례식과 같은 전환기를 기념하는 행사에서 가족과 재연결할 수 있는 기회를 가질 수 있다. 우리는 내담자가 가족 모임을 적극적으로 계획하고 형성하도록 격려하며, 가족 구성원에게 사진과 기념품을 가져오도록 초대할 수 있다. 한 내담자는 가족 네트워크에서 단절된 관계를 회복하고자 “변명 없는 가족 재회”를 조직하기로 결정했다. 초대장에는 참석하지 못하는 이유들로 가득한 메시지 풍선이 그려져 있었다. “그 주말에 마라톤에 참가할 예정이에요” “고양이가 수술을 받아야 해요” “어차피 아무도 나를 보고 싶어 하지 않아요.” 유머는 놀라운 효과를 발휘할 수 있다.

타인을 변화시키려는 시도는 대개 실패로 끝나기 마련이다. 이러한 실패한 시도는 좌절감과 절망감을 강화시킨다. 보웬Bowen(1978)이 조언했듯이, 치료적 노력은 다른 가족 구성원과의 관계에서 우리 자신을 변화시키는 데 집중할 때 가장 효과적이다. 변화 과정과 변화를 저해하는 시스템의 초기 자기 교정 시도로 인해 발생하는 불안을 다루기 위해서는 후속 조치가 필수적이다. 성공을 이루기 위해서는 자신의 불안을 다루고, 초기 반응이 실망스러울 때 반응적으로 행동하지 않으며, 최선을 다해 노력을 지속해야 한다. 인간 체계의 순환적 특성 때문에, 우리가 만남에서 자신의 역할을 변화시키면 악순환이 중단되고 시간이 지남에 따라 다른 사람들의 변화가 가능해진다. 어떤 반응이든, 이 과정이 시각을 넓혀줌에 따라 타인의 강점과 한계를 더 자비롭게 수용하게 된다. 맥골드릭McGoldrick이 관찰하듯이, 우리 모두는 가족 구성원들과 함께 있는 그대로의 자신이 되고 싶어 한다. 그들이 우리를 있는 그대로 받아들여 주기를 바란다. 그러나 우리는 그 전제 조건을 잊어버리곤 한다. 즉, 그들이 진정으로 누구인지 이해하고 받아들이며, 이상적인 가족이 되지 못한 것에 대한 분노, 원망, 후회를 넘어서야 한다.

나는 한때 리디아와 함께 일한 적이 있다. 그녀의 딸 앰버는 22세로, 4년 전 아버지가 교통 사고로 사망한 후 남자친구와 함께 집을 떠나 가족과는 연락을 끊었다. 리디아가 앰버를 열심히 추적할수록 앰버는 더 멀어졌고, 어떤 방문이나 전화 연락도 거부했다. 우리는 그로 인해 발생한 악순환을 살펴보았다. 앰버의 소원함에 대한 어머니의 고통과 좌절은 자멸적인 죄책감을 유발하는 불평으로 이어졌다. 더욱 소외된 앰버는 어머니가 자신의 필요를 충족시키기 위해 자신을 필요로 한다고 비난했고, 그녀의 치료사도 그렇게 동의했다고 덧붙였다(하지만 어머니를 만난 적은 없었다).

나는 남편과 딸을 동시에 잃은 리디아의 오랜 아픔을 다루며, 그녀가 자신의 삶을 계속 이어갈 수 있도록 격려했다. 나는 앰버의 도주를 어머니에 대한 거부로 보지 않고, 아버지를 잃은 충격적인 상황에서 청소년의 생존 전략으로서의 다른 가능성을 고려하도록 도와주었다. 나는 리디아가 반복적인 거절에도 불구하고 딸과의 궁극적인 화해 가능성에 대한 희망을 유지하도록 도왔다. 나는 그녀가 가끔씩 편지와 카드로 소식을 전하고 사진을 보내도록 격려했다. 이는 그녀가 앰버를 사랑하고 있으며 그들의 연결을 유지하고 문을 열어두고 있다는 배려 깊지만 요구하지 않는 메시지를 전달하는 것이 중요했다. 1년 후, 리디아는 앰버가 드디어 전화를 걸어왔고, 집에 방문하기로 했다고 나에게 전화했다. 그들의 유대가 치유되고 있다는 소식이었다.

재연결의 과정은 중요한 가족 구성원과의 개인적인 관계를 재형성하고, 단절된 관계를 회복하며, 갈등에서 벗어나고, 감정적으로 격렬한 악순환에서 자신의 역할을 변화시킴으로써 진전된다. 유머는 감정적인 상황을 해독하는 데 도움을 줄 수 있다. 변화를 시도할 때, 보웬Bowen(1978)은 공격하지 말고, 물러서지 말고, 방어하지 말라고 조언한다. 내담자들은 종종 "그렇다면 무엇을 더 할 수 있을까요?"라고 묻는다. "그 밖에 무엇을 더 할 수 있는지"는 효과적인 변화의 핵심에 있다. 즉, 단호하고 중심을 잡은 입장을 유지하고, 자신의 생각, 감정, 필요, 우려를 타인을 존중하는 방식으로 표현하는 능력이다. 이는 타인의 입장을 이해하려는 진정한 노력과 더 나은 관계를 위한 노력과 함께 해야 한다(Carter & McGoldrick, 2001).

치료에서 사진을 사용하는 것은 가족 구성원, 그들의 관계, 과거 사건에 대한 이야기를 촉발하기 때문에 소외된 사람들을 연결하는 데 도움이 될 수 있다. 편지 쓰기와 신중하게 구성된 이메일 메시지는 재연결과 입장 및 오해를 명확히 하는 데 또 다른 효과적인 도구가 될 수 있다. 치료사는 이메일이나 편지를 보내기 전에 피드백을 제공하여 내담자가 자신의 고통, 타인에 대한 배려, 긍정적인 목표를 공격이나 방어 없이 표현할 수 있도록 지원할 수 있다. 편지는 이메일보다 전체 메시지를 전달하고 수신자가 즉각적인 방어적 반응이나 반발 없이 전체 메시지를 고려할 수 있도록 해 준다. 관계가 오랫동안 긴장된 경우, 너무 많은 기대를 하지 않고 천천히 단계적으로 진행하는 것이 현명하다. 우리는 관계를 적극적으로 추구할 수 있지만, 강요할 수는 없다. 때때로 한발 물러서서 더 점진적으로 노력을 재개하거나 다른 접근 방식을 취해야 할 수도 있다. 체계적 관점을 유지하는 것은 가능한 좌절을 예상하고, 이를 이해하며, 단념하지 않고 회복을 시도하는 데 도움이 된다.

역경과 회복탄력성에 대한 가족 이야기를 배우고 확장하기

부모의 결함에 대한 고정관념적인 부정적 시각을 가진 사람들에게는 맥락적이고 진화적인 관점을 얻고 과거의 어려움 속에서 회복탄력성의 단서를 찾기 위해 가족사를 더 폭넓게 살펴보는 것이 도움이 된다. 나는 많은 내담자(그리고 학생들)에게 가족의 이주 경험을 탐구하도록 권장하며, 특히 그들이 겪었던 트라우마와 상실, 고난과 승리, 그리고 어려움을 견디고 새로운 삶을 개척하기 위해 어떻게 회복탄력성을 발휘했는지에 주목하도록 한다.

어떤 가족사는 얇은 서사를 가지고 있으며, 이전의 삶의 여정에 대한 감각이 거의 없거나 전혀 없다. 많은 이들은 가족 구성원들이 어떻게 혼란스러운 삶의 전환기를 헤쳐 나갔는지를 처음으로 알게 된다. 많은 소수 민족 가족에서 친척들은 격려를 받으면 오랫동안 묻혀둔 아픈 이야기들을 나누기도 한다. 강제 이주, 노예 제도, 인종차별 또는 집단학살에 대한 이야기, 전쟁으로 황폐해진 지역에서의 트라우마와 결핍 경험 등의 이야기이다. 일부는 정치적, 민족적, 종교적 박해나 빈곤한 조건에서 도망쳤다. 어떤 경우든, 트라우마, 상실, 혼란 속에서 회복탄력성을 찾는 것이 중요하다(11장 참조). 가족들이 어떻게 재정비하고 극복할 수 있었는지를 탐구하면서, 그 이야기 자체가 확장된다. 조상들의 강점과 연결되는 것은 그들이 역경을 견디고 극복할 수 있게 해 준 용기, 인내, 창의성을 깨닫게 되면서 힘을 주는 경험이 될 수 있다.

존중하는 직면

재연결을 하는 과정에서, 분노와 실망을 표현하는 방법을 찾는 것이 중요하지만, 동시에 상대에 대한 존중과 배려를 잃지 않아야 한다. 다음 사례는 이를 잘 보여 준다.

> 한 멕시코계 미국인 가족에서, 젊은 성인 아들 세 명은 부모와의 관계가 소원해졌지만, 어머니의 심장마비로 인해 관계 회복을 위해 신부에게 도움을 요청하게 되었다. 아들들은 아버지가 자신의 기대를 충족하지 못했을 때 오랫동안 가혹하게 학대했던 것에 대해 강한 분노를 느꼈다. 그러나 그들은 가족 상담에 오는 것을 주저했다. 아버지에게 무례를 보이지 않도록 교육받았기 때문에 그를 대면하는 것을 망설였고, 폭발적인 반응을 두려워했다. 가족과의 거리 두기는 그들의 적응 전략이었던 것이다. 멕시코계 미국인 가족 상담사는 멕시코 문화에서 노인에 대한 존중이 강한 가치이기 때문에, 이러한 상처를 드러내는 것에 대한 자신의 주저함을 인정했다. 치료의 도전은 화해라는 목표를 가지고 이러한 민감한 문제를 공격적인 방식이 아닌 존중하는 방식으로 직면하는 것이었다.
>
> 아들들과 소원해진 관계로 고통받고 있던 아버지 호세는 상처를 치유하기 위한 가족 상담에 매우 열려 있었다. 상담사의 안내에 따라 아들들은 아버지의 가혹한 대우를 받았을 때의 마음과 결코 그를 만족시킬 수 없다는 믿음에 대해 이야기했다. 아버지는 고개를 숙이고 침묵을 지켰다. 상담사는 그의 마음속에 어떤 생각이 떠오르는지 물었다. 그는 자신도 아버지에게 맞고 굴욕을 당했으며, 이민을 통해 도망쳐 다시는 아버지를 보지 못했다고 말했다.
>
> 호세는 이 경험에 대해 한 번도 이야기한 적이 없었고, 자신이 아버지처럼 되어 아들들이 멀리하게 만들었다는 사실을 깨닫고 눈물을 흘렸다. 이러한 인정은 그가 진심

어린 사과를 하게 만들었다. 아들들은 아버지의 이야기와 진정한 후회에 깊은 감동을 받았다. 그러나 다음 회기에서 그들은 앞으로 어떻게 나아가야 할지, 과거의 남아 있는 감정에 대해 어떻게 처리해야 할지 불안해했다. 상담사는 가족 구성원들이 가톨릭 신앙의 중요성을 언급했지만, 수년간 함께 교회에 가지 않았다는 점을 주목했다. 그는 이것이 자원이 될 수 있는지 물었다. 어머니는 다음 일요일에 모두 함께 미사에 가서 그들의 유대 회복을 위한 인도를 기도하자고 제안했다. 미사 후, 맏아들은 모두를 자신의 집으로 초대하여 타말레스tamales(일요일에 하는 오랜 가족 전통)를 함께 나누었고, 그곳에서 호세는 처음으로 손주들을 만났다. 치유가 시작된 것이다.

가닥들을 더 큰 전체로 엮어내기

화해의 과정은 경험의 다양한 측면을 더 큰 전체로 통합하면서 각 측면에 그 나름의 자리를 부여하려는 시도를 포함한다. 관계의 다양한 측면을 더 큰 전체의 일부로 이해하는 것은 화해할 수 없는 양극성(예: "아버지가 나를 이렇게 아프게 했는데 어떻게 나를 사랑할 수 있었을까?" "이것은 사랑이었는가, 아니면 파괴적인 관계였는가?")에서 벗어나는 길을 제시한다. 이는 우리의 관점을 분열된 시각에서 더 크고 전체적인 관점—"둘 중 하나either-or"에서 "둘 다both-and"의 포괄적인—으로 전환하는 것을 요구한다. 부모는 사랑스럽고 동시에 가혹할 수 있으며, 로맨틱한 관계는 열정적이면서도 파괴적일 수 있다.

손을 내밀 용기

가족들은 사랑과 신뢰를 통해 신체적, 정서적, 관계적 회복탄력성을 키운다. 나는 매우 운이 좋았다. 부모님의 지속적인 어려움과 그로 인해 우리의 삶에 미친 영향에도 불구하고, 나는 그들의 사랑과 신뢰성을 결코 의심하지 않았다. 그러나 많은 가족에서는 방치, 오랜 중독, 신체적, 정서적, 성적 학대와 같은 상처를 주는 행동으로 인해 이러한 자원이 고갈되었다. 사랑하는 사람에게 해를 입거나 피해를 당했을 때, 가족 간의 관계—강력한 신념, 조직 패턴, 의사소통 과정—는 학대를 부인하거나 지속하게 만들 수 있다. 가족과의 만남이 파괴적인 관계 패턴과 고통을 다시 불러일으킬 때, 사람들은 종종 가족과 거리를 두고 완전히 차단하게 된다. 그러나 그들은 삶의 여정에서 실망, 분노, 불신을 안고 살아간다. 자기 의심과 비난은 배우자와 자녀와의 다른 관계에도 스며들 수 있다.

화해를 시도하는 것은 엄청난 용기를 필요로 한다. 관계를 다시 시작하거나 다른 사람에게 손을 내밀 수 있지만, 그들이 우리의 노력을 거부하거나 여전히 우리의 신뢰를 배신할 수 있기 때문이다. 이 작업은 상처를 다시 경험하고 변화가 없을 위험과 새로운 관계 가능성을 경험할 기회라는 위험과 기회를 모두 포함한다. 문제는 불만을 해소하고 가능한 한 상처를 최대한 용서하는 것이다. 다른 사람들이 우리가 원하는 대로 반응하지 않을 때에도, 우리는 여전히 관대함을 얻었고, 우리가 할 수 있는 모든 것을 했다는 느낌을 갖게 된다. 이는 더 큰 수용을 촉진하고, 더욱 온전한 진실성으로 삶을 포용할 수 있게 한다.

심각한 과거의 상처나 불의가 있었던 경우에도, 하그레이브Hargrave 등의 연구(2007)가 사랑, 정의, 신뢰를 구축함으로써 사람들이 용서의 여정을 가도록 돕는 과정에서 발견했듯이, 화해를 위한 노력을 통해 관계는 회복하고 과거의 정서적 상처는 치유될 수 있다. 그의 접근 방식은 통찰, 이해, 보상의 기회 제공, 그리고 용서의 명백한 행위에 초점을 맞춘 네 가지 서로 얽힌 "정거장stations"으로 구성된다. 이 작업은 고통스럽고 어려울 수 있다. 이해를 구하는 과정에서 우리는 분노와 슬픔, 또는 학대자의 위협적인 이미지를 마주할 수 있다. 그러나 이는 과거와 미래의 관계를 동시에 변화시킬 수 있는 강력한 소용돌이를 다루기 때문에, 이 작업이 신중하게 안내될 때 예상치 못한 성과를 거둘 수 있다.

치유와 화해를 위한 의식 만들기

의미 있는 의식rituals에 적극적으로 참여하는 것은 가족의 트라우마 이후 긴장된 관계를 치유하는 데 유용할 수 있다. 다음의 사례가 그 예이다.

> 우리 프로그램의 수련생인 레이문도는 그와 그의 원가족 구성원들을 위해 목회 상담사가 주최한 "가족 치유 의식"에 대한 강력한 경험을 이야기했다. 가족이 테이블 주위에 앉자, 목회 상담사는 먼저 그들이 큰 가계도를 구성하도록 도와주고 이를 테이블 중앙에 놓았다. 가족 구성원들은 음주 문제에서부터 심각한 갈등과 학대에 이르기

까지 자신의 고통에 대한 이야기를 나누도록 초대받았다. 그런 다음 상담사는 그들의 이야기의 균형을 맞추고, 잠재적인 자원을 식별하며, 긍정적인 변화를 위한 희망을 생성하기 위해 강점과 회복탄력성에 대한 이야기를 요청했다. 각 가족 구성원에게 그들이 가장 치유하고 싶은 관계의 장애물을 구체적으로 명시하고, 가계도의 관련 부분을 지적하도록 요청했다. 모든 가족 구성원은 자신의 입장에서 이 치유 대화에 기여하도록 격려받았으며, 그들의 걱정과 희망을 표현했다. 각자가 차례로 이야기할 때, 다른 사람들은 주의 깊게 듣도록 요청받았다. 그런 다음 그들은 각각 세 가지 질문을 받았다. 화해를 원했습니까? 문제에 대한 자신의 책임 부분을 인정할 의향이 있습니까? 관계 개선을 위한 책임을 나누겠습니까? 각자는 이러한 약속과 가족 치료를 통해 이를 달성하기 위해 함께 일하겠다는 의지를 확인했다. 마지막으로, 목회 상담사는 가족 화해의 성공을 기원하는 침묵 명상을 이끌었고, 모두가 손을 잡고 촛불을 밝혔다. 레이문도와 그의 가족에게 이 경험은 매우 깊은 의미가 있었고, 그들의 관계를 치유하는 데 있어 전환점이 되었다.

사랑하는 사람을 기리고 연결을 촉진하는 의식을 하는데 결코 늦은 때란 없다. 어머니의 20주년 기일을 맞아, 나는 남편과 어머니를 알지 못하는 작은 딸과 함께 의미 있는 방식으로 이 날을 기념하고 싶었다. 어머니의 음악에 대한 사랑에 영감을 받아, 나는 대학에서 짧은 카리용 종carillon bells[3] 기념 콘서트를 마련했다. 이번 여름에는 어머니가 19세에 잃은 사랑하는 할아버지를 기억하기 위해 그의 고향으로 처음 비행기를 타고 가서 무덤에 꽃을 놓을 예정이다.

시간은 오래된 상처를 치유할 수 있다: 어른과 노인의 화해

"늙은 개에게 새로운 재주를 가르칠 수 없다"는 속담처럼 젊은 사람들은 노인들이 고집이 세고 관계가 변하지 않을 것이라고 생각한다. 그러나 인간 발달과 신경과학의 연구 발전은 중년과 노년에도 성장과 변화의 가능성이 있음을 보여 준다(9장 참조). 베이트슨Bateson(1994)이 지적했듯이, 개인은 새로운 상황에 대응하여(또는 강요받아서) 자신을 여러 번 바꿀 수 있다. 삶의 경험과 나이가 들면서 얻는 지혜를 통해 사람들은 변할

3 23개 이상의 종으로 구성된 타악기이자 건반악기 (역주)

수 있고 실제로 변한다. 노인들은 자신의 삶에 의미와 일관성을 추구하면서 문제적이고 후회스러운 관계의 측면을 받아들이고, 손상된 유대를 회복할 새로운 기회를 찾으려 한다. 이는 과거의 변화할 수 없는 것을 받아들이고, 경험에 대한 새로운 관점을 개발하며, 후회를 그 자리에 두고, 성공을 축하하는 것을 포함한다.

노부모에 대한 돌봄은 성인이 된 자녀가 어린 시절 그 부모로부터 좋은 돌봄을 받지 못한 것에 대한 지속적인 분노와 고통으로 복잡해질 수 있다. 과거의 해결되지 않은 문제들은 노부모를 어려움을 겪고 있는 존재로 인식하고 대처하는 능력을 저해할 수 있다.

인생의 여러 단계에서 서로 다른 문제가 부각되고 다른 문제는 후퇴한다. 우리는 경험을 통해 변화하고 성장하면서 과거에 대한 기억과 과거 사건 및 관계에 대한 현재의 감정이 변화한다. 청소년 아들과 아버지 사이에서 격렬하게 불붙었던 자율성과 통제력을 둘러싼 갈등은 아들이 중년기에 자신의 정체성에 더 확신을 가지게 되고 아버지가 나이 들어 부드러워졌을 때 더 이상 중요하지 않을 수 있다. 마찬가지로, 과거의 트라우마적 사건의 영향은 이후의 경험에 따라 달라질 수 있다. 신생아를 양육하는 여성은 어머니와의 초기 관계보다는 시간이 지남에 따라 그 관계에서 얻은 해결의 정도에 더 영향을 받는다.

따라서 성인 발달은 오래된 세대 간의 상처를 치유할 수 있는 새로운 가능성을 제시한다. 초기 및 중년 성인기에는 이러한 관계가 성인 대 성인으로 계속해서 재협상된다. 화해는 부모가 되는 것과 같은 전환점에서 일반적으로 발생하는데, 이때 젊은 세대는 양육의 도전을 직접 경험하고 자신의 부모에 대한 공감을 얻기 시작한다. 나이가 들면서, 우리는 노인들로부터 배워야 할 것이 점점 더 많아지고 그들에 대해 감사할 수 있는 것이 많아진다는 것을 발견할 수 있다. 우리는 부모가 마크 트웨인의 아버지처럼 매년 더 지혜로워진다는 것을 깨달을 수 있다.

현재 상황에서 관계 문제 보기

많은 관계는 마치 시간이 멈춘 것처럼 갈등이나 단절의 초기 시점에 얼어붙은 것처럼 보인다. 문제를 안고 있는 가족들과의 인터뷰에서, 나는 과거의 상호작용 패턴에 대한 반응이 수십 년 후에도 촉발될 수 있다는 것과, 그로 인해 현재 상황에서 일어나고 있는 일을 이해하고 감사하는 것을 방해한다는 사실에 놀라곤 한다.

35세의 싱글맘 찰린은 아버지에게 격분했다. 아버지는 그녀가 전통적으로 어머니가 항상 준비하던 햄을 제공하지 않을 것이라는 이유로 부활절 저녁식사에 오지 않겠다는 갑작스러운 전화 메시지를 남겼다. 찰린은 분노했다. 아버지는 그녀가 채식주의자라는 것을 잘 알고 있었고, 그들의 대가족을 위해 고기가 없는 잔치를 준비하기 위해 많은 노력을 기울인는 것도 알고 있었다. 그녀는 어린 시절 그에게 통제당하고 있다고 느꼈던 것처럼 아버지의 참석 거부를 자신을 통제하려는 계략이라고 받아들였다. 그녀는 아버지에게 굴복하지 않고 햄을 제공하지 않겠다고 결심했다!

찰린의 치료사는 그녀의 반응을 진정시키는 데 도움을 주었고, 그들의 과거 상호작용에 대해 더 자세히 들은 후 그녀가 어린 시절의 경험에서 잠시 숨을 돌리고, 1년 전 어머니가 세상을 떠난 점을 고려하여 현재 상황을 이해해 보도록 제안했다. 찰린은 아버지가 최근에 은퇴했다는 것을 알고 있었지만, 자기 생활이 바빠 그에 대해 잘 알지 못했다. 치료사는 그녀에게 아버지와 가까운 오빠에게 전화해 아버지의 갑작스러운 행동의 원인이 무엇일지에 대한 의견을 들어보라고 권했다. 찰린은 아버지가 강제로 은퇴해야 했다는 사실을 알고 충격을 받았다. 그녀에게 전화하기 직전, 아버지는 마지막 근무일에 출근했을 때 자신의 이름이 이미 문에서 지워져 있고, 사무실이 비어 있으며, 자신의 소지품이 복도에 쌓여 있는 것을 발견했기 때문이다.

찰린의 관점은 변화했다. 그녀는 평소처럼 이 사건을 그들의 오래된 부모-자녀 역동, 즉 아버지가 자신에게 권위를 행사하려 한다는 맥락에서 해석해 왔다. 그 오래된 드라마가 재활성화될 때마다 그녀는 통제당하고 조종당하는 느낌에 분노하며 반발했다. 그러나 이제 그녀는 아버지의 최근 행동을 새로운 시각으로 보게 되었다. 그는 최근에 아내를 잃고 혼자 살고 있으며, 강제로 은퇴해야 하는 심각한 인생 위기에 처해 있었다. 찰린은 아버지를 만나러 갔고, 아버지가 해고된 방식의 잔인함과 자신의 삶에 대한 통제력을 잃었다는 느낌에 충격을 받았음을 발견하게 되었다. 그의 직장 세계, 정체성, 미래의 안전, 그리고 존엄성이 갑자기 산산조각 나버렸고, 그는 혼자였으며 어느 때보다 아내를 그리워하고 있었다. 처음으로 찰린은 진정한 성인으로서 자신의 노인 부모에 대한 연민을 느꼈고, 그가 주변에서 잃어버린 것들을 직면하고 있다는 것을 이해하게 되었다. 그녀는 아버지가 과거와의 연속성을 간절히 필요로 한다는 것을 인식하게 되었고, 부활절 저녁 준비에 어머니의 햄 요리를 애정 어린 마음으로 포함시켰다.

형제자매의 유대감 회복

형제자매 간의 유대감은 회복탄력성의 중요한 원천이 될 수 있지만, 어린 시절의 오래된 경쟁심과 불만으로 인해 깨질 수도 있다.

34세의 지미는 두 여동생과의 관계를 개선하기 위해 치료를 받기로 했다. 그들은 부모님이 2년 전 교통사고로 갑작스럽게 돌아가신 이후 소원해졌다. 어린 시절부터 형제자매 간의 경쟁이 그들을 서로 대립하게 만들었다. 아버지는 멀리 있었고, 어머니는 만성 우울증을 앓고 있었으며, 형제자매들은 부모의 적은 관심을 놓고 치열하게 경쟁했다. 재연결을 시도하기 위해 지미는 여동생들을 저녁 식사에 초대했지만, 그 결과는 참담했다. 여동생 카르멘은 벽난로 위에 놓인 어머니의 소중한 사진을 보고 그가 부모님 장례식에서 약속한 대로 그녀를 위해 복사본을 만들지 않았다고 화를 냈다. 방어적으로 지미는 "그만 좀 해!"라고 소리쳤고, 카르멘은 그를 "이기적인 엄마의 아들"이라고 비난했다. 지미는 그녀가 어머니의 모든 보석을 훔친 "심술궂은 늙은 잔소리꾼"이라고 반박했다. 격분한 카르멘은 사진을 찢어 버렸고, 그들이 몸싸움을 하던 중 지미는 그녀를 넘어뜨려 코피를 흘리게 했다. 다른 자매인 다라는 상황을 진정시켰지만, 이후 몇 주 동안 적대감은 더욱 심해졌다. 카르멘은 지미를 상대로 손해배상 소송을 제기하기 위해 변호사를 고용했고, 지미는 사과를 거부하며 사건의 책임을 그녀에게 돌리고 맞고소하겠다고 위협했다. 다라는 카르멘 편에 서서 지미와 대립했다. 지미의 아내는 그의 "유치한" 복수 계획을 질책했다.

격렬한 가족 삼각관계는 상담자들을 얽히게 할 수 있다. 치료사가 지미의 반격 계획에 의문을 제기하자, 그는 그녀가 여동생과 아내 편을 들고 있다고 비난했다. 치료사는 자신의 입장을 명확히 했다. 그녀는 그들과 공모하고 있는 것이 아니라, 그의 더 나은 모습에 동조하려는 것이라고 말했다. 그녀는 그가 예의 바르고 관대한 사람이라는 것을 알고 있었고, 마음 깊은 곳에서는 그가 갈등에 일조했으며 후회할 만한 부분이 있다는 것을 알고 있다고 믿었다. 지미는 머리를 손으로 감싸고 깊은 한숨을 쉬며 고개를 끄덕였다. 그들은 이제 사건의 연쇄와 그 사건의 관계적 의미—어린 시절 가장 필요했던 시기에 곁에 없었던 고인이 된 어머니의 사진을 자신만 소유한 것과 여동생의 관점에서는 그녀에게 보여 주지 않았던 것—에 대해 더 차분하게 살펴보았다. 지미는 그 사진이 카르멘에게 얼마나 큰 의미를 갖는지 알고 있었기에 자신의 미루는 버릇에 대한 책임을 지기로 동의했다. 치료사는 또한 여동생이 자신을 화나게 자극했더라도, 자신의 폭력적인 반응과 그녀에게 가한 해에 대해 책임이 있음을 깨닫도록 도왔다. 치료사는 그의 더 나은 본성에 호소하며, 자신의 행동에 대해 사과하고 형제자매 관계를 개선하려는 그의 목표를 저해할 수 있는 소송을 중단하라고 촉구했다. 치료사는 형제자매 각자를 위해 사진을 확대 복사하여 액자에 넣어 주자는 그의 아이디어를 지지했다. 이후 모든 형제자매가 참여한 회기에서는 각자의 이야기를 듣고 이해받는 기회를 가졌다. 치료사는 그들이 요리를 좋아한다는 것을 알고, 화해의 의미로 각자 좋아하는 요리를 가져와 나눠 먹은 포틀럭 식사를 계획하는 것을 제안했다. 후속 회기에서 지미는 그들의 재회를 축하하는 사진을 가져왔다.

심각한 질병과 상실의 위협: 시간에 민감한 딜레마

말기 질환과 상실의 위협은 너무 늦기 전에 과거의 관계적 불만을 해결하려는 긴급함을 불러일으킬 수 있지만, 가슴 아픈 딜레마가 상황을 더욱 복잡하게 만들 수 있다.

다이앤은 긴급한 가족 위기로 나를 찾아왔다. 그녀와 남편, 그리고 16세 아들은 "완벽한" 가족 생활을 하고 있었지만, 이제 그 모든 것이 무너질 수 있는 상황이었다. 그녀는 과거 연애에서 제이슨을 임신하게 된 경위를 이야기했다. 그녀의 남자친구 론은 결혼이나 부모가 될 준비가 되지 않았다고 말하며 도시를 떠났고, 이후로는 소식이 없었다. 절망 속에서 그녀는 자신의 아기가 아니라는 것을 알고도 기꺼이 아버지 역할을 받아들인 좋은 친구 드웨인과 결혼했다. 제이슨은 드웨인이 자신의 생물학적 아버지라고 믿으며 성장했다. 그런데 갑자기 론이 캘리포니아에서 그녀에게 전화해 말기 암 진단을 받았고, 죽기 전에 제이슨을 보고 싶다고 했다. 그녀는 무엇을 해야 할지 조언해 주기를 원했다.

현명한 치료사는 내담자의 이러한 딜레마를 해결하는 것이 아니라 그들이 자신의 상황과 선택지를 최대한 면밀히 살펴보고 최선의 결정을 내릴 수 있도록 돕는다. 먼저 우리는 비밀을 지키는 경우에 대해 탐색했다. 다이앤은 제이슨에게 이 소식을 전하는 것이 그에게 너무 충격적일 것이라고 걱정했다. 제이슨은 잘 지내고 있었고, 그녀는 그의 심리적 적응과 학교 성적이 급락할까 두려워했다. 또한, 그녀는 제이슨에게 매우 친절하고 사랑스러운 아버지인 남편에게도 큰 충격이 될 것이며, 그들의 안정적인 가족이 무너질 위험이 있다고 걱정했다. 또한 제이슨이 진실을 숨기고 평생 거짓으로 살아온 자신을 미워할까 두려워했다. 나는 다이앤의 복잡한 감정에 대해서도 물었다. 그녀는 론이 자신과 아들을 버렸고, 그동안 제이슨에게 전혀 관심을 보이지 않고 지원을 하지 않았다는 사실에 분노하고 있었다. 도대체 그는 지금 와서 무슨 권리로 그들의 삶을 방해할 수 있는 것인가?

다음 회기에서는 딜레마의 다른 측면을 탐구하고, 아들에게 말하지 않기로 결정했을 경우의 결과를 고려해 보자고 제안했다. 다시 생각해 보니, 그녀는 제이슨이 나중에 다른 사람들로부터 진실을 알게 되는 것을 원하지 않았다. 예를 들어, 만약 론의 다른 자녀들, 즉 그의 이복형제들이 제이슨에게 연락을 한다면 어떻게 될까? 그는 그녀가 거짓말을 했다고 미워할 것이고, 더 나아가 자신의 생물학적 아버지를 알 기회를 박탈당한 것에 대해 더욱 분노할 것이다. 깊은 내적 탐색 끝에, 그녀는 제이슨이 론에 대해 알 권리가 있으며, 그가 원한다면 만날 수 있도록 해야 한다고 결론지었다. 그녀는 아들과 그들의 가족이 수년 동안 쌓아온 강한 유대에 대한 신뢰를 가지고 용기를 내야 한다고 믿었다. 우리는 이 비밀을 어떻게 밝히는 것이 가장 좋을지를 고려했다. 그녀는 먼저 남편과 이 문제를 논의하기로 결정했으며, 남편은 매우 지지적이었다. 그들은 함께 제이슨에게 이 사실을 알리기로 하고, 어떤 혼란이 있더라도 서로를 지지하기로 했다. 준비를 위해, 나는 그들이 제이슨이 어떻게 반응할 것이라고 예상하는지 물었다. 그녀는 제이슨이 도망칠 수도 있지만, 파괴적인 행동은 하지 않을 것이며 아마 돌아올 것이라고 생각했다. 나는 당장의 혼란 속에서도 제이슨과 함께 "견디는" 지지적인 개방성을 유지하도록 격려했다.

제이슨은 처음에는 믿지 못하는 반응을 보였고, 그 후 두부모에게 분노했다. 예상대로 그는 집을 뛰쳐나갔다. 그들은 제이슨의 가장 친한 친구의 부모에게 연락을 했고, 그가 그곳에서 하룻밤을 보낼 것이라는 안심시켰다. 다음 날 제이슨은 돌아왔지만, 그들과 대화하기를 거부했다. 그다음 날 그는 론의 전화번호를 요청했다. 부모는 그가 내리는 어떤 결정도 지지하겠다고 말했다. 제이슨은 아버지를 만나기로 결정했다. 그 만남은 짧았지만 의미가 있었다. 론은 두려움과 미성숙함으로 인해 제이슨과 그의 어머니를 버린 것에 대해 진심으로 후회하고 있다고 말했다. 그는 눈물을 흘리며 제이슨에 대한 생각이 하루도 빠짐없이 떠나지 않았다고 털어놓았다. 그는 또한 제이슨의 지원을 위해 돈을 보내지 않은 것에 대해 부끄러움을 느끼고 있었다. 론은 제이슨의 대학을 위해 자신의 연금 절반을 그에게 양도했다고 알리고 싶어 했다. 그는 과거를 바꿀 수는 없지만, 지금 할 수 있는 일을 하고 싶다고 말했다. 집으로 돌아온 제이슨은 부모가 자신을 믿어 준 것에 매우 감사하게 생각했다. 나는 그들이 제이슨과 생부에게 기회를 준 것에 대해 칭찬했다. 몇 달 후, 아버지가 세상을 떠났을 때 제이슨은 그의 장례식에 참석했고, 그곳에서 이복형제들과 연결되기 시작했다. 다이앤이 그들의 "온전한" 가족을 잃을까 두려워했던 것과는 달리, 이 과정을 통해 그들의 유대는 확장되었고 더욱 강화되었다.

죽음 이후 긴 시간의 관계 치유

"죽음은 삶을 끝내지만, 관계는 끝나지 않으며, 살아남은 사람의 마음속에서 끊임없이 갈등하며 결코 찾지 못할 해결책을 찾으려 애쓴다." 앤더슨(1968)의 연극 〈나는 아버지를 위해 노래하지 않았다I Never Sang for My Father〉의 첫 구절은 죽음 전에 관계적 상처가 화해되지 않았을 때 겪는 지속적인 고통을 잘 표현하고 있다. 내 임상 활동의 많은 부분은 상실 후 오랜 시간이 지난 후에도 내담자들이 치유를 찾도록 돕는 것이다.

43세의 레나는 9세 때 어머니를 잃은 아픔을 극복하기 위해 치료를 받으러 왔다. 그녀는 이제 어머니가 돌아가신 나이에 이르렀고, 삶에서 만연한 공허함을 느끼고 있었다. 레나는 어머니에 대한 기억이 거의 없었고, 항상 어머니가 차갑고 거리감을 두며 자신을 사랑하지 않았다고 믿어 왔다. 나는 그녀에게 오래된 가족 사진을 가져오라고 요청했지만, 그녀는 사진이 매우 적었다. 어머니의 건강이 악화되면서 사진 찍기를 원하지 않았던 것이다. 한 장의 사진에서 레나와 몇몇 친구들이 학교 뮤지컬 의상을 입고 있고, 그 옆에 어머니가 서 있었다. 나는 사진 속에서 어머니가 레나를 바라보는 애정 어린 시선에 감명을 받았다고 언급했다. 레나는 그 사실을 이전에는 전혀 알아차리지 못했지만, 이제 볼 수 있었다. 다음 회기에서 그녀는 그 사진을 일주일 내내 곁에 두고 여러 번 보았으며, 매번 눈에 눈물이 고였다고 말했다. 그녀는 그 사진이 어머니가 죽기 전 1년이 채 안 되는 시점에 찍은 것임을 기억해 냈고, 그때 어머니는 큰 고통 속에 있었으며 할 수 있는 일이 제한적이었다. 그럼에도 불구하고 어머니는 레나와 반 친구들을 위해 의상을 만들겠다고 자원했다. 이제 어머니의 깊은 보살핌과 사랑의 증거를 보면서, 과거의 어둠 속에서 새로운 기억들이 흘러나왔고, 그녀는 어머니의 사랑을 담아 자신의 신념과 이야기를 수정하기 시작했다. 그녀는 또한 어머니의 병이 악화되면서 어머니를 잃는 참을 수 없는 상실의 슬픔으로부터 자신을 보호하기 위해 자신도 거리를 두었다는 것을 깨달았다.

레나는 또한 오랜 투병생활 때문에 어머니를 거의 알지 못했다는 사실을 깨달았다. 나는 그녀에게 이모에게 연락하여 어머니의 어린 시절과 젊은 시절에 대해 더 알아보라고 권유했다. 이모는 사진을 보내주고 초대했다. 그곳에서 그녀는 어머니의 어린 시절의 집을 보고, 어머니의 삶에 대한 감동적이고 재미있는 이야기를 들었으며, 병에 걸리기 전 어머니가 얼마나 활기찬 사람이었는지를 알게 되었다. 이모는 어머니가 죽기 직전에 쓴 편지를 건네 주었고, 그 편지에는 레나를 위해 함께하지 못한 것에 대한 가장 큰 후회와 병으로 인해 레나에게 자신이 할 수 있는 것을 하지 했다는 슬픔이 적혀 있었다. 레나는 어머니와의 관계에 대한 시각이 확장되었고, 이모 및 고향과의 새로운 연결로 엄청난 치유를 경험하였다. 아이가 없는 독신인 그녀는 재능 있는 학교 교사였지만, 항상 자신을 감추고 차갑고 냉담하게 지냈다. 이제 그녀는 더 "삶이 가득한" 기분을 느끼게 되었고, 지역사회 활동에 더 적극적으로 참여하며 일과 학생들과의 관계에서 새로운 활력을 얻었다.

이혼 위기의 부부들

모든 부부 관계에는 힘든 시기와 갈등이 있으며, 이는 결국 단절로 이어질 수 있다. 오늘날 부부들은 직장과 가족의 요구, 변화하는 성 역할 관계의 스트레스로 인해 차이점을 협상하고 조정할 필요성이 더욱 커지고 있다. 서로 다른 문화적, 인종적, 종교적 배경을 가진 부부들은 처음에는 서로에게 끌리지만, 나중에는 갈등을 부추길 수 있는 서로 다른 가치관과 기대를 관계에 가져올 수 있다. 우리는 결혼에 대해 그 어느 때보다 더 많은 것을 기대하게 되었고, 비현실적인 꿈과 불일치가 충돌할 때 더 큰 좌절감과 실망을 느끼게 된다. 만약 우리가 부부들이 서로의 독특함을 소중히 여기고 차이를 존중하도록 도울 수 있다면, 이러한 차이는 관계를 더 풍요롭게 만들 수 있다.

부부 치료사로서의 경험에도 불구하고 어떤 부부가 함께 남을지, 어떤 부부가 결국 헤어질지 정확하게 예측할 수는 없다. 어떤 부부들은 상담사가 그들에게 무엇을 해야 하는지 말해 주거나 그들의 상황이 절망적이라는 믿음을 확인해 주기를 바라며 치료를 요청한다. 어떤 배우자는 상황을 변화시킬 수 없다고 느낄 때 떠나는 것이 유일한 선택이라고 생각할 수 있다. 치료사는 그들의 비관적인 태도를 이해할 수 있지만, 배우자와의 관계 치유의 가능성을 평가하지 않고 떠나지 않도록 격려할 수 있다. 어떤 이들은 머물 것인지 떠날 것인지 고민하며, 자신의 상황을 "유지할지 아니면 떠날지"의 관점에서 바라본다. 머무는 것은 현재 상태를 수용하는 것을 의미하며, 이는 참기 힘든 상황일 수 있다. 부부 상담은 서로가 관계에 재투자하고 치료에서 공동의 목표를 향해 나아가기 위해 필요한 변화를 파악하고 소통하는 데 도움을 줄 수 있다. 배우자는 만족스러운 관계에 대한 자신의 요구 측면에서 비난과 불만을 재구성하고 긍정적인 목표를 명확히 하는 데 도움을 받을 수 있다. 원가족 관계와 마찬가지로 부부의 화해 가능성은 화해하려는 의지의 깊이에 따라 가장 크게 좌우된다. 이는 상대방을 진지하게 받아들이고, 위반 사항을 인정하며, 겪은 고통에 대해 보상할 준비가 필요하다.

강한 관계는 유연성, 상호 합의, 그리고 공동의 헌신을 요구하는 사랑의 협력이다. 배우자와 상황은 불가피하게 변화하기 때문에, 모든 지속적인 관계는 유대와 상호 기대(관계적 보상 "quid pro quo")의 재구성과 재협상이 필요하다. 앤더슨Anderson(2007)은 "다시 약속하기promising again"라는 의식을 제안했는데, 이는 배우자가 서로를 다시 선택하는 것을 요구하는 의도적이고 상호적인 서약 갱신이다. 이러한 의식은 전환기나 위기 상황에서 특히 의미가 있을 수 있으며, 종교적 구조 안팎에서 모두 의미가 있을 수 있다. 약속을 어겼을 때는 필요한 변화에 대한 서약을 포함한 재헌신이 필요하다. 이 갱신은 절망보다 희망을 선택하는 것을 표현하며, 생애주기 동안 관계를 지속하고 강화하기 위한 중요한 재연결을 촉진한다. 화해는 필요한 변화를 촉진하며, 배우자를 더 깊은 신뢰와 헌신의 자리로 이끈다.

트라우마의 초월: 미래를 위한 교훈

고통스러운 경험을 우리의 삶과 관계의 구조에 통합하기 위해 노력할 때, 회복탄력성은 과거의 트라우마라는 용광로에서도 형성될 수 있다. 우리는 개인적인 삶, 더 넓은 공동체, 그리고 세계적 연결 속에서 변화와 성장의 기회를 포착할 수 있다. 화해는 상호 수용을 향해 나아가고 평화로운 공존의 비전을 발전시키는 과정이다(Staub, 2013).

베트남 전쟁의 가장 고통스럽고 오래도록 기억에 남는 사진에서 9세의 판 티 킴 푹은 네이팜탄에 온몸이 그을린 채 팔을 뻗어 비명과 공포 속에서 고통을 호소하며 달리고 있었다. 킴 푹은 수십 차례의 수술을 견뎌냈고, 전쟁의 공포를 상징하는 정치적 아이콘이 되었다. 그녀는 30대 중반에 이르러 토론토의 아시아 커뮤니티에서 남편과 어린 아들과 함께 "평범하고 행복한 삶"을 살고 있다고 느꼈다. 시련을 겪은 지 거의 25년 만에 화해의 의미로 그녀는 워싱턴 D.C.에 가서 재향군인 기념비에 화환을 바쳤다. 많은 청중 앞에서 그녀는 이렇게 말했다.

> "나는 육체적, 정서적 고통을 많이 겪었습니다. 때때로 숨을 쉴 수조차 없었습니다. 하지만 하나님은 제 생명을 구해 주셨고, 믿음과 희망을 주셨습니다. 만약 폭탄을 떨어뜨린 조종사와 얼굴을 맞대고 이야기할 수 있다면, 나는 그에게 이렇게 말할 것입니다. '우리는 역사를 바꿀 수는 없지만, 현재와 미래를 위해 평화를 증진하는 선한 일을 하려고 노력해야 합니다'"(Sciolino, 1996, p. A1에서 인용).

베트남 세대들이 보여 주듯이, 우리는 잔인한 만행으로 고통을 받았더라도 상처받은 희생자로서 끊임없는 투쟁에 갇히지 않을 수 있다. 피해자로서의 삶의 함정에 빠지지 않는 것은 우리의 힘에 달려 있다. 우리는 트라우마를 초월하여 회복탄력성을 형성하고, 그 경험을 변형시켜 더 나은 방향으로 의미 있는 변화를 이루겠다는 결의를 다질 수 있다.

용서의 가능성 확장

치유와 회복탄력성을 촉진하는 과정에서 과거의 트라우마적 사건은 지워지지 않지만, 그에 대한 인식과 감정은 근본적으로 변화할 수 있으며, 이는 우리의 미래에 대한 의미에도 영향을 미친다. 용서의 가능성을 탐구할 때, 우리는 내담자가 가해자에 대한 끝없는 비난에서 벗어나 해를 끼치거나 불공정한 상황이 어떻게 발전했는지를 배우고, 이를 사회적 및 역사적 맥락에서 바라보도록 격려할 수 있다. 커플, 가족, 공동체 또는 민족, 정치적, 종교적 집단 간에 관계적 불의가 발생했을 때, 가해자에게 책임을 묻는 것은 합리적이고 정당한 기대이다. 가해자가 불의와 그로 인한 피해에 대한 책임을 받아들이고 다시는 반복하지 않겠다고 다짐할 때, 용서와 화해가 촉진된다. 또한, 과거의 불의에 대한 의미 있는 보상과 미래의 신뢰할 수 있는 행동을 통해서도 촉진된다.

많은 문화적 및 종교적 전통에서 용서는 가해자의 인정이나 보상 노력을 요구하지 않는다(Hargrave et al., 2009). 힌두교의 바가바드 기타Bhagavad Gita에서는 용감한 사람을 보고 싶다면 용서할 수 있는 사람들을 보라고 말한다. 이는 용서함으로써 증오와 원망에서 자신을 해방시키고, 치유와 초월의 길을 여는 용기 있는 자세를 취하는 것이다. 연구에 따르면, 이 과정은 건강 위험을 줄이고 용서하는 회복탄력성을 촉진할 수 있다(Worthington & Scherer, 2004). 11장에서 보았듯이, 10대 아들이 살해당했을 때, 그 어머니는 자신과 가족의 치유를 위해 용서의 여정을 시작했다. 그녀의 긍정적인 행동의 효과가 확산되면서, 이는 가해자에게도 놀라운 변화를 가져왔다. 수감된 청소년은 초기의 자기 연민을 넘어 책임을 지고, 유족에게 진정한 후회를 전달하며, 자신의 삶을 변화시키기 위해 전념하게 되었다. 피해자의 부모와 가해자의 부모 간에 보인 연민은 상호 치유를 촉진했다.

사랑하는 사람을 용서하는 것은 본질적으로 관계의 변화를 수반한다. 이 과정은 진실성과 보호를 유지하려는 개인적인 필요와, 개인을 강화하고 다른 관계에서도 결실을 맺을 수 있도록 사랑과 신뢰의 가족 자원을 활용하려는 노력을 균형 있게 조화시킨다. 화해는 관계에서 위배되었던 부분에 대한 용서를 포함할 수도 있고 포함하지 않을 수도 있다. 그 부분을 용서하지 않더라도, 사람을 용서하고 관계를 치유할 수 있다. 그렇게 함으로써 상처받은 경험을 존중하는 동시에 그 경험을 제자리에 두고 전체를 파괴하지 않도록 할 수 있다.

용서하고 기억하기

"용서하고 잊어라"라는 대중적 격언과 달리, 용서는 과거의 잘못이 지워지거나 해로운 행동이 잊혀진다는 것을 의미하지 않는다. 과거의 불의로 인한 고통은 화해와 용서가 이루어지고, 특히 사랑과 신뢰가 회복될 때 시간이 지남에 따라 사라지는 경향이 있다(Flaskas, McCarthy, & Sheehan, 2007). 그러나 우리가 발생한 피해를 잊어버린다면, 우리는 그로부터 배우지 못하고 미래에 그러한 행동이 다시 발생하지 않도록 필요한 조치를 취할 수 없게 된다. 신뢰는 가족 구성원(또는 사회)이 마치 아무런 침해도 없었던 것처럼 행동할 때가 아니라, 과거의 불의를 기억하고 관계를 다르게 맺으려 노력할 때 가장 잘 회복된다. 그러한 피해가 다시 발생하지 않도록 하기 위해서는 관계의 새로운 조건을 설정해야 한다.

가족 내에서 과거의 트라우마가 부모의 취약성과 한계에 어떻게 영향을 미쳤는지 이해한다고 해서 그러한 침해가 정당화되는 것은 아니다. 가족 구성원은 자신의 동기, 행동 및 결과에 대해 책임을 져야 한다. 가능성을 탐구하기 위해, 치료사로서 우리는 내담자에게 다음과 같은 질문을 할 수 있다. “이 경험에서 용서받을 수 있는 부분이 있습니까? 행동이 아니라면 그 사람을 용서할 수 있도록 하려면 무엇이 필요할까요? 만약 그 사람이 변화하려고 노력하고 진정한 후회로 인정하고 사과한다면, 그 사람을 용서할 수 있을까요? 당신과 당신의 행복에 진정한 관심을 보여 주기 위해서라면?”

상처받은 사람은 학대하거나 파괴적인 행동을 한 사람을 용서할 수 있을까? 용서해야 하는가? 치료사는 어떤 개인이나 가족을 위해 그 결정을 대신할 수는 없다. 용서는 매우 유익할 수 있지만, 그 결정은 피해를 입은 각 개인에게 달려 있다. 한 여성은 어머니를 살해한 아버지를 결코 용서할 수 없었을 것이다. 다양한 상황에서는 다양한 경로가 있을 수 있다. 용서는 복잡하며 여러 체계적 차원의 침해를 포함할 수 있다. 성직자가 아동을 성적으로 학대했을 경우, 그는 자신의 종교적 서약과 신앙 공동체의 신뢰를 배신했으며, 범죄 행위를 저지른 것이다. 권력이 남용되어 다른 사람에게 심각한 피해를 주고 신뢰를 위반했을 때, 이는 매우 심각하게 고려해야 할 문제이다. 만약 어떤 형태의 학대가 계속해서 위협이 된다면, 피해자가 가해자와의 용서 관계를 추구하는 것은 현명하지 않은 위험을 감수하게 할 수 있다. 어떤 개인은 용서가 자신에게 불가능하다고 결정할 수도 있다. 각 경우마다 감정적, 관계적, 윤리적 딜레마를 다루어야 한다. 치료사로서 우리는 내담자가 정보를 수집하고, 강렬한 감정을 다루며, 다양한 관점을 고려하여 사건, 관계, 행동을 더 이해할 수 있도록 도와줄 수 있다.

가족 내의 관계 침해는 가장 파괴적인 경우 중 하나이다. 학대, 방치 또는 기타 파괴적인 행동이 있었던 가족의 치료사는 내담자가 해당 가족 구성원에게 그들의 행동에 대한 책임을 묻는 위치에 도달하도록 도울 수 있다. 많은 경우, 치료는 가해자의 취약성과 한계를 형성한 경험에 대한 이해를 높이려 시도할 수 있으며, 이는 가해 행위를 정당화하지 않으면서도 그들의 고통을 이해하는 데 도움을 줄 수 있다. 우리는 내담자가 비난과 원망에 휩싸여 자신의 삶을 허비하지 않도록 격려할 수 있다. 무엇보다도,

이는 고통받은 이들에 대한 우리의 연민 어린 반응을 포함하며, 동시에 부모나 다른 가해자들의 고난과 고통에 대한 연민도 확장하는 것이다. 많은 경우, 가해자도 과거의 잘못이나 부끄러운 행동에 대해 스스로를 용서하는 데 치료사의 도움이 필요하다.

회복탄력적인 개인과 가족이 트라우마적 상황에서 강하고 건강하게 회복하는 능력은 더 깊이 상처받고 회복이 원활하지 않다고 해서 그들이 약하고 결함이 있다는 것을 의미하지는 않는다. 주디스 허먼Judith Herman(1992)은 트라우마로 고통받는 이들에 대한 "도덕적 연대감moral solidarity"의 중요성을 강조하며, 그들이 가장 많은 희망이 필요하고 스스로에 대해 죄책감을 느끼게 할 또 다른 이유가 필요하지 않다는 점을 존중해야 한다고 말했다.

진실 말하기와 정의

우리 역사 이야기와 유산을 재조정하여 영웅과 긍정적인 모델을 부각할 때, 우리는 다른 극단으로 치우쳐 잔혹 행위를 은폐하고 감동적인 부분만 드러내지 않도록 주의해야 한다. 인간 이야기의 긍정적인 측면뿐만 아니라 불쾌한 측면도 직면해야 하며, 이는 국가로서의 우리 이야기와 우리 민족 이야기 모두를 포함한다. 가족 내의 역사와 마찬가지로, 우리 사회의 역사는 지배적인 구성원의 목소리로 너무 쉽게 기록되며, 소외되고 취약한 사람들의 경험은 침묵당하게 된다(Hernandez, 2002). 많은 경우, 우리는 공식적인 현실 관점을 도전하기 위해 불쾌한 사실을 알아야 한다. 안타깝게도, 우리와 같은 힘이 있는 국가들은 노예제도와 원주민의 집단학살, 전쟁의 파괴와 비인간화에 이르기까지 종종 과거의 불의와 피해를 인정하고 회복하는 데 어려움을 겪는 경우가 많다.

인권이 침해된 경우, 가족, 공동체, 국가 등 어디서든 정의를 위해 진실이 요구된다. 인종차별 시대의 인권 침해를 조사하기 위해 남아프리카 공화국에 설립된 진실과 화해 위원회(The Truth and Reconciliation Commission)는 과거의 잔혹 행위에 대한 사실을 수집하고 역사 기록을 발표하는 독특한 실험을 실행하였다. 범죄를 저지른 사람들은 사면 계획의 필수 조건으로 최소한 자신의 행위를 공개적으로 인정해야 했다. 이후의 사면은 개별 사례에 따라 검토되고 제공되었다. 예를 들어, 한 경찰 대장은 13명의 여성과 어린이를 살해한 사실을 인정하고 피해자 가족에게 사과하며 그들에게 "용서해 줄 것을 고려해 달라"고 요청했다. 이후 용서 여부는 가족이 결정하게 하였다(Gobodo-

Madikizela, 2002)

보상은 종종 정의감을 증진시킬 수 있다. 그러나 어떤 상황에서는 생존자들이 끔찍한 범죄가 보상으로는 치유될 수 없다고 느낄 수 있다. 생존자들이 용서할 수 없더라도, 과거의 잔혹 행위에 대한 진실을 이야기하고 배우는 것은 고통받은 개인, 집단 또는 사회가 상처를 치유하는 데 중요하다. 이는 무슨 일이 있었는지에 대한 세부 정보를 제공하고, 고통받은 이들에게 더 큰 카타르시스를 제공한다. 무의미한 것에 대한 의미를 찾는 것은 끔찍한 일을 이해 가능하도록 도와준다. 남아프리카의 야심 찬 실험은 사면을 요청하는 많은 가해자가 그들의 역할을 부인하거나 축소하기 위해 사실을 왜곡하거나 은폐했다는 비난을 받는 딜레마로 가득 찼다. 그러나 불완전한 세상에서 복수와 보복을 저항하고 대신 치유의 정의를 추구하려는 이러한 사회적 노력은 르완다 사례에서 볼 수 있듯이 중요한 변화를 촉진할 수 있다. 트라우마를 되살리는 것은 처음에는 고통과 갈등을 증가시킬 수 있으며, 특히 냉정한 사실이 잔혹할 경우 더욱 그렇다. 그러나 고통스러운 경험을 통합하고 삶을 계속해 나가는 능력은 그 시대와 장소의 맥락에서 진실을 완전히 이해함으로써 더욱 촉진된다. 마틴 루터 킹 주니어의 말처럼, "진실은 너를 자유롭게 할 것이다."

역사에서 배움: 최선을 알리고 영감을 주기

역사는 우리 자신, 우리 가족, 그리고 우리 문화를 지속적으로 이해하는 데 필수적이다. 인간은 더 큰 공동체 및 자신의 역사와 연결되고자 하는 깊은 욕구를 가지고 있다. 그리핀Griffin(1993)이 주장하듯이, 가족 역사를 포함한 모든 역사는 우리의 일부이며, 조부모나 삼촌 또는 우리 사회의 과거 불의에 대한 끔찍한 비밀이 밝혀질 때, "말하지 않은 진실의 무게"가 사라지면서 우리의 삶이 더욱 분명해진다. 이 무게를 덜어내는 것은 세대 간 그리고 우리 사회에서 소통을 여는 과정의 일부이다.

역사는 대개 가장 강력한 자들에 의해 기록되며, 그들의 특권을 뒷받침하고 그들의 행동을 정당화하기 위해 사용된다. 가족이나 사회에서 부당하거나 잔혹한 대우를 받고 소외된 사람들에게 역사에 대한 권한을 확대할 필요가 있다. 그렇게 함으로써 우리 모두가 과거에 대한 이해를 바탕으로 현재와 미래에 최선의 행동을 하고 영감을 얻을 수 있다.

상처받은 마음의 영혼

켄 번스Ken Burns의 강렬한 비디오 다큐멘터리 〈서부The West〉(Ives, Abramson, & Kantor, 1996)에서 라코타Lakota 원주민 교사이자 멘토인 알버트 화이트 햇은 150년이 넘는 세월 동안 그의 부족에게 저질러진 집단학살의 잔혹 행위를 받아들이기 위해 휘몰아치는 자신의 존재론적 고투를 이야기한다.

> "나는 노인들과 함께 자라면서 그들의 이야기를 들었습니다. 그 이야기들은 내 안에 있었습니다. 나는 기숙학교에 들어갔고, 그곳에서는 그 이야기들을 없애버렸습니다. 나는 내가 누구인지, 내가 무엇인지에 대해 부끄러움을 느끼게 되었습니다.
>
> 1960년대 후반에 나는 그 문화로 돌아가서 머리를 기르고, 언어를 배우기 시작했습니다. 나는 5년 동안 비전 퀘스트에 참여했고, 단식도 했습니다 …… 그러던 어느 날, 아름다운 밤이었고, 별들이 빛났으며, 고요했습니다. 자정 무렵에 일어나 기도하고 잠시 앉아 있었습니다. 그러다가 갑자기 샌드크리크Sand Creek와 운디드니Wounded Knee 학살[4]의 회상이 떠올랐습니다. 우리에게 강요된 모든 정책과 법이 하나씩 나에게 다가왔고, 그것이 내 삶에 어떤 영향을 미쳤는지를 느꼈습니다. 그리고 앉아 있던 나는 점점 더 화가 나더니, 결국 증오로 변했습니다. 나는 모든 상황, 모든 역사를 바라보았지만, 내가 할 수 있는 것은 아무것도 없었습니다. 너무나도 힘들었습니다. 내가 할 수 있는 유일한 것은, '내가 언덕에서 내려오면 총을 잡고 쏠 거야. 그렇게 하면 아마도 조상들이 나를 존경해 줄 거야'라고 생각했습니다.
>
> 나는 일어나서 동쪽을 향해 돌아섰고, 그곳은 아름다웠습니다. 새벽빛이 비치고 있었습니다. 어둠 속의 푸른 빛 바로 위에는 아침의 희미한 달빛이 조각처럼 떠 있었습니다. 그리고 나는 살고 싶었습니다. 나는 행복하게 살고 싶었습니다. 나는 누릴 자격이 있다고 느꼈습니다. 하지만 내가 그렇게 할 수 있는 유일한 방법은 용서하는 것이었습니다. 그래서 그 아침에 나는 울었습니다. 용서해야 했기 때문입니다.
>
> 그 이후로 나는 그 약속을 매일 지키기 위해 노력하고 있습니다. 이제, 얼마나 사람들이 그렇게 느끼는지는 모르겠지만, 우리 모두, 만약 당신이 라코타족이라면 인생의

4 샌드크리크는 콜로라도 동부 지역이며, 1864년 11월 29일 미국과 인디언 전쟁에서 미군에 의해 샤이엔과 아라파호족이 학살당한 장소이다. 운디드니는 미국 사우스다코타주 남서부 마을 이름이며, 1980년 백인들이 인디언을 학살한 곳이다. (역주)

> 어느 시점에서 이 문제를 다뤄야 합니다. 당신은 이 문제를 해결해야 하고 결정을 내려야 합니다. 그렇지 않으면, 당신은 어딘가에서 죽게 될 것입니다. 너무 취해서든 머리에 총알을 맞아서든 죽게 될 것입니다. 그러니 이것은 역사에 관한 것이 아닙니다. 여전히 우리와 함께하고 있습니다. 과거에 일어난 일은 결코 우리를 떠나지 않을 것입니다. 앞으로 100년 동안 우리와 함께할 것입니다. 그리고 우리는 매일 이 문제를 다뤄야 합니다."

앨버트 화이트 햇이 깨달았듯이, 아무리 정당한 분노라 하더라도 우리가 분노에 휩싸이게 되면 우리의 현재와 미래는 과거의 끔찍한 일들에 얽매이게 되고 괜찮은 삶을 살지 못하게 될 수 있다.

우리는 과거를 바꿀 수 있게 해 주는 타임머신이라는 소원 성취 환상을 품게 될 수도 있다. 그런 방식으로 과거를 바꿀 수는 없지만, 우리는 과거에 대한 우리의 관점을 수정하고 확장하며, 그로부터 배우고, 다르게 살고 관계를 맺겠다고 다짐할 수 있다. 가능성의 기술을 숙달하는 것을 포함하며, 이는 회복탄력성의 핵심 과정이다.

우리는 과거의 상처와 불의에 의미를 부여하려고 노력할 수 있으며, 그런 다음 사랑하는 사람들과의 유대, 더 큰 공동체, 초월적인 가치에 대한 내적 자원과 유대를 활용하여 최대한의 잠재력으로 살고 사랑하며, 미래를 위한 긍정적인 유산을 남길 수 있다. 가족과 공동체에서 어린 시절을 보낸 우리는 트라우마적 사건을 거의 통제할 수 없었지만, 성인이자 부모로서 우리는 자녀와 삶에서 모든 사람과 함께 더 나은 일을 할 수 있는 힘과 기회를 가지고 있다. 우리가 자신의 삶을 이해하게 되고, 타인의 고통에 연민을 갖게 되며, 모든 생명체에 대한 책임을 다할 수 있다면, 우리의 공동 미래는 희망적일 것이다.

부록 1

Walsh 가족 회복탄력성 질문지

(Walsh Family Resilience Questionnaire)[1]

저희는 당신의 가족이 매우 스트레스가 많은 상황을 어떻게 경험하고 있는지 알고 싶습니다. 당신 가족이 위기와 지속적인 도전에 어떻게 대처하는지 의견을 공유해 주십시오. 아래의 각 문장을 읽고 1~5의 숫자 중 당신 가족이 해당하는 곳에 표시해 주십시오.	거의/전혀 하지 않는	자주는 아닌	때때로	자주	거의 항상
1. 우리 가족은 개별적으로가 아니라 한 팀으로 함께 어려움에 대처한다.	1	2	3	4	5
2. 우리는 고통스러운 상황을 일반적이고 이해할 수 있는 것으로 이해한다.	1	2	3	4	5
3. 우리는 위기를 공동의 노력으로 관리할 수 있고 숙달할 수 있는 도전이라고 여긴다.	1	2	3	4	5
4. 우리는 스트레스가 많은 상황을 이해하고 우리의 선택에 집중하기 위해 노력한다.	1	2	3	4	5
5. 우리는 어려움을 극복할 수 있다는 희망과 자신감을 유지한다.	1	2	3	4	5
6. 우리는 서로를 격려하고 우리의 강점을 기반으로 대처한다.	1	2	3	4	5
7. 우리는 기회를 포착하고, 행동을 취하며, 노력을 지속한다.	1	2	3	4	5
8. 우리는 가능성에 초점을 맞추고 우리가 바꿀 수 없는 것을 받아들이려고 노력한다.	1	2	3	4	5
9. 우리는 어려움을 극복하는 데 도움이 되는 중요한 가치와 삶의 목적을 공유한다.	1	2	3	4	5
10. 우리는 위기 대처에 도움이 되는 영적 자원(종교적이든 비종교적이든)을 이용한다.	1	2	3	4	5

(계속)

1 출처: Froma Walsh(2015). 허가를 받아 재인쇄함

저희는 당신의 가족이 매우 스트레스가 많은 상황을 어떻게 경험하고 있는지 알고 싶습니다. 당신 가족이 위기와 지속적인 도전에 어떻게 대처하는지 의견을 공유해 주십시오. 아래의 각 문장을 읽고 1~5의 숫자 중 당신 가족이 해당하는 곳에 표시해 주십시오.	거의/전혀 하지 않는	자주는 아닌	때때로	자주	거의 항상
11. 우리의 도전은 창의력, 더 의미 있는 우선순위, 그리고 더 강한 유대감을 고무시킨다.	1	2	3	4	5
12. 우리의 고난은 다른 사람들을 돕고자 하는 연민과 열망을 증가시켰다.	1	2	3	4	5
13. 우리는 우리가 도전으로부터 배우고 강해질 수 있다고 믿는다.	1	2	3	4	5
14. 우리는 새로운 도전에 적응하는 데 유연성을 가지고 있다.	1	2	3	4	5
15. 우리는 가족 구성원의 스트레스를 완화하기 위해 안정과 신뢰를 제공한다.	1	2	3	4	5
16. 부모들/보호자들의 강력한 리더십은 따뜻한 양육, 지도, 안전을 제공한다.	1	2	3	4	5
17. 우리는 어려움에 처했을 때 가족 구성원이 서로 도울 것이라고 믿는다.	1	2	3	4	5
18. 우리 가족은 가족 개인의 필요와 차이를 존중한다.	1	2	3	4	5
19. 우리의 직계 가족과 확대 가족에는 긍정적인 역할 모델과 멘토가 있다.	1	2	3	4	5
20. 우리는 친구들과 공동체의 지원에 의지할 수 있다.	1	2	3	4	5
21. 우리는 어려운 시기를 헤쳐 나갈 수 있는 경제적 안정을 가지고 있다.	1	2	3	4	5
22. 우리는 어려운 시기에 우리 가족에게 도움이 되는 지역사회 자원을 사용할 수 있다.	1	2	3	4	5
23. 우리는 스트레스 상황과 우리의 선택에 대한 정보를 명료화하기 위해 노력한다.	1	2	3	4	5
24. 우리 가족은 말하고 행동하는 것이 명확하고 일관성이 있다.	1	2	3	4	5
25. 우리는 우리의 의견을 표현할 수 있고 서로 진실할 수 있다.	1	2	3	4	5
26. 우리는 어려운 부정적인 감정(예: 슬픔, 분노, 두려움)을 공유할 수 있다.	1	2	3	4	5
27. 우리는 서로를 이해하고 비난하지 않는다.	1	2	3	4	5
28. 우리는 긍정적인 감정, 감사, 유머, 즐거움을 공유하고 어려움에서 안도감을 느낄 수 있다.	1	2	3	4	5
29. 우리는 논의하고 결정을 내리는 데 협력하며, 의견 차이를 공정하게 처리한다.	1	2	3	4	5
30. 우리는 목표에 집중하고 목표에 도달하기 위해 시도한다.	1	2	3	4	5
31. 우리는 성공을 축하하고 실수로부터 배운다.	1	2	3	4	5
32. 우리는 미래를 계획하고 준비하며 위기를 예방하기 위해 노력한다.	1	2	3	4	5

"가족의 어떠한 신념이나 관행이 당신의 스트레스 상황을 처리하는 데 특히 도움이 되나요?"

답변: ______________________________

부록 2

회복탄력성 기반 가계도 개발
: 개요 및 질문 예시

GRYD[2] 가족 교육, 2011-2012

John Rolland, MD, and Froma Walsh, PhD

지도 원칙

- 모든 가족, 개인 및 공동체는 스스로를 변화시키고 삶의 이야기를 바꿀 수 있는 고유한 능력을 가지고 있다.
- 가족의 개념은 조부모, 이모, 삼촌, 사촌 등을 포함한 다중 세대라는 넓은 관점에서 정의된다.
- "돌보는 사람caregivers"의 개념은 청소년의 삶에서 중요한 관계를 반영하며, 특히 위탁 가정이나 그룹 홈 상황에 있는 청소년에게 해당된다.
- 공동체, 가족, 또래 집단 및/또는 개인의 강점을 파악하고 확인하는 것이 결핍 영역을 파악하는 것만큼 중요하다.
- 청소년의 생활 환경을 고려하여 기능적 및/또는 비기능적 행동 범위를 보는 것이

2 L.A. 시장실 산하 갱단 감소 및 청소년 개발 프로그램(GRYD: Gang Reduction and Youth Development Program)을 위해 설계 및 수행됨; 부시장 Guillermo Cespedes, MSW; 연구 책임자 Denise Herz, PhD; 프로그램 관리자 Perla Aragon, MSW와 Maryum Ali. 예방팀 리더인 Miguel Leon, MSW에 의해 조정됨. 가계도 형식은 McGoldrick, Gerson, Petry(2008)를 기반으로 함.

바람직하며, 여기에는 가족 및 또래 환경 모두가 포함된다.

- 가계도는 가족 과정을 지도화하는 도구로, 최소 3세대에 걸친 상호작용 과정을 도식적으로 나타낸 것이다.

일반 지침: 가계도 정보 수집

1. 가계도 작성의 가치를 전달한다. 단순히 양식을 작성하는 것이 아니다. 한 번의 만남으로 가계도를 완성할 수 있을 것으로 기대하지 않는다. 청소년과 가족이 그들의 관계와 역사에 대해 더 많이 배우고자 하는 관심을 갖도록 하는 것을 목표로 한다. 목표는 다음과 같다.
   - 가족의 역사와 관계망에 대한 이해와 긍정적인 연결을 증진한다. 이는 청소년의 긍정적인 정체성을 강화하고 부정적인 영향으로부터의 차별화를 돕는다.
   - 청소년의 긍정적인 발달을 위한 "관계적 생명선"이 될 수 있는 가족 구성원을 파악하고 모집한다. 정서적 지원과 문제 해결을 통해 청소년의 문제 행동을 줄이고, 갱단 참여에 저항하며, 긍정적인 미래 비전을 향해 나아갈 수 있도록 지원한다.

2. 긍정적이고 지지적인 어조로 정보를 수집한다. 우리의 회복탄력성 지향 접근은 청소년이나 가족의 문제를 무시하지 않는다. 우리는 가족의 강점과 자원을 파악하고 활용하며 그들의 문제 해결 노력을 지원함으로써 GRYD 예방 프로그램 목표와 가장 관련 있는 문제를 다룬다.
   - 청소년과 그 가족의 문제 행동, 고통 및/또는 고군분투에 대한 이야기에 공감하며 경청하여 당신이 그들의 상황과 우려를 이해하고 있다고 느끼도록 한다. 가장 우려되는 행동과 상호작용에 초점을 맞추어 사람들을 희생양으로 삼거나 병리화하는 것을 피한다.
   - 문제와 함께 청소년과 가족의 긍정적인 의도, 행동 및 대처 전략을 이끌어 내고 확인한다(예: 신념, 인내, 끈기, 상호지원, 배려).
3. 가족의 좌절감이 그들의 상황에서 이해될 수 있다는 점을 인정함으로써, 고통을 정상화하거나 맥락화한다. 이는 비난과 수치를 줄일 수 있다. **해로운 행동은 절대 긍정하거나 정상화해서는 안 된다.** 사람의 배려하는 의도나 불안한 감정을 긍정할

수 있지만, 위험하거나 파괴적인 행동을 지지하지 않는다는 점을 분명히 한다. 그들이 문제를 처리하는 더 나은 방법을 찾도록 도와주거나, 문제가 당신의 GRYD 작업 범위를 넘어설 경우 적절한 자원과 연결해 줄 수 있다.

4. 일부 정보는 감정적으로 부담스러울 수 있다. 관련 질문을 하되, 초기 단계에서 매우 민감한 정보를 이야기하기를 주저하는 내담자의 마음을 존중하라. 당신은 그것이 고통스럽거나 어려운 문제임을 인정할 수 있다. GRYD 목표와 관련이 있다면, 추후 개별 상담에서 탐색할 수 있으며, 청소년과 정보를 공유할지 여부와 방법을 부모와 함께 결정할 수 있다.

5. 이 과정을 시작할 때 당신은 가족의 관계망과 역사를 살펴보도록 요청받았다. 그들의 관계를 강화하고 그들의 역사를 확인하기 위해 노력해야 한다.

시작하기

1. 가족이 편안함을 느끼는 곳에서 시작한다.
2. 직계 가족에서부터 확대 가족 및 또래 네트워크를 포함한 더 넓은 사회 시스템으로 확장한다.
3. 현재 가족 상황에서부터 중요한 과거 가족 사건으로 확장한다.

직계 가족 질문(예시)

4. 가정에 누가 함께 살고 있습니까(이름, 나이, 성별)?, 얼마나 오래 함께 지냈습니까? 최근에 변동 사항이 있습니까?
5. 모두가 어떻게 관계되어 있는지 표시한다.
6. 기능적이거나 비공식적 또는 선택적 친척(생물학적 또는 법적으로 관련이 없는 사람들, 예: 대부모, 부모의 동거 남자친구나 “이모”와 같은 가장 친한 친구)에 대해 묻는다.
7. 청소년이 현재 둘 이상의 가정에 살고 있습니까?(예: 엄마 집과 아빠 집, 조부모 집에서의 시간 분할)

가계도에서 가족 구성원 주위에 점선을 그린다.

연대기

가계도와 함께 사용한다.

주요 사건, 이정표, 스트레스 요인 또는 사건들을 시기적으로 쉽게 도식화할 수 있는 방법

가계도 인터뷰: 부모, 청소년 및 기타 가족 구성원을 위한 설명(제안)

"부모님과 가족분들께 가계도를 그리는 데 도움을 주시기를 부탁드립니다. 가계도는 가족 나무와 같은 도표로, 기호를 사용하여 모든 가족과 가족 관계를 한 그림에서 볼 수 있게 해 줍니다. 함께 시작하면서 기호의 의미는 설명 드리겠습니다. 여러분이 가족 관계와 역사에 대한 전문가이기 때문에, 여러분이 가계도를 만드는 것이 중요합니다. 자녀에게 오랜 가족사에 대해 더 많이 알려줄수록, 자녀가 직면한 어려움에 대처하는 데 더 많은 도움을 제공할 수 있을 것입니다."

인구 통계 질문 예시

모 또는 부의 원가족부터 시작한다.

- "당신의 조부모님은 언제, 어디서 태어나셨나요?"
- "그들의 이름은 무엇인가요?"
- "그들은 아직 살아 계십니까? 만약 그렇다면, 지금 어디에 살고 계신가요?"
- "만약 고인이 되셨다면, 언제 돌아가셨고, 몇 살이었으며, 사망 원인은 무엇이었나요?"
- "조부모님은 어떤 일을 하셨나요, 또는 지금 일하고 계신가요?"
- "조부모님은 함께 지내셨나요? 만약 이혼하거나 별거하셨다면, 그 때 두 분은 몇 살이셨습니까?"
- "조부모님의 민족/인종적 배경은 무엇인가요? 종교는 무엇인가요?"

- "조부모님에 대해 생각할 때 떠오르는 다른 정보가 있나요?"
- "조부모님은 몇 명의 자녀를 두셨나요?"(부모와 그의 형제자매를 나이순으로 왼쪽에서 오른쪽으로 도식화한다.)
- "형제와 자매는 몇 명인가요?"(나이순으로 도식화한다.)

다른 부 또는 모의 원가족에 대해서도 반복한다.

관계 회복탄력성 기반 질문 예시

- "여기에 그려진 사람들을 볼 때, 당신은 누구와 정말 가깝다고 생각하시나요? 그 관계에서 가장 소중하게 여기거나 감사하게 생각하는 것은 무엇인가요?"
- "더 잘 알고 싶거나, 더 가까워지고 싶은 사람은 누구인가요? 당신이 그 사람에게 끌리는 이유는 무엇인가요?"
- "모든 가족에는 우리가 거의 또는 전혀 연결되지 않은 사람들이 있습니다. 어쩌면 우리는 그들을 알지 못할 수도 있습니다. 당신의 가족에서 그런 사람들은 누구인가요?"
- "좋은 관계를 유지하고 있지만 함께 시간을 보낼 수 없는 사람들은 누구인가요?"
- "가족에서 롤모델로 존경받는 사람은 누구인가요?"
- "당신에게 영감을 주는 사람은 누구인가요?"
- "당신이 존경하는 사람과 그 사람의 강점을 공유해 주시겠습니까?"
  - 역경 극복(예: 이주 어려움, 경제적 어려움, 장애).
  - 갱단 참여의 저항 또는 탈퇴; 중독이나 수감 후 삶의 변화
- "어려운 시기에 실질적인 도움을 받을 수 있는 사람은 누구입니까? 정서적인 지지는?"
- "누가 당신의 삶에 기쁨을 가져다 주었습니까? 어떤 방식으로? 함께 무엇을 하십니까?"
- "지금까지 가족 구성원 중 특별히 즐거웠던 기억이 있습니까?"
- "당신에게 중요했던 일을 했던 다른 가족원이 있습니까?"

문화와 영성에 대한 질문 예시: 중요한 신념과 관습

- "당신은 어떤 민족, 인종, 종교 집단 또는 신앙 공동체에 속한다고 생각하십니까?"
- "당신과 당신 가족에게 가장 중요한 신념(예: 종교적), 가치, 전통은 무엇입니까?"
- "그것들이 당신의 가족을 강화하고 유지하는 데 어떤 도움이 됩니까?"
- "당신은 위대한 힘과 용기를 가졌던 조상들 덕분에 이곳에 있습니다. 그들로부터 물려받은 어떤 강점이 지금 당신을 지탱하고 있다고 생각하십니까?"
- "그들이 지금 당신과 당신 가족에게 바라는 것이 무엇이라고 생각하십니까?"

멘토링

- "긍정적인 발전(예: 학업 성취, 관계 기술, 관심사 또는 기술 개발)을 위한 멘토가 되었거나 될 수 있는 사람은 누구입니까?"
  - 가족 구성원과 선생님, 코치, 신부/목사 등 파악
  - 형제자매, 비거주 부모, 확대가족의 역할: 조부모, 대부모, 이모/삼촌, 사촌, 그리고 비공식적인 친척 등(예: 형제자매의 독서, 숙제 도움).
- "그 사람의 어떤 자질이나 능력을 가장 존경합니까?"
- "멘토가 있었던 적이 있다면, 그 사람과의 관계에 대해 간략하게 설명해 주십시오. 그 관계는 언제, 어떻게 시작되어 발전했으며, 여전히 그 사람과 연결되어 있습니까? 그렇지 않다면, 무슨 일이 있었습니까?"

가족 만남을 마치기 전에

가족을 만나는 동안 관찰했거나 들었던 것 또는 지난 회기 이후 가족이 보고한 것 중 최소 두 가지 강점이나 자원에 대해 가족을 칭찬한다. 공허하게 들릴 수 있는 일반적인 칭찬이 아닌, 구체적인 행동이나 사례와 연결하여 칭찬한다. 예를 들면 다음과 같다.

- "가족은 당신이 설명한 어려움을 해결하는 데 있어 많은 용기를 보여 주고 있습니다."

- "이번 주 여러분의 노력은 여러분이 종종 겪었던 실망과 절망에도 불구하고 서로를 진심으로 아끼는 모습을 보여 줍니다."

과제 및 코칭

1. **가족에 대해 더 알아본다.** 가계도나 연대기의 공백은 종종 유용한 시작점이 된다. 더 많은 정보는 관점을 확장하고 가족 체계 내 관계 변화를 촉진한다.
2. **청소년의 확인된 위험 감소 및 긍정적 발달을 위해 지원한다.** 청소년이 긍정적인 단계를 밟고 목표로 하는 문제 행동을 줄이는 데 도움이 될 수 있는 핵심 인물과 관계를 파악한다.
   - 청소년에게 도움이 될 가능성이 높고 관련성이 있는 한 명의 관계를 우선적으로 선택한다.
   - 이 가족 구성원의 도움이 될 수 있는 구체적인 강점/자원을 파악한다.
   - 이 사람과 관계가 문제 행동과 관련하여 청소년에게 어떤 구체적인 도움을 줄 수 있는가?
   - 긍정적인 잠재력을 발휘하기 위해 극복해야 할 장벽을 파악한다.
   - 성인에게 장벽을 해결하는 방법에 대해 코칭한다.
   - 다음 회기 전에 도움이 되는 가족 구성원과 청소년이 수행할 행동을 결정한다.
   - 이 사람과의 특정한 대화를 계획하면서 주요 목표를 결정한다.
   - 접근 방식과 대화 전략을 코칭하고 연습한다.
     - 결정하기: 어디서? 언제? 누가 참석해야 하는가?
     - 안전이 중요한 경우: 신뢰할 수 있는 가족 구성원(예: 조부모)과 함께 논의한다.

강점 기반 가계도를 위한 수집 정보

가구

함께 사는 구성원을 동그라미로 표시

인구 통계 정보

- 이름과 나이
- 출생 연도와 장소
- 혼인 여부
- 직업/고용 상태
- 사망한 경우, 사망 연도, 나이, 사망 원인
- 민족/인종
- 종교
- 현재 거주지/최근 변화/다른 관련된 가구
- 이민

상호작용/관계 정보

- 긍정적
- 매우 친밀함
- 단절/단절 회복
- 적대적/갈등적
- 친밀함/갈등적
- 신체적, 정서적 또는 성적 학대
- 돌보는 사람

청소년의 위험과 문제 행동을 줄이고 긍정적인 발달을 증진하는 긍정적 또는 잠재적 자원

- 청소년을 위한 멘토링
- 긍정적인 청소년 포부를 위한 역할 모델
- 정서적 지원(예: 청소년 또는 부모의 어려움에 대한 위로와 이해 제공)
- 실질적인 지원(예: 과도한 업무에 시달리는 부모에게 도움/휴식 제공; 자녀 돌봄 교환; 등

하교 차량 지원; 방과 후, 야간 또는 주말 관리)
- 또래 및 사회적 네트워크
- 문화적 및/또는 영적(가치, 관행, 공동체)

청소년 위험 및 문제 행동을 증가시킬 수 있는 가족 구성원의 문제

- 중독/약물 남용
- 심각한 신체적 또는 정신적 질환
- 갱단 가입, 연합 또는 참여
- 수감
- 언어적 어려움

부록 3

가족 생활의 영적 차원 탐색[3]

고통의 원인과 웰빙, 치유, 회복탄력성을 위한 자원

개인, 부부, 가족의 종교/영성 경험에 대한 기초

1. **종교적 정체성, 조직화되고 제도화된 신앙체계의 소속** – 개인적 신념, 실천; 더 높은 존재와의 관계; 회중 참여.
2. **영성**: 개인적 신앙, 초월적 가치, 공식적 종교 내외의 실천(예: 기도, 명상, 자연, 창작 예술, 봉사/활동). 문화적 영향(예: 토착 영적 신념 및 실천) 포함.
   - "종교 및/또는 영성은 당신의 삶에서 어떤 역할을 합니까?"
     - 일상 생활에서의 중요성; 부부/가족 생활에서 공유되는가?
     - 삶의 어려움에 대처하는 데?
     - 과거에? 원가족에서?
     - 삶에서 더 큰 영적인 차원에 대한 욕구?
   - "부부 또는 가족의 종교적/영적 차이는 어떻게 다루어지고 수용됩니까?"

3 Walsh(2009c, p. 39)에서 발췌. (출처: 2008년 The Guilford Press. 허가를 받아 수정함.)

종교적/영적 고통의 근원 탐색

- 영적인 문제로 인해 부부/가족 간 갈등이나 단절이 있습니까?(예: 타종교 결혼 및/또는 개종; 결혼 또는 가족 기준; 이혼, 낙태, 임종 결정)
- 종교적/영적 신념이 고통에 영향을 미쳤습니까(예: 죄, 처벌, 사후 세계, 업보에 대한 걱정)? 억압적이고 해로운 경험을 했습니까?(예: 성차별적 또는 이성애 중심적 교리, 평가절하, 학대 또는 정죄)
- 역경, 트라우마, 불의가 영혼을 상처 입혔습니까?; 신에 대한 소외감이나 분노?
- 영적 공허함 또는 영적 뿌리로부터의 단절이 고통이나 고립을 증가시켰습니까?

영적 자원(종교적 또는 비종교적) 파악

- "어떻게 영적 자양분, 연결, 힘, 의미, 영감을 찾습니까?"
- 현재, 과거 또는 잠재적인 영적 자원이 개인적 및 관계적 웰빙, 치유, 그리고 회복탄력성을 어떻게 지원할 수 있습니까? 다음을 고려해 보세요.
  - 도덕적 나침반; 인본주의적 가치
  - 개인적인 신앙; 친밀한 유대
  - 신, 더 높은 힘, 우주의 영, 창조주와의 관계
  - 관상 수행(예: 기도, 명상, 의식)
  - 신앙 공동체: 연결, 참여(예배, 프로그램), 지원
  - 영적 지도, 상담(성직자, 목회 상담사, 사제)
  - 자연과의 교감
  - 창의적 예술, 음악, 문학(표현, 감상)
  - 타인을 위한 봉사, 사회 운동

치료사

자신의 영적 여정을 탐구하고, 가치관과 편견을 살펴보며, 다른 신앙에 대해 배운다. 자신의 가치관을 강요하거나 내담자가 자신의 신앙의 모든 교리를 따르고 있다고 가정하지 않도록 주의한다. 목회 돌봄 전문가 및 교회와의 유대감을 구축한다: 협의; 의뢰; 협력.

참고문헌

Ahrons, C. (2004). *We're still family*. New York: HarperCollins.

Aisenberg, E., & Herrenkohl, T. (2008). Community violence in context: Risk and resilience in children and families. *Journal of Interpersonal Violence, 23*(3), 296-315.

Almeida, R., & Durkin, T. (1999). The cultural context model: Therapy for couples with domestic violence. *Journal of Marital and Family Therapy, 25*, 313-324.

American Psychiatric Association. (2013). *Diagnostic and statistical manual of mental disorders* (5th ed.). Arlington, VA: Author.

American Psychological Association. (2010). *The road to resilience*. Washington, DC: Author.

Anderson, C. M. (1986). The all-too-short trip from positive to negative connotation. *Journal of Marital and Family Therapy, 12*, 351-354.

Anderson, C. M. (2012). The diversity, strengths, and challenges of single-parent households. In F. Walsh (Ed.), *Normal family processes: Growing diversity and complexity* (4th ed., pp. 128-148). New York: Guilford Press.

Anderson, C. M., Reiss, D., & Hogarty, G. (1986). *Schizophrenia and the family*. New York: Guilford Press.

Anderson, H. (2007). A spirituality for family living. In F. Walsh (Ed.), *Spiritual resources in family therapy* (2nd ed., pp. 194-211). New York: Guilford Press.

Angelou, M. (1993, January 20). "On the pulse of morning." Poem delivered at the inauguration of President Bill Clinton, Washington, DC.

Angelou, M. (2004). *The collected autobiographies of Maya Angelou*. New York: Modern Library Edition.

Anthony, E. J. (1987). Risk, vulnerability, and resilience: An overview. In E. J. Anthony & B. Cohler (Eds.), *The invulnerable child* (pp. 3-48). New York: Guilford Press.

Antonovsky, A. (1998). The sense of coherence: An historical and future perspective. In H. McCubbin, E. Thompson, A. Thompson, & J. Fromer (Eds.), *Stress, coping and health in families: Sense of coherence and resiliency* (pp. 3-20). Thousand Oaks, CA: Sage.

Antonovsky, A., & Sourani, T. (1988). Family sense of coherence and family adaptation. *Journal of Marriage and Family, 50*, 79–92.

Aponte, H. (1994). *Bread and spirit*. New York: Norton.

Aponte, H. (2009). The stresses of poverty and the comfort of spirituality. In F. Walsh (Ed.), *Spiritual resources in family therapy* (2nd ed., pp. 125–140). New York: Guilford Press.

Barnes, G. G. (1999). Divorce transitions: Identifying risk and promoting resilience for children and their parental relationships. *Journal of Marital and Family Therapy, 25*(4), 425–444.

Barrett, M. J., & Stone Fish, L. (2014). *Treating complex trauma*. New York: Springer.

Barton, W. H. (2005). Methodological challenges in the study of resilience. In M. Ungar (Ed.), *Handbook for working with children and youth: Pathways to resilience across cultures and contexts* (pp. 135–147). Thousand Oaks, CA: Sage.

Bateson, G. (1979). *Mind and nature: A necessary unity*. New York: Dutton.

Bateson, M. C. (1989). *Composing a life*. New York: HarperCollins.

Bateson, M. C. (1994). *Peripheral visions*. New York: HarperCollins.

Bayat, M. (2007). Evidence of resilience in families of children with autism. *Journal of Intellectual Disabilities Research, 5*, 702–714.

Beardsley, W. R. (2013). Military and veteran family-centered preventive interventions and care: making meaning of experiences over time. *Clinical Child and Family Psychology Review, 16*, 341–343.

Beavers, W. R., & Hampson, R. B. (2003). Measuring family competence: The Beavers systems model. In F. Walsh (Ed.), *Normal family processes* (3rd ed., pp. 549–580). New York: Guilford Press.

Beck, A. T., Rush, A. J., Shaw, B. F., & Emory, G. (1979). *Cognitive therapy of depression*. New York: Guilford Press.

Becker, C., Sargent, J., & Rolland, J. (2000). Kosovar Family Professional Education Collaborative. *American Family Therapy Academy Newsletter, 80*, 26–30.

Becvar, D. S. (Ed.). (2013). *Handbook of family resilience*. New York: Springer.

Bellah, R., Madsen, R., Sullivan, W., Swidler, A., & Tipton, S. (1985). *Habits of the heart: Individualism and commitment in American life*. Berkeley: University of California Press.

Bengston, V. G. (2001). Beyond the nuclear family: The increasing importance of multigenerational bonds. *Journal of Marriage and Family, 63*, 1–16.

Berg, I. (1997). *Family-based services: A solution-focused approach*. New York: Norton.

Berger, R., & Weiss, T. (2009). The posttraumatic growth model: An expansion to the family system. *Traumatology, 15*, 63–74.

Betancourt, T. S., & Kahn, K. T. (2007). The mental health of children affected by armed conflict: Protective processes and pathways to resilience. *International Review of Psychiatry, 20*(3), 317-328.

Bianchi, S. B., & Milkie, M. A. (2010). Work and family research in the first decade of the 21st century. *Journal of Marriage and Family, 72*, 705-725.

Biblarz, T., & Savci, E. (2010). Lesbian, gay, bi-sexual, and transgender families. *Journal of Marriage and Family, 72*, 480-497.

Black, K., & Lobo, M. (2008). A conceptual review of family resilience factors. *Journal of Family Nursing, 14*, 33-55.

Bogenschneider, K., & Corbett, T. (2010). Family policy: Becoming a field of inquiry and subfield of social policy. *Journal of Marriage and Family, 72*, 783-803.

Bonanno, G. A. (2004). Loss, trauma, and human resilience: Have we underestimated the ability to thrive after extremely aversive events? *American Psychologist, 59*, 20-28.

Boss, P. (1999). *Ambiguous loss*. Cambridge, MA: Harvard University Press.

Boss, P. (2006). *Loss, trauma, and resilience: Therapeutic work with ambiguous loss*. New York: Norton.

Boss, P., Beaulieu, L., Weiling, E., Turner, W., & LaCruz, S. (2003). Healing loss, ambiguity, and trauma: A community-based intervention with families of union workers missing after the 9/11 attack in New York City. *Journal of Marital and Family Therapy, 29*(4), 455-467.

Boszormenyi-Nagy, I. (1987). Foundations of contextual family therapy. New York: Brunner/Mazel.

Bowen, M. (1978). *Family therapy in clinical practice*. New York: Jason Aronson.

Bowlby, J. (1988). *A secure base: Parent-child attachment and healthy human development*. New York: Basic Books.

Boyd-Franklin, N. (2004). *Black families in therapy: A multisystems approach* (2nd ed.). New York: Guilford Press.

Boyd-Franklin, N. (2010). Families affected by Hurricane Katrina and other disasters: Learning from the experiences of African American survivors. In P. Dass-Brailsford (Ed.), *Crisis and disaster counselling: Learning from Hurricane Katrina and other disasters* (pp. 67-82). Thousand Oaks, CA: Sage.

Boyd-Franklin, N., & Karger, M. (2012). Intersections of race, class, and poverty: Challenges and resilience in African American families. In F. Walsh (Ed.), *Normal family processes* (4th ed., pp. 273-296). New York: Guilford Press.

Brody, E. M. (2004). *Women in the middle: Their parent-care years* (2nd ed.). New York: Springer.

Brody, G. (2004). Siblings' direct and indirect contributions to child development. *Current Directions in Psychological Science, 13*, 124-126.

Bronfenbrenner, U. (1979). *The ecology of human development*. Cambridge, MA: Harvard University Press.

Bruner, J. (1986). *Actual minds, possible worlds*. Cambridge, MA: Harvard

University Press.

Brunner, E. (1984). *Revelation and reason*. Raleigh, NC: Stevens Book Press.

Burton, L. M., Bonilla-Silva, E., Ray, V., Buckelew, R., & Freeman, E. H. (2010). Critical race theories, colorism, and the decade's research on families of color. *Journal of Marriage and Family, 72*, 420-439.

Byng-Hall, J. (1995). Creating a secure family base: Some implications of attachment theory for family therapy. *Family Process, 34*(1), 45-58.

Byng-Hall, J. (2004). Loss and family scripts. In F. Walsh & M. McGoldrick (Eds.), *Living beyond loss: Death in the family* (pp. 85-98). New York: Norton.

Cacioppo, J., Reis, H., & Zautra, A. (2011). Social resilience. *American Psychologist, 66*, 43-51.

Calhoun, L. G., & Tedeschi, R. G. (2013). *Posttraumatic growth in clinical practice*. New York: Routledge.

Campbell, J. (1988). *The power of myth*. New York: Doubleday.

Campbell, T. (2003). The effectiveness of family interventions for physical disorders. *Journal of Marital and Family Therapy, 29*(2), 263-281.

Card, N., & Barnett, M. (2015). Methodological considerations in studying individual and family resilience. *Family Relations, 64*(1), 120-133.

Carr, D., & Springer, K. W. (2010). Advances in families and health research in the 21st century. *Journal of Marriage and Family, 72*(3), 743-761.

Carter, B., & McGoldrick, M. (2001). Advances in coaching: Family therapy with one person. *Journal of Marital and Family Therapy, 27*, 281-300.

Catherall, D. R. (Ed.). (2004). *Handbook of stress, trauma, and the family*. New York: Brunner-Routledge.

Cederblad, M., & Hansson, K. (1996). Sense of coherence: A concept influencing health and quality of life in a Swedish psychiatric at-risk group. *Journal of Medical Science, 32*, 194-199.

Central Conference of American Rabbis. (1992). *Gates of prayer for weekdays and at a house of mourning: A gender-sensitive prayerbook*. New York: Author.

Chapin, M. (2011). Family resilience and the fortunes of war. *Social Work in Health Care, 50*(7), 527-542.

Cherlin, A. (2010). Demographic trends in the United States: A review of research in the 2000s. *Journal of Marriage and Family, 72*, 403-419.

Cicchetti, D. (2010). Resilience under conditions of extreme stress: A multilevel perspective. *World Psychiatry, 9*, 145-154.

Cohen, O., Slonim, I., Finzi, R., & Leichtentritt, R. (2002). Family resilience: Israeli mothers' perspectives. *American Journal of Family Therapy, 30*, 173-187.

Cohler, B. (1991). The life story and the study of resilience and response to adversity. *Journal of Narrative and Life History, 1*, 169-200.

Cohler, B. J., & Galatzer-Levy, R. M. (2000). *The course of gay and lesbian lives: Social and psychoanalytic perspectives.* Chicago: University of Chicago Press.

Coleman, M., Ganong, L., & Russell, L. (2013). Resilience in stepfamilies. In D. Becvar (Ed.), *Handbook of family resilience* (pp. 85-104). New York: Springer.

Conger, R. D., & Conger, K. J. (2002). Resilience in Midwestern families: Selected findings from the first decade of a prospective, longitudinal study. *Journal of Marriage and Family, 64*(2), 361-373.

Conger, R.D., Conger, K. J., & Martin, M. (2010). Socioeconomic status, family process, and individual development. *Journal of Marriage and Family, 72*, 685-704.

Cooke, L. P., & Baxter, J. (2010). "Families" in international context: Comparing institutional effects across Western societies. *Journal of Marriage and Family, 72*, 516-536.

Coontz, S. (2005). *The history of marriage.* New York: Viking.

Coulter, S. (2011). Systemic psychotherapy as an intervention for post-traumatic stress responses: An introduction, theoretical rationale, and overview of developments in an emerging field of interest. *Journal of Family Therapy, 41* (3), 502-519.

Courtois, C. A. (2004). Complex trauma, complex reactions: Assessment and treatment. *Psychotherapy: Theory, Research, Practice, and Training, 41*, 412-425.

Cousins, N. (2001). *Anatomy of an illness as perceived by the patient: Reflections on healing and regeneration.* New York: Norton. (Original work published 1979)

Cowan, P. A., & Cowan, C. (2012). Normative family transitions, couple relationship quality, and healthy child development. In F. Walsh (Ed.), *Normal family processes*, (4th ed., pp. 428-451). New York: Guilford Press.

Coyle, J. P., Nochajski, T., Maguin, E., Safyer, A., DeWitt, A., & MacDonald, S. (2009). An exploratory study of the nature of family resilience in families affected by parental alcohol abuse. *Journal of Family Issues, 30*, 1606-1623.

Cozolino, L. (2014). *The neuroscience of human relationships.* New York: Norton.

Dalai Lama. (2009). *Harmony in diversity: How to move from conflict to compassion* [DVD]. New York: GAIAM Conscious Media.

D'Amore, S., & Scarciotta, L. (2011). Los(t)s in transitions: How diverse families are grieving and struggling to achieve a new identity. *Journal of Family Psychotherapy, 22*, 46-56.

Danieli, Y. (1985). The treatment and prevention of long-term effects and intergenerational transmission of victimization: A lesson from Holocaust survivors and their children. In C. R.

Figley (Ed.), *Trauma and its wake* (pp. 295-313). New York: Brunner/Mazel.

Dattilio, F. M. (2005). The restructuring of family schemas: A cognitive-behavioral perspective. *Journal of Marital and Family Therapy, 31*(1), 15-30.

DeFrain, J., & Asay, S. (2007). Strong families around the world: The family strengths perspective. *Marriage and Family Review, 41*(1-2), 1-10.

Delage, M. (2008). *La résilience familiale.* Paris: Odile Jacob.

Denborough, D. (2006). *Trauma: Narrative responses to traumatic experience.* Adelaide, Australia: Dulwich Centre.

DeSilva, C. (Ed.). (1996). *In memory's kitchen: A legacy from the women of Terezin.* New York: Jason Aronson.

Dobbs, S. (2014, March 3). Tribute for Sandy Hook victim. Democrat and Chronicle. Retrieved from www.*democratandchronicle.com/story/news/2014/03/02/catherines-peace-team-plans-living-tribute/5956621.*

Doherty, W. (2013). *Take back your marriage.* New York: Guilford Press.

Doka, K. (2002). *Disenfranchised grief.* Champaign, IL: Research Press.

Dolan, P. (2008). Prospective possibilities for building resilience in children, their families and communities. *Child Care in Practice, 14*, 83-91.

D'Onofrio, B. M., & Lahey, B. B. (2010). Biosocial influences on the family: A decade review. *Journal of Marriage and Family, 72*(3), 762-782.

Driver, J., Tabares, A., Shapiro, A., & Gottman, J. (2012). Interaction in happy and unhappy marriages: Gottman Laboratory studies. In F. Walsh (Ed.), *Normal family processes* (4th ed., pp. 57-77). New York: Guilford Press.

Dugan, T., & Coles, R. (Eds.). (1989). *The child in our times: Studies in the development of resiliency.* New York: Brunner/Mazel.

Dunst, C. J., & Trivette, C. M. (2009). Capacity-building family-systems intervention practices. *Journal of Family Social Work, 12*, 119-143.

Dura-Vila, G., Dein, S., & Hodes, M. (2010). Children with intellectual disability: A gain, not a loss: Parental beliefs and family life. *Clinical Child Psychology and Psychiatry, 15*, 171-184.

Ehrenreich, B. (2009). *Bright-sided: How the relentless promotion of positive thinking has undermined America.* New York: Metropolitan Books.

Elder, G. H., & Shanahan, M. J. (2006). The life course and human development. In R. M. Lerner & W. Damon (Eds.), *Handbook of child psychology* (6th ed., Vol. 1, pp. 665-715). Hoboken, NJ: Wiley.

Emmerik, A., Kamphuis, A., Hulsbosch, P., & Emmelkamp, P. (2002). Single session debriefing after psychological trauma: A meta-analysis. *Lancet, 360*, 766-771.

Engstrom, M. (2012). Family processes in kinship care. In F. Walsh (Ed.), *Normal family processes* (4th ed., pp. 196-221). New York: Guilford Press.

Epston, D. (2012). The corner: Mother appreciation parties. Journal of *Systemic Therapies, 31*, 74-81.

Falicov, C. J. (Ed.). (1988). *Family transitions: Continuity and change over the life cycle.* New York: Guilford Press.

Falicov, C. J. (2007). Working with transnational immigrants: Expanding meanings of family, community and culture. *Family Process, 46*, 157-172.

Falicov, C. J. (2012). Immigrant family processes: A multidimensional framework. In F. Walsh (Ed.), *Normal family processes* (4th ed., pp. 297-323). New York: Guilford Press.

Falicov, C. J. (2013). *Latino families in therapy: A guide to multicultural practice* (2nd ed.). New York: Guilford Press.

Feder, A., Nestler, E. J., & Charney, D. S. (2009). Psychobiology and molecular genetics of resilience. *Nature, 10*, 1-12.

Felsman, J. K., & Vaillant, G. (1987). Resilient children as adults: A 40-year study. In E. J. Anthony & B. Cohler (Eds.), *The invulnerable child* (pp. 289-314). New York: Guilford Press.

Fiese, B. H. (2006). *Family routines and rituals.* New Haven, CT: Yale University Press.

Figley, C. R. (1998). *The traumatology of grieving.* San Francisco: Jossey-Bass.

Figley, C. R. (Ed.). (2002). *Treating compassion fatigue.* New York: Brunner -Routledge.

Figley, C. R., & McCubbin, H. (Eds.). (1983). *Stress and the family: Coping with catastrophe.* New York: Brunner-Mazel.

Fincham, F. D., & Beach, S. R. (2010). Marriage in the new millennium: A decade in review. *Journal of Marriage and Family, 72*, 630-649.

Fishbane, M. (2013). *Loving with the brain in mind.* New York: Norton.

Flaskas, C. (2007). Holding hope and hopelessness: Therapeutic engagements with the balance of hope. *Journal of Family Therapy, 29*(2), 186-202.

Flaskas, C., McCarthy, I., & Sheehan, J. (2007). *Hope and despair in narrative and family therapy: Adversity, forgiveness, and reconciliation.* London: Routledge.

Fomby, P., & Cherlin, A. J. (2007). Family instability and child well-being. *American Sociological Review, 72*, 181-204.

Fowers, B., Lyons, E. M., & Montel, K. H. (1996). Positive illusions about marriage: Self-enhancement or relationship enhancement? *Journal of Family Psychology, 10*, 192-208.

Fraenkel, P. (2006). Engaging families as experts: Collaborative family program development. *Family Process, 45*, 237-257.

Fraenkel, P., & Capstick, C. (2012). Two-parent families: Navigating work and family challenges. In F. Walsh (Ed.), *Normal family processes* (4th ed., pp. 78-101). New York: Guilford Press.

Fraenkel, P., Hameline, T., & Shannon, M. (2009). Narrative and collaborative practices in work with families who are homeless. *Journal of Marital and Family Therapy, 35*, 1-18.

Frances, A. (2013). *Saving normal: An insider's revolt against out-of-control psychiatric diagnosis, DSM-5, Big Pharma, and the medicalization of ordinary life*. New York: HarperCollins.

Frankl, V. (1984). *Man's search for meaning*. New York: Simon & Schuster. (Original work published 1946)

Fredrikson, B. L. (2003). The value of positive emotions. *American Scientist, 91*, 330-335.

Freedman, J., & Combs, G. (1996). *Narrative therapy: The social construction of preferred realities*. New York: Norton.

Garbarino, J. (1997). *Raising children in a socially toxic environment*. San Francisco: Jossey-Bass.

Garmezy, N. (1991). Resiliency and vulnerability to adverse developmental outcomes associated with poverty. *American Behavioral Scientist, 34*, 416-430.

Gawande, A. (2014). *Being mortal: Medicine and what matters in the end*. New York: Henry Holt.

Geertz, C. (1986). Making experiences, authoring selves. In V. Turner & E. Bruner (Eds.), *The anthropology of experience* (pp. 373-380). Chicago: University of Chicago Press.

Gergen, K. (1991). *The saturated self: Dilemmas of identity in contemporary life*. New York: Basic Books.

Gewirtz, A., Forgatch, M., & Wieling, E. (2008). Parenting practices as potential mechanisms for child adjustment following mass trauma. *Journal of Marital and Family Therapy, 34*, 177-192.

Gobodo-Madikizela, P. (2002). Remorse, forgiveness, and rehumanization: Stories from South Africa. *Journal of Humanistic Psychology, 42*, 7-32.

Goldberg, A. E. (2010). *Lesbian and gay parents and their children: Research on the family life cycle*. Washington, DC: American Psychological Association Press.

Goldenberg, H., & Goldenberg, I. (2013). *Family therapy: An overview* (8th ed.). Belmont, CA: Brooks/Cole.

Gonzalez, S., & Steinglass, P. (2002). Application of multifamily groups in chronic medical disorders. In W. F. McFarlane (Ed.), *Multifamily groups in the treatment of severe psychiatric disorders* (pp. 315-340). New York: Guilford Press.

Gorell Barnes, G. (1999). Divorce transitions: Identifying risk and promoting resilience for children and their parental relationships. *Journal of Marital and Family Therapy, 25*, 425-441.

Gorman-Smith, D., Henry, D., & Tolan, P. (2004). Exposure to community violence and violence perpetration: The protective effects of family functioning. *Journal of Clinical Child and Adolescent Psychology, 33*, 439-449.

Grandin, T., & Johnson, C. (2004). *Animals in translation: Using the mysteries of autism to decode animal behavior*. New York: Scribner.

Greeff, A. P., & Human, B. (2004). Resilience

in families in which a parent has died. *American Journal of Family Therapy, 32*(1), 27-42.

Greeff, A. P., & Joubert, A.-M. (2007). Spirituality and resilience in families in which a parent has died. *Psychological Reports, 100*(3), 897-900.

Greeff, A. P., & Nolting, C. (2013). Resilience in families of children with developmental disabilities. *Families, Systems and Health, 31*, 396-405.

Greeff, A. P., & Van der Merwe, S. (2004). Variables associated with resilience in divorced families. *Social Indicators Research, 68*(1), 59-75.

Greeff, A. P., & Van der Walt, K. J. (2010). Resilience in families with an autistic child. *Education and Training in Autism and Developmental Disabilities, 45*, 347-355.

Greeff, A. P., Vansteenwegen A., & Gillard, J. (2012). Resilience in families living with a child with a physical disability. *Rehabilitation Nursing, 37*, 97-104.

Greeff, A. P., Vansteenwegen, A., & Herbiest, T. (2011). Indicators of family resilience after the death of a child. *Omega, 63*, 343-358.

Green, R.-J. (2012). Gay and lesbian couples and families. In F. Walsh (Ed.), *Normal family processes* (4th ed., pp. 172-195). New York: Guilford Press.

Green, R.-J., & Werner, P. D. (1996). Intrusiveness and closeness-caregiving: Rethinking the concept of family enmeshment. *Family Process, 35*, 115-136.

Greene, S., Anderson, E., Forgatch, M. S., DeGarmo, D. S., & Hetherington, E. M. (2012). Risk and resilience after divorce. In F. Walsh (Ed.), *Normal family processes* (4th ed., pp. 102-127). New York: Guilford Press.

Griffin, S. (1993). *A chorus of stones*. New York: Anchor.

Grinker, R. R., & Spiegel, J. (1945). *Men under stress*. Philadelphia: Blakiston.

Hadley, T., Jacob, T., Milliones, J., Caplan, J., & Spitz, D. (1974). The relationship between family developmental crises and the appearance of symptoms in a family member. *Family Process, 13*, 207-214.

Hansson, K., & Cederblad, M. (2004). Sense of coherence as a meta-theory for salutogenic family therapy. *Journal of Family Psychotherapy, 15*, 39-54.

Hardy, K., & Laszloffy, T. A. (1995). The cultural genogram: Key to training culturally competent family therapists. *Journal of Marital and Family Therapy, 21*(3), 227-237.

Hargrave, T., Froeschle, J., & Castillo, Y. (2009). Forgiveness and spirituality: Elements of healing in relationships. In F. Walsh (Ed.), *Spiritual resources in family therapy* (pp. 301-322). New York: Guilford Press.

Harris, I. B. (1996). *Children in jeopardy: Can we break the cycle of poverty?* New Haven, CT: Yale Child Study Center.

Hartman, A. (1995). Diagrammatic assessment of family relationships.

Families in Society, 76, 111-122.

Harvey, A. R., & Hill, R. B. (2004). Africentric youth and family rites of passage program: Promoting resilience among at-risk African-American youths. *Social Work, 49*(1), 65-74.

Hauser, S. (1999). Understanding resilient outcomes: Adolescent lives across time and generations. *Journal of Research on Adolescence, 9*, 1-24.

Hawley, D. R. (2013). The ramifications for clinical practice of a focus on family resilience. In D. Becvar (Ed.), *Handbook of family resilience* (pp. 31-49). New York: Springer.

Hawley, D. R., & DeHaan, L. (1996). Toward a definition of family resilience: Integrating life-span and family perspectives. *Family Process, 35*, 283-298.

Hayslip, B., & Kaminski, P. (2005). Grandparents raising their grandchildren: A review of the literature and suggestions for practice. *Gerontologist, 45*, 262-269.

Henggeler, S., Cunningham, P., Schoenwald, S., & Borduin, C. (2009). *Multisystemic therapy for antisocial behavior in children and adolescents* (2nd ed.). New York: Guilford Press.

Herman, J. (1992). *Trauma and recovery*. New York: Basic Books.

Hernandez, P. (2002). Resilience in families and communities: Latin American contributions from the psychology of liberation. *Journal of Counseling and Therapy for Couples and Families, 10*(3), 334-343.

Hernandez, P., Engstrom, D., & Gangsei, D. (2010). Exploring the impact of trauma on therapists: Vicarious resilience and related concepts in training. *Journal of Systemic Therapies, 29*, 67-83.

Hernandez, P., Gangsei, D., & Engstrom, D. (2007). Vicarious resilience: A new concept in work with those who survive trauma. *Family Process, 46*, 229-241.

Heru, A. (2013). *Working with families in medical settings: A multidisciplinary guide for psychiatrists and other health professionals*. New York: Routledge.

Hess, G., & Handel, G. (1959). *Family worlds: A psychological approach to family life*. Chicago: University of Chicago Press.

Hetherington, E. M. (2003). Intimate pathways: Changing patterns in close personal relationships across time. *Family Relations, 52*, 318-331.

Hetherington, E. M., & Kelly, J. (2002). *For better or for worse: Divorce reconsidered*. New York: Norton.

Higgins, G. O. (1994). *Resilient adults: Overcoming a cruel past*. San Francisco: Jossey-Bass.

Hill, R. (1949). *Families under stress*. New York: Harper.

Hodge, D. (2005). Spiritual assessment in marital and family therapy: A methodological framework for selecting from among six qualitative assessment tools. *Journal of Marital and Family Therapy, 31*(4), 341-356.

Hoffman, L. (1990). Constructing realities:

An art of lenses. *Family Process, 29,* 1-12.

Imber-Black, E. (1998). *The secret life of families.* New York: Bantam Books.

Imber-Black, E. (2012). The value of rituals in family life. In F. Walsh (Ed.), *Normal family processes* (4th ed., pp. 483-497). New York: Guilford Press.

IRIN News Service. (2009, January 16). New tool to measure resilience. Retrieved from *www.irinnews.org/Report.aspx?ReportId=82434.*

Ives, S., Abramson, J., & Kantor, M. (Producers). (1996). *The West* [Videocassettes, 9 vols.]. Alexandria, VA: PBS Home Video.

Janoff-Bulman, R. (1992). *Shattered assumptions: Towards a new psychology of trauma.* New York: Free Press.

Johnson, S. (2002). *Emotionally focused couples therapy for trauma survivors.* New York: Guilford Press.

Jordan, D. (1996). *Family first.* New York: HarperCollins.

Jordan, J. (1992, April). *Relational resilience.* Paper presented at the Stone Center Colloquium Series, Wellesley College, Wellesley, MA.

Jordan, K. (2004). The color-coded timeline trauma genogram. *Brief Treatment and Crisis Intervention, 1,* 57-70.

Kabat-Zinn, J. (2003). Mindfulness-based interventions in context: Past, present, and future. *Clinical Psychology: Science and Practice, 10*(2), 144-156.

Kagan, J. (1984). *The nature of the child.* New York: Basic Books.

Kagan, S., & Weissbourd, B. (1994). *Putting families first.* San Francisco: Jossey-Bass.

Kamya, H. (2009). Healing from refugee trauma: The significance of spiritual beliefs, faith community, and faith-based service. In F. Walsh (Ed.), *Spiritual resources in family therapy* (2nd ed., pp. 286-300). New York: Guilford Press.

Kaplan, L., & Girard, J. (1994). *Strengthening high-risk families.* New York: Lexington Books.

Kaufman, J., & Zigler, E. (1987). Do abused children become abusive parents? *American Journal of Orthopsychiatry, 57,* 186-192.

Kazak, A. (2006). Pediatric Psychosocial Preventative Health Model (PPPHM): Research, practice and collaboration in pediatric family systems medicine. Families, *Systems and Health, 24,* 381-395.

Keller, H. (1968). *Midstream: My later life. New York: Greenwood.* (Original work published 1929)

Kelley, J. B. (2007). Children's living arrangements following separation and divorce: Insights from empirical and clinical research. *Family Process, 46,* 35-52.

Kelly, M. S., Bluestone-Miller, R., Mervis, B., & Fuerst, R. (2012). The Family and School Partnership Program: A framework for professional development. *Children and Schools, 34*(4), 249-252.

Kilmer, R., Gil-Rivas, V., Tedeschi, R., & Calhoun, L. (Eds.). (2010). *Helping families and communities recover from disaster*. Washington, DC: American Psychological Association.

Kim-Cohen, J., & Turkewitz, R. (2012). Resilience and measured gene-environment interactions. *Development and Psychopathology, 24*, 1297-1306.

King, D. A., & Wynne, L. C. (2004). The emergence of "family integrity" in later life. *Family Process, 43*(1), 7-21.

Kirmayer, L. J., Dandeneau, S., Marshall, E., Phillips, M. K., & Williamson, K. J. (2011). Rethinking resilience from indigenous perspectives. *Canadian Journal of Psychiatry, 56*, 84-91.

Kirmayer, L. J., Sehdev, M., Whitley, R., Dandeneau, S., & Isaac, C. (2009). Community resilience: Models, metaphors, and measures. *Journal of Aboriginal Health, 5*, 62-117.

Kleinfeld, N. R. (2014, January 24). After a son's death, parents channel grief into activism. Retrieved from *www.nytimes.com/2014/01/26/nyregion/after-asons-death-parents-turn-their-grief-to-activism.html?hp&_r=0.*

Kleinman, A. (1988). *Illness narratives: Suffering, healing, and the human condition*. New York: Basic Books.

Kliman, G., Oklan, E., Wolfe, H., & Kliman, J. (2005). *My Hurricane Katrina workbook*. San Francisco: Children's Psychological Health Center.

Knestricht, T., & Kuchey, D. (2009). Welcome to Holland: Characteristics of resilient families raising children with severe disabilities. *Journal of Family Studies, 15*, 227-244.

Knowles, R., Sasser, D., & Garrison, M. E. B. (2010). Family resilience and resiliency following Hurricane Katrina. In R. Kilmer, V. Gil-Rivas, R. Tedeschi, & L. Calhoun (Eds.), *Helping families and communities recover from disaster* (pp. 97-115). Washington, DC: American Psychological Association.

Knudsen-Martin, C. (2012). Changing gender norms in families and society. In F. Walsh (Ed.), *Normal family processes* (4th ed., pp. 324-346). New York: Guilford Press.

Koenig, H. (2012). Religion, spirituality, and health: The research and clinical implications. *International Scholarly Research Network (ISRN) Psychiatry*, Vol. 2012, Article ID 278730.

Kramer, L. (2010). The essential ingredients of successful sibling relationships: An emerging framework for advancing theory and practice. *Child Development Perspectives, 4*, 80-86.

Landau, J. (2007). Enhancing resilience: Families and communities as agents for change. *Family Process, 46*(3), 351-365.

Landau, J., Mittal, M., & Wieling, E. (2008). Linking human systems: Strengthening individuals, families, and communities in the wake of mass trauma. *Journal of Marital and Family Therapy, 34*, 193-209.

Landau, J., & Saul, J. (2004). Family and community resilience in response to major disaster. In F. Walsh & M.

McGoldrick (Eds.), *Living beyond loss: Death in the family* (2nd ed., pp. 285-309). New York: Norton.

Lansford, J. E., Ceballo, R., Abby, A., & Stewart, A. J. (2001). Does family structure matter?: A comparison of adoptive, two-parent biological, single-mother, stepfather, and stepmother households. *Journal of Marriage and Family, 63*, 840-851.

LaSala, M. (2010). *Coming out, coming home: Helping families adjust to a gay or lesbian child.* New York: Columbia University Press.

Lattanzi-Licht, M., & Doka, K. (Eds.). (2003). *Living with grief: Coping with public tragedy*. Washington, DC: Hospice Foundation of America.

Lavee, Y., McCubbin, H. I., & Olson, D. H. (1987). The effect of stressful life events and transitions on family functioning and well-being. *Journal of Marriage and Family, 49*, 857-873.

Lazarus, R., & Folkman, S. (1984). *Stress, appraisal, and coping*. New York: Springer.

Lebow, J. (2012). Common factors, shared themes, and resilience in families and family therapy. *Family Process, 51*, 159-162.

Lebow, J. (2013). *Couple and family therapy: An integrative map of the territory*. New York: Routledge.

Lebow, J., & Stroud, C. (2012). Assessment of couple and family functioning: Useful models and instruments. In F. Walsh (Ed.), *Normal family processes* (4th ed., pp. 501-528). New York: Guilford Press.

Lefley, H. P. (2009). *Family psychoeducation for serious mental illness*. Thousand Oaks, CA: Sage.

Lerner, R. M., Agans, J. P., Arbeit, M. R., Chase, P. A., Weiner, M. B., Schmid, K. L., et al. (2013). Resilience and positive youth development: A relational developmental systems model. In S. Goldstein & R. B. Brooks (Eds.), *Handbook of resilience in children* (2nd ed., pp. 293-308). New York: Springer.

Levine, K. A. (2009). Against all odds: Resilience in single mothers of children with disabilities. *Social Work in Health Care, 48*, 402-419.

Liddle, H. (2013). Multidimensional family therapy for adolescent substance abuse: A developmental approach. *Interventions for Addictions, 3*.

Lietz, C. A. (2006). Uncovering stories of family resilience: A mixed methods study of resilient families: Part 1. *Families in Society, 87*(4), 575-558.

Lietz, C. A. (2007). Uncovering stories of family resilience: A mixed methods study of resilient families: Part 2. *Families in Society, 88*(1), 147-155.

Lietz, C. A. (2011). Empathic action and family resilience: A narrative examination of the benefits of helping others. *Journal of Social Service Research, 37*, 254-265.

Lietz, C. A. (2013). Family resilience in the context of high-risk situations. In D. Becvar (Ed.), *Handbook of family resilience* (pp. 153-172). New York: Springer.

Lietz, C. A., & Strength, M. (2011). Stories of successful reunification: A narrative study of family resilience. *Families in Society, 92*(2), 203-210.

Lifton, R. J. (1979). *The broken connection: On death and the continuity of life.* New York: Simon & Schuster.

Lifton, R. J. (1993). *The protean self: Human resilience in an age of fragmentation.* New York: Basic Books.

Litz, B. T. (2004). *Early intervention for trauma and traumatic loss.* New York: Guilford Press.

Lucksted, A., McFarlane, W., Downing, D., Dixon, L., & Adams, C. (2012). Recent developments in family psychoeducation as an evidence-based practice. *Journal of Marital and Family Therapy, 38*, 101-121.

Luthar, S., & Brown, P. (2007). Maximizing resilience through diverse levels of inquiry: Prevailing paradigms, possibilities, and priorities for the future. *Development and Psychopathology, 19*, 931-955.

Luthar, S. S. (2006). Resilience in development: A synthesis of research across five decades. In D. Cicchetti & D. J. Cohen (Eds.), *Developmental psychopathology: Risk, disorder, and adaptation* (pp. 740-795). New York: Wiley.

MacDermid, S. M. (2010). Family risk and resilience in the context of war and terrorism. *Journal of Marriage and Family, 72*, 537-556.

MacDermid, S. M., Sampler, R., Schwartz, R., Nishida, J., & Nyarong, D. (2008). *Understanding and promoting resilience in military families.* West Lafayette, IN: Military Family Research Institute at Purdue University.

Maddi, S. (2002). The story of hardiness: Twenty years of theorizing, research, and practice. *Consulting Psychology, 54*, 173-185.

Madsen, W. C. (2009). Collaborative helping: A practice framework for familycentered services. *Family Process, 48*, 103-116.

Madsen, W. C. (2011). Collaborative helping maps: A tool to guide thinking and action in family-centered services. *Family Process, 50*, 529-543.

Madsen, W. C., & Gillespie, K. (2014). *Collaborative helping: A strengths framework for home-based services.* New York: Wiley.

Mahoney, A. (2010). Religion in the home 1999 to 2009: A relational spirituality perspective. *Journal of Marriage and Family, 72*, 805-827.

Markman, H., Stanley, S., & Blumberg, S. (2010). *Fighting for your marriage.* New York: Wiley.

Marks, L. (2006). Religion and family relational health: Overview and conceptual model. *Journal of Religion and Health, 45*(4), 603-618.

Masten, A., & Monn, A. R. (2015). Child and family resilience: A call for integrating science, practice, and training. *Family Relations, 64*(1), 5-21.

Masten, A. S. (2013). Risk and resilience in development. In P. D. Zelazo (Ed.), *Oxford handbook of developmental psychology: Self and other* (Vol. 2, pp. 579-607). New York: Oxford University Press.

Masten, A. S. (2014). *Ordinary magic: Resilience in development*. New York: Routledge.

Masten, A. S., & Narayan, A. J. (2012). Child development in the context of disaster, war and terrorism: Pathways of risk and resilience. *Annual Review of Psychology, 63*, 227-257.

Masten, A. S., & Obradovic, J. (2008). Disaster preparation and recovery: Lessons from research on resilience in human development. *Ecology and Society, 13*(1), article 9. Retrieved from *www.ecologyandsociety.org/vol13/iss1/art9.*

McCubbin, H. I., & Patterson, J. M. (1983). The family stress process: The Double ABCX model of adjustment and adaptation. *Marriage and Family Review, 6*(1-2), 7-37.

McCubbin, L. D., & McCubbin, H. I. (2013). Resilience in ethnic family systems: A relational theory for research and practice. In D. Becvar (Ed.), *Handbook of family resilience* (pp. 175-196). New York: Springer.

McCubbin, M. A., & McCubbin, H. I. (1993). Families coping with illness: The resiliency model of family stress, adjustment, and adaptation. In C. B. Danielson, B. Hammel-Bissel, & P. Winsted-Fry (Eds.), *Families, health, and illness: Perspectives on coping and intervention* (pp. 21-63). St. Louis, MO: Mosby.

McCubbin, M. A., Balling, K., Possin, P., Friedrich, S., & Bryne, B. (2002). Family resiliency in childhood cancer. *Family Relations, 51*, 103-111.

McDaniel, S., Doherty, W., & Hepworth, J. (2013). *Medical family therapy and integrated care* (2nd ed.). Washington, DC: American Psychological Association.

McFarlane, W. (Ed.). (2002). *Multifamily groups in the treatment of severe psychiatric disorders*. New York: Guilford Press.

McGoldrick, M., Anderson, C., & Walsh, F. (Eds.). (1989). *Women in families: A framework for family therapy*. New York: Norton.

McGoldrick, M., Garcia Preto, N., & Carter, B. (Eds.). (2016). *The expanded family life cycle: Individual, family, and social perspectives* (5th. ed.). New York: Pearson.

McGoldrick, M., Gerson, R., & Petry, S. (2008). *Genograms: Assessment and intervention* (3rd ed.). New York: Norton.

Miklowitz, D. (2010). *Bipolar disorder: A family-focused treatment approach* (2nd ed.). New York: Guilford Press.

Miller, J. (2012). *Psychosocial capacity building in response to disasters*. New York: Columbia University Press.

Minuchin, P., Colapinto, J., & Minuchin, S. (2007). *Working with families of the poor* (2nd ed.). New York: Guilford Press.

Minuchin, S. (1974). *Families and family therapy*. Cambridge, MA: Harvard University Press.

Minuchin, S., Lee, W.-Y., & Simon, G. (2005). *Mastering family therapy: Journeys of growth and transformation* (2nd ed.). New York: Wiley.

Mollica, R. (2006). *Healing invisible wounds: Pathways to hope and recovery in a violent world*. New York: Harcourt.

Mueller, M. M., & Elder, G. H., Jr. (2003). Family contingencies across the generations: Grandparent-grandchild relationships in holistic perspective. *Journal of Marriage and Family, 65*(2), 404-417.

Murphy, L. (1987). *Further reflections on resilience*. In E. J. Anthony & B. Cohler (Eds.), The invulnerable child. New York: Guilford Press.

Nadeau, J. W. (1997). *Families making sense of death*. Thousand Oaks, CA: Sage.

Nadeau, J. W. (2008). Meaning-making in bereaved families: Assessment, intervention, and future research. In M. Stroebe, R. Hansson, H. Schut, & W. Stroebe (Eds.), *Handbook of bereavement research and practice: 21st century perspectives* (pp. 511-530). Washington, DC: American Psychological Association.

Nash, W. P., & Litz, B. T. (2013). Moral injury: A mechanism for war-related trauma in military family members. *Clinical Child and Family Psychology Review, 16*, 365-375.

Neimeyer, R. A. (Ed.). (2001). *Meaning reconstruction and the experience of loss*. Washington, DC: American Psychological Association.

Neugarten, B. (1976). Adaptation and the life cycle. *Counseling Psychologist, 6*, 16-20.

Norris, F. H., & Alegria, M. (2005). Mental health care for ethnic minority individuals and communities in the aftermath of disasters and mass violence. *CNS Spectrums, 10*(2), 132-140.

Norris, F. H., Stevens, S. P., Pfefferbaum, B., Wyche, K. F., & Pfefferbaum, R. L. (2008). Community resilience as a metaphor, theory, set of capacities, and strategy for disaster readiness. *American Journal of Community Psychology, 41*, 127-150.

Oliver, L. (1999). Effects of a child's death on the marital relationship: A review. *Omega, 39*(3), 197-227.

Olson, D. H., & Gorall, D. M. (2003). Circumplex model of marital and family systems. In F. Walsh (Ed.), *Normal family processes* (3rd ed., pp. 514-548). New York: Guilford Press.

Olson, D. H., Gorall, D. M., & Tiesel, J. W. (2006). *FACES IV package*. Minneapolis, MN: Life Innovations.

Orthner, D. K., Jones-Sanpei, H., & Williamson, S. (2004). The resilience and strengths of low-income families. *Family Relations, 53*, 159-167.

Oswald, R. F. (2002). Resilience within the family networks of lesbians and gay men: Intentionality and redefinition. *Journal of Marriage and Family, 64*(2),

374-383.

Pargament, K. I. (2007). *Spiritually integrated psychotherapy: Understanding and addressing the sacred*. New York: Guilford Press.

Pasley, K., & Garneau, C. (2012). Remarriage families and stepparenting. In F. Walsh (Ed.), *Normal family processes* (4th ed., pp. 149-171). New York: Guilford Press.

Patterson, J. M. (2002). Integrating family resilience and family stress theory. *Journal of Marriage and Family, 64*, 349-360.

Patterson, J. M., & Garwick, A. W. (1994). Levels of family meaning in family stress theory. *Family Process, 33*, 287-304.

Perry, A., & Rolland, J. (2009). Benefits of a justice-seeking spirituality: Empowerment, healing, and hope. In F. Walsh (Ed.), *Spiritual resources in family therapy* (2nd ed., pp. 379-396). New York: Guilford Press.

Pertman, A. (2011). *Adoption nation: How the adoption revolution is transforming families and America* (2nd ed.). New York: Basic Books.

Pinderhughes, E. (2004). The multigenerational transmission of loss and trauma: The African-American experience. In F. Walsh & M. McGoldrick (Eds.), *Living beyond loss: Death in the family* (2nd ed., pp. 161-181). New York: Norton.

Pulleyblank-Coffey, E., Griffith, J., & Ulaj, J. (2006). The first family-focused community mental health center in Kosovo. In A. Lightburn & P. Session (Eds.), *Handbook of community-based clinical practice* (pp. 514-528). New York: Oxford University Press.

Qualls, S., & Zarit, S. (Eds.). (2009). *Aging families and caregiving*. New York: Wiley.

Rampage, C., Eovaldi, M., Ma, C., Weigel-Foy, C., Samuels, G. M., & Bloom, L. (2012). Adoptive families. In F. Walsh, (Ed.), *Normal family processes* (4th ed., pp. 222-246). New York: Guilford Press.

Reiss, D. (1981). *The family's construction of reality*. Cambridge, MA: Harvard University Press.

Repetti, R., Wang, S., & Saxbe, D. (2009). Bringing it all back home: How outside stressors shape families' everyday lives. *Current Psychological Directions in Science, 18*, 106-111.

Retzlaff, R., Hornig, S., Müller, B., Gitta, R., & Pietz, J. (2006). Family sense of coherence and resilience: A study of families with children with mental and physical disabilities. *Praxis der Kinderpsychologie und Kinderpsychiatrie, 55*, 36-52.

Risman, B. (Ed.). (2010). *Families as they really are*. New York: Norton.

Robbins, R., Robbins, S., & Stennerson, B. (2013). Native American family resilience. In D. S. Becvar (Ed.), *Handbook of family resilience* (pp. 197-213). New York: Springer.

Rolland, J. S. (1994). *Families, illness, and disability: An integrative treatment model*. New York: Basic Books.

Rolland, J. S. (2012). Mastering family challenges in illness, disability, and genetic conditions. In F. Walsh (Ed.), *Normal family processes*, (4th ed., pp. 452-482). New York: Guilford Press.

Rolland, J. S. (in press). *Mastering family challenges with illness and disability: An integrative practice model*. New York: Guilford Press.

Rolland, J. S., McPheters, J., & Carbonell, E. (2008). *Resilient partners: A collaborative project with the MS Society*. Paper presented at the 10th annual conference of the Collaborative Family Healthcare Association, Denver.

Rolland, J. S., & Walsh, F. (2005). Systemic training for healthcare professionals: The Chicago Center for Family Health approach. *Family Process, 44*(3), 283-301.

Rolland, J. S., & Walsh, F. (2006). Facilitating family resilience with childhood illness and disability. *Pediatric Opinion, 18*, 1-11.

Rolland, J. S., & Weine, S. (2000). Kosovar Family Professional Educational Collaborative. *American Family Therapy Academy Newsletter, 79*, 34-36.

Rolland, J. S., & Williams, J. K. (2005). Toward a biopsychosocial model for 21st century genetics. *Family Process, 44*, 3-24.

Rosenblatt, P. C. (2013). Family grief in cross-cultural perspective. *Family Science, 4*(1), 12-19.

Rubin, S. S., Malkinson, R., & Witzum, E. (2012). *Working with the bereaved: Multiple lenses on loss and mourning*. New York: Routledge.

Rutter, M. (1987). Psychosocial resilience and protective mechanisms. *American Journal of Orthopsychiatry, 57*, 316-331.

Ryan, C., Epstein, N. B., Keitner, G., Miller, I. W., & Bishop, D. S. (2005). *Evaluating and treating families: The McMaster approach*. New York: Routledge.

Ryan, C., Huebner, D., Diaz, R., & Sanchez, J. (2009). Family rejection as a predictor of negative outcomes in white and Latino lesbian, gay, and bisexual young adults. *Pediatrics, 123*, 346-352.

Saltzman, W. R., Lester, P., Beardslee, W. R., Layne, C. M., Woodward, K., & Nash, W. P. (2011). Mechanisms of risk and resilience in military families: Theoretical and empirical basis of a family-focused resilience enhancement program. *Clinical Child and Family Psychology Review, 14*, 213-230.

Saltzman, W. R., Lester, P., Pynoos, R., & Beardslee, W. (2012). *FOCUS Family Resilience Training Manual*. Los Angeles: University of California at Los Angeles.

Saltzman, W. R., Pynoos, R. S., Lester, P., Layne, C. M., & Beardsley, W. R. (2013). Enhancing family resilience through family narrative co-construction. *Clinical Child and Family Psychology Review, 16*, 294-310.

Sameroff, A. (2010). A unified theory of development: A dialectic integration of nature and nurture. *Child Development,*

81, 6–22.

Samuels, G. M. (2010). Building kinship and community: Relational processes of bicultural identity among adult multiracial adoptees. *Family Process, 49*, 26–42.

Sanders, G., & Krall, I. T. (2000). Generating stories of resilience: Helping gay and lesbian youth and their families. *Journal of Marital and Family Therapy, 26*(4), 433–442.

Sassler, S. (2010). Partnering across the life course: Sex, relationships, and mate selection. *Journal of Marriage and Family, 72*, 557–575.

Satir, V. (1988). *The new peoplemaking. Palo Alto*, CA: Science & Behavior Books.

Saul, J. (2013). *Collective trauma, collective healing: Promoting community healing in the aftermath of disaster*. New York: Routledge.

Sciolino, E. (1996, November 11). *A painful road from Vietnam to forgiveness*. New York Times, pp. A1, A8.

Seccombe, K. (2002). "Beating the odds" versus "changing the odds": Poverty, resilience, and family policy. *Journal of Marriage and Family, 64*(2), 384–394.

Seligman, M. E. P. (1990). Learned optimism. New York: Random House.

Sexton, T. L. (2011). *Functional Family Therapy in clinical practice: An evidencebased treatment model for working with troubled adolescents*. New York: Taylor & Francis.

Shapiro, E. R. (2012). Nurturing family resilience in response to chronic illness: An integrative approach to health and growth promotion. In D. Becvar (Ed.), *Handbook of family resilience* (pp. 385–408). New York: Springer.

Shefsky, J. (2000). *A justice that heals* [Documentary film]. Chicago: Window to the World Communications.

Sheinberg, M., & Fraenkel, P. (2001). *The relational trauma of incest: A familybased approach to treatment*. New York: Guilford Press.

Siegel, D. (2012) *The developing mind: How relationships and the brain interact to shape who we are* (2nd ed.). New York: Guilford Press.

Simon, J., Murphy, J., & Smith, S. (2005). Understanding and fostering family resilience. *Family Journal, 13*, 427–436.

Sitterle, K. A., & Gurwitch, R. H. (1999). The terrorist bombing in Oklahoma City. In E. S. Zinner & M. B. Williams (Eds.), *When a community weeps: Case studies in group survivorship* (pp. 160–189). New York: Brunner/Mazel.

Skinner, H., Steinhauer, P., & Sitarenios, G. (2000). Family Assessment Measure (FAM) and process model of family functioning. *Journal of Family Therapy, 22*, 190–210.

Sluzki, C. (1983). Process, structure, and worldviews in family therapy: Toward an integration of systemic models. *Family Process, 22*, 469–476.

Sotomayor, S. (2013). *My beloved world*. New York: Vintage Books.

Southwick, S. M., & Charney, D. S. (2012). *Resilience: The science of mastering life's greatest challenges.* New York: Cambridge University Press.

Spotts, E. (2012). Unraveling the complexity of gene-environmental interplay and family processes. In F. Walsh (Ed.), *Normal family processes* (4th ed., pp.529-552). New York: Guilford Press.

Sprenkle, D., Davis, S., & Lebow, J. (2009). *Common factors in couple and family therapy.* New York: Guilford Press.

Stacey, J. (1990). *Brave new families.* New York: Basic Books.

Staub, E. (2013). Building a peaceful society: Origins, prevention, and reconciliation after genocide and other group violence. *American Psychologist, 68*, 576-589.

Steinberg, L., Blatt-Eisengart, I., & Cauffman, E. (2006). Patterns of competence and adjustment among adolescents from authoritative, authoritarian, indulgent, and neglectful homes: A replication in a sample of serious juvenile offenders. *Journal of Research on Adolescence, 16*, 47-58.

Steinglass, P. (1998). Multiple family discussion groups for patients with chronic medical illness. *Families, Systems, and Health, 16*(1-2), 55-71.

Stillman, J. R., & Erbes, C. R. (2012). Speaking two languages: A conversation between narrative therapy and scientific practices. *Journal of Systemic Therapies, 31*, 74-88.

Stinnett, N., & DeFrain, J. (1985). Secrets of strong families. Boston: Little, Brown.

Stone, E., Gomez, E., Hotzoglou, D., & Lipnitsky, J. (2005). Transnationalism as a motif in family stories. *Family Process, 44*, 381-398.

Stroebe, M., & Schut, H. (2010). The dual process model of coping with bereavement: A decade on. *Omega: Journal of Death and Dying, 61*(4), 273-289.

Stroebe, M., Schut, H., & Boerner, K. (2010). Continuing bonds in adaptation to bereavement: Toward theoretical integration. *Clinical Psychology Review, 30*, 259-268.

Swadener, B. B., & Lubeck, S. (Eds.). (1995). *Children and families "at promise": Deconstructing the discourse of risk.* Albany: State University of New York Press.

Taylor, S. (1989). *Positive illusions: Creative self-deception and the healthy mind.* New York: Basic Books.

Taylor, S., Kemeny, M., Reed, G., Bower, J., & Gruenwald, T. (2000). Psychological resources, positive illusions, and health. *American Psychologist, 55*(1), 99-109.

Tedeschi, R. G., & Calhoun, L. G. (2004). Posttraumatic growth: Conceptual foundations and empirical evidence. *Psychological Inquiry, 15*, 1-18.

Tedeschi, R. G., & Kilmer, R. P. (2005). Assessing strengths, resilience, and growth to guide clinical interventions. *Professional Psychology, Research and Practice, 36*(3), 230-237.

Tedeschi, R. G., Park, L. C., & Calhoun, L. G. (1996). The Posttraumatic Growth Inventory: Measuring the positive legacy of trauma. *Journal of Traumatic Stress, 9*, 455-471.

Terkel, S. (2000). *Will the circle be unbroken?: Reflections on death, rebirth, and hunger for faith*. New York: Norton.

Terkel, S. (2003). *Hope dies last: Keeping the faith in troubled times*. New York: Norton.

Thody, P. (Ed.). (1970). *Albert Camus: Lyrical and critical essays*. New York: Vantage Books.

Thomas, M., Chenot, D., & Reifel, B. (2005). A resilience-based model of reunification and reentry: Implications for out-of-home care services. *Families in Society, 86*(2), 235-243.

Tienari, P., Wynne, L. C., Sorri, A., Lahti, I., Laksy, K., Moring, J., et al. (2004). Genotype-environment interaction in schizophrenia-spectrum disorder. *British Journal of Psychiatry, 184*, 216-222.

Ungar, M. (2004). The importance of parents and other caregivers to the resilience of high-risk adolescents. *Family Process, 43*(1), 23-41.

Ungar, M. (2010). Families as navigators and negotiators: Facilitating culturally and contextually specific expressions of resilience. *Family Process, 49*, 421-435.

U.S. Census Bureau. (2014). Retrieved June 17, 2014, from www.*census.gov/population/projections/data/national/2014/summarytables.html*.

Vaillant, G. (2002). *Aging well*. Boston: Little Brown.

Valdez, C. R., Abegglen, J., & Hauser, C. (2013). Fortalezas Familiares Program: Building sociocultural and family strengths in Latina women with depression and their families. *Family Process, 52*(3), 378-393.

Valdez, C. R., Padilla, B., Moore, S. M., & Magana, S. (2013). Feasibility, acceptability, and preliminary outcomes of the Fortalezas Familiares intervention for Latino families facing maternal depression. *Family Process, 52*, 394-410.

Valladares, B. A., & Moore, K. A. (2009). *The strengths of poor families*. Washington, DC: Child Trends.

van der Kolk, B. A., McFarlane, A. C., & Weisaeth, L. (Eds.). (2006). Traumatic stress: *The effects of overwhelming experience on mind, body, and society* (2nd ed.). New York: Guilford Press.

von Bertalanffy, L. (1968). *General system theory: Foundation, development, application*. New York: George Braziller.

Waldegrave, C., King, P., Maniapoto, M., Tamasese, T. K., Parsons, T. L., & Sullivan, G. (in press). Resilience in sole parent families: A qualitative study of relational resilience in Maori, Pacific and Pakeha Families. *Family Process*.

Waller, M. R. (2012). Cooperation, conflict, or disengagement?: Coparenting styles and father involvement in fragile families. *Family Process, 51*, 325-342.

Walsh, F. (1983). The timing of symptoms

and critical events in the family life cycle. In H. Liddle (Ed.), *Clinical implications of the family life cycle* (pp. 120-133). Rockville, MD: Aspen.

Walsh, F. (1989). Reconsidering gender in the marital quid pro quo. In M. McGoldrick, C. Anderson, & F. Walsh (Eds.), *Women in families: A framework for family therapy* (pp. 267-285). New York: Norton.

Walsh, F. (1996). The concept of family resilience: Crisis and challenge. *Family Process, 35*, 261-281.

Walsh, F. (2002a). A family resilience framework: Innovative practice applications. *Family Relations, 51*(2), 130-137.

Walsh, F. (2002b). Bouncing forward: Resilience in the aftermath of September 11, 2001. *Family Process, 41*(1), 34-36.

Walsh, F. (2003). Family resilience: A framework for clinical practice. *Family Process, 42*(1), 1-18.

Walsh, F. (2006). The clinical value of a family resilience framework. In R. Welter-Enderlin & B. Hildenbrand (Eds.), *Resilienz: Gedeihen trotz widriger Umstände* [Resilience: Thriving despite adversity] (pp. 43-79). Heidelberg, Germany: Carl-Auer Verlag.

Walsh, F. (2007). Traumatic loss and major disasters: Strengthening family and community resilience. *Family Process, 46*(2), 207-227.

Walsh, F. (2009a). Human-animal bonds: I. The relational significance of companionanimals. *Family Process, 48*(4), 462-480.

Walsh, F. (2009b). Human-animal bonds: II. The role of pets in family systems and family therapy. *Family Process, 48*(4), 481-499.

Walsh, F. (2009c). Integrating spirituality in family therapy: Wellsprings for health, healing, and resilience. In F. Walsh (Ed.), *Spiritual resources in family therapy* (2nd ed., pp. 31-61). New York: Guilford Press.

Walsh, F. (Ed.). (2009d). *Spiritual resources in family therapy* (2nd ed.). New York: Guilford Press.

Walsh, F. (2010). Spiritual diversity: Multifaith perspectives in family therapy. *Family Process, 49*, 330-348.

Walsh, F. (2011). Family resilience: A collaborative approach in response to stressful life challenges. In S. Southwick, D. Charney, B. Litz, & M. Freedman (Eds.), *Resilience and mental health: Challenges across the life span* (pp. 149-161). New York: Cambridge University Press.

Walsh, F. (2012a). Family resilience: Strengths forged through adversity. In F. Walsh (Ed.), *Normal family processes* (4th ed., pp. 399-427). New York: Guilford Press.

Walsh, F. (2012b). Successful aging and family resilience. In B. Haslip & G. Smith (Eds.), *Annual review of gerontology and geriatrics: Vol. 32* (pp. 153-172). New York: Springer.

Walsh, F. (2012c). The "new normal":

Diversity and complexity in 21st-century families. In F. Walsh (Ed.), *Normal family processes* (4th ed., pp. 4-27). New York: Guilford Press.

Walsh, F. (2012d). The spiritual dimension of family life. In F. Walsh (Ed.), *Normal family processes* (4th ed., pp. 347-372). New York: Guilford Press.

Walsh, F. (2013a). Community-based practice applications of a family resilience framework. In D. Becvar (Ed.), *Handbook of family resilience* (pp. 65-82). New York: Springer.

Walsh, F. (2013b). Religion and spirituality: A family systems perspective in clinical practice. In K. Pargament, A. Mahoney, & E. Shafranske (Eds.), *APA handbook of psychology, religion, and spirituality* (Vol. 2, pp. 189-205).

Washington, DC: American Psychological Association.

Walsh, F. (2014a). Conceptual framework for family bereavement care: Strengthening resilience. In D. Kissane (Ed.), *Bereavement care for families* (pp. 17-29). New York: Routledge.

Walsh, F. (2014b). Family therapy: Systemic approaches to practice. In J. Brandell (Ed.), *Essentials of clinical social work* (pp. 160-185). Thousand Oaks, CA: Sage.

Walsh, F. (2016a). A family developmental framework: Challenges and resilience across the life cycle. In T. Sexton & J. Lebow (Eds.), *Handbook of family therapy* (4th ed.). New York: Routledge.

Walsh, F. (2016b). Families in later life: Challenges, opportunities, and resilience. In M. McGoldrick, B. Carter, & N. Garcia Preto (Eds.), *The expanded family life cycle* (5th ed.). Boston: Allyn & Bacon.

Walsh, F. (2015). Family transitions: Challenges and resilience. In M. Dulcan (Ed.), *Textbook of child and adolescent psychiatry* (2nd ed.). Washington, DC: American Psychiatric Association.

Walsh, F., & Anderson, C. M. (Eds.). (1988). *Chronic disorders and the family*. New York: Haworth Press.

Walsh, F., Jacob, L., & Simons, V. (1995). Facilitating healthy divorce processes: Therapy and mediation approaches. In N. Jacobson & A. Gurman (Eds.), *Clinical handbook of couple therapy* (2nd ed., pp. 340-362). New York: Guilford Press.

Walsh, F., & McGoldrick, M. (Eds.). (2004). *Living beyond loss: Death in the family* (2nd ed.). New York: Norton.

Walsh, F., & McGoldrick, M. (2013). Bereavement: A family life cycle perspective. *Family Science, 4*, 20-27.

Waters, D., & Lawrence, E. (1993). *Competence, courage, and change*. New York: Norton.

Watzlawick, P., Beavin, J., & Jackson, D. (1967). *Pragmatics of human communication*. New York: Norton.

Webb, N. B. (Ed.). (2003). *Mass trauma and violence: Helping families and children cope*. New York: Guilford Press.

Weihs, K., Fisher, L., & Baird, M. (2001).

Families, health, and behavior: A section of the commissioned report for the Institute of Medicine, National Academy of Sciences. *Families, Systems, and Health, 20*(1), 7-47.

Weil, A. (1994). *Spontaneous healing*. New York: Knopf.

Weine, S. (2006). *Testimony after catastrophe: Narrating the traumas of political violence*. Evanston, IL: Northwestern University Press.

Weine, S. (2011). Developing preventive mental health interventions for refugee families in resettlement. *Family Process, 50*, 410-430.

Weine, S., Knafi, K., Feetham, S., Kulauzavic, Y., Klebec, A., Sclove, S., et al. (2005). A mixed methods study of refugee families engaging in multiple-family groups. *Family Relations, 54*, 558-568.

Weine, S., Muzurovic, N., Kulauzovic, Y., Besic, S., Lezic, A., Mujagic, A., et al. (2004). Family consequences of refugee trauma. *Family Process, 43*(2), 147-160.

Weingarten, K. (2004). Witnessing the effects of political violence in families: Mechanisms of intergenerational transmission of trauma and clinical interventions. *Journal of Marital and Family Therapy, 30*(1), 45-59.

Weingarten, K. (2010). Reasonable hope: Construct, clinical applications, and supports. *Family Process, 49*, 5-25.

Werner, E. E., & Smith, R. S. (2001). *Journeys from childhood to midlife: Risk, resilience, and recovery*. Ithaca, NY: Cornell University Press.

Whitaker, C., & Keith, D. (1981). Symbolic-experiential family therapy. In A. Gurman & D. Kniskern (Eds.), *Handbook of family therapy* (pp. 187-225). New York: Brunner/Mazel.

White, M. (2007). *Maps of narrative practice*. New York: Norton.

White, M., & Epston, D. (1990). *Narrative means to therapeutic ends*. New York: Norton.

Wiesel, E. (1995). *All rivers run to the sea: Memoirs*. New York: Knopf.

Windle, G., Bennett, K. M., & Noyes, J. (2011). A methodological review of resilience measurement scales. *Health and Quality of Life Outcomes, 9*(8), 1-18.

Wolin, S., Muller, W., Taylor, F., Wolin, S., Ranganathan, S., Saymah, D., et al. (2009). Religious perspectives on resilience: Buddhism, Christianity, Judaism, Hinduism, and Islam. In F. Walsh (Ed.), *Spiritual resources in family therapy* (2nd ed., pp. 103-124). New York: The Guilford Press.

Wolin, S., & Wolin, S. (1993). *The resilient self: How survivors of troubled families rise above adversity*. New York: Villard.

Worden, J. W. (2008). *Grief counseling and grief therapy* (4th ed.). New York: Springer.

World Health Organization. (2011, October). Mental health: A state of well-being. Retrieved from *www.who.int/features/*

factfiles/mental_health/en/index.html.

Worthington, E. L., Jr., & Scherer, M. (2004). Forgiveness is an emotion-focused coping strategy that can reduce health risks and promote health resilience: Theory, review, and hypotheses. *Psychology and Health, 19*, 385-406.

Wortman, C., & Silver, R. (1989). The myths of coping with loss. *Journal of Counseling and Clinical Psychology, 57*, 349-357.

Wright, L. M. (2009). Spirituality, suffering, and beliefs: The soul of healing with families. In F. Walsh (Ed.), *Spiritual resources in family therapy* (2nd ed., pp. 65-80). New York: Guilford Press.

Wright, L. M., & Bell, J. M. (2009). *Beliefs and illness: A model for healing.* Calgary, Alberta, Canada: 4th Floor Press.

Wuerffel, J., DeFrain, J., & Stinnett, N. (1990). How strong families use humor. *Family Perspective, 24*, 129-142.

Yang, O.-K., & Choi, M.-M. (2001). Koreans' Han and resilience: Application to mental health social work. *Mental Health and Social Work, 11*(6), 7-29.

Zinner, E. S., & Williams, M. B. (Eds.). (1999). *When a community weeps: Case studies in group survivorship.* New York: Brunner/Mazel.

찾아보기

ㄴ

ㄷ

ㄹ

ㅁ

ㅇ

저자 소개

프로마 월시Froma Walsh(MSW, PhD)

시카고 대학의 프리츠커Pritzker 의과 대학 사회복지행정학과와 정신과의 Mose & Sylvia Firestone 명예교수이며, 시카고 가족 건강 센터의 공동 설립자이자 공동 이사이다. 월시 박사는 미국 가족치료아카데미American Family Therapy Academy의 전 회장이자 『결혼 및 가족치료학술지Journal of Marital and Family Therapy』의 전 편집장을 역임하였다. 월시 박사는 정신 건강 분야에서의 탁월한 공헌과 리더십으로 미국심리학회의 가족심리학회, 미국 가족치료아카데미, 미국 결혼 및 가족치료협회, 미국 정신의학협회, 목회상담연구협회 등에서 많은 상을 받았다. 주요 저서로는 『Normal Family Processes』(4판)와 『Spiritual Resources in Family Therapy』(2판) 등이 있다. 월시 박사는 회복탄력성 중심의 전문 교육, 임상, 연구 분야의 강연자이며 국제 자문을 제공하는 전문가이다.

역자 소개

유상희Sang Hi Yoo

연세대학교 연신원 Th.M. 상담학
Emory University, Candler School of Theology, M.Div. 수학
Claremont School of Theology M.Div. & Ph.D. 영성통합상담
치유상담대학원대학교 상담심리학과 교수
다문화치유상담연구소 소장

가족 회복탄력성

Strengthening Family Resilience, third edition

2025년 10월 25일 1판 1쇄 인쇄
2025년 10월 30일 1판 1쇄 발행

지은이 • Froma Walsh
옮긴이 • 유상희
펴낸이 • 김진환
펴낸곳 • (주) 학지사
04031 서울특별시 마포구 양화로 15길 20 마인드월드빌딩
대표전화 • 02)330-5114 팩스 • 02)324-2345
등록번호 • 제313-2006-000265호

홈페이지 • http://www.hakjisa.co.kr
인스타그램 • https://www.instagram.com/hakjisabook

ISBN 978-89-997-3560-8 93180

정가 26,000원

역자와의 협약으로 인지는 생략합니다.
파본은 구입처에서 교환해 드립니다.

이 역서는 치유상담대학원대학교 학술연구비 지원에 의해 출판되었습니다.